U0453328

三十个关键词的文化史

Cultural History of Thirty Keywords

冯天瑜 聂长顺 著

中国　心理　哲学　美学
教育　经济　文明
科学　伦理　幽默　元素
　　　　脑筋
社会　卫生　几何　地球
逻辑　　小说　物理

中国社会科学出版社

图书在版编目（CIP）数据

三十个关键词的文化史/冯天瑜，聂长顺著. —北京：中国社会科学出版社，2021.8（2024.11重印）

ISBN 978-7-5203-7741-6

Ⅰ.①三… Ⅱ.①冯…②聂… Ⅲ.①文化史—中国—通俗读物 Ⅳ.①K203-49

中国版本图书馆 CIP 数据核字（2021）第 016235 号

出 版 人	赵剑英
责任编辑	宋燕鹏　刘志兵
责任校对	周　昊
责任印制	李寡寡

出　　版	中国社会科学出版社
社　　址	北京鼓楼西大街甲 158 号
邮　　编	100720
网　　址	http://www.csspw.cn
发 行 部	010-84083685
门 市 部	010-84029450
经　　销	新华书店及其他书店

印刷装订	北京君升印刷有限公司
版　　次	2021 年 8 月第 1 版
印　　次	2024 年 11 月第 3 次印刷

开　　本	710×1000　1/16
印　　张	42.75
插　　页	2
字　　数	692 千字
定　　价	198.00 元

凡购买中国社会科学出版社图书，如有质量问题请与本社营销中心联系调换
电话：010-84083683
版权所有　侵权必究

夫言语者，代表国民之思想者也。思想之精粗广狭，视言语之精粗
广狭以为准。观其言语，而其国民之思想可知矣。
　　　　　　　　　　　　　　　　　——王国维（1877—1927）

凡解释一字，即是作一部文化史。
　　　　　　　　　　　　　　　　　——陈寅恪（1890—1969）

从起源中理解事物，就是从本质上理解事物。
　　　　　　　　　　　　　　　——［德］杜勒鲁奇（1865—1923）

目　　录

题记 ·· (1)
导言 ·· (5)

古典引申

中国 ·· (45)
文化 ·· (72)
文明 ·· (96)
革命 ·· (116)
教育 ·· (157)
伦理 ·· (174)

语义假借

科学 ·· (197)
自由 ·· (221)
共和 ·· (248)
社会 ·· (266)
心理 ·· (288)

目 录

借形变义

民主 …………………………………………… (311)

宗教 …………………………………………… (326)

天主 …………………………………………… (349)

归纳　演绎 …………………………………… (363)

国学 …………………………………………… (382)

幽默 …………………………………………… (397)

新名创制

中华民族 ……………………………………… (417)

脑筋 …………………………………………… (431)

几何 …………………………………………… (450)

逻辑 …………………………………………… (469)

哲学 …………………………………………… (487)

美学 …………………………………………… (507)

元素 …………………………………………… (520)

侨词来归

地球 …………………………………………… (541)

物理 …………………………………………… (558)

卫生 …………………………………………… (571)

小说 …………………………………………… (584)

名实错位

经济 ………………………………………………………（609）
形而上学 …………………………………………………（647）

参考文献 ………………………………………………（659）
跋 …………………………………………………………（674）

题　　记

无名天地之始，有名万物之母。

——《老子》第一章

动物具备感知能力，有些物种某类感知力超强，如鹰的视觉远胜于人，狗的嗅觉高过人千倍乃至万倍，飞蛾、蝙蝠、海豚的听觉敏锐度可与电子仪器一竞精微……但动物无法进行理性思考，生命活动限定在本能阶段。唯有人类在感知能力基础上升华出"地球上最美丽的花朵——思维着的精神"[1]，因以赢得认识世界、改造世界的自觉意识，成为"宇宙之精华，万物之灵长"[2]。

人类能够进行思维，前提之一是形成有概括力和普适性的概念。犹太裔科学家爱因斯坦（1879—1955）称"概念是思维的自由创造"[3]，运用概念，方可分析、综合、归纳、演绎，达成人际间的理性沟通，组成社会。[4] 然而，概念不能悬浮空际，必须命名（或曰"词化"）方能坐实并进入语用。

"名"是会意字，甲骨文作 ，左边口形，右边夕形，意谓：暗夜看不见人形，便呼喊名字来确认；金文作 ，将甲骨文的左右结构改成上下结构；小篆名承续甲骨文之意、金文之形。东汉许慎（约58—147）

---

[1] ［德］恩格斯：《自然辩证法》，人民出版社1960年版，第24页。
[2] 莎士比亚悲剧《哈姆雷特》主人公赞美"人"的台词。
[3] 《爱因斯坦文集》第一卷，商务印书馆1976年版，第409页。
[4] 某些"社会动物"，如蜜蜂、蚂蚁等凭本能组成"社群"，与人类"社会"分属不同范畴。

题　记

《说文解字》陈述"名"的造字结构和本义：

> 名，自命也。从口。夕者冥也，冥不相见，故以口自名。

"名"由"以口自名"扩义为各种事物的名称。东汉末刘熙《释名·释言语》说："名，明也，名实使分明也。"指出命名使事物类别及特性变得"分明"。

天地开端于亿万年前，远在人类形成意识并创"名"之先，故老子谓"无名天地之始"；而人的意识出现，给事物命名，万物便获得文化意义，故谓"有名万物之母"。

作为思维工具、概念物化的词（即"名"），是语言中昭示文化意义又能够自由运作的最小单位，《左传》谓"名以制义"，《国语》谓"正名育类"，词（名）的创制，人方进入意义世界，对实在万物进行意义归类。

一种语言里所有词的总和称词汇，词汇可区分为基本词汇和一般词汇。基本词汇数少而质高，在语言的意义链中位居枢纽，表达文本要旨，可称之"关键词"（Keyword）。[①] 文论家刘勰（约465—520）议"关键"："故思理为妙，神与物游，神居胸臆，而志气统其关键。……关键将塞，则神有遁心。"[②]认为意志之气是语文的"关键"，关键一旦阻塞，神思便将隐去。关键词蕴含某一文化序列的核心概念（Key Concept），内涵丰厚，而且具有活跃的接缘性、粘连力，组合能力强，构成人类精神网络的纽结。

"一词一世界"，透过关键词这扇窗口，可以看见具象背后的意义层面，从而进入"文化史"天地。

明确指出由字（词）义考辨导入文化史研究的，是陈寅恪（1890—1969）。1936年2月21日，沈兼士（1887—1947）写成《"鬼"字原始

---

① ［英］雷蒙·威廉斯《关键词：文化与社会的词汇》创"关键词"概念，认为"人类整体的生活方式"呈现为131个"文化与社会的词汇"，像星座的名称一样标记集束态事实，也标记着事实间的关联方式。

② （南朝梁）刘勰：《文心雕龙·神思第二十六》。

意义之试探》一文，后寄示陈先生。陈先生阅毕，于1936年4月18日致函沈氏说：

> 依照今日训诂学之标准，凡解释一字，即是作一部文化史。中国近日著作能适合此定义者，以寅恪所见，惟公此文足以当之无愧也。①

沈氏文何以被眼界甚高的陈寅恪推崇为"近日著作"中的仅见者呢？检视得知，其文没有满足于"鬼"字的流行义（如《说文解字》所称"鬼，人所归为鬼。从人，象鬼头。鬼，阴气贼害，从厶"），而是追溯其原义：从"鬼"字的甲骨文考辨入手，即从概念的"起源"入手，以求得"本质上"的理解（本书卷首杜勒鲁奇语"从起源中理解事物，就是从本质上理解事物"），发现"鬼"的本义并非人死（归）为鬼，而是：（1）鬼与禺同为"似人之异兽"；（2）引申为"异种之人"，用于族名，有"高大"义，与华夏之"夏"（"大"）相似，故"魁、嵬、巍"等形容高大的字由其衍生。古之"鬼方""鬼国""媿""隗"等族名、地名并无鬼怪义，而意为大国、远国。"鬼"的鬼蜮、鬼怪义，系后世演绎。由此例可知，探讨字（词）义的起源与发展，方能防止望文生义、浅尝辄止，从而得见某一领域的文化史真相。其实，类似沈兼士这样的溯源以辨的文章，清代考据家（自顾炎武、阎若璩、戴震、惠栋，到段玉裁、王念孙、王引之、阮元）多有撰著，不过近代已属少见，故陈先生特别提倡，以再度发凡起例。后来钱锺书（1910—1998）的《管锥编》②，运用古今中西法，"用管窥天，用锥指地"③，对古典作缜密考疏，如究"'易'之三义""'伦'之四义""'王'之五义""'机'之三义""'佛'之五义"，均从一字透见文化史奥处，树立诠释学法式。

表达概念的词（字），是语言中有独立意义的微观世界，是文献、文

---

① 《陈寅恪先生来函》（沈兼士《"鬼"字原始意义之试探》附录），《国学季刊》第五卷第三号，国立北京大学出版组，1936年7月，第60页。
② 钱锺书：《管锥编》，中华书局1979年版。
③ 《庄子·秋水》。

化的缩影。① 笔者试图遵循"解释一字，即作一部文化史"的理路，通过释字、解词、析句，考辨近代关键词在古今—中外坐标系间的意义演进，以迎接"文化史研究的读词时代"降临。

为纪念21世纪到来，多国学者联手编纂26卷本《社会科学行动科学国际百科辞典》（2001年在伦敦出版），每个词条释文在5000个英文单词左右。② 这昭显学科词语研究的蓬勃之势。就汉字文化圈而言，此种研究方兴未艾。若要综览近百年间汉字新名的演化，非鸿篇巨制不可，笔者力微，"弱水三千，只取一瓢饮"，勉为选取30个关键词（多为原起古典，历经演绎，至明清之际或清民之际于中外交汇间定格的近代新名），依其生成机制的不同，分为"古典引申、语义假借、新名创制、借形赋意、侨词来归、名实错位"六类，追索来路与去向。至于现代新名及每年千条以上涌现的当代新名（如下海、大款、大腕、楼盘、海归、双规、埋单、三围、充电等，乃至点击、伊妹儿、追星、美眉、辣妹、哇塞、我靠、屌丝等"网络热词"），则观察而不具论，这是"作史要作百年前"的一种抉择。

物理学家杨振宁（1922— ）说："你要反复学习人们过去研究的各种思想概念，当你把这些思想融会贯通之后，你会看到前人所没有看到的东西。"③ 概念的现代义，须通过对其生成、演变、定格的历史过程的认知，方能真实把握。这一"知识考古"可以帮助我们窥见"前人所没有看到的东西"，汉字文化坚韧的主体性、涵泳万方的包容性和行健不息的生命力，或许可于其间洞若观火。

---

① 参见张志毅、张庆云《词汇语义学》，商务印书馆2001年版，第12页。
② 见[日]佐藤正幸著，郭海良译《历史认识的时空》，上海三联书店2019年版，第16—17页。
③ 杨振宁：《杨振宁文录》，海南出版社2002年版，第320页。

导　言

由字以通其词，由词以通其道，必有渐。
　　　　　　　　——（清）戴震《与是仲明论学书》

语言是思维工具，是思想的直接现实；语言是文化创造物，人类并非先天具有，而是在后天社会生活中习得的，可略举例证——自幼被野兽带走，脱离社会的"狼孩""豹孩"没有语言能力；明成祖朱棣（1360—1424）夺取侄儿建文帝（1377—？）皇位后，把建文帝的两岁儿子朱文圭禁锢凤阳，不许与人沟通，五十五年后，明英宗（1427—1464）方将其释放，完全脱离人群生活的朱文圭不会讲话，没有社会意识。[1] 故语言问题主要不能求之体质人类学，而须求之文化人类学。

语言与思维相互依存，语言作为交际工具，是人类组成社会的必要条件，也是社会生活的产物。具有思维能力、结成社会的人可兼称"社会动物""语言动物""符号动物"[2]。

在文化进程中形成的语言，包括语音、语法、词汇三要素，其中词汇的意义（语义）尤具历史延展性和运动性。本书兼作静态共时分析与动态历时分析，将若干近代新名置于历史的、文化的背景下进行语义学诠释，通过形训、音训、义训（尤其是义训），以获得一种文化史的认知。

---

[1] （明）王廷相《万龙书院学辩》记其事，文曰："赤子生而幽闭之，不接习于人间，壮而出之，不辨牛马矣；而况君臣、父子、夫妇、长幼、朋友之节度乎？"

[2] 一些鸟类和兽类也可发出复杂的音响，达成彼此沟通，但这是动物的本能所致，而人类的语言"是纯粹人为的，非本能的，凭借自觉地制造出来的符号系统"（［美］萨丕尔：《语言论》，商务印书馆1985年版，第7页）。正是在这一意义上，人可称为"社会动物""语言动物""符号动物"。

一　概念词化·语义考析

离开"名"（或曰"词"）的表达，概念只是没有定型的、模糊不清的混沌物。故概念词化，是思维的前提，是人类进入自觉的意义世界的必备条件。

《尔雅》（清同治十一年山东书局本）

意义的形成与演化，是通过概念词化得以实现的，而考析词语意义的学问便是"语义学"，中国传统称为"训诂学"（又称"训故""故训"①）——用通俗话语解释深奥语义谓之"训"；用今语解释古语谓之"诂"。"小学十书"②之首《尔雅》的前三篇为《释训》《释言》《释诂》，"训诂"一名可由此得解。两晋训诂学家郭璞（276—321）为《尔雅》作注，称训诂为以俗语释雅言，以今语释古语。章黄学派代表学者黄侃（1875—1935）说："盖训诂者，用语言解释语言之谓"，指出训诂

---

① 武汉大学宗福邦教授等合编大型训诂集成命名《故训汇纂》，商务印书馆2003年版。
② 黄侃《文字声韵训诂笔记》开列治"小学"的十种专书：《尔雅》《小尔雅》《方言》《说文》《释名》《广雅》《玉篇》《广韵》《集韵》《类篇》。

就是解释。汉至清两千年间的学术主干是经学，而经学以小学（包括音韵、文字、训诂）为羽翼，尤其与训诂学相为应援，所谓"治经，必要先通训诂。治注疏，必先从《说文》《尔雅》起根"①。"不读小学，大学不可得而入也。"② 此种治学方式兴起于汉，中经唐宋，大盛于清，对汉字文化圈中、日、韩、越诸国学术影响匪浅。

《说文解字》（清同治十二年羊城富文斋本）

清代乾嘉以前，汉语的基本单位称"字"（故兼具字典性和词典性的

---

① （清）罗有高：《与彭允初（三）》，《尊闻居士集》卷四。
② （清）刁包：《答张水司空书》，《用六集》卷一。（清）谢启昆《树经堂文集》卷四云："清乾隆中修四库全书，以《尔雅》之属归诸训诂，《说文》之属归诸文字，《广韵》之属归诸声音，而总题曰小学。"。

《康熙字典》称"字典"),"词"在《说文解字》"语已词""别事词"之类的表述中,以及王引之《经传释词》中,皆指虚词。①汉唐宋明以至清代前期释经,皆从释"字"入手。语言学上的"词",很晚方与"字"相对,指能够独立运用的最小语文单位。

古代很少使用作为语文单位的"词",而较多称"辞"。东汉成书的《说文解字》未设释"词"条目,而有释"辞"条:"辞,说也。"辞指言说、篇章。清人段玉裁(1735—1815)始作"词—辞"之辨,他为《说文》作注曰:"词与辞部之辞,其意迥别。辞,说也……然则辞谓篇章也。词者,意内而言外也,从司言。……积文字而为篇章,积词而为辞。"②指出词有意,可以组成辞(篇章)。清中叶学者戴震(1723—1777)则作"字—词"区分。他概括治经学的路径:

求其一经,启而读之,茫茫然无觉。寻思之久,计之于心曰:"经之至者道也,所以明道者其词也,所以成词者字也。由字以通其词,由词以通其道,必有渐。"③

戴震所谓"词"泛指词语,与今日语言学之"单词"不尽相同,但他将词置于高过字的一个级次,提出从字通词,又由词义明晓经义的理路,颇具解释学意味。在戴氏那里,经义诠释从"字本位"过渡到"词本位"。④

戴震的"求道"之路,从识字开始,因为字乃词根,蕴含初原义。而"识字"须以"六书"⑤观照,进而求得形上之义,同文说:

---

① 至于唐宋以降文学领域通用的"词",非指一级语文单位,而指"诗"的别体,是"调有定格,句有阙"的一种韵文,又称长短句。
② (清)段玉裁:《说文解字注》。
③ (清)戴震:《与是仲明论学书》,《戴东原集》卷九。
④ 英国人华传教士马礼逊19世纪初所编《英华字典》将phrase(今译"词组""措辞")翻译为"一句话",这反映了当时中国对"词"的认识。
⑤ "六书"之名初见于《周礼·地官·保氏》,西汉末刘歆《七略》对六书作归纳;东汉许慎《说文解字》将古文字构成规则概括为"象形、指事、会意、形声、转注、假借",谓小学功夫"先以六书"。

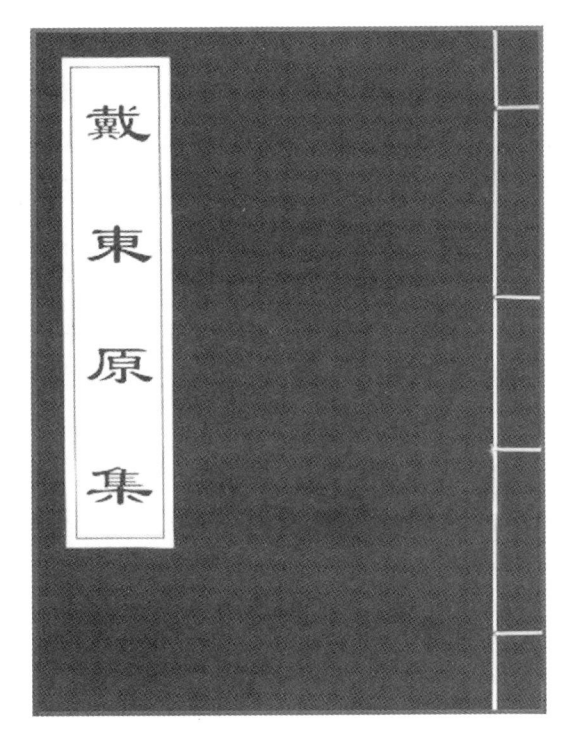

《戴东原集》（清经韵楼本）

求所谓字，考诸篆书，得许氏《说文解字》，三年知其节目，渐睹古圣人制作本始。又疑许氏于故训未能尽，从友人假《十三经注疏》读之，则知一字之义，当贯全经、本六书，然后为定。

这就把文字训诂之学与经籍诠释学贯通一气，"由六书、九数、制度、名物，通乎其词，然后以心相遇"。罗有高说法类似："治经，必要先通训诂。治注疏，先必从《说文》《尔雅》起根。"[①]

戴震引述桐城派学者叶书山之论，告诫学人防止两种不良倾向："学者莫病于株守旧闻，而不复能造新意；莫病于好立异说，不深求之语言之间以至其精微之所存。"从语文训诂入手，方可"通道"，探寻精微之

---

① （清）罗有高：《与彭允初（三）》，《尊闻居士集》卷四。

所存。①

有些单字即具有独立意义，此为"一字词"。词更多由两字及多字按一定结构组成，其词义更趋丰富、精准。以"二字合成词"为例，略有几种结构类型：如偏正结构（前面词素修饰或限制后面词素，前谓"偏"，后谓"正"，如中国、文化）；动宾结构（前词素表示动作或行为，后词素表示动作或行为涉及的对象，如革命、司令）；主谓结构（后面词素说明前面词素，如自由、年轻）；联合结构（又称并列结构，由意义相近或相反词素并列组成，如文明、教育、社会）；动补结构（前词素表行动，后词素补充它，表示结果、趋向，如打倒、说明）；等等。

词具有独立含义，组合成句子更可展示复杂意义，直逼《易传》所谓"形而上者谓之道"。这种探究，包括字形与字义的关系、词的结构类型、词语与思维及学术的联络、语义的历史演化、语义演变与社会变迁的关系、译词在中外对接间的意义互动等事项。我们的考察既然与"意义"发生关联，也就必然与历史及文化相交织，通过"辨章学术，考镜源流"，进入文化史范域，笔者于2001年始将此种探究称为"历史文化语义学"，并以此题于2006年举行国际学术研讨会。②

二 词语的学科分野

本书所涉，多为近代定格的专科术语，除少数新制词（如脑筋、逻辑、哲学、美学）外，大都承袭汉字古典词（如革命、共和、教育、伦理）的词形和词义基旨，又在近代转型和中外对接间，变为学术分科关键词，透过它们，正可洞察文化古今转捩点错综而多趣的状貌。

一般而言，中国传统学术分类较为粗疏，古史辨派主将顾颉刚（1893—1980）说：

---

① 关于戴震"由词通道"论，参见吴根友《从经学解释学到经典解释学——戴震的经学解释学及其当代活化》，《社会科学战线》2019年第6期。
② 见冯天瑜等编《语义的文化变迁》，武汉大学出版社2007年版，第1—6页。而[英]雷蒙·威廉斯著，刘建基译《关键词：文化与社会的词汇》（生活·读书·新知三联书店2005年版）之《译者导读》有"历史语义学"（historicol semantics）之称。

> 中国的学问是向来只有一尊观念而没有分科观念的，……旧时士大夫之学，动称经史词章。此其所谓统系乃经籍之统系，非科学之统系也。①

国学底蕴深厚的新闻记者黄远庸（1884—1915）作《晚周汉魏文钞序》，将"分科"视作区别古今学术的要素：

> 古无分业之说，其思想论辩不由名学，故常以一科之学，包举万类。欧洲古代学者，举一切物理、心理、政治、道德之理论，悉归之于哲学。吾国自古亦以一切学问，纳之于文。其分合异同之迹，盖难言之。②

现代新儒家唐君毅（1909—1978）从分科角度揭示中西学术的不同：

> 然在中土，则所谓文化之各领域素未截然划分，此于中国图书分类之不能按照西方分类法即已得其徵。中国传统之书籍分类，如七略四部之分，均以书籍体例分，而不以学术之对象属于何类文化领域分（如以宗教、政治、经济、文学、哲学、艺术分），而此中尤以哲学、文学中之分划为难。集部之非同于文学，如子部之非同于哲学。而经、史二部，政治、哲学、文学者所同读。③

晚清以降，西学东渐，中西文化交融互摄，近代初期在"师夷长技"谋略指导下，"格致学"（自然科学）诸科率先成长，多种理科门类（物理、化学、数学、生物学、医学等）应运而生；清末民初以降，固有的经学、史学等开始分化、重组，汲纳西学，形成文学、历史、哲学、经

---

① 顾颉刚：《古史辨》第1册《自序》，上海古籍出版社1982年版，第29、31页。
② 黄远庸：《晚周汉魏文钞序》，《学生》第3卷第1号，上海商务印书馆，1916年1月20日，第19页。
③ 唐君毅：《略论中国哲学与中国文学之关系》，《新西北》第2卷第3、4期合刊，新西北月刊社1940年版，第24页。原文有印刷错误，引者参酌1943年4月1日贵州《思想与时代》第21期刊本（第26页）更正之；标点亦依现在习惯略加修改。

导　言

济学、社会学、考古学、人类学等人文社会科学门类，由较笼统的传统学术走向学科分野趋于明晰的近代学术。

清末外交家薛福成（1838—1894）较早对西洋学术分科加以介绍并作出肯定性评价。薛氏1890年任"出使英、法、义（意大利）、比四国大臣"，对欧洲各国学术分科发展留下深刻印象，发现中国官员"若谓工其艺者即无所不能，究其极乃一无所能"，与之大相径庭，欧洲各国担任外交、军事等官职者，"数十年不改其用焉"，"数十年不变其术焉"。薛氏进而评论说：

> 他如或娴工程，或精会计，或谙法律，或究牧矿，皆倚厥专长，尽其用不相掺也。士之所研，则有算学、化学、电学、光学、天学、地学，及一切格致之学，而一学之中，又往往分为数十百种，至累世莫殚其业。工之所习，则有攻金攻木攻石攻皮攻骨角攻羽毛及设色抟填，而一艺之中，又往往分为数十百种。①

此谓"各有专家，而不相侵焉"，正是分科之学的表征。与分科之学发展相为表里，义位明确、具有特指性的各学科术语纷至沓来。

直至清末，中国传统学术尚处在综合状态，学科分野欠明，故术语不发达。章太炎（1869—1936）将汉语、汉文视作"国粹"之首（他有"语言文字、典章制度、人物事物"共为"国粹"之说），对外来语大量涌入颇有保留与警惕，但他在比较中西语文短长之后，发现汉语的固有实词丰富且稳定，而"汉土所阙者在术语"、"欧洲所完者在术语"，故认为有必要创制汉字新术语。鉴于汉字造词能力强，章氏指出：

> 汉文既有孳乳渐多之用，术语虽阙，得并集数字以成名，无所为病。②

以国文为国粹的章太炎对于用汉字组创新术语充满信心。

---

① （清）薛福成：《庸庵海外文编》卷三，《续修四库全书》第1562册，第23—24页。
② 章太炎：《转注假借说》，《国故论衡》。

近代汉语发展的实践，证明章氏的自信不虚，如以"电"字为词头，可创制无数电工类术语。清末出洋的张德彝在《航海述奇》中采用一批电学新名：电气、电气灯、电气信、电报；后世更出现电力、电灯、电话、电报、电信、电线、电路、电阻、电磁等。这种创词还可推衍下去，不断满足反映新知识的需求。汉语的这种无限造词力，正是汉字文化历久弥新的缘由之一。

注重语言逻辑的章士钊（1881—1973）强调"翻译名义"（译名问题）的重要性，他认为：

> 国于今日，非使其民具有世界之常识，诚不足以图存；而今世界之学术，什九非前代所有，其表示思想之术语，则并此思想亦为前代人所未尝梦见者，比比然也。[1]

这就将新术语的创译提到救亡图存的高度。

随着学科的分途发展，义位明确、具有特指性的相关术语如雨后春笋般涌现，不少成为今日通用关键词。在现代英、法、德、俄等语种的全部词汇中，术语的数量早已超过半数，而且还在与日俱增。17世纪以降，随着西方殖民扩张和世界统一市场的建立，欧美近代文化，连同其术语也传播到世界各地，其他地域的民族与国家，或被动或主动地接受来自欧美的近代术语系统，并结合自身语文特征，逐渐有所改造，有所创发，其语文天地呈现古与今、内与外既相冲突又相融会的纷繁多姿状貌。这在以中国为主体的汉字文化圈演绎得尤为充分。19世纪中叶，中西人士已注意 term（术语），《六合丛谈》借小学名著汉代刘熙的《释名》之题，以"释名"译 term，直至清末章士钊等人还以"释名"称术语，至民初"术语"一词方取代并获通用。

---

[1] 章士钊：《论翻译名义》，《国风报》第1年第29号，上海国风报馆，1910年11月22日，第33页。

导 言

三 "借词"必需

诸语言相互借用词汇,是世界性现象。英语借法语词万余,法语借英语词四千余,汉语外来词数量尤为巨大。

(一)"借词"释名

汉语是一种开放的语言系统,既向外域输送词语,又广为采借外来语,这便是"借词"。中国早期现代语言学家胡以鲁把"译名"和"借用语"加以区分,认为"传四裔之语者曰译。故称译必从其义。若袭用其音,则为借用语";"借用语原不在译名范围内。"亦即说,"音译"外来语称"借用语";而"义译"外来语则称"译名"①。笔者认为,对外来语作音译、意译区分便很清晰了,不必再作"借词""译词"之辨。狭义外来语仅指音译词,广义外来语包括意译词。② 本书将广义外来语统称"借词",是英语 Loanword 的直译,与"外来词""外来概念词"同义,而又简明达意。修辞学家陈望道(1891—1977)指出,语言分"内发语"和"外来语",前者是"本地自造的",后者是"从外路输入的。引线是外路的新知识,新事物,新势力的输入。……外来语也是新文化之一,常常带有所谓异地情调,异国情调。"③ 本书讨论词义演化,故所涉"借词"多系意译词。

"借词"以新名形式进入借方词汇,增加借方语言数量,丰富借方语言表现力,是语言作跨文化旅行的表现。借词通过翻译得以实现,而翻译的实质是以两种不同的语言表达同一思想,它立基于概念的普世性、通约性,故否定概念的普世性、通约性,便阻绝了异文化沟通的可能。翻译的任务主要是再现原文思想,而不一定重演原文语音,因而"借词"

---

① 胡以鲁:《论译名》,《庸言》第25、26号合刊,天津庸言报馆,1914年2月15日,第1页。
② 参见高名凯、刘正埮《现代汉语外来词研究》,文字改革出版社1958年版,第3页、第9页。
③ 陈望道:《文法革新问题答客问》,《学术》第二辑《中国文法革新讨论集》,(上海)学术社,1940年3月,第146页。

除音译（如盘尼西林、苏维埃、德律风、沙发）外，更多采意译。德国汉学家李博归纳汉语借用外来概念的四种方法：（1）音位借用；（2）借助汉语语素表述外来词；（3）前二法混用；（4）字形借用。而常用法是（2）、（4）两种。① 本书所议借词，多出此二法。

（二）"借词"的历史

汉语系统借词外域，与中外文化交通史同步，可分三期：

（1）"凿空"西域的汉唐，从中亚、西亚借词，皆是"形而下"的器物名称，如"葡萄、石榴、琵琶、唢呐、胡瓜、胡琴"之类。

（2）两汉以降，南亚佛学入华，随之汉字佛词大量涌现，佛学家丁福保（1874—1952）1921年编《佛学大辞典》收词三万条，日本人望月信亨（1869—1948）编《佛教大辞典》录佛教名相"三万五千余语"，其中多有"形而上"名目，诸如"法、空、业、禅、劫、世界、现在、觉悟、真谛、因果"等，仅表述"短时间"的梵语汉字译名，便有"须臾""弹指""瞬间""刹那"；还有"当头棒喝""天女散花""瞎子摸象""借花献佛"等成语，为大众常用。

（3）时至近代，西学东渐，中西人士借助汉字将西学概念"词化"，生成大批新名（特别是学科术语）。语言学家王力（1900—1986）说："佛教词汇的输入中国，在历史上算是一件大事，但是，比起西洋词汇的输入，那就要差千百倍。"②

西学东渐以来的借词规模渐增，来路复杂，四阶段各呈情状：

1. 明末清初入华耶稣会士与中国士人合制新名。
2. 清中叶入华新教传教士译制、中国经世派学者纂集新名。
3. 清晚期墨海书馆、江南制造局翻译馆等中外机构译制新名。
4. 清末民初日本汉字新名输入。

此后进入主要由国人（严复等）为主体的译创新名阶段，日制汉字

---

① 见［德］李博：《汉语中的马克思主义术语的起源与作用：从词汇—概念角度看日本和中国对马克思主义的接受》，赵倩、王草、葛平竹译，中国社会科学出版社2003年版，第4—5页。

② 王力：《汉语史稿》，中华书局1980年版，第525页。

导 言

新名较少入华，但继续发挥作用。

汉字具有强劲的表意性。每一汉字不仅是一个音符，同时还具有较稳定的义位，而且汉字往往一字多义，可供翻译时选用。意译词能发挥汉字特有的表意性，昭示其文化内蕴。又有音译+意译，如啤酒、卡片、芭蕾舞、霓虹灯、绷带、坦克车等；连音译也往往都择取音意兼顾的汉字组合成词，如"逻辑""俱乐部""拖拉机""维他命""保龄球""可口可乐"等，近年出现的"奔驰""黑客""迷你裙""托福"之类，在表音的同时，又提供意义暗示。严复（1854—1921）在翻译Utopia时，取"乌托邦"三字，在对音之外，可从这三个汉字产生"乌有寄托之乡"的联想，以昭示Utopia的"空想主义"意蕴。钱玄同1918年3月在《新青年》发文，把"乌托邦"释为"乌有寄托"，得严译之旨。另外，波兰医生柴门霍夫（1859—1917）创世界语（Esperato），近代中国人将Esperato音译作"爱世不难读"，而这五个对音汉字包含的意义又与"世界语"的意义颇切近。这些音意合璧译词，昭显汉字文化的睿智。

通过借词以创制新名，是一种普遍的社会语言现象。王国维（1877—1927）积极评价新学语的借取：

> 周秦之言语，至翻译佛典之时代而苦其不足；近世之言语，至翻译西籍时而又苦其不足……处今日而讲学，已有不能不增新语之势；而人既造之，我沿用之，其势无便于此者矣。[①]

王先生谓"人既造之，我沿用之"，指日本已用汉字造出若干表述西学的新语，应当充分利用。

语言学家陈原（1918—2004）也论及借词的必然性："任何一种有生命力的语言，它不怕同别的语言接触，它向别的语言借用一些它本来所没有，而社会生活的发展要求它非有不可的语汇，与此同时，不可避免的是别的语言也向它借用某些同样需要的语汇。一方面是借入，一方面

[①] 王国维：《论新学语之输入》，《教育世界》第96号，（上海）教育世界社，1905年农历二月，第1—5页。

王国维《论新学语之输入》(《教育世界》第 96 号，1905 年)

是出借……"①

百年过去，"新语之输入"有增无已，而诸如"科学、民主、自由、经济、文学、艺术、封建、资本、教育、新闻、物理、化学、心理、社会、革命、共和、政党、阶级、权利、生产力、世界观、社会主义、知识分子"等术语的确立，都是在古今演绎、中外对接的语用过程中实现的。这些充当诸学科关键词的汉字新名，词形是汉字文化固有的或由其

---

① 陈原：《社会语言学》，学林出版社 1983 年版，第 287 页。

导　言

拼组的，词意则受到中国因素和西方因素的双重影响，日本因素也参与其间。故追溯汉字新名的源流，考察作为现代人思维纽结的新概念（词语为其物质表征）的生成机制、发展规律，将展开中—西—日文化多边互动的复杂图景，彰显近代思想文化的网络状（非单线直进）历程。

借词作为一种跨文化现象，既有"跨文化适应"，借方与借入方达成彼此涵化；同时，借词也会遭遇"跨文化传播阻力"，发生"跨文化曲解""跨文化错觉"①，这也是历史文化语义学需要探讨的问题，本书第六栏目专门论此。

（二）中外概念相互"格义"

近代以降，西学东渐，汉语系统的借词现象日渐普遍，包括若干学科领域的核心概念，往往借自西洋或东洋。对于这一轮规模空前的外来语来临，国人有两种反应。

一认为合理、必要，因西方学术先进，当大量采纳，方有望进步。而欲采纳西学，必吸收其术语，仿效其语文表述。这便是语文的"西化合理"论。

二认为语文西化是背弃祖宗，必须予以反拨。有学者主张以中国固有范畴系统（道器、体用、阴阳、形神之类）取代沿用百年的亚里士多德、康德范畴系统（本质、量、质、关系、位置、时间等）。这便是语文表达的"回归国故"论。

上述两论均自有道理，然若坚执一端，又失之偏颇。可行路径是——中外交融，以外来语文"格义"本土语文，又以本土语文"格义"外来语文，达成内外语文的涵化，建设"守先待后""融会中外"的词群，以表述日益丰富的新文化内容。

这里引入一个佛学词语"格义"（初见南朝梁代僧人慧皎《高僧传》"以经中事数，拟配外书，为生解之例，谓之格义。"）——"格"谓比较、度量，"义"谓名称、概念。格义者，用比较、类比的方法解释和理解跨文化概念也。当然，格义双方不可能总是均衡对等的，佛学初入华，

---

① 参见陈国明、安然编著《跨文化传播学关键术语》，中国社会科学出版社2010年版，第2、168、226页。

国人以儒、道之学解释佛学及其各种专名，如以老庄之"无"比配佛学之"空"，此为"以中格外"；后又有反向格义，以外来概念诠释本土概念，"以外格中"。近百年来，以西学新解中国固有词语之例甚多（如科学、自由、共和、社会等）。而格义的较佳结局是：异文化各要素相互作用，达成综合二者成就的新语文。千余年来佛学与儒道之间多获此种成果，要者一是华化佛学，二是吸收佛学精义的新儒学——宋明理学。四百年来中西文化在交融过程中，也正在培育这类成果，当然其间存在矛盾扞格。本书之微意，在考究今日通用的若干关键词古今转换、中外对接历程，识其经验教训，以期实现涵化——异文化接触、反抗，逐渐受纳、适应，达成你中有我、我中有你的交融与同化。

中外格义的一个前提是自方文化要有深厚底蕴。有些外国人对此有所体悟，如19世纪入华新教传教士丁韪良（1827—1916）是以中文译介西学（尤其在法学领域）最有成绩者，他在总结其何以能以中文翻译《星轺指掌》《万国公法》时指出，渊博的中国文化是翻译成功的重要原因。他说："除了希伯来人之外，世界上没有一个民族曾经从古人那儿继承过这么珍贵的遗产。"[①] 从1850—1855年，丁韪良学习《尚书》《易经》《诗经》《春秋》《周礼》《论语》《大学》《中庸》《孟子》等经典，大大加深了对中国文化的理解，这是他能够得心应手地实现中西语汇相互格义的基础。

四 "日语新词"辨析

言及"借词"及中外语文涵化，必须讨论此间的一项大宗——中日语文互动。

中日同属汉字文化圈。古代的汉语词汇流向是中→日，近代前期仍为中→日，近代后期转为日→中。日词入华主要发生在清末民初（1896—1919），这批打上日本印记的汉字新名的产生及向中国传播，呈现复杂状态，须作细致辨析，切忌大而化之，作极端之论。

[①] ［美］丁韪良：《花甲记忆》，沈弘、恽文捷、郝田虎译，广西师范大学出版社2004年版，第32页。

导　言

（一）"日本新词"归类

1894—1895 年爆发中日甲午战争，中方惨败，促国人"大梦初醒"，决计向强敌学习。自 1896 年开始派遣青年学子赴日，研习日本人消化过的西学，此后十余年渐成留学东洋高潮。经中日两国人士的努力，尤其是数以万计的中国留日学生和少数"亡命客"（梁启超等以此自名）的转输，汉字新名从日本大量涌入中国。[①]

康有为 1897 年撰成的《日本书目志》，收录日制学名（经济学、伦理学、人类学、哲学、美学、国学等）和绷带、方针、手续等新词，一时朝野注目。顾燮光《译书经眼录》统计，1901—1904 年中国翻译出版外籍 533 种，其中英籍 55 种，美籍 55 种，法籍 15 种，德籍 25 种，俄籍 4 种，日籍高达 321 种。日籍在入华外籍中占比过半，是"日本新词"入华的重要载体。

清民之际从日本入华的汉字新名，有如下几类：

（1）音译词（瓦斯、俱乐部等）。

（2）日本训读词（入口、手续等）。

（3）日本国字（腺、膣等）。

（4）日文译语（基于、对于等）。

（5）将中国古典词原义放大、缩小或转义，以对译西洋概念。以"现象"为例，本为汉译佛语，义为佛、菩萨现出化身，日本哲学家西周（1829—1897）的《人生三宝说》（1875）在"现象"词形中注入新义，成为与"本质"对应的哲学术语。文明、革命、共和、科学、政治、教育均属此类。

（6）依凭汉字古典语素，运用汉字造词法创制新词（哲学、美学、体操、元素、统计、干部等），以对译西洋术语。

[①] 关于晚清日本汉字新名词进入中国的途径及一般情况，介绍文章甚多，可参见黄兴涛《日本人与"和制"汉字新词在晚清中国的传播》，《寻根》2006 年第 4 期；《新名词的政治文化史——康有为与日本新名词关系之研究》，《新史学》第 3 卷，中华书局 2009 年版，第 100—129 页。

（二）日源词在汉语新名中占比辨析

时下流行一种说法：近代中国所用新名词"七成"来自日本（还有著名讲手称，二字新名"全都"来自日本），舍去"日源词"，中国人便难以说话作文。此议颇耸动视听，故需考量，以明底里。

讨论此题，先须明确两个前提。

第一，日本两千年来从中国进口包括汉字词在内的汉字文化（日语实词多为来自中国的汉字词），此无须赘述。但这一历史背景是讨论中日语文互动问题的基本出发点，明治维新以降涌现的大量日制"新汉语"，并没有脱离汉字文化轨道，而是在对译西语时的汉语衍生物，它们或者直接借用汉字词，或者利用古典汉字作语素，按汉语构词法组建新的汉字词。这些新名不宜统称"日源"，它们多为有所改造的古典汉字词回归故里。

第二，笼统讲近代①是日本向中国输出汉字新名，也失之粗疏，须加辨正。若将近代作早期与晚期区分，便会发现：近代早期（中国明清之际及清中叶，日本江户幕府中后期及明治初期），西学及其汉译新名传播方向的主流，是"中国→日本"；至近代晚期，日本因明治维新成功，研习西学的水平超越中国，西学（包括汉译新名）传播方向的主流，方转为"日本→中国"，但"中国→日本"的流向亦未终止，黄遵宪、吴汝纶等中国士人于19世纪末叶访日，仍被日本人尊为学习汉字文化的师长，崇敬如仪。日本人此际译制汉字新名还不断求教于中国（本书后文将具体论及）。

日制汉字新名在清末民初二十余年间涌入中国，张之洞称"日本名词"，林琴南称"东人之新名词"，刘半农称"东洋派之新名词"，20世纪50年代语言学者称其为"日语借词"。② 这些借词在近代中国影响甚大，但在新名中所占比例，不能信口言说，而须诉诸具体统计。

---

① 本书使用"近代"一词，采用世界史通义：从15—16世纪之交大航海为开端，17世纪欧洲科学革命、18世纪工业革命以降，世界逐渐由分散走向整体，从中古进入近代。

② 董炳月：《"同文"的现代转换——日语借词中的思想与文学》，昆仑出版社2012年版，第3—6页。

导 言

（1）刘正埮、高名凯、麦永乾、史有为编《汉语外来词词典》① 收录古今汉语外来词万余条，内有八百多个日本汉字借词（日本汉学家实藤惠秀著《中国人留学日本史》的统计数为844个），这仅占汉语外来词一成左右，在近代新名中占比二成；岑麒祥编《汉语外来语词典》② 收录汉语外来词4370条，日本汉字借词占比略同前书。日本成城大学教授陈力卫对日源词在近代新名中所占比例作统计，在二成左右，占比最高的政治、法律、经济类的日语借词达三成多。③ 另有中国学者及日本、欧洲汉学家作过类似统计，其结果都证明"七成"说、"多半"说不能成立。

（2）对《汉语外来词词典》《中国人留学日本史》所列八百多个"日本借词"略加辨析，便会发现，有将近两百个是中国文献固有的，约五百个是赋予中国古典词新义或借用明清中国翻译西洋概念创制的汉字词，真正的日制汉字新词仅百个。有学人对《新青年》（1915—1926）抽取中日同形二字词2912个，发现2165个有古汉语出典，皆为近代以前日本从中国引进；179个有古汉语出典而产生新义（如中学、指数、主席、主义等）；420个无典（没有汉语出典，如闭幕、本能、党员等）。④ 这一典型案例分析证明，近代新名多半来自日本（甚至高达七成）的说法不实。三字词（如生产力、共产党）、四字词（如社会主义、阶级斗争）中，日语借词比例较大，也不足三成，且其语素多取自中华古典，如四字词"主要人物、现实主义、经验主义"虽为日制词，但其词素"主要""人物""现实""经验""主义"仍取自中华古典。

指出"七成"说的夸张性，并非要给"词汇民族主义"张目，不是为了证明"老子先前比你阔"，而是要排除"老子天下第一"和"数典忘祖"两种极端，复归汉字文化史的实态。只有在历史实态的基础上，讨论才有真切的意义。

---

① 刘正埮、高名凯、麦永乾、史有为编：《汉语外来词词典》，上海辞书出版社1984年版。
② 岑麒祥编：《汉语外来语词典》，商务印书馆1990年版。
③ 陈力卫著：《东往东来：近代中日之间的语词概念》，社会科学文献出版社2019年版，第475、477页。
④ 见张莉《〈新青年〉（1915—1926）中日语借词研究》，博士学位论文，北京外国语大学，2017年。

(三)"七成"说何以流行

夸张的"七成"说、"近代新名多半来自日本"说流行一时，原因有二：(1) 数典忘祖；(2) 轻忽自身的文化新创。前已述(1)，此不另述。现对(2)稍作介绍。

钱学森曾指出，现代中国人的发明创造往往是在外国得到肯定之后，吾国才予以承认。此说值得我们反思——对自己的文化实绩不加珍惜、利用，这一由来已久的毛病必须疗治。

明末清初及清中叶由中外人士合作著译的汉文西书，曾走在非欧各国前列，而明清以至近代国人于此木然，往往忘却，倒是西方汉学家指出：

> 第一部西方几何学教科书于1607年、第一部天文学论著于1614年在中国印行。从1584年起，无疑是受奥尔特利尤斯地图（1570）启发的一幅世界地图在中国石印。……
>
> 中国在近代曾是欧洲之外第一个接受西方科学成果的伟大文明古国。无论印度还是日本的第一批起源于西方的著作，均自中国传去并很快遭废禁。[①]

同此，19世纪中叶"开眼看世界"的中国人（林则徐、魏源、徐继畬等人及京师同文馆、江南制造局翻译馆）对西学的编纂评介，在当时的东亚也堪称先进，幕末明初日本曾大量采借。

然而，由于制度性缺陷，明清朝野皆轻视本国人新进的文化成果，或将其束之高阁，甚或加以排斥压抑（典型事例：如魏源19世纪中叶所撰《海国图志》在中国受冷落；又如黄遵宪19世纪80年代成书的《日本国志》，被总理衙门搁置十年）。

就明末清初和清代中叶在中国涌现的大批学术新名而言，在中国遭到轻忽，极少流传，大多湮没，百年之间朝野对其基本失忆。如明末即

---

① [法]安田朴、[法]谢和耐：《明清间入华耶稣会士和中西文化交流》，耿昇译，巴蜀书社1993年版，第67、68页。

导言

已入华的"地球"说,至清中叶被视为奇谈妄论,社会上流行的仍为"天圆地方"说、"华夏中心"说;明末编纂出版的《万国舆图》《职方外纪》早已介绍五大洲、四大洋等世界地理知识,两百余年后清廷竟全然忘却,以致1839—1940年英国军舰打上门来,道光皇帝竟不知英吉利地处何方,慌忙打听英俄是否接壤,并对英国有女王惊讶万分。恰成比照,西学在幕末—明治日本广受重视,明清中国未获流布的反映西学的新名,在近世(江户时期)和近代(明治时期)日本普遍使用,又经其消化、改造,以之对译西语,形成新名学科系统,并于清末民初伴随日本教科书、工具书、日译西书、新闻媒体输入中土,未究底里的中国人将其一概当作日制汉字词,"好奇者滥用之,泥古者唾弃之"(王国维评语)。

仅从近代新名的创制与传播这一侧面而言,轻忽国人自创的教训沉重,吾辈应当记取!

五 "新名"来路考略

前述日本"新汉语",少数为日本新创(语素仍来自汉字文化系统,构词法亦袭自中华),成词量占日本"新汉语"主体的则直接利用汉语古典词。因这些古典词在中国罕用,往往被误作"日源",笔者也作过误判。如冯天瑜《新语探源》沿用余又荪1935年《日译学术名词沿革》的判断,把"真理"列为"日源词"("西周所创的学术名辞"[①]),钟少华特加纠正,指出早在1819年马礼逊便在澳门出版的《五车韵府》将"真理"对译truth,幕末日本借用,清民之际逆输入中国。[②] 笔者据此更正原议,并进而追究,发现"真理"乃晋唐间形成的汉译佛词[③],早已传至日本,日本人是借此词对译truth。总之,"真理"乃中国自创词,后传至日本,近代又从日本逆输回来,无疑是回归侨词,而非日源词。与此同例

[①] 余又荪:《日译学术名词沿革》,《文化与教育》第70期,(北平)文化与教育旬刊社,1935年10月30日,第16、18页。
[②] 钟少华编:《中国近代新词语谈薮》,外语教学与研究出版社2006年版,第47—48页。
[③] 如惠能《六祖坛经·决疑·第一节》:"武帝不识真理,非我祖师有过。"

者甚多，在在提醒我们：不少被认作"日源"的汉字新名，其实另有来历，大约有如下几类。

（一）源出中华古典

清民之际被认作从日本入华的大批汉字新名（如自由、社会、科学、法律、文学、史学、历史、陆军、方法、卫生、小说、机器、石油、参观、代表、单位、发明、反对、范畴、革命、共和、讲师、教授、博士、标本、规则、传播、数学、物理、解剖等），究其原本，皆来自中国古典词库，是晋唐宋明以降从中国传至日本，近代经日本改造后作为西学译名"逆输入"中国的，不当以"日源词"视之。

近代日本利用中国古典词汇译介西学术语，著名者还有多例——出自《庄子·齐物论》的"宇宙"，出自《后汉书·党锢传序》的"理性"，出自《楚辞·远游》的"想像"，出自《孟子·公孙丑》的"具体"，出自《左传·昭公二十年》的"分配"，出自《管子·宙合》的"行政"，出自《谷梁传·成公元年》的"农民"，出自《吴子·论将》的"间谍"，出自北宋《宣和画谱》的"布景"，等等。

上述列举之词语源于中国古典，近代日本人借以翻译西方术语时，与来自西学的概念彼此格义。由于汉字具有较大活性，可以作范围宽广的诠释和引申，从而为古意向新意转化提供可能性。

近代日本人在译介西学概念（特别是宗教、哲学、伦理类概念）时，还曾大量借用汉译佛词，如"世界""唯心""相对""绝对""真理""实体"等。再如"律师"一词借自《涅槃经·金刚身品》，佛典称善解戒律的僧人为"律师"，指善于解说法律条文者，颇为传神。他如以"作用"译 action，以"意识"译 consciousness，以"平等"译 equality，以"未来"译 future，以"观念"译 idea，以"过去"译 past，以"现在"译 present，以"自觉"译 apperception，以"化身"译 avatar，以"功德"译 beneficence，以"世界"译 cosmos，以"魔鬼"译 demon，以"妄念"译 delusion，以"果报"译 effect，以"地狱"译 hell，以"外道"译 heresy，以"慈悲"译 grace，以"摩诃衍"译 mahayana（大乘），以"轮回"译 metempsychosis（或 transmigration），以"涅槃"译 nirvana，以"真如"译 reality，以"三昧"译 samadhi。以汉译佛词翻译西洋术语，

导　言

可以说是"多重翻译",词语在"印—中—日—西"四方传递、转换,最后定格新义,在汉字文化圈的日中两国的语文系统中流行,渐被大众所熟用。

上述现代使用的关键词,都经历了"中—西—日"或"印—中—日—西"之间的流转与变迁,古汉语义、梵语义、西语义及日语义相综汇,笼统称之"日源词"是不妥当的。称其为"古典翻新"或"侨词来归",较近实态。

(二)来自在华编译、出版的汉文西书

今日通用的一批反映近代学科概念的汉字新名(科技类:植物学、物理学、医学、力学、地球、热带、温带、冷带、南极、南极圈、经线、纬线、寒流、暖流、细胞、比例、大气、飞机、铁路、钢笔;人文类:真理、公理、定理、记者;法政类:权利、立法、公法、选举、国会、法院;等等),曾被误以为"日源词",实则非也。它们是在明清之际和清中后叶这两个时段,由西方传教士与中国士人合作,以"西译中述"(西方人口译,中国人笔述)方式在中国创制的,先后于江户中后期和明治前中期传至日本,其载籍均在中国刊印,笔者将其命名"早期汉文西书"(明清之际成书)与"晚期汉文西书"(清中末叶成书)。[①] 将这批汉字新名称"日源词"很不恰当。这里有必要回顾历史实际。

16—17世纪之交,欧洲传教士偕西洋早期近代文化东来,对于中国与日本这两个西学东渐目的地,西方人更重视作为东亚文明大国的中国,明末有法国传教士金尼阁(1577—1629)"远来修贡,除方物外,装演图书七千余部"[②] 入华之说。来华传教士从数量到品级,赴中者明显高于赴日者,明清之际入华的西洋传教士(如利玛窦、艾儒略、南怀仁、熊三拔、汤若望等)学术水平是赴日传教士所不可比拟的,利玛窦们又得中国优秀士人(如徐光启、李之藻、杨廷筠、王徵、方以智等)合作,在

[①] 冯天瑜等:《近代汉字术语的生成演变与中西日文化互动研究》之上编《载体研究》,经济科学出版社2016年版,第7—168页。

[②] 方豪:《明季西书七千部流入中国考》,《文史杂志》第3卷第1、2期合刊,(重庆)中华书局,1944年1月1日,第47页。

导　言

相当高的层次上译介西学，编纂、出版330种汉译西书①，著名者有《几何原本》《同文算指》《职方外纪》《坤舆图说》《名理探》《西学凡》等，创译大批包含新概念的汉字新名。值得一提的还有金尼阁于明天启五年（1625）翻译《伊索寓言》的选本《况义》，此为汉字文化圈较早译介西方文学名著。

利玛窦、徐光启合像

上述为"早期汉文西书"，是日本江户幕府时期研习西学、采用译介西学的汉字新名的一大来源（当然，日本还通过兰学直接获取西洋学术文化）。

---

① 见（徐光启后裔）徐宗泽《明清间耶稣会士著译提要》，（上海）中华书局1948年版。

导　言

经雍正、乾隆、嘉庆中断百年后，道光、咸丰年间中国进入西学东渐新阶段，译介西方概念的汉字新名大量涌现，英国入华新教传教士马礼逊（1782—1834）编著世界第一部英汉—汉英对照辞书——《华英字典》（1815—1823）；德国入华传教士郭士立（1803—1851）在广州（后迁新加坡）编纂的中文刊物《东西洋考每月统记传》（1833—1837），伦敦传道会传教士伟烈亚力（1815—1887）主笔、上海墨海书馆刊行的月刊《六合丛谈》（1857年1月—1858年6月），先后由韦廉臣、慕维廉、李提摩太主持的广学会（1887—1956）等，除译介神学外，还大量译介西史、西政、西技，并于此间创制大量汉字新名。① 中国士人李善兰、徐寿等在译介中发挥重要作用。

上述"晚期汉文西书"皆被幕末明初日本人广为采借，并成为其翻译西学的参考。如《东西洋考每月统记传》译制的汉字新语"公会""国政公会"（简称"国会"）、"魁首领"（总统）、"拿破戾翁"（拿破仑）、"华盛顿"、"经纬度"、"新闻"、"新闻纸"（报纸）、"炊气船"（蒸汽机推动的轮船）、"驾火蒸车"（火车）、"气舟"（热气球）等，②皆在日译词之先，并为日本借取，有的沿用至今。参与《六合丛谈》著译的中外人士有伟烈亚力、慕维廉、艾约瑟、王韬、蒋敦复、王利宾等，其翻译方式仍是西译中述，如《西学辑存六种》署名"西士伟烈亚力口译，长洲王韬笔录"。中西人士译创了许多科技类、法政类汉字新名（包括四字成语）。据日本语言学家佐藤亨考析，《六合丛谈》内的汉字新名，中日有共同出处如医学、意见等六百余条；中国典籍原有，幕末明初传入日本的如医院、一定、试验等二百余条；来自中国的早期汉文西书的如纬度、海峡等六十条。③ 这一并不完整的统计，足证19世纪中叶来自中国的晚期汉译西书对日本语汇的影响，所谓"日源词"，不少出自此。

入华欧美新教传教士与中国士人合作翻译西书的高潮在1860—1895年，此间正值日本明治维新期间，来自中国的汉译西书是日本研习西学

---

① 详见冯天瑜著《新语探源——中西日文化互动与近代汉字术语生成》（中华书局2004年版）第三章第二节《新教传教士译介西学》。
② 见［德］郭士立等编，黄时鉴整理《东西洋考每月统记传》，中华书局1997年版。
③ ［日］佐藤亨：《幕末明治初期语汇的研究》，（东京）樱枫社1986年版，第130—160页。

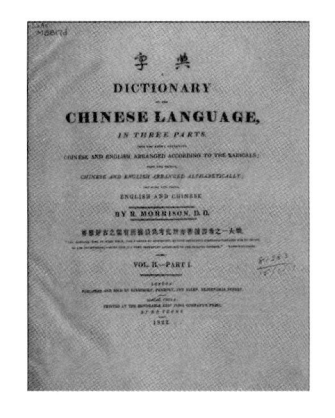

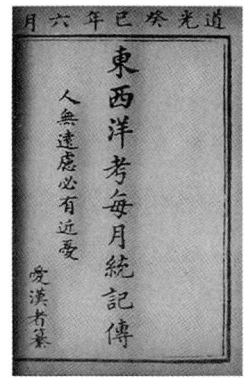

《华英字典》《东西洋考每月统记传》《六合丛谈》书影

的重要来源，日本学者对此有详论。①

我们不可忘却这一历史事实。需要说明者有二：

（1）曾任武汉大学中国传统文化研究中心学术顾问的法兰西院士谢和耐（1921—2018）与笔者在中国和法国两次晤谈，获悉他所称为"近代"，指近代早期（明末清初乃至清中叶），当时中国是欧洲以外研习西学水平最高的国家。故笼统说近代中国学习西方文明借自日本，不甚确切。经大略统计即知：17 世纪译介西学，中国从数量到质量高于日本，汉译西书及其汉字新名大量由中传日。由于罗马教廷和清代朝廷双方的原因，18 世纪西学东渐在中国戛然而止，而日本仍努力奋进，19 世纪初中叶中日译介西学的水平相当，各有短长，但汉译西书及其汉字新名的传播方向，仍是"中国→日本"。直至明治维新以降（19 世纪后期至 20 世纪初期），日本接受西方文明，从数量到质量乃至系统性，超越中国，汉译西学及新名的流播，发生从"中国→日本"到"日本→中国"的大转向。

（2）值得一提的是，一些严谨的日本学者否认 16 世纪末以来若干汉字西学术语的"日源"性，指出它们来自明末和清朝同光年间的汉文西书。略举一例：笔者在日本爱知大学任教时的同事荒川清秀（1949—　）

---

① 见［日］沼田次郎《西学：现代日本早期的西方科学研究简史》，（东京）日本—荷兰学会 1992 年版，第 3—7、147—169 页。

导 言

长期从事日中语汇互动研究，他著文驳正中国出版的颇有权威性的《汉语外来词词典》①的一些误判，如该词典称"热带"是日源词，而荒川广泛查阅资料，发现明末入华耶稣会士利玛窦与中国人合作的世界地图上已有"热带"一词，荒川特撰250页的文章论此，证明包括"热带"在内的一系列地理类汉字术语来自中国。荒川教授进而撰著《近代日中学术用语的形成与传播——以地理用语为中心》②，考订百余个地理、气象类汉字新名，皆系明末中国印行的汉译西书拟定的新名，幕末传入日本。

一些中国学者和欧美汉学家（如意大利的马西尼等）做过考订，证明大批汉字科技类、法政类新语本为"中源"，幕末明治间传入日本，又于19—20世纪之交"逆输入"中国。③

1864年在北京出版的《万国公法》很快在日本重印，将对译英语概念的汉字新名"民主""权""权利""主权""特权"传入日本；1851年合信在广州出版的《全体新论》，1858年李善兰与韦廉臣合译的《植物学》等书流播幕末日本，将"植物学""细胞"等一批术语传入日本。④此外，"电信""电报""政治""议院"等新名皆中国创制在先，日本吸纳过去，后又返传中国，并非日本创词。

冯天瑜《"千岁丸"上海行——日本人1862年的中国观察》⑤论及日本幕末藩士高杉晋作（1839—1867）、中牟田仓之助（1837—1916）等在上海搜求"《上海新报》《数学启蒙》《代数学》等之书归"，高杉晋作还在上海购得美国人裨治文与中国人管嗣复合译的《联邦志略》（原名《美理哥合省国志略》），其中大量政法类、史地类汉字新名传入日本。值得注意的还有，参译西书的中国士人徐寿（1818—1884）的传记载，"在

---

① 上海辞书出版社1984年版。
② 白帝社1997年版。
③ 马西尼考证，"公司、新闻、磅、绷带、贸易、火轮船、火轮车、光学、声学、法律、国会、议院、医院、主权、国债、统计"等汉字新名先期皆产生在中国，后流传日本。见［意］马西尼《现代汉语词汇的形成——十九世纪汉语外来词研究》，黄河清译，汉语大辞典出版社1997年版，第18—113页。
④ ［意］马西尼：《现代汉语词汇的形成——十九世纪汉语外来词研究》，黄河清译，汉语大辞典出版社1997年版，第102页。
⑤ 商务印书馆2001年版。

局（指上海江南制造局）翻译汽机化学等书，成数百卷。日本闻之，派柳原前光等赴局考访，购载寿译本以归。今日本所译化学名词大率乃袭寿本者为多，人以此服其精审"。这里讲到的柳原前光，是明治初年的外交官，1870年来上海除贸易事宜外，还广搜中国出版的汉译西书，促成中制新名传入日本。

综上可见，直至19世纪60—70年代（日本的幕末明初），中国还是日本学习西学、接纳西洋新概念的供应源地之一。如果我们将在中国创制的表述西学的汉字术语认作"日语借词"，日本学者和西方汉学家会哑然失笑，中国人更情何以堪。

创译汉字新名的中国士人与来华西洋人的劳绩历历在目，不容抹杀。参与翻译汉字新词者甚众，著名人物有明末清初入华耶稣会士利玛窦、艾儒略、金尼阁、邓玉函、熊三拔、傅汎际、汤若望等，清末入华新教传教士马礼逊、慕维廉、傅兰雅、麦都思、伟烈亚力、林乐知、李提摩太等，与西洋人合作汉译的中国士人有明末清初徐光启、李之藻、杨廷筠、王徵、方以智及其子方中通等，清末汪凤藻、李善兰、徐寿、徐建寅、华蘅芳、王韬、李凤苞、管嗣复、张福僖等。这些中西人士若地下有灵，必为首创权被剥夺并拱手让与日本人而郁愤不已。

（三）晚清"开眼看世界"中国人的译制

清道咸年间国门初开，一些先进的士人渴求新知，借助汉译西书、西报，撰写一批介绍西事、西学的书籍，著名者有林则徐（1785—1850）主持编译的《四洲志》、魏源（1794—1857）编纂的《海国图志》、徐继畬（1795—1873）编纂的《瀛环志略》、姚莹（1785—1853）编纂的《康輶纪行》、梁廷枏（1796—1861）编纂的《夷氛闻记》《海国四说》、夏燮（1800—1875）编纂的《中西纪事》、陈逢衡编译的《英吉利略记》等。这些书籍在介绍外域情事、学术时，参考、借鉴《澳门月报》《东西洋考每月统记传》《美理哥合省国志略》之类汉译西洋书刊，译制了一批史地类、政法类、科技类汉字新名（如贸易、进口、出口、文学、法律、火轮船、火轮车、火车、国会、公司之类），冯天瑜《新语探源》[①] 第三

---

① 中华书局2004年版。

导　言

章第一节《道咸经世派士人的劳绩》有介绍，此不赘述。这批书籍（尤其是魏源的《海国图志》）在本国遭受冷遇，而传至幕末明初日本，洛阳纸贵，多次翻印，朝野争相传阅，幕末维新志士吉田松阴（1830—1859）称"魏源之书大行我国"[①]。《海国图志》《瀛环志略》等书译制的汉字新名随之播传于日本，日人广泛使用之余，还引为译制汉字新名的范本。如《海国图志》的报纸译名"新闻纸"，美国元首译名"大统领"，皆被日本人采用，并通行至今，而不明底里者常把"新闻纸""大统领""博物"之类视为"日本名词"，殊不知它们分明创自中国，后为日本借用。

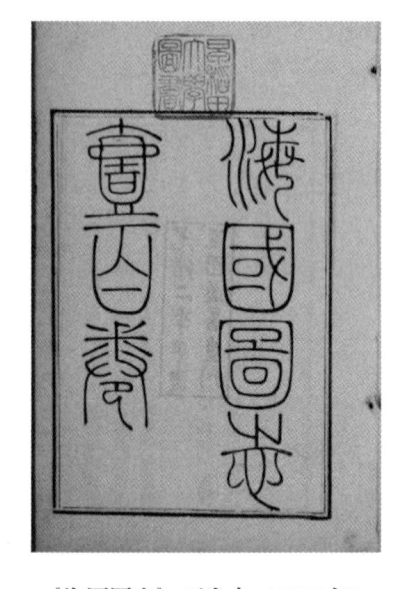

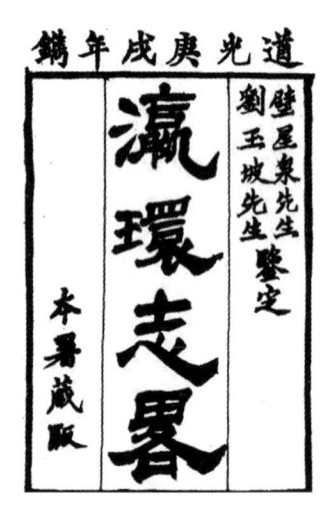

《海国图志》百卷本（1876年）　　《瀛环志略》（1850年）

中国官方兴办的译书机构，如京师同文馆（1862—1902），李鸿章在上海创办的广方言馆（1863—1905），江南机器制造总局翻译馆（1868—1905），创制新名劳绩甚巨。以江南制造局翻译馆为例，李善兰创译数学术语"代数""方程""微分""积分"等，学科名词则有李善兰、徐寿、赵元益、徐建寅与西人合译为"重学""化学""医学""电学""光学""声学""自行车""飞机"等。上述新语多在中日两国沿用至今。而傅

[①] ［日］吉田松阴：《读筹海篇》（清魏源《海国图志》首篇），《野山狱文稿》，第23页。

导　言

江南机器制造总局翻译馆 李善兰、徐寿、华蘅芳合影

兰雅与徐寿合译《化学鉴原》，将当时所知64个化学元素全作汉字定名（非金属类元素石旁，如硒、磺；金属类元素金旁，如铂、锰），皆在中日两国沿用至今。傅、徐还申述"名目生新"说，概括新名拟定的规则与方法。①

总之，上述几类汉字词，有的并非"新语翩至"，而是"旧词复兴"，或曰"古典新变"（承袭古典基旨而变通之）；有的不是"日词入华"，而是"侨词来归"。上列新名产地皆在中华而不在日本。然而，某些中国出版的外来语词典和语言学著作未作穷原竟委工作，把它们一概视作"日语借词"，至今一些人仍持其说，这是不符历史实际的判定。从语源学角度论之，必须恢复上列三类词语的"中国首创"（如《四洲志》《海国图志》《瀛环志略》及江南制造局译制科技类、政法类、史地类诸名）、"翻新古典"（如革命、自由、共和之类）及"回归侨词"（如地球、小说、物理、卫生之类）身份，并论析创制、输出与逆输入之始末，考查中—西—日三边互动间的因革及传递转换情实。

恢复历史本来面目是新名研究的基础。

---

① 见［英］傅兰雅《江南制造总局翻译西书事略》第二章《论译书之法》。傅氏"名目生新"说详见冯天瑜《新语探源》，中华书局2004年版，第277—281页。

导言

六　近代日本语文贡献平议

指出"新名七成日源"说之偏误，绝不意味着可以否定近代日本发展汉字文化、助力中国语文变革的贡献。

幕末明治日本在译介、诠释西学的过程中，运用汉语构词法创制一批汉字新名（如哲学、美学、干部、常识、笔谈之类）；更大量选取并改造汉语古典词（如伦理、科学、政治、范畴、艺术、民族等）翻译西洋术语；普及词缀化用法，如前缀（如老～、小～、第～、非～、阿～等）与后缀（如～者、～力、～式、～性、～化、～式、～家、～阶级、～主义等），又借鉴西式语法，丰富了汉字语用，对白话文运动及汉语的现代化进程起到了推动作用，这一劳绩理应充分肯定。但是，将日本的语文贡献从汉字文化圈大格局中拔擢出来，加以夸张描述，对汉字新名的语源张冠李戴，一概让与日本，则有失允当。今日议此，并不仅是维护新语发明权的荣誉之争，更重要的是：端正对词语演绎线路的认识，以准确把握新名定格、词义异动及发展过程，既是历史文化语义学学理的坚守，更涉及广义的求真务实问题，忽略于此，便无法把握真实的近代中国文化史，也会曲解日本文化史和东西文化交通史。

笔者认为，近代日本对汉字文化发展的贡献，主要并不在于提供了多少新词（对此不必缩小，也不应夸大），而在于终结汉字新名的散漫无序、自生自灭状态，界定中国自创、或由日本制作的新名的古典义、现代义、世界义，并使之贯通，通过教科书、工具书汇入学科体系，通过学校教育、社会教育，为汉字文化构筑现代性知识系统提供语文基础。这项极有意义的工作，近代日本人劳绩显著，却又并非由其单独完成，而是16世纪末叶以来的四百余年间，中—西—日三边互动的结果，中国人与日本人在此间互为师生，交相更替创作者与学习者身份，而欧美传教士在中国士人协助下的译创之功也至关紧要。仅以19世纪中期而论，入华新教传教士在华人协助下用汉语编写出版的论著，英国米怜（1785—1822）21种，英国麦都思（1796—1857）59种，德国郭士立

(1803—1851）61种。① 英国傅兰雅（1839—1928）在徐寿协助下，还总结了创制汉字新名的方法。② 另外，苏格兰人慕维廉（1822—1900）在中国生活53年，出版中文著作39种。英国传教士伟烈亚力（1815—1887）主笔的《六合丛谈》充分展开中西人士合作翻译，王韬（1828—1897）曾记述其具体过程：

> 伟烈亚力乃出示一书，口讲指画，余即命笔志之，阅十日而毕事。于是《西国天学源流》，黎然以明，心为之大快。③

这种"西人口述，中士笔志"的合译方法，从明清之际以至于清末一以贯之。我们不可忘却中西人士合作创制新名的业绩，它们往往是幕末明初日本制作汉字新名的范本。

自严复（1854—1921）等兼通中西语文的译者出现以后，中国逐渐减少借助日译西书，而直接译述西学，根据英、法、德、俄诸文本译创汉字新名，日译词的二传手功能下降，但明治时代日本新语的效用并未中止，其某些优势继续张扬，如严复"一名之立，旬月踟蹰"，苦心孤诣译创的"计学""群学""母财""脑学""界说"固然准确、典雅，却不及日译汉字新语"经济学""社会学""资本""心理学""定义"明快易懂，故在近现代中国流行的，少有严译词而多为日译词。严复提出翻译"信、达、雅"三原则，此至论也，但严复本人创制的译名，古雅艰深，不够畅达通俗，从传播及语用角度言之，在新名竞赛场上，严译词往往落败于日译词。这一历史真实我们亦须记取。直至当代，日本词汇传入中华还在进行中，时下流行的新词，如"达人、人气、人脉、完败、完胜、物流、研修、职场、食材、熟女"等皆为日制词，其中多为从台湾转传中国大陆的。

日本译词虽有便捷易用的优点，但不应忽略，这些日本汉字词多半

---

① ［意］马西尼：《现代汉语词汇的形成——十九世纪汉语外来词研究》，黄河清译，汉语大辞典出版社1997年版，第41页。
② 见［英］傅兰雅《江南制造总局翻译西书事略》第二章《论译书之法》。
③ 《西国天学源流》，1890年淞隐庐活字版排印本，第28页。

源自汉语古典，或用汉语构词法创制，皆与中国文化保有深刻的渊源关系。新近一例颇能说明问题：当下日本天皇更替，皇太子德仁继承平成天皇，于 2019 年 5 月 1 日成为新天皇，日本公布新年号"令和"，官方解释，此名是从日本最早的和歌集《万叶集》卷五《梅花歌卅二首并序》"初春令月，气淑风和"句中择字组成，并宣称这是第一个典出日本古籍的年号（日本自古代第一个年号"大化"开始，直至近现代的年号"明治""大正""昭和""平成"，皆取自中国古典，如《尚书》《周易》《诗经》《史记》等）。但经考索发现：公元 8 世纪成书的《万叶集》"初春令月，气淑风和"句，脱胎于东汉科学家兼辞赋家张衡（78—139）公元 2 世纪初的作品《归田赋》的"仲春令月，时和气清"，而张衡又参酌了先秦典籍《仪礼·士冠礼》"令月吉日"句式。另外，《黄帝内经·灵枢》云："阳受气于东，阴受气于五脏，故泻者迎之，补者随之，知迎知随，气可令和。"有人戏称，新年号"令和"的父亲是《万叶集》，祖父是《归田赋》，曾祖是《仪礼》或《黄帝内经》。日本使用的汉字语汇，多源出中国古典，这是不必也不可回避的历史实际，日本近代翻译西学时创制汉字新语，深植中华文化土壤，这是不可忘却、更不能斩断的历史脉络。

综论之，中日之间的语文交际，呈一种互为师生的关系，今人不必作偏执一端的估量。中日两国协力共创的语文成果，是丰厚的文化财富，至今仍在中日双方发挥作用，并且构成当下及今后语文建设的坚实基础。

七　对"误植词"的警惕与辨正

概念、范畴的演变，是人类思想更革的表征，反映了知识总量的扩大和思想的迁衍、深化。然而，由于概念古今转换、中外对接牵涉文化的时代性进步与民族性因革两大往往并不总是互洽的过程，情形错综复杂，概念与指称之间的误植时有发生，这便是北魏文字学家江式（？—523）指出的，在"世易风移，文字改变"之际，往往出现字语"谬错""失真"，"俗学鄙习，复加虚造"[①]。时下通用的关键词不乏例证：有的

[①] （北魏）江式：《进〈古今文字〉表》。

古典汉字词在演变为新语之后，既完全脱离汉语词的原义，也不切合对译外语的本义，又无法从汉字词的词形推导出新的词义来，新词义是生造的、人为强加的，这便是"误植词"。社会学家陶履恭（1887—1960）百年前说：

> 世人用语，率皆转相仿效，而于用语之真义反漫然不察。物质界之名词，每有实物可稽寻，世人用之，或能无悖词旨，鲜支离妄诞之弊。独进至于抽象之名词，无形体之可依托，而又非仅依吾人官觉所能理会。设转相沿袭，不假思索，非全失原语之真义，即被以新旨，而非原语之所诂，此必然之势也。①

"失原语之真义""新旨"亦"非原语之所诂"导致语文"谬错"，如"娃娃鱼、章鱼、鲸鱼"因生活于水中，被命名为"鱼"，这是由直观导致的错误命名，其实这三种动物皆非鱼类，而分别是两栖动物、软体动物、哺乳动物。

异语文之间存在着文化差异，如果译介时不求甚解，便可能发生名实错位，如 20 世纪以来中国对西方哲学研究虽有成就，但在理解中也出现概念误植——用本民族传统理念曲解西哲的理论和概念，诸如"理性"的误读，"科学"的实用化，"辩证法"的降级诠释，"实践"的变形，"自由"的附会，等等。②

概念意译过程中旧名衍为新名导致文化错位，可列举一些典型例子。

一如"经济"，本义"经世济民""经邦济国"，意近政治，而在对译 economy 时形成的新名"经济"，含义转为国民生产、分配、交换、消费之总和，兼指节约、俭省，与本义脱钩，新义又无法从"经济"词形推衍出来。

再如新名"形而上学"，是借《周易》"形而上者谓之道"一语对译 metaphysics 时形成的，此新名之一义"超验哲理"，与旧名本义方向相切

---

① 陶履恭：《社会》，《新青年》第 3 卷第 2 号，（上海）群益书社，1917 年 4 月 1 日，第 1 页。

② 见邓晓芒《中国百年西方哲学研究中的十大文化错位》，《世界哲学》2002 年增刊。

导　言

合；但后来衍生的反辩证法的"静止论""机械论""外因论"诸义，则全然背离旧名本义指示的方向，也超出了旧名"形而上"词形所能提供的意义空间。①

至于近百年"日用而不辨"的史学关键词"封建"，在中外对译之际，概念误植尤显突出，以致把秦汉—明清这一制度主流并非封建的两千年称为"封建时代"。这种滥用的"封建"，既与汉字词古典义（封土建国、土不可贾）相悖，也与对译英语词 feudalism（贵族政治、领主经济）含义大异，且无法从"封建"词形推演出君主集权、非世袭的官僚政治一类含义来，故以"封建"概括周秦以降社会形态，实乃偷换概念的错谬。钱穆（1895—1990）对于将中国的中古时代套用西欧中世纪"封建"的做法，提出质疑："何以必削足适履，谓人类历史演变，万逃不出西洋学者此等分类之外？"②冯天瑜《"封建"考论》对此有专议。③此不赘述。

对同一概念取得一致认识，即罗素说的"同意"④，是人际间思想交流的前提。概念误植带来的不良后果，往往超越语言学范围而直达广大的思想文化层面，如因"封建"概念的泛化，导致中国史分期长久聚讼不决，对各阶段社会形态认识发生紊乱，不良影响还远逾史学领域。

误植现象常发生在译词的诠释上，费正清（1907—1991）编《剑桥中华民国史》指出，某些西方概念汉译后，往往发生变异，如 individualism 是欧洲启蒙运动后表述人权和尊重个性的褒义词，译成汉语"个人主义"，则曲解为"利己""自私"的同义语，成了贬义词。现在译界将 egoism 译作"自私"，恢复"个人主义"（individualism）的本义，这是对上述偏误的救正，但力度尚不足以克服大半个世纪以来关于"个人主义"形成的错觉。此外，"自由主义""权利"等译词，也有从英语原义转变

---

① 见冯天瑜《汉字术语近代转换过程中误植现象辨析——以"经济"、"封建"、"形而上学"为例》，载《中日学者中国论论文集》，复旦大学出版社2006年版。
② 钱穆：《国史大纲》，（上海）商务印书馆1946年版，第18页。
③ 冯天瑜：《"封建"考论》（修订版），中国社会科学出版社2010年版。
④ "语言的根本目的在于使人实现共同的目标。因此，它的基本概念就是同意。而且，这可以被视为逻辑的出发点。"见［英］伯特兰·罗素《西方的智慧》（上），文化艺术出版社1997年版，第15页。

钱穆《国史大纲》

为汉语词贬义的情形。这表明，异文化间词语的通约殊非易事。如果术语不能通约，异文化的互动交流便会陷入困境。故应当揭示误植词发生偏差的机制，以引起疗救的注意。

《易传》"修辞立诚"当为座右铭。

由"符号—图画—象形—形意、会意"一路演化而来的汉字，历史悠久，若以得到辨识的、已是成熟文字（兼有象形字、假借字、形声字）的甲骨文为端绪（前此的各种刻划符号暂且存而不论），便有三千七百年历史。汉字虽然不断演化（甲骨文—金文—六国古文—秦篆—汉隶—楷书〈草书〉—行书），由图形变为笔画，象形变为象征，复杂变为简约，但其字形的基本状貌、字义的主旨，却得到程度不同的保持，汉字遂能一以贯之地使用不辍，今人与古人对话并非难事。世界诸古文字，如埃

导　言

及象形文字、苏美尔楔形文字、印度印章文字、玛雅象形文字等，皆成为死文字，除个别专家勉为辨认外，与大众语用毫无关联。而存活至今，三四千年生动演绎并使用不辍的唯有汉字。这与汉字是形音义结合的文字相关，同一词形所包含的词义较为稳定（拼音文字由字母随机组合，词义易变），"变易"中深藏"不易"，"不易"又对"变易"开放，是汉字文化长期延传的保障。

生生不已的汉字文化，既不固守语文民族本位，拒斥外来概念的良法美意，也决不截断文化渊源，任由外邦行使"符号霸权"，更不应自乱阵脚，任凭某些关键词误植。

词语（尤其是术语）的规范化、精确化、纯洁化，避免被污染、陷入紊乱和退化，是弘扬文化传统，收揽异域英华，确保文化健康发展所必需的一项守望—前行工作。此项工作的致力处有二：

其一，词语古典义的追溯和近代义的伸发并重，寻觅汉字文化的演化轨迹，以知新名的由来有自、变异所据；

其二，开放门户，博观外来概念与汉语本有概念的联系性和差异性，考究新名在内外交会、中西涵化过程中的生成机制。

古典引申

汉语的一个语用特点是,遵循经济简练原则,利用汉字一字多义特点,从古典词引发新义,而"引申"便是这种"不造新词、实成新词"的便捷有效方法。

作为词语的一种运动现象,"引申"由本义生发新义,是"从原有意义派生出"的"相关新意义",新旧意义之间的关系可以说明。

先秦哲人荀况说:"若有王者起,必将有循于旧名,有作于新名。"① 这种"循旧"以"作新"的词义运动是引申的要领。汉字引申,与汉语文化重视类比、善于移情的思维特点有关。

(1)类比,如"经""纬"本指纺织品的纵线与横线,比附"约束、经管"之义,进而赋予"治国理政、经天纬地"之义(蒋介石的两个儿子名经国、纬国,其意在此)。

(2)移情,如将本指人对温度主观感受的"冷""热"义,移情于客观物体光线的明暗义(如冷色、暖色)。"红"本指一种颜色,引申出喜庆义、美好义乃至革命义。另一种本意为颜色的"黑",引申出错误义、狠毒义、非法义。这里皆经历通感、移情的心理过程。

引申运用"联类比附""移情通感"等思维方式,使旧词的内涵与外延扩缩、升降。此为词义古今演化过程中的一种自然现象。

"内涵"是词项所反映的事物的特有属性,"外延"是反映具有词项特有属性的具体事物。如"人"的内涵,包括直立行走、脑容量大于其他灵长类动物、具有理性、运用语言、制造并使用工具、组成社会等属性;"人"的外延,指地球上全部人类,包括黄、白、黑诸人种,中国人与外国人,古代人与现代人等类项。如果词的内涵增多,外延便会收窄,趋向特指。如"人"的内涵在前述基础上添加"黄种人"这一义项,其外延便自行收缩,专指中国人、日本人、朝鲜人等蒙古人种,而不指欧美白人、非洲黑人。如果"人"的内涵再增"武汉人"这一义项,其外

---

① 《荀子·正名》。

延则仅指武昌、汉口、汉阳三镇人,北京人、上海人、广东人等排除在外。故内涵与外延的增减,互成反比关系。引申便是词的内涵、外延发生伸缩变更。

本单元所列"中国""文化""文明""革命""教育""伦理"诸名,其词形古今一贯,词义对古典义既继承又开新,开新又沿袭古义固有轨道,今人使用这些新名时,于古义还念兹在兹。

对本栏目诸词,先追溯其初义(或曰古义),继而考释其引申义(或曰新义),并注意于古义与引申义之间的遗传与变异。饶宗颐(1917—2018)说,谈文字最好不要谈"第一义",不要认定"本义",切勿把《说文解字》的释义看作"第一义"。[1] 本书所称某字某词的"原义""古义",不敢说那便是"第一义",勿忘可能还有更原始的含义尚未发现。对某字(词)我们只能逼近初义,而难以抵达本义、第一义。至于"引申义",则处在进行时,尚未终结。故语义考察的首尾两端,皆有广阔的未知空间,需要我们不断探索,切勿自满于一时之得。

---

[1] 饶宗颐:《造字与解字》,载赵丽明、黄国营编《汉字的应用与传播》,华语教学出版社2000年版,第13—14页。

中 国

> 美哉，我少年中国，与天不老！壮哉，我少年中国，与国无疆！
> ——梁启超《少年中国说》

作为中国历史文化演出舞台的"中国"，其词耳熟能详，使用广泛。这一关键词从上古走来，含义多有流变：从先秦的"中央区域""城中""邦国""都城"义，汉唐的"中土""中原"义，到近代演为与世界诸邦并列的民族国家之名，不仅词形"中国"传承不辍，而且"居中"词义也一以贯之。笔者二十年来于"中国"有述，后汇集于冯天瑜《中国文化史》（2005）、《江河万古流》（2010）二书。[①] 葛兆光著《宅兹中国》（2011）对"中国"有广度阐发。[②] 本篇试从文字考释和历史过程双视角试作综述。

一 由"中"与"国"组成的偏正结构名词

汉字词"中国"，由"中"与"国"两个古老的、具有独立含义的单字组成，前字（中）对后字（国）起修饰、限定作用。

（一）释"中"

中国之"中"，甲骨文作 等、金文作 等，皆象有飘带的旗帜，

[①] 冯天瑜：《中国文化史·导论》，高等教育出版社2005年版；《江河万古流：中国文化巡礼·导言》，湖北美术出版社2010年版。

[②] 葛兆光：《宅兹中国：重建有关"中国"的历史论述》，中华书局2011年版。

所谓"有旒之斾",旗杆插在一个圆圈形的栅栏中心,表示中间、中央之意。故"中"的本义为内、里。小篆衍为中,《说文解字》曰:"中,内也。从口、丨,上下通。"

成为方位名词的"中",意谓空间的中央,与四方、上下等距离,居左右之中、两端之间,为四方之内核。甲骨文、金文"中"字的象形明示:"中"乃旌幡飘扬的旗帜,居中而立,显系指挥所在处,是某区域或人群的枢机、轴心。中国最早的政治文书结集《尚书》有"王来绍上帝,自服于土中"①之说,唐人孔颖达(574—648)释曰:"言王今来居洛邑,继天为治,躬自服行教化于地势正中。"②汉初贾谊(前200—前168)曰:"古者天子地方千里,中之而为都。"③可见,自先秦以至于汉唐,"中"在地理上的空间居中义的基础上,已引申出执政中心义或文化中心义。

"中"还演绎为动词(读 zhòng,第四声),意为"对上"(如射中、猜中)、"受到"(如中计、中枪);演绎为形容词,意指"成、好"(适中);演为量词,有"中等""半"意以及"正""得当"等意涵。

作为专用名词"中国"构造成分的"中"字,是方位名词,主要包含"中心""当轴处中"之意。

(二) 释"国"

中国之"国",繁体为"國",甲骨文作 ,金文作 和 等,是由"戈"(兵器,示武装)与"口"(人口)合成的会意字,意谓武装保卫人口、军队护卫的区域,所谓"执干戈以卫社稷"。这一武装集团后来又筑围墙、壁垒自卫。刊刻春秋晚期晋国诸侯及卿大夫间誓约的《侯马盟书》,出现"或"字外面加口(音围)的与"國"字类似的字,"口"表示四方形的城墙。"國"字含义有三层:城墙、土地、民众。其文字上的反映,便是在金文国外沿增口(音围),演为秦小篆国。

---

① 《尚书·召诰》。
② (唐)孔颖达主持编纂:《尚书正义》。
③ (西汉)贾谊:《新书》卷三《属远篇》。

"國"字象以城垣环绕保卫的领域，故把都城称"國"，又将地域称"國"、称"方"（有"方國"并称），指天子赐给诸侯的封地。先秦有"家—國—天下"的分野，士大夫之"家"组合成诸侯之國，诸侯之"國"总汇为周王的"天下"。國在家之上，在天下之内，"國"是"天下"的基本构成部分，孟轲（约前372—前289）有"天下之本在國"①的名论。秦废封建，国指皇帝领有之广土众民。汉代兼行郡县制、封国制，郡—国并制，这里的国指封国。故而国的含义多元，延续很长时期，"家—国—天下"三层次说一直传承下来。

　　"國"字繁复（十画），东汉曾简化为"囯"（七画），取"普天之下莫非王土"意；魏晋六朝出现"囻"字，取"民为邦本"意；不过通用的仍是"國"字。直至20世纪50年代汉字简化运动时，方定为"国"字，有"祖国美好如玉"之意（宋元话本、唱词曾出现"国"字，但未流行开来）。

　　秦汉以降，郡县制取代封建制，虽仍有贵族封國之例，但已成次要，政制区划主体是朝廷命官管理的州、郡、县，"國"在其上，指由中央政权掌控的、有特定疆域的国家。故"國"与"邦"意相通。《说文解字》邦、国互训，一云："国，邦也。从囗，从或。"又云："邦，國也。从邑，丰声。"南唐徐锴《说文解字系传》："國，邦也。从囗或声。囗其疆境也，或亦域字。"段玉裁《说文解字注》："邦、国互训，……古或、国同用。""或，邦也。从囗，从戈，以守一。一，地也；域，或又从土。"

　　帝制传统讲究"避讳"，帝王名号必须回避，如西汉开国皇帝刘邦（前256—前195）的"邦"须避讳，以近意字"國"代用之，《汉书·高帝纪上》注引荀悦（148—209）语："讳邦，字季，邦之字曰'國'。"颜师古（581—645）曰"邦之字曰國者，臣下所避以相代也"。战国及秦通用"邦家"一词，汉代以"国家"代之，后世沿用。

　　先秦以"國"指都城、城中、郊内、有疆界的行政地区等，秦汉以后诗文中的"國"，往往仍对这类含义有所承袭。

---

① 《孟子·离娄上》。

> 古典引申

要言之，"國"指执戈捍卫之城邑，进而指称军事、政治中心地，秦汉以下主要指朝廷掌控的行政区域之总称，近古至近代正式获得在特定政权管理下的国家义，常与"天下"近义。东汉史学家荀悦"天下国家一体也"①是代表性言论。"国"既具有维持民族与文化的作用，近人张之洞（1837—1909）遂有"保种必先保教，保教必先保国"②的吁求。明清之际"新民本"思想家则指出，"国"是统治者的政权所托，"天下"才是万众百姓生命所寄、文化延传之托，顾炎武（1619—1692）对"国"与"天下"作新的诠释，力主区分"亡国"与"亡天下"：

> 有亡国，有亡天下。亡国与亡天下奚辨？曰：易姓改号，谓之亡国；仁义充塞，而至于率兽食人，人将相食，谓之亡天下。③

在宗法封建制的周代，"天下"指周天子名义占有的广阔空间，诸侯封地称"国"，卿大夫领地称"家"，"家—国—天下"是三个级次的政制领域。秦汉以后，国家指朝廷统辖的领土和政权，渐与天下混同使用。顾炎武将这两个概念剥离开来，这是寓有深意的——"天下"指国土、民族文化，属于全体人民；"国"指政权、朝廷，仅为帝王及官僚拥有，二者不可混同，而当区别对待。顾氏指出：

> 保国者，其君其臣肉食者谋之。
> 保天下者，匹夫之贱与有责焉。④

两百多年后，梁启超（1873—1929）将顾氏论述提炼为"天下兴亡，匹夫有责"⑤，此语流传广远。

---

① （东汉）荀悦：《申鉴·政体》。
② （清）张之洞：《劝学篇·同心》。
③ （明清之际）顾炎武：《日知录》卷十三《正始》。
④ （明清之际）顾炎武：《日知录》卷十三《正始》。
⑤ 梁启超：《饮冰室合集·文集之一·变法通议·论幼学》。

顾炎武、梁启超突破君国一体、忠君即忠国的固有观念，发挥以人民为本位、以中华文化为本位的天下国家观。这是"国"字诠释史上的飞跃，寓意深刻，当为今人记取与弘扬。

文学家黄摩西（1866—1913）1911年编《普通百科新大辞典》设"国"一目，将封建时代（周朝）之"国"，郡县时代（秦以后）之"国"及近代义之"国"，作历史性陈述，确为释"国"之佳作：

> 吾国古义，国本同域。封建制行，而天子以下，大夫以上，有五等之爵（公侯伯子男），其所受地，谓之国。秦改郡县，去国之制。而前汉分封诸王，尚郡国并称。至后，则但有封号而无实地矣。就近日所谓国家学上国之界说，则必有主权，人民，土地，三者备，而后可谓之国。而又分为帝国、王国、民主国。……至若保护国、属国等，则虽有国之名，而权以丧失矣。

今之简体"国"字，又含有国人像珍爱宝玉一样珍视自己祖国的意涵。

（三）释"国家"

"国"与"家"在古时是处于不同级次的两个实体，《周易》云："是以身安而国家可保也"，这里"身"（个体人）—"家"（家庭、家族）—"国"（一国之整体）乃三个递进的级次。秦汉大一统帝国建立，家—国并提，家—国同构，西汉刘向（前77—前6）《说苑》曰："苟可以安国家，利人民者。""国"与"家"两字组成"国家"，其义多元。

1. 指"国"与"家"两个并列概念。《孟子·离娄上》："人有恒言，皆曰天下国家。天下之本在国，国之本在家。"汉赵岐注："国谓诸侯之国，家谓卿大夫也。"宋孙奭疏："天子有天下，公侯有国，大夫有家——然有国者不可以称天下，有天下者或可以称国，故诸侯谓之邦国，天子谓之王国。"[①] 此外，唐孔颖达注解《中庸》"天下国家可均

---

① （清）阮元校刻：《十三经注疏》下册，上海古籍出版社1997年版，第1414页。

也"。一句:"天下谓天子,国谓诸侯,家谓卿大夫也。"诸例之"天下、国、家"是三个彼此联系又有区隔的概念。

2. 与国同意。《尚书·立政》:"其惟吉士,用劢相我国家。"《韩非子·爱臣》:"社稷将危,国家偏威。"

3. 公家。《梁书·贺琛传》:"我自除公宴,不食国家之食,多历年稔,乃至宫人亦不食国家之食,积累岁月。"

4. 帝王。《后汉书·祭祀志》上:"国家居太守府舍,诸王居府中。"此"国家"指汉光武帝。《晋书·陶侃传》:"侃厉色曰:'国家年小,不出胸怀。'"此"国家"指晋成帝。

历史文献中,"国家"常与"土地、人民"联系在一起。

荀子云:"国家者、士民之居也。……国家失政、则士民去之。无土则人不安居,无人则土不守,无道法则人不至,无君子则道不举。故土之与人也,道之与法也者,国家之本作也。"[①]

《明史·陈友定传》云:"郡县者,国家之土地。官司者,人主之臣役。而仓廪者,朝廷之外府也。"

《三国志·魏书》:"然则士民者,乃国家之镇也;谷帛者,乃士民之命也。"

故古汉语之"国家",与西语 State 含义相近,这正是此二词相对译的原因。

19 世纪后期,丁韪良将 State 译为"邦""国""邦国""国家";傅兰雅等人放弃"邦""邦国",定译词为"国""国家"。随后,严复在《社会通诠》(译自英国学者爱德华·甄克斯 Edward Jenks 的著作 *A History of Politics*)一书中,将 State 译为"国家",国家三要素(主权、领土与人民)凸显出来。1903 年严复《复张之洞》一文称:

国家有定义焉,国家云者,即人民集合之区域,以达共同之志愿,居一定之疆土,组织一定之政治,而有独立无限之主权者也。是故国家之土地,吾民集合之区域也;国家一定之疆土,吾民与他国人民之界限也;——国家独立无限之主权,集合吾民之权力而成

[①] 《荀子·致士》。

也。由此观之，国家之土地、疆域、庶务、政治、主权，何一非本于吾民，故曰国家者，民众之国家也，非一人之私产也。①

汪荣宝、叶澜编《新尔雅》"释国家"曰：

> 有一定之土地，与宰制人民之权力，而为权利义务之主体备有人格者，谓之国家。……国家对臣民有权利有义务，对外国有权利有义务，此国家之所以为权利义务之主体备有人格者。②

《法律经济辞典》③亦设"国家"条，释曰：

> 法律上所谓国家者，根据一定之土地，而以统治权，统一人类社会是也。故国家之要素，须有一定之土地，与人民，及统治权三者为之。

严复文和《新尔雅》《法律经济辞典》表述了近代意义上的国家观。

黄摩西1911年编《普通百科新大辞典》的"国家"条目曰：

> 国家二字，起于封建时代。诸侯称国，大夫称家，界限分明，本不能混用。封建废后，此字遂成为单独名词。今日国家学上之界说，则释为有统治权之领地团体而为人格者。

对"国家"概念的古今演绎概述到位。

---

① 张枬、王忍之编：《辛亥革命前十年间时论选集》第一卷下册，生活·读书·新知三联书店1960年版，第771页。
② （明清之际）汪荣宝、叶澜编：《新尔雅》，（上海）明权社1903年版，第1页。
③ ［日］清水澄：《法律经济辞典》，张春涛、郭开文译，（上海）群益书社1909年再版，第311页。

陈独秀释"国家"更突出人民性：

> 国家者，乃人民集合之团体，辑内御外，以拥护全体人民之福利，非执政之私产也。①

总之，清末民初近代义的"国家"一词渐获流行，但这决不意味着"主权在民"的国家理念在近代中国已经深入人心，其实现还将经历漫长坎坷的过程。

（四）"中国"得名

由"中"与"国"两语素组成的"中国"，是偏正结构名词，"中"为修饰语（偏），"国"为中心语（正）。

"中国"一词较早出现于周初。1963年于陕西省宝鸡县贾村出土的西周早期青铜器"何尊"（名"何"的宗室贵族之祭器），尊内底铸铭文122字，记述周成王继承武王遗志，营建成周（今洛阳），铭文转述武王廷告辞云：

> 武王既克大邑商，则廷告于天曰：余其宅兹中国，自兹乂民。②

（武王克商后，在庙廷祭告上天曰：我要住在中国〈天下的中央〉，由此统治民众。）

这是迄今所见首出之专词"中国"，意谓"天下之中央"。此"大邑商"指商朝（"邑"训为"国"），因居中原，又称"中商国"，简称"中国"，胡厚宣说："商而称中商者，当即后中国称谓的起源。"③ 故

---

① 陈独秀：《独秀文存》，安徽人民出版社1987年版，第18页。
② 《何尊》记周成王在洛邑营建成周，训告宗族，讲到周武王克商，"廷告上天曰：'余其宅兹中国，自之辟民。'"参见于省吾《释中国》，《中华学术论集》，中华书局1981年版。笔者引述铭文，据铭文实态，取"自兹乂民"。葛兆光《宅兹中国：重建有关"中国"的历史论述》（中华书局2011年版）有详论。
③ 胡厚宣：《论五方观念及中国称谓之起源》，《甲骨学商史论丛初集》第二册，（成都）齐鲁大学国学研究所1944年版。

何尊

周武王称自居"中国",是对商代即"中国"的承袭。

较早的传世文献《尚书·周书·梓材》亦有"皇天既付中国民,越厥疆土于先王"的用例①,《诗经》《左传》《孟子》等先秦典籍也多用"中国"一词。据学者统计,载"中国"一词的先秦典籍25种,共出现178次——作"京师"义的9次,"国境内"义的17次,"诸夏领域"义的145次,"中等之国"义的6次。

"中国"初义是"中央之城",即周天子所居京师(首都),与"四方"对称,如《诗经·民劳》云:

民亦劳止,汔可小康。惠此中国,以绥四方。②

---

① 《尚书·周书·梓材》追述周成王说:"皇天既付中国民,越厥擢疆土,于先王。"
② 《诗经·大雅·民劳》。

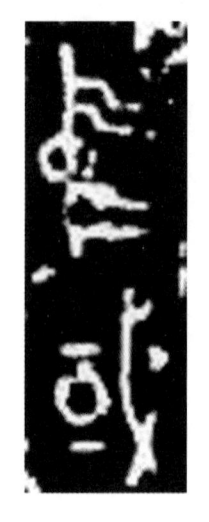

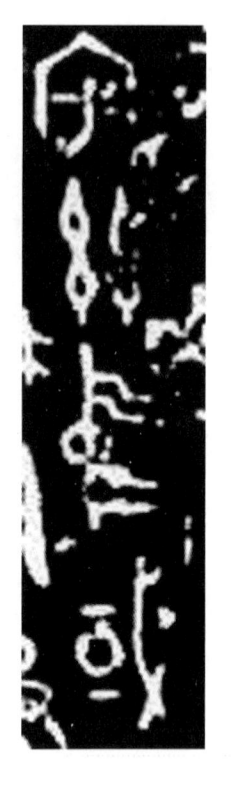

何尊铭文"中国"　　　　　何尊铭文"宅兹中国"

（百姓够劳苦的了，也该享受一下安乐了。抚爱这些京师人，用来安定四方。）

毛传释曰："中国，京师也。"《民劳》篇四次出现"惠此中国"，其"中国"皆指京师。

战国时孟子追述，舜深得民心、天意，"夫然后之中国，践天子位"①。

这些用例的"中国"，均指居天下之中的都城，即京师，裴骃《史记集解》引东汉刘熙（约生于160年）之说：

---

① 《孟子·万章》。

帝王所都为中，故曰中国。

上例为本义京师的"中国"，以后又有多种引申：初指西周京畿地带，继演为诸夏列邦，即黄河中下游这一文明早慧、国家早成的中原地带，如《春秋公羊传》载"南夷与北狄交，中国不绝若线"[①]，这里的"中国"即指中原一带，西周时主要包括宋、卫、晋、齐等中原诸侯国，此义的"中国"后来在地域上不断拓展，包括长城内外，北至漠河，南至五岭、海南岛，西及葱岭，东临沧海的广大区间。

此外，中国还派生诸义，如指国境之内[②]；中等之国[③]；中央之国[④]；等等。

以上多种含义之"中国"，使用频率最高的是与"四夷"对称的诸夏义的"中国"，如《诗·小雅·六月 序》云：

《小雅》尽废，则四夷交侵，中国微矣。

南朝宋刘义庆（403—444）云：

江左地促，不如中国。[⑤]

唐人韩愈（768—824）辟佛云：

夫佛者，夷狄之一法耳，自后汉时传入中国，上古未尝有也。[⑥]

诸例"中国"，皆指四夷万邦环绕的中原核心地带，即中央之邦。其

[①] 《公羊传·僖公四年》。
[②] 《诗经·大雅》："文王曰咨，咨女殷商，女炰烋（意为咆哮——引者注）于中国，敛怨以为德。"《谷梁传·昭公三十年》注："'中国'，犹国中也。"
[③] 《管子》按大小排列，将国家分为王国、敌国、中国、小国。
[④] 《列子》按方位排列，将国家分为南国、北国、中国。
[⑤] （南朝宋）刘义庆：《世说新语·言语》。
[⑥] （唐）韩愈：《论佛骨表》，《韩昌黎文集校注》卷二，上海古籍出版社1998年版。

近义词有"中土""中原""中州""中华""中夏""诸夏""神州""九州""海内"等。

近代通用之"中国",指以华夏文明为源泉、中华文化为基础,以汉族为主体的多民族国家。

二 "中国"概念的历史演绎

(一) 疆域变迁

"中国"是一个历史概念,其所指范域在历史过程中不断异动。

中华先民心目中的世界,形态为"天圆地方",古人把"中国"安置在这个"天圆地方"的世界之中央。以周代论,"中国"是以王城(或称王畿)为核心,以五服(甸、侯、宾、要、荒)或九服(侯、男、甸、采、卫、蛮、夷、镇、藩)为外缘的方形领域[①],作"回"字状向外逐层延展,中心明确而边缘模糊。在西周及春秋早期,"中国"约含黄河中下游及淮河流域,包括周王朝、晋、郑、齐、鲁、宋、卫等地,秦、楚、吴、越等尚不在其内,至春秋中后期以至战国,这些原称"蛮夷"的边裔诸侯强大起来,便要"问鼎中原"[②],试图主宰"中国"事务。至战国晚期,七国都纳入"中国"范围,《荀子》《战国策》诸书所论"中国",已包含秦、楚、吴、越等地。

秦一统天下后,"中国"范围更扩展至长城内外、临洮(今甘肃)以东的广大区间。班固(32—92)说:"及秦始皇攘却戎狄,筑长城,界中国,然西不过临洮。"[③] 汉唐以降,"中国"的涵盖范围在空间上又有所伸缩,诸正史多有描述,略言之,秦汉以下的大一统王朝,"中国"包括东南至于海、西北达于流沙的朝廷管辖的广阔区间。清乾隆二十四年(1759)大体奠定中国疆域范围:北起萨彦岭,南至南海诸岛,西起帕米尔高原,东极库页岛,约1380万平方千米。19世纪中叶以后,帝国列强

---

① "五服"见《国语·周语》,"九服"见《周礼·夏官·职方氏》。"服"指祭奠死去亲属的服丧制,以丧服及服丧时间表示亲属之间血缘远近及尊卑关系。

② 鼎为国家权力象征。《左传·宣公三年》:"楚子⋯⋯观兵于周疆⋯⋯问鼎之大小轻重焉。"

③ 《汉书·西域传》。

攫取中国大片领土，由于中国人民的英勇捍卫，使领土上避免更大损失。今中国陆地面积 960 万平方千米，仅次于俄罗斯、加拿大，居世界第三位。

（二）"王者无外"

自先秦，已形成"天下一家"观念，认为天子是诸侯共主，诸侯国（外）土地皆归天子（王）所属，这便是"中国"疆域的"王者无外"观（帝王以天下为一家，四域皆在王者治下）。此语初出《公羊传》："天王出居于郑。王者无外，此其言出何？不能乎母也。"① 秦汉大一统，"中国"疆域"王者无外"说更为张大。东汉班固《东都赋》云："识函谷之可关，而不知王者之无外也。"晋葛洪《抱扑子·逸民》："王者无外，天下为家，日月所照，雨露所及，皆其境也。"把"日月所照，雨露所及"之处皆纳入中国之境。唐宋普遍承此认知，杜甫诗云"王者无外见今朝"②；宋人田锡云："日南万里，化单于之犷骜。有以见王者无外，书轨大同。"③

以文化一统，导致天下一统，是古华夏的一种流行观念，认为凡有"向礼"之心，夷狄即归向"中国"，这是"王者无外"疆域观的一种思路；同时，华夏人又把文化普被四夷，达成天子"四海为家"，是"王者无外"疆域观的又一种思路。这是"普天之下，莫非王土；率土之滨，莫非王臣"④ 的中国观的铺演。这种虽宏大却模糊的中国观，影响久远，又在历史进程中不断修正，逐步规范进较具体真切的"中国"框架之内。

（三）地理中心—政治中心—文化中心

"中国"原指黄河中游（包括汾河、渭河、泾河、洛河等支流河谷）这一华夏族的活动区域，时人认为地处天下之中，故"中国"具有地理中心意味；因都城建此，又衍出政治中心义；由于文化发达，进而派生

---

① 《公羊传·僖公二十四年》。
② （唐）杜甫：《夔州歌十绝句》。
③ （宋）田锡：《太平颂并序》。
④ 《诗经·小雅·北山》。

文化中心义。战国赵公子成驳斥赵武灵王（前344—前295）仿行"胡服骑射"时，如此论"中国"：

> 中国者，盖聪明徇智之所居也，万物财用之所聚也，贤圣之所教也，仁义之所施也，诗书礼乐之所用也，异敏技能之所试也，远方之所观赴也，蛮夷之所义行也。①

公子成在赵王室围绕"中国"—"蛮夷"关系的辩论中，阐发了"中国"的文化中心内蕴。此后两千余年间，人们多在这一含义上论"中国"。汉代扬雄（前53—18）有"五政之所加，七赋之所养，中于天地者为中国"②的名论，申发文明中心、天地中心之义。唐代道士李淳风（602—670）说："四夷宗中国"③，也是强调文明中心的意涵。

总之，自先秦以至汉唐以迄明清，这种华夏中心的世界观念和华夷二元对立的国际观念，一直延传下来，并得到强化，"四夷宾服，万国来朝"是"中国"历代统治者的期待。直至近代遭遇工业化西方入侵，朝野还迟迟未能摆脱此种自我中心主义。晚清记名海关道志刚（1818—？）1868年出访欧洲（其时清朝已遭两次鸦片战争打击，被迫出使泰西），外人问及"中国"的含义，志刚答曰：

> 中国者，非形势居处之谓也。我中国自伏羲画卦已来，尧、舜、禹、汤、文、武、周公、孔、孟所传，以至于今四千年，皆中道也。④

此言淡化"中国"的地理中心义，强化其文化中心义，将"中国"释为"中道"，凡不符合中道者即非中国，志刚云："英吉利富强已极，颇有持盈之虑"，"法郎西夸诈相尚，政以贿成"，皆不合中道，故不为中

---

① 《史记·赵世家》。
② （西汉）扬雄《扬子法言》："或曰：'孰为国？'曰：'五政之所加，七赋之所养，中于天地者为中国。'"
③ （唐）李淳风：《乙巳占》卷三。
④ （清）志刚：《初使泰西记》，岳麓书社1985年版，第376页。

国所尊敬。

(四) 文明中心多元论、文明中心转移论

在"中国者,天下之中"观念笼罩的时代,也有人以理性态度为自国作世界定位。

自周秦之际,华夏文明向东、西、南、北方向拓展,出现新的文明兴盛区,固有的文明区有的退化,这使清醒的先贤意识到"中国"并非凝固不变的,中原并非永远先进,如明清之际哲人顾炎武(1613—1682)指出:"历九州之风俗,考前代之史书,中国之不如外国者有之矣!"① 这里将"中国"与"外国"对称,而且"外国"(指周边夷狄)有超过中国的地方。

与顾氏同时期的王夫之(1619—1692)认识到文明中心是可以转移的,他在《读通鉴论》《思问录》等著作中,对"中国"与"夷狄"之间文野地位的更替作过论述,用唐以来先进的中原渐趋衰落,蛮荒的南方迎头赶上的事实,证明华—夷可以易位,"中国"地位的取得与保有,并非天造地设,而是依文化不断流变而有所迁衍。王夫之还指出,中国不是从一开头便十分文明,中国也并非唯一的文明中心,他有一种富于想象力的推测:

> 天地之气,衰旺彼此迭相易也。太昊以前,中国之人若麋聚鸟集。非必日照月临之下而皆然也,必有一方如唐、虞、三代之中国也。②

认为上古时"中国"之人如同禽兽聚集,而在日月共照之下的某些地方也可能如同三代中国那样拥有文明,这是理性的中国观和多元的人类文明生成观。③

---

① (明清之际)顾炎武:《日知录》卷二九。
② (明清之际)王夫之:《思问录·外篇》。
③ 详见冯天瑜《王夫之创见三题》三、"文化中心多元论"和"文化中心转移论"。《明清文化史散论》第2版,华中理工大学出版社1998年版。

历史地理学家谭其骧1981年5月在"中国民族关系史研究学术座谈会"上，就如何把握"中国"这一概念，有几点说明：其一，我们的祖国"是各族人民包括边区各族所共同缔造的，不能把历史上的中国同中原王朝等同起来"；其二，"既不能以古人的'中国'为历史上的中国，也不能拿今天的中国范围来限定我们历史上的中国范围"；其三，中国"是五十六个民族共同的，而不是汉族一家的中国"。其说有助于澄清关于"中国"的认识。

三　欧人辨正："契丹"即"中国"

吾人的"中国"观有一个漫长的演变过程，外国人更是如此，他们在古代以至近代前期，关于中国的称呼多达数十种，其间又有交叉、误用。以中古至近古为例，欧洲人曾长期将"中国"与"契丹"两个地理概念或相混淆，或相割裂。直至明末入华耶稣会士利玛窦，才解开此一谜团，使西方形成基本正确的"中国"方位意识。

人所共知，利玛窦首先告知中国人四大洋、五大洲等世界地理知识。而利玛窦还有一项人们不大知晓的地理学贡献，这便是证明了《马可·波罗行纪》所称"契丹"（Cathay）与"汗八里"的确切位置。[①] 从而揭示"契丹"即"中国"，"汗八里"即北京。这是一个至关重要的科学发现。

15—16世纪东西方直接对话，发端于西方对马可·波罗所说"契丹"的寻觅。哥伦布、达·伽马都是为了追寻那个据说金银遍地的"契丹"而进行远航的。利玛窦的功绩在于：澄清了"契丹"与"中国"这两个地理词语的关系问题，其学术意义和对中西交往的实际意义都不可低估。

由于中国与西欧处于亚欧大陆东西两端，相距悬远，且有高山、大漠、海洋的阻隔，古代罕有直接交往，故长期以来西欧人对中国的认识，多为影响模糊之词，称呼也极不统一，有的称 Sinai、Thinai（秦尼）、Chin（秦），托勒密时代称中国 Sina（丝国）、Seris（赛里斯）；中世纪欧

---

① 见《利玛窦中国札记》，中华书局1983年版，第541—566页。

洲又称中国为Khitai、Cathay（契丹），这与传教士的陆路东行见闻有关：13世纪，方济各会士意大利人柏朗嘉宾、法国人鲁布鲁克自西亚、中亚抵达并访问蒙古汗国后，著《柏朗嘉宾蒙古行纪·鲁布鲁克东行纪》，向欧洲人介绍中国，采用了"契丹"一名，并认为"其民族就是古代的丝人"。这是一种中古时期的地理观。

13世纪后期沿丝绸之路、陆上来华的马可·波罗，沿袭先辈传统，也称中国为Cathay（契丹）。但进入大航海时代，16世纪由海路抵达南中国的葡萄牙人，遵从印度习惯，称中国为China（支那）。此外，暹罗人称中国Chin，日本人又称中国为唐、鞑靼人称中国为汉，等等。总之，长期以来，异邦人士对东亚大陆的那个大国命名纷乱，并不知上述名目同指中国。

在众多关于中国的称呼中，中世纪欧洲人多以"契丹"称东亚大国。契丹本指一个中国北方民族，曾建立辽朝（916—1125），与北宋对峙。金灭辽后，契丹人西迁中亚并建立国家，领地达四百万平方千米，中国史书称为西辽（1124—1218），西方史籍则称哈剌契丹，将其描述为一个财富遍地的庞大帝国，人民几乎都是基督徒，这是欧洲人以契丹指称北中国的原因。西辽被蒙古灭亡后，契丹人在波斯高原建立起儿漫王朝（1224—1309），中国史书称后西辽或西契丹。

1271—1295年来元朝的意大利旅行家马可·波罗（Marco Polo，1254—1324）返欧后，因参加威尼斯—热那亚战争，曾被捕，在热那亚狱中口述东方经历，同狱作家鲁斯蒂谦记录整理成书——《东方见闻录》（即《马可·波罗行纪》，1299年撰成），将所见富庶的东方之国称"契丹"（Cathay）。马可·波罗使用这一名称，除沿袭欧洲中世纪固有说法外，还与蒙古人统治的元朝依蒙古习惯，称中国北方为"契丹"有关。《马可·波罗行纪》又将元朝繁盛的都城大都（地址在今北京）称"汗八里"，是因为蒙古人称首领为"大汗"，入主中原后，习惯性地称皇帝为"大汗"；"八里"指其城范围广大，故元朝皇帝所在的都城便叫"汗八里"。《行纪》说："汗八里城自古以来就以雄伟庄严而驰名遐迩。"

晚于马可·波罗半个世纪，摩洛哥旅行家伊本·白图泰（1304—1377）到达过伊儿汗国、东罗马帝国、印度、中国，他在《伊本·白图

古典引申

泰游记》中讲到,"汗八里,这是世界上最大的京都之一"。

欧洲人既仰慕马可·波罗介绍的契丹和汗八里,却不知究竟在东方何处,当然也不明白"契丹、汗八里"与"中国、北京"的关系。

大体言之,直至16世纪,欧洲人对东亚大陆的认识还十分混乱,从海路来华者,称中国为"秦"或"支那";从陆路来华者称中国为"契丹"。在欧洲人那里,这两种称呼相并列,互不搭界。1575年夏到过福建的西班牙人奥斯丁会传教士、地理学家拉达,是第一位认识到契丹即中国的欧洲人,他在介绍中国地理的报告中说:

> 我们通常称之为中国的国家,曾被威尼斯人马可·波罗称为契丹王国。①

但拉达的报告影响很小,真正使欧洲人建立正确的东亚地理观并对中国给定统一专名的是继马可波罗三百年之后的又一位入华意大利人利玛窦(1552—1610)。

耶稣会士利玛窦1582年从印度果阿乘船抵达澳门,次年进入广东,当然属于从海路来华者。他在华南生活十余年,1596年10月在致耶稣会罗马总会长阿桂委瓦的信中,根据自己亲见的南京城的特点(如桥梁甚多),发现与《马可·波罗行纪》对"契丹"城市记述相类似,由此报告了自己的推测——南京城"应当就是马可·波罗所记载的'契丹'都市之一"②。利氏1601年从长江流域经陆路抵达北京,并在这座京城定居,直至1610年去世。利玛窦通过对北京城市建筑及社会生活的观察,并作经纬度的实测,断定北京即汗八里,中国北方即契丹,契丹与支那同指中国。他在1605年寄往意大利的函札中以断然的语气申述:

---

① 转自吴孟雪《明清时期——欧洲人眼中的中国》,中华书局2000年版,第72页。
② 罗渔译:《利玛窦书信集》(上),第233页,《利玛窦全集》3,(台北)光启出版社、辅仁大学出版社1986年版。

现在无疑地可以肯定中国就是马可·波罗的"契丹"。①

1608年又在函札中指出：

>自从四年前我首次到北京，从回教人获知，中国就是契丹，汗八里就是北京，这是波斯人这样称呼的。再从这里的风俗习惯、地理位置、城市的数位以及其他种种迹象，我确切地可以肯定，并曾告诉过您——总会长神父与全体会友知晓，目前我所在的中国，就是（元代的）"契丹"。②

然而，中世纪以来关于"契丹"的传说在欧洲影响深巨，教会及其他欧洲人士均对利玛窦的这些新见持怀疑态度，耶稣会驻印度视察员特派遣懂波斯语的葡萄牙籍修士鄂本笃（Bento de Goes 1562—1607）从印度翻越帕米尔，经中亚东行，考察入华路线。鄂本笃病卒在肃州（今甘肃酒泉），却终于证实利玛窦"契丹即中国北方"的判断，从而驱散了西方人关于东亚大陆认识的疑团。

《利玛窦中国札记》第五卷的第十一章《契丹与中国——一位耶稣会兄弟的不平凡的远游》、第十二章《契丹与中国被证明是同一个国家》和第十三章《鄂本笃修士在中国逝世》，对此有详细记述，其中关键段落，讲到一支西域商队"按伪装成外国使节的惯例，到达了所谓契丹的首都"。而这里正是利玛窦等耶稣会士居留的北京，西域商人与耶稣会神父们共住同一个使节的馆舍中。胡商是陆路入华者，称中国北方为"契丹"；耶稣会士是海路入华者，称此地为"支那"或"中国"。而现在胡商与耶稣会士相会合，自然得出"契丹即中国"的结论。商队西返，在中亚的察理斯城（又译"焉耆"）遇到鄂本笃，并向其陈述以上经历，"鄂本笃才首次极为高兴地得知，中国真是他所要去的契丹"③。法国人费赖之著《在华耶稣会士列传及书目》有类似记载：商队首领向鄂本笃出

---

① 转自吴孟雪《明清时期——欧洲人眼中的中国》，中华书局2000年版，第81页。
② 转自吴孟雪《明清时期——欧洲人眼中的中国》，中华书局2000年版，第81页。
③ 《利玛窦中国札记》，第557页。

示利玛窦所写葡萄牙文信札,"本笃及其同伴喜甚:契丹确为支那,汗八里确为北京,无可疑也"①。

鄂本笃 1602 年 10 月从印度亚格拉出发,经拉合尔、白沙瓦,翻越帕米尔高原,到达新疆莎车,沿丝绸之路南线东行,历时五年,进入嘉峪关,终点为肃州。这一条路线是三百年前马可·波罗一行入元时所走过的,也正是欧洲人形成以"契丹"指称北中国这一观念的旅行路线。而抵达肃州的鄂本笃从胡商那里获悉利玛窦在北京的消息,立即去信联络,利氏马上派中国修士钟鸣礼去肃州迎接鄂本笃,其时鄂本笃已病入垂危,与钟鸣礼见面后不久即辞世。但这毕竟是从陆路入华者(鄂本笃)与从海路入华者(利玛窦)的一次交接,这一交接证明他们到达的是同一个国度,从而雄辩地证明了"契丹"即"支那"(中国)。

鄂本笃为之献出生命的旅行证实了利玛窦的发现,而且,这一"证实"是通过利玛窦的著述《中国札记》向西方世界公布的。因此,利玛窦在中国地理专名的厘定,以及使西方形成正确的中国观方面,贡献是空前的。笔者尊敬的忘年交、《利玛窦中国札记》的译者何兆武先生说:

> 这一重大的发现可以和亚美利哥·维斯普齐(Amerigo Vespucci, 1451—1512)之证实哥伦布所发现的新大陆并不是印度相媲美,堪称为近代初期西方地理史上最有意义的两大贡献。②

这一类比是恰当的:哥伦布(约 1451—1506)1492 年驶抵中美洲群岛,但误以为到达印度,其后,航海家亚美利哥·维斯普齐抵达,方证实这里并非印度,而是新大陆,故新大陆以亚美利哥命名,并未以哥伦布命名。马可·波罗等从陆路抵达元朝,但他不知这就是中国,而以"契丹"称之;利玛窦则证实了"契丹"即中国,"汗八里"即北京。这

---

① [法]费赖之:《在华耶稣会士列传及书目》,冯承钧译,中华书局 1995 年版,第 102 页。

② 《利玛窦中国札记》,中译者序言第 9 页。

在西方地理史上的贡献,确乎可与亚美利哥的发现相提并论。经利玛窦—鄂本笃的实考,"中国"自此在欧洲得以正名。

四 "中国"衍为正式国名

(一) 古代国名多歧

我国古代国名无定说,若干称号交错使用,如赤县、神州、海内、华夏、中夏,还称九州、九牧、九区、九域等("九"非实数,指多数),更常以朝代作国名(如汉代称"汉""大汉",唐代称"唐国""大唐",宋代称"大宋",明代称"大明",清代称"清国""大清")。

以朝代作国名乃为通例,外邦也往往以我国历史上强盛的王朝(如秦、汉、唐)或当时的王朝相称。如日本长期称中国人为"秦人",称中国为"汉土""唐土";江户时期称中国人为"明人""清人";明治时期称中国为"清国",中日甲午战争称"日清战争"。

此外,希腊、罗马称中国为"赛里斯",意谓"丝国";古印度称中国为"支那",约为"秦"的音译,又称"震旦""脂那"等,为"支那"的异译。[①] 瓷器的英语作 china,也是欧西常用的中国称呼,英、德、捷克等语皆将中国写作 China。清末外交家薛福成(1838—1894)在《出使四国日记》中说:"欧洲各国,其称中国之名:英称'采依纳',法曰'细纳',意曰'期纳',德曰'赫依纳',拉丁之名则曰'西奈'。问其何义,则皆秦字之音译……"也可能是瓷器(china)的音译。

(二)"中国"以非正式国名出现

以"中国"为非正式国名,与异域外邦相对称,首见于《史记》载汉武帝(前156—前87)派张骞(约前164—前114)出使西域:

[①] 黄摩西《普通事科新大辞典》"支那"条诠释曰:"我国秦时,已与中亚洲诸部交通。中亚人称国为斯坦(如今之土耳其斯坦)。故称我国为秦斯坦。斯字之音,在众音中不显,则成秦坦。乃变音为真丹、震旦,而支真同母,又转秦音为支。旦那皆带舌音,又变旦为那。……相沿以称我。"近代因日本侵华而变为日本侵略者乃至反华势力对中国的蔑称。

>天子既闻大宛及大夏、安息之属，皆大国，多奇物、土著，颇与中国同业……乃令骞因蜀犍为发间使，四道并出。①

这种以"中国"为世界诸国中并列一员的用法，汉唐间还有例证，如《后汉书》以"中国"与"天竺"（印度）并称②；《唐会要》以"中国"与"波斯""大秦"（罗马）并称。③但这种用例当年并不多见。

"中国"作为与外国对等的国家概念，萌发于宋代。宋不同于汉唐的是，汉唐时中原王朝与周边维持宗主对藩属的册封关系和贡赉关系，中原王朝并未以对等观念处理周边问题；赵宋则不然，北疆出现与之对峙的契丹及党项羌族建立的王朝——辽与西夏，这已是两个典章制度完备、自创文字并且称帝的国家，又与赵宋长期处于战争状态，宋朝一再吃败仗，以致每岁纳币，只得放下天朝上国的架子，以对等的国与国关系处理与辽及西夏事务，故宋人所用"中国"一词，便具有较清晰的国家意味。"宋初三先生"之一的石介（1005—1045）首次以"中国"作专论：

>居天地之中者曰中国，居天地之偏者曰四夷。四夷外也，中国内也。
>四夷处四夷，中国处中国，各不相乱。④

石介虽仍持"内中外夷"观念，但已经有了国家疆界分野，强调彼此独立，"各不相乱"。宋以后，"中国"便逐渐从文化主义词语向国家意义词语转变。

一个朝代自称"中国"，始于元朝。元世祖忽必烈（1215—1294）派往日本的使臣所持国书，称己国为"中国"，将日本、高丽、安南、缅甸

---

① 《史记·大宛传》。
② 《后汉书·西域传》。
③ 《唐会要·大秦寺》。
④ （北宋）石介：《中国论》，《徂徕集》。

等邻邦列名"外夷"①。明清沿袭此种"内中外夷"的华夷世界观,有时也在这一意义上使用"中国"一词,但仍未以之作为正式国名。

(三)"万国之一"的"中国"、民族国家义的"中国"

时至近代,国人逐渐从"往日之观天坐井",变为"测海窥蠡"②,中国观发生变化。清末郑观应(1842—1922)突破"王者无外"、中国在世上"定于一尊"的传统观念,在论"公法"时指出,国人必须"自视其国为万国之一"③,方能改变"孤立无援,独受其害"④的窘况。

清光绪二十七年(1901),梁启超论及中国积弱"发源于理想之误者"有三,其二为"不知国家与朝廷之界限也。吾中国有最可怪者一事,则以数百兆人立国于世界者数千年,而至今无一国名也。夫曰支那也,曰震旦也,曰钗拿也,是他族之人所以称我者,而非吾国民自命之名也。曰唐虞夏商周也,曰秦汉魏晋也,曰宋齐梁陈隋唐也,曰宋元明清也,皆朝名也,而非国名也。盖数千年来,不闻有国家,但闻有朝廷。"⑤ 同年梁启超在《中国史叙论》中再次痛议:

> 吾人所最惭愧者,莫如我国无国名之一事。⑥

与无国名相联系,还有无国旗、无国歌等尴尬情形,至近代方逐渐得以改变,"中国"作为国名开始确立。

民族国家意义上的"中国"概念,是在与近代欧洲国家建立条约关系时出现的。

---

① 《元史·外夷一》。
② (清)林针:《西海纪游草·自序》。
③ (清民之际)郑观应:《盛世危言·公法》。
④ (清民之际)郑观应:《易言·论公法》。
⑤ 梁启超:《中国近十年史论·积弱溯源论》,《清议报》第77册,(日本横滨)清议报馆,1901年农历三月十一日,积弱溯源论,第3页。
⑥ 梁启超:《中国史叙论》,《清议报》第90册,1901年农历九月三日,本馆论说,第2页。

欧洲自17世纪开始形成"民族国家"（nation state），并以其为单位建立近代意义上的国际秩序。欧洲三十年战争结束，1648年西班牙、神圣罗马帝国、奥地利哈布斯堡王朝、法兰西波旁王朝、瑞典等国在今德国的威斯特伐利亚举行会议，签订《威斯特法利亚和约》，承认诸国领土、主权及国家独立。此为民族国家得以确认的开端，被誉为"影响世界的100件大事"之一。

远处东亚的清朝对发生在欧洲的重大事变全无所知，却因与全然不同于周边藩属的西方民族国家（如俄罗斯）打交道，须以一正式国名与之相对应，"中国"便为首选。这种国际关系最先发生在清—俄之间。彼得一世（1672—1725）时的俄国遣哥萨克铁骑东扩，在黑龙江上游与康熙皇帝（1654—1722）时的清朝军队遭遇，争战后双方于1689年签订《尼布楚条约》（俄方称《涅尔琴斯克条约》），条约开首以满文书写清朝使臣职衔，译成汉文是："中国大皇帝钦差分界大臣领侍卫大臣议政大臣索额图"，与后文的"斡罗斯（即俄罗斯）御前大臣戈洛文"相对应，康熙朝敕修《平定罗刹方略界碑文》，言及边界，有"将流入黑龙江之额尔古纳河为界：河之南岸属于中国，河之北岸属于鄂罗斯"等语，"中国"是与"鄂罗斯"（俄罗斯）对应的国名。

17世纪末叶清朝与俄罗斯建立条约关系还是个别事例，此后清政府仍在"华夷秩序"框架内处理外务，如乾隆皇帝（1711—1799）八十大寿时，与英王乔治三世（1738—1820）的往还信函中，英王国书恭称"向中国最高君主乾隆致意"，多次称清方为"中国"，而乾隆皇帝复乔治三世书从未称己国为"中国"，通篇自命"天朝"。此种情形一直延及嘉庆皇帝（1760—1820）与英王乔治三世的来往文件中。可见，直至第一次鸦片战争前，中国朝野只有内华外夷的"天下"观、"天朝"观，没有权利平等的国家观、国际观。

至19世纪中叶，西方殖民主义列强打开清朝封闭的国门，古典的"华夷秩序"被近代的"世界国家秩序"所取代，"中国"愈益普遍地作为与外国对等的国名使用，其"居四夷之中"的含义逐渐淡化。

第一次鸦片战争期间，中英两国来往照会公文，言及中方，有"大清""中华""中国"等多种提法，而"中国"用例较多，如林则徐（1785—1850）所拟致英吉利国王的檄文说：

中国所行于外国者，无一非利人之物。……中国曾有一物为害外国否？……中国若靳其利而不恤其害，则夷人何以为生？……外来之物，皆不过以供玩好，可有可无，既非中国之需……①

林氏的对外信函，一再用"中国"与"外国"对举，以"中国"称自国。

与英方谈判的清朝全权大臣伊里布（1772—1843）给英军统帅写信，称己国为"中国"与"大英""贵国"对应，文中有"贵国所愿者通商，中国所愿者收税"之类句式②；英国钦奉全权公使璞鼎查（1789—1856）发布的告示中，将"极东之中国"与"自极西边来"的"英吉利国"相对应，文中多次出现"中国皇帝""中国官宪""中国大臣"等名目。③

汉文"中国"正式写进外交文书，首见于道光二十二年七月二四日（1842年8月29日）签署的中英《江宁条约》（通称《南京条约》），该条约既有"大清"与"大英"的对称，又有"中国"与"英国"的对称，并多次出现"中国官方""中国商人"的提法。④ 此后清朝多以"中国"名义与外国签订条约，如中美《望厦条约》以"中国"对应"合众国"，以"中国民人"对应"合众国民人"⑤。

近代中国面临东西列强侵略的威胁，经济及社会生活又日益纳入世界统一市场，那种在封闭环境中形成的虚骄的"中国者，天下之中"观念已日显其弊。具有近代意义的"民族国家"意识应运而生，以争取平等的国家关系和公正的国际秩序。而一个国家要自立于世界民族之林，拥有一个恰当的国名至关重要，"中国"作为流传久远、妇孺尽知的简练称号，当然被朝野所袭用。梁启超、汪康年（1860—1911）等力主扬弃中国为"天下之中"的妄见，但认为"中国"这个自古相沿的名称可以

---

① （清）林则徐：《拟谕英吉利国王檄》。
② （清）伊里布：《致英帅书》。
③ 中国史学会编：《中国近代史资料丛刊·鸦片战争》，（上海）神州国光社1954年版，第445、450页。
④ 王铁崖：《中外旧约章汇编》第1册，生活·读书·新知三联书店1957年版，第30—33页。
⑤ 王铁崖：《中外旧约章汇编》第1册，生活·读书·新知三联书店1957年版，第30—33页。

继续使用，以遵从传统习惯，激发国民精神。汪康年指出，用含义虽不确切，但已经约定俗成的专词作国名，是世界通则，西洋、东洋皆不乏其例，故"中国"之称不必革除。①

近代兴起的反殖民主义、反帝国主义运动，更赋予"中国"以爱国主义内涵。1900年9月24日，自强氏撰《独立论》，称"中国者，吾中国人之中国，非他人所得而保全也；保全中国者，吾中国人自己之责任，非他人所得而代之也"。此后，此一句式广为使用，如1903年湖北留学生著文曰："中国者，中国人之中国，非外人所得而干涉也。"② 此语1905年还写入《同盟会方略》："中国者，中国人之中国；中国之政治，中国人任之。"③ 这便是在近代民族国家意义上呼唤"中国"，渐成国民共识。梁启超更作《少年中国说》，高唱：

美哉，我少年中国，与天不老！壮哉，我少年中国，与国无疆！④

"大清"和"中国"在清末曾并列国名，交替使用，新锐人士更多以"中国"作自国国名。

辛亥革命推翻清王朝，公元1912年元旦中华民国成立，国际通称Republic of China，简称"中国"，英文为China。自此，"中国"成为现代国家概念的正式名称。1949年10月1日，中华人民共和国成立，亦以"中国"为其简称。"中国人民""中国政府"等短语亦随之通用于世界。

"中国"一名，于三千年间沿用不辍，其词义屡有迁衍：由初义"京畿之地""四夷之中"，演为"中原""中土"，乃至近代成为"万邦之

---

① （清）汪康年《汪穰卿先生遗文》："吾国古来自称中国，对于四夷言之也……盖名称之源于古者，或不免有所错误，而承袭既久，安能革之。即西人之各种名称，似此者多矣。安能革之乎，又如日本二字，今日核之于理，岂有当乎。"（第13页）
② 《论中国之前途及国民应尽之责任》，《湖北学生界》第3期，1903年4月。
③ 《孙中山全集》第一卷，中华书局1981年版，第297页。
④ 梁启超：《少年中国说》，《清议报》第35册，1900年农历正月十一日，本馆论说第4页。

一"的正式国家称号。"中国"词义的演绎,昭显了中国人国家观念以至世界观念形成的历史——从"天下中心"观走向"全球一员"观,这正是国人现代意识觉醒的标志。

文　化

> 文化概念的发现，是19世纪以来人类学史和社会科学史上的重大成就，其意义完全可以同哥白尼日心说对自然科学的贡献相提并论。
>
> ——［美］克鲁伯《文化的性质》

"文化"是一个汉语古典词，又在近代被借以翻译西洋词 Culture，从而申发出新义。三十年前笔者试释此词①，今次再作综论。

一　"文化"古典义

"文化"由"文"与"化"组成偏正结构名词，是"人文化成""文治教化"的省称。

（一）释"文"

"文"乃象形字，甲骨文 ᛯ，象一人站立，胸前刺有花纹，"象正立之人形，胸部有刻画之纹饰，故以文身之纹为文"②。故"文"指各色交错的纹理。《易·系辞下》称："物相杂，故曰文。"《礼记·乐记》称："五色成文而不乱。"小篆简化为 ᛯ，东汉许慎《说文解字》给"文"下定义："ᛯ，错画也，象交文。"王筠（1784—1854）《说文句读》：

---

① 见冯天瑜、周积明《中国古文化的奥秘》上篇，湖北人民出版社1986年版；又见冯天瑜、何晓明、周积明撰《中华文化史》上编，上海人民出版社1990年版。
② 徐中舒主编：《甲骨文字典》，四川辞书出版社2006年版，第996页。

"错者，交错也。错而画之，乃成文也。"①

"文"又引申为包括文字在内的各种象征符号②，先秦时"文"指文字（"字"到秦时方指文字，与"文"并用）。以后"文"引申为文书典籍③，文章④，礼乐制度⑤，与"武"对应的文治、文事、文职⑥，与"德行"对应的文学艺能⑦诸义；进而引申为修饰、人为加工，与"质"对称⑧，与"实"对称。条理义的"文"，又用以表述自然现象的脉络，组成"天文、地文、水文"等词；也用以表述人伦秩序，组成"人文"专词。

（二）释"化"

"化"，会意字，甲骨文作 ⚋ 等，金文作 ⚋，小篆作 ⚋，左边象朝左侧立的人，右边象头朝下、脚朝上倒立的人。此为会意字，用二人的一正一倒表示变化。故"化"的本义为改变、变革，引申出教化⑨、教行⑩、迁善⑪、感染、化育⑫诸义，还引申出风俗、风气义（短语"有伤风化"）。道家尤其讲究"化"，常与"变"连用。《素问·天元纪大论》云："物生谓之化，物极谓之变。"

这种"化"的过程是渐进的、适应的、习惯的，所谓"渐也，顺也，靡也，久也，服也，羽也，谓之化"⑬。

---

① （清）王筠：《说文句读》。
② 《左传·昭公元年》："于文皿虫为蛊。"杜预注："文，字也。"
③ 《尚书·序》："古者伏羲氏之王天下也，始画八卦，造书契，以代结绳之政，由是文籍生焉。"
④ 《汉书·贾谊传》："以能诵诗书属于文，称于郡中。"
⑤ 《论语·子罕》："文王既没，文不在兹乎？"朱熹集注："道之显者谓之文，盖礼乐制度之谓。"
⑥ 《尚书·武成》："王来自商，至于丰，乃偃武修文。"
⑦ 《论语·学而》："弟子入则孝，出则悌，谨而信，泛爱众而亲仁，行有余力，则以学文。"
⑧ 《论语·雍也》："质胜文则野，文胜质则史，文质彬彬，然后君子。"
⑨ 《易·乾》："善而不伐，德博而化。"
⑩ 《说文》："化，教行也。"
⑪ 《荀子·不苟》："神则能化矣。"注："化，谓之善也。"
⑫ 《礼记·乐记》："和，故百物皆化。"
⑬ 《荀子·七法》。

改变义的"化"与纹理义的"文"配合使用，首见于《易·贲卦》的《彖传》：

> 刚柔交错，天文也。文明以止，人文也。观乎天文，以察时变；观乎人文，以化成天下。①

此一名论，以天象有"文"（即条理）可循，比拟人伦亦有"文"可循，观察此"人文"（人间条理），用以"教化"世人，便可成就平治天下的大业。这便是"人文化成"，是一种区别于"神文"的、具有"人文"倾向的创造观。"化"字精义蕴于其间。

（三）二字词"文化"始于汉代

由文与化组合"文化"一词，始于西汉末年经学家刘向（约前77—前6）的论说：

> 凡武之兴，为不服也。文化不改，然后加诛。②

这是在与武力相对应的意义上使用"文化"一词。与此相似的用例有晋代束皙（约264—303）的"文化内辑，武功外悠"③。历代史书，也多在与武力比照下使用"文化"，如《南齐书》卷一："裁之以武风，绥之以文化"；《旧唐书》卷八十七："乃武乃文，文化武功"；《元史》卷四十一："兴文化，修武备。"

另外还在与宗教神性相对应意义上使用"文化"一词，如南齐王融（467—493）的"设神理以景俗，敷文化以柔远"④。在与旧秩序对应意义上使用"文化"一词，如《宋史》卷一百二十一："当文化诞敷之际，是旧章咸秩之时。"

---

① 《周易·贲卦·彖传》。
② （西汉）刘向：《说苑·指武》。
③ （晋）束皙：《补亡诗·由仪》，《昭明文选》。
④ （南朝齐）王融：《三月三日曲水诗序》。

总之，二字词"文化"，若作偏正结构，意谓"以文来教化"；若作联合结构，则为"文治"与"教化"的合称。这两种含义的"文化"皆已沿用多年，包含"人文化成""文治教化"内蕴的各种短语、句式，先秦以降已传延两千余年。

二 "文化"与 Culture 对译

时至近代，"文化"一词含义有新的引申，这导因于西学东渐时以"文化"翻译相应西语 Culture。

英文和法文 Culture 的词源是拉丁文 Cultura，其原形为动词，有耕种、居住、练习、留心、注意、敬神诸义，以物质生产为主，略涉精神生产，总意是通过人为努力摆脱自然状态。16、17 世纪，英文和法文的 Culture（德文对应词为 Kultur）词义逐渐由耕种引申为对树木禾苗的培养，进而指对人类心灵、知识、情操、风尚的化育，从重在物质生产转向重在精神生产。

西语 Culture 之汉译，初见于早期英汉词典。1847 年问世的入华英国传教士麦都思（W. H. Medhurst，1796—1856）所编《英华字典》第一卷，在 the act of improvement（今可译"改进、进步的行为"）意义上，将 Culture 译作"修理之功"[1]。1866 年出版的罗存德（W. Lobscheid，1822—1893）编《英华字典》第一卷，在依 cultivation（今译"栽培、耕作、教养"等）之义将 Culture 译成"种植之事，耕种之事"后，将 the culture of virtue 译作"修德者"；the culture of right principles 译作"修理者"；the culture of letters 译作"修文者"[2]，突出的是一个"修"字。1872 年刊行的入华美国传教士卢公明（Justus Doolittle，1824—1880）编《英华萃林韵府》，则将 Culture 解为 Literary（文学的），汉译为"文，修理之功"[3]。广东新宁人邝其照 1868 年编纂《华英字典集成》，在译出

---

[1] ［美］麦都思：《英华字典》卷一，（上海）墨海书馆 1847 年版，第 347 页。

[2] ［德］罗存德：《英华字典》卷一，香港：Printed an Published at the "Daily Press" Office, Wyndham Street, 1866 年，第 541 页。

[3] ［美］卢公明：《英华萃林韵府》卷一，福州：Rozario, Marcal and Company, 1872 年，第 111 页。

Culture 的原义"耕种"之后，又为其厘定另外一个译名"修"①，这与罗存德词典如出一辙。直到 1908 年，"文化"才在第一位留学西洋的进士颜惠庆（1877—1950）编纂的《英华大辞典》里，作为 Culture 的译名出现：

> Culture, n. 1. Cultivation，耕作，耕耘，种植之事；as, the culture of rice，种禾之事；2. The application of labour, with a view to production or improvement，栽培，培养，攻修，磨炼，教化，修炼（求进步或求出产之用力）；3. Intellectual or moral discipline and training，智德，文化，礼文，教育；as, a man of culture，文化之人。②

近代日本人以"文化"对译西洋术语，约与中国同期。19 世纪中后叶的"明治维新"，日本大规模译介西方学术，其间多借助汉字词意译西洋术语，而选择"文化"对译英语及法语词 Culture 便是一例。由此，汉字古典义"文化"注入来自西方的新内涵。

清末中国人也在对译西语的基础上新用"文化"一词。1897 年农历五月初一，《时务报》第二十八册"英文报译"栏刊登张坤德译《论军事与文化有相维之益》（译《温故报》西历三月十五日）一文。该文阐述了军事与文化相得益彰的观点：

> 凡在行伍，亦须立有志行，用能尽力，以事其上，必先操习，能耐饥渴，冒寒暑，纵处极苦之时，终无怨怼；即捐躯报国，亦视为分内，不稍畏避。果使兵尽若是，又何功不成？故备战之要，必使兵之性情，练习至此，然后可用。……诚使通国之人，皆能强其筋骨，勿致骄惰，而生淫佚之心，此非军事之与文化实有相维之益者乎？③

---

① （清）邝其照：《华英字典集成》（1887 年版），（香港）循环日报承印 1899 年版，第 87 页。

② 颜惠庆：《英华大辞典》（小字本），（上海）商务印书馆 1920 年版，第 232 页。

③ （清）张坤德译：《论军事与文化有相维之益》，《时务报》第 28 册，上海：时务报馆，光绪二十三年（1897）五月初一日，英文报译第 1 页。

1899农历五月初一,《清议报》第十七册"外论汇译"栏刊载冯镜如编辑《论图书馆为开进文化一大机关》(《译太阳报》第九号)。其中有云:

> 夫学校为开文化之原,虽三尺童子,犹能知之。……然地球文明之邦,其悉心于学校规则,盖盛矣。唯怪世人知学校有益,而未知别有开进文化之大机关也。盖非不知有之,或轻视不顾也。然则何谓学校之外开进文化一大机关乎?曰:无他,唯广设公共图书馆可耳。①

上举两文是在中国较早使用现代义"文化"一词的文本。前文所载《时务报》,有日本古城贞吉(1866—1949)充任日文翻译;后文所载《清议报》,则在日本横滨创办,故新名"文化"受到日本译名影响。

三 "文化"的近代诠释

关于新名"文化"的解说,较早见于1913年12月27日《协和报》所载《何往原论文化与文明之一节》一文。该文译自德国《文化技术期望报》(*Kunstwart und Kulturwar*),阿维纳留(Avenarius)原著。其译文云:

> 文化Kultur者,吾人性状Eignschaft之养育保护监督教育也。②

近代中国人的"文化"诠释,逐渐逼近学术前沿。1920年5月20日《同德医学》所载丁谷楠的《文化解》,将非天然的、"人所作"、"灵化"的作为称为"文化":

---

① (清民之际)冯镜如编辑:《论图书馆为开进文化一大机关》,《清议报》第17册,(日本横滨)清议报馆,光绪二十五年(1899)五月初一日,第14页。
② [德]阿维纳留(Avenarius)原著:《何往原论文化与文明之一节》,《协和报》第4年第13期,(上海)协和报社,1913年12月27日,第5页。

> 天地成，形色生。前人有无极、太极、两仪、四象、八卦之说，然天地胡为而成，形色胡为而生，无以解之，解之曰：天然之理。草木何以生而不动，风云何以动而无生，禽何以飞，兽何以走，皆曰天然。凡无为而然者曰天然（Nature）。天然物体之中，有无机，有有机。有机物体之中有人焉，嫌天然之太简，变羽毛为衣裳，化巢穴为宫室，因以自诩为万物之灵。灵化既深，背天然也愈甚。凡人所作，皆以为灵，遂名之曰文化（Kultur）。[1]

1922年12月1日，梁启超发表《什么是文化?》一文，借用佛教术语"共业"界定"文化"概念：

> 文化者，人类心能所开积出来之有价值的共业也。[2]

依照梁氏的解释，"开积"即"开拓"和"积厚"；"业"也称"业力"，指人的一切身心活动及其产生的影响、作用和结果；"共业""像细雾一般，霏洒在他所属的社会乃至全宇宙"，"永不磨灭"；而所谓"价值"，则是"人类自由意志选择且创造的东西"。同篇对文化下定义：

> 文化是人类以自由意志选定价值凭自己的心能开积出来，以进到自己所想站的地位。

同文指出，"文化是包含人类物质精神两面的业种业果而言"。"种"即种子，"果"即果实。一个种子生无数个果实，果又生种，种又生果，一层一层地"开拓"，"积厚"起来，基于人类活动的"文化之网"即由此形成。

1923年5月1日，高冠杰发表《文化浅释》一文。文章第一部分即为"文化之语源及其定义"。关于"文化"的语源，文章写道：

---

[1] 丁谷楠：《文化解》，《同德医学》第1卷第2期，上海：同德医学专门学校，1920年5月20日，第7页。

[2] 梁启超：《什么是文化?》，《晨报副刊》，（北京）晨报社，1922年12月1日，第2版。

"文化"一辞，可说是"Deutsch Kultur"（德意志文化）的"Kultur"之译语。而"Kultur"的来源，更是出自拉丁语的"Cultura"。原是耕作土地之意，转而表示心的耕作，精神的（缺字）养；更进而含有知的活动、知的产物等意。现在的意义，更加发达，可总称一切物质的文化及精神的文化。①

该文对"文化"下定义：

"文化"是人类在社会生活上，为满足欲望，协力所经营的一切活动的过程及其产物。

1926年10月，李璜发表《文化史中文化的意义起源与变迁》一文。其第一部分探讨"文化的意义"，指出"文化"是 Civilisation 的译名，Civilisation 源于拉丁文 Civilitas。文艺复兴时期，拉丁文中便有了 Civilisatio 一词，意思与 Brabaries（野蛮）相对。当时和 Brabaries（野蛮）相对的，还有 Humanite（人道）一词，这"足以表示出文化的便是讲人道的，野蛮的便是不讲人道的。所以直到18世纪文化的往往与慈仁的、合理的两三个形容辞交换着用"。18世纪以后，德国学界渐渐以 Kultur 代替 Civilisation。"Kultur 在英文法文里为 Culture，有精神修养、思想启发的意义。"受"理想主义"（Idealism）思潮影响，"德国学者之言文化，颇偏重精神文明的意思"。与之相对，法国百科全书派则受"唯物主义"（Materialism）支配，"侈言物质的文化，盛赞机械的进步"。这种文化观，到了19世纪中期，因实验科学的进步而在思想界占据优势地位。"因此在十九世纪后期，一般学者之言文化，又不免偏重物质文明的意义。……而马克斯的唯经济史观恰在那时候发展起来，也不是没有原因的。"②

----

① 高冠杰：《文化浅释》，《革新》第1卷第2号，（日本东京）陕西革新杂志社，1923年5月1日，第46页。

② 李璜：《文化史中文化的意义起源与变迁》，《中华教育界》第16卷第4期，（上海）中华书局，1926年10月，第1—2页。

此后，尤其是20世纪二三十年代文化史（包括中国文化史）的书写展开，"文化"概念不断得到新的阐释。

四 "文化"诸定义

文化（Culture）作为内涵丰富的多维概念，被众多学科所探究、阐发，开端于近代欧洲。历经文艺复兴、启蒙运动的欧洲人，意识到风俗、信仰、观念、语言都是一个历时性的过程；率先开辟世界市场的欧洲人还发现，人类文化呈现共时性的多样化状貌（文化类型）。在这两种批判性观察的激发下，形成了对"文化"加以总体把握和分类研究的诉求。19世纪以后，文化逐渐成为一个中坚概念，被人文学和社会科学普遍使用。美国文化人类学家比尔斯父子指出：

> 文化概念是19世纪、20世纪的一大科学发现，其内容是，人类的行为之所以不同于其它种类动物的行为，是因为它受文化传统的影响和制约。①

这是把"文化"视作人类与动物相区别的标志。

古典进化论学派、文化传播学派、历史地理学派、文化形态史观派、文化功能学派、文化历史学派、文化心理学派、文化结构学派、新进化论学派、符号—文化学派及苏联的唯物史观派、现代华人学者等，竞相定义文化。笔者曾在《中华文化史》上篇作过系统梳理与评介。② 下略陈大要。

集文化定义之大成的是美国学者克罗伯（Alfred Kroeber, 1876—1960）和克拉柯亨（Clyde Kluckhohn, 1905—1960），他们借翁特瑞纳（Wayne Untereiner）的协助于1952年合著 Culture, A Critical Review of Concepts and Definitions 一书（《文化：概念和定义的批判性回顾》），罗列1871—1951年八十年间关于文化的定义164种，可归纳为六类：列举描述性的，历史性的，规范性的，心理性的，结构性的，遗传性的。

---

① ［美］比尔斯等：《文化人类学》，骆继光、秦文山等译，河北教育出版社1993年版。
② 冯天瑜：《中华文化史》，台北桂冠图书有限股份公司1994年版，第8—19页。

中国学者殷海光（1919—1969）1956年对《文化：概念和定义的批判性回顾》加以评析，概括出六组（记述的、历史的、规范性的、心理的、结构的、发生的）共计44个文化定义，又补入3个，共列举文化定义47种。殷氏认为："文化实有的内容太复杂了，复杂到非目前的语言技术所能用少数的表达方式提挈出来。虽然如此，我们把上列四十七个定义合起来看，就可约略知道文化是什么。"①

文化定义多不胜数。以下略举影响较大的古典进化论学派、符号—文化学派的文化定义，以及华人学者20世纪初中叶以来的文化定义。②

（一）古典进化学派的文化定义

"进化"是19世纪尤其是19世纪后半叶（影响到20世纪）的时代精神。作为这种时代精神表现之一的生物进化论，也即达尔文主义，消除有机生命不同种类之间武断的界线，认为没有什么固定不移的物种，只有一个连续的不间断的生命之流。与达尔文（1809—1882）同时代的美国人类学家摩尔根（Lewis Henry Morgan, 1818—1881）、英国文化学家爱德华·泰勒（Edward Burnett Tylor, 1832—1917）认为，进化原理也左右着人类文化和社会的历程。他们强调，文化是人类特有的适应环境的方式，文化是一种"族体心理"，而这种族体心理及其所依附的社会都是由低级向高级分阶段进化发展的。

摩尔根运用比较方法，从发明和发现导致的智力发达、政府观念的发展、家庭观念的发展、财产观念的发展四个领域考察人类社会的进程：从发展阶梯的底层开始迈步，通过经验知识的缓慢积累，从蒙昧社会（旧石器时代）、野蛮社会（新石器时代）上升到文明社会（金属器时代）。"蒙昧"—"野蛮"—"文明"是人类文化和社会发展的普遍梯级。泰勒则指出，野蛮和文明作为一种类型的低级和高级阶段，是相互联系、前后递进的，因此，不仅应当根据艺术和精神文明成就去研究文化，还应当根据各个发展阶段的技术和道德的完善程度去考察文化。

---

① 见殷海光《中国文化的展望》，上海三联书店2002年版。
② 其他多种文化定义（如传播学派、历史地理学派、文化形态史观学派、功能学派、唯物史观的文化定义等），参见《中华文化史》，上海人民出版社2015年珍藏版，第2—13页。

爱德华·泰勒关于文化的思考，建立在"灵犀相通原理"之上：不论何时何地，人们的心智从根本上来说是相类似的，人类的历史是一个统一的整体，因而可以用一种总体化的理论来加以解释。根据这一原理，泰勒最早将"文化"概念引入英语世界，并在达尔文发表《物种起源》的同一年（1871）出版《原始文化》，该书给文化下了一个著名的定义：

> 文化，就其在民族志中的广义而言，是一个复合的整体，它包含知识、信仰、艺术、道德、法律、习俗和个人作为社会成员所必需的其他能力与习惯。

这个长期被视为经典的定义，强调文化的精神方面，列举精神文化诸层面，指出文化并非各层面的简单相加，而是它们"复合的整体"，从而为这个描述性定义赋予了辩证意义。

（二）符号—文化学派的文化定义

如果说，进化论学派、历史学派、结构—功能学派都只是从某一侧面揭示文化的个别属性，并对文化的内涵和外延加以描述罗列，那么，符号—文化学派则力图逼近文化的本质。德国哲学家恩斯特·卡西尔（Ernst Cassirer, 1874—1945）在探讨人的本质时提出：人与其说是"社会的动物""理性的动物"，不如说是"符号的动物"，即利用符号创造文化的动物。因为社会性本身并不是人的唯一特性，它也不是人独有的特权，某些"社会动物"（如蜜蜂、蚂蚁）也有劳动分工和严密的社会组织。人与动物的根本差异在于，动物只能对信号作出条件反射，人则能把这些信号改造成有自觉意义的符号，并运用符号创造文化。人只有在创造文化的活动中才能成为真正意义上的人；文化无非是人的外化、对象化，是符号活动的现实化和具体化。[①]

美国文化人类学家艾尔弗雷德·克罗伯和克莱德·克拉柯亨1952年在回顾以往的百余种文化定义后，从符号—文化学派的立场出发，总括曰：

[①] ［德］恩斯特·卡西尔：《人论》第六章、第二章，甘阳译，上海译文出版社2013年版。

文化是包括各种外显或内隐的行为模式：它通过符号的运用使人们习得及传授，并构成人类群体的显著成就；包括体现于人工制品中的成就；文化的基本核心包括由历史衍生及选择而成的传统观念，尤其是价值观念；文化体系虽可被认为是人类活动的产物，但也可被视为限制人类作进一步活动的因素。①

这是迄今欧美比较公认的文化定义。

如前所述，文化有多重定义，这既展现了文化丰富的内涵和无比宽阔的外延覆盖面，同时也昭显着文化概念被滥用的可能性，所谓"文化是个筐，样样往里装"。故尔我们在学术意义上使用"文化"一词时，要警惕其沦为"包裹型术语"，切忌放大包容性、同质性，忽略差异性、冲突性。要注意对所论之"文化"作出界定，对文化的广义与狭义、泛指与确指、古义与今义、中义与西义加以分梳。要规范某一议题的文化是何种意义上的文化，而不宜泛化与滥用。这是文化及文化史研究必须注意的问题。

文化研究固然存在容易泛化而落入平面化窠臼的危险，但文化研究的真实价值却不可低估。诚如克鲁伯在《文化的性质》中指出，文化概念的发现，是19世纪以来人类学史和社会科学史上的重大成就，其意义完全可以同哥白尼日心说对自然科学的贡献相提并论。

在学科分野日益细密，切割化达于极致的现代学林，"文化"是少数具有强大整合力的概念之一，其组词功能罕见其匹。物质文化、制度文化、行为文化、精神文化，乃至旅游文化、风筝文化、筷子文化等人类化现象，都可统合在以"文化"为词根的众多词组群中，十分自然地流衍于人们的口头和笔端，成为支撑思维网络的重要纽结，而文化研究因以具有广远的发展空间。

（三）华人学者的文化定义

近现代华人学者在融会中外观念的基础上界定文化。

---

① 《文化：概念和定义的批判性回顾》，转见覃光广、冯利、陈朴编《文化学辞典》，中央民族学院出版社1988年版，第109页。

如前所述，梁启超用佛学术语定义文化："文化是包含人类物质精神两面的业种业果而言。"①

蔡元培（1868—1940）的定义为："文化是人生发展的状况。"②

梁漱溟（1893—1988）说：文化"是生活的样法"③；又说："文化，就是吾人生活所依靠之一切。"④ 此论类似美国文化学家克柯亨的文化是一整套"生存样式"的说法。

贺麟（1902—1991）从"心物合一"观出发，认为："所谓文化就是经过人类精神陶铸过的自然。"⑤

冯友兰（1895—1990）提出，文化是一种"总合体"，"中国文化就是中国之历史、艺术、哲学……之总合体；除此之外，并没有别的东西，可以单叫做中国文化"⑥。这与梁启超以文化为人类共业的认识相似。

以上所论，皆广义文化。

陈独秀（1879—1942）有感于过于宽泛的文化概念，指出"文化适对军事、政治（是指实际政治而言，至于政治哲学仍然应该归到文化）、产业而言"，"文化底内容，是包含着科学、宗教、道德、美术、文学、音乐这几种"⑦。这是一种狭义文化的定义。

对文化学作专门研究的学者黄文山（1901—1988）认为："文化的内容，是由人类过去的遗业所构成的。所谓遗业，在性质上是累积的，而累积是一种客观的、历史的现象。"这仍然是广义文化的论说，但黄氏试图对文化研究的方法作出分梳：

纯粹历史叙述的
心理学与统形论的
因果的与功能论的

---

① 梁启超：《什么是文化?》，《晨报副刊》，（北京）晨报社，1922年12月1日，第3版。
② 蔡元培：《何谓文化》，《蔡元培美学文选》，北京大学出版社1963年版，第113页。
③ 梁漱溟：《东西文化及其哲学》第三章，商务印书馆2004年版。
④ 梁漱溟：《中国文化要义》第一章，上海人民出版社2005年版。
⑤ 贺麟：《文化的体与用》，《文化与人生》，（上海）商务印书馆1947年版，第32页。
⑥ 冯友兰：《三松堂学术文集》，北京大学出版社1983年版，第43页。
⑦ 陈独秀：《新文化运动是什么?》，《新青年》第七卷第五号。

理则学的与评价论的

科学的或真实的比较的

而"文化现象，以内部状态为最重要，故心理的、统形的方法，值得重视"①。

美籍华裔学者余英时（1930— ）认为文化是"成套的行为系统，其核心则由一套传统观念，尤其是价值系统所构成"②。他强调："中国文化重建的问题事实上可以归结为中国传统的基本价值与中心观念在现代化的要求下如何调整与转化的问题。"③

较之20世纪以前中国"文化"概念的"前科学"状态，上述华人学者的文化定义已含有明显的现代意味，并与世界性的文化论说取得近似的步调，同时又显现出中华思辨的特色。但由于文化学以及与之相关的学科（如人类学、民族学、社会学等）在现代中国尚未获得充分发育，因而以往中国学术界基本还处在对传统的和外来的文化学说进行综述、评价的阶段。20世纪后期以来，随着学术文化的繁荣，尤其是文化学及文化史研究的蓬勃发展，中国学人提出自己的富于创见的文化生成学说的时刻已经来临。

五　文化的本质内蕴

文化是人的价值观念在社会实践中对象化的过程与结果，包括外在文化产品的创制和内在心智、德性的塑造。

随着时代的进步，随着人类创制的文化不断向深度和广度拓展，"文化"这一概念所包藏的内容也愈益丰富，而对其本质的探究也愈益必要。我们在努力穷尽文化广延度的同时，更需要把握文化的本质属性，西方

---

① 黄文山：《文化学的方法》，收于庄锡昌等主编《多维视野中的文化理论》，浙江人民出版社1987年版。

② 余英时：《从价值系统看中国文化的现代意义》，沈志佳编《余英时文集》第三卷，广西师范大学出版社2004年版，第2页。

③ 余英时：《试论中国文化的重建问题》，沈志佳编《余英时文集》第七卷，广西师范大学出版社2006年版，第229页。

各文化学派虽有建树，但似乎未能提出一个明朗的、论证充分的关于文化本质的定义。究其缘故，可能与近代学术存在的一个弱点有关：将思想与人类改造自然的实践相割裂，其在文化学领域的表现是，或者只注意到外在的文化创造物，忽视文化创造者的能动作用和人自身的再造过程；或者虽然注意到文化的主体——人，却抽掉了人的社会性和实践性；注意到创造文化的过程，却忽视对文化成品的研究。这两种倾向，一者"见物不见人"，一者"见人不见物"，都导致文化研究中内化过程和外化过程的割裂、主体和客体的脱节，因而无法深刻而实在地把握文化的本质。

人类从"茹毛饮血，茫然于人道"①的"植立之兽"②演化而来，逐渐培养出与"天道"既相联系又相区别的"人道"，这便是文化的创造过程。在文化的创造和发展中，主体是人，客体是自然，而文化便是人与自然、主体与客体在实践中的对立统一物。这里所谓的"自然"，不仅指存在于人身之外并与之对立的外在自然界，也指人类的本能、人的身体的各种性质内在的自然性。文化的出发点是从事改造自然进而改造社会的实践着活动着的人。

有了人，就开始有了历史；有了人及其历史，也就开始有了文化。人创造了文化，同样文化也创造了人自身。有意识的生产活动直接把人跟动物自在的生命活动区别开来。

简言之，凡是超越本能的、人类有意识地作用于自然界和社会的一切活动及其产品，都属于广义文化。人通过有意识的活动（实践）改造自然，使其获得人类的灵气。一块天然的岩石不具备文化意蕴，但经过人工打磨，便注入人的价值观念，进入"文化"范畴。人打磨石器的过程，人在打磨石器过程中知识和技能的提高，在打磨石器中人与人结成的相互关系，以及最后成就的这件包蕴着人的价值取向的石器，都是文化现象。

动物只生产自身，而人再生产自然界。这个"再生产自然界"的过程及结果便是文化。

---

① （明清之际）王夫之：《读通鉴论》卷二〇。
② （明清之际）王夫之：《思问录·外篇》。

与"自然"相对应的"文化"是一种社会历史现象,它具有区别于动物本能的人类性,由不同的民族生活、语言、心理而决定的民族性,阶级社会中的阶级性等属性。

有一种观点认为,劳动是一切财富和一切文化的源泉。这种观点只强调人类的主体活动,而将主体活动的客观条件——自然和社会排斥在文化生成机制之外,从而把文化看作一种主观随意的产物。

事实上,自然界是文化产生的基石,劳动本身也是自然力的表现,社会是文化得以运动的须臾不可脱离的环境。人类的劳动与劳动的对象和环境共同提供了文化产生和发展的源泉。文化创造是人类的劳动与自然及社会交相作用的过程,在这一过程中,人不仅改变外部世界,使之适应人类的需要,而且也不断地改变人类自身的性质、自身的内在世界,诸如观念、情感、思想、能力等。

文化是动态存在物,经历着萌发、生长与消亡,它包括两个彼此互动的建构过程:人按某种价值取向改造外部世界,使其"人化";在改造外部世界中,人不断被锻冶,也即"化人"。

"人化"(创制文化产品)与"化人"(塑造人自身)共同综合为文化生成。

主体与客体在实践中的统一,是我们的文化生成观的基本出发点。

六 文化结构

文化是主体与客体在社会实践中的对立统一物。这一观点既是把握文化的实质内蕴的出发点,也是剖析文化结构的钥匙。

(一)文化两分:技术系统(物质文化)和价值系统(精神文化)

论及文化结构,多作两分,将其区别为技术系统和价值系统两大部类。

文化的技术系统指人类加工自然造成的技术的、器物的、非人格的、客观的东西,主要表现为器用层面,是人类物质生产方式和产品的总和,构成文化大厦的物质基石。

文化的价值系统指人类在加工自然、塑造自我的过程中形成的规范的、精神的、人格的、主观的东西，主要表现为观念层面，即人类在社会实践和意识活动中形成的价值取向、审美情趣、思维方式，凝聚为文化的精神内核。这便是通常说的物质文化（或曰器物文化）和精神文化（或曰观念文化）。

文化的技术系统和价值系统，又经由语言和社会结构组成文化统一体。这个统一体便是广义文化，它包摄众多领域，诸如：

  认识的（语言、哲学、科学思想、教育）
  规范的（道德、信仰、法律）
  艺术的（文学、美术、音乐、戏剧、建筑的美学部分）
  器用的（生产工具、衣食住行的器具，以及制造这些工具和器具的技术）
  社会的（制度、机构、风俗习惯）等方面

它们都是人的创造性活动驰骋的天地，人类自身也正是在这一天地里成长并受其制约。

考古学上的"文化"比较接近于广义文化。它指同一时期、同一地域具有共同特征的考古遗存的总体，通常以首次发现地点或特征性的遗迹、遗物命名，如仰韶文化、龙山文化、屈家岭文化、彩陶文化、黑陶文化等。考古学探讨的对象——历史文物是先民创造的文化成果的物化遗存，考古学上的文化是人类的精神创造和物质创造的综合。

人们常说中国是"声明文物之邦"[①]，也是一个广义文化概念。

声，指语言、音乐；
明，指光彩、色彩，包括服饰、绘画；
文，指文字、文法、文体、文学、文献；
物，指经人类加工过的，为人所用的各种器物。

明清之际学者顾炎武提出宽阔的文化概念：

[①] 《左传·桓公二年》："文物以纪之，声明以发之。"又见吕祖谦："伊洛之民，居中华声明文物之地。"（《东莱博议》卷三《秦晋迁陆浑》）。

自身而至于家国天下,制之为度数,发之为音容,莫非文也。①

　　文之不可绝于天地间者,曰明道也,纪政事也,察民隐也,乐道人之善也。②

　　把从个人修养乃至治国平天下的业绩,从典章制度到文学艺术、风俗习惯都视作"文"的表现形态。这已逼近广义文化的内涵与外延。

　　文化的价值体系相当于狭义文化,它与特定民族的生产方式和生活方式相适应,构成以语言为符号传播的价值观念和行为准则。这种观念形态的狭义"文化"与"政治"、"经济"相对应,是社会的经济和政治的反映,又给予巨大影响和作用于社会的经济和政治。

　　狭义文化即观念形态文化,作为信息的传播及保存系统,具有知识性特征,它是对广义文化的记载与提升。观念形态的文化知识,记录了人类累代的文化创造和文化传播的内容,成为人类文明成就得以传承的载体,成为无限广大的、不停流逝的广义文化的"摹本"。

　　我们不倾向于将狭义文化,即精神文化单纯理解为"知识的总和",不主张把人降格为知识的容器,把人的大脑看作一部包罗万象的词典,而主张把文化理解为人的活生生的世界观,理解为一种永无休止的创造力。诚如意大利思想家葛兰西(1891—1937)所说:文化并非知识的杂凑,而是某种完全不同的东西,它是一个人内在的自我的组织和训练;它是对一个人自己人格的占有;它是对一种优越意识的征服,在达到这一征服的地方,理解一个人自己的历史价值在生活中的作用、权利和责任才成为可能。这是一种实践的、能动的,洋溢着主体精神的文化观。本篇讨论文化,即从这一意义上展开。

(二) 精神文化与物质文化相互渗透

　　在探究作为世界观和创造力的整合的精神文化时,又不能将精神文化与其物化形态截然两分,这是因为历史从哪里开始,思想进程也应当从哪里开始,人类观念形态文化的发展历程,是与整个历史,包括物质

---

① (明清之际)顾炎武:《日知录》卷七,"博学于文"条。
② (明清之际)顾炎武:《日知录》卷十九,"文须有益于天下"条。

文化的历史交织在一起的。

首先，观念形态的文化总是受制于并附丽于一定的物质条件，如音乐演奏需要乐器，美术创作离不开颜料、笔墨纸砚和画布之类，文学的流传依赖印刷、纸张等物质材料，更毋庸说人类从事一切精神文化活动必须在解决衣食住行等物质生存条件之后方能进行，正如王夫之所谓"来牟（小麦）率育而大文发焉"①——粮食充裕了，文化才能得以昌盛。

其次，观念形态的文化又是以物质世界和人类的物质创造，以及作为物质实体的人为表现、描绘或研究对象的。

再次，人类的物质创造，人类的经济活动和政治活动凝结着智慧、意向和情绪。如一座建筑，当然是物质文化成品，但又包含着人（建筑者乃至使用者、观赏者）的科学思想、价值取向、审美情趣等观念形态的综合成就，并且体现出人的生活习俗、行为定势的规定性要求，实际上是精神的物化或物化的精神。作为"人化的自然"这栋建筑，是物质文化、精神文化，以及介乎二者之间的行为文化彼此紧密结合的整体。因此，不作物质文化与精神文化的大体区分，固然难以进行文化学和文化史学的研究，但将两者截然割裂，既不可能，也无必要，这正像人的脑和手无法分离，它们有机地统一于人和人的实践一样。

将文化硬性地区别为物质的和精神的，其不妥之处还在于，作为人类化现象的文化不仅指人类创造活动的结果，而且包括创造、分配、消费文化成果的过程。文化的某些表现形态，或者是指人在社会实践和思维中的趋势，或者是指人类加工自然和社会的实践活动，尚处在物质变精神，精神变物质的过程之中，很难将物质与精神截然两分，归结为互不相干的两个境域。

（三）物态文化—制度文化—行为文化—心态文化

从文化形态学角度论之，仅作文化两分（物质文化和精神文化）是不够的，而宜于将文化视作一个包括内核与若干外缘的不定型的整体，从外而内，约略分为四个层次：

---

① （明清之际）王夫之：《诗广传》卷五。

其一，由人类加工自然创制的各种器物，即"物化的知识力量"构成的物态文化层，它是人的物质生产活动方式和产品的总和，是可触知的具有物质实体的文化事物，构成整个文化创造的物质基础；

其二，由人类在社会实践中组建的各种社会规范构成的制度文化层。对于制度层面在文化中的位置，清人龚自珍（1792—1841）有明晰论说：

> 圣人之道，本天人之际，胪幽明之序，始于饮食，中乎制作，终于闻性与天道。①

物质文明是文化的基础和前提（"始于饮食"），制度文化是文化的中枢（"中乎制作"）。在它们的基础上，方可进行较高层的精神性探讨（"终于闻性与天道"）；

其三，由人类在社会实践，尤其是人际交往中约定俗成的习惯性定势构成的行为文化层，它是一种以礼俗、民俗、风俗形态出现的见之于动作的行为模式。一个时代的文化集中体现在该时代的思想理论体系中，却更广泛地活跃在各种社会风尚间；

其四，由人类在社会实践和意识活动中长期氤氲化育出来的价值观念、审美情趣、思维方式等主体因素构成的心态文化层，这是文化的核心部分，其意蕴又体现于物质文化、制度文化、行为文化之中。

（四）心态文化（社会意识）分层：社会心理与社会意识形态，基层意识形态与高层意识形态

"心态文化"，大体相当于"精神文化"或"社会意识"这类概念。而"社会意识"又可区分为社会心理和社会意识形态两个层次。

社会心理指人们日常的精神状态和道德面貌，是尚未经过理论加工和艺术升华的流行大众心态，诸如人们的要求、愿望、情绪、风尚等。我国古代，朝廷设置专门机构，致力于"观俗""采风"，便是着意于掌握社会心理，以期"移风易俗"。近人梁启超力倡"新民说"，鲁迅深入探讨"国民性"，也属于把握并改造社会心理一类工作。社会心理较直接地受到

---

① （清）龚自珍：《五经大义终始论》。

物质文化和制度文化的影响与制约,并与行为文化交融互摄,互为表里。

社会意识形态则指经过系统加工的社会意识,它们往往是由文化专家对社会心理这一中介进行理论的或艺术的处理,曲折地,同时也更深刻地反映社会存在,并以物化形态(如书籍、绘画、雕塑、乐章、影片等)固定下来,播之四海,传于后世。

对心态文化中"社会心理"和"社会意识形态"这两个层次加以区分,并认识到社会心理是社会意识形态赖以加工的原材料,具有特殊的意义——我们不能只是一味关注经由文化专门家加工过的、定型了的"社会意识形态"(即所谓"精英文化"或"雅文化"),还必须将视线投向社会意识形态与社会存在之间的介质——不定型的,作为潜意识存在的社会心理(即所谓"大众文化"或"俗文化")。只有同时把握精英文化和大众文化、定型的书画文化和不定型的口碑文化,认真研讨社会心理与社会意识形态之间的辩证关系,才有可能真正认识某一民族、某一国家精神文化的全貌和本质。

此外,依与社会存在和社会心理关系的疏密程度,又可将社会意识形态区别为基层意识形态(如政治理论、法权观念)和高层意识形态(如科学、哲学、艺术、宗教)。

作为基层意识形态的政治思想和法权观念,是经济基础的集中表现,与社会存在保持着较密切的联系,但它的产生和发展仍然要经过社会心理这一中间环节。

俄罗斯思想家普列汉诺夫(1856—1918)指出:

> 一定的"心理"是在人们之间的一定的关系的基础上出现,这是再明白不过的了。而哲学思想和艺术创作的一定派别则是在这种"心理"的基础上发展的。[①]

作为高层意识形态的科学、哲学、文学、艺术、宗教,其终极根源

[①] 《普列汉诺夫哲学著作选集》第2卷,上海三联书店1962年版,第229页。有关普列汉诺夫论社会心理与社会意识形态的思想观点,参见何梓焜《普列汉诺夫哲学思想述评》,中山大学出版社1987年版。

当然也要追溯到社会存在,尤其是经济土壤之中,但它们是更高的即更远离物质经济基础的意识形态,具有较强的独立性,在这里,观念同自己的物质存在条件的联系,愈来愈被一些中间环节弄模糊了。但是这一联系是存在着的。社会存在通过一系列介质方作用于这类高层意识形态,而社会心理和基层意识形态便是其间的介质。

七 文化诸层次的稳定性与变异性

文化诸层次,在特定的结构—功能系统中融为统一整体。这个整体既是前代文化历时性的累积物,具有遗传性、稳定性,同时又在变化着的生态环境影响下,内部组织不断发生递变和重建,因而又具有变异性、革命性。文化整体中的不同成分,其遗传和变异的情形又是很不平衡的,某些部分传统的力量强大,相对稳定,变异缓慢;某些部分遗传制约比较松弛,因时变异也比较迅速。

(一) 定与变

其一,一般而言,与社会发展的活跃因素——生产力关系直接的物态文化,新陈代谢的节奏较快,而制度文化和行为文化作为社会规范和行为定势,则带有较浓厚的保守性格。

其二,在构成文化内核的心态文化层中,经由文化专家创作加工,注入丰富的个性色彩的种种社会意识形态(如各种哲学、科学理论及文学、艺术思潮),由于是创造性思维的产物,往往具有活跃的变异性,尤其在社会变革时代,可以在短期内屡屡发生新旧更替,甚至在同一作者那里往往出现"今是而昨非"的情形。

其三,作为社会意识形态的背景和基础的社会心理,诸如潜藏在大众历史生活中的价值观念、审美情趣、思维方式所构成的"民族性格",因为是一种感性直觉的"潜意识"或"集体无意识",难以被自觉把握和运作,从而具有顽强的稳定性和延续力,与社会生产力和社会制度的变异不一定形成直接而迅速的对应性效应,往往历时悠远而情致不衰,所以被人们称作"文化的深层结构"。

"文化深层结构"并非神授天予的凝固物,而是一个在特定的生态环境中孕育出来的生命机体,随着自然与社会环境的迁衍,随着心态文化层中理性部分的变异造成的影响,作为"潜意识"或"集体无意识"的"文化深层结构"也在演化和重建,归根到底,仍是一种历史地产生又历史地演化的文化现象,不过速度相对缓慢,在短期内不易为人觉察而已。

(二) 显与隐

与文化的"浅层结构"和"深层结构"相对应的一组概念是"显型文化"和"隐型文化",它们是按照人们对文化诸形态的自觉把握程度加以区分的。①

作为具有符号性特征的显型文化,是可以从外部加以把握的各类文化事实,物质文化、制度文化、行为文化、物化了的精神文化共同组成这种文化事实;隐形文化则是一种"二级抽象",它是潜藏在各类文化事实背后的知识、价值观、意向、态度等。

文化外在的显型式样和内在的隐型式样构成二位一体的统一物,前者是后者的外部表现和形态,后者是前者的内在规定和灵魂。而文化史学的主要任务之一便在于研究"文化心态",即通过显型文化把握精深微妙的隐型文化,透过一个民族文化的文字和事实构成的种种表现形态认识这个民族的精神特质。

文化是一个完整版有机整体,这个有机整体的运动历程便是文化史。"整体大于部分之和"(亚里士多德语),部分对整体的决定作用不是直接实现的,而是通过结构实现的,文化的各个局部通过特定的结构,组成文化整体,并创造出整体自身的功能。因此,文化学和文化史学应当在分门别类的个案研究基础上,重视整体的宏观研究,而且这种整体的宏观研究,又不是个案的微观研究的拼盘。

我们应当注意文化与环境(自然环境与社会环境)的结构关系,这便是文化的"外结构"研究;与此同时,我们还应当注意文化自身的结构关系,这便是文化的"内结构"研究。只有在整体大于部分之和的观念指导下,将内结构研究和外结构研究有机综合起来,方有可能再现文

---

① 见冯天瑜主编《中华文化辞典》,武汉大学出版社2001年版,范正宇撰"文化理论"各相关辞条。

化历史的整体性，才有可能洞察悠久而博大的中国文化的生成机制、内在特质及发展趋势。

综上所述，可对"文化"的基本内蕴试作归纳——文化是自然的人化，是人的价值观念在社会实践中对象化的过程与结果，包括外在文化产品的创制和内在心智、德性的塑造，因此，文化分为技术系统和价值系统两大部类，前者表现为器用层面，是人类物质生产方式和产品的总和，构成文化大厦的物质基石；后者表现为观念层面，即人类在社会实践和意识活动中形成的价值取向、审美情趣、思维方式，凝聚为文化的精神内核。这两者便是通常说的物质文化（或曰器物文化）和精神文化（或曰观念文化）。介于两者之间的，还有制度文化和行为文化，前者指人类在社会实践中建构的各种社会规范、典章制度，后者指人类在社会交往中约定俗成的风习、礼俗等行为模式。

包括物质、精神、制度、行为四层面的文化，是广义文化；作为广义文化在观念领域的摹本，精神文化是狭义文化。狭义"文化"与"政治""经济"相对应，经常并列使用。

"文化"从"人文化成"的古典义，经过漫长迁衍，获得多重含义，概指"文治教化"诸多方面的总和。进入近代，"文化"用以与西语 Culture 对译，内涵愈益繁复，泛指各种知识及能力；还作考古学用语，指同一时期各地区具有相似特征的遗迹综合体。广义文化与自然相对应，意谓"自然的人化"，指全部人类创造，包举物质财富和精神财富的总和；狭义文化指相对于政治、经济的精神活动及其产品（文学、艺术、教育、科学等）。

"文化"在大开大合而又深邃精微的生成过程中发展起来。对于这种内涵丰富的关键词，我们在语用中须力避泛泛，莫要陷入"文化一个筐，什物往里装"的套路。而精准选取词义，与特定语境相切合，是正确使用意义域广阔的名目的可行之径。

文　明

　　不应单纯仿效文明的外形而必须首先具有文明的精神，以与外形相适应。……人心有了改变，政令法律也有了改革，文明的基础才能建立起来，至于那些衣食住等有形物质，必将随自然的趋势，不招而至，不求而得。

——［日］福泽谕吉《文明论概略》

　　与"文化"含义相近却又有重大差异的关键词是"文明"。文明指人类在物质生产、精神生产和社会组织诸方面达到的进步状态，是对文化发展到特定高度的命名。笔者曾辨析"文明"与近义词"文化"的区隔，[①] 本目加以申述。

一　古典词"文明"

　　"文明"是由"文"与"明"两字组成的联合结构词。

（一）释"文"

　　"文明"之"文"是象形字，由"纹理""花纹"义引申出文采、文藻、文华义。

　　《庄子·马蹄》谓："五色不乱，孰为文采"，《楚辞·九章·桔颂》谓："青黄杂糅，文章烂兮"，其"文"皆有文采意。

---

①　见冯天瑜、杨华、任放编著《中国文化史·导论》，高等教育出版社2005年版。

《礼记·乐记》谓:"乐盈而反,以反为文",《注》曰:"文,犹美也,善也。"此"文"为文藻意。

另如常语"文采风流""文情并茂",其"文"皆有文华意。

(二) 释"明"

"文明"之"明",系会意字,早期甲骨文作 ☾,金文作 ☾,由日、月两部分组成,寓意明亮。后期甲骨文,有的以"囧"代日旁,成"朙"字,寓意从窗口见月亮,意为光明。秦篆明,汉隶左边字形改为"目",成"眀"字。继改为"日",恢复早期甲骨文的"明",如《易传》所谓:"日月相推,而明生焉。"

《说文解字》将"明"释为"照",即光辉照耀。段玉裁《说文解字注》释"明":"古文从日。云古文作明。则朙非古文也。盖籀作朙,而小篆、隶从之。"故从篆、隶到小楷,"明"狭义为月亮照窗,广义为日月交辉,大放光明。

在上述诸义基础上,作为名词的"明",引申出眼睛、视力、神灵、白昼、指代太阳、有才德见识之人等意;转为形容词,引申出光线充足、政治有法度、聪慧、贤能、清楚等意;转为动词,引申为照亮、点燃、点亮,引申出开明、明智、昌明、公开、光明正大诸意。

(三) "文明"成词

文与明合成的"文明",《周易》有六见,重要的是如下两条:

> 见龙在田,天下文明。①
> 刚柔交错,天文也。文明以止,人文也。②

"见龙在田,天下文明"条,唐人孔颖达疏解说:"天下文明者,阳气在田,始生万物,故天下有文章而光明也。"③ 揭示"文明"的意蕴

---

① 《周易·乾卦·文言》。
② 《周易·贲卦·彖传》。
③ (唐)孔颖达:《周易正义》。

为：精神的光明普照大地。孔颖达疏解《尚书·舜典》"睿哲文明"说：

> 经天纬地曰文，照临四方曰明。①

将"文明"诠释为经天纬地、照临四方的辉光。

关于"刚柔交错，天文也；文明以止，人文也"条，孔颖达《周易正义》疏解说：天文是指刚柔交错的自然变化及其法则，人文是人类制礼作乐以对人类行为加以规范，这便是文明；而人类的文明创制不可以无限扩张，应有所节制，止其当止之处。这里提出的"文明以止"，是一个含义深刻的命题，体现了先民理性的文明发展观，对疗治无节制发展的现代病尤具启示意义。②

中国古典也将"文明"视为进步状态，与"野蛮"对应的，如《新唐书》赞良臣陆亘谓："亘文明严重，所到以善政称。"③ 明末清初李渔（1611—1680）所言"辟草昧而致文明"④。至近代，文明的文化进步义更为突现，"鉴湖女侠"秋瑾（1875—1907）说"文明种子已萌芽，好振精神爱岁华"⑤ 即为用例。清末李伯元（1867—1906）长篇小说《文明小史》，此"文明"指庚子国变前后近代文化的曲折变迁。

二 Civilization 的早期汉译：文教、教化

"文明"词义的近代性引申，是由翻译西语 Civilization 时触发的。

Civilization 源于拉丁文 Civis，本意为城市居民，引申为先进的社会和文化发展状态，以及达到此状态的过程，指人类脱离野蛮状态的社会行为和自然行为的集合。至 18 世纪启蒙运动时期，"文明"（Civilization）一词得到近代化诠释，法国思想家伏尔泰（1694—1778）提出文明进步

---

① （唐）孔颖达：《尚书正义》。
② 参见方克立、林存光《"文明以止"：中华民族理性的文明发展观》（上），《中国社会科学报》2012 年 6 月 4 日。
③ 《新唐书·陆亘传》。
④ （明清之际）李渔：《闲情偶寄·词曲下·格局》。
⑤ （清）秋瑾：《愤时迭前韵》。

史观,在名著《论风俗》的序言中宣称,他的作品"不在于指出某年某个可耻的君主继另一个残暴的执者之后",而在于指示"主要民族的精神、风俗、习惯"①。在一封致友人的信中,伏尔泰说:"连接两海的运河闸门、蒲桑的画、优秀的悲剧、新的真理的发现,都比所有宫廷的编年史和所有的战争小说有千百倍的价值。"② 这就将"文明"(物质文明和精神文明)置于历史的中心地位,认为文明史比政治史(尤其是宫廷政治史)更有价值。

正是这种 Civilization 概念,在近代传至东亚,在中国和日本先后借汉字古典词"文明"翻译之。

新教传教士、普鲁士人郭士立(1803—1851)在广州编辑,主要发行于新加坡、马六甲、巴达维亚的中文杂志《东西洋考每月统记传》(1833—1838),首先以"文明"对译 Civilization。不过,该刊虽出现"文明"一词不下10处,但因刊物极少在中国传播,故这一译词当时在中国少为人知。

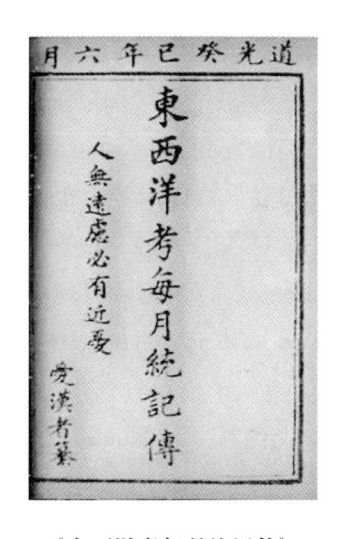

《东西洋考每月统记传》

---

① [法]伏尔泰:《论风俗》,《伏尔泰全集》1877年巴黎,加尼伏版,第11卷,第157—158页。

② 《伏尔泰全集》第33卷,第506页。

古典引申

1885年，江南制造局刊行英国人傅兰雅（1839—1928）口译，应祖锡笔述《佐治刍言》一书，所据原书为 W. & R. Chambers, *Chambers's Educational Course: Political Economy, For Use in Schools, and for Private Instruction*。原著第三章的 Civilisation，汉译为"文教"：

> 或谓野人由于天赋，而文教则出于人为者，余以为非确论也。凡文教之与野人，其性情皆由于天赋；故其始虽为野人，一经渐渍薰陶，亦可变为文教。①

相应的原著英文为：

> It has also been asserted that the barbarous state is natural, while that of civilisation is artificial, but the word artificial is here misused. The qualities which men shew incivilisation are as natural as those shewn in barbarism. ②

从早期英汉词典来看，civilization 一词出现的较晚。1847年问世的入华英国传教士麦都思（W. H. Medhurst, 1796—1856）所编《英华字典》第一卷中，有西语动词 Civilize，被译作"教化，化之"③。1866年出版的德国传教士罗存德（W. Lobscheid, 1822—1893）编《英华字典》第一卷中，才始见西语名词 Civilization，在 the act of civilizing 意义上，汉译"教化者，开化者"；在 the state of being civilized 意义上，汉译为"礼文者，通物理者，管物者"④。

1869年出版的[英]艾约瑟（J. Edkins, 1823—1905）编 *A vocabulary of the Shanghai dialect*（《上海方言词典》）、1872年刊行的入华美国传

---

① [英]傅兰雅：《佐治刍言》，应祖锡译，江南制造局1885年版，第9页。
② W. & R. Chambers, *Chambers's Educational Course: Political Economy, For Use in Schools, and for Private Instruction*, Edinburgh: W. & R. Chambers, 1852, P. 6.
③ [美]麦都思：《英华字典》卷一，（上海）墨海书馆1847年版，第237页。
④ [德]罗存德：《英华字典》卷一，香港：Printed an Published at the "Daily Press" Office, Wyndham Street, 1866年，第392页。

教士卢公明（Justus Doolittle，1824—1880）编《英华萃林韵府》、1887年印行的广东人邝其照编《华英字典集成》中，均只出现了动词 Civilize，其译名一词为"教化"[①]、"教化，化之"[②]、"教化，感化"[③]。二十年后，1908 年刊行上海人颜惠庆（1877—1950）编《英华大辞典》有 Civilization 条，在 The act of civilizing 意义上译为"教化，感化"；在 The state of being civilized 意义上，译作"文明，开化，有教化"[④]，此译法已在日本之后。

三 日本以"文明"对译 Civilization

明治时期的日本学人在译介西洋术语时，注意文化与文明两词的区分：以"文化"译 Culture，以"文明"译 Civilization。

与"文明"对译的英文词 Civilization 源于"城市"，表示城镇社会生活的秩序和原则，是与"野蛮""不开化"相对应的概念。明治维新的中心口号之一"文明开化"，福泽谕吉（1834—1901）1875 年出版的《文明论概略》，都是在与"野蛮"对应的意义上使用"文明"一词的。

（一）福泽谕吉文明观

被称为"东洋伏尔泰"的福泽谕吉称文明"是摆脱野蛮状态而逐步前进的东西""文明就是人类智德进步的状态"[⑤]。他参考欧洲的文明史观，将人类历史划分为"野蛮—半开化—文明"三阶段，"现代世界的文明情况，要以欧洲各国和美国为最文明的国家，土耳其、中国、日本等亚洲国家为半开化的国家，而非洲和澳洲的国家算是野蛮的国家"。福泽

---

① ［英］艾约瑟：*A vocabulary of the Shanghai dialect*（上海方言词典），Presbyterian Mission Press，1869 年，第 15 页。

② ［美］卢公明：《英华萃林韵府》卷一，福州：Rozario, Marcal and Company，1872 年，第 75 页。

③ （清民之际）邝其照：《华英字典集成》（1887 年版），（香港）循环日报承印，1899 年，第 62 页。

④ （清民之际）颜惠庆：《英华大辞典》（小字本），（上海）商务印书馆 1920 年版，第 167 页。

⑤ ［日］福泽谕吉著，北京编译社译：《文明论概略》，商务印书馆 1982 年版，第 30、42 页。

"以西洋文明为目标"①，又指出"文明的发展是无止境的，不应满足于目前的西洋文明"②。福泽认为：

福泽谕吉《文明论概略》

  不应单纯仿效文明的外形而必须首先具有文明的精神，以与外形相适应。……仿效西洋建筑铁桥洋房就容易，而改革政治法律却难。……人心有了改变，政令法律也有了改革，文明的基础才能建立起来，至于那些衣食住等有形物质，必将随自然的趋势，不招而至，不求而得。所以说，汲取欧洲文明，必须先其难者而后其易者，首先变革人心，然后改革政令，最后达到有形的物质。③

福泽撰于1875年的《文明论概略》提出的这种文明进步观，显然有

---

① ［日］福泽谕吉：《文明论概略》，北京编译社译，商务印书馆1982年版，第9页。
② ［日］福泽谕吉：《文明论概略》，北京编译社译，商务印书馆1982年版，第11页。
③ ［日］福泽谕吉：《文明论概略》，北京编译社译，商务印书馆1982年版，第13—14页。

别于同一时期清朝洋务运动的"中体西用"论，也与梁启超 1923 年在《五十年中国进化概论》中概括的"器物—制度—观念"三阶段递进论恰成反照。福泽指出，学习西方近代文明的次序应为：先观念，次制度，器物随后水到渠成。

在器物文明—制度文明—精神文明孰先孰后的次序上，中日两国的安排大相径庭，这正是洋务运动与明治维新效果迥异的缘故之所在。此例证实——文明观的选取，对文明进步的影响甚巨。

明治间日本文明史观的翻译书和日本人自著书甚多，"文明"成为流行语，吃"文明饭"（西餐）、跳"文明舞"（西式交际舞）、拄"文明棍"（西式拐杖）成为一时风尚。

日译"文明"传入中国的语例，早见于 1891 年 11 月上海《字林沪报》所载"日本秋山鉴三草，岩谷忠顺译"《人类社会变迁说》一文：

> 盖高加索人之文明，一种特异之文明也。人类社会事物，不论有形与无形，一感染乎此空气而靡然变其势……[1]

甲午战争以后，新名"文明"的使用在中国日趋普遍。据黄克武考察，1896—1898 年出版的《时务报》中"文明"共出现了 107 次，其中 6 次为传统语汇，101 次为 civilization 的翻译；而且 101 次之中几乎是从日文的文章之中翻译而来，大多出现在"东报译编"，还有少数出现在专论栏内。[2] 黄遵宪、康有为、梁启超、汪康年等采纳日本这一译词，自 19 世纪末也多在与"野蛮""半开化"相对的意义上使用"文明"一词。如梁启超 1896 年在上海主笔的《时务报》上，便多次出现"文明之奇观""外国文明""文明大进""文明渐开""文明之利器"等语。梁氏 1898 年在日本主编的《清议报》，则并用"文明""文化"，其"西洋文明""西洋文化"的含义相同。

---

[1] ［日］秋山鉴三草：《续人类社会变迁说》，岩谷忠顺译，《字林沪报》，（上海）字林沪报馆，1891 年 11 月 15 日，第 2 版。

[2] 黄克武：《从"文明"论述到"文化"论述——清末民初中国思想界的一个重要转折》，《南京大学学报》（哲学·人文科学·社会科学版）2017 年第 1 期。

古典引申

1898年3月7日,《湘报》创刊。唐才常（1867—1900）撰《湘报叙》云：

> 执途人而语之曰：中国为极疲薾极滞拙之国乎？必怫然曰：余不信也。又语之曰：中国为极聪强极文明之国乎？必愕然曰：余不信也。……夜叉见而佛道成，烦恼生而智慧出。其运至奇，其机至捷，其理至平。轮船也，电线也，铁路也，由今日以前五千余年之人，坐漆室，面垩壁，而我亲见之。造织也，矿化也，工商杂沓于寰宇也，由今日以前五千余年，堙塞蕴藏之奇，而发其覆，而阐其珍，而我亲见之。学堂也，学会也，若官，若绅，若民，通力合作也，由今日以前五千余年，磅礴椁窒之气，而启其钥，而破其局，而我亲见之也。故以我所见者方之，欧美各国则诚疲薾矣，滞拙矣；而方之今日以前之中国，则为聪强文明之起点，而未有艾也。①

同年,《湘报》第五十七号刊载张翼云《论湖南风气尚未进于文明》，其中有云：

> 或曰：今南学会开矣，湘报馆设矣；时务学堂尤大有规模矣；省垣及各府州县书院亦渐讲变通矣；制造则有公司；矿产亦将开采；举积不能行之电线而行之弗阻；创屡不可通之轮船而通之弗违；铁路已露机牙；方言特营馆舍；保卫初议，禀请速行者纷如；舆算求精，专门为会者林立；推而至于一不缠足会，入其籍者，新闻纸日日题名。苟非风气之大开，文明之成化，其雷动飙驰，云蒸霞起，能如是乎？能如是乎？张翼云曰：唯唯否否。风气之开，或者此为起点；文明之化，其实尚未权舆。②

---

① （清）唐才常：《湘报叙》，《湘报》第1号，（长沙）湖南湘报馆，1898年3月7日，第1页。
② （清）张翼云：《论湖南风气尚未进于文明》，《湘报》第57号，（长沙）湖南湘报馆，1898年5月11日，第225页。

《湘报》两例中的"文明",无疑是近代新名。

四 "物质文明"与"精神文明"

清末新名"文明"流播伊始,人们便注意到"物质文明"和"精神文明"的区分和联系。较早将"物质文明"与"精神文明"加以区分且并列使用的,当属梁启超。他于1899年12月在《清议报》第三十三册上以"哀时客"笔名发表《国民十大元气论》(一名《文明之精神》),区分物质文明与精神文明:

> 文明者,有形质焉,有精神焉,求形质之文明易,求精神之文明难。①

1903年农历十一月,《译书汇编》刊登攻法子《物质文明之必要》一文,其中有云:

> 欧美之文明,有物质与精神之别。若爱国心,若武士道等类,所谓精神上之文明也。此外,凡俨然有形式可见者,均属物质上之文明,衣、食、居住、制造之类是也。精神文明为一国生气所系,有之则兴,无之则亡,其必要不待言矣。物质文明有助成精神文明之用。今之论者往往以物质文明为不必注意,非确论也。夫物质者,精神之所附。使无物质,则精神亦何所寄托?腐败之物质,终无精神复振之望。故非但精神文明不能离物质文明而独立,欲造精神文明,当先以物质文明为基础,有断然也。②

此为迄今所见中国语文系统中较早分疏"物质文明"和"精神文明"

---

① 梁启超:《国民十大元气论》,《清议报》第33册,(日本横滨)清议报馆,1899年农历十一月廿一日,第1页。
② 攻法子:《物质文明之必要》,《译书汇编》第2年第11期,(东京)译书汇编发行所,1903年农历十一月,第107页。

之例。关于两种文明的关系的论述,该文可谓妥当。

1912年7月21日,上海《真相画报》刊载王赫译述的《论世界之文明将由物质而进于精神》一文。该文认为,"现代之文明"发展的弊端在于过分注重物质追求,"以物质之伟力概例一切之事物,其间绝不认有精神之作用,且对于古来精神作用之价值,大示其反对之态度","及十九世纪以降,科学之发明愈著,而精神文明之真理愈湮矣"①。关于未来的变化发展,该文则并未机械静止地看问题,而是阐述了"物质文明"和"精神文明"与时间消长的历史进程:

> 独是精神之文明,虽因科学之抵触稍有挫折,然古人之真理至今犹有存者。盖以科学之势力,虽可以破坏传习之形式,而对于坚固精确之真理,则终不得而汩没之。人生之要求愈演愈进,而精神之文明遂不禁为人所渴望,而不能已矣。……物质论已达穷极之地,势不得不展开一步,以求进于所谓精神文明者。②

该文确信,物极必反,"物质的文明"势必"触起精神的文明之一大反动"③。

1913年6月1日,《东方杂志》刊载英国约翰斯顿(R. F. Johnston)原著,杨锦森译《联合中西各国保存国粹提倡精神文明意见书》。意见书面对当时汹涌的"物质文明之潮流",提倡注重"精神文明",并对"物质文明"提出了新认识:

> 吾人今日所当惧者,殊不在此而在精神文明之丧失。东西方之文化,今均陷入于物质文明之潮流,遂致有丧失精神文明一层之可虑。物质文明一名词,每为世人所误用。宗教家之理论,每以科学

---

① 王赫译述:《论世界之文明将由物质而进于精神》,《真相画报》第5期,(上海)真相画报社,1912年7月21日,第7页。
② 王赫译述:《论世界之文明将由物质而进于精神》,《真相画报》第5期,(上海)真相画报社,1912年7月21日,第8页。
③ 王赫译述:《论世界之文明将由物质而进于精神》,《真相画报》第5期,(上海)真相画报社,1912年7月21日,第8页。

家之以科学方法研究真理为物质文明。然真确之科学研究,决不至与诗词美术相牴触相冲突。而作者所谓之物质文明,则仅指世人对于美术上、精神上之事物所持之藐视不知尊重的态度耳。①

1915年12月18日,霆锐发表《论中国亟宜发达物质文明》一文,认为"精神"和"物质"是"创造近世文明"的"二大要素";"精神文明与物质文明,二者要不可以偏而废"②。对于"西人称我为半化之民、不文明之国"的论调,作者深感"耻之",力主"雪之"。他认为,"雪之之道""惟有至改进自己之文明而已";我国文明上之缺憾,不在精神方面,而在物质方面。所以,"不欲增进自己之文明则已;如欲增进自己之文明,则当自物质进步始矣"。"中国物质文明上无进步,即不啻中国物质文明上有退步也。退步不已,必至亡国,必至灭种。吾国人岂可不有此惊惕乎!"③

1921年9月10日,《东方杂志》刊载署名"三无"的文章《文明进步之原动力及物质文明与精神文明之关系》。文章对"文明""物质文明"和"精神文明"提出了独到的诠解:

> 文明者,人类社会的现象之革新也。④
> 物质文明,因利用自然之物质与力而成,即境遇之开拓及征服之谓。精神文明,为宗教的、道德的、审美的、智的"事功"之全体,即文明之内容及本质之谓也。⑤

---

① [英]约翰斯顿(R. F. Johnston):《联合中西各国保存国粹提倡精神文明意见书》,杨锦森译,《东方杂志》第9卷第12号,(上海)商务印书馆,1913年6月1日,第3页。
② 霆锐:《论中国亟宜发达物质文明》,《协和报》第6年第9期,(上海)协和报社,1915年12月18日,第3页。
③ 霆锐:《论中国亟宜发达物质文明》,《协和报》第6年第9期,(上海)协和报社,1915年12月18日,第4页。
④ 三无:《文明进步之原动力及物质文明与精神文明之关系》,《东方杂志》第18卷第17号,(上海)商务印书馆,1921年9月10日,第19页。
⑤ 三无:《文明进步之原动力及物质文明与精神文明之关系》,《东方杂志》第18卷第17号,(上海)商务印书馆,1921年9月10日,第24页。

1924年7月10日，周鼎发表《精神文明与物质文明》，对中国文明进行反思，并对中国的文明建设提出了原则性意见：

> 中国从前空谈精神文明，好高骛远的旧习，绝不是可以保存安宁，获得幸福的；就是西人向来正用物质文明，也绝不是可以达到人类最高目的。必须调和这两种文明，一面推挽同类，由其竞争，转于互助之倾向，阻止物质用于野蛮方面，残杀同类之一道，能移其精神于积极方面，利用厚生之一道。这是可以见西人的弊病，一面根据环境，教人适于环境，而后得生活的原则，以自致其生活于不能缺乏，生活之基本一定，人类的幸福自然就增进了。这是可以见中国人的弊病。如照以上的方法，那么精神文明和物质文明总可以永久不能造害人的罪恶，并且永久可以保存种族上的安宁，和生活上的幸福。①

就是在这样的不断诠解中，"文明"概念流播开来，渐入人心，不断引发文明的觉醒，促进文明的生长。

五　"文明"与"文化"分野

在汉语的日常语用中，文明与文化时被互代、交混使用。然略究学理便可发现，这两个关键词应当区隔，以助思维及其表述的确切化。

（一）不可混同的两个概念

1913年12月27日，上海《协和报》刊载译自德国《文化技术期望报》（*Kunstwart und Kulturwar*）的阿维纳留（Avenarius）所著《何往》之"文化与文明"一节。该文为华文世界中较早对"文明"与"文化"予以分辨者。其文曰：

---

① 周鼎：《精神文明与物质文明》，《职业市季刊》第六期，（上海）中华职业学校职业市出版部，1924年7月10日，第13页。

文　明

　　文化也，文明也，两义本绝对的不同，而世俗不察，动辄互相引用，其怪诞亦可谓极矣。况间有一二能分晰其界限者，而又不实行其主义乎！……
　　文化 Kultur 者，吾人性状 Eignschaft 之养育保护监督教育也。
　　文明 Zivilisation 者，吾人方法器俱 Mittel 之养育与发达发生、进化、开发、发展、发育也。①

该文区分了"文化"与"文明"这两个不同的概念，并由此反驳当时西方人普遍所持的"文明优，野蛮劣"的世界图式和西方优越论，认为"文明高，文化亦逾高者，乃欺人之语"；"文明缺少之各民族，其精神与灵魂实较优于多文明之各民族"②：

　　生番野人，其能力多有超过吾人者。目光锐，耳听聪，其手艺能将吾人已失者而保存之也。然吾人所失者，非吾人固有之文化乎？吾故曰：野人者，文化超过于吾人也。夫吾人既不知葆爱其损失，而又日日逗遛于口头禅之文明范围内，安可不于其关系中而觅一种仪器，以为之补助耶？然则精神上之能力将如何？曰：吾人苟非专在表面上讲究，则精神上性质与能力，凡由文明中所得者，终多萎缩不前也。③

亦即说，西方人的"文明"优势，并不等于"文化"优势；甚至在"文化"上输于"生番野人"；西方人若一味沉湎于自身"文明"，必将导致"文化"（"精神上性质与能力"）的停滞和衰颓。

中国人认真区分"文明"与"文化"者，当推1923年7月1日《革新》杂志所载石正邦《文化和文明》一文：

---

① ［德］阿维纳留（Avenarius）：《何往原论文化与文明之一节》，《协和报》第4年第13期，（上海）协和报社，1913年12月27日，第5页。
② ［德］阿维纳留（Avenarius）：《何往原论文化与文明之一节》，《协和报》第4年第13期，（上海）协和报社，1913年12月27日，第6页。
③ ［德］阿维纳留（Avenarius）：《何往原论文化与文明之一节》，《协和报》第4年第13期，（上海）协和报社，1913年12月27日，第5—6页。

> 所谓文化者，即人类在社会生活上，因想满足各个底欲望，及获得真正的价值，那么才协力的，去经营一切。这经营活动底过程及其最后所得到的产物，都叫做"文化"。至于"文明"，则是人类在生活底过程上，所形成的外部形体，如政治、制度一方面皆是。质言之，"文化"属实质，"文明"属形式。①

1926年，胡适刊发《我们对于西洋近代文明的态度》一文，将文明（Civilization）定义为"一个民族应付他的环境的总成绩"，将文化（Culture）定义为"一种文明所形成的生活方式"。同年，张申府《文明或文化》一文则称："文化是活的，文明是结果。"此后，钱锺书对文明与文化之别，又有精到的表述：

> "衣服食用之具"，皆形而下，所谓"文明事物"；"文学言论"则形而上，所谓"文化事物"。②

（二）"文化"是文明的基础，"文明"是文化的升华。

区分文明与文化两概念，对文化研究，无疑是一种向精准方向的引导。

文化和文明都是人类现象，但二者所涵盖的历史内容又颇有差异，前引张申府、钱锺书之说，是从文质生产（文明）与精神生产（文化）对二者作区别，如果从人类历史进程视角而言，二者的分野则在于——"文化"的本质内涵是"自然的人化"，人通过有目的的劳作，将天造地设的自然加工为文化。

"文明"则指文化发展到较高阶段的一种进步状态，或泛指对不开化的克服（前引诸例即在这种意义上使用"文明"一词）。故"文化"是文明的基础，"文明"是文化的升华。

文化人类学家路易斯·亨利·摩尔根（1818—1881）名著《古代社

---

① 石正邦：《文化和文明》，《革新》第1卷第3号，（日本东京）陕西革新杂志社，1923年7月1日，第41页。

② 钱锺书：《管锥编》第一卷，生活·读书·新知三联书店2007年版，第533页。

会》(英文本1877年出版)将人类史划分为"蒙昧时代"—"野蛮时代"—"文明时代"三个大段落(恩格斯的《家庭私有制及国家起源》承袭其说),这里的"文明"指超越蒙昧期(旧石器时代)和野蛮期(新石器时代)的历史阶段。进入"文明时代"的标志有四:文字发明与使用,金属工具发明与使用,城市出现(国家形成),礼仪中心出现,其中尤以文字发明为重。

殷墟遗址 　　　　　　殷墟甲骨文

文化始于原始人诞育,距今约七十万年的北京人、距今约百万年的元谋人,证实中国文化史长达百万年之久;而创制并使用文字和金属工具的文明时代,则晚近许多,长度以数千年计,三千七百年前的殷墟甲骨文已是相当成熟的文字。

(三)"五千年文明史"辨

国人常言中国"五千年文明史",此从传说中的黄帝算起,也即以发明农业的新石器时代作为文明起始,黄帝因以被称为"人文初祖"。

"五千年文明史",是一种依托于传说的通俗命题,然近几十年来也陆续获得考古材料证实。如农业已然成熟、出现军事民主制乃至早期国家建制的辽河流域的红山文化,黄河流域的龙山文化、二里头文化、仰韶文化,长江流域的河姆渡文化、良渚文化、屈家岭文化等,年代皆在五千年前左右,已接近文明门槛,故"五千年文明说"并非子虚乌有的空想。当然，若以发明农业为文明史开端，中国文明史又不止五千年，仅以浙江的河姆渡遗址、良渚遗址为例，便发现七千年前的种植水稻，湖南道县更发现一万年前的人工培育水稻。故如果以农业发明为起点，则中华文明史并非只有五千年，而长达七千年乃至一万年。

若以发明金属器具与文字、建立国家（城垣出现）为文明标志，中国文明史又不足五千年，其起始点约在夏商之际（距今四千年左右的齐家文化、龙山文化后期使用红铜，马家窑文化有青铜刀，并有城址）。文明三标志完整发现于今河南安阳的殷墟（商代中期都城基址，既多有青铜器，更有相当成熟的文字——甲骨文），此距今约三千七百年。良渚文化遗址则证明，中国文明史还可向上推进千年之久。

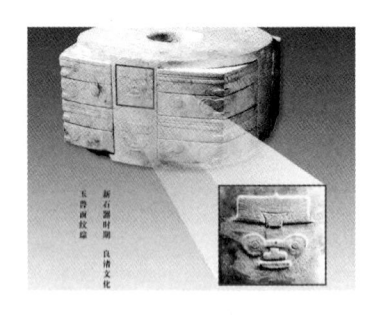

良渚古城复原图　　　　　　**良渚玉琮（有刻划符号）**

1936年已在良渚发现以稻作为标志的古文化遗址。1959年命名"良渚文化"。以后在此发现大型墓葬及随葬的大量精美玉器及陶器，上有刻画符号。又在环太湖区域发现一系列新石器晚期文化，特别是2007年发现良渚古城，昭显良渚已进入早期文明阶段。

2019年在阿塞拜疆首都巴库举行的第43届联合国教科文组织世界遗产委员会上，浙江良渚古城遗址获准列入《世界遗产名录》，至此，我国世界遗产（包括文化遗产、自然遗产、文化—自然双遗产）总数已达到55处，与意大利并列世界第一。良渚尚未发现金属工具，然有大规模城址（表明国家出现）及发达的水利设施，尤其值得注意的是出土玉琮、玉戈等精美玉器、陶器，带有刻画符号的器物五百余件，刻画符号总数六百多个，显系早期文字。依据上述种种内容，世界遗产委员会认为，"良渚古城遗址展现了一个存在于新石器时代晚期的以稻作农业为经济支撑、存在社会分化和统一信仰体系的早期区域性国家形态"。一些中国学者认为，良渚文化已跨入文明门槛，是"五千年文明史"的实证。笔者以为，良渚文化昭显了还不十分完整的文明图景，表明中国在五千年前已经形成早期文明，在这一意义上，"五千年文明史"是一个大体可以成立的论断。

以上是在较严格的学术层面上论"文明"。需要指出的是，作为常用词的"文明"，其通俗含义是，使人类脱离野蛮（泛义上的野蛮）状态的社会行为和自然行为的集合，是人类发明创造、形成公序良俗的总称，约指人类创造的物质财富与精神财富的总和。

因时间、空间上的差异，文明呈各种形态，有古代文明、中世文明与近现代文明之别；亦有东方文明与西方文明之异；在中国之内，有种种区域之分，诸如长江流域的羌藏文明、巴蜀文明、荆楚文明、吴越文明等。

关键词"文明"在语用中要作历史阶段划分、地望划分，有专业性用法和常识性用法、通俗性泛用等种种区别，这些皆当置于特定语境中加以辨析，作恰如其分的运用。混淆滥用，便是一种不文明的表现。

六　"文明冲突"与"文明对话"

当下，"文明"成为一个世界性热词，这是现代国际政治聚焦于诸文明交互关系的一种反映，这使得"文明"词义辨析的重要性大为增进。而促成这一事态的直接原因是，美国哈佛大学教授塞缪尔·亨廷顿（1927—2008）1993年在美国《外交》季刊发表文章《文明的冲突》随之引起广泛讨论。亨廷顿于几年后撰专著《文明冲突与世界秩序的重建》①，进一步阐发其说。文章和专著在回答"何种因素将主导今后的世界秩序"这一举世关注的问题时，与美籍日裔学者福山的"经济决定论"、美国前国家安全顾问布热津斯基的"国家利益决定论"相异，亨廷顿认为：

---

① ［美］塞缪尔·亨廷顿：《文明冲突与世界秩序的重建》（中文修订版），新华出版社2010年版。

新世界的冲突根源，将不再侧重于意识形态或经济，而文化将是截分隔人类和引起冲突的主要根源。

文明的冲突将左右全球政治，文明之间的断层线将成为未来的战斗线。

亨廷顿的观点被称为"文明冲突论"。包括中国在内的多国人士对此论展开激辩，笔者也曾发表长文参与论战。① 综观亨氏之议，可以发现一个悖论：他一方面承认文明的多元性，似在摆脱西方中心主义；另一方面又竭力为维系西方中心出谋献策，其方略是：今后世界性冲突将在西方文明与非西方文明之间展开，特别是在西方文明与伊斯兰文明、儒教文明之间展开，为此要巩固西方（北美、西欧）内部的团结，联盟日本、澳洲、东欧、拉美，防止伊斯兰教与儒教文明的结合。这种"敌—友—我"的三分划定，可谓今日西洋"隆中对"。其文诵读一过，颇有"似曾相识燕归来"之感——此乃人们熟知的几十年前的冷战谋略的新版本。限于本书题旨，这里不拟对"文明冲突论"展开议论，而仅就亨氏"文明"概念略加介评。

亨廷顿《文明冲突与世界秩序的重建》的第二章专列一目"文明的性质"，围绕文明这一总题，提出几个分题：

（1）人类的历史是文明的历史，因此认识历史必须探索文明的起源、形成、兴起、相互作用、成就、衰落和消亡。

（2）文明的观点是由18世纪法国思想家相对"野蛮状态"提出的，文明社会是定居的、城镇的和有文字的。

（3）文明和文化都涉及一个民族全面的生活方式，文明是放大了的文化。根据文化特征把人们划分为不同的文明。

（4）历史上出现过多个文明（12个、16个、23个等），存活至今的有5个：中国文明、日本文明、印度文明、伊斯兰文明、西方文明，还可加上东正教文明、拉丁美洲文明、非洲文明。

（5）从上述七八个文明看待世界，较从近两百个国家看待世界，简

---

① 见冯天瑜《"文明冲突决定论"辨析》，香港《中国社会科学季刊》1994年春季号，又收入《文明与国际政治——中国学者评亨廷顿的文明冲突论》，上海人民出版社1996年版。

单明快得多。而当下及未来，全球性冲突发生这七八个文明之间，尤其是西方文明（加上日本文明、印度文明）与中国文明、伊斯兰文明、东正教文明之间。

亨廷顿的文明观是为西方全球战略作谋划的，这种文明观推演出"文明冲突"的必然性。亨廷顿声称：唤起人们对文明冲突的危险性的注意，将有助于促进整个世界上"文明的对话"。我们期待这种良好愿望得以实现。

概言之，"文明"语义的演进，展现了一个"文化史"的线路：

（1）古典阶段，"文明"含"经天纬地、光照四方"之义，是对人类创造性辉光的赞颂。

（2）中古阶段，"文明"有了"进步状态"的历史实在意义；指善政的实施，从草昧向丰裕社会的前行。

（3）近代早期，经西方传教士与中国士人的合作，"文明"同西语Civilization对译，赋予"文教、教化"之意。

（4）日译"文明"传入，"文明"获得"人类智德进步"内涵，"文明开化"（变革人心）置于比更新物质生产方式、改革政制更加优先的地位；但洋务运动的近代化安排是"先器物—次制度—后精神"，后二者（尤其是精神文明）的滞后，势必导致新文明的跛足。

（5）清末民初，"文明"有了"物质文明"与"精神文明"的区分，通过论争，对文明的认识趋于细化。

（6）新文化运动以来，进一步作"文明"与"文化"的分野。文化是生活方式，文明是民族创造的总成绩。学界的文明观逐渐汇入国际语境。

（7）20世纪引入摩尔根的文明论（文字及金属器的发明乃跨入文明门槛的标志），有助于厘清"中国五千年文明"说，国人关于文明史的认知从传说性泛议走向实证科学判定。

（8）20世纪末西方人提出"文明冲突论"，将后冷战时代的国际战略聚焦点归之于"文明"和诸文明间的"冲突"，这引起延至当下的关于"文明"属性及其历史作用问题的激辩，而倡导"文明对话"渐成主流意见。这场论争，仅从历史语义学角度而言，即表明"文明"确乎是一个至关紧要、常释常新的关键词。

革　命

汤武革命，顺乎天而应乎人。革之时义大矣哉！

——《易·革卦·彖传》

　　去今未远的 20 世纪，被称为"革命世纪"。从世界范围而言，百年间发生过多次激烈的变革（多伴以暴力），如俄国 1905 年革命、1917 年二月革命、十月革命，第一次世界大战结束之初的德国革命、匈牙利革命；中国的辛亥革命、二次革命、国民革命、大革命（第一次国内革命战争）、土地革命（第二次国内革命战争）、第三次国内革命战争；东南亚的越南革命；拉丁美洲的古巴革命；还有印度 20 世纪 40 年代由圣雄甘地领导的为争取民族独立的"非暴力革命"（又称"非暴力不合作运动"）；东欧诸国 80 年代末的"天鹅绒革命"；等等。各个专业领域发生突破性进展，亦称之革命，大如科学革命、技术革命、教育革命、戏剧革命，小如厨房革命、厕所革命等。

　　在汉语系统内，包含急剧变革以至改朝换代意义的"革命"，已成词三千年，以后两千多年间一直保持古典义，近百余年又吸纳近代义，外来概念与固有概念相互格义，使"革命"的内涵与外延愈益丰富、复杂。故很有必要考释"革命"的来龙去脉，在各种语境中准确把握其意蕴。[1]

---

[1] 参见贺觉非、冯天瑜著《辛亥武昌首义史》(1984)、冯天瑜、张笃勤合著《辛亥首义史》(2010) 论"革命"章节。二书皆由湖北人民出版社出版。

一 "革命"初义

"革命"是由"革"与"命"组成的动宾结构名词，创制于先秦。

（一）释"革"

"革"，甲骨文作 ※，金文作 ¥，象形字象一张头、身、尾俱全的兽皮。小篆作 革。《说文解字》云："革，兽皮治去其毛曰革。革，更也。象古文革之形。凡革之属，皆从革。"

革之本义，为去毛之兽皮，是为名词，作部首，组成二字词多与皮革有关，如革履（皮鞋）、革囊（皮袋）、三革（甲、胄、盾，多用皮革制成）、牛革（去毛加工过的牛皮）、猪革（去毛加工过的猪皮）、书革（书写在皮革上）等。

又衍为动词，含加工兽皮去其毛，这会改变原样，引申出"变更"义，同其他字组合成一系列动宾结构词，如"革心"（改其心术），"革情"（改变心意），"革制"（更改制度），"革面"（改过），"革弊"（除去弊害），"革序"（变革次序），"革逐"（革除、驱逐），"匡革"（纠正、改正），"革凡成圣"（更除凡习，转为圣哲），"革故鼎新"（去旧取新）等等。

《周易》第四十九卦为《革卦》，异卦相叠，兑上离下，兑为泽（水），离为火，水可熄火，火可使水蒸发，二者相生相克，必出现更化，故而"革"的要义是变革。《革卦》的六个爻辞分别论述变革诸过程：（1）"革"要掌握好时机；（2）"革"的条件成熟便果断进行改革；（3）变革要周密考虑，防止躁进；（4）人们惯于旧习，拒绝改革，要热情说服他们，"革"的结果会很吉祥，不应悔恨；（5）大人物像老虎换毛一样变革自己，文采炳耀；（6）君子顺从"革"之大势，推动改革，小人也不得不顺从改革。

《革卦》在《井卦》之后，《序卦》释曰："井道不可不革，故受之以革"（一口井用久了，须清理，所以井卦之后要求变革），变革是普遍规律。《杂卦》说："革，去故也。"这都是对"革"的革故鼎新义作的哲理阐发。

（二）释"命"

"命"，甲骨文作 ，西周中期金文作 ，与"令"同字，上部象大屋顶，下部是席地而坐的人，在下达命令。西周早期金文作 ，在"令"的左下部加"口"，表示用口发令，小篆由金文变来，作命。《说文解字》："命，使也，从口从令。"是形声兼会意字，"从口从令"，本义为指派、发号，谓上级对下级的指令，组词如奉命、遵命、使命等。作为名词，指动植物的生活能力，组词如生命、性命、救命等；或迷信认为生来注定的贫富、寿数等，组词如命相、命运、宿命等。

"命"字初见于西周金文。西周晚期青铜器《毛公鼎》曰："配我有周，膺受大命"，以下还多处出现"厥命""大命""配命"，"命"皆指上天赐给人间的使命、命运，故又称"天命"。古代天命论认为，不仅个人的生死祸福取决于天命，王朝及天子权力的获得，也来自上天的册命，臣属的官职俸禄又得自君主代表上天所作的赐命。明洪武帝朱元璋（1328—1398）正式规定"奉天承运"句式①，后来相沿为帝王敕命中的套语。"命"也有作合乎自然的解释，如"天命之谓性，率性之谓道，修道之谓教"②。

（三）"革命"本义

由"革"与"命"两语素组合"革命"，成词甚早。

中国传统话语系统中，王朝及天子的权力受命于天，而天命并非恒久不变，如周公谓"惟命不于常"③；天又是无言的，其意向须通过"民心"得到体现，所谓"天视自我民视，天听自我民听"④，反映天命的民心（或曰人心）的向背，可以决定一个王朝的兴衰存亡。故违背天意民心便会发生王朝易姓，革去原王朝的天命，建立新王朝，此谓"革命"，

---

① （明）余继登《典故纪闻》卷一："元时诏书，首语曰'上天眷命'，太祖谓此未尽谦卑奉顺之意，始易为'奉天承运'，见人言动皆奉天而行，非敢自专也。"
② 《礼记·中庸》。
③ 《书·周书·康诰》。
④ 《尚书·泰誓中》。

即变更天命的赐予对象。这种"革命"古典义（革除旧君，改朝换代，实施变革以应天命）的较早表述，见于《易传》：

> 文明以说，大亨以正，革而当，其悔乃亡。天地革而四时成。汤武革命，顺乎天而应乎人。革之时义大矣哉！①

《易传》关于革命的经典定义，从自然规则层面（"四时成"）、宇宙生成层面（"顺乎天"）、社会人伦层面（"应乎人"），论证"革命"的合理与合法。《易传》之后的诠释者多有论说。

唐人孔颖达（574—648）的《周易》疏，对"汤武革命"具体阐述道：

> 夏桀、殷纣凶狂无度，天既震怒，人亦叛主，殷汤、周武聪明睿智，上顺天命，下应人心，放桀鸣条，诛纣牧野，革其王命，改其恶俗，故曰"顺乎天而应乎人"。②

孔颖达的疏文不仅论证商革夏命、周革殷命的正义性，还特别指出，"革命"有别于一般意义的变革，它是一种大动干戈的夺权行为：

> 计王者相承，改正易服，皆有变革，而独举汤武者，盖舜禹禅让，犹或因循，汤武干戈，极其损益，故取相变甚者以明人革也。③

《孟子》虽未出现"革命"一词，却从"民贵君轻"论出发，视虐民、害民的君王为独夫民贼，"可伐""可诛"。齐宣王（？—前324）问：商汤放逐夏桀，周武讨伐殷纣，算不算弑君犯上？孟子（约前390—前305）毫不含糊地答曰：

---

① 《易·革卦·彖传》。
② 《周易正义》卷五。
③ 《周易正义》卷五。

>贼仁者谓之贼；贼义者谓之残；残贼之人谓之一夫。闻诛一夫纣矣，未闻弑君也。①

孟子将武王伐纣称之诛除独夫民贼，全然不是"弑君"，并指出民众对武王的行为竭诚支持、衷心期盼，"民望之，若大旱之望云霓也"②。这可以说是关于革命"顺天应人"的注脚。

先秦儒家的另一代表荀子（约前313—前238）已较多地论及"尊君"，却也有"君为舟，民为水"之喻，留下"水则载舟，水则覆舟"③的名论。荀子认为君主虽然尊贵，但道义高于君主，君主背道，臣民可抛弃之，所谓"从道不从君"④。他还强调君主应具备治理国家的能力，"能则天下归之，不能则天下去之"⑤。荀子批驳汤武"篡夺"论，肯定汤武革命的正义性：

>世俗之为说者曰："桀、纣有天下，汤、武篡而夺之。"是不然。以桀、纣为常有天下之籍则然，亲有天下之籍则不然，天下谓在桀、纣则不然。……诛暴国之君若诛独夫，若是，则可谓能用天下矣。⑥

孟、荀学术路线歧异（如孟主"性善"，荀主"性恶"），但两者都别无二致地赞许"汤武革命"。

战国末期的《吕氏春秋》，更有"天下非一人之天下，天下之天下"⑦的警句，也是对"汤武革命"论的一种呼应。

"革命"构成古代中国政治进程的必要环节。当一个王朝的腐败达于极点，全然背弃民众，已不能通过"内改革"得以调整时，"天命"的授予对象便发生转移，具体表现往往是异姓（或同姓另支）起而暴力夺权，

---

① 《孟子·梁惠王下》。
② 《孟子·梁惠王下》。
③ 《荀子·王制》。
④ 《荀子·子道》。
⑤ 《荀子·儒效》。
⑥ 《荀子·正论》。
⑦ 《吕氏春秋·贵公》。

改朝换代，相应发生制度更新，以顺应时势、人心，此即所谓"革命创制"①。孙中山曾引述一位英国人的论说，以揭示在民众无参政权、立法权的中国"革命"发挥关键性作用——

> 中国人数千年来惯受专制君主之治，其人民无参政权，无立法权，只有革命权。他国人民遇有不善之政，可由议院立法改良之；中国人民遇有不善之政，则必以革命更易之。②

需要指出的是，从《尚书》《周易》到《孟子》《荀子》所称道的"革命"，指贵族革命，是"贵戚之卿"的专利。《孟子·万章》曾对此作过论述。当然，中国历史的运行实际，还有底层民众起而"革命"的事例，如"崛起陇亩"的陈胜、吴广、张角、黄巢、朱元璋、李自成之类，这种民众造反是推翻前朝的一种方式。

二　"革命"的褒贬遭际

中国古典义的"革命"既然是改朝换代的非常手段，通过"革命"夺取政权的新朝统治者，一方面要宣扬革命的合理性，以论证自己得位之"正"；另一方面又往往心怀畏惧，唯恐别人仿此继起，来"革"自己的"命"。如此，"'革命'既是禁忌也是图腾"③。

(一) 商初君臣对

商朝建立后，商汤与左相仲虺的一段对话，就颇能说明新朝统治者在"革命"问题上的矛盾心理。

> 成汤放桀于南巢，惟有惭德。曰："予恐来世以台为口实。"仲

---

① 《汉书·叙传下》："革命创制，王章是纪，应天顺民，五星同晷。"
② 《孙中山全集》第1卷，中华书局1981版，第442页。
③ 参见陈建华《世界语境中的中国"革命"》，张晖译，《东亚观念史集刊》第1期，(台北) 政大出版社2011年版。

虺乃作诰。曰："呜呼，惟天生民有欲，无主乃乱，惟天生聪明时乂。有夏昏德，民坠涂炭，天乃锡王勇智，表正万邦，缵禹旧服，兹率厥典，奉若天命。"①

这番"君臣对"，流露出商汤唯恐后世人仿效自己放逐夏桀的"革命"行动，援为叛商借口；大臣仲虺则竭力申述商革夏命的正义性，为商汤领政提供精神支持，并特别吁请商王"钦崇天道，永保天命"②。

（二）汉代关于"革命"的廷争

这种关于"革命合法性"的讨论，贯穿于商周，秦汉以下仍时有议及。最具代表性的一次发生在西汉，今文学者、《诗》博士辕固生（前194—前104）与道家黄生在汉景帝（前188—前141）殿前争论：

> 黄生曰："汤武非受命，乃弑也。"辕固生曰："不然。夫桀纣虐乱，天下之心皆归汤武，汤武与天下之心而诛桀纣，桀纣之民不为之使而归汤武，汤武不得已而立，非受命为何？"黄生曰："冠虽敝，必加于首；履虽新，必关于足。何者，上下之分也。今桀纣虽失道，然君上也；汤武虽圣，臣下也。夫主有失行，臣下不能正言匡过以尊天子，反因过而诛之，代立践南面，非弑而何也？"③

辕固生为驳斥黄生，竭力论证革命的正义性，最后抬出汉朝开国皇帝刘邦（前256—前195）的事迹，以之质问黄生：

> 必若所云，是高帝代秦即天子之位，非耶？④

旁听的景帝见论战直逼本朝高祖得位的正否，连忙叫停：

---

① 《书·仲虺之诰》。
② 《书·仲虺之诰》。
③ 《史记·儒林列传第六十一》。
④ 《史记·儒林列传第六十一》。

食肉不食马肝，不为不知味；言学者无言汤武受命，不为愚。①

由于景帝出面制止，这场论辩"遂罢"。并且，"是后学者莫敢明受命放杀者"②，"革命"成为禁忌话题。

（三）董仲舒以"复古更化"取代"革命"

以暴力"革命"的方式推翻秦朝之后建立的汉朝，并没有消弭社会问题。汉初休养生息，缓和了某些社会矛盾，又因消极无为而积弊渐多，政治懈怠。至武帝时，重启严刑峻法，暴政复张，社会矛盾激化，"革命"论潜滋暗长，董仲舒（前179—前104）力倡"复古更化"，以预防"革命"的来临。所谓"复古"，乃"复周之古"；所谓"更化"，即"更秦之化"，削减前秦制式的严刑峻法，重建三代王道政治（周制），实现王霸结合，以克服汉中叶的治理危机。③董仲舒的"更化"观，是专制暴政与武力革命之间的第三条路径：试图通过体制内变革来缓解统治危机，达成民生改善、国家稳定。此为社会改良主义之先声。

（四）两宋理学家的"革命民心"论

关于"革命"的正义性、合理性，是宋代理学讨论的一大议题。北宋张载（1020—1077）从政治演绎的需要出发，将革命的合理性归之于"人情"。④东汉赵岐（108—201）撰《孟子章句》，推崇孟子"闳远微妙"，对其逐桀诛纣之论加以肯定，认为革命的正当性取决于与"天意"相通的"民心"："征伐之道，当顺民心。民心悦，则天意得矣。"南宋朱熹（1130—1200）赞同赵岐说，进而阐发："盖四海归之，则为天子；天下叛之，则为独夫。"⑤这都是建立在民本论基础上的革命观，要义在于符合人情、民心。

---

① 《史记·儒林列传第六十一》。
② 《史记·儒林列传第六十一》。
③ 见《史记·儒林列传第六十一》及《汉书·董仲舒传》。
④ 张载说："此事间不容发。一日之间，天命未绝，则是君臣。当日命绝，则为独夫。命之绝否，何以知之？人情而已。"转见朱熹《四书集注》，中华书局1983年版，第222页。
⑤ 赵、朱言论见朱熹《四书集注》，中华书局1983年版，第222、221页。

（五）朱元璋编《孟子节文》，取缔"革命"义

专制帝王"登极"以后，从绝对"尊君"论出发，对"革命"转而加以拒斥，富于戏剧性的一次表演，由明朝开国皇帝朱元璋（1328—1398）主导，他痛恶一切暗含"革命"意蕴的言论，连"亚圣"孟子也未能幸免。洪武五年（1372），御旨罢孟子"配飨"，又于洪武二十七年（1394）命刘三吾（1313—1400）等删削《孟子》中的"革命"性言论及其他不合"名教"言论85条（一说89条），如：

"尊民抑君"之条目，
"人民批评统治者"之条目，
"与民偕乐"之条目，
"人民要求生存"之条目，
"人民批评政治"之条目，
"人民反对苛敛"之条目，
"反对内战"之条目，
"谴责官僚政治"之条目，
"标明仁政救民"之条目。[①]

删削后的《孟子》172条，称《孟子节文》，可谓一部杜绝"革命"的奇书。

因直接篡改"亚圣"经典，朱洪武此举难获士众赞同，《节文》仅通行17年，至永乐九年（1411）即被弃置，恢复《孟子》原本。

由革除元朝天命坐上龙廷的朱元璋，立即变为坚决的反革命论者。他多次厉斥历代暴力夺权的"革命"，其上谕说："君则有罪，民复何辜。前代革命之际，肆行屠戮，违天虐民，朕实不忍。"[②] 他的这番话，意在衬托自己"伐罪安民""灭元兴明"的平和性（其实朱氏建立明朝何尝

---

① 容肇祖：《明太祖的〈孟子节文〉》，《读书与出版》第2年第4期，（上海）生活书店，1947年4月15日，第16—21页。

② 《明史·本纪第二·太祖二》。

不是大动干戈，杀人无算），表明对"革命"的极大保留。可见，在古代中国，"革命"虽是一个正面词汇，获得褒扬，但因牵涉王朝更迭，并伴随暴力夺权含义，容易使下民产生"彼可取而代之"的联想，故又是一个往往触及在位帝王忌讳的概念，以"革命"起家的汉代、明代皇帝登基之后，都厉禁革命。故在中国古代，"革命"乃士民慎用之词，在文字狱严酷的明清，人们更对此词三缄其口。

三 近代"革命"义引入

（一）西欧"革命"义的转变

时至19—20世纪之交，也即戊戌变法、清末新政至辛亥革命的十余年间，随着社会危机加剧，政治观念出现错综复杂的更替与重组，有些关键词发生千年以来未曾有过的大异动，"革命"便首当其冲。而中国人近代"革命"观的形成，除对"汤武革命，顺天应人"之类古典革命义的承袭外，还受到来自欧美（特别是法国）革命论的影响。

在欧洲，"革命"的含义有一个复杂的衍生过程。"英语revolution一词源自拉丁文revolvere，指天体周而复始的时空运动"[①]。从14世纪到18世纪，这一英语词汇的内涵经历了从"叛乱"到政治"变革"的转变，逐步从一贬义词演为中性词以至褒义词。英语revolution含有和平渐进与激烈颠覆两层意蕴，不过在英国，人们的主要诉求是渐进式变革。

法语révolution与英语revolution内涵相同，并经历了类似的演化。该词在16世纪以前只具有天文学上的"公转"、"绕转"或"循环"的意思，在16、17世纪，转义为"命运的变化""人类事务的偶然变动""人类时间流程中突发的变故与混乱（无序状态）"。这时的"革命"（Revolution）大体上是一个贬义词，1694年出版的《法兰西学院辞典》，1704年出版的《特雷乌法拉辞典》都强调"革命"的消极含义。18世纪中后叶兴起的启蒙运动，逐渐赋予"革命"以积极含义，并将"革命"的意蕴拓宽，引入人类精神领域，成为某种积极的文化转变的代名词，并且

[①] 转引自陈建华《"革命"的现代性》，上海古籍出版社2000年版，第7页。

强调"革命"是一种摆脱旧事物桎梏的进步过程。① 18 世纪末叶爆发的法国大革命,则把启蒙思想家的革命观付诸实践,并赋予这样一层意蕴:革命必须由备尝专制压迫之苦的阶层来完成,革命将伴随以暴力手段推翻旧有的专制暴政,即所谓"以暴易暴"。这与英吉利建立君主立宪制的非暴力革命(1688—1689 年的"光荣革命"为其典型)另成一格。

在欧洲思想界,固然有罗伯斯庇尔(1758—1794)式的对革命热情的讴歌,但革命往往以新暴君出现而重复专制历史,因而人们对其持保留态度。英国作家狄更斯(1812—1870)在描写法国大革命的小说《双城记》(1859 年首版)开场白说:

> 这是最好的时代,这是最坏的时代;这是智慧的年代,这是愚蠢的年代;这是信仰的时期,这是怀疑的时期;这是光明的季节,这是黑暗的季节;这是希望之春,这是绝望之冬;我们的前途拥有一切,我们的前途一无所有;我们正走向天堂,我们正直下地狱。

这正是 19 世纪的英国人对革命的一种矛盾感受:既赞扬平民反抗贵族压迫,又对革命导致新暴政充满困惑和警惕。

法国作家雨果(1802—1885)描写大革命的小说《九三年》(1874 年首版),表现共和军首领郭文的觉醒:"在绝对正确的革命之上有一个绝对正确的人道主义",这正是法国人对 18 世纪发生的暴力革命的一种反思。

近代世界史的实际是,"以暴易暴"的"革命"成为 1789 年以后百余年间的世界性主题词。德国犹太裔思想家阿伦特(1906—1975)在《论革命》中指出:

> 从整个十九世纪一直到二十世纪,所有追随法国大革命足迹的人,不仅将自己看成是法国革命的继承人,而且是历史和历史必然

---

① 参见高毅《法兰西风格:大革命的政治文化》,浙江人民出版社 1991 年版,第 136—162 页。

性的当局者。①

诉诸暴力、破坏性强劲意义上的"革命",在19世纪及20世纪上半叶曾风靡全球,而20世纪中叶以降则渐受质疑与非议,人们较多地从一般性的去旧图新意义上使用"革命"。

简言之,revolution原义是天文"公转"、四季"循环",其间包含的运动义后来衍为突变义:连续性打破,旧事物被新事物取代。revolution进入政治、社会领域,有一个从暴乱义到变革旧制义的转化。当revolution从政治、社会领域返回科学领域,则指科学理论发生范式转换(如哥白尼革命、牛顿革命、达尔文革命、爱因斯坦革命),"所谓革命就是对科学思想进行一些重大的重新组合"②。科学史家托马斯·库恩(1922—1996)在《科学革命的结构》中说,"科学中的革命,就是这样一种范式向另一种范式的转换"③,范式变革不是知识的直线积累,而是一种创新和飞跃,一种体系的革命。

无论在政治、社会领域还是在科学领域,revolution(革命)皆指急剧的、非渐进的变更。这种共同性是汉语古典词"革命"与revolution对译的原因。

(二)近代义"革命"初传中国

19世纪中叶以降,由工业文明装备起来的西方殖民主义大举入侵东亚,中国面对"数千年来未有之强敌",经历着"数千年来未有之变局"④。为挽救民族危亡,国人作过种种努力。除太平天国试图以旧式"革命"方式推翻清朝、取而代之以外,洋务运动、戊戌变法、清末新政,都是在保存清制的前提下,进行"自强"变革。不过,此间"革命"义已在传播。revolution汉字译名"革命"入华,初见于19世纪70年代末至80年代中期上海印行的《申报》,此后,黄遵宪(1887)和王韬

---

① [德]汉娜·阿伦特:《论革命》,陈周旺译,译林出版社2011年版。
② [美]库恩:《科学革命的结构》,金吾伦、胡新和译,商务印书馆1999年版,第2—3页。
③ 转引自[美]库恩《科学中革命的结构》,第26页。
④ (清)李鸿章:《筹议海防折》,《李文忠公全书》奏稿卷二四。

(1890）也介绍欧西"革命"。

中国学人在近代义上使用"革命"一词，首见于王韬（1828—1897），他参酌日本人冈本监辅的《万国史记》和冈千仞的《法兰西志》，修纂《重订法国志略》，于1890年出版，其中使用短语"法国革命"。王韬所论"革命"有双重含义：既有"乱民"暴乱义，又有"顺天应人"义，前者取自日本人对法国革命的批评，后者沿袭《易传》的革命正义论。

稍晚于王韬，康有为1898年上书光绪帝，把法国革命描述为乱民暴乱，以此劝告光绪改革，以防革命乱政、导致社会陷入灭顶之灾。① 同期，尚为改良派的章太炎也发表"以革政挽革命"的议论。②

（三）革命派的"革命"论

清末体制内变革的尝试，虽然取得不同程度的实绩，为中国近代化奠定了某些基础，但社会性弊端并无大的改善，积贫积弱、落后挨打的格局愈益严峻，民族危亡日甚一日。在这种情势下，一批曾经冀望于清朝"内改革"的人物（如孙中山、章太炎等）转而认定，必须突破清朝框架，发起击碎旧体制的大举动。于是，他们高扬中国古典的"革命"旗帜，倡导暴力反清；并汲纳欧美革命思想，以"万民"为主体，取代"一君"为主体，使"革命"获得近代义，汇入世界义。

以孙中山（1866—1925）为例，其少年时代即倾慕太平天国，一位常来塾中讲故事的太平天国老军以"洪秀全第二"激励孙氏，孙"得此徽号，视为无上光荣，亦慨然以洪秀全自居"③。而愈益紧迫的民族危亡形势，更促进孙氏反清意识的张大，孙中山撰于1923年《中国革命史》，自述"革命缘起"：

> 余自乙酉中法战后，始有志于革命。

---

① 见《戊戌变法》第3册，上海人民出版社1957年版，第57页。
② 章炳麟：《论学会有大益于黄人亟宜保护》，《时务报》第十九册，（上海）时务报馆，1897年有农历二月初一日，第6页。
③ 胡去非：《总理事略》，（上海）商务印书馆1937年版，第5页。

革 命

这番话是孙氏晚年对生平的追述,所称早在1884—1885年中法战争以后便"有志于革命",只可作泛义理解。台湾的近代史家吴相湘(1912—2007)在《孙逸仙先生传》中指出:

> 按"革命"一词,自1895年以后,孙先生才开始使用。1885年时并没有提及这二字。《中国之革命》是民国成立以后撰写,故沿用1895年通行的名辞。①

吴氏的这一论说是符合历史原貌的。实际情况是,青年时代的孙中山受到郑观应(1842—1922)、何启(1859—1914)等人影响,曾试图在现存政体内部用和平方式救治中国。孙氏1890年的《致郑藻如书》②、1894年6月的《上李鸿章书》③都表明这种倾向。后来,因甲午战争中方惨败及朝廷下诏谴责议政者的刺激,而上书李鸿章(1823—1901)又遭冷遇,这一切使孙中山从"偏重于请愿上书"走向暴力反清之路。孙中山在撰于1897年的《伦敦被难记》中描述了自己组创兴中会的此一转变:

> 吾党于是怃然长叹,知和平之法无可复施。然望治之心愈坚,要求之念愈切,积渐而知和平之手段不得不稍易以强迫。④

与孙中山并称"革命巨擘"的章太炎(1869—1936)也有类似思想经历。他早年主张在清朝体制内变革政治,反对革命。他1897年3月在《时务报》第19册发表文章,对"不逞之党,假称革命以图乘衅者,蔓延于泰西"深感忧虑,认为"今之亟务,曰:以革政挽革命"⑤。戊戌政变后章氏东渡日本,仍与"尊清者游"。1900年义和团运动后,章氏方从

---

① 吴相湘:《孙逸仙先生传》,(台北)远东图书公司1982年版,第46页。
② 《孙中山全集》第1卷,中华书局1981年版,第1—2页。
③ 《孙中山全集》第1卷,中华书局1981年版,第8—18页。
④ 《孙中山全集》第1卷,中华书局1981年版,第52页。
⑤ 章炳麟:《论学会有大益于黄人亟宜保护》,《时务报》第19册,(上海)时务报馆,1897年农历二月初一日,第6页。

改良转向革命，并以如椽巨笔，抨击康有为的反革命论，高倡"革命无罪"。其 1903 年发表的《驳康有为论革命书》力陈"排满革命"之旨，指革命"陈旧布新"功能，其文曰：

> 然则公理之未明，即以革命明之；旧俗之俱在，即以革命去之。革命非天雄、大黄之猛剂，而实补泻兼备之良药矣！①

章氏此篇成为传诵一时的革命檄文。

四 近代义"革命"在中国流行时间考
——以孙中山自认"革命党"为例

孙中山较之章太炎，更早确立革命理念。但孙中山及其追随者究竟何时以"革命党"自任？"革命"何时成为近代的中坚语汇？此须考辨，以确认近代义"革命"在中国落地的时日，以及被认可的文化机制。

近几十年中国大陆、台湾以及海外出版的各种辛亥革命史与孙中山传记、年谱，几乎一致认定，1895 年 11 月孙中山正式以"革命"为自己领导的社会运动命名。其根据是孙中山最早的追随者之一陈少白（1869—1934）的回忆。1935 年（已在陈去世后一年）出版的陈少白口述的《兴中会革命史要》称，1895 年 10 月下旬广州起义失败后，孙中山自广州走澳门、经香港，与陈少白、郑士良（1863—1901）乘日轮"广岛丸"，于 11 月 9 日（或 10 日）抵达神户。陈少白回忆说：

> 到了神户，就买份日报来看看，我们那时虽然不懂日文，看了几个中国字，也略知梗概，所以一看，就看到"中国革命党孙逸仙"等字样，赫然跃在眼前，我们从前的心理，以为要做皇帝才叫"革命"，我们的行动只算造反而已，自从见了这张报纸以后，就有"革命党"三个字影像印在脑中了。

---

① 《章氏丛书》，《太炎文录初编》卷二。

1936年，冯自由（1882—1958）根据陈少白的上述追忆，撰《"革命"二字之由来》一文（后收入冯著《革命逸史》初集）。冯氏在陈氏追忆基础上，参考孙中山前前后后的思想言论，对孙中山、陈少白、郑士良等三人的神户见闻、议论又有所铺陈渲染：

> 及乙未九月兴中会有广州失败，孙中山、陈少白、郑弼臣三人自香港东渡日本，舟过神户时，三人登岸购得日本报纸，中有新闻一则，题曰"支那革命党首领孙逸仙抵日"。中山语少白："'革命'二字出于《易经》'汤武革命，顺乎天而应乎人'一语，日人称吾党为革命党，意义甚佳，吾党以后即称革命党可也。"

从史源学角度看，这两条材料不是并列的、源头各异的"兄弟证"，而是同一源头的"母子证"，即单源于陈少白多年后对1895年11月神户之行的回忆，可信度有限。

日本学者安井三吉等考证，1895年11月日本报纸只有关于广州起事的简短报道，并无"中国革命党首领孙逸仙抵日"的言辞。如《大阪朝日新闻》11月3、5、14日，《大阪每日新闻》11月5、9日，《神户又新日报》11月6、9、10、30日都只有广州起事未遂的消息。11月10日的《神户又新日报》还称广州起事为"颠覆满清政府的阴谋"，系"暴徒巨魁"作乱，其他报纸则称其为会匪阴谋，为首者"黄"姓或"范某"。① 足见此时日本关于广州起义的报道多影响模糊之词，并且全然为贬斥性用语，诸报道中"孙逸仙"则全无提及，"革命党"之说更未形诸报端。从历史实态考析，当时的孙文尚为无名之辈，清政府不知其名，日本更未闻其人，故广州起事后几天内，日本报刊绝不可能有"中国革命党首领孙逸仙抵日"的报道。

笔者2001年2月22日到位于日本神户市垂水区东舞子町（明石跨海大桥旁）的"孙中山纪念馆（移情阁）"参观，得见馆中展出的《神户又新日报》明治二十八年（1895）十一月十日报纸原件，其上果然只有关于广州起事的简要报道，标题为《广东暴徒巨魁的经历及计划》，内中

---

① ［日］安井三吉：《"中国革命党首领孙逸仙"考》。

没有"支那革命党首领孙逸仙抵日"之类文字。该博物馆还专门在这一展品旁撰文说明此点。笔者与爱知大学刘柏林君几年后再访神户海边的孙中山纪念馆,并与时任馆长的安井三吉就上述问题交换意见,安井君以坚定口吻重述了神户报刊不可能有"革命党首孙逸仙抵日"的报道,安井笑道:那时中日两国,除陈少白、郑士良外,不会有人了解孙逸仙其人,更不会知道孙医师领导了广州暴动。

安井三吉等人的考证、神户孙中山纪念馆展出的《神户又新日报》等原件,动摇了孙中山以"革命党"自任来源于1895年11月10日日本报刊启示的"定说"。但这一发现能否指证陈少白的回忆全然是子虚乌有的妄言呢?恐怕也不能这样说。通观孙中山及其追随者的言论,1895年以前从未自任"革命党",正如冯自由在《"革命"二字之由来》所指出的,在清季乙未年(清光绪二十一年1895年)兴中会失败于广州以前,中国革命党人向未以"革命"二字自称,党人均沿用"造反"或"起义""光复"等名目。虽然孙中山在19世纪80—90年代之交经与王韬(1828—1897)等接触,已对欧洲近代革命理念有所领悟,但孙中山等人正式从自命"造反"变为自任"革命",转折点则在乙未广州起事失败之后一段时间。一个值得注意的旁证是,直到1896年底,外界方将孙中山为首的兴中会呼之"革命派"。如1896年12月3日香港《支那邮报》评论说:

> 至革命派之缘起,虽无由追溯,而其大致要由不嫌于满清之行事。近中日一战,而此派遂崭然露其头角。孙逸仙博士辈之初意,原欲以和平之手段要求立宪政体之创行而已,迫至和平无效,始不得不出于强力。①

这篇评论的可贵处在于,指出了孙中山与"中国历史中之崛起陇亩、谋覆旧朝者"的重大差别,看到孙中山兼通中西学理,可以调和中西冲突,使旧式"革命"得以飞跃。

1895年底至1898年间,陈少白与孙中山先后同住横滨、东京,与宫

---

① 《孙中山全集》第1卷,第81页。

崎弥藏和宫崎寅藏（即宫崎滔天）兄弟先后相过从，在孙、陈与宫崎兄弟间多有关于"革命""革命党"的议论。时至1898年，宫崎滔天（1871—1922）将孙中山1897年初在英国布里斯特耳初版发行的英文著作《伦敦被难记》译成日文，题目改为《清国革命党领袖孙逸仙——幽囚录》，正式将孙中山呼为"革命党领袖"，而"幽囚录"一说，显然借自日本，如日本幕末维新志士吉田松阴（1830—1859）曾撰《幽囚录》，记自己被幕府囚禁事。至于日本报刊称"清国革命党"，首见于1898年2月的《朝日新闻》关于长崎县官方与来日中国人笔谈的报道，而1895年11月的神户报刊绝无称孙逸仙"革命党"的可能。

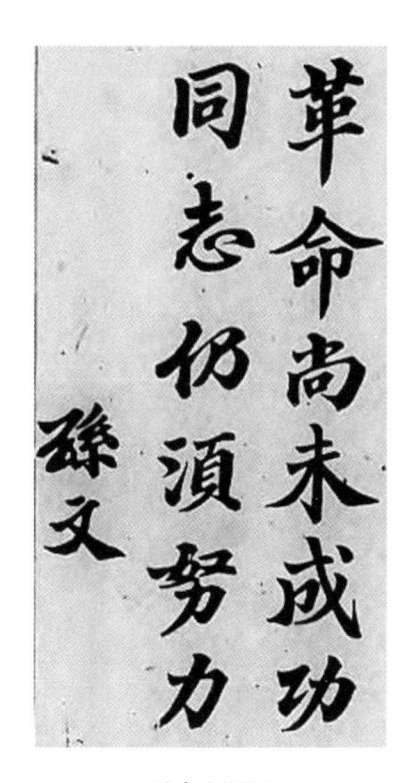

孙中山题词

陈少白多年后回忆1895年11月与孙中山的神户行，出现"革命党"记述，很可能是将1896年孙中山与宫崎兄弟交谈"革命"的情节混入，以后期事实"渗入"前期记忆，是可以理解的误记。但今之研究者必须根据实证材料去修正此种记忆误植。这是史学家对待主观性颇强的"回忆录"之类二次文献理当把持的态度。

综观孙中山及其追随者的回忆,又考察19世纪最后几年日本的出版物,可以确认,孙中山以"革命党"自任,形成于1895年底至1898年两次逗留日本期间。参之以香港《支那邮报》1896年12月3日的评论称孙逸仙等人为"革命派",孙氏以"革命党"自命,可能在1895年底至1896年底的一年间,大约是在孙氏与宫崎兄弟交谈(陈少白等在场)中形成。确切时日尚待史料的发掘与辨析。

以上考证昭显,孙中山等人自此使用并成为纲领旗帜的"革命"一词,其内涵既有中国古典的暴力夺权以符天命的"汤武革命"义,还有来自法兰西的暴力推翻暴政以创共和的"革命"义,其间也隐含经由日本加工综合的"革命—改革"近意的"革命"义。正是这三重因素,共组孙中山等革命党人的革命观,其后的辛亥革命、二次革命、国民革命概莫能外。

五 日本对"革命"(revolution)的矛盾认识

近代中国"革命"概念的形成,除受中国古典革命论及西洋近代革命论的影响外,与近邻日本的革命观亦颇有干系。

(一)"革命"一词由中国传入日本后的遭际

日本作为汉字文化圈的一员,自古即输入大量汉字及汉字词汇,这些汉字词汇在日本,或者保持中土原义,或者发生转化。"革命"一词随《周易》在6世纪东传,[①] 始为日本所知晓。推古朝十六年(608),僧曼奉圣德太子(574—622)之命,赴隋唐留学,旅居中土二十四年,回国后为中臣镰足(614—669)、苏我入鹿等权贵讲授《周易》,其"阴阳道"思想,连同"革命"观念自此在日本播散。至8世纪,《孟子》流行

---

① 日本最早的敕修史书《日本书纪》载,继体天皇七年(513年)七月,百济五经博士段杨尔被贡献给日本朝廷。《周易》是"五经"之一,五经博士的抵日,意味着《周易》一书及"革命"一词的传日。

日本，"放桀、伐纣正义说"随之传扬，"革命"进一步汇入日本话语系统。

日本思想界一方面崇仰中国经典，对"革命"一词怀有敬意；另一方面，日本向称天皇"万世一系"，与中国频繁易姓改朝大相径庭，故日本的主流思想一直对"汤武革命"抱着既从且拒的矛盾态度。江户初期儒学家林罗山（1583—1657）以"汤武放伐"说为德川氏征讨丰臣氏提供理论根据，德川家康（1542—1616）对此说深为嘉许；江户中期儒学家新井白石（1657—1725）亦推崇孟子的"有德者王"说；幕末阳明学者大盐平八郎（1793—1837）更信从"革命"说，他领导的市民暴动，即高举书写"汤武革命"四字的旗帜。但总体讲来，江户时代多数儒学者和国学者都反对孟子的"放伐"说，主张臣下对将军（总领主）无条件效忠。山崎暗斋（1618—1682）曾撰《汤武革命论》，非议汤武从桀纣手中夺权的行径，其弟子更谴责汤武为"杀主之大罪人"。

（二）近代日本将"革命"泛解为改革

日本主流思想界并没有排斥"革命"一词，而是向这一中土颇具权威性的词语注入更宽泛的制度重建、社会改良义，淡化其暴力夺权、改朝换代义。至明治维新时，"革命"已转化为"尊王变革"之义，从而成为"维新"的同义语，与"改革"也别无二致。大隈重信（1838—1922）的《开国五十年史》称，"日本人将革命与改革同视"，是颇为精要的诠说。梁启超戊戌政变后流亡日本即发现，日本人所说"革命"并非指易姓改朝，而是指革新旧制，明治维新便被呼为"明治革命"。梁氏说：

> 日本以皇统绵绵万世一系自夸耀，……曾亦知其所以有今日者，实食一度 Revolution 之赐乎？日人今语及庆应、明治之交，无不指为革命时代；语及尊王讨幕、废藩置县诸举动，无不指为革命事业；语及藤田东湖、吉田松阴、西乡南洲诸先辈，无不指为革命人物。①

---

① 梁启超：《释革》，《新民丛报》第贰拾贰号，（日本横滨）新民丛报社，1902年12月14日，第6页。

梁氏颇认同这种泛义革命说。

（三）日人以"革命"对译英语 revolution、法语 révolution

正是在"革命"的这种泛化诠释的基础上，明治时代的日本人用"革命"翻译英文 revolution 一词及法语 Revolution 一词。

日本借用中国古典旧词，将英语 revolution、法语 révolution 译为"革命"，兼有英吉利式的和平变革及法兰西式的暴力革命两层内蕴，即所谓"双轮革命"。法兰西暴力革命的传译，大约始于明治时期史学家冈本监辅成书于 1878 年的《万国史记》。该书称："法美两国有革命变，诸国之民皆知主张自由，不肯屈鞭棰之下。"又将 1830 年巴黎市民攻入王宫的事件译为"三日革命"。王韬 1890 年面世的《重订法国志略》参考了《万国史记》，首次在中国引入"法国革命"概念。而《万国史记》于 1895 年在中国翻刻，被中国学界广为引述，"法国革命"一语在中国得以传播。而此时正值孙中山领导的革命运动发端之际。学术著作的教化之效，与革命党人实践活动（如乙未广州起义）的影响，共同促成现代义的"革命"概念在中国逐渐流行。

六　日译 revolution 的三个层面

"革命"首先在日本与西语达成对译，演为新名，这一点已成学界共识。至于它经历怎样的过程而得以最后确立，则尚未明辨。本书试从词汇的对译、历史的叙述、理论的阐释三层面进行考察。

（一）词汇的"革命"

日本天保七年（1836）八月，日本兰学家宇田川榕庵（1798—1846）在其《舍密开宗序例》中叙述西洋化学史时，首用"革命"表述西方历史的某一环节：

> 凡学术，皆由粗入于精，由疵迁于醇。如我之舍密之学（化学——引者），西土中兴革命之后，自第三百年降至今日，大别之为四时

限（四阶段—引者）。①

所谓"西土中兴"，当指公元 2 世纪罗马帝国的"黄金时代"；而"革命"则当指被称为欧洲"三世纪危机"（Crisis of the Third Century）的一系列历史大事件及其引发的历史变革。此处"革命"一词，是否与荷兰文"De revolutie"（英文 revolution）相对译，虽不能确认，但若说它在"大变革"（great change）意义上与英文的"revolution"相当，则亦无不可。

无独有偶，1845 年日本儒学者羽仓简堂（1790—1862）所撰汉文著作《通鉴评》云：

> 郡县天下，始于祖龙；匹夫僭称，始于陈胜。秦季二十余年，实为一大革命。②

当然，明确地作为译词的"革命"，最早见于日本元治元年（1864）出版的村上英俊（1811—1890）的《佛语明要》。其第四卷中，法文"révolution"一词的翻译方案被确定为"回ルコト、革命、替ルコト"③（环绕、革命、改变）。这可以说是东亚"revolution"（法文"révolution"）翻译史上的一个事件——译词"革命"由此正式创生。

《佛语明要》厘定的译词"革命"为 1871 年出版的《官许佛和辞典》所采用④；并自 1873 年起开始进入英和辞书序列。

以上皆为词汇学角度的"革命"的演绎。

---

① ［英］贤理（D. William Henry）原著、［日］宇田川榕庵重译增注：《舍密开宗》，（江户）青藜阁，1837 年，序例第 1 页。
② ［日］羽仓简堂：《通鉴评》卷上，可也简堂，1845 年，第 1 页。
③ ［日］村上英俊：《佛语明要》第四卷，（江户）达理堂藏版，1864 年，第 21 页。
④ Thomas Nugent 著，好树堂译：《官许佛和辞典》，Changhai：*Imprimerie De La Mission Presbytérienne Américaine*，1871 年，第 366 页。

表1　　　　　　　　　　早期英和辞书中的"革命"

辞书名	编纂者	Revolution 的译词	出版地出版者	出版年月页码
《英和字汇》（附音插图）	柴田昌吉 子安峻	旋转、运行、循环、革命、动乱	横滨：日就社	1873年1月 第979页
《哲学字汇》	井上哲次郎（1855—1944）	革命、颠覆	东京：东京大学三学部	1881年4月 第79页
《英和字汇》（增补改订2版）	柴田昌吉 子安峻	旋转、运行、循环、革命、动乱、颠覆、民变 The revolution of a state、国乱	东京：日就社	1882年8月 第861页
《英和和英字汇大全》	市川义夫	旋转。运行。循环。革命。动乱 The revolution of a state、国乱	横滨：如云阁	1885年4月 第534页
《英和对译辞典》	[米] Noah Webster（1758—1843）著 早见纯一译	旋转、革命、循环	大阪：大阪国文社	1885年5月 第502页
《英和对译大辞汇》	前田元敏（1857—1927）	旋转、运行、循环、革命、动乱 The revolution of a state、国乱	大阪：同志社活版部	1885年7月 第247页
《大全英和辞书》（订译增补）	箱田保显	革命、颠覆、回转、改革（政治ノ）	东京：诚之堂等	1885年9月 第518页
《英和字汇》（附音插图）	柴田昌吉 子安峻	旋转、运行、循环、革命、动乱 The revolution of a state、国乱	东京：文学社	1885年11月 第671页
《英和字汇》（附音插图）	柴田昌吉 子安峻	旋转、运行、循环、革命、动乱 The revolution of a state、国乱	东京：与论社	1885年12月 第435页
《和译英字典大全》	[美] Noah Webster（1758—1843）音符 梅村守纂译	旋转、运行、循环、革命、动乱 The revolution of a state、国乱	东京：字书出版社	1886年6月 第699页

革 命

需要说明的是：1. 在《附音插图英和字汇》（1873）中，不仅可见今日仍然通用的"revolution"的译词"革命"，而且可见作为"revolutioner"和"revolutionist"译词的"革命党"①。此当是"革命"一词在英和辞书序列之初登场。2. 1881 年 4 月刊行的和田垣谦三（1860—1919）等人编纂的《哲学字汇》，是明治日本人文、社会领域中影响巨大的专门性辞书。其中，"revolution"获得了"革命、颠覆"两个译名，并附按语"兴国谓之革命、亡国谓之颠覆"②。亦即说，该辞书是从正、负两面把握"revolution"的语义，确定其译名的。

（二）历史的"革命"

近代"革命"概念的受容过程，主要是随着英国的"光荣革命"、美国独立战争、法国大革命等欧美"历史故事"的译介展开的。

日本庆应三年（1867）冬，福泽谕吉纂辑的《西洋事情外编》由尚古堂刊行。其卷之二"政府之种类"有云：

> 因兵乱而起政府之突变，称为革命。此世不可避之祸，亦或成国之幸。千六百八十八年，因英国王詹姆士二世破坏国法而生内乱，遂废其王位而一变其政府，至于今日，英国人无不喜谈此革命。昔时，法兰西人苦于暴政，千七百年代末，其国大乱，亦非可惊异。亚米利加之骚乱实致一国之繁荣，故至今其国人仍意气洋洋，自祝既往之乱。③

福泽的《西洋事情外编》主要是翻译英国人 Chambers 兄弟编纂的 *Political Economy, For Use in Schools, and for Private Instruction*（Chambers's Educational Course, W. & R. Chambers, 1852）前半而成。

福泽谕吉的《西洋事情》乃当时日本名著，读者颇众。其"革命"

---

① ［日］柴田昌吉、子安峻编：《附音插图英和字汇》，（横滨）日就社 1873 年版，第 980 页。
② ［日］和田垣谦三等编：《哲学字汇》，东京大学三学部 1881 年版，第 79 页。
③ ［日］福泽谕吉纂辑：《西洋事情》外编卷之二，（江户）尚古堂 1867 年版，第 5—6 页。

用例，也乘势流播，在诸多译名中确立优势地位。1872 年以后，采用"革命"一词的著译次第问世：

（1）1872 年，吉田贤辅（1838—1893）、须藤时一郎（1841—1903）著《近世史谈》初篇二刊行。

在"革命乱之滥觞"① 题名之下，叙述了美国独立战争的缘由；在"初战之事"题名之下，叙述了战争的发端。在"初战之事"题名下以小字注释："此处始记革命之战，故谓初战。"此外，在该书中亦可见"革命之战争"② 之语。

（2）1872 年 8 月，涉江保（1857—1930）编《米国史》卷之一（东京：万卷楼）。

其第十七章题名为"革命之缘由"；第十八章题名为"革命役之发端"；第四十一章题名中有"革命役之结末"③ 之语。

（3）1873 年 10 月，锦织精之进译《米国政治略论》卷之一（东京：文部省）。

依其例言所述，原书为 1870 年刊行的美国法学博士 Joseph Alden（1807—1885）所著初中教科书 The Science of Government。其第二编题名被译作"英国管辖时代之政治及革命之政治"④；而关于美国《独立宣言》则译曰："1776 年 7 月 4 日，殖民地始宣布脱英国之管辖，成独立不羁之国，从此与宇内万国同列。名谓革命布告。"⑤

（4）1874 年 1 月，师范学校编《万国史略》（东京：文部省）。

其中，大槻文彦 1873 年 8 月所作例言有云："西洋纪元五百年顷，罗马国灭，而今之各国建国，于西史上为古今之大革命。"⑥

（5）1875 年，西村茂树（1828—1902）编《校正万国史略》，其"近世之史四上"以第一章、第二章两章的篇幅叙述了"法兰西革命之大

---

① ［日］吉田贤辅、须藤时一郎述：《近世史谈》卷二，（东京）共立舍 1872 年版，第 25 页。
② ［日］吉田贤辅、须藤时一郎述：《近世史谈》卷二，（东京）共立舍 1872 年版，第 32 页。
③ ［日］涉江保编：《米国史》卷之一，（东京）万卷楼 1872 年版，目录第 2 页、第 3 页。
④ ［日］锦织精之进译：《米国政治略论》卷之一，（东京）文部省 1873 年版，第 22 页。
⑤ ［日］锦织精之进译：《米国政治略论》卷之一，（东京）文部省 1873 年版，第 32 页。
⑥ ［日］师范学校编辑：《万国史略》卷之一，（东京）文部省 1874 年版，例言第 2 页。

乱"；以如下文字结束其卷之十上："法兰西革命之大乱以来，欧罗巴之各国，皆为兵马战争之地二十余年。至此，炮弹之声全息，庶民始得睹太平矣。"①

（6）1876—1878 年，河津祐之（1850—1894）译《佛国革命史》全4 册 15 卷（东京加纳久宣刊行）。原书为法国人 François Auguste Alexis Mignet（1796—1884）所著 Histoire De La Révolution Francaise。该书以 1789 年三等级会议开始，以 1814 年拿破仑让位结束。河津的译著为最早将"革命"用于书名者，堪称译名"革命"定著之标志。

（三）理论的"革命"

明治前期，由西洋传到日本的关于"革命"的理论阐述，主要见于表 2 所列译书：

表 2　　　　　　　　　明治前期"革命"理论译书

书名	著者	译者	出版地出版者	出版年月
《百科全书》交际篇	William Chambers（1800—1883）、Robert Chambers（1802—1871）	高桥达郎	东京 文部省	1878 年 12 月
《英国政治论说》	拉塞尔（John Russell, 1st Earl）[他]	高桥达郎	东京 金松堂	1882 年 7 月
《革命新论》	威曼（Yeaman, George Helm, 1829—1908）等	栗原亮一	东京 松井忠兵卫	1883 年 5 月
《政理泛论》	亚摩斯（Amos, Sheldon, 1835—1886）等	松岛刚	东京 报告堂	1883 年 12 月
《政治泛论》（第 1 卷）	Yeaman, George Helm（1829—1908）等	小林营智	东京 日本出版社	1884 年
《英国政治谈》	拉塞尔等（Russell, John Russell, 1st Earl）	高桥达郎	东京 金松堂	1886 年
《须多因氏讲义》	须多因（Stein, Lorenz Jacob von、1815—1890）	曲木高配等	东京 宫内厅	1889 年 7 月

---

① ［日］西村茂树编：《校正万国史略》卷之十上，（东京）西村茂树，1875 年，第 52 页。

古典引申

1878年12月，文部省翻刻《百科全书·交际编》。原书为 Chambers's Information for the People 中之 "Constitution of Society – Government"。其中有"政府ノ革命"（Revolutions）一章。该章起笔即为"Revolution"下定义：

> 政府之革命，谓不依法律而行，扰乱起而颠覆政府，然后再设之。①

依其论说，"革命"的本质在于"国法"（constitution 或 system of government）之"变易"；其原因在于"政治之不善"；"革命"既有"不用暴举虐动而奏其成功者"，也有"以武威成之者"；而各种"革命"之根本，则皆在于"自主自由之理"②。

美国人威曼著、日本人栗原亮一翻译的《革命新论》1883年5月刊行，该篇对"革命"有如下阐述：

> 革命，行于古今万邦革命者也。有王朝统系之更迭，有政体法度之革新。王朝统系之，治者相斗，不关政治之大体，非真正之革命。其所谓革命者，政体法度之革新，治者与被治者权限生一大变革者是也。若详解其义，则为人民自所进取之变革，非政府所赐予人民者也。若政府极力压抑之，则人民诉诸干戈而达成变革；即令不诉诸干戈，亦背离旧来之政法，用其所不可认可之方法而达成之也。……革命之为变革，其主眼在于改良政体，使人民保全权利，享受自由也。③

依其所述，"王朝统系之更迭"等不是"真正之革命"，"政体法度之革新"才是"真正之革命"；"革命"的"主眼"在于"改良政体，使

---

① ［日］高桥达郎译：《百科全书·交际篇》，（东京）文部省，1878年版，第82页。
② ［日］高桥达郎译：《百科全书·交际篇》，（东京）文部省，1878年版，第83、87页。
③ ［美］威曼等：《革命新论》，［日］栗原亮一译，（东京）松井忠兵卫，1883年，第4页。

人民保全权利，享受自由"；而且，"革命之权，为人世间无上之大权"①。

至于1889年7月刊行的《须多因氏讲义》，则认为"革命"乃"元首权力之转覆"，包括"政治上之革命"和"社会上之革命"两种②。"政治上之革命"在于"退滥用权力之元首"，其"所关涉处，常止于元首之一身"；其结果有两种：一则"变更元首其人"，一则"设明文限制其所属之权力"③。"社会上之革命"则事关"社会全体之编制"，其目的在于破除某阶级的特权。其结果也有两种：一则"变更社会原有之上下阶级之别"，一则"将参与政治之权付与一般人民"④。而"社会上之革命"一经发生，则将抛弃旧政体，确立"元首、立法、行政三部始相分立"之新政体。⑤

《须多因氏讲义》还论及"革命改革之别"：

> 改革者，盖变更执行政务之作法之谓也。故政治大体之主义前后同一，政治之规矩体裁有变动，谓之改革。反之，政治大体之主义有变动，即令政务运转之外形无异于前日，亦谓之革命。⑥

1901年，中国留日学生译介美国人威曼的《革命新论》云：

> 革命之说，万国通行，或为王朝统系之更迭，或为政体制度之革新。王朝统系之更迭，则为执政者互相争权，无关政治大体，不得谓之革命。所谓革命者，政体制度之革新；治者、被治者之间，

---

① ［美］威曼等：《革命新论》，［日］栗原亮一译，（东京）松井忠兵卫，1883年，第4页。
② ［德］须多因：《须多因氏讲义》，［日］曲木高配等译，（东京）宫内厅1889年版，第112页。
③ ［德］须多因：《须多因氏讲义》，［日］曲木高配等译，（东京）宫内厅1889年版，第113页。
④ ［德］须多因：《须多因氏讲义》，［日］曲木高配等译，（东京）宫内厅1889年版，第114页。
⑤ ［德］须多因：《须多因氏讲义》，［日］曲木高配等译，（东京）宫内厅1889年版，第115页。
⑥ ［德］须多因：《须多因氏讲义》，［日］曲木高配等译，（东京）宫内厅1889年版，第119页。

所有权限，皆破坏决裂，无复曩昔之制；一国人民，各竭其固有之力，奋为变革之事，而非假力于政府而后成者也。夫是之谓革命。革命之义，亦必如是而后全。[①]

以上强调的是"革命"的普世性政治革新意义，并非单指暴力革命。

五　近代义"革命"在中国流播

（一）马礼逊等的汉英辞典、《申报》译介"革命"

"revolution"的译介中国，比日本要早。1822 年初 revolution 的汉字译名已出现在中国，此后半个多世纪中，它获得了诸多译名：从"周行""大变"到"国变"、"国乱"（参见表3）。至于译名"革命"，则由日本传来。

表3　　　　　　　　早期英汉辞书中 revolution 的翻译

辞书名	编纂者	revolution 的译词	出版地	出版年/页码
《英华字典》（全1册）	［英］马礼逊 Robert Morrison 1782－1834	REVOLUTION, going round to the point of commencement，周行；Performing one revolution and beginning again，周而复始；Change in the state of a government，大变	澳门	1822 第366页
《英华字典》（卷二）	［英］麦都思 W. H. Medhurst 1796－1856	revolution in a state，国变、大变	上海	1848 第1091页
《英华字典》（卷四）	［德］罗存德 W. Lobscheid 1822－1893	Rebellion，变、乱、反、叛、叛逆；to be in a state of revolution，乱，作乱；the revolution of state，国之乱，国之变，大变	香港	1869 第1494页
《英华萃林韵府》（卷一）	［美］卢公明 Justus Doolittle 1824－1880	Revolution in a state，变、国变	福州	1872 第411页
《英华字典》（全1册）	Arnold Foster	Revolution (in a state)，国变	上海	1893 第110页

[①] 《革命新论前编》，《国民报》第三期，（东京）国民报社，1901年7月10日，译编第1页。

革命

将 revolution 译为"革命",约始于明治初的日本,并于明治中晚期传到中国。关于近代义"革命"一词在中国的用例,似以王韬的《重订法国史略》(1890)为最早[①],金观涛认为黄遵宪的《日本国志》(1887)最早。而依笔者所阅,汉字译名"革命"入华,初见于19世纪70年代末至80年代中期上海印行的《申报》,时间早于黄遵宪(1887)和王韬(1890)议"革命"。

例1. 日本戊辰战争之"革命"[将1868年(戊辰年)初日本政府军击败德川幕府军的战争称之"革命"]

本邦自戊辰革命之后,其间才十年,前有江藤新平叛于佐贺,后有前原一诚叛于山口。如皆率党与数千人,上与官府相抗,然皇威所向,不数旬,巨魁就擒,余匪鸟散,无不瓦解冰消。
——1879年5月15日,《申报》(上海版)第2167号第1页《译日本人论亚细亚东部形势》

例2. 日本国会制度之"革命"

琴瑟不调甚者,必改而更张之;为政不治甚者,必改而更治之。《周易》离下兑上之卦,其名曰"革"。象辞曰:"天地革而四时。成汤武革命,顺乎天而应乎人。革之时,大矣哉!"……吾闻日人之入会议事者,必由众人公举……如此则上无失政,下无遗贤。吾知日本必从此强矣。夫四洲诸大国,皆有尽善尽美之成法可守,故不必有所损益,而自无不国富民安。日本能善自变计,补前人之未及,为后世之楷模,与时迁移,不作胶柱之鼓。《易》曰:"君子豹变。"占日本者,竟得此爻。余故乐得而书之。
——1885年12月3日,《申报》(上海版)第4541号第1页刊《书日本议毁国会后》(山阴述戬十稿)

---

① 陈建华:《"革命"的现代性:中国革命话语考论》,上海古籍出版社2000年版,第30—36页。

例3. 法国之"革命"

　　法兰西巴黎京城，拟于一千八百八十九年开设大博览会。盖以革命以来，数及百年，故设此会，以伸国人庆祝之忱，以见政府谋国之效。

　　——1886年8月7日，《申报》（上海版）第4781号第12页刊《汇译东报》

（二）《时务报》介绍"革命"

值得注意的是，1896年，梁启超主笔的《时务报》第十册和第十四册，先后刊载《欧洲党人倡变民主》《论阿尔兰革命党人》两篇报道。前者译自《国民报》（1896年10月14日）；后者译自《东京日日报》（1896年11月19日）。两篇报道中均有"革命党人"之用例。《欧洲党人倡变民主》云："阿尔兰革命党人，隶籍美国，恃有护符，共倡义举。"[①]

该文将爱尔兰革命党人的行动称为"义举"。这不独为其所译原文所限，抑或显示了当时的《时务报》对于爱尔兰民主革命所持的基本立场或态度。

六　近代中国关于"革命"的论战及概念定格

综上所述，"革命"一词，经历了"中国创制的古典词—传入日本并发生演变—近代日本借以意译 revolution—日本译名'革命'从日本逆输入中国"这样一个跨国度、跨文化的迁衍过程。而围绕"革命"正义性、必要性的论辩，随之在清末展开。这场概念之辩的背后，实际演绎的是中国近代化路径的选择。

---

① ［日］古城贞吉译：《欧洲党人倡变民主》，《时务报》第十册，（上海）时务报馆，1896年农历十月初一日，第29页。

（一）维新派的"革命"观

近代义及世界义的"革命"一词在19—20世纪之交输入中国后，迅速播散开来，但并非平和展开，围绕其词义曾发生激烈论战。如主张体制内改良的黄遵宪（1848—1905）在《水苍雁江馆主人来简》中批评激进革命论："仆以为由蛮野而文明，世界之进步，必积渐而至，实不能躐等而进，一蹴而就也。"

批评激进革命论的主将，是维新派巨子梁启超。他出于对暴力革命的防范和对维新改良的执着，大力阐扬英吉利式的"革命"（revolution），即和平的、渐进的社会变革。他反对将"革命"局限于暴力夺权一义，在《夏威夷游记》（1899年撰）中提出"文界革命""诗界革命"说，把"革命"泛解为思想及社会改良。但同文中又有对准备武装起事的"革命军"（暗指唐才常等领导的自立军）的肯认，可见，梁氏所谓"革命"，兼含英式和平变革论和中国古典革命论的双重内蕴，与革命派所论"革命"虽有歧义，但并未全然对立。

康有为1902年撰文说："夫革命之义，出于孔子之称汤武，而孟子以诛纣为诛贼，不谓之弑君。此法之杀路易，英之杀查理士，号称国之公敌者也。"对革命的本义取赞许态度。康氏与清末革命派的分歧在于对满清统治的不同看法，他视光绪帝为有道之君，倡言"满汉不分，君民同体"。认为"君而无道，不能保民，欲革命则革命耳，何必攻满自生内乱乎！"[①] 显而易见，康氏是从保皇（光绪）角度出发而反对革命的。

随着改良派与革命派政见分歧的加剧，梁启超1902年12月14日发表于《新民丛报》的《释革》一文，全面阐述了他的革命观，正式展开与革命派的论战。梁氏说：

革也者，天演界中不可逃避之公例也。[②]

[①] 康有为：《南海先生辨革命书》，《新民丛报》第拾陆号，（日本横滨）新民丛报社，1902年9月16日，第61、69页。

[②] 梁启超：《释革》，《新民丛报》第贰拾贰号，（日本横滨）新民丛报社，1902年12月14日，论说第3页。

> 夫淘汰也，变革也，岂惟政治上为然耳，凡群治中一切万事万物莫不有焉。以日人之译名言之，则宗教有宗教之革命，道德有道德之革命，学术有学术之革命，文学有文学之革命，风俗有风俗之革命，产业有产业之革命。①

这是以"泛革命论"（改良义上的革命论）修正革命派主张的"暴力革命论"。梁氏又指出，英国的 revolution 是"以仁易暴"，而中国之革命是"以暴易暴"。他认为，日本人以中国古典语"汤武革命"中之"革命"一词来翻译 revolution，并不妥当，主张以"改革"或"变革"翻译该词。但梁启超也意识到，以"革命"译 revolution 已经"深入人人之脑中而不可拔"，他固然有一支善辩的生花妙笔，也无可奈何。后来，梁启超于1904年初著《中国历史上革命之研究》一文（载《新民丛报》第46—48合本），论述狭义革命与广义革命，持之有故。

应当说，梁氏当年关于"革命"的意义诠释，区分中国古典义与近代世界义，兼论狭义、广义，在学理层面上是比较完备的，对于国人在中国古典义的基础上接受近代义、世界义的"革命"概念功不可没。问题在于，辛亥前夜激进者正以暴力革命手段推翻不堪救药的清王朝，为中国走向独立、富强清除障碍，诚如孙中山所说"今欲求避祸之道，惟有行此迅雷不及掩耳之革命之一法"。② 此时的梁启超站在一旁发表批评，不合时宜，在清末受到诟病也就势在必然。

类似梁启超这种在和平变革意义上使用"革命"一词的例子，近代中国甚多。仅以佛教界而言，就承袭"释教开革命之阶"③的传统，屡用"革命"称佛教内部的改革。著名者如辛亥革命后不久，佛学大师太虚（1889—1947）于1913年在寄禅和尚（即敬安，1851—1912，太虚的老师）的追悼会上，针对当时佛教丛林的积弊，倡导"教理革命""教制革命""教产革命"的佛教三大革命。教理革命指革除愚弄世人的鬼神迷

---

① 梁启超：《释革》，《新民丛报》第贰拾贰号，（日本横滨）新民丛报社，1902年12月14日，论说第4页
② 《孙中山全集》第1卷，第173页。
③ 《资治通鉴》卷二〇四，叙述武则天篡唐称帝，沙门怀义、法明等撰《大云经疏》，盛言女主受命之事，称此为"释教开革命之阶"。

信，倡导大乘佛教自利、利他精神，去改善国家社会；教制革命指改革僧众生活、组织制度，建立适应时代需要的住持僧团；教产革命指变按法派继承寺庙遗产的旧规为十方僧众公有制，以供养有德长老、培养青年僧伽，举办佛教事业。这里的"革命"显然指和平改良，绝非暴力夺权。

（二）革命派高倡"革命"

如前所述，孙中山等自1896年前后即以"革命"为自己的标志。为求得民众对"革命"认同，革命派充分利用革命的古典义，以之调动中国士人及民众对"革命"的亲和感。如孙中山在驳斥檀香山保皇报刊的"民智未开，革命不可举行说"时，便以中华元典《周易》为据，展开滔滔雄辩：

> 彼曰："革命之说，原本大《易》。"又曰："中国固始终不能免于革命。"其言是矣，乃何以又曰"中国今民智为萌芽时代"？夫大《易》者，中国最古之书。孔子系辞，称汤武革命，顺乎天也。岂由汤武至于今，经二十余朝之革命，而犹得谓之萌芽时代耶？①

革命派在征引古典的同时，又用力于阐发"革命"的现代精神，他们指出，今之革命，其内容与目标已非昔时可比。当年报刊文章说：

> 昔之所谓革命，一时表面之更革而已，……旧世纪之革命，乃一时一事之革命，乃无进步之革命，乃图少数人权利之革命。若新世纪之革命则不然。凡不合于公理者皆革之，且革之不已，愈进愈归正当。②

孙中山则概括新旧"革命"的差异：

---

① 《孙中山全集》第1卷，第234页。
② 《新世纪之革命》，《新世纪》第壹号，（巴黎）新世纪，1907年6月22日，第1页。

> 故前代为英雄革命,今日为国民革命。所谓国民革命者,一国之人皆有自由、平等、博爱之精神,即皆负革命之责任……①

这种革命观是对革命元典义的发挥,又吸纳来自欧西及日本的新思想,使中国固有的革命精义得以拓展。

(三) 1903年《革命军》刊发:"革命"宣传进入高潮

阐扬"革命"的正义性与现代性,并发生巨大影响的论著莫过于邹容(1885—1905)《革命军》。这本由18岁青年撰写的两万言反清檄文,1903年3月由上海大同书局印行。邹容通过日本人栗原亮一1883年节译美国政治学家威曼的《革命新论》,了解近代西方革命论思想,又与《周易》"汤武革命,顺天应人"义相融会,鸣奏"革命"战歌。该书由章太炎作序、章行严(章士钊)题签,作者署名"革命军马前卒",开宗明义宣称:"伟大绝伦之一目的,曰革命",并一连用七个排比句界说"革命":

邹容《革命军》

> 革命者,天演之公例也。革命者,世界之公理也。革命者,争存争亡过渡时代之要义也。革命者,顺乎天而应乎人者也。革命者,去腐败而存良善者也。革命者,由野蛮而进文明者也。革命者,除

---

① 《孙中山全集》第1卷,第296页。

革　命

奴隶而为主人者也。①

　　这七项界说，有出自《周易》者（顺天应人），更多取自西洋近代革命论，实乃会通中西。章太炎为是书作序指出，同族相代叫"革命"，驱逐异族谓"光复"，这是经典的传统评说。而邹容书除反满复汉的光复义外，更多有政治、经济、文化层面的变革诉求，故章太炎肯定邹著为革命宣言书。

　　《革命军》问世，迅速风行海内外，至辛亥革命前夕，共出20版，印数超过110万册，为清末革命书刊之首。

　　与《革命军》同期刊行的《驳康有为论革命书》，作者乃"有学问的革命家"章太炎。他旁征博引，溯古论今，申述"革命排满"，力辟康有为以改良代革命论。

　　以《革命军》《驳康有为论革命书》为标志的1903年，是革命论传播的一个重要节点。有学者以"关键词例句数据库方法"统计，1902年报刊出现"革命"一词459次，而1903年达1398次，1906年更达2875次。②

　　经过世纪之交数年间的宣传，加之革命派武装暴动的此伏彼起，革命观念渐入人心。一位保皇派在1903年著文称："革命之说，非自今日始。然从前持此议者，仅三数人而已，近则其数渐多，血气未定膂力方刚之少年，辄易为所惑。又从前持此议者，仅自与其徒党议之于私室而已，近乃明目张胆于稠人广众之中，公言不讳，并登诸报章，以期千人之共见。"③到辛亥革命前夜，"革命"已成为国人的口头禅。不过，多数汉人所理解的"革命"，或者限于"排满革命"，即推翻异族人做皇帝的清朝；或者承袭着古老的"彼可取而代之"之义。不过，以自由、民主为诉求的新锐的革命观引领着时代潮流，蒋智由（1865—1929）以歌咏法国启蒙思想家卢骚（今译卢梭）为题的诗，高倡平等、自由、革命，

---

　　① （清）邹容：《革命军·第一间·绪论》
　　② 见金观涛、刘青峰《观念史研究：中国现代重要政治术语的形成》，法律出版社2009年版。
　　③ 《革命驳议》，《中外日报》1903年3月8日。

在清末传诵一时：

> 世人皆欲杀，法国一卢骚。
> 民约倡新义，君威扫旧骄。
> 力填平等路，血灌自由苗。
> 文字收功日，全球革命潮。①

这是那一时代追求新变者对"革命世纪"20 世纪的一种期待。

与革命家的宣传和践履相同时，学人也致力于"革命"概念的考释。值得注意的是作新社编译的《东中大辞典》（1908 年出版，此"东"指日本）设"革命"一目，其释文云：

（一）用激烈之手段变易国家统治者之谓。
（二）政治上社会上生急激扰乱之谓。

此条目对"革命"持保留的乃至批评的态度，反映了那一年代的另类革命观。

（四）底层民众所知"革命"

鲁迅（1881—1936）的《阿Q正传》专辟"革命"一节，生动描绘辛亥年间下层民众的"革命观"：

> 阿Q的耳朵里，本来早听到过革命党这一句话，今年又亲眼见过杀掉革命党。但他有一种不知从哪里来的意见，以为革命党便是造反，造反便是与他为难，所以一向是"深恶而痛绝之"的。殊不料这却使百里闻名的举人老爷有这样怕，于是他未免也有些"神往"了，况且未庄的一群鸟男女的慌张的神情，也使阿Q更快意。
> "革命也好罢"，阿Q想，"革这伙妈妈的命，太可恶！太可

---

① 蒋智由：《卢骚》，《新民丛报》第叁号，（日本横滨）新民丛报社，1902 年 3 月 10 日，第 100 页。

恨！……便是我，也要投降革命党了"。①

"革命"一词普及到阿Q这样的贫民之中，可见其广及民心；而阿Q辈又把"革命"理解为从赵太爷、举人老爷那里抢些元宝、洋钱、洋纱衫和女人，"我要什么就是什么，我喜欢谁就是谁"②。这表明，那种"龙床轮换坐"的旧式革命论深植国人心灵，"革命"现代义为国人所认识与实践，尚待一个长期而艰难的过程。

七　"革命"的现代运行

自戊戌变法夭折、清末新政胎死腹中，20世纪初以降，体制外革命频繁发生，社会的革命观念愈趋激进，至"五四"时期，继法兰西革命后，苏俄革命成为榜样，暴力夺权被视为"革命"要义。毛泽东（1893—1976）《湖南农民运动考察报告》（1927年3月5日发表）说："革命不是请客吃饭，不是做文章，不是绘画绣花，不能那样雅致，那样从容不迫文质彬彬，那样'温良恭俭让'。革命是暴动，是一个阶级推翻一个阶级的权力的暴烈行动。"③ 这段话承袭《周易》革命论，又汲纳共产国际的阶级斗争—无产阶级专政论说，被奉为经典革命论，覆盖了中国20世纪的半数时段，体制内改良则被否定。

中国的20世纪堪称"革命世纪"，大的革命经历三次：辛亥革命—国民革命—共产革命。今之论者有如下评说："中国革命是一场连续的、复合的、递进的革命。前一次革命为后一次革命'预留'了空间，后一次革命在前一次革命的基础上推进。正是这三次革命的相互关联、递进，共同构建了'中国革命'这一历史事件。只有将三次革命作为一个整体综合考察，才能洞察20世纪中国革命的总体特征。"④

---

① 《鲁迅全集》第1卷，人民文学出版社1981年版，第513页。
② 《鲁迅全集》第1卷，人民文学出版社1981年版，第513页。
③ 毛泽东：《湖南农民运动考察报告（二月十八日长沙通信）》，《向导》第191期，（汉口）向导周报社，1927年3月12日，第2063页。
④ 王奇生：《中国革命的连续性与中国当代史的"革命史"意义》，《社会科学》2015年第11期。

古典引申

20世纪80年代以来,随着改革开放的拓展,人们的视界扩大,对近代中国发生的体制外革命和体制内改良二者的评判,较之50—60年代"扬革命,抑改良"的认识有所调整,较平允的看法是:二者各有生成机制,同为中国近代化的两种进路,彼此有竞争也有协作,以至合流(如辛亥革命间革命派与立宪派趋向归一)。

另有"告别革命"一说①,认为以激进的、暴力的方式变革社会不可取,应代之以渐进的、有序的方式,故须告别革命,走体制内改良的进路。改良比革命更合理,英国和平的光荣革命比法国暴力的大革命更当效法,温和的伯克比激进的卢梭更合乎理性。革命遭到质疑。但随后又出驳论:革命有其合理性,改良并非万能,清末新政无法建设宪政民主,社会危机加剧,辛亥革命取而代之具有必然性。还有人质问:告别何种革命?不同的革命有不同的社会诉求,不加区分地"告别革命",乃非历史的态度。诸观点彼此辩驳,尚无结论,却在在涉及对"革命"的解读和评价,说明对此一关键词作古今义、中外义辨析,是一个远未终结的论题。

置之历史纵深度议之,革命并不单指暴力夺权,而是指深刻的社会质变,暴力的与非暴力的、激进的与温和的,只是方法之异。笔者曾著文论及,当下中国三个层级的转型交叉互叠:从农业文明向工业文明转化,从国家统制的计划经济体制向市场经济体制转化,工业文明向后工业文明转化,呈一种多元复合的社会转型。② 这种转型正是一场深刻的社会革命。

近三十年来,"革命"越来越在宽泛义上得到使用,"革命"与"改革"的含义愈益靠拢,几相重合。"改革总设计师"邓小平(1904—1997)1984年提出"把改革当作一种革命",1985年又说"改革是中国的第二次革命"③。与之对应的"第一次革命",指武装夺取政权的暴力革命;而当下正在展开的"第二次革命",则指经济、社会、观念领域发生的现代化变革。1992年邓小平在南方视察时又指出:"革命是解放生产

---

① 见李泽厚、刘再复《告别革命》,(香港)天地图书有限公司1995年版。
② 见冯天瑜《中国文化生成史》上册,武汉大学出版社2013年版,第35—42页。
③ 见《邓小平:改革是中国的第二次革命》,台海出版社2018年版。

力，改革也是解放生产力。"① 这里"革命"与"改革"在"解放生产力"意义上是一致的，言"革命"是增强表达的力度。

今人使用"革命"一词，往往超越暴力夺权之狭义，采纳革故鼎新、社会演进之广义，而"顺天应人"的基旨则一以贯之，当然对其有种种新的阐释发挥。

显赫的关键词"革命"，其词义经历了三个发展阶段。

（1）伴随商汤、周武这些古"圣君"高张"革命"旗帜，推翻旧王朝、创建新王朝的"宏业"，"革命"一词流传三千载。不过，暴力夺权以改朝换代的"革命"，虽为各朝开国者所践行，却被继位守成君王深忌，这里有"马上"与"马下"之别②："马上"夺天下者倡言"革命"，"马下"守天下者忌惮"革命"，故秦汉以至明清，"革命"是一个既受尊崇又不宜提及的敏感词。至于在天皇"万世一系"的日本，"革命"多被视作恶词。

（2）近代"西学东渐"，中日两国以"革命"对译西语 Revolution，作为新名的"革命"内涵趋于多元化，因 Revolution 在欧洲包含多义：从中世纪到近代，有从贬义词（暴乱义）、中性词（公转、转动义）到褒义词（变革陈腐旧政义）的转化，三义有时还交叉并用。受西义、西史影响，"革命"在汉字文化圈意义趋于复杂化，近代日本赋予变革、改良义，淡化暴力夺权义，并非"易姓更革"的明治维新，亦称为"明治革命"；清末十年间中国则演出体制外"革命"与体制内"改良"孰优孰劣的大辩论，而改良派梁启超、杨度等将"革命"等同于改良、革新，革命派孙中山、章太炎等则阐扬"革命"暴力推翻前朝旧制义。辛亥革命以后，激进的"革命"义成为主流，国民革命以至共产革命，高潮迭起，打碎旧的国家机器、武装夺取政权意义上的"革命"，成为 20 世纪上半叶的主题词。

（3）就世界范围言之，"革命"既指改变旧制的暴力运动（如法国

---

① 邓小平：《在武昌、深圳、珠海、上海等地的谈话要点》，《邓小平文选》第 3 卷，人民出版社 1993 年版，第 370 页。

② "马上"说，语出《史记·郦生陆贾列传》载萧何对刘邦进言："马上得天下，安能马上治天下乎！"

革命、俄国革命等），也包括非暴力改变旧制的运动（如印度的甘地运动等）。就中国而言，既有20世纪上半叶的辛亥革命、国民革命、共产革命，也有70年代末期发端的改革开放，终结"阶级斗争为纲"，展开以解放生产力为目标的一系列经济、社会变革，促进现代性转型，人称"第二次革命"。现在，"革命"一词在社会有序改革的含义上，获得广泛的认知。

三千年来，"革命"词形保持如故，而词义则发生种种变化。透过"革命"一词，我们可以看到一部包含科学、政治、社会诸领域的"文化史"的生动画卷。

教　育

得天下英才而教育之，三乐也。

——《孟子·尽心上》

"教育"是汉字古典词，早见于先秦，有教诲、培育之意，此后长期沿用。"教育"的近代义，是在西学东渐之际迎受西方教育概念时综汇而得，由此成为文教领域的核心术语。这一成词过程包括两个层面：一为"教育"作为 Education 译名的确立；二为"教育"的下位概念"三育"（德智体）的导入。

一　"教育"本义

汉字古典词"教育"是由"教"与"育"两字组成的联合结构动词。

（一）释"教"

教，甲骨文等 ⿰ 等，字形右象一手握教鞭（攴），左象"子"，表示小孩，上有两个交叉符号，表示鞭打痕迹。可会意为一人持教鞭教育孩子。金文沿袭甲骨文字形稍有变化，作 ⿰ 和 ⿰ 等，小篆作 ⿰ 等。

"教"为会意动词，一解：从攴，从孑或从子。"攴"（音普），意谓用戒尺打学生，"孑"，孑然一身，孤独意。以攴施教，使人孤独。

二解：楷书演为形声字，左边为"孝"，乃声部，意为"全天侍奉父母"，右从攴，以教鞭指代教师，孝与攴组成的"教"字，会意为"全天听命于老师",故教的本义是全身心跟老师(学习),转义为老师全天授业。又引申出"使、令"义,"使之效法"义,《说文解字》曰:"教,上所施,下所效也。"

传统义的"教",主体在上(国家、社会、团体和家族长辈、家庭父母);教的过程是:个体人的成长有赖社会自上而下、自外而内的施教和给予,受教者效法既有的社会经验(智性经验和德性经验),从而成为社会的、文明的人。"教",是个体人社会化、文明化的过程。正如古典所谓:"教之者,使识旧事也。"①;"教也者,长善而救其失者也。"②

以上皆为作动词用的"教",大意谓上面施教,下面效仿,可组成"教导、教化、教诲、请教、受教"诸词。

作为名词的"教",意谓学派(引申为宗教)、教材,可组成"教师、教练、教程、教堂"诸词。

教是多音字,读去声时,作教育、宗教讲;读平声时,当传授讲,如教书等。

(二) 释"育"

育,会意字,甲骨文字形 ,象妇女生孩子,左为"女"或"母",右为倒"子",表示胎儿头向下,示胎儿刚生下。字形会意:母亲生育胎儿。金文作 ,右下的倒"子"头部增加三点,表示羊水,小篆字形作育,异体作 ,即今之"毓"字,与金文一脉相承,左边"母"("每"为异体),右边上为倒"子",下三条曲线表示羊水。小篆字形中的倒"子"上移,女或母变成肉(月)字,楷体定形为"育",上"云"(倒立之子)下"月"(母亲),合为"育",表示人的生育。南朝顾野王(519—581)撰字书《玉篇》曰:"育,生也。……育,养也。"《说文解字》称:"育,养子使作善也。毓,育或从每。""育"即生育养子,含抚养、教育义。"育"组词"育才、育雏、育林、育苗、育种"等。

如果说"教"是从教育者角度,强调自上而下的灌输,是"外铄式"

---

① 《周礼·师氏》:"以教国子弟",注:"教之者,使识旧事也。"
② 《礼记·学记》。

活动;"育"则侧重于受教者的主动接受,激发受教者的学习欲望与热情,进入"内发式"过程。先秦论教名文《学记》所说"教学相长",开启了这种内外互动的机制。

(三)"教育"成词

教育包括"教"和"育"两重含义,前者指传授知识、技能,后者指为受教者提供精神养料以促其成长,由教与育组成的"教育",始见于孟子的论说:

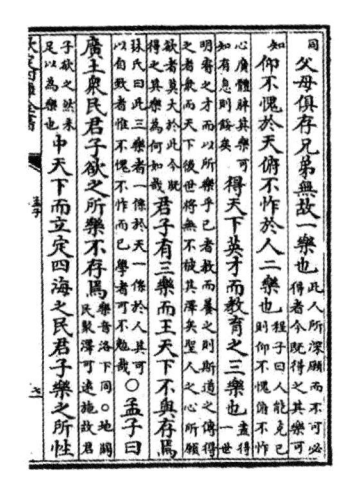

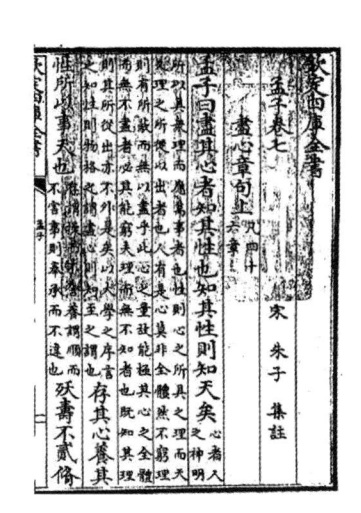

《孟子·尽心上》

> 君子有三乐,而王天下不与存焉。父母俱存,兄弟无故,一乐也;仰不愧于天,俯不怍于人,二乐也;得天下英才而教育之,三乐也。①

孟夫子把从事培养英才的教育工作视为人生最大乐事之一。

与此相类似,《学记》云:"建国君民,教学为先";《吴子兵法》

---

① 《孟子·尽心上》。

云："用兵之法，教戒为先"；宋人胡瑗《松滋县学记》云："致天下之治者在人才，成天下之才者在教化，教化之所本者在学校。"以上"教学""教戒""教化"皆与"教育"近义，诸论展现中国重视教育的传统。

二 译名"教育"

(一) 中西教育观的异同·以"教育"对译 Education 的可能

"教育"成为现代核心术语，是古典汉字词"教育"与西方相应词对译之际得以实现的。

英文 Education 相应的法文是 Éducation，德文为 Erziehung，它们都源自拉丁文 Educare，本义为"导出""引出"，意谓通过一定的手段，把某种潜在于人的身心内部的东西引发出来。这是一种"内发式"观念，旨在把自然人潜在的素质和能力导引出来，这与中国传统的"外发式"教育观有明显差异。不过，中西教育观在社会性、目的性上又是相通的。首先，认为教育是人类特有的经验传授的社会现象，不同于动物行为方式的本能式遗传；其次，认为教育是有目的、自觉地对受教者进行培养；再次，肯定教育者、受教育者、教育影响三种要素的互动关系。

由于中西教育观具有上述相通之处，以汉字古典词"教育"对译英文 Education、法文 Éducation、德文 Erziehung 成为可能；而中西教育观的差异（外发式与内发式之别），引发汉字词"教育"的现代转化。时值晚清，Education 进入汉字文化圈，获得诸多汉语译名，其中"教育"最终被确定为基本译名，并成为教育学核心术语。

Education 的汉字译名先后出现过如下几种。

(1) "教学"

这是 Education 进入汉字文化圈获得的最早汉译名，见于汉字文化圈出现得最早的英汉词典——来华新教传教士马礼逊于1882年编成的《华英字典》第六卷，后为其他传教士编纂英汉词典所采用。这些词典中 Education 及相关英文词汇的译名情况见下表：

表 1　　　　　早期英汉词典中 Education 译名

词典名	作者名	Education 译名	出版地（者）	出版年
英华字典 （全 1 册）	［英］马礼逊 Robert Morrison 1782 – 1834	EDUCATION, 教学. Education of youth, 教顺幼少.（p. 137）	澳门：Printed at the Honorable East India Companys Press	1822
英华韵府历阶 （全 1 册） English and Chinese Vocabulary, In the Court Dialect	［美］卫三畏 S. Well Williams 1812 – 1884	Education, 教学 （p. 82）	澳门：香山书院	1844
英华字典 （全 2 册） English – Chinese Dictionary（in two volumes）	［英］麦都思 W. H. Medhurst 1796 – 1856	EDUCATION, 教学，教道；education of youth, 教训幼少（卷一 p. 480）	上海：墨海书馆	卷一 1847
英华字典 （全 4 册） English and Chinese Dictionary, with the Puntin and Mandarin Pronunciation	［德］罗存德 W. Lobscheid 1822 – 1893	Education（the bringing up, as of child）养者、育者；（instruction）教者、教训、教学；（the course of education）教之道；（the education discipline）教法；（the education of children）仔女之教训、子女之教育（卷二 p. 705）	香港：Printed an Published at the "Daily Press" Office, Wyndham Street	卷二 1867
上海方言词典 A vocabulary of the Shanghai dialect	［英］艾约瑟 Edkins 1823 – 1905	Educate, 教训, 教导（p. 28）	上海：Presbyterian Mission Press	1869

(续表)

词典名	作者名	Education 译名	出版地（者）	出版年
英华萃林韵府（全2册）Vocabulary and Handbook of the Chinese Language, Romanized in the Mandarin Dialect (in two volumes)	[美] 卢公明 Justus Doolittle 1824–1880	Education，教学，教道；youth of 教训幼少．（卷一 p. 157）	福州：Rozario, Marcal and Company	1872
字语汇解 An Anglo-Chinese vocabulary of the Ningpo dialect	[美] 睦礼逊 W. T. Morrison 1837–1869	EDUCATION。学术好；才学广；a person of –，有学问个人（p. 142）	上海：American Presbyterian Mission Press	1876
英华字典（全一册）English Chinese dictionary	I. M. Condit	Education，教学。学，教育（p. 41）	上海：美华书馆	1882
华英字典集成（全1册）An English and Chinese Dictionary	邝其照（生卒不详）	Education 教习，学，教育（p. 118）	香港：循环日报承印（1899）	1887

大体说来，"教学"是 Education 初期汉译名的"共同项"。

不过，上列文本毕竟只是一般语学词典，没有提供关于教育的专业语境，因而 Education 及其汉译名还只是一般词汇，并不具备术语身份。1856 年，香港英华书院从英文译出《智环启蒙塾课初步》，活版印刷发行。其第六篇 OF EDUCATION 译作"教学论"。该篇专言学校教育之事，内容包括"学馆"（School）、"学习"（Learning）、"童子玩耍"（Plays of Boys）和"女仔玩耍"（Plays of Girls），故此处"教学"（Education）应被视作教育类术语。

(2)"教化"

1875年，入华新教传教士、德国人花之安（Ernst Faber）著《教化议》问世。这是一部关于改革中国教育的策论性作品，分五卷，依次阐述五项主张："养贤能""正学术""善家训""正学规""端师范"，前有序言，后有余论。"教化"一词可视为Education的译名。

(3)"肄业"

1882年，颜永京翻译、刊行《肄业要览》，为最早由中国人亲译的西方教育理论专著。书中署"大英史本守著"，即英国哲学家、教育家斯宾塞的代表作 *On Education* 的第一章"什么是最有价值的知识"。"肄业"为Education的译名。

(4)"文学"

1896年，上海广学会印行《中东战纪本末》，其附录有《文学兴国策》。该篇由驻华美国传教士林乐知（Young J. Allen）和清朝士人任申茂（廷旭）译成，所据原本为 *Education in Japan*。1872年初，日本驻美国代理公使森有礼致函美国教育界名流，就日本的教育改革问题进行质询。翌年，他将所得十三份复函等汇成一册，交由 D. Appleton 和 Company（New York）出版，题名 *Education in Japan*。森有礼还将所得复函连同自己搜集的有关美国教育的资料一起提交日本政府，并拟译成日文，题为《教育振兴策》，但此译事因故中辍。

(二) 幕末明初日本以"教育"译Education

"教育"虽是汉籍古典词，而且作为Education等词的译名早见于入华传教士罗存德的《英华字典》，但它作为近代教育学核心术语，却是在明治日本确立，并于甲午战争后自日本"回流"中国的。

在日本，"教育"作为Education的译词，最早见于日本人最早自主编纂且影响较大的英日词典——《英和对译袖珍辞书》"改正增补"版。该辞书为德川幕府设洋书调所教授堀达之助在箕作麟祥等人协助下编纂而成，1862年刊于江户（明治初改称东京）；后由堀越龟之助于1866年完成"改正增补"，翌年在江户刊行；1869年，东京的藏田屋清右卫门复刊。Education一条于初版第246页译作「養ヒ上ルコト」（养成），"改正增补"版第123页，改为「教育スルコト」（教育）。这一变动和罗存德及其《英华字典》的影响是分不开的，因为：罗存德《英华字典》一经出版，即东传日本，成为诸多东传日本的英华字典之影响最大者；更重要的是，在袖珍辞书两版之间，罗存德曾有赴日之旅，并与堀越龟之助等人有所接触和交流。

随着西方近代学问体系、教育制度输入，明治日人曾为 Education 厘定了各种译名，如"学""学问""教""教导""教学"等。"教育"在诸多译名中得以凸显，除以《英和对译袖珍辞书》等为其奠定语学基础之外，学、政两界的重要角色、重要文本对它的采用也是一大关键。而"教育"作为术语得以确立，则有赖于近代学制的构筑和教育专书的著译。

就近代学制的构筑而言，明治政府最早在近代义上以"教育"题名上书言事者，首推"维新三杰"之一的木户孝允（1833—1877）。1869年农历十二月初二，木户提出《当以普通教育振兴为急务之建言》。而明治政府最早以"教育"题名的重要教育文件，当为 1877 年着手起草、1879 年 9 月 29 日作为太政官第四十号布告颁布的《教育令》。就教育专门著译而言，"教育"作为近代术语的用例，最早见于 1870 年夏（东京）尚古堂刊行的小幡甚三郎撮译《西洋学校轨范》（全 2 册），其上卷开篇题为"教育论"。最早以"教育"题名的近代教育著作，是文部省 1875 年 2 月出版的西村茂树译《教育史》（上下两册）。其所据原书为美国人 Linus Pierpont Brockett 著 History and Progress of Education 1869 年刊本。而最早以"教育"题名的教育学理论著作，是 1875 年 11 月（秋田）太平学校刊行大桥淡口译、黑泽宗明笔记的《波氏学校教育说》。原书为美国人 John Seely Hart 著 In the Philosophy of Education。1881 年，东京大学三学部出版井上哲次郎等人编纂的《哲学字汇》为日本明治时期影响巨大的人文社科专门辞书。其中，Education 的译名为"教育"。而 1882—1885 年由文部省编辑局出版的由小林小太郎、木村一步于 1879 年译成的《教育辞林》，则是笔者迄今所见日本乃至整个汉字文化圈最早问世的近代专门教育辞书。其原书为 1877 年刊于纽约的美国人 Henry Kiddle 和 Alexander Jacob Schem 编著的 Encyclopedia of Education。自此，"教育"的术语身份得以确立。

三 "教育"作为近代术语入华

1875年5月，上海清心书院编辑并发行的《小孩月报志异》第一期载《教育有方》；1883年2月17日，上海徐家汇汇报馆编辑并出版的《益闻录》第二百三十号载《教育有方》；1884年2月，上海清心书院发行的《月报》第九年第十卷载张紫泉撰《教育有方》；1885年9月26日，上海徐家汇汇报馆编辑并出版的《益闻录》第四百九十七号载《教育子弟说》。上为中国近代较早以"教育"题名的专文。

《教育有方》（《小孩月报志异》第一期，1875年5月）

"教育"一词作为教育术语在中国确立，较早见之1889年刊于日本东京的清朝出洋考察官员傅云龙（1840—1901）编纂的《游历日本图经》。图经廿八《日本文征一》录有《黎庶昌教育会演说》。

甲午战争后，中国掀起"西学东游"热潮，至清末新政数年间，官、私两方面的日本教育考察报告不下 20 部，如姚锡光（1857—1921）的《东瀛学校举概》（1899 年刊于京师）、罗振玉（1866—1940）的《扶桑两月记——附日本教育大旨、学制私意》（教育世界出版社 1902 年 3 月刊）、吴汝纶（1840—1903）的《东游丛录》（日本三省堂 1902 年 10 月刊）等。在这些考察记中，"教育"一词随处可见。

术语"教育"在中国的正式确立，当推 1901 年 5 月罗振玉在王国维协助下于上海创办的中国最早的教育专业刊物——《教育世界》。它至 1908 年 1 月停刊，共出 166 期，从未间断，是当时私人创办的刊物中发行量最大、出版时间最长的一种。罗振玉 1901 年 5 月于《教育世界》第 1 号所载《教育世界序例》称："此杂志所译各学教科书多采自日本。"

罗振玉《教育世界序例》（1901 年）

中国第一部译自日文的教育学著作即载于《教育世界》杂志第9—11号（1901年），题名《教育学》，译者王国维，所据原本为日本人立花铣三郎述《教育学》（东京专门学校出版，出版年月不明，该校邦语文学科讲义）。

1903年，上海明权社发行汪荣宝（1878—1933）、叶澜编纂《新尔雅》，第四章为"释教育"，其文曰：

教育一语，在吾国古训，教者，效也；育者，养也。拉丁语为Educere，即造作之意；英、法、德语，皆导原于此，而其意亦同。研究教育之原理规则，而供其实用之一科学，谓之教育学。

此为"教育"作为术语出现于近代中国人自主编纂的第一部专业辞书。

作新社编译的《东中大辞典》（1908年出版）设"教育"一目，释曰：

谓启导人之能力，而使其发达之方法。盖父兄之使其子弟受一定教育，不但属于道德上之义务，实亦为法律上之义务也。

黄摩西1911年编《普通百科新大辞典》亦设"教育"一目，释曰：

人与人相比较，而已造就者对于未造就者，于某期间，继续以行普通之陶冶，使被教育者，得为独立之个人，社会之一分子之目的也。因其地位，而可分为家族教育、学校教育、社会教育。析言之，教者，示以所无而使则效。育者，就其所有而助其生长发达也。

梁启超是"教育"一语的乐用者，这与他的教育救国思想相关，其作于1917年的演讲谓：

查我国办教育，在光宣时代。当时无论新旧中人，莫不以教育为救国之要图。①

此语是对清民之际社会认识的一种概括。

四 "三育"概念导入

1693 年，英国哲学家、教育家约翰·洛克（John Locke，1632 – 1704）在其所作《教育漫话》（Some Thoughts Concerning Education）中，在身心二元论基础上，第一次将教育分为德育（moral education）、智育（intellectual education）、体育（physical education）三个方面（合称"三育"），为后世教育论者所遵循、发扬，以至今日。

在"教育"成为 Education 的译名并被确立为教育学核心术语的过程中，作为其下位概念的"三育"也被迎受了进来。近代"三育"概念首先传入日本，获得汉字译名，而后输入中国。"三育"译名在日本的厘定过程大致如下表：

表2　　　　　　　　明治日本教育著译中"三育"译名

著译	著译者	"三育"名	出版者及时间
《教导说》（上篇）	箕作麟祥	道之教（道教）、心之教（智心教导）、体之教（身体教导）	文部省 1873 年 9 月
《教育史》	西村茂树	修身学或道德学、心理学或智学、健全学或养成学	文部省 1875
《斯氏教育论》	尺振八	道德教育（品行教育）、心智教育、体躯教育	文部省 1880 年 4 月
《小学校教员心得》	文部省	道德教育、智心教育、身体教育	文部省 1881 年 6 月
《小学教育新编》	西村贞	道德教育、心智教育、身体教育（体育）	（东京）金港堂 1881 年

---

① 《梁任公莅教育部演词》，《东方杂志》第 14 卷第 3 号，（上海）商务印书馆，1917 年 3 月 15 日，第 176—177 页。

续表

著译	著译者	"三育"名	出版者及时间
《家计原论》	篠田正作	心教、智教、体教	（东京）中近堂 1882年4月
《教育学》	伊泽修二	精神上之教育、德育、智育、身体上之教育（体育）	东京 1882年10月—1883年4月
《教育学》	浅野桂次郎	心上之教育（心育）、道德上之教育（道育）、智能上之教育（智育）、体上之教育（体育）	（东京）竞英堂 1883年10月
《教育学》	土屋政朝	德育、智育、体育	（东京）辻谦之介 1883年11月，
《教育辞林》	小林小太郎等	道德教育、知力教育	文部省编辑局 1882—1885年
《眛氏教育全论》	河村重固	道德教育、才智教育、身体教育	文部省编辑局 1885年7月
《心理教育论理术语详解》	普及舍	德育、智育、体育	普及舍 1885年12月

伊泽修二的《教育学》是近代日本乃至整个汉字文化圈第一部自主编写的教育学理论专著。在这部专著中，如今通行的"三育"名称（德育、智育、体育）最早被系统采用。普及舍的《心理教育论理术语详解》则是近代日本乃至整个汉字文化圈第一部自主编纂的包括教育学科的专业术语辞书。在这部辞书中，"三育"名称的术语身份首次得到确认。须格外注意的是，辞书凡例列举了所采译名的参考文本，伊泽修二的《教育学》即在其中。

"三育"初作"三养"，见之汉文西书。1875年花之安撰《教化议》其卷二"正学术"论"教化之法"，有关于"三养"的阐述：

养身、养心、养学三者，其理一。养身之法，幼则哺之以乳，长则食之以肉。养心之法，初以显浅之道开之，勿责以所难，因其是非之心有未至。养学之法，先由五官所能及即见闻之事，明乎见闻，然后及于心思。①

此"三养"近乎"三育"："养身"即体育；"养心"即德育；"养学"即智育。该书一出，很快东传日本，1880年10月，东京明经堂出版《教化议》翻刻本，大井镰吉训点。

1882年刊颜永京译《肄业要览》，所据原本虽是论述 Intellectual，Moral，Physical "三育"之作，但译本只是原本的第一部分，未及"三育"。不过，受原本影响，译者阐述了近代身心二元的"肄业"（Education）观。其按语云：

按西士身具有形之肢体，肢体各有其用。心有无形之心才，心才亦各有其用。肢体不止一，心才亦不止一。心才之要者，即悟、视、闻、臭、尝、摸、记、像、思、度、断等；养身卫身之计，即衣食习武艺练心才之计，即肄业。②

其中，"心才之要"意味着心育或精神教育，"养身卫身之计"即指卫生与体育。1901年，《肄业要览》为袁俊德编入《富强斋丛书续全集·学制》，由小仓山房校印。

和"教育"一样，德、智、体"三育"是在甲午战争后正式传入中国的，其载体首先是中国人的各类日本教育考察记。前述1899年刊于京师的姚锡光的《东瀛学校举概》是晚清第一部官派专门考察日本教育的报告书。其述曰：

锡光窃案：日本教育之法大旨，盖分三类：曰体育，曰德育，曰智育。故虽极之盲哑，推及女子，亦有体操，重体育也；言伦理，

---

① ［德］花之安：《教化议》，（羊城）小书会真宝堂，1875年，第16页。
② 颜永京译：《肄业要览》，袁俊德编《富强斋丛书续全集·学制》，小仓山房校印，1900年，第1页。

言修身，在德育也；凡诸学科，皆智育也。①

1902年10月日本三省堂刊吴汝纶《东游丛录》是清末级别最高的官派日本教育考察报告。其"文部所讲"部分第85—87页，不仅记道："教育分三种：一体育，二智育，三德育"，而且记录了从幼儿园到高中各阶段三育课程（见下表）：

表3　　　　《东游丛录》所载各教育阶段"三育"课程

教育阶段	体育	智育	德育
幼年部	卫生清洁之事、游戏、手工	诵读、习字、佛语、历史、地理、计算、图案、理科博物初步、唱歌	修身
初等科	同上	诵读、习字、佛语、历史、地理、法制、算术、几何学、图案、理科博物初步、农业及园艺中等高等科并同	修身
中等科	卫生清洁之事、游戏及体操、兵式体操、手工		修身
高等科	同上		修身

资料来源：吴汝纶《东游丛录·文部所讲》，（东京）三省堂，1902年。表格笔者制。

此外，《东游丛录·学校图录·三岛博士卫生图说》第3页还收录了三岛讲座所用图示，其中包括上位概念"教育"及其下位概念"三育"关系的图示（见右图）。如图所示，"教育"分为"体育"和"心育"；"心育"包括"德育"和"智育"。

1901年《教育世界》杂志第9—11号载有王国维译《教育学》，这是中国第一部译自日文的教育学专著。其中"教育"分为"身体上教育与精神上教育"；依其第二编第一、二章所论，"身体上教育"简称"体育"，"精神上教育"简称"心育"，包括"知识之教育"和"实行之教育"，简称"智育"和"德育"。清末民初，译自日文的教育专著颇多，仅原理类专著就不下20部。其中，凡涉及"三育"者，无不名之德、

---

① 姚锡光：《东瀛学校举概》，京师，1899年，第19页。

智、体。

别具一格的是，1903年3月（日本东京）教科书辑译社（以上海科学仪器馆、启文译社为总发卖所）发行的《教育学原理》一书。其《译例》第一条申明"是书原为东京专门学校文学教育科讲义录之一"；卷首注："日本尺秀三郎、中岛半次郎讲述，海门季新益笔译。"其目次所示，"本论（二）教育各论"内容为：

  第一、育化篇　一名体育篇
  第二、教化篇　一名智育篇
  第三、感化篇　一名情育篇
  第四、训化篇　一名德育篇

亦即说，由该书传播到中国来的不止"三育"，而是"四育"或"四化"；其正名为"育化、教化、感化、训化"，别名为"体育、智育、情育、德育"；"情育"即美育。

1903年8月，王国维在《教育世界》第56号上发表《论教育之宗旨》，提的也是"四育"。他将"教育"分为"体育"和"心育"；"心育"包括"智育"、"德育"和"美育"。

其中，"智育"也称"知育"；"德育"也称"意育"；"美育"也称"情育"。他认为，诸育齐备，方为"完全之教育"，才能培养"完全之人物"。

1903年上海明权社发行的汪荣宝、叶澜编纂《新尔雅》列入的也是"四育"：

  以养成人间优美情操、高雅品格为目的者，是为审美的教育。[1]
  陶冶人之德性，而使躬行实践者，谓之德育。发达人之身体，而使坚强耐劳者，谓之体育。增长人之知力，而使见理名透者，谓之智育。[2]

---

[1] 汪荣宝、叶澜编纂：《新尔雅》，（上海）明权社1903年版，第52页。
[2] 汪荣宝、叶澜编纂：《新尔雅》，（上海）明权社1903年版，第53页。

官方文件同期陈列"三育"。1903年11月（公历），张百熙、张之洞等制定的《学务纲要》第一条末尾写道：

外国学堂于智育、体育外，尤重德育，中外固无二理也。①

在中国，"三育"进入政府颁行的学制，这是第一次。就"教育"含德、智、体"三育"而言，1903年的确是一个不平凡的年份——在这一年，德、智、体"三育"在专著、辞书及官方文件三类文本中确立了名目。

时至当代，"教育"指德育、智育、体育之总和（还包括美育、劳动育等），现在德、智、体、美、劳五育并论，已成共识。

---

① 舒新城编：《中国近代教育史资料》，人民教育出版社1961年版，第199页。

伦　　理

伦理的觉悟，为吾人最后觉悟之最后觉悟。

——陈独秀《吾人之最后觉悟》

传统中国是个重伦常的国度，讲究人伦关系的"伦理"一词在中华文化系统位居要津。时下常用的"伦理"一词，大体沿袭古义，又在中—西—日互动间含义愈益丰富。

一　"伦理"古义

汉字古典词"伦理"是由"伦"与"理"组成的联合结构名词。

（一）释"伦"

"伦"，甲骨文、金文未出现，小篆作 ，形声字，《说文解字》释曰"伦，辈也，从人，仑声，一曰道也。"军发车百辆为"辈"，言其数量多而有序，引申为许多同类物次序之义。简言之，"伦"为次序之谓，要指人伦，即人与人的关系。

（1）"伦"作名词，含意"同类同族之人的条理、顺序"。先秦典籍常用，如《尚书·洪范》："彝伦攸叙"，《荀子·富国》："人伦并处"，《礼记·曲礼下》："儗人必于其伦""毛犹其伦"，《逸周书》："悌乃知序，序乃伦。伦不腾上，上乃不崩。"作为部首，组合多词，如伦辈、伦序、伦品、伦望、伦族等，而人伦（人与人之间的道德关系）、伦常（纲纪，特指尊卑长幼关系）为常用词。

(2)"伦"作动词,有顺其纹理意,如《周礼·冬官·考工记》:"析干(弓干)必伦",《注》"顺其理也";有匹敌意,如曹植《学宫颂》:"德伦三五,配皇作烈";通"抡",意为选择,组词伦色(选择颜色)、伦党(挑选同类人);又通"论",《庄子·齐物论》:"有伦、有义、有分、有辩。"

(二) 释"理"

理,金文作 ，左上为"玉",下表"手",象用手加工玉石;右边"里",作声符表读音。小篆作 理 ，左边省去金文的手,保留玉。《说文解字》:"理,治玉也。里声。"

"理"的本义为雕琢玉石,是为动词,引申为加工整理,组词理财、理事、自理、修理,理睬、答理,还组词心理、肌理。

作为名词,"理"的本义为物质的纹路、层次,所谓"顺玉之文而剖析之"①,引申为规律、是非得失的标准,有纹理、条理意,道理、事理意,法律义,等等。可组合多词,如心理、肌理、条理;从事物的次序意,引申规律、是非得失的标准义,组词纹理、条理、道理、事理。

(三) 古典二字词"伦理"

"伦理"一词古已有之。一谓事物的条理。《礼记·乐记》:"乐者,通伦理者也。"郑玄注:"伦,犹类也;理,分也。"二谓人伦道德之理,即人与人相处的各种道德准则。西汉贾谊《新书·时变》:"商君违礼义,弃伦理。"又谓"以礼义伦理教训人民"。中国传统伦理要指"君臣、父子、兄弟、夫妇、朋友"等五组人伦关系及其秩序,除朋友一伦外,皆由血亲纽带衍生而成的尊卑等级的宗法关系,故伦常关系与政治统治密切相连,"三纲五常"即此之谓也。东汉成书的《白虎通义》继西汉董仲舒后阐发纲常说,将纲常伦理归结为"三纲六纪",并称人间伦常秩序取法天地阴阳,不可动摇。纲常伦理成为社会生活准绳,故梁漱溟(1893—1988)《中国文化要义》将中国文化归结为"伦理本位"。

与"伦理"近义的"道德",亦是汉字古典词,指人们共同生活及其

---

① 朱骏声:《说文通训定声》。

行为的准则和规范。《韩非子·五蠹》："上古竞于道德，中世逐于智谋，当今争于气力。"《后汉书·种岱传》："臣闻仁义兴则道德昌，道德昌则政化明，政化明而万姓宁。"

伦理道德作为社会调控的重要手段，与法律规则共同构成社会规范和人们的行为准则，这是古已有之的情状。不过，在传统汉语系统内，"伦理"与"道德""法规"的分野不明晰。"伦理"成为伦理学的一级概念，"道德"是下辖的二级概念，"伦理"成为学科术语，是在与英语Ethics 对译过程中实现的。

二 明末及晚清对 Ethics 的翻译

与中国先秦形成伦理概念并研讨伦理学大体同期，古希腊也有探求人格、风俗的伦理学说（从苏格拉底派到亚里士多德派），亚里士多德将研讨德行的学说称为"伦理学"（ēthika），是与"纯粹理论"有别的"实践哲学"。中世纪基督教神学、经院哲学又对伦理学有所规范，而文艺复兴时期人文主义的伦理学过渡到近代伦理学（ethics），随着西学东渐的展开，ethics 也传入汉字文化圈，与东亚固有伦理学说发生互动。

（一）Ethics 的意义

Ethics 一词源于希腊语，含义有三：一为 ēthika，今所谓伦理学；二为 ethos，含风俗、习惯之义；三为 ēthos，含人性、人格之义。亚里士多德将 ēthos 视为 ethos 的产物，结合 ethos 论述 ēthikē aretē（伦理之德）。进入罗马时代以后，这些词汇转变为不同的文字表记：mos（复数 mores）指风俗；moralia 指道德、伦理等，此为英文 Moral 等近代欧洲各国词汇之源。[①]

在古希腊时代，亚里士多德之子尼各马可依其父译稿编辑而成的 *Ethika Nikomachea*（《尼各马可伦理学》，约成书于公元前 335—前 323 年间）为西方最早的伦理学专著。自此，伦理学（Ethics）作为哲学的一个

---

① 见［日］石塚正英、柴田隆行监修：《哲学·思想翻译语事典》，（东京）论创社 2003 年版，第 289 页。

分支，从事关于道德的科学，亦称道德学、道德哲学（Moral Philosophy）或道德科学（Moral Science）研究。

近代荷兰哲人斯宾诺莎（1632—1677）著《几何伦理学》，以几何学方式论伦理，侧重于情感、意志诸心理现象，接近心理学，此为西方伦理学的另一分支。

中国自古有着丰富的伦理道德思想，但无"伦理学""道德学"之名。此类学名的获得，乃是中日两国对来自西方的 Ethics、Moral Philosophy、Moral Science 作翻译的结果。

以古典词"伦理"对译西方专科词 Ethics，并演为现代术语，在中—西—日之间经历了三百多年的涵化过程。

（二）明末：Ethics 音译"厄第加"，意译"道义学"

西方的伦理、道德之学初见于"早期汉译西书"，如明末入华的意大利耶稣会士艾儒略撰《西学凡》（1623 年刻成），后由李之藻编为《天学初函》第一册。《天学初函》于 1628 年刻成，流播广远。《西学凡》述曰：

> 修齐治平之学，名曰厄第加者，译言察义理之学。复取斐录之所论物情性理，又加一番学问，是第五家。大约括于三事：一察众事之义理，考诸德之根本，观万行之情形，使知所当从之善、当避之恶，所以修身也；一论治家之道，居室处众资业孳育，使知其所当取、所当戒，以齐家也；一区别众政之品节，择贤长民，铨叙流品，考核政事，而使正者显庸邪者进弃，所以治天下也。①

其中，"厄第加"当为拉丁文 Ethica 的音译，而"修齐治平之学"和"察义理之学"则是 Ethica 的意译。依《西学凡》所述，该门学问乃是 philosophia（理学、理科）之一支，包括"修身""齐家""治天下"三部分。

该时期译介西方伦理学成就最高者，当推明末入华的意大利耶稣会

---

① ［意］艾儒略：《西学凡》，杭州，1623 年，第 7—8 页。

士高一志（1586—1640）。他撰有《修身西学》《齐家西学》《治民西学》等。其《修身西学》卷之一《义礼西学大旨》记述"西庠费罗所非亚"（即西方学校所传授的 philosophia）的基本构成：

> 学分二派，一曰性理之学，一曰义礼之学。性理者，指物之内蕴，而穷其妙者也。义礼者，指身之极诣，而欲其妙者也。性理言知；义礼兼言行。余尝云：性理之学照人心了然喜；义礼之学照人心独善兼善，喜未可言喻也。二三友人陈性理之学矣，余进而述义礼之学焉。①

"性理之学"当指自然哲学或物理学；"义礼之学"当指伦理学。《修身西学》开宗明义曰：

> 所贵义礼之学者三：曰身，曰家，曰国。人生非止为己生也，兼为家国。然必为己而后可以为家国也，则身之先修焉必也。盖诸实学繇内及外，繇近及远。修身者，剖诸义礼、诸德之源也。正邪善恶之界，各识所当取、所当避焉。进而齐家，有居室、生殖、畜养之事，各识所当取与弃焉。进而治国，有王公、群臣、兆民之宜，各明所当从与戒焉。②

此外，在《齐家西学》第三卷第十五章"西学"部分，高一志对西方的"厄第加"做了简单绍述：

> 厄第加者，译言察义礼之学也。其务不外乎三者：先以义礼修身，次以身齐家，终以家治国是也。③

1631 年问世的李之藻、傅汎际译的《名理探》有云：

---

① ［意］高一志：《修身西学》卷之一，古绛景教堂藏版，1630 年，第 1 页。
② ［意］高一志：《修身西学》卷之一，古绛景教堂藏版，1630 年，第 1 页。
③ ［意］高一志：《齐家西学》第三卷，古绛景教堂藏版，1630 年，第 15—17 页。

韫艺复分为二：一属辨学，其本分在制明悟之作用；一属修学，其本分在制爱德之作用。修学又分有三：一在克己，西云"额第加"；一在治家，西云"额各诺靡加"；一在治世，西云"薄利第加"也。①

其中"额第加"与"厄第加"音同，当为拉丁文 Ethica 之音译，意译"克己"；"额各诺靡加"为 Economia 音译，意译"治家"，即今之所谓经济学；"薄利第加"为 Politica 音译，意译"治世"，即今之所谓政治学。

很显然，在明末汉文西书中，Ethica 概念的把握不尽相同。在艾儒略的《西学凡》与高一志的《修身西学》《齐家西学》中，Ethica 乃修齐治平之学，包括今之所谓伦理学、经济学、政治学；在傅汎际的《名理探》中，修齐治平之学则被统称为"修学"，而 Ethica 则仅为其中一支，与治平之学并列。

不仅如此，高一志的《齐家西学》亦含《童幼教育》。此部分曾出单行本，"寓菴居士韩霖"作《童幼教育序》，有云：

西儒高则圣先生，居东雍八年，所著天学之书以实属。其厄第加之学，译言修齐治平者，为斐录所费亚之学之第五支，童幼教育又齐家中之一支也。②

在高一志那里，Ethica 还包括教育学的内容。

（三）晚清意译

在晚清的新一轮西学东渐之际，Ethics 和 Moral 及其相关词条首先出现在早期英华词典中（见下表）。

---

① （明）李之藻、[葡]傅汎际译：《名理探》卷一，杭州，1631 年，第 9 页。
② 钟鸣旦等编：《徐家汇藏书楼明清天主教文献》第一册，（台北）辅仁大学神学院，1996 年，第 239 页。

表4　早期英华词典中 Ethics、Moral 及相关英文词译名

词典	Ethics 及相关英文词译名	Moral 及相关英文词译名	年份
英华字典 [英] 马礼逊	ETHICAL writings，勤善之书（p. 146）	MORAL writings，劝世文 Moral and religious studies and endeavours, are called 修行立志 MORALITY, the study of it，修身（p. 283）	1822
英华韵府历阶 [美] 卫三畏	Ethics，劝善书（p. 88）	Moral writings，劝世文 Morality，善道（p. 183）	1844
英华字典 [英] 麦都思	ETHICS，五常五伦之道，修行之道，修身齐家之箴规（卷一，p. 514-515）	MORAL，良、善； a moral essay，劝世文 MORALITY，整风修行的箴规，善德，修善之道（卷二，p. 855-856）	卷一 1847 卷二 1848
英华字典 [德] 罗存德	Ethics 五常、五常之理、五常之道、修行之道、修德之理、修齐之理（p. 754）	Moral 正经、纯正、贤、善、良、纯善、纯良、愿、懿 moral philosophy 五常之理 Morality, ethics，五常、五伦之分，行善之道、正经之事（卷三，p. 1194）	卷二 1867 卷三 1868
上海方言词典 [英] 艾约瑟	Ethics，论行为，善恶个道理，五常五伦，仁义礼智信，君臣父子夫妇昆弟朋友（p. 32）	Moral, (sense) 良心, (standard) 天理, (give moral instruction) 劝人为善（p. 70）	1869
英华萃林韵府 [美] 卢公明	Ethical books，劝善书，伦常道理，劝善之书 Ethics，修行之道（卷一，p. 170）	Moral or virtuous deeds，修行；efforts，修行立志；writings，劝世文（卷一，p. 314） Morality or virtue，德、善道、善德；study of 行善之道（卷一，p. 315）	1872
字语汇解 [美] 睦礼逊	ETHICS，伦常之道（p. 154）	MORAL, essays，劝世文；善书 MORALITY, to exhort to -，劝人为善；to practise -，行善（p. 301）	1876
英华字典 M. Condit	无此条	Moral 善，德，良（p. 77）	1882
华英字典集成 邝其照	Ethics 五常，无论之道（p. 126）	Moral 端正，贤，良善，德，善，正大 A moral essay 劝世文 Morality 五常，善行，善为之道（p. 214）	1887

依上表可见，晚清入华新教传教士是以意译方式介绍西方伦理及伦理学，拟名有"修身""善道""修身之道""修行立志"等，有关文书则称"劝世文""劝世书""勤善之书"等。其对译的西语，Ethics 出现得早，moral philosophy 出现得晚。意译工作，罗存德的《英华字典》水平较高，Ethics 和 moral philosophy 及其译名在这部词典中同时出现。

对西方伦理的汉字意译，晚清汉文西书中出现如下名目：

（1）性理 1864 年，丁韪良译《万国公法》于北京刊行。其中有云：

> 布氏门人，以公法之学为性理之一派。①

其中"性理之一派"对译的英原文是"a branch of the science of ethics"②。

"性理"一词，古已有之，盖有三义：一指生命的原理或规律。《后汉书·赵咨传》："王孙裸葬，墨夷露骸，皆达于性理，贵于速变。"二指性情、情绪和理智。《世说新语·文学》："（习凿齿）后至都，见简文，宣武问见相王如何。答云：'一生不曾见此人。'从此忤旨，出为衡阳郡，性理遂错。"三指人性与天理，即宋儒开创的性理之学。宋陈善《扪虱新话·本朝文章亦三变》："唐文章三变，本朝文章亦三变矣，荆公以经术，东坡以议论，程氏以性理，三者要各自立门户，不相蹈袭。"在《万国公法》中，"性理"被用来对译 ethics。

（2）论人行 1873 年，羊城的小书会真宝堂刊行了入华德国传教士花之安（Ernst Faber，1839—1899）所撰《大德国学校论略》一书。其述德国"太学院""智学"科中的一"课"有云：

> 六课论人行，有三，即论福之所以为福，第一情福，即寓世之五福；第二以不迷本性为福，即克胜诸欲是也；第三以归源上帝，冀获天福为福。第二与第三大同小异，在第二则有数说，如讲本分

---

① ［美］丁韪良译：《万国公法》卷一，（北京）崇实馆，1864 年，第 5 页。
② Henry Wheaton, *Elements of International Law*（Boston：Little, Brown and Company, 1855），pp. 9—10.

一属自己，二属身外，即人中五伦并世间所有者，三向上帝之本分所应行。凡各端，均释明本分之所以为本分。若不能指出其所以然，则不是性理。第三论善德，即人之所目为善举并察厥德须根于真理。

（3）伦学　1898年，《光绪二十四年中外大事汇记》（版心名曰《格致汇第十一》）所载《中西格致异同考》一文有云：

理学而深之，则为心学，首言心之体，次言心之用。心学明，乃有伦学。伦学者，修齐治平之学也。①

其中，"伦学"当伦理学，而且其"修齐治平之学"之释义，仿佛明末汉文西书《西学凡》中的译名之重现。

（4）道义学、是非学　1902年，由入华新教传教士创建的中国教育协会（The committee of the Educational Association of China）厘定、编纂的 Technical Terms, English and Chinese（《英华专业用语》）中收有Ethics一条，译名"道义学，是非学"②。

上述学名，早已成为历史陈迹。如今所用"伦理学"一名，乃由日本逆输入来华。

三　日制"伦理学"入华

汉字古典词"伦理"早已随汉籍传入日本，成为日人讨论伦常道德的常用语，至近代又成为日本翻译西洋概念的选择用词。

汉字文化圈关于西方伦理学的译介及其近代伦理学的构筑，乃由明治初年日本人重开纪元。随着"文明开化"风潮的涌起，西方近代教育和学问的引进全面展开。在此过程中，Ethics 和 Moral Philosophy（Sci-

---

① 《光绪二十四年中外大事汇记·中西格致异同考》，（上海）广智报局1898年版，第9页。

② The committee of the Educational Association of China, *Technical Terms, English and Chinese*, Shanghai: Printed at the Presbyterian Mission Press. 1904, p. 157.

ence）获得了诸多译名，如"名教学""性理学""劝善学""修身学""崇行""伦理学""道德学""彝伦学""人道学""道义学"等。其中"伦理学"一名得以最后确立。

日译学名"伦理学"传入中国，是中日甲午战争之后的事情。1897年，康有为编成《日本书目志》，1898 年由上海大同译书局刊行。其卷二"理学门"列有"伦理学十七种"，后加按语：

> 中古之圣，不务远而务近，不谈鬼神而谈人事，故伦理尤尊。吾土之学，始于尽伦而终于尽制。所谓制者，亦以饰其伦而已。然春秋三世，具有变通。是时为帝而是非大相反，以至极相碍焉。如夫穷极万国，檃思百世，则其变益大，置数千年之风俗于无量劫中，岂能如寒暑之在一岁哉？若君主、民主之异，一夫数妻、一夫一妻之殊，非其倪之一端耶？然夏葛冬裘，当乎其时，不可少易。先圣因时立制，条理粲然，黔首惟有率从而已。①

康有为多半只是看到了日本书目，并未得到各书本文（他不通日文，得到各书也难能读懂）。所以，从其按语来看，他对西方近代伦理学并无深透的认知与把握。

甲午战后，中国掀起"西学东游"热潮，赴日考察教育为其一项大宗，有数十种日本教育考察记问世。1899 年，受湖广总督张之洞派遣赴日的姚锡光（1857—1921）撰《东瀛学校举概》刊于京师，这是晚清第一部官派专门考察日本教育的报告书。其中有云：

> 日本教育之法大旨，盖分三类：曰体育，曰德育，曰智育。……言伦理，言修身，在德育也……②

1902 年 10 月，京师大学堂总教习吴汝纶（1840—1903）的《东游丛录》在日本东京的三省堂刊行，这是清末级别最高、影响最广的官派日

---

① 康有为编《日本书目志》卷二，（上海）大同译书局 1898 年版，第 80 页。
② 姚锡光编：《东瀛学校举概》，北京，1899 年，第 19 页。

本教育考察记。其述日本帝国大学文科大学所设课程中即有"伦理学"①。

麦鼎华译《中等教育伦理学》（1903 年）

1902 年，王国维译《教育学教科书》，刊于《教育世界》第 29—25 号。译著所据原本为日本人牧濑五一郎著《最新教育学教科书》，日本大阪三木书店 1900 年 10 月刊行，"二十世纪教科丛书"之一种。牧濑五一郎著《最新教育学教科书》后附《哲学小辞典》，亦为王国维译，题名《哲学小辞典》。《哲学小辞典》原版依译名—原语—释义顺序排列，规模很小，其中既有"伦理学（Ethics）"一条。

西方伦理学自日入华，蔚然成风，乃自清末"新政"始。其中最需一提的就是服部宇之吉来华任教。清末"新政"的第一举措是重开京师大学堂。在新任管学大臣张白熙、总教习吴汝纶的运作下，日本东京帝国大学文科大学教授、文学博士服部宇之吉（1867—1939）于 1902 年应聘到京师大学堂任正教习，在师范馆讲授心理学、伦理学、逻辑学等课程。光绪三十四年（1908）六月，商务印书馆出版了其编

---

① （清）吴汝纶编：《东游丛录·学校图录·学科课程表》，（东京）三省堂 1902 年版，第 15 页。

译所译述的服部宇之吉著《伦理学教科书》，其版权页所标英文名为 Moral Science。

清末以降，译自日本的伦理学书很多，其中最早的当推上海广智书局光绪二十九年（1903）五月出版的麦鼎华译《中等教育伦理学》。该书于光绪二十八年（1902）译成，蔡元培九月为之作序，原著为元良勇次郎（1859—1912）著《中等教育伦理讲话》，前编和后编，凡2册，东京右文馆1900年2月出版。麦氏译本颇应时需，初版当年九月再版，光绪三十年（1904）四月三版，光绪三十一年（1905）三月四版，光绪三十二年（1906）三月五版。

四 严复《天演论》对"伦理学"的舍弃·蔡元培在中—西—日三边互动间厘定"伦理学"

关于"伦理学"学名厘定及其与近代思想史的关联，有两个环节不可忽略。

其一，1893年，68岁高龄的英国博物学家托马斯·赫胥黎（1825—1895）在牛津大学作宣介达尔文进化论的演讲《进化论与伦理学》①。不久，这篇演讲的前一部分，被留英学习海军的中国青年严复（1854—1921）所"译述"（不仅是翻译，还有大量阐述发挥，故称），中文名《天演论》，1897年12月由天津《国闻汇编》刊出，此时正值甲午战争惨败之后、戊戌变法前夜，该书"物竞天择，适者生存"之论，为亟欲救亡，又处于"知识饥渴"的中国知识界视作甘霖，维新派主将康有为称严复"译《天演论》为中国西学第一者也"。是书"天演竞争，优胜劣败"思想在清末民初的影响力之巨，一时无双。但我们今日考析即发现，《天演论》与原作《进化论与伦理学》主旨实相大异。赫胥黎的牛津演说，在介绍达尔文生物进化论之后，着重指出，不可将自然界以生存竞争为基旨的进化论与人类社会的伦理学混为一谈，黎氏尖锐批评"进化的伦理"（即社会达尔文主义），反对弱肉强食，故演说定题《进化论

---

① ［英］赫胥黎：《进化论与伦理学》（全译本），宋启林等译，北京大学出版社2010年版。

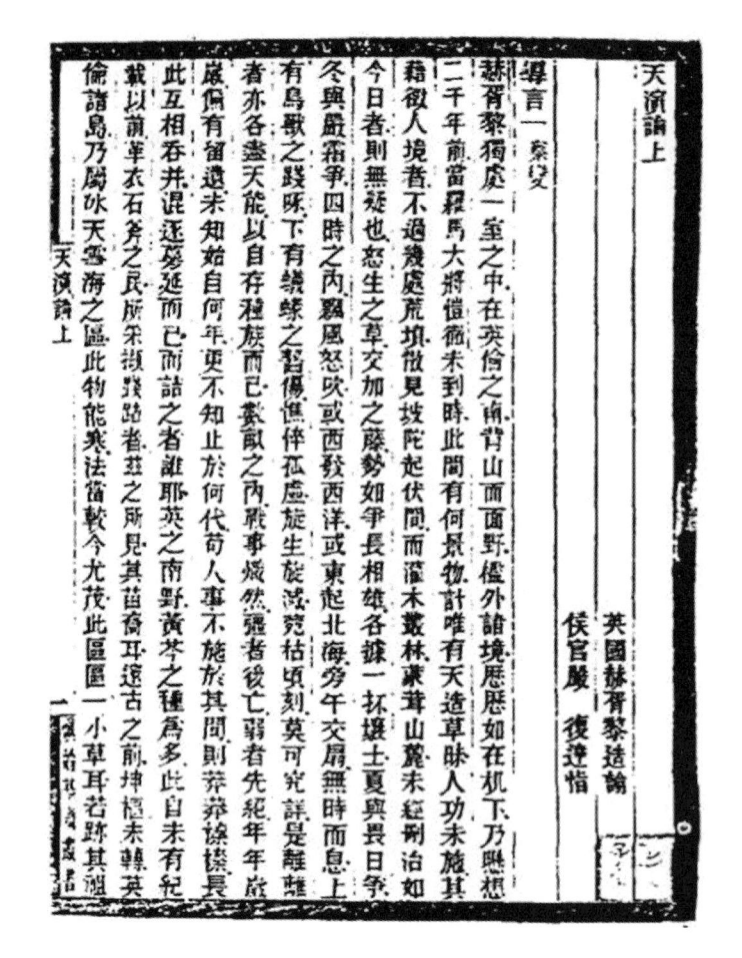

严复译《天演论》卷首（1898年）

与伦理学》，意谓伦理学不同于生物进化论。而身处亡国灭种危机的中国学人严复，看中的却是黎氏演说前半部——生物界的丛林法则："弱肉强食，生存竞争，适者生存"，于是对黎著取其所需、弃其所不需（或暂不急需），反其意而译述之，强调"进化论"而避谈"伦理学"。这正是"近代玄奘"严复避用"伦理学"一名的深层原因。

其二，论及学名"伦理学"在中国流传，还须注意的人物是蔡元培（1868—1940）。他不仅早在1902年即为麦鼎华译《中等教育伦理学》作序，还翻译数种颇有影响的伦理学书籍。己酉年（1909）九月，商务印书馆出版蔡元培编译的《伦理学原理》。该书所据，原为德国柏林大学教授泡尔生（Friedrich Paulsen，1846－1908）所著 *System der Ethik*。日本学者蟹江义丸（1872—1904）序论及 *Grundbegriffe und Principienfragen*（概念与原理）卷译成日文，题名《伦理学》，作为"帝国百科全书第24编"，于1899年2月由东京的博文馆出版。不久，蟹江又在其译作基础上，与藤井健治郎、深作安文合译泡尔生的 *System der Ethik*——蟹江译"序论"及"第二篇　伦理学原理"，藤井译"第一篇　伦理学史"、深作安文译"第三篇　德论及本务论"，题名《伦理学大系》，1904年5月由博文馆出版。① 至于蔡元培译本，则兼览德文原著和日文译本，如蔡序所言：

> 今之所译，虽亦参考原本，而详略一仍蟹江氏之旧。蟹江氏之译此书也，曰取其能调和动机论、功利论两派之学说，而论议平实，不滋流弊也。今之重译，犹是意也。②

蔡译"伦理学"参考了日人蟹江的译本，又与德文 Ethik、英文 Ethics 对译。故蔡译《伦理学原理》版权页，标有英文名 *Paulsen's Principles of Moral Philosophy*。亦即说，"伦理学"在此也与 Moral Philosophy 对译。因此，蔡元培的"伦理学"学名，不能简单指为取之日译名，而是蔡氏在中—西—日三种语文间的参校、互对中重新厘定的。这种情形在清末民初的译述中比较常见。

壬子年（1912）五月，商务印书馆出版蔡元培编纂的《订正中学修身教科书》，其版权页所标英文名为 *Ethical Readers for Middle Schools*。亦即说，在此书中，"修身"与 Ethical 对译。该书至1919年8月即出十二版，其传播之速、影响之大，由此可见一斑。1913年2月商务印书馆出版樊炳清（1877—1929）等编纂的《修身要义》，其版权页所标英文名为 *Essentials of Ethics for Middle Schools*，也是以"修身"对译 Ethics。该书为"中学校用共和国教科书"，初版后多次复刊，至1921年2月出十一版，其影响不言而喻。

---

① ［日］蟹江义丸等译：《伦理学大系》，（东京）博文馆1904年版，序第1—2页。
② 蔡元培译：《伦理学原理》，（上海）商务印书馆1924年第7版，序第2页。

1908 年，清学部尚书荣庆聘严复为学部编订名词馆（或谓"审定名辞馆"）总纂，致力于学术名词的厘定与统一。此项工作，凡历三年，至 1911 年，积稿甚多。其中包括《伦理学名词对照表》（版心题曰《伦理学中英名词对照表》）[1]。该表以"伦理学"对译 Ethics，以"道德哲学"对译 Moral philosophy。[2] 该表虽未及公布即改元民国，但它足以表明，时值清末，学名"伦理学""道德哲学"已在中国被正式确定。

黄摩西 1911 年编《普通百科新大辞典》设"伦理学"条目，释曰：

> 研究个人道德现象之学科。其问题为道德之意识（即良心），指导良心之理想，理想实现之本务，本务实行不可缺乏之品性（即德）。由是分伦理学为良心论，理想论，本务论，德论四门。

英国入华传教士李提摩太（Timothy Richard，1845—1919）、加拿大传教士季理斐（D. MacGillivray，1862 – 1931）撷取日本的《哲学大辞书》一小部分，编成 *A Dictionary of Philosophical Terms*，1913 年于上海出版。其中，Ethics 及相关词条及其译名如下：

Ethical hedonism	伦理快乐说
Ethical idealism	伦理的唯心论
Ethical religion	伦理的宗教
Ethical theories	伦理学说
Ethico – esthetical idealism	伦理的美的唯心论
Ethics	伦理学[3]

---

[1] 该表为学部编订名词馆所编《中外名词对照表》之一部分。据王蘧常编《严几道年谱》第 79 页：1908 年"学部尚书鄂卓尔文恪公荣庆聘先生为审定名辞馆总纂。自此凡历三年，积稿甚多"。这些"积稿"后存于中华民国教育部。

[2] （清）学部编订名词馆：《中外名词对照表·伦理学名词对照表》，第 1 页。

[3] Dr. Richard axd Dr. Macgillivray, *A Dictionary of Philosophical Terms*, Shanghai：Christian Literature Society for China, 1913, p. 22.

Moral philosophy 译作"道德哲学",Moral science 译作"伦理学"①。1926年5月,商务印书馆出版樊炳清编《哲学辞典》(*Dictionary of Philosophy*)。这是中国人自主编纂的第一部哲学辞典。其中,"伦理学"一名的地位再次得以确认:

> 伦理学　英 Ethics,Moral science
> 　　　　法 Éthique
> 　　　　德 Ethik,Sittenlehre②

该辞典中亦收有"道德哲学"一条,对译拉丁文 Philosophia moralis,英文 Moral philosophy,法文 Philosophie morale,德文 Moralphilosophie。该条释义云:

> 与伦理学同。……今皆曰伦理学,罕有用道德哲学之名者。③

此后,虽然有张东荪著《道德哲学》[(上海)中华书局1930年版]、黄方刚著《道德学》[(上海)世界书局1934年版]、余家菊译《道德学》[(上海)中华书局1935年版]、温公颐著《道德学》[(上海)商务印书馆1937年版]等书问世,但它们皆未排斥"伦理学"一名。黄方刚申明道:

> "伦理学"原是英文 Ethics 的译名,这个名词现在已经很通行了。但这是我们中国原有的道德的学问,那么称他为道德学岂不很好?所以在本书内"伦理学"与"道德学"两个名词是绝对通用的,他们的意义是绝对相同的。④

---

① Dr. Richard axd Dr. Macgillivray,*A Dictionary of Philosophical Terms*,Shanghai:Christian Literature Society for China,1913,p.40.
② 樊炳清编:《哲学辞典》,(上海)商务印书馆1926年版,第452页。
③ 樊炳清编:《哲学辞典》,(上海)商务印书馆1926年版,第809页。
④ 黄方刚:《道德学》,(上海)世界书局1934年版,第1页。

温公颐在为《道德学》所作自序（1936年7月）曰：

> 余以为"伦理"与"道德"，名异而实同。"伦理"意指人与人相处之人群的道理，而"道德"一词亦然。江袤言："道者人之所共由，德者人之所自得。"（焦竑《老子翼》卷七引）。许慎《说文》言："外得于人，内得于己"之谓德，则"道德"之意，亦即指己立立人之理，方诸泰西 Ethics 原意亦恰。"道德学"之名既与"伦理学"无若何违异，则选用之，当无不可也。（国人亦有已采此名者，如张东荪先生之《道德哲学》是）[①]

时至今日，专业人士仍将"道德哲学"或"道德学"当作"伦理学"的别称，可谓所来有自。

五　"伦理"觉悟

"伦理"从汉字古典词，经历古今演绎——中外交会，在原义基础上引申出现代义，成为时下通用的关键词，并构成学科名"伦理学"的基本语素。

伦理是文化的核心内容，"伦理是精神的家园"（黑格尔《精神现象学》）。提升人的伦理水平是社会进步的要旨，古来如此，于今尤烈。

人称20世纪是伦理觉悟的时代。这首先由救亡图存的使命所激发。

梁启超在戊戌变法失败后痛定思痛，于1902年至1906年间在《新民丛报》刊发总题《新民说》的系列文章，揭示中国衰弱的根源在于中国人的奴隶性，在于中国人缺乏权利观念，而"拿旧心理运用新制度，决计不可能"，故必须解决伦理问题，实现"人格的觉悟"。梁氏在《新民说》的《叙论》中追究：一国"屹然强立"的原因为何？他的答复是，"地利""英雄"固然重要，而更紧要的是国民的伦理水平，"未有其民愚陋、怯弱、涣散、混浊，而国犹能立者"。他以养生比喻治国："故欲其身之长生久视，则摄生之术不可不明；欲其国之安富尊荣，则新民之

[①] 温公颐：《道德学》，（上海）商务印书馆1937年版，自序第5—6页。

道不可不讲。"提升伦理水平，培养"新民"，"为今日中国第一急务"①。

孙中山也有类似认识，他 1917—1919 年撰写的《建国方略》，将解决伦理问题的国民"心理建设"置于首位。

五四新文化运动时期，陈独秀倡导"自觉心"——首先要获取新知识，求得学术自觉；进而求得政治自觉，认识到"国家为人民公产"，"必弃数千年相传之官僚的专制的个人政治"。这种学术—政治的自觉，必须落实到每个"国民一分子"身上，从而提出伦理觉悟问题。陈氏 1916 年 2 月发表的《吾人最后之觉悟》一文指出，有学术之觉悟、政治之觉悟，而无伦理之觉悟，"则前之所谓觉悟者，非彻底之觉悟"。此一名篇曰：

> 自西洋文明输入吾国，最初促吾人之觉悟者为学术，相形见绌，举国所知矣；其次为政治，年来政象所证明不克守缺抱残之势。继今以往，国人所怀疑莫决者，当为伦理问题。此而不能觉悟，则前之所谓觉悟，非彻底之觉悟，盖犹在惝恍迷离之境。吾敢断言曰：伦理的觉悟为吾人最后觉悟之最后觉悟。②

伦理觉悟是一个世界性命题。20 世纪 40 年代，英国哲学家罗素（1872—1970）指出：

> 在人类历史上，我们第一次达到了这样一个时代：人类种族的绵亘已经开始取决于人类能够学到的为伦理思考所支配的程度。③

现世是工业文明高歌猛进的时代，处于伦理的转换点和生态断裂带，发生经济—伦理悖论，对传统伦理不加区分的整体失忆，义利观失衡，这是一种危机也是一种机遇，而知行合一的伦理建设因以成为紧迫

---

① 梁启超：《新民说·叙论》，《新民丛报选编》，1902 年冬，论说第 1 页。
② 陈独秀：《吾人最后之觉悟》，《青年杂志》第 1 卷第 6 号，（上海）群益书社，1915 年 2 月 15 日，第 4 页。
③ ［英］罗素：《伦理学与政治学中的人类社会》，中国社会科学出版社 1999 年版，第 259 页。

的时代使命。可幸者,如"新五常"(爱、诚信、责任、正义、宽容)作为新的"社会契约"正在萌生。而此类新伦理的建设,必须立基于对优秀伦理传统的继承和对外域伦理英华的汲纳。以此言之,考释"伦理"一词的古今演绎、中外涵化,获得关于伦理的"文化史"认识,是有意义的。

语义假借

汉字发展途程，稳中蕴变，诸如功能变异、形符变异、语义变异。其中语义变异尤为普遍。有文化学者将关键词生成演化的路径概括为"以'词根'的方式沉潜，以'坐标'的方式呈现，以'转义'的方式再生"[1]。本栏目讨论"转义"导致的词语再生。

近人选用汉字古典词构建反映新知识的新名时，运用词义"守先待后"的方法：或是内涵扩大，外延收敛、精准化；或是内涵缩小，外延张大、泛称化，这皆属于本书第一栏目"古典引申"，即在本义基础上定向推衍，词义大格局未变。此外还第二法——词形不变，而内涵与外延均发生大幅度变更。清人江藩（1761—1831）说："字有义，义不一。有本义，有引申义，有通借义。"[2]明确区分本义、引申义和通借（即"假借"）义。引申义与本义有关联，如果派生义远离基本义，发生跳跃性更换、质的变化，则不是引申，而是假借，所谓"异义同字曰假借"，此法在新名创制中亦有采用，故单列"语义假借"栏目，举"科学""自由""共和""社会""心理"诸词例。

如"科学"，作为汉语古典词，其内涵是"分科举人之学"，指围绕科举考试的学问，其外延涉及与科举取士相关的经学、策论乃至书法等。至近代，在对译西洋反映分科实证之学概念 Science 的过程中，初以"赛因斯"音译，以"格致"（格物致知）意译，突出近代自然科学的实证、实验义；后用"一科一学"意译 Science，在汉字古典词"科学"固有含义（"分科治学"）的基旨上，向精确方向拓展，内涵衍为：分门别类的、可检验的关于发明发现创造实践的知识体系的总称。其外延，则从科举考试分科（进士科、明经科、秀才科乃至明算科、明字科等），演变为数学、物理学、化学、生物学等自然科学，进而囊括政治学、社会学、历

---

[1] 李建中：《中华元典关键词的原创意蕴与现代价值》，《文化关键词研究》第一辑，武汉大学出版社2014年版，第29页。

[2] （清）江藩：《经解入门·说经必先通训诂》。

语义假借

史学、哲学等人文社会科学诸门类。拥有此种新内涵与新外延的"科学",成为今日通用的关键词、核心概念,已与古典"科举之学"相去甚远,但"分科之学"的含义仍隐约相通。

保留古典词的词形,又承袭其意义基旨,在新的语境下,词义内涵和所指对象发生深度变迁,古义与今义之间差异较大,今人使用时几乎已经遗忘其古义。这种"语义假借"是创制新名的又一种方法。

科　　学

　　科学者，知识而有统系者之大名。就广义言之，凡知识之分别部居，以类相从，并然独绎一事物者，皆得谓之科学，自狭义言之，则知识之关于某一现象，其推理重实验，其察物有条贯，而又能分别关联抽举其大例者谓之科学。

——任鸿隽《说中国无科学之原因》

　　"科学"是现代通用的、具有权威性的关键词。此一术语承袭汉字古典词的词形和词义基旨，又在与英文 Science 对译过程中，汲纳其现代义，得以新生并获通用。

　　英文 Science 源于拉丁语词 Scientia。拉丁语词 Scientia（Scire，学或知）包含学问或知识的意思。英语词 Science 则是 natural science（自然科学）的简称，不过，与之最接近的德语对应词 Wissenschaft，指一切有系统的学问，不但包括所谓的 Science（自然科学），而且包括历史学、语言学及哲学等人文社会科学。就 Science（自然科学）狭义言之，"科学是关于自然现象的有条理的知识，可以说是对于表达自然现象的各种概念之间的关系的理性研究"[1]。德国古典哲学家康德在《自然科学的形而上学起源》开宗明义说："每一种学问，只要其任务是按照一定的原则建立一个完整的知识系统的话，皆可被称为科学。"德国现代哲学家汉斯·波塞尔对康德之说加以阐发：第一，科学与知识有关；第二，科学的陈述

---

[1] ［英］W. C. 丹皮尔：《科学史——及其与哲学和宗教的关系》上册，李珩译，商务印书馆1997年版，第9页。

> 语义假借

必须构成系统；第三，这一系统必须具有说理性和论证性。①

广义的"科学"，乃自然科学、社会科学、人文学之总称。此一现代文明体系中的核心概念，经历了古今演绎、中外对接的复杂过程；其内涵与外延在中国、西洋、日本三个语境之间游徙、融会，20世纪初叶以来，方在汉字文化系统得以定格。

一 "科学"并非日源词

唐宋之际已在"分科之学"含义上使用此名现代不少关于外来语的辞书和论著，往往把"科学"列为日源词，认为从日本输入中国的外来语。此说似是而非，需要加以辨析。

"科学"是由"科"与"学"两个古典语素组合而成的偏正结构名词。

(一) 释"学"

学（繁体"學"），甲骨文作 ，上面两边为手，表示学习要用手，中间是"爻"，作声符；下面是一座尖顶的房屋，表学习场所。金文作 ，在房屋里加"子"，表示学习的人。"学"的本义是"学习"，动词，以之组词，有学好、苦学、自学等。由"学习"引申为名词，意为"学校"，以之组词，有上学、大学、中学等。

(二) "科"之二义

"科"，小篆作 ，左禾右斗。《说文解字》说："科，程也。从禾从斗。斗者量也。"为会意字，有二义：

（1）"从禾从斗"，禾指谷物，斗指称量，故"科"有测量义。以科为学，是通过实际考查（如称量）求得知识的意思。可见，"科学"的一种本义是"测量之学问""实测之学问"，这提供了"科学"发展出现代义（实证、实验之学）的基础。

（2）"科"又有目、类之义，所谓科目、科类。孟子说，孔子教学是

---

① 见［德］汉斯·波塞尔《科学，什么是科学》，李文潮译，上海三联书店2002年版。

分科目的,"夫子之设科也,往者不追,来者不拒。"① 儒学课程分类、分目,古有"孔门四科"之说——德行、言语、政事、文学②;又谓"子有四教:文、行、忠、信"③,都讲学问不是笼统混一的,而是分科而教,分科而学的。这便包含着"分类而学",这又为"科学"的另一现代义(分科之学)的形成提供了基础。

(三)"科学"——分科举人之学

在上述两层意义上,尤其是分科之学意义上的"科学"一词,约在科举制度兴起之际便已形成。"科举"意谓"分科举人""设科取士"。唐代科举设进士、明经、明法、明字、明算等多种科目,明经、进士是常科。与科举考试相关的分科学问,便是"科学"。④ "科学"组合,以笔者所见,较早出现在唐昭宗光化年间诗人罗衮的文章中,其《仓部柏郎中墓志铭》开篇曰:

> 近代科学之家,有柏氏仓部府君讳宗回。

以下讲柏宗回及父亲在科举制中的经历。文中"科学之家",意谓致力科举之学的家庭,故"科学"意即"分科举人之学"。

科举制以公平公正的考试方式选取官员,突破了以身份任官的世袭贵族政治的藩篱,是一大进步。欧阳修(1007—1072)称:"窃以国家取士之制(指科举制——引者)比之前世,最号至公。……祖宗以来不可易之制也。"⑤ 但此制也有弊端,如程式化、教条化、脱离社会实际等,且愈演愈烈,批评之声渐起。南宋经世派学者陈亮(1143—1194)是抨击科举制之健者。陈亮说:

---

① 《孟子·尽心下》。
② 《论语·先进》。
③ 《论语·述而》。
④ 参见冯天瑜《新语探源——中西日文化互动与近代汉字术语生成》,中华书局2004年版,第373—379页。
⑤ 《欧阳修文集》卷一一三。

> 自<u>科学</u>之兴，世之为士者往往困于一日之程文，甚至于老师而或不遇。①

这里的"科学"也是"分科举人之学"的简称。

故"科学"本为汉字古典词，谓分科立学、分科举人之学，但此词使用并不广泛。19世纪50年代以降，入华新教传教士在中国士人协助下，编纂传播"自然神学"的刊物与论著，介绍西洋科技诸学科，如英国传教士伟烈亚力（Alexander Wylie，1815 – 1887）在1857年为《六合丛谈》创刊号作《小引》，创译化学、察地之学（地质学）、鸟兽草木之学（动植物学）、测天之学（天文学）、电气之学（电学）、重学（力学）、听视学（声学、光学）等学科新名②，但尚未用"科学"总括之。然入华英国新教传教士韦廉臣（Alexander Williamson，1829 – 1890）1857年在通信中已有短语"科学真理"③，此属清咸丰年间使用"科学"的个例。直至清末，梁启超等人还在"分科举人之学"含义上使用"科学"一词。

二 "分科举人之学"在日本古已流传·明治年间以"科学"对译 Science

（一）"科举制"入日及"一科学"的初用

日本在奈良时代（710—794，相当唐中期）及平安时代（794—1192，相当唐后期至南宋），模仿隋唐的君主集权制度，强化天皇统治地位，限抑贵族权力，为此引进中国的律令制，包括科举制，大宝元年（701）颁布《大宝令》，内有贡举制之设，分为秀才、明经、进士、明法四科，又有医、针二科，其中秀才科最盛。至女天皇元正天皇的养老二年（718），颁《养老律令》，规定以科举考试选拔官员，定期分科考试，录用人才。贡举考试由式部省（平安时代八省之一，掌管文官人事和奖赏）直接主持，每年十

---

① （南宋）陈亮：《送叔祖主筠州高要簿序》。
② ［英］伟烈亚力：《六合丛谈小引》，《六合丛谈》第壹号，（上海）墨海书馆，1857年正月十五日，第1—2页。
③ 该信载《传教杂志》1857年7月号。

月至十一月间进行。考生分贡人和举人两种,由诸国贡来参加科考者称贡人,由大学寮经寮试参加科考者称举人。考试内容基本类同唐朝科举考试,如明经科"试《周礼》《礼记》《毛诗》各四条,余经各三条,《孝经》《论语》共三条"。按照《选叙令》,在考试合格中选拔人才叙任官位。平安时代仍实行贡举制,尤重秀才、进士二科,直至平安末期。在这一过程中,"分科举人之学"(即"科学")概念渐传日本。

由于日本中世及近世贵族政治盛炽,平民与贵族有同等权利参加考试并入官的科举制度,受到贵族抵制和扭曲。10世纪以后科举为贵族把持,录人不以才学而重资历名望,科举制流于世袭化、权贵化。至近世末期的德川时期,实行"学问吟味制",以朱子学为正学,作为考试内容,由幕府征夷大将军的旗本、御家人子弟通过科考选取官员,部分地恢复科举精神,"分科举人"再度实行。而在德川中后期,兰学家接触欧洲自然科学诸学科,很自然地以"分科之学"一类短语加以表述。1832年农历十一月,高野长英在其所译《西说医原枢要》题言中写道:

人身窮理ハ医家ノ一科学ニシテ、人ノ解シ難ク、訳シ難シトスル所ナリ。①

(人身穷理,乃医家之一科学,人所难解难译也。)

江户时期高野长英称医学为"一科学",是日本在"分科之学"意义上使用"科学"一词的开始。

(二) Science 的日本译名:从"学问"、"文学"到"专门学问"

至幕末,兰学改称洋学,西洋诸科学术传播渐广,在日本,Science 较早的汉字译名是"学问",见于日人堀达之助(1823—1894)1862年刊行的《英和对译袖珍辞书》②。高桥新吉(1843—1918)等人编的《和

---

① [日]佐藤昌介等校注:《渡边华山　高野长英　佐久间象山　横井小楠　桥本左内》(日本思想大系55),(东京)岩波书店,1971年,第213页。

② 该辞书1867年由堀越龟之助(生卒年月不明)改正增补,出版者为东京藏田屋清右卫门,本文据此,第359页。

译英辞书》（第 516 页）①、荒井郁之助（1835—1909）编《英和对译辞书》② 等，沿用此一译名。

"学问"为古典汉字词，原兼学习、问难两义。《孟子·滕文公上》："吾他日未尝学问，好驰马试剑。"《荀子·大略》："《诗》曰：'如切如磋，如琢如磨'，谓学问也。"后指系统的知识。《世说新语·文学》："褚季野语孙安国云：'北人学问渊综广博。'孙答曰：'南人学问清通简要。'"

1873 年 8 月，堺县学校编述、刊行的《学问心得》中有"入中学、大学，就专门科学"③ 之语。"学问"与"专门科学"对应。

日本人继以"文学"译 science。1870 年刊行的福泽谕吉纂辑《西洋事情》卷之一中设「文学技术」一章，文中所述乃「测量学」、「医学」、「理学」、「天文学」、「视学」、「化下学」、「器械学」、「经学、性理、诗歌、历史ノ学」、「蒸気機関、蒸気船、蒸気車、電信機」等西方科学、技术概况④，皆在"文学"总目之下。此处"文学"显然是 science 的汉译名。

（三）西周的"学域"说，"一科一学"说

日本近代哲学家西周（1829—1897）具有较深厚的汉文基础，知晓古典汉字词"科学"的"分科之学"含意。他又是最早系统接受并译介西方哲学的日本学者，受法国实证主义哲学家孔德（1798—1857）关于知识应当分门类的观点的影响，从古代、中世纪学问科目不明的混沌状态走出，他在 1870 年开讲于东京的《百学连环》中分科介绍西学。西周指出：

> 大凡学问，皆有学域之分，地理学有地理学之域，政事学有政事学之域，若越域，虽未必致种种混乱，但对各学问观察其经界，做正确之区别，也是必要的。……汉学虽有经学家、历史家以及文章辞赋家等区别，但却没有更进一步的"学域"之分。

---

① ［日］高桥新吉等编：《和译英辞书》，American Presbyterian Mission Press，1869 年。
② ［日］荒井郁之助编：《英和对译辞书》（开拓使藏版），（东京）小林新兵卫，1873 年。
③ ［日］堺县学校编述：《学问心得》，堺县学校 1873 年版，第 9 页。
④ ［日］福泽谕吉：《西洋事情》卷之一，（东京）尚古堂 1870 年版，第 25—27 页。

西周认为，汉学虽有经学、史学、文学之别，但缺乏精密的学科分野，无法成为真正的"实学"。西周的"学域之分"论说，引出"一科一学"短语，对"学术"作分科解析，分作"普通学"与"特殊学"。普通学是基础学科，要者为历史、地理学、文章学（即文学）、数学；特殊学分为"心理上学"（即人文学）、"物理上学"（即自然科学）。这是汉字文化圈内较早关于学科分类的论说，西周的"一科一学"已逼近"科学"概念。

与西周类似，福泽谕吉1872年在《劝学篇》中论及，"有很多要学习的学科"，他列举了地理学、物理学、历史学、经济学、修身学等，认为"对各项科学都实事求是，就每一事物深切追求真理"，揭示了学术由分科、实证方能接近真理。后来中村正直在《明六杂志》发文曰："培根之理学，即便谈及人心之理，亦不涉空虚，以实事考验为要。"福泽、中村当时虽未使用"科学"一词，但其分科之学、实证之学的意蕴，已切入"科学"的本质。

1874年西周在《明六杂志》第14、17、20、22、25号连载《知说》一文，介绍欧洲各门学科，其中第22号的《知说四》论及"科学"，指出"西洋晚近方法有三：曰视察，曰经验，曰试验。……学者应依据视察、经验、试验之三方法，而在事实中追求一贯之真理"。其方法是"归纳"与"演绎"的统一，如化学便是"分解法"与"总和法"（化合）二者的"总合统一"。此前西周在《百学连环》中，西周以"一科一学"意译英语Science，强调的是"分科之学"义。Science源于拉丁文Scientia，意为"学问""知识"。在古代和中世纪欧洲，科学没有独立地位，或寄居于哲学的母体之中，称为"自然哲学"；或作为宗教的附庸、神学的婢女。直至近代，科学逐渐获得独立的身份，学科分野也日趋细密。19世纪上半叶，孔德按各门科学的实证性水平进行分类，派生出天文学、物理学、化学、生物学和社会学，从而揭示Science一词分门别类性的特征。

（四）津田真道拟"实学"一名，突显Science的实证义

Science的又一层要义是实证性。与西周一起于1863年赴荷兰莱顿大学留学、研习社会科学的津田真道（1829—1903）特别论述"科学"的实证性，故谓之"实学"，他1874年在《明六杂志》第3号发表《论促

语义假借

进开化的方法》一文说："根据实象，专论实理，如近代西洋的天文、格物、化学、医学、经济、哲学等说的是实学。"

津田真道力倡"实证"义，与前述西周强调的"分科"义二者结合，大体完整地表述了西方近代"科学"的基本内涵。1881年出版的井上哲次郎等人编纂的《哲学字汇》，将Science的译名厘定为"理学、科学"①。自此，日本学界把"科学"一词固定下来，其字面义为"分科之学"，内涵则是关于自然、社会、思维等的客观规律的分科、实证知识体系，并有追求"一贯之真理"的意义。此后，冠以"科学"之名的文章及书籍在日本大量出现。

三　明末及清末，以"质测""格致"意译Science，民国初年以"赛因斯"音译之

（一）质测

作为近代文化核心概念的Science，在古汉语系统中找不到确切的对应词。略相接近者，有"质测"一词，此为明末清初学者方以智（1611—1671）所创用。方氏在《通雅·文章薪火》中，把知识分为"质测""通几""宰理"三大部类。"质测"指自然科学，"宰理"指政治教化一类的社会知识，"通几"指深究万物之理的学问，近于哲学。方以智《〈物理小识〉自序》云：

> 物有其故，实考究之，大而元会，小而草木蠢蠕，类其性情，征其好恶，推其常变，是曰"质测"。②

方以智的长子方中通（1634—1698）又进一步阐发"质测"，指出"质"即实物，"测"即观察、验证，并将质测与度数结合起来。

这种具有"实验科学"意蕴的"质测"之学，是明清之际学者自创的词语，昭示了科学的实证性内涵。但此词并未普及开来。

---

① ［日］井上哲次郎等：《哲学字汇》，（东京）东京大学三学部1881年版，第82页。
② （明清之际）方以智著，于澡重订：《物理小识》卷之一，1664年，自序第1页。

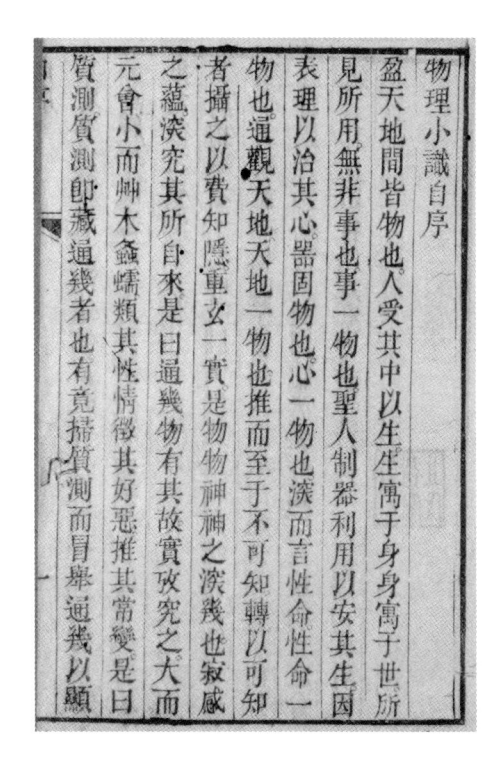

方以智《〈物理小识〉自序》（1664年）

（二）格致

西洋科技知识传入中国，与 science 对应的汉字词是"格致"——由《礼记·大学》中"致知在格物，物格而后知至"简约而成的词语。

明末学者徐光启（1562—1633）将欧洲耶稣会士带到中国来的几何学、物理学、天文历法、地理学、机械技术等统称"格物穷理之学"，认为其特征是"实心、实行、实学"，"凡世间世外，万事万物之理，叩之无不河悬响答，丝分理解"。[1] 揭示了科学的实证性和理性特征。

明天启六年（1626）出版意大利入华耶稣会士高一志（1566—1640）编译的《空际格致》一书，"空际"意谓自然，"空际格致"是"自然科学"的较早表述。

晚清以降，西语 Science 的汉译名，初见于早期英汉词典（见表1）。

---

[1] ［意］熊三拔撰说，（明）徐光启笔记：《泰西水法》卷之一，（上海）扫叶山房1612年版，序第1页。

语义假借

表 1　　　　　　　　早期英汉词典中 Science 之汉译

词典名	作者名	Science 译名	出版地（者）	出版年
《英华字典》（全 1 册）	[英] 马礼逊 Robert Morrison 1782－1834	SCIENCE of numbers is wholly included in lines, superficies, and solids，算数之学不外于线面体（p. 378）	澳门：Printed at the Honorable East India Companys Press	1822
《英华韵府历阶》（全 1 册）English and Chinese Vocabulary, In the Court Dialect	[美] 卫三畏 S. Well Williams 1812－1884	无此条	澳门：香山书院	1844
《英华字典》（全 2 册）English – Chinese Dictionary (in two volumes)	[英] 麦都思 W. H. Medhurst 1796－1856	SCIENCE,（acquaintance with things,）智；perfection of knowledge, 致知, 学文, 学；science of numbers, 数学, 算数之学；knowledge, 知学（卷二，p. 1128）	上海：墨海书馆	1848
《英华字典》（全 4 册）English and Chinese Dictionary, with the Puntin and Mandarin Pronunciation	[德] 罗存德 W. Lobscheid 1822－1893	Science 学, 智, 知, 理, 智慧, 学文, 知学；arts and sciences, 知及艺者（卷四，p. 1547）	香港：Printed an Published at the "Daily Press" Office, Wyndham Street	1869
《上海方言词典》A vocabulary of the Shanghai dialect	[英] 艾约瑟 J. Edkins 1823－1905	Science, 格致之学,（of astronomy）天文,（of numbers）数学,（of light）光学（p. 106）	上海：Presbyterian Mission Press	1869

续表

字典名	作者名	Science 译名	出版地（者）	出版年
《英华萃林韵府》（全2册）*Vocabulary and Handbook of the Chinese Language，Romanized in the Mandarin Dialect*（*in two volumes*）	［美］卢公明 Justus Doolittle 1824－1880	*Science or literature*，学 *Scientific or literary*，有学文的，明知的，学文过人的；knowledge，知学（卷一，p. 426）	福州：Rozario, Marcal and Company	1872
《字语汇解》*An Anglo-Chinese vocabulary of the Ningpo dialect*	［美］睦礼逊 W. T. Morrison 1837－1869	SCIENCE，学问，学（p. 413）	上海：American Presbyterian Mission Press	1876
《英华字典》（全1册）*English Chinese dictionary*	I. M. Condit	Science 艺智，学问（p. 102）	上海：美华书馆	1882
《华英字典集成》（全1册）*An English and Chinese Dictionary*	邝其照（生卒不详）	Science 学，智，理 Scientific 智慧的，博学的，格物的（p. 315）	香港：循环日报承印（1899）	1887
《英华大辞典》（小字本）	颜惠庆 1877－1950	Science, n. 1. Knowledge，学，智，知，理；2. Knowledge reduced to system，专门学，有条理之学，科学；3. Art, skill, or expertness, regarded as the result of knowledge of laws and principles，巧艺，学术，专门术（考求法律原理所得知技能）（p. 874）	上海：商务印书馆（1920）	1908

语义假借

(三) 格致学

19世纪中期以后，西洋科技知识大规模涌入中国，"格物穷理"尤其是"格致学"成为清末对"科学技术"的表述语，相当普及。1857年闰五月初一，《六合丛谈》第陆号刊载英国入华传教士韦廉臣（1829—1890）所撰《格物穷理论》一文。文章开宗明义：

［英］韦廉臣《格物穷理论》（《六合丛谈》第陆号，1857年）

  国之强盛，由于民；民之强盛，由于心；心之强盛，由于格物穷理。①

  继而，文章通过列举天文学、气象学、力学、电学等各门学问带来

---

① ［英］韦廉臣：《格物穷理论》，《六合丛谈》第陆号，（上海）墨海书馆，1857年农历闰五月朔日，第3页。

· 208 ·

的实际效用,解释何以"心之强盛,由于格物穷理":

> 精天文,则能航海通商;察风理,则能避飓;明重学,则能造一切奇器;知电气,则万里之外,音信顷刻可通。故曰:心之强盛,由于格物穷理。①

该文英文目录上题名为 Advantages of Science。亦即说,"格物穷理"与 Science 对译。文中 Science 也被称为"格致"和"格致之学"。韦廉臣说:

> 我观中国人之智慧,不下西士。然而制造平庸,不能出奇制胜者,不肯用心也;为民上者,不以格致之学鼓励之也。我西国百年之前,亦如中国人,但读古人书,而不肯用心探索物理,故此等奇器,一切未有。百年来,人人用心格致,偶得一理,即用法试验之。而农者用心造农器;工者用心造制器之器。所以人日智一日,器日巧一日,至今精进未已。……而中人乃以有用之心思,埋没于无用之八股;稍有志者,但知从事于诗古文,矜才使气,空言无补。倘一旦舍彼就此,人人用心格致,取西国已知之理,用为前导,精益求精,如此名理日出,准之制器尚象,以足国强兵,其益岂浅少哉?②

1872 年 8 月,《教会新报》201 卷"格致近闻"栏目刊载《格致论略》一文。英文栏目名为 Science;文章及作者名则标为 General View of Western Science—By a Chinese Scholar。很显然,"格致"在此被确立为 Science 的译名。文章从中国古典《大学》"格物致知"起笔,但随即为"格致"注入了西方近代 Science 之义:

---

① [英]韦廉臣:《格物穷理论》,《六合丛谈》第陆号,(上海)墨海书馆,1857 年农历闰五月朔日,第 3 页。
② [英]韦廉臣:《格物穷理论》,《六合丛谈》第陆号,(上海)墨海书馆,1857 年农历闰五月朔日,第 4—5 页。

语义假借

《大学》言治平，而终以格致。格致之为义，大矣哉！盖人心之灵，莫不有知；而天下之物，莫不有理。惟于理有未穷，故其知有未尽也。西人学问，得力于格致为多。其大要，不外随事体验，即物以穷其理耳。由理而生法，因法而制器。理得法而理益明，法有器而法益备。即此悟彼，四通八达，遂能钩深致远……①

在此，作者揭示 Science 的哲学尤其是认识论基础（"盖人心之灵，莫不有知；而天下之物，莫不有理。惟于理有未穷，故其知有未尽也"）、Science 的本质内涵（"随事体验，即物以穷其理"）、Science 与生产技术的互生互动关系（"由理而生法，因法而制器。理得法而理益明，法有器而法益备"）等。

1886 年，英国人赫胥黎（Thomas Henry Huxley，1825—1895）的著作 *Science Primers. Introductor*（《科学导论》）被译成汉文，而且有两个译本，一个是"英国罗亨利、宝山瞿昂来同译"、江南制造局刊行的《格致小引》，一个是英国人艾约瑟（J. Edkins）译撰、总税务司署印的《格致总学启蒙》。关于 Science 的定义，英文曰：

Science：the Knowledge of the Laws of Nature obtained by Observation, Experiment, and Reasoning.

《格致小引》译曰：

格致学　观看、试验，以求物理，谓之格致学。②

《格致总学启蒙》译曰：

---

① Chinese Scholar：《格致论略》，《教会新报》第 201 卷，（上海）林华书院，1872 年 8 月，第 6 页。
② ［英］罗亨利，瞿昂来译：《格致小引》，（上海）江南制造局，1886 年，第 3 页。

科　学

> 格致之学，即由各种测、试、辩论，得知绳束万物之条理。①

洋务新政的主持人恭亲王弈訢（1833—1898）将西方的化、电、制造之学称"格致之理"，认为"中国自强之道"即在研习"举凡推算、格致之理，制器、尚象之法"②。并在京师同文馆设"格致入门"诸课程，大量翻译"格致学"书籍，仅江南制造局翻译馆便出版178种。维新派思想先驱冯桂芬（1809—1874）说："明末意大里亚及今英吉利两国书凡数十种……此外如算学、重学、视学、光学、化学等，皆得格物至理。"冯氏也有"格致之理"的提法。③ 维新派重要思想家郑观应（1842—1922）则以"西学中源"立论，将"格致学"推为《大学》《周礼》在中国失传的篇什"流徙而入泰西"的产物④，这大约是化解顽固派拒斥西洋科技谬说的一种办法。郑观应罗列"格致学"所属诸科：

> 格致科，凡声学、光学、电学、化学之类皆属焉。⑤

在清末，"声、光、电、化"诸科技知识统称"格致"。鲁迅讲到年轻时入洋务学堂，"我才知道世上还有所谓格致，算学，地理，历史，绘图和体操"。⑥ 这里的"格致"也是指的物理、化学、生物学、机械操作等科技知识。1903年上海明权社发行的《新尔雅》设"格致"条目，对"格致学"作界定：

> 考究物体外部形状之变化者，谓之格致学。

该条目还对格致学研讨的对象——"物质""定律""原因""力"等，逐一给出简明的定义。

---

① ［英］艾约瑟译：《格致总学启蒙》卷上，（上海）总税务司署印，1886年，第13页。
② （清）冯桂芬：《筹办夷务始末》（同治朝），卷四六，第4页。
③ 《采西学议》，《校邠庐抗议》，上海书店出版社2002年版，第55—56页。
④ （清）郑观应：《道器》，《郑观应集》上册，上海人民出版社1982年版，第242页。
⑤ 《郑观应集》上册，上海人民出版社1982年版，第299页。
⑥ 《呐喊·自序》，《鲁迅全集》，人民文学出版社1981年版，第一卷，第416页。

（四）音译"赛因斯"

民国初年，学界又将 Seience 音译作"赛因斯"，含义的重点在科学的理性精神，包括"黜伪存真"的求实精神、创造精神、自由精神等，这便是"五四"新文化运动呼唤的"德赛二先生"（民主与科学）中的"赛先生"。语出陈独秀为《新青年》所作辩护词《本志罪案之答辩书》：

> 本志同人本来无罪，只因为拥护那德莫克拉西（democracy）和赛因斯（seience）两位先生，才犯了这几条滔天的大罪。……要拥护那德先生又要拥护赛先生，不得不反对国粹和旧文学。①

陈独秀《本志罪案之答辩书》（《新青年》第 6 卷第 1 号，1919 年）

---

① 陈独秀：《本志罪案之答辩书》，《新青年》第 6 卷第 1 号，（上海）群益书社，1919 年 1 月 15 日，第 10 页。

陈氏的如椽之笔，使"赛先生"（连同"德先生"）之名播传广远，德、赛二先生成为新文化运动高扬的两面旗帜。

四　近代义"科学"一词普及

近代中国最早从日本引入并使用作为 Seience 意译词"科学"的，是康有为。1896 年康氏编《日本书目志》，收日译"科学"类图书目录多种。据梁启超在 1897 年 11 月 15 日的《时务报》介绍，该《志》"一册，卷二，理学门"列有："《科学入门》，普及舍译；《科学之原理》，木村骏吉著。"这大约是中国较早引入近代义"科学"一词。

康有为 1898 年 6 月进呈光绪皇帝请求试士改用策论的奏折中，也多次出现"科学"：

　　假以从事科学，讲求政艺。
　　从此内讲中国文学……外求共同科学。
　　宏开校舍，教以科学。①

1898 年建立的京师大学堂，初具近代综合大学规模，《钦定京师大学堂章程》规定，大学堂分预科、大学专门、大学院三级。预科分政、艺两科，艺科包括声、光、化、农、工、医、算学，将科学技术诸门列入。1910 年开办经科、法政科、文科、格致科、农科、工科、商科等七科，设十三学门，其中格致科含地质、化学学门，农科含农学学门，工科含土木、矿冶学门。这些学门属于今之"自然科学"类，较"格致"有所扩大。

严复将"科学"一词包蕴的内容从自然科学扩大到社会科学。他在论述"群学"（即社会学）时指出：

---

① 康有为：《请废八股试帖楷法试士改用策论折》，《康有为政论集》上册，中华书局 1981 年版，第 270—271 页。

语义假借

> 群学何？用科学之律令，察民群之变端，以明既往，测方来也。①

这里强调"科学之律令"，也即科学方法（实证的、理性的方法），将此方法运用于社会问题，便是社会科学。严复据此将群学（社会学）与农、兵、医、化等自然科学一起纳入科学界域，统称为"西学"。

"科学"一词在清末渐趋普及，不过"科学"与"格致"并用，"格致"的使用率更高。至20世纪初叶，随着日本科学书刊大举入华，中国一些宣传科学救国的团体纷纷标示"科学"，如"亚泉学馆"（1900）、"上海科学仪器馆"（1903）、（上海）"科学研究会"（1907）；宣传科学救国的刊物，如《亚泉杂志》（1900）、《科学世界》（1903）、《科学一斑》（1907）更高张"科学"旗帜。《科学一斑》的《发刊词》说："今日云锦灿烂之世界，夫孰不从百科学家之脑，之血，之舌所致造而来者哉？"②并高唤：

> 科学者，文明发动之原动力也。③

这已颇近"科学技术是第一生产力"的论断。

1907年，鲁迅（1881—1936）撰《科学史教篇》，阐发"科学"精义——"盖科学者，以其知识，历探自然现象之深微"，并指出科学不仅通过知识观照自然规律，而且探讨求索规律的方法，如"内籀"（归纳）与"外籀"（演绎）等。既然上升到方法论高度，"科学"研究的对象就不限于自然领域，也广涉社会领域、人文领域。青年鲁迅称科学是"神圣之光"，在其照耀下，可振作民气、育人救国。④

黄摩西编《普通百科新大辞典》（1911年出版）拟"科学"条目，

---

① 严复译：《群学肄言》，商务印书馆1910年四版，译群学肄言序第1页。
② 卫石：《发刊辞》，《科学一斑》第一号，（上海）科学研究会，1907年农历六月，第3页。
③ 卫石：《发刊辞》，《科学一斑》第一号，（上海）科学研究会，1907年农历六月，第2页。
④ 见鲁迅《科学史教篇》，《鲁迅全集》第1卷，第35页。

已有较明晰的分释：

（一）凡组织成体系之知识。对于常识而言。

（二）对于哲学对象之统合者，而其对象之范围为部分者。如生物学，心理学……其因自然现象及精神现象为对象者，则分为自然科学（天文学、物理学等），与精神科学（心理学、计学等）。又因研究事物生成进行，而为叙述，与就吾人行为思想情绪，定为规则，则分说明科学（物理学、心理学等），与规范科学（伦理学、名学等）……

新文化运动时期，科学与民主相并列，成为核心话语。陈独秀说：

科学者何？吾人对于事物之概念，综合客观之现象，诉之主观之理性而不矛盾之谓也。……近代欧洲之所以优越他族者，科学之兴，其功不在人权说下，若舟车之有两轮焉。①

陈氏此论，既给科学下了一个精要的定义，又强调了科学的重要性——与人权说（即民主制）共为舟车之两轮，这与陈氏稍后的"德赛二先生"并举论同调。

蔡元培则区分科学与美术（即艺术），给科学以界定：

科学与美术有不同的点，科学是用概念的，美术是用直观的。②

中国科学社社长任鸿隽（1886—1961）终生传播科学，认为"现今世界，假如没有科学，几乎无以立国"。他1915年说：

---

① 陈独秀：《敬告青年》，《青年杂志》第1卷第1号，（上海）群益书社，1915年9月15日，第5—6页。

② 蔡元培：《美术与科学的关系》，《北京大学日刊》第813号，北京大学，1921年2月22日，第4版。

> 科学者，智识而有统系者之大名。就广义言之，凡智识之分别部居，以类相从，井然独绎一事物者，皆得谓之科学；自狭义言之，则智识之关于某一现象，其推理重实验，其察物有条贯，而又能分别关联抽举其大例者，谓之科学。①

此一定义，指出了科学的基本属性：有统系、有分类、重实验、有条贯。

上述阐发，使"科学"的含义渐明，并取代"格致"，成为20世纪初叶以来中国最具权威的概念之一，指建立在可检验的解释和对客观事物进行预测的有序的、分门别类的知识系统。其内涵略为：（1）对事实真相（包括客观事物和历史事件）的探求；（2）对真理的追求与探索。

科学分为以自然现象为对象的自然科学和以社会现象为对象的社会科学，还有以人类思维存在为对象的思维科学。科学的基本态度是疑问，科学的基本精神是批判。科学方法的要领一是通过分类研究寻求事物中的条理，二是通过实证研究揭示支配事物的规律。近代以降，"有一个名词在国内几乎做到了无上尊严的地位；无论懂与不懂的人，无论守旧与维新的人，都不敢公然对它表示轻视或戏侮的态度"②。而科学又有其限定性，它只能解决有客观现实基础的问题，诸如道德、价值判断等人文问题难以用科学方法求解。故我们服膺科学伟力，又不能陷入"唯科学主义"。科学与人文学互动并行，是健全合理的路径。

五 "科学"与"技术"分野

作为近代新名的"科学"常与"技术"并用，合谓"科学技术"（简称"科技"，科技部、科技工作者、科技成就，是惯用短语）。这表明二词间的关联密切。但从历史语义学角度考察，"科学"与"技术"是两

---

① 任鸿隽：《说中国无科学之原因》，《科学》第1卷第1期，（上海）科学社，1914年1月25日，第8页。

② 胡适：《科学与人生观序》，《胡适哲学思想资料选》上，华东师范大学出版社1981年版，第282页。

个含义相区格的名目，不加辨析地混同使用，会造成概念淆乱，有碍对人类两种文明创造的确切认知。

（一）"学""术"之别

讨论"科学"与"技术"的差异，首先须区别二词的基本语素——"学"与"术"意蕴之不同。

"学"的本义为觉悟，《说文解字》云："敩，觉悟也"，《白虎观通义》云："学之为言觉也，以觉悟所不知也。"又引申出认识义（《广雅·释诂二》："学，识也"），仿效义（《广雅·释诂三》："学，效也"），学问义（《老子·四十八》："为学日益"），学习义（《论语·为政》："学而不思则罔"），学科义等。

"术"（繁体"術"），形声字，本义道路，《广雅》云："術，道也。"《说文解字》云："術，邑中道也。"左思《蜀都赋》："当衢向术"，指城邑道路。"术"引申出术数、方法、策略、手段、技艺诸义。

近人梁启超将理论知识称"学"，技术知识称"术"，其《学与术》（署名"沧江"）一文曰：

> 学也者，观察事物而发明其真理者也；术也者，取所发明之真理而致诸用者也。例如：以石投水则沉，投以木则浮。观察此事实，以证明水之有浮力，此物理学也；应用此真理以驾驭船舶，则航海术也。研究人体之组织，辨别各机官之机能，此生理学也；应用此真理以疗治疾病，则医术也。学与术之区分及其相关系，凡百皆准此。①

梁氏生动地陈述了学与术的联系与差别。同文进而指出："学者术之体，术者学之用。二者如辅车相依而不可离。学而不足以应于术者，无益之学也；术而不以科学上之真理为基础者，欺世误人之术也。"

依梁氏之论，省视以"学"为基干语素的"科学"，以"术"为基

---

① 梁启超：《学与术》，《国风报》第 2 年第 15 号，（上海）国风报馆，1911 年农历六月初一日，论说壹第 1 页。

语义假借

干语素的"技术",可发现二者的区别,它们之间不可互代,而结成体用关系。

与"学—术"之别相联系的,是"发现—发明"之区隔。"发明"指创制新事物、新技术,如弓箭、马镫、飞去来器的发明等。"发现"指经探索、研究,对事物与规律的首次认知,如先秦惠施说"一尺之捶,日取其半,万世不竭"[①],发现事物无限可分性;古希腊阿基米德发现杠杆原理等。上述"学—术""发现—发明"两组概念合成的短语是:"科学发现"—"技术发明"。

(二)"四大发明"辨

当下有关于中国人引以为自豪的"四大发明"是不是科学成就之争议,一时间聚讼纷纭。其实,将此问题置诸理性语境中讨论,不难得到澄清——造纸术、指南针、火药、印刷术皆非"学说"性成就,而是"技术"性伟绩;是技术发明,而不属科学发现,故合称"四大发明",从来没有冠名"四大发现"。

"四大发明"并非中国人自拟之名,而是近代西方人的评议。

早在1550年,意大利数学家罗姆·卡丹指出,有三项发明:司南、印刷术和火药,"整个古代没有能与之匹敌的发明"。

文艺复兴晚期英国哲学家培根(1561—1626)在划时代著作《新工具》中称,"印刷术、火药、指南针这三种发明已经在世界范围内把事物的全部面貌和情况都改变了"。

19世纪中叶,马克思对这三项发明的革命性功能给予高度评价。

不过,从罗姆·卡丹到培根、马克思,都没有确指这些重要发明源自中国。

1843年,英国传教士、汉学家艾约瑟(1823—1905)入华,参与墨海书馆译事,1880年被中国海关总税务司赫德聘为海关翻译,直至1905年逝世,在中国生活逾六十年。经长期考察,艾约瑟认定司南、印刷术和火药,均由古中国发明,他又补入造纸术,完备了中国"四大发明"说。

---

① 《庄子·天下》。

至 20 世纪中叶，长期研究中国科技史的英国科学家、汉学家李约瑟（1900—1995）形成明确的"四大发明"概念，1943 年在重庆提出"中国四大发明"说，正在艰苦抗战的中国人颇受鼓舞。以后李约瑟在多卷本《中国科学技术史》中详细评述包括"四大发明"在内的中国传统科技成就，使"四大发明"说播扬海内外，国人更耳熟能详。但李约瑟往往持一种泛科技论，未能明晰分辨科学与技术。正是立足于泛科技论，李约瑟发问："为什么近代科学和科学革命只产生在欧洲呢？……为什么直到中世纪中国还先进，后来却会让欧洲人着了先鞭呢？"① 这便是著名的"李约瑟之问"。

要回答此问题，首先须追究：中国在古代曾经领先的究竟是什么？回顾历史实际，答案是：古代中国曾经"比欧洲先进"的，并非科学发现，而是适应农耕文明及大一统专制社会需要的经验性技术，"四大发明"为其佼佼者；理性的、以求知为目标的分科精研缺如归纳方法、实验方法，自古薄弱。故梁启超、任鸿隽、胡适、冯友兰等在 20 世纪 20 年代前后即指出中国古代没有科学，只有技术。

近代科学革命发生在西欧，仰赖的思维工具是形式逻辑和实验方法，而这二者正为中国所缺乏，因而无缘科学革命。总之，就科学发现而言，中国不存在一个"古代先进，近代落后"的问题，所以有学人认为"李约瑟之问"是一个"伪问题"。此一质问是有道理的。

但就技术发明而言，中国在 15 世纪以前的千余年间确乎曾经领先，至近代前夜，随着西方文明的长足进步，15 世纪以降，中国技术转为落后，除社会经济原因外，也与中国自古科学思辨欠发达有关。"古之工业，得于自然与习惯之巧术；今之工业，得于勤学精思之发明。古之工业，难进而易退；今之工业，有进而无退。"② 故从技术史层面言之，"中国古代先进，何以近代落后"是一个真实的问题，对此从社会史、经济史、政治史乃至观念史角度作深入探讨，有重大学术价值和现实意义。故我们又不宜将概念不甚周密的"李约瑟之问"笼统指为一个"伪问

---

① [英]李约瑟：《中国科学技术史》第 1 卷（导论）。
② 任鸿隽：《科学与工业》，《科学》第 1 卷第 1 期，（上海）科学社，1915 年 10 月 25 日，第 1091 页。

题",弃置不议。

"科学"曾被误认为"日源"词,实则是一个中国古典词,唐宋沿用,本义为"分科举人之学",是为科举制度服务的一种学问,此义"科学"曾通行中日两国,近代日本人取其"一科一学"义,与西语 Seience 对译,因二者皆含分科之学意蕴,恰可互释。随后,新名"科学"在分科之学含义基础上,汲纳实证研究、理性精神、非实用性的求知精神等意义,成为反映近代文明重要取向的一个关键词。这一意义的"科学"入华,对"经世济用"观占优、重技轻学的中国文化有纠正之效。

在中西对接间,"科学"从古义衍为今义,昭显文化史辩证发展的路径。

自　由

> 以自由为体，以民主为用。
>
> ——严复《原强》

近代汉字新语的一种生成方式，是用汉语古典词对译内涵相近的西洋术语，通过古义、西义的彼此格义，演为一个包蕴近代义的新名。而以"自由"翻译 liderty 和 freedom，便是中西概念对接、彼此格义的结果。从"自由"的译定过程，可以看到西义渗入中义，中义又不断反拨，终至"涵化"的新名形成脉络。[①]

一　"自由"的汉语本义

"自由"是"自"与"由"两语素组成的主谓结构名词。

（一）释"自"

"自"为象形字，甲骨文作 ，金文作 ，小篆作 ，《说文解字》云："自，鼻也，象鼻形，凡自之属皆从自。"人们表述"我"时，习惯手指自鼻，故"自"的本义是鼻子，作为代词，指自己、自我、本身；还可作动词用（自从、来自），作副词用（自尊、自谦）、作名词用（自指）。"自"的要义是自觉。物理界是自在之物，没有意识；动物界有

[①] 见冯天瑜《新语探源——中西日文化互动与近代汉字术语生成》，中华书局2004年版，第553—559页。又见邓晓芒《什么是自由？》（《哲学研究》2012年第7期），该文对"自由"作中西思想史的系统考析。

语义假借

本能的自我感,却没有自觉的自我意识。唯有理性的人类,才具有自觉的自我意识。而自我意识及自我的受限制,正是自由的出发点。

(二) 释"由"

"由",甲骨文作 ![], 金文作 ![]。"由"是从"田"字中间一竖出头而来,田有边界确定义,"由"则表示边界不确定,可以突破,有"出界"义;"由"还可解为从外伸入界内,有"入界"义(组词"缘由""由来")。动词(如"由之")可作"出界""入界"解。① 故"由"的本义是不确定、不固定,引申义为不受限制、自作主张。

(三) 自主、自恣义的"自由"

在汉语文化系统内,"自"与"由"组合成"自由"一词,兼纳"自"的自我义,"由"的不受限制义,合为"由于自己、不由外力"之义。

先秦没有"自由"一词,但在学术多元、思想较为开放的春秋战国,"意由己出、不假外力"的观念常见于哲人的表述。《论语·颜渊》云"为仁由己,而由人乎哉",意谓求仁是自己内心的追求,不是外力强加的。"由己"("由于自己""出于己意"),可视作"自由"一词的前身。《庄子·逍遥游》冲决"天网"、纵横八极的抒发,更道出"自由"的古典意境。西汉司马迁在《史记·货殖列传》中引用《周书》,指出农、工、商业各有不可替代的商品经济功能,任其自由发展,便可富国裕民。但在《史记》书中并未出现"自由"一词,直至唐代司马贞《史记索隐》才将太史公的这一精义点化出来:"贫富之道,莫之夺予""言贫富自由,无予夺"②,认为贫富乃劳作者自己的努力所致,没有谁可以强行夺取或给予。可见,先秦、西汉有自由的文化追求、自由的经济思想萌生,却并未造出"自由"这一词语,唐人则直用此词。

在文学领域,继《庄子》之后,影响最大的自由书是《西游记》,孙悟空是中国个体自由精神的象征,这一艺术形象表达了中国人内心对自

---

① "由"兼有出界、入界义,是冯天瑜老同学李宝襄所示。
② 《史记·货殖列传》。

由的向往。从自然关系上说，它表达了人不受制于苍天也不受制于大地的束缚。从社会关系上说，它又表达了人不受制于政治权力、宗教权力统治的自由意志。小说还表述了对自由多层次的理解：前期孙悟空表现的是无所畏惧的积极自由精神；后期孙悟空则表现自由与限定、自由与规则的冲突与和谐。①

以笔者所见，"自由"并联成词，始于东汉。经学家赵岐（108—201）为《孟子·公孙丑下》"则吾进退岂不绰绰然有余裕哉"句作注曰："今我居师宾之位，进退自由，岂不绰绰然有余裕乎！"② 这里的"自由"意谓自行己意，开"自由"词义之先河。经学大家郑玄（127—200）为《周礼》作注云："去止不敢自由。""不见尊者，行自由，不为容也。"两处"自由"皆谓自作主张，而不为尊长所容纳。

晋代以降的文史篇什，"自由"频频出现。蜀汉西晋史家陈寿（233—297）《三国志·吴书·朱桓传》云："节度不得自由。"南朝宋史家裴松之（372—451）为《三国志·毋丘俭传》作注："而师遂意自由，不论封赏，权势自在，无所领录，其罪四也。"毋丘俭借魏朝皇太后之名，历数大将军司马师罪状，其中之一便是自由专权。这里的"自由"显然是贬义（妄自作为）。东晋袁宏（约328—376）《后汉纪·后汉孝灵皇帝纪》云："乃今方权宦群居，同恶如市，上不自由，政出左右。"此处"上不自由"指皇帝受制于奄宦，不能自主施政。

南朝宋范晔（398—445）编撰《后汉书》多用"自由"，《后汉书·阎皇后纪》："吾兄弟权要，威福自由。"《后汉书·五行志》："永寿三年七月，河东地裂，时梁皇后兄上卜昇秉政，桓帝欲自由，内患之。""樊崇等立刘盆子为天子，然视之如小儿，百事自由，初不恤录也。"

《晋书·刘琨传》："若圣朝犹加隐忍，未明大体，则不逞之人袭匹之迹，杀生自由，公行淫佚，无复畏避，信任群小，随其与夺。"《宋书·氐胡传》："与其逆生，宁就清灭，文武同愤，制不自由。"唐人李大师（570—628）、李延寿编撰《北史·尔朱世隆传》："既总朝政，生杀自由。"

---

① 见刘再复《〈西游记〉悟语三百则》，《华文文学》2018年第5期。
② （东汉）赵岐：《孟子章句》。

以上史书所用"自由",多指执政者自主专权、独断独行、任意作为。

晋唐以降,文学作品也常用"自由"一词,多指个体("自")的意欲和行为。徐陵编于公元6世纪的《玉台新咏·为焦仲卿妻作》:"何乃太区区,此妇无礼节,举动自专由。吾意久怀忿,汝岂得自由。"唐人柳宗元(773—819)《酬曹侍御过象县见寄》:"春风无限潇湘意,欲采苹花不自由。"白居易(772—846)《苦热》诗云:"始惭当此日,得作自由身。"宋人王安石(1021—1086)《拟寒山拾得二十首·风吹瓦堕屋》诗云:"风吹瓦堕屋,正打破我头……我终不嗔渠,此瓦不自由。"诸诗文中之"自由",指精神自在、舒展乃至狂放,显示作者追求人的自主生存空间。这种"自由"命意,大量出现于东晋唐宋之际诗文中,可能与此间文士试图突破礼教束缚有关。

汉译佛教经典,尤其是禅宗经典,也常用"自由"一词,意谓"不拘束、自任自恣"。如慧能(638—713)的《坛经》有"内外不住,来去自由","于六尘中不离不染,来去自由"之句;南宋编的禅宗史书《五灯会元》有"自由自在"说。

日本古典《大宝令》(701)、《日本书纪》(720)等出现的"自由"与中国古典义相同。《续日本纪》(797)有"专政得志,升降自由",11世纪藤原宗忠《中右记》有"今日被抑下,颇难自由欤"之句,均指任意、自恣。

总之,在汉字文化圈,"自由"的古典义为"任意、随意、自恣、自专",与"限制、制约、约束"相对应。古汉语中的"自由",使人联想到的是嵇康(224—263)"越名教而任自然"式的旷达与洒脱,孟子称之为"自得",庄子称之为"自是""自善",佛家谓之为"得大自在"。在重礼教规范的史典中,"自由"多作为一个消极的贬义词使用,而在文学作品中则往往表述"放达""逍遥"境界。

二 "自由"(Freedom)之西义

近代以降,随着"西学东渐"的展开,欧美的自由概念东传,汉字文化圈内的中日两国的"自由"观随之发生变化。

(一)"两希":自由观源头

一种流行说法是自由精神原起古希腊。其实,自由精神发源多元,仅就西方而言,其源头有二:希腊与希伯来。

英文有两个词 liderty 和 freedom,近代中国都翻译作"自由"。freedom 一词源自德文,意谓自然而然的自主行为,这是一个发端于部落社会的概念;liderty 一词源自罗马的拉丁文,意谓有法律限制的自由权利,这是一个在文明社会复杂的政治环境下保护个人权利的概念。后来通用的自由合并了上述两层意思,指自由为法律框架下的人的自主权利。

在西方,较早萌动自由观的,一是古希腊亚里士多德(前384—前322),他在《形而上学》第一卷第二章中提出"人本自由"命题,推崇"自由学术"。亚氏谓:

> 我们不为任何其他利益而找寻智慧,只因人本自由,为自己的生存而生存,不为别人的生存而生存,所以我们认取哲学的唯一的自由学术而深加探索,这正是为学术,自身而成立的唯一学术。

奴隶制之下的古希腊哲人普遍认为,有人生来为自由人,有人生来为奴隶,亚里士多德承认奴隶制度的合理性,在此前提下指出,自由人本来享有思想及行为的自由,但自由人的行为要受道德和理性的约束。稍晚的希腊化时期,斯多葛学派提出天赋人权观,倡导人人精神平等、精神自由的学说,影响延及罗马时代。

西方的自由(Freedom)观的另一源头是希伯来元典,《圣经》认为,上帝是无限与超越,上帝是自由的,而人的自由意志是上帝赐予的,因此人生而自由,这种自由又受到上帝和他人的制约。耶稣登山宝典有"被捆绑的,得自由"的训辞。"一个断开捆绑和锁链的人,一个得着自由和释放的人,一个重担脱落一身轻的人,他的心灵是何等地喜乐啊。"故"自由"不是"由自"(为所欲为)。此种宗教的自由观与亚里士多德的"人本自由"观有同有异,二者共为17、18世纪启蒙思想家自由观的源头。

语义假借

（二）近代自由观

欧洲中世纪是一个封建的、阶级的社会，随着神学对理性思维的压抑，自由精神日渐沉寂。

借助文艺复兴人文精神的启迪，自由观觉醒，至17世纪，英国思想家洛克（1632—1704）承袭"两希"（希腊、希伯来）传统，在近代条件下加以阐发：每个人都享有天赋自由的平等权利，不受制于其他任何人的意志或权威；自由是遵照理性法则生活，个人自由必须限制在法律许可范围之内；法律的目的不是废除自由，而是保护与扩大自由。① 自由成为古典自然法学说的重要范畴之一，自由主义（Liberalism）得以创立。18世纪的启蒙思想家孟德斯鸠、卢梭承袭并发展洛克学说，自由主义（Liberalism）与市场经济和民主政治的发展相为表里，主张个性解放、文化自由、教育自由、政治自由、贸易自由等，是与专制独裁、宗教独断论相对的概念。

自由与必然的关系是近代哲人关注的问题。斯宾诺莎《通信集》说：人类合理的行为才是自由，"自由不在于随心所欲，而在于自由的必然性"。伏尔泰在《平等自由》一文中把自由定义为"个人意志能够支配一种绝对的必然"。黑格尔《小逻辑》说："自由本质上是具体的，它永远自己决定自己，因此同时也是必然的。……内在的必然性就是自由。"但将自由归结为必然，有客观宿命论倾向，自由可能因此被限制。在现实社会层面，自由与专制政治相对立，突破专制政治的一个前提是实现"表达自由和言论自由"②，达成人的健全发展的未来社会是：

以每个人的全面而自由的发展为基本原则的社会形式。③

总之，"自由"（Freedom）是一个古今演化、含义错综的概念。孟德

---

① 见［英］洛克《人类理解论》《政府论》两篇。
② 《马克思恩格斯选集》第1卷，人民出版社1972年版，第443页。
③ 《马克思恩格斯全集》第23卷，人民出版社1972年版，第649页。

斯鸠（1689—1755）说："没有一个词比自由有更多的涵义，并在人们的意识中留下更多不同的印象。"① 英国观念史家以赛亚·伯林（1909—1997）的《自由论·两种自由概念》指出，"自由"一词有两百种以上的定义。依笔者所见，"自由"定义之多，可与"文化"相媲美，而"自由"在近代逐渐获得大方向一致的含义。

汉字文化圈内的中国和日本，近代面对的便这样的纷繁错综而又指向趋同的西来"自由"观念。

三 Freedom 和 Liberty 汉译：从"自主"到"自由"

西方的"自由"理念传往东亚，开端于16—17世纪之交的入华耶稣会士。耶稣会士与中国士人合作，推动东西方自由观交会和反映自由观的语词的译制。19世纪入华的新教传教士与中国合作者发展此一译事。

（一）"自主自专"

明末来自意大利的耶稣会士艾儒略于天启三年（1623）刊行的《西学凡》，在介绍天主教教义时，称天主"自主自专，至爱广博，至公森严，无物不照护。"② 其"自主自专"是对西方自由概念的汉文表述，不过尚未正式成词。

（二）汉英词典的多种译法

在中国，英语 Freedom 和 Liberty 的汉语译词最先出现在19世纪初中叶来华新传教士及中国士人所编的早期英汉词典中，其翻译大势由下表可见大略。

---

① ［法］孟德斯鸠：《论法的精神》，商务印书馆1959年版。
② ［意］艾儒略：《西学凡》，杭州，1623年，第13页。

表1 早期英汉词典中 Freedom/Liberty 之汉译

字典名	作者名	Freedom 译名	Liberty 译名	出版年
《华英字典》（全1册）	马礼逊	Freedom, principles of self rule, 自主之理 Free government, liberal rule, 宽政 Freedom of speech to the emperor, is called 大开言路, opening wide the road of speaking. （p. 181）	Liberty not under the controul of any one, 自主之理 Liberty or a mild government that gives repose to the people, 行宽政乃以安民（p. 252）	1822
《英华韵府历阶》（全1册）	卫三畏	Free, 自主, 自行, 释放（p. 114）	Liberty, 自主；不能任意（p. 165）	1844
《英华字典》（全2册）	麦都思	Free, 自主, 自由, 自为主, 自主掌, 由得自己主意, 自己自专, 不为人奴; liberal, 宽裕, 宽容 Freedom, 任意擅专, 自主之事（卷一 p. 603）	Liberty, 自主; the principles of liberty, 自主之理; to be left to one/s own will, 任意擅专, 自有得意, 由得自己, 自主之事（卷二 p. 788）	卷一 1847 卷二 1848
《英华字典》（全4册）	罗存德	Free, being at liberty, 自主, 自由, 自己作主, 有治己之权; unrestrained, 不拘, 随随便便, 倜傥不羁; open candid, 正直, 宽心, 宽大; gratuitous, 白; not having any suffering, 自然; free from care, 无挂虑, 不介意; free of infirmities, 无亏损 Freedom, liberty, 自主者, 治己之权; exemption from constraint, 任意行之权; frankness, 直白者; boldness, 胆敢者; freedom from passion, 无情; freedom of speech, 任意讲之权; freedom of city, 为城之赤子（卷二 p. 870）	Liberty, freedom from restraint, 自主, 自由, 治己之权, 自操之权, 自主之理; natural liberty, 任从心意, 任从性而行; civil liberty, 法中任行; political liberty, 国治己之权; religious liberty, 任意择教, 从某教在人; to be at liberty, 任其意, 听其便, 自把自为（等）; liberty of will, 自主之权, 自操之权; liberty of rejecting and choosing, 弃择之权; liberty of the press, 任意写印（卷二 p. 1107）	卷二 1867 卷三 1868

续表

字典名	作者名	Freedom 译名	Liberty 译名	出版年
《上海方言词典》	艾约瑟	Free，自由自在，自家作主，(from care) 安然无事（p.41）	Liberal，宽宏大量，厚实，大方（p.62）	1869
《英华萃林韵府》（全2册）	卢公明	Free，自由，自主，能主得意，自行，自己自专；Freedom，任意擅专（卷一，p.203）	Liberty *or freedom*，自主，不能任意，自由；*principles of* 自主之理（卷一 p.284）	1872
《字语汇解》	睦礼逊	Free *to do as one pleases*，自好做主意（p.190）	Liberty，*at—to follow one's inclinations*，从心所欲；自做主意；自由自在；*at—to think, or do as one pleases*，自主之权；*at—to suit your conscience*，从你个便；任你个便（p.272）	1876
《英华字典》（全一册）	I. M. Condit	Free 自主，无 to 免，释放（p.51）	Liberty 自由，自主（p.71）	1882
《华英字典集成》（全1册）	邝其照	Free 自主，自由，自作主，无；Freedom 自己作主，无拘束，直白（p.147）	Liberty 自可为主，无别人拘束，任意（p.195）	1887
《英华大辞典》（小字本）	颜惠庆	Freedom, n. 1. The state of being free, 自由；a state of exemption from the power or control of another, 不受人节制；liberty, 作为自由，exemption from slavery, servitude, or confinement, 自主，不为奴隶；2. Franchise, 特权, 特许, 豁免；3. Exemption from late, necessity, or any constraint, in consequence of predetermination or otherwise, 自主, 选择自由；4. Ease or facility of doing anything, 从容, 安逸, 不迫, 自由自在；5. Frankness, 出腹心相示，露腹心, 直言, 直白（p.418）	Liberty, n. 1. Freedom, 自由, 自主, 自操之权, 自主之理, 自由自在（p.585）	1908

> 语义假借

需要注意的是，1822 年的马礼逊词典在 principles of self rule（自律原则）和 not under the controul of any one（不受任何人控制）意义上，将 Freedom 和 Liberty 译作"自主之理"。1844 年的卫三畏词典虽未收 Freedom 一条，但有 Free 一词，和 Liberty 一样，都给出"自主"这一译词。可以说，"自主"是 Freedom 和 Liberty 在中国的最早译词。至于"自由"，则是作为 Free 的译词，最早出现在 1847 年的麦都思词典第一卷中；作为 Liberty 的译词，最早出现在 1867 年罗存德词典第二卷中。

如表 1 所示，Freedom 和 Liberty 在中国的翻译大势可概括为："自主"→"自由"。

（三）新教传教士译作"自主之理"

至于著文介绍西方 Freedom 或 Liberty 思想的，则首推德国入华传教士郭士立。道光乙未年（1835 年）农历六月，郭士立创办于广州的中文期刊《东西洋考每月统记传》在"新闻"栏目下刊文曰："英吉利国之公会，甚推自主之理……倘国要旺相，必有自主之理。"①

1885 年，傅兰雅与应祖锡翻译《佐治刍言》，1890 年前后何启、胡礼垣作《新政真诠》，也都介绍了 Freedom 或 Liberty，以"自主之权"表达前述"自主之理"意蕴。

（四）19 世纪外交文书和报刊："自由"成词

近代意义上的"自由"成词，较早见于清末的外交文书。如清政府与美国 1868 年 7 月 28 日在华盛顿签订的《中美续增新约》的中文本中便有"自由"一词：

> 大清国与大美国，切念民人前往各国，或愿常住入籍，或随进来往，总听其自便，不得禁阻为是。现在两国人民互相来往，或游历，

---

① 《新闻》，《东西洋考每月统记传》（道光乙未年农历六月），中华书局 1997 年版，第 186 页。

或贸易，或久居，得以自由，才有利益。①

此"自由"一名，显是中美外交国共同对译的产物。

满人志刚1868—1870年与前任美国驻华公使蒲安臣率使团出访欧洲十一国，1872年出版日记《初使泰西记》，内有"现在两国人民互相来往，或游历，或贸易，或久居，得以自由，方有利益"等语，似为从近代西方义上使用"自由"一词。

19世纪80年代，"自由"一词亦不时被采用。如1884年，诗人外交家黄遵宪离日赴美后，作诗吟咏美国总统选举，有"一律平等视，人人得自由"之句。1885年12月23日，英文《字林西报》的文章中夹有中文"自由党"译名。1887年，《申报》有一篇文章，《论西国自由之理相爱之情》。

综论之，近代义的"自由"一词初用于中国，在19世纪中叶，以后渐次零星出现，而广泛使用，并成为具有时代性影响力的关键词，则在19世纪90年代，尤其是中日甲午战争后。这与日本因素分不开。

四　近代义"自由"在日本厘定

（一）近代日本以"自由"译介西语

以"自由"这一古汉语词对译西方相关概念，较早发生在江户时期的日本。16—17世纪之交，葡萄牙人通过南洋群岛抵达日本，被日本人称为"南蛮"，其学被称为"南蛮学"，在日本人所编南蛮学工具书《罗葡日辞书》中，liuremente被译作自由。文化七年（1810）刊行的《译键》又将Vrijheid译作自由。

幕末、明治间的日本出现翻译西书的热潮。1855—1858年出版的《和兰字汇》以"自由"对译荷兰相关词语。文久二年（1862）刊行的《英和对译袖珍辞书》受来自中国的麦都思的《英华字典》影响，将英语词Freedom译作"自由"。此后，明治初出版的《改正增补和译英辞书》

---

① 《中美续增新约》第五条，《中外旧约章汇编》，第一册，生活·读书·新知三联书店1957年版，第262页。

《英和字典》等同样将英语词 Freedom 及 Liberty 译作自由。

在幕末至明治的各种日本论著中，"自由"逐渐从古典的自恣、自专、放任义，发展成近代含义的"自由"。福泽谕吉庆应二年（1866）所著《西洋事情》卷之一，"自由"与"自主任意"并用，当时还有"自在""不羁""宽宏"等译法，均为对古汉语"自由"的任意、自恣、自专含义的承袭。中村正直（1832—1891）明治四年（1871）将英国思想家穆勒的《自由论》译作《自由之理》，在译词上参考了罗存德的《英华字典》。《英华字典》以"自主之理"译英语 freedom，中村正直的译作也沿用"自主之理"，又并用"自由之理"。明治七年（1874），中村在《明六杂志》发表《西学一斑》，使用"人民自由志力""自由的权"等语，这是从近代政治理念角度使用"自由"一词，与"专制""专权"相对应。箕作麟祥（1846—1897）于明治四至六年间（1871—1873）刊行的《泰西劝善训蒙》卷下，详述"士民自由权、所有权"，其中包括"身体自由权、本身自由权、意志自由权、出版自由权、言词自由权、物件自由权"等，将近代西方自由理念铺陈开来。明治八年（1875），加藤弘之在《国体新论》中引述法国孟德斯鸠的"自由权"思想，在今义上广用自由一词。明治十七年（1884）再版的《哲学字汇》则从哲学意义上将 freedom 译作自由、自在，意谓对必然的认识。

（二）近代日本的自由民权运动

在近代日本，"自由"逐渐从含有"放任、自恣、自专"义的生活用语，通过对译西洋概念，演为近代政治术语及哲学术语。19 世纪 70—80 年代日本兴起自由民权运动，则将"自由"理念引向社会实践。

明治六年（1873），森有礼、福泽谕吉、西周等创建"明六礼"，办《明六杂志》，翻译介绍西方近代思想，自由为其重要内容。

明治七年（1874），坂垣退助等士族知识分子创立"立志社"，倡导以天赋人权说为基础的民权主义，强调"维护自主""伸张人民之权利"，建议"设立民会"。明治十三年（1880），植木枝盛（1858—1892）等组织"自由党准备会"，在盟约的第一条中说："扩充我日本人民自由、伸张人民权利。"明治十四年（1881），以西园寺公望（1849—1940）、中江兆民（1847—1901）为中心，创刊《东洋自由新闻》，宣传"自由"理念。1881年10月,有"日本的户梭"之称的坂垣退助(1837—1919),高张"自由"之旗,倡言"主权在民",组建"自由党",此为日本最早成立的政党。坂垣组党后于1882年4月遇刺,坂垣与刺客搏斗受伤,由此传出坂垣泰然自若高唱"坂垣虽死,自由不死"的故事,为一时佳话。

日本明治维新的政治走势是国家统治权由天皇统揽,自由民权运动在大正时期蓬勃一时,又顷遭压制,随即解体。但自此,近代义的"自由"一词在日本为国民所常用。

(三)旅日中国人使用"自由"一词

黄遵宪出使日本多年,19世纪70—80年代的日本,西方译词"自由"已是流行语,黄氏的诗作显然是取用日本汉字译词"自由",与中国古典义有所不同。但黄遵宪1890年著《日本国志》,将"自由"释作"不为人所拘束之义也,为上者不能压抑之、束缚之也",又未能脱出中国古典"自由"的自恣、无拘束义。1896年,黄遵宪、汪康年、梁启超等人在上海创办《时务报》,倡导维新变法,聘请日本人古城贞吉主持"东文报译"。1896年农历九月十一日,《时务报》第八册载古城贞吉译《加拿大自由党国政》。

维新变法失败后,梁启超等人流亡日本,在横滨创办《清议报》《新民丛报》,"自由"一词屡屡出现其中。如1899年农历五月十一日,欧榘甲(1870—1911)在《清议报》第十八册上发表《义士乱党辨》一文,其主旨在"伸人民天赋自由之权、人治进化之义",认为欧洲乃"藉宗教改革、国家改革、社会改革之力,民人得享自由之福利、平等之安全,合群进化,以有十九周之文明"[①]。同年农历七月十一日,欧榘甲又在《清议报》第二十四册上发表《论中国当知自由之理》一文,专门探讨中国的"自由"问题。自1899年开始,梁启超在《清议报》上连载《饮冰室自由书》。1900年,《新民丛报》汇编载《新民说二:论自由》。

19—20世纪之交,一些具有启蒙思想倾向的书刊竞相从积极、进步义上使用"自由"一词,以与专制主义相抗拮。梁启超于1899至1901

---

① (清)欧榘甲:《义士乱党辨》,《清议报》第18册,(日本横滨)清议报馆,1899年五月十一日,第4页。

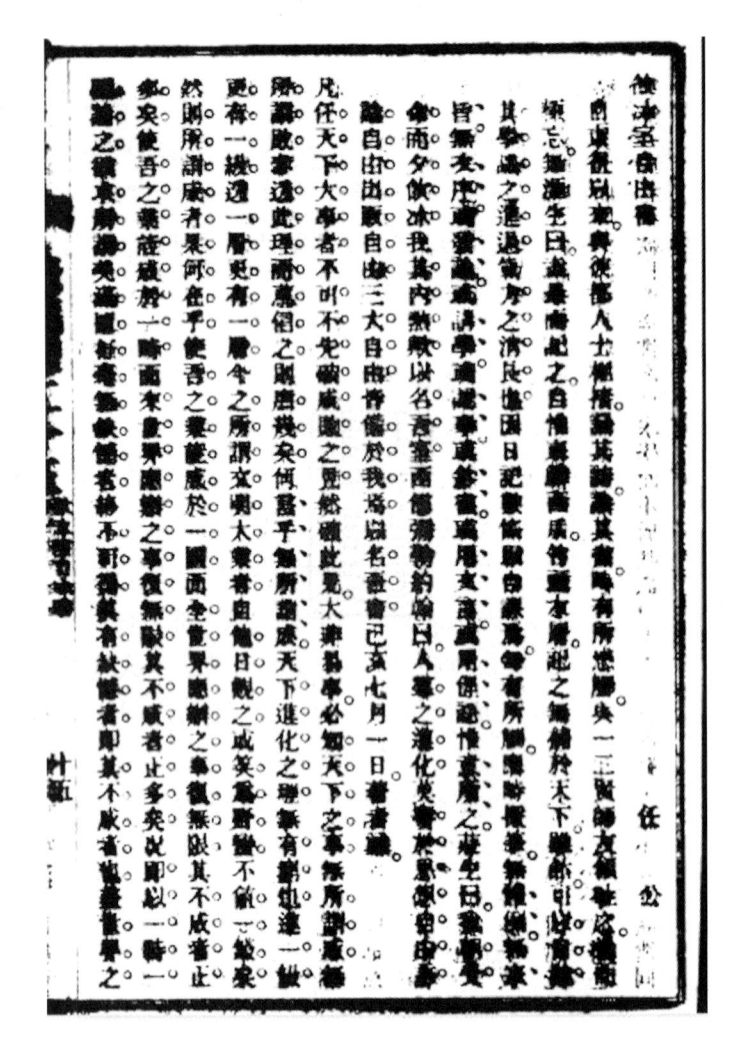

梁启超《饮冰室自由书》（《清议报》第25册，1899年）

年间撰写系列论文《自由书》（67篇），参考福泽谕吉的《文明论概略》和德富苏峰的《将来之日本》《国民丛书》中的观点，简述"团体之自由"与"个人之自由"的关系；还借助中村正直的译作《自由之理》，吸取穆勒《自由论》思想，形成反对"野蛮自由"，提倡"文明自由"的自由观。又如《浙江潮》连载翻译小说《自由魂》高歌反对君主专制的自由精神。1902年严复论及"自由生业"，阐发自由经济问题。另外，清末民初"不自由,勿宁死"成为热血青年的口头禅。这都是从西义上使用"自由"一词。

五 对译名"自由"的异议

"自由"一词在近代中国使用并不顺利,这与"放任、自恣、自专"的自由古典义与自由的近代义存在扞格有关。

严复译《群己权界论·译凡例》

1903 年,严复翻译约翰·斯图亚特·密尔(John Stuart Mill,1806–1873)的著作 *On Liberty*(今译《论自由》),拟名《群己权界论》,从社会(群)与个人(己)的权利分界角度论自由的尺度。严复在《译凡例》中,对 Freedom 和 Liberty 的翻译问题进行探讨。他首先对"西文

语义假借

Liberty 里勃而特，当翻公道，犹云事事公道而已"这一观点提出反对，称"此其说误也"。他论述道：

> 里勃而特，原古文作 libertas 里勃而达，乃自繇之神号。其字与常用之 freedom 伏利当同义。伏利当者，无罣碍也。又与 slavery 奴隶、subjection 臣服、bondage 约束、necessity 必须等字为对义。人被囚拘，英语曰 To lose his liberty 失其自繇，不云失其公道也。释系狗，曰 Set the dog at liberty 使狗自繇，不得言使狗公道也。公道，西文自有专字，曰 justice 札思直斯。二者义虽相涉，然必不可混而一之也。①

严复不采"自由"，而新创"自繇"一词，与 Freedom 和 Liberty 对译。其理由如下：

> "由""繇"二字，古相通假。今此译遇"自繇"字，皆作"自繇"，不作"自由"者，非以为古也。盖其字依西文规例，本一"彳"名，非虚乃实。写为"自繇"，欲略示区别而已。②

关于中文"自繇"的初义及其与 Freedom 或 Liberty 对译之后的新义，严复述曰：

> 中文"自繇"，常含放诞、恣睢、无忌惮诸劣义。然此自是后起附属之诂，与初义无涉。初义但云不为外物拘牵而已，无胜义，亦无劣义也。夫人而自繇，固不必须以为恶，即欲为善，亦须自繇。其字训，本最宽。自繇者，凡所欲为，理无不可。此如有独居世外，其自繇界域，岂有限制？为善为恶，一切皆自本身起义，谁复禁之？但自入群而后，我自繇者，人亦自繇；使无限制约束，便入强权世

---

① 严复译：《群己权界论》第四版，（上海）商务印书局1906年版，译凡例第1页。
② 严复译：《群己权界论》第四版，（上海）商务印书局1906年版，译凡例第3页。

· 236 ·

界，而相冲突。故曰：人得自繇，而必以他人之自繇为界。①

严复创"自繇"一词，是要防范"自由"走向放任，可谓用心良苦，既表明他对西方自由主义真谛的把握，也显示出他对中国容易从专制主义极端走向放任主义极端的担心。但他所制作的"自繇"一词并未得到社会认可，因其笔画繁复，含义隐晦，又有生造之嫌，无法推广，故后来流行的仍然是"自由"一词。而且，严复本人的著译也多用"自由"一词。

时值民国，仍有人对"自由"的翻译问题进行探讨。1914年2月15日，胡以鲁在《庸言》杂志上发表《论译名》一文，提出若干译名原则，其中包括"一字而诸国语并存者，大抵各有其历史事实及国情，更宜斟酌之，分别以为译"一条。胡以鲁认为，Freedom 和 Liberty 的翻译即属此种情形。他写道：

> 例如吾国旧译同一"自由"也，拉丁旧名曰"立白的"Liberty，以宽肆为义；盎格鲁撒克逊本语曰"勿黎达姆"Freedom，则以解脱为义。盖罗马人遇其征服者，苛酷而褊酋，得享较宽之市民权者，便标为三大资格之一，与英人脱贵族、大地主之束缚者不同也。此译亦不易改作矣，后有类此者，宜慎厥始。②

依胡以鲁之见，Freedom 和 Liberty 不应同译为"自由"，而须有区别。不过，他并未提出具体的翻译方案。

六 近代义"自由"在中国流播

(一)《东西洋考每月统记传》阐述"自主之理"

如前所述，自由的近代义是从西方传入中国的，具体介绍西义"自由"（Freedom）的，首推德国入华传教士郭士立，不过当时他是在"自

---

① 严复译：《群己权界论》第四版，（上海）商务印书馆1906年版，译凡例第1—2页。
② 胡以鲁：《论译名》，《庸言》，（天津）第2卷第1、2号合刊，庸言报馆，1914年2月15日，第12页。"宜慎厥始"化用《尚书》"慎厥终，惟其始"之语。

主之理"名目下阐发自由含义的。

1835年郭士立所编《东西洋考每月统记传》的《新闻》栏载文曰，"英吉利国之公会，甚推自主之理"①，此"自主之理"可视作"自由"的早期译名。

1838年农历三月《东西洋考每月统记传》刊载《自主之理》一文，假托一位旅居英国八年的叶姓华人的书信，称其"询此国政之缘由，英民说道：我国基为自主之理"②。此文以英人回答华人询问的方式阐述自由的精义：

> 自主之理者，按例任意而行也。所设之律例千条万绪，皆以彰副宪体。其律例为国主秉钧，自帝君至于庶人，各品必凛遵。国之律例，所设之例，必为益众者。诸凡必定知其益处。一设，则不可改。偶从权略易者，因其形势不同，只推民之益而变焉。情不背理，律协乎情。……此国之宪，不能稍恃强倚势，肆意横行焉。设使国主任情偏执，借势舞权，庶民恃其律例，可以即防范。倘律例不定人之罪，国主也弗能定案判决矣。至于自主之理，与纵情自用迥分别矣……欲守此自主之理，大开言路，任意无碍，各著其志。③

此文将自由是在遵守法度的前提下发挥个人意志的含义表述得颇清晰。"自主之理"君民皆遵，所设条例"为益众者"，设立规则不可改，国主亦不可违背。并指出，自主之理与纵情自用迥然区别。揭示自由、法制社会的基本特点。如本书《科学》条所述，《东西洋考每月统记传》在中国传播面极小，故所论"自主之理"（即"自由"）知之者甚少。

（二）《申报》"自由"议·严复"以自由为体"论

五十年后，Freedom 的汉字译名"自由"方正式登场。1887年《申

---

① 《新闻》，《东西洋考每月统记传》（道光乙未年农历六月），中华书局1997年版，第186页。
② 《自主之理》，《东西洋考每月统记传》（道光乙未年农历六月），第339—340页。
③ 《自主之理》，《东西洋考每月统记传》（道光戊戌农历三月），第42—43页。

报》刊载《论西国自由之理相爱之情》一文,述及西方自由思想、自由原则,并介绍了培根等人对自由的认识:

> 西国之所谓自由者,谓君与民近,其势不相悬殊,上与下通,其情不相隔阂,国中有大事,必集官绅而讨论,而庶民亦得参清议焉。君曰可而民尽曰否,不得行也。民尽曰可,而君独曰否,亦不得行也。盖所谓国事者,君与庶民共之者也。虽有暴君在上,毋得私虐一民。民有罪,君不得曲法以宥之。盖法者,天之所定,人心之公义,非君一人所能予夺其间,故亦毋得私庇一民。维彼庶民,苟能奉公守法,兢兢自爱,怀刑而畏罚,虽至老死,不涉讼庭,不见官长,以优游于廧下,晚饭以当肉,安步以当车,无罪以当富贵,清静贞正以自娱,即贫且贱,何害焉。此之谓自由。①

1900年《万国公报》从第136册起连载斯宾塞尔《自由篇》,使西义的"自由"得以传播。

在外国人所办报刊介绍西义"自由"的同时,中国近代启蒙思想家也加入评介"自由"的行列。1895年严复发表《论世变之亟》,论及自由原则对于西方社会的重要性,认为是否肯认自由,乃是西方与中国根本差异之所在:

> 夫自由一言,真中国历古圣贤之所深畏,而从未尝立以为教者也。彼西人之言曰:唯天生民,各具赋畀,得自由者乃为全受。故人人各得自由,国国各得自由,第务令毋相侵损而已。侵人自由者,斯为逆天理,贼人道。其杀人、伤人及盗蚀人财物,皆侵人自由之极致也。故侵人自由,虽国君不能,而其刑禁章条,要皆为此设耳。②

作为自由主义在中国的第一代传人,严复把握了自由的真谛,指出

---

① 《论西国自由之理相爱之情》,《申报》1887年10月2日。
② 严复:《论世变之亟》,《国闻汇编》上卷,(上海)广雅书局,1903年农历六月初,第39页。

> 语义假借

自由的前提是不得侵害他人自由,又指出西学的要领并不在于技艺层面,而在于其思想灵魂中的自由精神,民主制度也只是实现人的自由的一种工具和方法。1895 年,他借用中国传统的体用观框架,将西方近代学文化特质概括为:

以自由为体,以民主为用。①

严复《原强》(《字林沪报》转自《直报》)

---

① 严复:《原强》,《严复集》第一册,中华书局1986年版,第23页。

严复对西洋由自由推及民主的理路作如此评述:"自其自由平等观之,则捐忌讳,去烦苛,决壅敝,人人得以行其意,申其言,上下之势不相悬,君不甚尊,民不甚贱。"

严复担心"自由"被国人误解为放任自流,曾尝试以另名取代之。1903 年严复翻译约翰·穆勒的 *On Liberty*,译名为《群己权界论》,反映了严复对译名"自由"一词不满意,特制"群己权界"(社会与个人权利的界限)一语。严复认为中国不宜骤行民主制,原因便在于他认为中国人的"自由"观存在非理性倾向。同年,马君武(1881—1940)重译穆勒该书,译名定为《自由原理》。

(三)康门自由观

1899 年农历七月十一日,康有为门生欧榘甲(1870—1911)在《论中国当知自由之理》一文中,将自由视为人的本质规定性之所在:

> 凡所称为人者,以其有自主之权,不受制于人也。[1]

认为西方人称中国为"奴隶国",称中国人为"奴隶民","直无一不称其实",因为自秦焚书坑儒以来,中国在"政治"和"学术"上"断绝自由"久矣。中国要救亡图存,必须走自由之路:

> 今日者,中国而欲存也,则宜养其民独立之气;而养其独立之气,则宜使之知自由之理。[2]

谭嗣同(1865—1898)是自由精神的热情赞颂者,他在《仁学》中发出"冲决网罗"的呼唤,对"五伦"中的君臣、父子、夫妇等专制性伦常规定给予谴责,却特别肯定朋友一伦,他说:

---

[1] (清)欧榘甲:《论中国当知自由之理》,《清议报》第 24 册,(日本横滨)清议报馆,1899 年七月十一日,本馆论说第 1 页。

[2] (清)欧榘甲:《论中国当知自由之理》,《清议报》第 24 册,(日本横滨)清议报馆,1899 年七月十一日,本馆论说第 2 页。

语义假借

> 五伦中于人生最无弊而有益，……其惟朋友乎？
> 所以者何？一曰平等，二曰自由，……总括其义曰不失自主之权而已。①

谭嗣同深赞友道，旨在倡导平等、自由，取自人的"自主之权"。这是近代先觉者为挣脱君主专制、宗法网罗，追求自由而设计的一条出路。

康有为另一大弟子梁启超对自由作了广度阐发。从1899年开始，他在《清议报》《新民丛报》《国风报》上连载《饮冰室自由书》。其中有《放弃自由之罪》篇，开宗明义曰：

> 天下第一大罪恶，莫甚于侵人自由；而放弃己之自由者，罪亦如之。②

1900年，梁启超《新民说·论自由》云：

> "不自由，毋宁死"，斯语也，实十八、十九两世纪中欧美诸国民所以立国之本原也。自由之义，适用于今日之中国乎？曰：自由者，天下之公理，人生之要具，无往而不适用者也。③

1900年《万国公报》136册起连载斯宾塞尔《自由篇》中译本。
1901年，梁启超在《十种德性相反相成义》一文中指出：

> 自由者，权利之表证也。凡人所以为人者，有二大要件：一曰生命，二曰权利。二者缺一时，乃非人。故自由者，亦精神界之生命也。文明国民，每不惜掷多少形质之生命，以易此精神界之生命，为其重也。……吾中国四万万人，无一可称完人者，以其仅有形质

---

① （清）谭嗣同：《仁学》上卷。
② 梁启超：《饮冰室自由书·放弃自由之罪》，《清议报》第30册，（日本横滨）清议报馆，1899年九月十一日，第5页。
③ 梁启超：《新民说·论自由》，《新民丛报》汇编1，（日本横滨）新民丛报社，1900年，第2、11页。

界之生命，而无精神界之生命也。故今日欲救精神界之中国，舍自由美德外，其道无由。①

自由近代义的诸层面（政治的、精神的、道德的等），梁先生几乎皆已论及。

七　新文化运动以后自由观的演进

自由精神在新文化运动中得到空前的张扬，"自由"的现代义普及开来。陈独秀在《新青年》的宣示文《敬告青年》中力倡"自主的而非奴隶的"，便直指自由精义。李大钊宣示：

> 自由为人类生存必须之要求，无自由则无生存之价值。②
> （宪法是）现代国民自由之证券。③

近代自由主义经严复、梁启超、马君武等第一代传人推介，至五四时期则有张东荪（1886—1973）、胡适等第二代传人崛起。胡适将"自由"诠释为：

> 不受外力拘束压迫的权利，是在某一方面的生活不受外力限制束缚的权利。④

接续第二代的储安平（1909—1966）指出："自由不是放纵，自由仍须守法，但法律须先保障人民的自由"，这种自由是"人民的身体的、智慧的，及道德的能力，作充分优性的发展"的条件，因为："没有自由的

---

① 梁启超：《十种德性相反相成义》，《清议报》第82册，（日本横滨）清议报馆，1901年五月初一日，本馆论说第3页。
② 李大钊：《宪法与思想自由》，《宪法公言》第7期，1916年12月。
③ 李大钊：《孔子与宪法》，《甲寅》月刊，1917年1月30日。
④ 胡适：《自由主义》，《创进》第1卷第13期，1948年10月9日。

语义假借

人民是没有人格的人民，没有自由的社会只是一个奴役的社会。"①

被称"五四之子"的殷海光（1919—1969），是自由主义的发挥者，他将"自由的神髓"概括为：

> 个人必须依其良心底指导而自由行动，这种自由行动以不侵犯别人底相等权利为界限。②

他特别强调自由经济，认为"一旦经济自由不存在，便不能有任何自由"③。

有学者对《东方杂志》上"自由"一词出现的年度变化作统计，略为：1904年84次，1910年54次，1911年增至157次，1914年降至56次，1915年增至136次，1916年132次，1920年达到峰值307次；以后十余年徘徊在两百次左右，1932年跌入低点87次，1933年增至285次，1936年达最高值327次；以后大降，1942年0次，1943年上升至173次，几经起伏，1946年上升至231次；此后骤降，1948年40次。从"自由"一词在《东方杂志》出现率，可约见随着历史变迁社会思潮之异动，其三次峰值，恰与自由主义在中国的三个高潮期（1920、1936、1946）相吻合。

在自由主义宣介其自由观的同时，"自由"的古典义（放任不羁、自恣自在，不受拘束、不受限制）的含义在现代中国仍然作贬义词使用。毛泽东的名篇《反对自由主义》（1937）便是在传统意义上谴责"自由"，他列举自由主义的11种表现，将散漫的小农意识、庸人作风、自恣放任、勿视规范、不守纪律等，置于"自由主义"的名目下，加以批评，认为"自由主义"的来源是"小资产阶级的自私自利性，以个人利益放在第一位"。这种作为贬义词使用的"自由"，脱胎于古典的自恣、放任义，与"自由"的近代义差距悬殊。

---

① 储安平：《我们的志趣与态度》，《观察》第1卷，第1期，1946年9月1日。
② 殷海光：《自由人》，《殷海光全集》第16卷，第165页。
③ 参见何卓恩《殷海光与近代中国自由主义》，上海三联书店2004年版。

八 "自由"的歧义

如前所述,"自由"概念在传统中国、在西方,有多种阐释,其间不乏彼此牴牾之处,所以人称自由及自由主义是最不确定、最难以被准确理解的术语。作为近代政治和伦理核心概念的"自由",在社会实践中演运的轨迹也十分复杂。

近代自由观念最显在的一次社会实践,是18世纪末叶的法国大革命。法国革命的一项重要成果是1789年颁布的《人权宣言》共17条,其第1条说:"一切人都是、而且永远是自由的,并享有平等的权利";第4条说:"自由就是有权去做并不伤害别人的事情。因而每个人的自然权利只受到别人也有同样的自由权这一必要性的限制";第11条说:"思想和意见的自由交换乃是最可贵的人权之一"。

1876年法国将反映《人权宣言》精神的"自由女神"巨型雕塑赠送美国,立于纽约海滨。这成为法美自由精神的象征。

取材1830年七月革命的德拉克洛瓦油画《自由引导人民》(局部)

语义假借

自由是一柄双刃剑，当它推向激进主义时，也会产生反文明的破坏作用。法国大革命时期的雅各宾派高扬自由旗帜，推翻王权，很快走向放任性的自由，虽有吉伦特派劝阻雅各宾派的极端主义，但雅各宾派挟狂热民众之威，施行暴民专制，并驱逐吉伦特派议员，在全城搜捕政敌，于1793年11月将主张温和革新的吉伦特派的"无冕女王"罗兰夫人（1754—1793）推上断头台。行刑前，罗兰夫人在自由神像前留下名言："自由自由，天下古今多少罪恶，假汝之名以行！"

鉴于自由可能走向极端，一些启蒙派思想家对"自由"作出理性规范。

英国约翰·洛克（1632—1704）指出："自由意味着不受他人束缚与强暴。"① 他的主要贡献不在于提出人生而自由平等，而在于论证私有产权制道德上的正当性，主张政府只有在取得被治者的同意，并且保障人民拥有生命、自由和财产的自然权利时，其统治才有正当性。洛克的自由观反对专制政治，也为极端自由观的蔓延设置了堤防。

法国孟德斯鸠（1689—1755）是王权专制的激烈批判者，同时，鉴于自由的滥用，他又明确指出："自由是做法律许可的一切事情的权利。如果一个公民能够做法律禁止的事情，他就不再有自由了。"②

英国约翰·穆勒（1809—1873）说："约束是自由之母。个人的自由，须以不侵犯他人的自由为自由。"③

以上三例，分别代表西方17世纪、18世纪、19世纪理性的自由观。如前所述，中国的严复、梁启超对其表示认同，并有所发挥。

第二次世界大战期间，美国总统富兰克林·罗斯福（1882—1945）在林肯（1809—1865）提出的"三大权力"（生命的权力、自由的权力、追求幸福的权力）的基础上，于1941年1月6日在致国会的咨文中，宣示四项"人类的基本自由"——表达意见的自由，信仰的自由，免于匮乏的自由，免于恐惧的自由。《新华日报》《解放日报》在20世纪40年代初中期发文赞扬"四大自由"。

---

① ［英］约翰·洛克：《政府论》。
② ［法］孟德斯鸠：《论法的精神》。
③ ［英］约翰·穆勒：《论自由》。

1948年联合国《世界人权宣言》称"人人生而自由","人人享有生命、自由和人身安全",将"四大自由"列为世界各国共同遵守的基本精神。

我国当代拟定的"社会主义核心价值观"十二项,"自由"列其中。中共十八大政治报告肯认:"富强、民主、文明、和谐是国家层面的价值目标,自由、平等、公正、法治是社会层面的价值取向,爱国、敬业、诚信、友善是公民个人层面的价值准则。""自由"为社会层面价值取向之首条。

总之,古典汉字词"自由"意谓"放任、自恣、自纵",至今仍然在使用;而近代义的"自由",是有约束的、理性的自由,在政治上是指受法治制约的公民自由权,观念上是指基于自身主动意志的思想自由,法律上是指在不违法前提下的行为自由,伦理上是指在道德自律前提下的操守自由。

自由观的深入人心和普遍实行,有一个漫长的过程。但作为中西语汇涵化的结果,"自由"一词正通过这种涵化获得共认的现代性,并将成为人们思想和行为的准绳。

共　　和

共和者，我国治世之神髓，先哲之遗业也。
　　　　　　　　　　——《孙中山全集》第一卷

"共和"是汉语很早就有的偏正式组合，乃复指名词，在不同语境中的意义指向不一，以后在与外来语对译时，内涵又有衍生发展。对于这样的关键词，尤须作历史的辨析。①

一　"共和"古义二说

共和，原是西周的一个纪年，又是"共和行政"的简称。故"共和"有两种解释指向。

一为纪年说。

《竹书纪年》称：周厉王（？—前828）任用荣夷公执政，实行"专利"政策，将山林湖泽改由天子直接控制，侵夺国人权益，又令卫巫监视发表"谤言"的国人，虐杀议政者，激起镐京国人暴动，厉王逃奔彘（今山西霍州），史称"彘之乱"。厉王被逐后，共国（今河南辉县）君名和，伯爵，时称共伯和，受诸侯拥戴，摄行王政，号共和元年②，这一年是公元前841年，为中国历史正式纪年之始。共伯和在厉王、宣王之间

---

① 参见冯天瑜《新语探源——中西日文化互动与近代汉字术语生成》，中华书局2004年版，545—553页。
② 《竹书纪年下》："厉王十二年，王亡奔彘，国人围王宫，执召穆公之子杀之。十三年，王在彘共伯和摄行天子事。"

（前841—前827）执政。《庄子·让王》《鲁连子》《吕氏春秋·开春》沿袭此说。《汉书·古今人表》有"共伯和"条，唐人颜师古《汉书注》云："共，国名也；伯，爵也；和，共伯和之名也。"宋人王应麟《诗·地理考·共和》称："古史，共伯和者，厉王时之贤诸侯也，诸侯皆往宗焉，因以名其年，谓之共和，凡十四年。按《汲冢纪年》，共伯和干王位，故曰共和。"这些论说皆本《竹书纪年》，也即《汲冢纪年》（《纪年》于晋代在汲冢发掘，故称）。

二为"共和行政"说。

司马迁称，周厉王被逐后，王位虚悬，贵族会议辅政，由召穆公、周定公共同行政，号为"共和行政"，又称"周召共和"。据《史记》卷十四《十二诸侯年表第二》载，共和元年，岁在庚申（前841），至共和十四年（前828）周宣王（？—前782）即位方止，共历十四年。《史记·周纪》载此事云：

　　周公、召公二相行政，号曰"共和"。

唐人张守节《史记正义》引韦昭之言，解释"共和"云：

　　彘之乱，公卿相与和而修政事，号曰共和也。

宋人欧阳修《明正统论》云：

　　昔周厉王之乱，天下无君，周公、召公共行其政十四年，而后宣王立，是周之统尝绝十四年而复续。然为周史者，纪周、召之年谓之共和，而太史公亦列之于《年表》。

据新近出土战国楚简称："厉王大虐于周，卿李、诸正、万民弗刃于厥心，乃归厉王于彘"（见《清华简·系年》），龙伯和立（出土龙伯戟证明其时有龙伯国）。其后周公、召公与龙伯和共同行政。此处的"共"乃共同之意，非指"共国"这一诸侯国名称。

以上二说的第一项（共伯和摄行天子事），"共和"是以人名（共国伯爵和）命名的纪年称号，是一并无更多内涵的偏正结构名词；第二项（召公、周公共同行政）；第三项（周公、召公与龙伯和共同执政），"共和"则是一个由"共"与"和"组成的动词，"共"是二人或多人协同之意；"和"，从禾从口，有调五谷以合众口之意。两字组成动词"共和"，具有特别的政治内涵——若干贵族协同行政，公卿"相与和而修政事"，"共和"的这一诠解，与今谓共和政治的含义有相通之处。下以此义讨论"共和"。

（一）释"共"

"共"，本义为"供"，甲骨文作 ，金文作 和 ，象两人用两只手一起举着供奉之物，引出共同、公共之义。小篆作 等，《说文解字》："共，同也，从廿卄。"段玉裁注："廿，二十并也，二十人皆竦手，是为同也。"《增韵》："共，公也。"

古代"共"与"供"是同一字，有供奉义；"共"也是"拱"的本字，有拱卫义。

（二）释"和"

"和"字同"龢"，甲骨文作 ，金文作 ，小篆作 ，左边指编管而成的乐器，右边"禾"是声符。小篆简体作 ，楷书作"和"，口旁换到右边。"和"本指笙类乐器，引申为相应、和谐之声。[①]又由音乐的和谐之声，引申出人际关系之和、政治之和意蕴，进而上升为概括事物之本、天地法则的一个范畴。西周末年太史史伯云：

> 和实生物，同则不继。[②]

意谓"和"确实能生成万物，"同"就不能增益，而只能止步不前。所谓"和"，是用一物匀适地融入另一物，使之得以丰富与发展；而用"同"类物补充，以同济同，便不会进步。

[①] 《说文解字》：" ，相应也，从口，禾声。"《广雅·释诂三》："和，谐也。"
[②] 《国语·郑语》。

共 和

"和"是二元乃至多元的对立统一,故"和也者,天下之达道"①。

(三)"共和"的"共同协和行政"义

由"共"与"和"组成的"共和",在"共和行政"意义上,可解为"相与和而修政事",也即"共同协和行政",是贵族共享国家管理权(共)、贤人协同施政(和)两层意蕴的综合。这一意义上的"共和",是中国古代君主大权独揽的政治体制的另类,只是在君幼、君弱、国危时偶尔出现,"周召共和"是王位虚置下的贵族共和,为中国史上的特例。但"共和"虽未形成正式的政治制度,但毕竟树立了一个与君主独裁相异的典范,故每为非议君主制的人们所援用,成为与君主独断相对立的一个专词。至近代,"共同协和行政"意义上的"共和",引为对译西方共和政治的古典汉字词,是"古典翻新"的新名。②

二 罗马时代至近代的 republicanism("共和")

在人类的政治谱系中,"共和"是一种历时久远的理念和位居要津的制度。

"共和"的拉丁文为 respublica,意谓"公民的公共事务"。泛义的"共和",指不同的政治主体协同治理国家,权力公有,国家首领并非世袭,而由贵族或平民组织起来管理公共事务。相对于王国、帝国的"私天下",共和以"公天下"昭告世间。

西亚的两河流域中南部的城邦阿卡德在公元前两千年间建立的王国,吸收苏美尔贵族参政、议政,出现共和政体雏形。

古希腊建立过共和制(其前后还有僭主制、寡头制、贵族制、民主制、君主制等),共和制下,城邦公民(妇女和奴隶不入此列)有选举与被选举权,官位轮流充任。亚里士多德在《政治学》中论及共和政体的三个特征:一,由平民与寡头组成混合政体;二,以中产阶级为基础;

---

① 《礼记·中庸》。
② 详见冯天瑜《新语探源——中西日文化互动与近代汉字术语生成》,中华书局 2004 年版,第 545—553 页。

三，以法治为核心。

共和制较完整地呈现于公元前509年—前27年间的罗马共和国（全称"元老院与罗马人民"），由元老院、执政官和部族会议三权分立，掌实权的元老院由贵族组成；执政官由百人队会议从贵族中选举产生，行使最高行政权；部族大会由男性平民和男性贵族组成。公元前1世纪，罗马共和制为帝制取代。

西欧中世纪建立城市共和国，著名者有佛罗伦萨共和国、威尼斯共和国、热那亚共和国、马赛共和国。以9—18世纪的威尼斯共和国为例，依凭发达的海外贸易作经济支撑和海军支撑，由贵族与市民联手共和，掌控亚德利亚海东西侧沿岸，18世纪末为拿破仑所灭。

republicanism（"共和政治"）一词起源于古希腊城邦共和国理念，语源为 res publica（公共事物），对应于 res privata（私人事物）。这种共和政制在罗马时代又有所发展，当然那时的共和是贵族政治下的共和，是制约君主、寡头的一种政体形态。

至近代，共和发展为在宪法约束下运作的代议制政治理念，泛指国家权力机关和国家元首由选举产生的一种政治制度。"共和"作为一种政体，是与君主政体相对应而产生的；至近代，更是作为君主专制制度的对立物而出现在世界舞台。近代共和政体有几种类型：（1）君主立宪制，"虚君共和"，如英国；（2）总统制（无内阁），如美国；（3）半总统制（有内阁），如法国；（4）议会共和制；（5）委员会制，如瑞士。议会制，立法、司法、行政三权分立，为共和制所共有。

"共和"理念包含三方面内容：公（天下为公）、共（国家权力是公有物，国家的治理是所有公民的共同事业）和（用和平方式参与和处理政治事务）。主旨是国家权力乃公有物，国家治理是公民的共同事业。[①]"共和"的显著特征是国家权力公有，国家首领并非世袭，由贵族或平民组织起来，管理公共事务。相对于王国的"私天下"，共和以"公天下"昭告世间。

中国古代数千年间没有建立过共和制，只有前述"周召共和"的偶

---

① 见刘军宁《共和·民主·宪政——自由主义思想研究》，上海三联书店1998年版，第103—106页。

尔呈现，《史记·周本纪》所述"共和"义，约略体现了"公""共""和"三层意蕴，表明古人曾有权力共享的尝试。熊十力（1885—1968）1951年撰《论六经》，陈述先秦《周官》《尚书》包蕴"共和"之义，其"协和万邦"说便近于共和与联邦制设计。① 此说表达了儒家社会主义的乌托邦构想。正因为汉语古典词"共和"有"相与和而共政事"及"协和万邦"蕴意，故近人以之对译 republicanism。

三　近代早期国人对共和制的追慕

与世界各地的前文明时代一样，中华先民在传说中的唐尧、虞舜、夏禹之际，实行过原始民主（"禅让""众议"等），而自禹—启"世及"（世袭）以降，特别是有文字可考的殷商以下，即由天子行政，君权世袭（兄终弟及或父子相承）。秦汉以后，专制君主集权政治确立，并愈演愈烈。然而，人们对原始民主（所谓"三代之治"）的向往不绝如缕，这种复古式的诉求，正是对现行的专制君主制度的一种温婉的批判。在这种复古式诉求中，"共和"也是供人仰望的高悬古镜之一。

姑且不论《竹书纪年》与《史记》前述两种对"共和"的诠释中，哪一种更符合历史实际，但《史记》"相与和而修政事"意义上的"共和"，较之《竹书纪年》中作为纪年的"共和"，流传更广，影响更大，乃是因为"共同协和行政"意义上的"共和"表达了"乾纲独断"的君主专制时代人们的一种反拨式理想。

时至近代早期，西方共和政治的影像逐渐呈现在中国人面前。第一批开眼看世界的人们对西方民主政治作介绍时，往往以"三代之治"与"共和行政"彼此作参照系。如林则徐（1785—1850）主持编译的《四洲志》，议及美国的共和制度，便是从中国古代传说中的贤人政治角度，肯定其合理性：

> 故虽不立国王，仅设总领，而国政操之舆论，所言必施行，有害必上闻，事简政速，令行禁止，与贤辟所治无异。此又变封建、

---

① 见熊十力《论六经》，《熊十力别集》，中国人民大学出版社2006年版。

语义假借

郡县官家之局，而自成世界者。①

这里尚未出现"共和"一词，然而叙述间已大体包摄了"相与和而共政事"之类的共和理念。

魏源（1794—1857）撰《海国图志》，对瑞士的自治政治颇为欣赏，称其"皆推择乡官理事，不立王侯，如是者五百余年"，赞曰：

瑞士，西土之桃花源也。惩硕鼠之贪残，而泥封告绝，主伯亚旅，自成卧治，王侯各拥强兵，熟视而无如何？②

又评介美国政制：

都城内有一统领为主，一副领为佐，正、副统领亦由国人选择。每省择二人至都城合为议事阁，又选几人合为选议处。③

魏源文中也未出现"共和"一词，却接触到共和制的实质：国家领袖非世袭而由选举（"选择"）产生。

徐继畬（1895—1873）撰《瀛环志略》，对西方近代共和制有较确切的介绍，尤其赞赏美国的民主政制：

米利坚合众以为国，幅员万里，不设王侯之号，不循世及之规，公器付之公论，创古今未有之局，一何奇也，泰西古今人物能不以华盛顿为称首哉！④

文中仍未出现"共和"一词，但所论将共和制的主要特征（"不设王侯之号，不循世及之规，公器付之公论"）明白昭示出来。徐氏称赞美国

---

① （清）林则徐：《四洲志》，华夏出版社2002年版，第155页。
② （清）魏源：《海国图志》，中州古籍出版社1999年版，第317页。
③ （清）魏源：《海国图志》，中州古籍出版社1999年版，第387页。
④ （清）徐继畬：《瀛环志略》，上海书店出版社2001年版，第291页。

共　和

共和制创立者华盛顿：

> 华盛顿，异人也。起事勇于胜广，割据雄于曹刘，既已提三尺剑，开疆万里，乃不僭位号，而创为推举之法，几于天下为公，骎骎乎三代之治。①

指出共和制的要旨——"不僭位号"，行"推举之法"，徐氏比拟为三代之治。可见中国近贤高度评价西方的民主共和制，并与中国"天下为公"的大同理想相与比拟。徐继畬此一名论于咸丰三年（1853）由清政府镌刻勒石，赠送美国政府，镶于美国首都华盛顿的独立纪念碑方尖塔第十级西壁。笔者2000年访问美国首都，前往独立纪念碑内，拜谒徐继畬前辈的弘文碑刻。

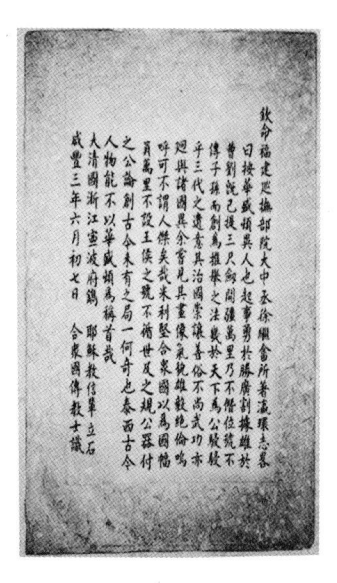

华盛顿独立纪念碑　　**华盛顿独立纪念碑徐继畬字碑**

近代早期开眼看世界的一批中国人，不约而同地欣赏、倾慕近代共

---

① （清）徐继畬：《瀛环志略》，第277页。

语义假借

和民主制,称赞"其章程可垂奕世而无弊"[1],以为"合众为国""视听自民"的制度"创一开辟未为之局"[2]。表明中国近贤与民主共和制度的契合。那种认为中国人全无民主意识,无资格实行"公—共—和"的共和制的言说,是贬抑国人、背弃先哲的谬论,是给专制独裁制编造合理性,其心可诛。当然,也不宜对近世哲人仰慕西政的思想作过度诠释,须知,林、魏、徐及梁廷枏(1796—1861)等人,是戴着中国古代贤人政治和"仁政""宽政"的视镜看待西方共和政制的,故对其称赞不出"骎骎乎三代之遗意"之类的崇古妙语。但他们的说论毕竟在古典汉语"共和"义(贤人"共同协和行政")与西方近代共和政制之间设下可以交相会通的空间。而用汉字古典词"共和"对译英文 republicanism 的,并非林则徐、魏源、徐继畬辈,而是稍晚于他们、视他们为老师的幕末明初日本人。

三 日本以"共和"译 republic

中国古典的"共同协和行政"义的"共和"一词,随着《史记》等典籍东传,也输往日本,日本古典中使用这一词语,其内涵与中国古典同。

江户幕府末期(1847)箕作省吾撰《坤舆图识》,以"共和"译 republic。这是笔者所见此种对译的首例。

幕末启蒙思想家横井小楠(1809—1869)深受魏源《海国图志》、徐继畬《瀛环志略》二书影响,由原先的"锁国攘夷"转变为开国论者,并认为西洋近代政制接近"三代之治"。这种认识与魏源、徐继畬相似。横井 1860 年著《国事三论》,称美国的民选总统之制,"权柄以让贤不传子,废君臣之义,专以公共和平为务"。这里虽未出现整词"共和",但"专以公共和平为务"这一短语,从内涵到语文表述上,都逼近"共和"。

至明治前夕,日本学人正式用汉语词"共和"翻译英语 republicanism,如福泽谕吉(1835—1901)的《西洋事情》初编(1866 年刊行)

---

[1] (清)魏源:《海国图志》卷六十,第 1 页。
[2] (清)梁廷枏:《合省国说》卷三,《海国四说》1844 年木刻本。

卷一，已出现"共和政治"；明治时期更普遍使用，如久米邦武编述出访欧美的岩仓使团见闻的《米欧回览实记》第七十卷（明治六年五月一日），记美国政治制度，多次出现"共和政体"字样；冈本监辅 1891 年所撰《墨西哥记》，有"共和政治"一词，均指西方近代民主制度。

日本明治维新建立君主立宪政体，并未实行共和制，为什么法、美的共和主义却在日本得到一定程度的流行，并成为中国革命派接受民主共和理念的二传手？简言之，日本明治间虽学习英德的君主立宪制度，尤其是仿效德国的君主威权政治，《明治宪法》确立"天皇主权论"，但法国的共和制思想在日本并未遭到禁绝。法政大学是日本讲授法国共和主义的大本营。该校前身为 1880 年成立的东京法学社，日本政府聘请法国巴黎大学教授索波纳德（Boissonade，1825—1910）及门生主事，讲授民法契约篇。1903 年"日本民法之父"梅谦次郎（1860—1910）就任校长，校名为法（系）法律学校法政大学，1920 年称法政大学。该校一直是法国系法律思想的传播中心，共和主义当然是题中之义。以后，日本民主思想家美浓部达吉（1873—1948）在法政大学继续坚持立宪、共和。日本存在这样一支共和主义的异军，又通过法政大学清国留学生，将共和精神传播于中国。

四 近代中国的"共和"观

（一）Republic 译名演化

随着新教传教士入华，西语 Republic 于晚清传入中国，其汉字译名之演变，由早期英汉词典可悉大貌（参见表1）。

表 1　　　　　　　　早期英汉词典中 Republic 之汉译

字典名	作者名	Republic 译名	出版地（者）	出版年
《英华字典》（全1册）	［英］马礼逊 Robert Morrison 1782 – 1834	无此条	澳门：Printed at the HonorableEast India Companys Press	1822

语义假借

续表

字典名	作者名	Republic 译名	出版地（者）	出版年
《英华韵府历阶》（全1册）English and Chinese Vocabulary, In the Court Dialect	[美] 卫三畏 S. Well Williams 1812-1884	REPUBLIC，合省国（p.236）	澳门：香山书院	1844
《英华字典》（全2册）English-Chinese Dictionary (in two volumes)	[英] 麦都思 W. H. Medhurst 1796-1856	REPUBLIC，公共之政治，举众政治之国（卷二，p.1078）	上海：墨海书馆	1848
《英华字典》（全4册）English and Chinese Dictionary, with the Puntin and Mandarin Pronunciation	[德] 罗存德 W. Lobscheid 1822-1893	Republic, a, 众政之邦，众政之国，公共之政（卷四，p.1474）	香港：Printed an Published at the "Daily Press" Office, Wyndham Street	1869
《上海方言词典》A vocabulary of the Shanghai dialect	[英] 艾约瑟 J. Edkins 1823-1905	无此条	上海：Presbyterian Mission Press	1869
《英华萃林韵府》（全2册）Vocabulary and Handbook of the Chinese Language, Romanized in the Mandarin Dialect (in two volumes)	[美] 卢公明 Justus Doolittle 1824-1880	Republic, or commonwealth, a 合省国，公共之政治，举众政治之国，自主之民，百姓作主（卷一，p.406）	福州：Rozario, Marcal and Company	1872
《字语汇解》An Anglo-Chinese vocabulary of the Ningpo dialect	[美] 睦礼逊 W. T. Morrison 1837—1869	REPUBLIC，民主之国（p.393）	上海：American PresbyterianMission Press	1876

续表

字典名	作者名	Republic 译名	出版地（者）	出版年
《英华字典》（全1册）English Chinese dictionary	I. M. Condit	Republic 合众政治之国（p. 97）	上海：美华书馆	1882
《华英字典集成》（全1册）An English and Chinese Dictionary	邝其照（生卒不详）	Republic 合众出治之国，公同之政 Republican 众政，公共的政，美国百姓北党（p. 293）	香港：循环日报承印（1899）	1887
《英华大辞典》（小字本）	颜惠庆 1877—1950	Republic, n. A state in which the sovereign power resides in the whole body of the people, and is exercised by the representative elected by them, 民主政体；a commonwealth, 共和政府, 公共国政, 民主国（p. 828）	上海：商务印书馆（1920）	1908

（二）"共和""公和"

近代义的"共和"一词于19—20世纪之交出现中国。黄遵宪19世纪80年代诗歌纪录美国大选，便使用"共和党"一名。1904年黄遵宪致梁启超信中又说："既留美三载，乃知共和政体万不可施于今日之吾国。"此际还同出"公和"一词。曾留学早稻田大学的汪荣宝（1878—1937）与另一留日学生叶澜编《新尔雅》（1903年出版），称"共和"为"公和"，文曰：

> 立宪政体又别之为民主立宪、君主立宪。由人民之愿望，建立公和国家，举大统领以为代表，而主权全属人民者，谓之民主立宪政体。①

---

① 汪荣宝、叶澜编：《新尔雅》，（上海）明权社1903年版，第9页。

语义假借

这大约反映了清末立宪派对共和制的认识：将君主立宪和民主立宪均归入"公和国家"。

共和制在法、美两国得到较完整的实行。由法、美两国实践的共和主义观念经由日本传入清末中国，成为与君主立宪相并列的供国人选择的政体模式。而共和主义未被主张君主立宪的改良派采纳，却被孙中山为首的革命派接受。

孙中山 1894 年 11 月在《檀香山兴中会盟书》中即明示"创立合众政府"，并称兴中会会长为"伯理玺天德"，即英语 president（总统）的汉语音译，显示了建立共和政体的明确意向，不过此时孙中山还没有使用"共和"一词。京都大学教授狭间直树的论文《对中国近代"民主"与"共和"观念的考察》引述，据《原敬关系文书》第二卷载，1895 年 3 月 4 日、4 月 17 日日本驻香港领事报告，其间孙中山与日本领事交谈，孙文谈到总统制和起义成功后，"使两广独立为共和国"。这是孙氏共和思想的早期证据。

1897 年 8 月，孙中山在《与宫崎寅藏平山周的谈话》中，以汉文直书自己的政治精神是"执共和主义"，他还批驳那种认为"共和政体不适支那之野蛮国"的论调。孙中山说：

> 共和者，我国治世之神髓，先哲之遗业也。我国民之论古者，莫不倾慕三代之治，不知三代之治实能得共和之神髓而行之者也。勿谓我国民无理想之资，勿谓我国民无进取之气，即此所以慕古之意，正富有理想之证据，亦大有进步之机兆也。[1]

按照孙中山的说法，既然中国古来即有共和传统，中国人民便可称为"共和之民"。将中国的"三代之治"释为共和精神，是孙中山对古代贤人政治的一种理想化诠释，也是孙中山在书面文献中使用"共和"一词的较早例子。

至 20 世纪初，邹容（1885—1905）的《革命军》更呼唤"中华共和国万岁"口号。章太炎 1903 年认定"合众共和"乃不可抗拒的时代潮

---

[1] 《孙中山全集》第 1 卷，第 172—173 页。

流。现代义及世界义的"共和"与"革命"一起成为革命派的中坚词汇。总之,"共和"一词经历了跨国度、跨文化的横向传播过程和古义向今义转变的纵向发展过程。

1908年出版的作新社编译的《东中大辞典》设"共和"与"共和政治"两条目,分别释曰:

> (共和)谓同等之人民,作政治阶级而相亲和。以此关系而组织之国家,即共和国是也。
>
> (共和政治)国法上占最高位置者,二人以上公同柄政之谓。又人民选举大统领,使之掌理政务者之谓。

(三) 法政大学"清国留学生法政速成科"习得"共和"理念

日本明治维新确立强化天皇威权的君主立宪制,但为什么大批清国留学生却成为热烈的共和主义者,并使之在清末民初得以播扬,这与前述日本法政大学颇有干系。这个以宣介法国共和主义著称的学校,曾于1904—1908年办"清国留学生法政速成科",前后五期收中国留学生二千人,一千二百人结业,陈天华、胡汉民、汪兆铭、宋教仁、朱执信、居正、张知本、沈钧儒等在"速成科"受到共和思想洗礼(汤化龙在法政大学专门部学习法律),其中宋教仁(1882—1913)成为共和主义热烈的鼓吹者、践行者,他于辛亥武昌首义后赶至武昌城(长江对岸正激烈展开阳夏战争),在湖北军政府约同汤化龙(1874—1918)、张知本(1881—1976)等昔日法政大学同学,编撰《鄂州约法》。据共进会员王保民回忆,汤化龙对《约法》的第一条设计便是"共和国体"[1]。《鄂州约法》共七章六十条,要旨有二,一为主权在民,二为三权分立。这是中国第一部正式拟订并公布的共和制大法。[2]

(四) 民初"共和"的实践与遇挫

辛亥革命以后,"五族共和"已不绝于书报、口谈,国人耳熟能详。

---

[1] 王保民:《汤化龙先生片断见闻录》,《黄石师范学院学报》1981年第4期。
[2] 参见冯天瑜《辛亥首义史》之第五章第九节《鄂州约法:共和宪政史上的里程碑》,湖北人民出版社2011年版,第379—390页。

语义假借

以"共和"命名的社团联翩出现,如"共和国民会、共和建设会、商界共和团、共和统一会"等。共和制度带来若干新气象,包括词语的新旧更迭。民国元年的报刊文字说:

> 共和政体成,专制政体灭;中华民国成,清朝灭;总统成,皇帝灭;新内阁成,旧内阁灭;新官制成,旧官制灭;新教育兴,旧教育灭;枪炮兴,弓矢灭;新礼服兴,翎顶补服灭;剪发兴,辫子灭;盘云髻兴,堕马髻灭;爱国帽兴,瓜皮帽灭;爱华兜兴,女兜灭;天足兴,纤足灭;放足鞋兴,菱鞋灭;阳历兴,农历灭;鞠躬礼兴,拜跪礼灭;卡片兴,大名刺灭;马路兴,城垣卷栅灭;律师兴,讼师灭;枪毙兴,斩绞灭;舞台名词兴,茶园名词灭;旅馆名词兴,客栈名词灭。①

辛亥革命后,共和国成为新的法统象征,执掌军政大权的袁世凯(1859—1916)在谀臣、子弟拥戴下,"帝制自为",立即成为"天下共击之"的独夫民贼。时为民国副总统的黎元洪(1864—1928)拒绝袁氏"武义亲王"头衔,坚守民国的共和正朔。蔡锷(1882—1916)更潜离北京,赴云南高举"护国"义帜,捍卫共和体制,天下景从,袁氏的"洪宪皇帝"梦,83天即告破灭。这与"共和"的古典义("相与和而共政事")在中国早有传承相关,更与"共和"的近代义经辛亥革命前后十余年的传播大有干系。这当然是袁世凯及力主恢复帝制的"筹安会"诸公万万没有料及的。

然而,这仅仅是问题的一个方面。另一方面,中国人推翻清朝后,虽不再希望帝制复辟,但"共和国"为何物,却也鲜为人知。"共和"的"公"(共和政体是公平、公正政体)、"共"(国权是公民共有事业)、"和"(以和平方式参与政事)三义真正为国人所认识并付诸实施,尚需要一再缴纳学费,经历一个漫长而痛苦的过程。

早在1903年,章太炎(1869—1936)就已指出,"革命"可以做到"攘臂一呼,四海呼应,推倒政府,驱除异族",但要实现共和政治,则

---

① 吴冰心:《新陈代谢》,《时报》3770号,(上海)时报馆,1912年3月5日,第10版。

须待以时日，在革命功成，"天下已定，而后实行其共和主义之政策，……则所革者政治之命耳，而社会之命，未始不随之而革也"①。可见，革命派意识到共和政治是一个系统工程，实现共和理想殊非易事。

共和政治在中国难以实行，与中国缺乏真实意义的共和传统有关。民国初年，主张复辟帝制的劳乃宣（1843—1921）曾于《民是报》刊发《共和正解》，赞扬君主政体，攻击共和政体，其立论的根据，便是中国古典义的"共和"本来即是君主制内部的一种修正案，而并非独立的政体。文称：

> 宣王即位，共和罢。《索隐》云："二相还政宣王，称元年也。"此共和一语所自出也。其本义为君幼不能行政，公卿相与和而修政事，故曰共和。乃君主政体，非民主政体也。故宣王长，共和即罢。伊尹之于太甲，霍光之于汉昭，皆是此类。今日东西各国所谓君主立宪绝相似。而不学之流，乃用之为民主之名词，谬矣。夫君主立宪，有君者也；民主立宪，无君者也。古之共和，明明有君，恶得引为无君之解哉？②

劳氏的论调代表了复辟逆流，理当被时人所弃，但其所言"古之共和，明明有君"，"共和"不过是在"君幼不能行政"之际，由公卿"相与和而修政事"的暂时性措施，这一说法符合中国古代政治的实情，揭示了中国古来并无民主共和传统的事实。

近人用古典词"共和"翻译英语 republicanism，使"共和"的内涵发生根本性改变——从古典义的贵族分权、诸公卿"相与和而共政事"，变为近代义的国家权力机关和国家元首由民众公选、受议会制衡的一种国家制度。数千年间在专制帝王治理下的中国人难以理解这种意义的变化，更不用说实行这种制度改革。近代义的共和传统欠缺，专制主义传

---

① 章太炎：《驳革命驳议》，《鹭江报》第38册，（厦门）鹭江报馆，1903年7月24日，第5页，中华书局1977年版，第230页。

② 转引自章士钊《复辟平议》，《甲寅杂志存稿》上册，（上海）商务印书馆1922年版，第191—192页。

> 语义假借

统强大，正埋下中国近代共和历程艰难曲折的伏笔。民国初建，政权随即落入军阀政客之手，连力倡建立共和主义政党政治的宋教仁也惨遭暗杀，议会则被军队包围，勒令议员按军头旨意投票。"民国""共和"沦为空名和笑柄。辛亥武昌首义的重要参加者蔡济民（1886—1919）吟诗，表达了对民初"共和"的极度失望：

无量金钱无量血，可怜购得假共和。①

此后，军阀专权愈演愈烈，曹锟（1862—1938）1923年以贿选出任民国第五任总统，此类丑剧频繁上演。共和制热烈倡导者陈独秀（1879—1942）沉重指出：

吾人于共和国体下，备受专制政治之痛苦。②

历史事实表明，由于君主专制传统的悠久深厚，在中国去"君治"之名易，行"民治"之实难；挂"共和"招牌轻快，成"共和"政治艰困。"共和"作为一种新时代的中坚理念深植民族文化心理内层，不可能一蹴而就。

然而，近代中国先进的人们并未丧失信心，挫折激励他们继续为"共和"而奋斗。陈独秀于民国初年说：

自经此次之实验，国中贤者，宝爱共和之心，因以勃发；厌弃专制之心，因以明确。③

近代义的"共和"，是超越沿袭两千余年君主专制的新型政体，当然须废除世袭君主统治的合法名义，1905年中国同盟会誓言"敢有帝制自

---

① 蔡济民：《书愤六律》，《中华民国公报》1912年7月18日。
② 陈独秀：《吾人最后之觉悟》，《青年杂志》第1卷第6号，（上海）群益书社，1916年2月15日，第2页。
③ 陈独秀：《吾人最后之觉悟》，《青年杂志》第1卷第6号，（上海）群益书社，1916年2月15日，第2页。

为者，天下共击之"，此壮语说到了，似乎也做到了，辛亥革命推翻清朝帝制，后来袁世凯复辟帝制，果然"天下共击之"，袁氏83天即从帝位跌落下来。但这并不意味着共和已在中国真正实现。"共和"的精义在于，杜绝君主专制的基本弊端——公权力私家占有，及由此导致的权力滥用，从制度上确保国家政治的公共性、公平性和法治性，而这一要旨的真正实行，殊非易事，绝不是有了"共和"的名目便大功告成。诚如孙中山1912年6月24日为《新国民》杂志所作序中所说：

> 顾共和虽成，而共和之实能举与否，则当视国民政治能力与公共道德之充足，以为比率。[①]

近代百余年来，中国在走向共和的征途中，历经坎坷，而共和精神的深入人心，共和制度的切实践履，尚待从深度与广度上继续拓展。

[①] 《孙中山先生序文》，《新国民》第1卷第1期，(上海)新国民报社，1912年7月11日，第1页。

社　　会

　　荀卿曰："民生有群。"群也者，人道所不能外也。群有数等。社会者，有法之群也。社会，商工政学莫不有之；而最重之义，极于成国。

　　　　　　　　　　　　　　——严复《群己权界论》

　　"社会"是现代常用词，一些论者将其列入"日源词"，实则汉语古已有之，近代发生语义转借，乃"中西日涵化"的新名。① 对其作文化史的发掘，别有一番意味。

一　汉语古典词"社会"

　　"社会"，又作"会社"，是由"社"与"会"两字组成的并列结构名词。

(一) 释"社"

　　"社"，甲骨文作 ⚲，即"土"字，在甲骨文中，"土""社"是同一个字。金文作 𥘅，由"示""木""土"（以—表示）构成，"示"表祭祀，"木"表示祭祀土地神的地方种有树。小篆作 𥙍，省去金文右上的"木"。

---

① 参见冯天瑜《新语探源——中西日文化互动与近代汉字术语生成》，中华书局2004年版，第560—565页。

社　会

"社"的本义是"土地神",引申土地神牌位、神像,推及为祭祀土地神的地方(神社)、祭土地神的日子(社日)。《诗经·小雅·甫田》:"以社以方。"注:"社,后土也"(后土,对大地的尊称,或泛指土地、土神)。《荀子·礼论》:"故社,祭社也。"注:"社,土神。"《国语·鲁语上》:"故祀以为社。"注:"社,后土之神也。"《说文解字》:"社,地主也。从示、土。"《论衡·顺鼓》:"社,土也。"组词"社稷",兼指土地神和谷神,而土地、粮食乃立国根本,故社稷代指国家。

"社"作动词用,指祭祀土地神,组词社饭(西南地区祭祀时所供饭食)、社酒(祭神用酒)、社赛(祭祀酬谢社神的赛会)等。

"社"也是古代一种地区单位,按《周礼》的说法,二十五家为一社。由此引申出"集体性组织;团体"的意义,如诗社、棋社、报社等。

(二) 释"会"

"会"(繁体"會"),甲骨文作 ◇,金文作 ◇,小篆作 ◇,上面是盖子,下面是装东西的器皿,中间是所装的东西,三个构件合起来是指用盖子把盛有东西的器物盖起来。《说文解字》:"◇,合也。从亼、曾省。曾,益也。凡会之属皆从会。"

(1) 作为动词的"会",本义相合、会合。《广雅·释诂三》:"会,聚也。"《诗经·小雅·车攻》:"会同有绎。"《礼记·月令·季秋》:"以会天地之藏。"《兰亭集序》:"会于会稽山阴之兰亭。"《岳阳楼记》"迁客骚人,多会于此。"

有"一起"义,如会茶(一起喝茶),会猎(会合打猎,又喻会同作战),会衔(联名签署公文),会餐(合众聚餐)。

有"晤见"义,《周礼·大宗伯》:"时见曰会。"

有"符合"义,《续齐谐记》:"音韵清畅,又深会女心。"

(2) 作为名词的"会",指社交集会,如晚会、舞会。

指时机,如适逢其会。

指人物荟萃处、主要城市,如省会、都会、会试。

指团体组织,如学会、同乡会、帮会。

(3) 作为副词的"会",指必然、一定,《孔雀东南飞》:"吾已失恩义,会不相从许。"李白《行路难》:"长风破浪会有时。"又有恰巧、适逢意，《史记·陈涉世家》："会天大雨。"

（4）作为连词的"会"，相当于"与""同""和"。

（三）"社会"成词

"社"指团体，"会"指聚集地，两语素集合的"社会"指在一处聚集成的团体，进而指人与人形成的关系总和。

"社会"本指社里逢节日集会行赛。（宋）《梦粱录》："皆安排社会，结缚台阁，迎列于道，观睹者纷纷。"（明）《白兔记》："今年社会，可胜似上年么？"引义为人与人互相联系结成的组织，各种民间结社。此为狭义社会，也称社群，指群体人类活动和聚居的范围，如村、镇、城市等。广义社会，还指文化圈，如中国社会、美国社会，东方社会、西方社会等。

（四）"社会"与国家的分工与协同

传统汉语中，"社会"一词并不常用，是一个与国家、朝廷既相联系又有区别的单位。

中国"社会"有其自在特性。相对稳定的、在板块状东亚大陆聚族而居的农耕经济是中国社会产生的基地，此与古希腊社会产生的基地——流动性的海洋——商品经济大相径庭。跨入文明门槛、国家建立以后，氏族制时代的血缘纽带解体不充分，与古希腊社会由血缘关系转为业缘、地缘关系，除奴隶外的人群成为自由民，结成公民社会不同，中国由血缘关系维系的宗法制度，自唐虞以至明清，长期延续，严复说"独至于今"国人"犹一宗法之民而已矣"[1]。数千年来，这种以嫡长子继承、宗谱分明、信守礼教为要义的宗法制，不仅是皇族、公侯的继统规则，在地方宗族中也服膺如仪。依宗法原则结成的基层社会，牢固而强劲，改朝换代也难以动摇其根基。传统的法规、典制以至生活习俗，往往是由宗法的基层社会维系的。有谓"朝令不出县衙门"之说，县衙以下的政教伦常，皆由乡里宗法社会操持管理。但须指出，皇权仍通过名田制、限田制等田以及户籍制掌控乡里，形成行政管理、治安、教化

---

[1] 严复：《〈社会通诠〉译序》。

三位一体的乡里共同体,不过,乡里宗法社会在其间发挥相对自主的作用。

在传统中国,社会与国家、社会与朝廷彼此分野:一方面,国家(或曰朝廷)集军政财文大权,庶众社会排除在政治生活之外,是被"牧"的"治于人者";另一方面,宗法的基层社会为朝廷提供赋役,推行礼教,维持基层稳定,故政权以族权为辅佐、作基础。国家朝廷与基层社会的组织方式和权力配置,皆遵父家长制,具有明显的同构性。古来以宗法关系组成的社会,具备一定的民间组织能力,朝廷对其既加利用又深怀忌惮。

总体言之,传统中国的社会未获充分发育,地方自治、民众自理单薄,君权国家控御下的官家治理,形成"官本位"格局,所谓"盖闻天生众民,不能相治,为之立君,以统理之"①。"盖闻天生蒸民,不能相理,为之立君,使司牧之。"②千百年来,"大政府,小社会"状态有增无已,官权扩张无界,民间社会萎缩。这是现代社会建设需要解决的问题。

二 Society 释义演变

"社会"一词赢得现代义,是在对译英文 society 中得以实现的。而 society 在西方有一个发展过程。

Society 是一个有古英语背景,又借用外来语而形成的词。其古英语 social 产生于 14 世纪,源自拉丁文 socialis,从 socius companion, ally, associate 演变而来,与古英语中的 secg man, companion 同义,拉丁文 sequi 从它而来,有结盟的、伙伴的含义,与群体、关系等相关。③ 英文 society 正式诞生于 1531 年,由法文 société 而来,源于拉丁文 societat 和 societas④。16 世纪中叶以后,society 开始等同于契约社会或市民社会,逐渐专指由西方市民群体组成的团体及其生活模式及交往规则,成为强调 in-

---

① 《汉书·成帝纪》。
② 《后汉书·孝桓帝纪》。
③ "social", 2009, Encyclopædia Britannica Online.
④ 《拉汉辞典》中,societas 的含意有"聚会结社、社会、团体;商会、商团、公司;政党、联盟"等。

语义假借

dividual（个人）是社会基础的词。①

19世纪中叶以降，社会学作为一个学科得以确立。1838年，法国学者奥古斯特·孔德（1798—1857）在《实证哲学教程》第4卷中，正式应用sociology一词。该词由拉丁文societas（社会）和希腊文的logos（学说、学问）复合而成。虽然社会学对社会的阐释纷繁复杂，但由孔德、斯宾塞开启的对于社会基本要素的论述基本上保持了下来：社会是一个可以研究的有意义的存在（有机体），社会有其自身存在的结构和内在联系，有其发展的形态和变化、社会中人和人的关系构成了核心，人与人产生了互动，社会的存在离不开人，社会与人共存，社会与一定的人的产品：文化是共存的；社会是一个超越时空，可伸缩的概念。

三 明治日本："社会"及"社会学"译定

（一）以"社会"对译Society

"社会"与Society对译，演为社会学关键词，首先是在日本达成的。

1870年冬，西周在《百学连环》②讲义中，作为"制产学"（Political Economy）的一部分，述及空想社会主义学说，将Society译为"社、相生养之道"，将Socialism译为"社会之说"③，Communism译作"通有之说"④。在此，"社会"一词，虽用于Socialism的翻译，而不与Society直接对译，但终不失为现代义"社会"之滥觞。

1875年，《东京日报》主笔福地樱痴以"社会"翻译Society，"社会"开始代替"世态""会社""仲间"成为Society的对译词。

1876年12月，东京博闻社刊行上村要信、柴田正兴译《法律新论》（卷之一）。依译著《绪言》，其所据原书为英国人阿摩斯（Sheldon Amos，1835—1886）所著 Science of Law 1876年美国纽约刊本。第一篇中有

---

① 参见［英］雷蒙·威廉斯《关键词：文化与社会的词汇》，刘建基译，生活·读书·新知三联书店2005年版，第447—452页。
② ［日］西周述：《百学连环》，大久保利谦编《西周全集》第四卷［（东京）宗高书房1981年版］所收。
③ 英国欧文的空想社会主义学说。
④ 法国圣西门的空想社会主义学说。

"玛氏讲学于村落社会"一节，文中又名曰"玛氏讲学于村落会社"（第8页），"Village Community（设于各村落之会社名）"（第9页）。

1877年12月，东京的有村壮一刊行、服部德译、田中弘义阅《民约论》（即18世纪法国启蒙思想家卢梭的名著《社会契约论》）。该书第二章译曰"诸社会之起源"。《凡例》申述道：

> 盖其论旨，乃专说明人民社会之原理者，意味颇深重也。①

1877年12月，丸屋善七和庆应义塾出版社于东京共同刊行尾崎行雄（1858—1854）翻译的《权理提纲》。该书是当时汉字文化圈最早的社会学译著，但译著并未将研究社会的学问译作"社会学"，而是采用了一个音译名"宗西留斯太的"。《权理提纲序》（原汉文）云：

> 此书也，于英国硕学斯边锁著宗西留斯太的中者。②

"斯边锁"即英国著名哲学家赫伯特·斯宾塞（Herbert Spencer）；"宗西留斯太的"一词之上注有日文片假名「ソーシャルスタチックス」，英文即 *Social Studies*。译著行文中采用了"社会"一词：

> 每一个人恰是可谓社会之物体之分子也。③

1878年4月，植木枝盛（1857—1892年）于高知县石井村出版其所著《开明新论》中有"驱逐社会之病魔说"一节。

1878年6月，东京的铃木义宗翻译、出版英国人 Sheldon Amos（译名阿莫斯）所著《妇女法律论》。其第二章"社会之趾础"有云：

---

① ［日］服部德译：《民约论》，（东京）有村壮一1877年版，凡例第1页。
② ［日］尾崎行雄译：《权理提纲》，东京：丸屋善七、庆应义塾出版社1877年版，序。
③ ［日］尾崎行雄译：《权理提纲》，东京：丸屋善七、庆应义塾出版社1877年版，第33页。

> 语义假借

> 社会由相互依赖之多数组织,更无一部之可缺者,亦无以他部可代之者。故欲保存社会,不可不示以彼我互相亲和、相怜相扶之原理也。①

1878 年,东京律书房出版岛田三郎(1852—1923 年)译《立法论纲》,所据原本为英国人边沁(Jeremy Bentham,1748—1832)所著 *Princeples of Legislation*。其目录第十篇题为"政治上之幸福与凶害之剖析:论此幸福、凶害之波及社会之情状如何"。

1878 年 12 月,文部省刊行大井镰吉译《威氏修身学》(2 册),原书为威兰士(Francis Wayland,1796—1865)所著 *Element of Moral Science*。如其目录所示,该书下册第一篇为"论人文社会",第二篇为"达成社会目标之方法"。

1879 年 3 月,东京丸善刊行英国人 William Longan(1813—1879)原著、龟山笃郎翻译的《社会之大害》(第一编)。依其凡例所述,这是一本探讨卖淫问题的小册子,原著共五章,译著摘译了三章,即"实际境况、卖淫原因、蔓延区域"。这是较早将"社会"一词用于书名的论述社会问题的译著。

1879 年,东京宝文阁刊行土居光华(1847—1918)、萱生奉三译伯克尔(Henry Thomas Buckle,1821—1862)原著《英国文明史》(6 册,原名 *History of Civilization in England*,1872 年刊于伦敦)。如其目录所示,有"社会之开进""社会之全体""社会之上进""社会变迁"等语。

1881 年 11 月,东京金港堂刊行 James Edwin Thorold Rogers(1823—1890)原著、小山雄译、中根淑(1839—1913)阅《社会经济要略》(2 册)。依小山所作《题言》,其所据原书名为 *Social Economy*,1871 年初版于英国,1872 年翻刻于美国。其中,"社会"显然与 Social 对译。

1882 年 5 月,松永保太郎在东京刊行英国波·斯边锁(Herbert Spencer,1820—1903)原著、山口松五郎译《社会组织论》。译者序(原汉文)曰:

---

① [日]铃木义宗译:《妇女法律论》,东京,1878 年版,第 12 页。

项日，民间论主权，曰在国会，或曰在君主，或曰在二者之间，喋喋不一定，是亦因社会之生理未明也。此书审解社会之生理，则主权之所存，亦由是而明焉。①

1883年3月，由加藤正七在东京再版《社会组织论》增订本，封面标出原文 *Social Organism*，再版绪言称其为"论社会与人身类似之一篇"。"社会组织论"显然对译的是 Social Organism。该论为斯宾塞社会哲学的一个重要组成部分。

1882年7月，林包明（1852—1920）于东京刊行其所著《社会哲学》。林包明1880年腊月所作《社会哲学序论》云：

近世谈自由而不知社会元理所存之士多。学者所论，所以沉于我之偏见，眩于我之旧惯，以致有误于社会者，何乎？盖不究我等之赋性，俄然妄议其自由，不顾天理，徒论社会之末之所致也。……夫人之所以组织社会，定制度，设法律者，必只为保全其权利，增进其幸福，且永远强固之。果其然，则制度之于自由，法律之于社交，利害之所关，可谓最为著大。②

1882年11月，东京的秩山堂刊行田中定四郎编辑的小册子《社会风潮论》。编者在《社会风潮论绪言》中申明了编辑此书的意图，认为当国会即将召开之际，日本"社会须团结结合，热心于政治而研究之"，希望消除"不重社会之秩序，缺乏敢为之气象而不团结"的现象。该书"始云看破古来之旧惯，次不惑于异端，终云社会之向项"。鉴于当时的自由民权风潮的高涨，编者尤其注重关于"自由"的论述，前两篇连续为《论自由，导社会》。

以人类社会为研究对象的学科称社会学，考察有联系的、相互依存的人们组成的社群，研讨社会关系总和的人类生活共同体。

---

① ［日］山口松五郎译：《社会组织论》，东京，1882年，序。
② ［日］林包明：《社会哲学》，东京，1882年，序论第1—2页。

语义假借

(二) 社会学

作为一个新兴学科,"社会学"以人类社会为研究对象,考察有联系的、相互依存的人们组成的社群,研讨社会关系总和的人类生活共同体。此一学科名初在日本译定。

1882年12月,大石正己(1855—1935)在东京刊行了他译述的《社会改造新论》。1883年,大石正己翻译的斯宾塞的社会学著作在东京的是我书房出版,名为《社会学》(5册)。此为笔者所见最早以"社会学"见称的译著。译者在所作序中,引用孟子之言,阐述社会学的意义,足见明治时期日本学人依托汉学,以译介洋学。大石的译序说:

> 孟子曰:"离娄之明,公输之巧,不以规矩,不能为方圆。尧舜之道,不以仁政,不能平治天下矣。"此言也,即论凡为事业必须各依其法则规矩,一个人之艺能智德无论如何优秀,若不依其法则规矩,终不得全其事业之理由者也。……处人之世,或欲改良其社会,进而增进人类之幸福之士,不知社会学之为何,不察人事社会之状态,而欲径直从事于实际,此恰如不修兵学而从事军务,不修医学而治患者,彼孟子之所谓作方圆而无规矩者也,不唯到底不能达于处世良方之目的,反至大误处世之路,减却社会之幸福。故苟欲识处世之路,真正增进社会之幸福,不可不先研究社会学,审察风俗、习惯、智识、道德等所有社会之组织状态,以推知人事之倾向,测量世运之变迁也。然而今可权衡处世方针之社会学虽尚不甚多,独英国硕学斯边锁氏之著述材料多,引证甚密,论理颇明确,故译之而公于世云尔。①

1884年6月,东京的东洋馆刊行有贺长雄(1860—1921)著《社会学》,共3卷,卷一为《社会进化论》,卷二为《宗教进化论》,卷三为《族制进化论》。《社会学凡例》云:

---

① [日] 大石正己译:《社会学》,(东京)是我书房1883年版,译者序第2—5页。

社 会

此书所讲之学，英名谓 Socieology，此译谓社会学，或亦谓世态学。①

有贺长雄还在《绪言》中，对"社会学"作如下界说：

社会学，解释人间社会现象之理学也。人间社会，指一般人类之聚集，或结为部落，或组成国家，非指日本、支那、英国等特殊社会。②

其所谓"理学"，即科学（science）。依有贺长雄所述，科学"不只讲一事物或三四事物之原因结果，凡属其科其类之事物，尽网罗之，讲其原因结果之次第之学也。"③ 而社会学之所以称为科学，"在其尽解释社会之普遍现象而无遗漏也。"④

总之，随着西方近代政法知识的译介，尤其是作为专门学问的社会学著译的刊行与传播，至1880年代中期，新名"社会"及"社会学"在日本得以确立。1881年4月，东京大学三学部刊行井上哲次郎（1855—1944）等人编《哲学字汇》。1884年5月，东洋馆又出版了井上哲次郎和有贺长雄增补的《改定增补哲学字汇》。其中，Society 及其相关英文词的译名（见表1）很好地反映了这一成果，并成为此后新名运用的规范。

表1　　　《哲学字汇》前两版中 Society 及其相关词汇译名

《哲学字汇》（1881）	《改定增补哲学字汇》（1884）
Socialism　社会论 Society　　社会 Sociology　世态学⑤	Socialism　社会论 Socialist　　社会党 Society　　社会 Sociology　世态学、社会学⑥

---

① ［日］有贺长雄：《社会学》，（东京）东洋馆1884年版，凡例。
② ［日］有贺长雄：《社会学》，（东京）东洋馆1884年版，绪言第1页。
③ ［日］有贺长雄：《社会学》，（东京）东洋馆1884年版，绪言第3—4页。
④ ［日］有贺长雄：《社会学》，（东京）东洋馆1884年版，绪言第5页。
⑤ ［日］井上哲次郎等编：《哲学字汇》，（东京）东京大学三学部1881年版，第85页。
⑥ ［日］井上哲次郎、有贺长雄增补：《改定增补哲学字汇》，（东京）东洋馆1884年版，第118页。

四 清末中国：以"群"对译 Society，以"群学"对译 Socieology

近代中国译介 Society，是与日本平行进行的，始于入华新教传教士，相关汉字译名较早出现在他们编制的早期英汉词典中。

（一）以"会""结社"译 Society

19世纪90年代以前，Society 的译名多采用汉语古典词，如"会""结社""签题会"等；Social relations 译作"五伦"，Social 译作"五伦的、交友的"，虽含有社会关系之义，但未脱离中国传统伦理的意义范围。90年代之后，随着西方近代社会学较系统的译介，关键词 Society 译名正式厘定为"社会"（此间变化参见表2）。

表2　　　　早期英汉词典中 Society 及相关英文词汉译

字典名	作者名	Society 等译名	出版地（者）	出版年
《英华字典》（全1册）	［英］马礼逊 Robert Morrison 1782－1834	SOCIETY of persons who voluntarily unite their names and subscribe money for some-public concern, 联名签题会（p. 398）	澳门：Printed at the Honorable East India Companys Press	1822
《英华韵府历阶》（全1册） English and Chinese Vocabulary, In the Court Dialect	［美］卫三畏 S. Well Williams 1812－1884	Social relations，五伦 Society, a 签题会（p. 265）	澳门：香山书院	1844
《英华字典》（全2册） English－Chinese Dictionary (in two volumes)	［英］麦都思 W. H. Medhurst 1796－1856	SOCIETY, 会, 结社（卷二, p. 1189）	上海：墨海书馆	1847

续表

字典名	作者名	Society 等译名	出版地（者）	出版年
《英华字典》（全4册）English and Chinese Dictionary, with the Puntin and Mandarin Pronunciation	［德］罗存德 W. Lobscheid 1822－1893	Social 五伦的，交友的；social relations, 五伦；Socialism, communism 公用之理，公用；Society 会，结社（卷四，p.1628）	香港：Printed an Published at the "Daily Press" Office, Wyndham Street	1869
《上海方言词典》A vocabulary of the Shanghai dialect	［英］艾约瑟 J. Edkins 1823－1905	Society，会（p.114）	上海：Presbyterian Mission Press	1869
《英华萃林韵府》（全2册）Vocabulary and Handbook of the Chinese Language, Romanized in the Mandarin Dialect (in two volumes)	［美］卢公明 Justus Doolittle 1824－1880	Socialor familiar visit，叙庆；relations. The five 五伦；Society, a 签题会（卷一，p.449）	福州：Rozario, Marcal and Company	1872
《字语汇解》An Anglo-Chinese vocabulary of the Ningpo dialect	［美］睦礼逊 W. T. Morrison 1837－1869	SOCIETY，会（p.438）	上海：American Presbyterian Mission Press	1876
《英华字典》（全一册）English Chinese dictionary	I. M. Condit	Social 好相与；Society 会，结社（p.109）	上海：美华书馆	1882
《华英字典集成》（全1册）An English and Chinese Dictionary	邝其照（生卒不详）	Social 交友的，伦类的，好交友的；social rules 交友之道；Socialism, communism 公用；Society 会，结社，签题之会（p.344）	香港：循环日报承印 1899	1887

语义假借

续表

字典名	作者名	Society 等译名	出版地（者）	出版年
《英华大辞典》（小字本）	颜惠庆 1877–1950	*Social science*, *sociology*, 社会学, 世态学；Socialism, n. Communism, 均富主义, 共产论, 社会主义, 合群主义, 社会齐一论, 社会改造论（与个人争竞主义成一反比例）；Society, n. 3. The persons, collectively considered, who live in any region or at any period, 社会, 居民, 邑民（p. 932）	上海：商务印书馆 1920	1908

（二）从丁韪良到严复：以荀子所论"群"对译 Society

1890 年代以前，Society 的汉译也有特例。1864 年孟冬，受总理衙门委托与支持，入华美国基督教长老会传教士丁韪良（1827—1916）等人编译《万国公法》，继而在北京崇实馆出版。其所据原书为美国人亨利·惠顿（Henry Wheaton, 1785—1848）所著 *Elements of International Laws* 1855 年版。《万国公法》第二章"论邦国自治自主之权"起笔译云：

人成群立国，而邦国交际有事，此公法之所论也。①

其相应英文原文为：

The peculiar subjects of international law are Nations, and those political societies of men called States. ②

---

① ［美］丁韪良等译：《万国公法》卷二，（北京）崇实馆 1864 年版，第 16 页。
② Henry Wheaton: *Elements of International Law*, Boston: Little, Brown and Company, 1855, p. 27.

社　会

　　"群"是先秦用语,《国语·周语》谓:"兽三为群",即三个以上的兽类即可称"群"。哲人们将"群"引申为概括人类社会的专词。《论语·阳货》议《诗》的功能说:"诗,可以群。"荀子说,人超过其他动物是因为"人能群,彼不能群也"①。又谓:"人生不能无群,群而无分则争。"② 此"群"即指人组成的社会。丁韪良显然对荀子的"群"论有所领悟,故以之对译 political societies。而 political societies of men 的内涵与 States（国）相通,可见丁韪良是把"群"视作国家组织。此可谓以"群"译 Society 之源起。

　　此外,基督教圣公会华人牧师颜永京（1839—1898）1882 年所译《肄业要览》刊行,原书为英国人斯宾塞的教育学代表作 Education 第一章 What Knowledge is of Most Worth（什么是最有价值的知识）。据王彩芹考察,在《肄业要览》中,Social position 译作"于众人中居高位";social life 译作"百姓彼此平常相交";social and political relations 译作"闾里国家相关之举";society 译作"风俗""国中之民";而 Sociology 和 science of society 则译作"民景学";social science 译作"为民学"③。译词虽不固定,但基本上是在"民"群的层面把握 society 的蕴涵的。

　　甲午战争,中方惨败,先进的中国士人起而力倡变法自强。1895 年 2 月,严复发表《论世变之亟》一文,阐发"群"论:

　　　　自由既异,于是群异丛然以生。④

　　同年 3 月,严复又发表《原强》一文,介绍达尔文的生物进化论和斯宾塞的社会进化论:

　　　　其始也,种与种争,及其成群成国,则群与群争,国与国争。

---

① 《荀子·王制》。
② 《荀子·王制》。
③ 王彩芹:《斯宾塞中译本〈肄业要览〉译词考》,《或问》No. 21, 2011 年,第 100 页、第 106 页。
④ 严复:《论世变之亟》,《国闻报汇编》上卷,（上海）广雅书局,1903 年农历六月初,第 39 页。

> 语义假借

而弱者当为强肉，愚者当为智役焉。①

同年3月底，严复在《原强》修改稿中继续阐释"群"论：

> 盖群者人之积也，而人者官品之魁也。……且一群之成其体用功能，无异于生物之一体，小大虽异，官治相准。知吾身之所生，则知群之所以立矣。②

此文已揭示群（即人类社会）的基本特性——群乃人之集合，且人群又具有一定的等级结构。

（三）"群学"概念提出

1895年7月27日，上海《申报》刊载《论开民之智》一文，对严复的《原强》予以推介：

> 今春，有某日报载一论说，名曰《原强》。洋洋数千言，分作五日登之，因篇幅过长也。大旨宗英人达尔文之《物类宗衍》一书，而以其中之二篇，推阐至详，析理精微，令人惊心动魄。一曰争自存，一曰遗宜种，总有生之物而能有以自存而遗种也，必于天时、地利、人和最相宜者也。又有锡彭塞者，亦英人也，以人皆有能自群之性，故名其学曰群学，而治之最难。欲治群学，必先为数学、名学、力学、质学，而终之以天、地、人三学。此诸学既明，而后有以事群学，修齐治平，一以贯之矣。③

该文在推介严复"群"论的同时，明确提出"群学"概念，已逼近今之"社会学"含义。

对于"群"这一概念，康有为、梁启超也十分注重，力加阐扬。

---

① 严复：《原强》，《严复集》第一册，中华书局1986年版，第5页。
② 严复：《原强修订稿》，《严复集》第一册，中华书局1986年版，第17页。
③ 《论开民之智》，《申报》（上海版）第7998号，1895年7月27日，第1版。

1897年农历四月，梁启超在《时务报》和《知新报》上发表《说群自序》云：

> 启超问治天下之道于南海先生，先生曰：以群为体，以变为用。斯二义立，虽治千万年天下可已。……能群焉，谓之君。……以群术治群，群乃成；以独术治群，群乃败。已群之败，他群之利也。①

此文提出"群术"概念，近于"群学"，真精义不仅来自西方，而且还源于中国古代的"能群"之学，如荀子所云："君者，何也？曰：能群也。"②

1903年，严复将斯宾塞 The Study of Sociology 一书译成中文，题名《群学肄言》。他在《译群学肄言序》中对"群学"作正式界说：

> 群学何？用科学之律令，察民群之变端，以明既往，测方来也。③

至于群学的核心词素"群"的来历，严复《译余赘语》有云：

> 荀卿曰：民生有群。群也者，人道所不能外也。④

如前所述，严复对Society的创译，是取自荀况（约前313—前238）创造的一个重要概念"群"。荀况云：

> （人）力不若牛，走不若马，而牛马为用，何也？曰：人能群，彼不能群也。人何以能群？曰：分。分何以能行？曰：义。⑤

---

① 梁启超：《说群自序》，《时务报》第26册，（上海）时务报馆，1897年农历四月十一日，第1页；《知新报》第18册，（澳门）知新报社，1897年农历四月十六日，第1页。
② 《荀子·君道》。
③ 严复译：《群学肄言》，（上海）文明编译书局1903年版，译群学肄言序第1页。
④ 严复译：《群学肄言》，（上海）文明编译书局1903年版，译余赘语第1页。
⑤ 《荀子·王制》。

语义假借

> 人之生，不能无群。①

荀况指出，人具有社会性（能群），是优于禽兽的原因。丁韪良等人华新教传教士和严复等中国士人，以"群"译Society，"群学"对译Socieology，正是取法于先秦荀子的教言。

严复译《群己权界论》一书，阐发自由须在"群"（社会）和"己"（个人）之间划分权利界限。在严复那里，"群"是指人类全部社会性组织，包括国群、家族社会、宗法组织等；而"社会"则主要指"有法之群"，包括国家。故严复往往在同一文章中区分使用两词：

> 荀卿曰："民生有群。"群也者，人道所不能外也。群有数等。社会者，有法之群也。社会，商工政学莫不有之；而最重之义，极于成国。②

1903年出版的《新尔雅》专列"释群"条目，并引出"群学"与"社会学"概念：

> 二人以上之协同生活体，谓之群，亦谓之社会。研究人群理法之学问，谓之群学，亦谓之社会学。③

新名"群"及"群学"，一经创译，曾被采用。如《浙江潮》《江苏》《湖北学生界》《新民丛报》《新湖南》等报刊，都刊载以"群"概念阐述社会、政治问题的文章。不过，在"群"和"群学"流行的同时或略早，来自日本的新名"社会"和"社会学"强势入华，而严译"群"及"群学"曲高和寡，经过一段彼此参用，最终被"社会"和"社会学"取而代之。

---

① 《荀子·富国》。
② 严复译：《群学肄言》，（上海）文明编译书局1903年版，译余赘语第1页。
③ 汪荣宝、叶澜编：《新尔雅》，（上海）明权社1903年版，第63页。

五 新名"社会""社会学"取代"群""群学"

戊戌变法前后,维新派重视结社成群,康有为说:"思开风气,开知识,非合大群不可,合大群而后力厚也。合群非开会不可",尤以"提倡学会"为先。① 这种诉求推动了"群"向"社会"一词的转变。

在汉文世界中,结社集会意义的"社会"一词的较早用例,见于1891年11月《字林沪报》载"日本秋山鉴三草,岩谷忠顺译"《人类社会变迁说》。其起笔曰:

> 地球非不大也,而陆地面积不过日本里法八百六十四万七千六百七十万方里。邦国非不多也,而有主权者各统辖内外之国务,以人民皆愿公共之幸福救安之一社会。②

该文承认"高加索人"(白色人种,又称欧罗巴人种)的优越,称:

> 彼所领人类社会,皆为彼属隶矣。……盖高加索人之文明,一种特异之文明也。人类社会事物,不论有形与无形,一感染乎此空气而靡然变其势……③

1896—1897年,《时务报》两期"东文报译"栏连载日本人古城贞吉"译大阪朝日报"的《论社会》。其起笔云:

> 野蛮之地,无社会者焉。及文明渐开,微露萌蘖,久之遂成一社会。然则,所谓社会,盖以渐积而成者也。抑"社会"二字,本

---

① 《康南海自编年谱》,《戊戌变法》第4册,第133页。
② [日]秋山鉴三草:《人类社会变迁说》,岩谷忠顺译,《字林沪报》,(上海)字林沪报馆,1891年11月14日,第1版。
③ [日]秋山鉴三草:《续人类社会变迁说》,岩谷忠顺译,《字林沪报》,(上海)字林沪报馆,1891年11月15日,第2版。

非我国古来惯用之熟语；而社会之实形，自古已有。①

文中还有"学人社会""俗客社会""文艺美术社会""宗教道德之社会""股分市情之社会""格致博物之社会""政治家（社会）"等语②。

此后，译自日本的社会学著作纷纷问世。如：1898 年，韩昙首将斯宾塞原著、涩江保日译的《社会学新义》译成中文，在《东亚报》上连载；1899 年，《亚东时报》第 13—15 期合刊本载《社会制度要略》。有贺长雄的《社会进化论》也被译成中文；有 1900 年《清议报》刊载的瑶斋主人译本；还有 1901 年《译书汇编》译本；1902—1903 年，《翻译世界》连载远藤隆吉的《社会学》中译本；1902 年，《新民丛报》刊载"日本岸本能武太著，余杭章炳麟译"《社会学》。

1903 年，严复在翻译《群学肄言》时，关于"群"和"社会"予以分疏：

> 群有数等。社会者，有法之群也。社会，商工政学，莫不有之；而最重之义，极于成国。③

1903 年 7 月，上海明权社发行汪荣宝、叶澜编《新尔雅》。这是中国近代重要的专业辞书。书中"释群"篇，"群（学）"与"社会（学）"互通参用：

> 二人以上之协同生活体，谓之群，亦谓之社会。研究人群理法之学问，谓之群学，亦谓之社会学。④

---

① ［日］古城贞吉：《东文报译：论社会》，《时务报》第十七册，（上海）时务报馆，1896 年农历十二月十一日，第 23 页。
② ［日］古城贞吉：《东文报译：论社会》，《时务报》第十七册，（上海）时务报馆，1896 年农历十二月十一日，第 23 页。
③ 严复译：《群学肄言》，（上海）文明编译书局 1903 年版，译余赘语第 1 页。
④ 汪荣宝、叶澜编：《新尔雅》，（上海）明权社 1903 年版，第 63 页。

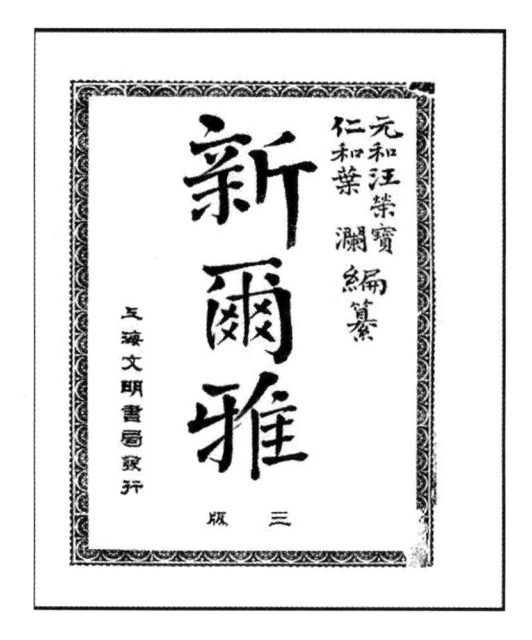

《新尔雅》(1903年)

其后,"群"与"社会"互释,反复出现。如:"叙述群之现象者谓之静群学或谓之社会现象论";"推演人群之推进者谓之动群学,亦谓之社会运命论;人群运动之标的谓之人群之理想";"人群之实在谓之群理。研究人群之实在谓之群理论,亦曰社会实在论;……人群之意识行动谓之群行为,或社会行为;一群与他群区别之特色谓之群则或社会之规定"①;等等。

《新尔雅》的这种情形,既反映了当时"群(学)"与"社会(学)"并立混用的语用状况,也构成从"群(学)"到"社会(学)"转换的临界线。此后,后者取代前者,成为社会学关键词及广为习用新名词。

1904年7月13日,《新民丛报》刊载《新释名一(哲学类):社会(社会学之部)》。在此,没有"群",只有"社会",对译英文Society,德文Gesellschaft,法文Société;其释义"采译日本建部遯吾《社会学序说》及教育学术研究会之《教育辞书》":

---

① 汪荣宝、叶澜编:《新尔雅》,(上海)明权社1903年版,第65、68、71页。

语义假借

社会者，众人协同生活之有机的、有意识的、人格的之浑一体也。①

继而，将此定义分析解说如下：

第一，社会者，二个以上之人类之协同生活体也。
第二，社会者，有机体也。
第三，社会者，有意识者也。
第四，社会者，人格也。
第五，社会者，浑一体也。②

最后，释义作结道：

合此五者，则"社会"之正确训诂，略可得矣。间有用"动物社会""植物社会"诸名，不过假借名词，未足为定语也。中国于此字无确译，或译为"群"，或译为"人群"，未足以包举全义。今从东译。③

经历20世纪初叶的流播，新名"社会"终于成为人们所习用关键词，以至于今日。以"社会"为词干，形成一系列词组，如"社会生活""社会组织""社会主义"等。

鉴于以国家政制变革为目标的辛亥革命遭遇挫折，"无量金钱无量血，可怜购得假共和"，至"五四"前后，社会变革为人们所重视，"社会"作为一个论域，成为学界研讨的一大主题。梁启超于1915年1月撰《吾今后所以报国者》一文，将以往他一向强调的国家变革，修改为社会

---

① 《新释名一（哲学类）：社会（社会学之部）》，《新民丛报》第叁年第贰号，（日本横滨）新民丛报社，1904年7月13日，第113页。
② 《新释名一（哲学类）：社会（社会学之部）》，《新民丛报》第叁年第贰号，（日本横滨）新民丛报社，1904年7月13日，第113—115页。
③ 《新释名一（哲学类）：社会（社会学之部）》，《新民丛报》第叁年第贰号，（日本横滨）新民丛报社，1904年7月13日，第115页。

变革优先，认为"社会"治理乃政治振兴之根基。梁氏曰：

> 夫社会之敝，极于今日，而欲以手援天下，夫孰不知其难？虽然，举全国聪明才智之士，悉萃集于政界，而社会方面空无人焉，则江河日下，又何足怪！①

社会问题空前紧迫地提上日程，社会环境的改造，日益被雅俗两层面所重视，而各种社会实践性课目——诸如劳工问题、教育问题、妇女问题、乡村建设问题等，成为20世纪30年代前后人们的探讨领域。"社会"理所当然地上升为人文社会科学领域的关键词，"社会学"成为一门以研究"社会"的专门学科。

---

① 梁启超：《吾今后所以报国者》，《大中华》第1卷第1期，(上海) 中华书局，1915年1月20日，第4页。

心　　理

联辞结采，将欲明理，采滥辞诡，则心理愈翳。
　　　　　　　　　　　——刘勰《文心雕龙·情采》

一　汉字词"心理"

"心理"是一个由"心"与"理"两个语素组成的偏正结构名词。

（一）释"心"

"心"，甲骨文作 ♡ 等；金文作 ♡ 等；小篆作 ♥，中为心脏，外为心的包络，描摹出心的状态。《说文解字》云："心，人心，土藏，在身之中，象形。博士说以为火藏。凡心之属皆从心。"心的本义是心脏。古人以心为思维器官，有谓"心之官则思"[①]。"心藏神。"[②] "心者，君主之官也，神明出焉。"[③] 这便是流行广远的"心主神明"说。中国古代关于人的精神、智力、记忆的主持脏器为谁，有种种说法，如肝藏魂、肺藏魄、肾藏志等，而影响最大的是"心主神明"说。关于心的功能，有心主血脉、主神志两说，而后说传播更广。

（二）释"理"

"理"，金文作 𤧚，左边上面是"玉"，下面表"手"，意谓用手加工

[①] 《孟子·告子上》。
[②] 《素问·调经论》。
[③] 《素问·灵兰秘典论》。

玉石；右边是"里"，作声符表读音。小篆作 理 ，形声字。《说文解字》："理，治玉也，从玉，里声。"理字本义为加工玉石。作动词，一有雕琢义，如"王乃使玉人理其璞而得宝焉"①，此"理"即雕琢原始玉（璞）以成宝玉的动作。二有治理、管理义，如"理事自若"②，"为天下理财"③。三有整理，使有秩序义，如"当户理红妆"④ 等。

作名词，一有条理之义，"井井兮有其理也。"⑤ 二有义理之义，如"验之以理。"⑥ 三指狱官，如"遂下于理。"⑦

作形容词，意为治理得好，如"一切治理，威名流闻。"⑧ 组词理当、理该，评理、理解、理性、理学等。

（三）汉语古典词"心理"

古人以为"心"是思维器官，所谓"心之官则思"，与心（感受、思维等）相关的行动、相关的道理，诸如认识过程（知）、情感过程（情）、意志过程（意），皆谓之心理。

"心理"并非外来语，而是一个雅文化层面的汉语古典词，略指情理、思想情感、心理过程，也指哲学层面的心智与理念。刘勰《文心雕龙》云：

> 联辞结采，将欲明理，采滥辞诡，则心理愈翳。⑨

此处"心理"，为偏正结构名词，指文辞所要表达的思想内容。

宋人张载将"心"作超物质的心理解，而不是视作心脏这一器官，

---

① 《韩非子·和氏》。
② 《后汉书·卓茂传》。
③ （北宋）王安石：《答司马谏议书》。
④ 《木兰诗》。
⑤ 《荀子·儒效》。
⑥ 《吕氏春秋·慎行论》。
⑦ 《史记·报任安书》。
⑧ 《汉书·赵尹韩张两王传》。
⑨ （南朝梁）刘勰：《文心雕龙·情采》。

指出"心"是对"物"的反映,"人本无心,因物为心"①,"感亦须待有物,有物则有感,无物则何所感"②,人的心理差异导因于对万物的不同感受,"心所以万殊者,感万物为不一也。"③

明人王阳明(1472—1529)承袭宋人陆九渊"心即理"之说,提倡"致良知",从自心寻理,其《传习录》云:"此区区心理合一之体,知行并进之功"④,此处"心理"为并列结构词,指心(主观认识)和理(客观原则)整合一体。"心理"乃阳明心学的重要概念。

清人戴震说:"夫事至而应矣,心也。"⑤ 也是把心作超物质的精神现象作议论的。这颇与亚里士多德《解释篇》的诠释相类似——符号不一定是事物的直接表述,符号往往表达的是"心灵的体验"。

可见,中国传统文化中不仅早有"心理"专词,而且包蕴着颇有深度的心理学内容。

近代以降,随着西方心理学的译介东传,"心理"演变为一个学科的核心概念。

关于人类心理的认知,无论东方、西方,均古已有之。但作为一门独立学科的心理学则创生于近代西方,后来流播于东方。在近代西方,心理学先被称为 Mental Philosophy(Science),直到 19 世纪中叶才固定为 Psychology。汉名"心理学"就是在对译西语或译介该门学问过程中确立下来的。这一过程在中、西、日文化互动中展开,其间 Mental Philosophy(Science)、Psychology 获得的汉译名可谓五彩纷呈。对此过程,学界尚无完整描述,本目试作综述。

二 近代中国 Psychology 译名厘定

Psychology 一词译入中国,最早约在 19 世纪 60 年代,而中国问世的汉文心理学专书,则首推基督教圣公会早期华人牧师颜永京

---

① (北宋)张载:《语录》下。
② (北宋)张载:《语录》上。
③ (北宋)张载:《张子正蒙·注太和篇》。
④ (明)王阳明:《传习录卷中·答顾东桥书》。
⑤ (清)戴震:《孟子字义疏证·才》。

(1839—1898)译《心灵学》（1889），次为丁韪良著《性学举隅》（1898）。颜氏所据原书为美国心理学家海文（Joseph Haven）的心理学著作 Mental Philosophy；丁著的英文名为 Introduction to Psychology，见于丁韪良 The Lore of Cathay（1901）。故"心灵学"和"性学"是近代中国选择的指称心理学的两个正式学名，前者对译 Mental Philosophy，后者对译 Psychology。

然而，西方心理学知识的传入及其学名厘定，并非以心理学专书为限。阎书昌《中国近代心理学史上的丁韪良及其〈性学举隅〉》[①] 一文称，在1882年出版的《肄业要览》中，"颜永京首次将 psychology 翻译为'心才学'，这是目前所知该词在汉语中最早的翻译名称"。亦即说，在"心灵学"之前，即有"心才学"一名问世。需要修正的是，心理学的学名厘定并不以《肄业要览》中的"心才学"为最早，此前此后的英汉词典、教育著译、西学类书中，多有关于西方心理学的介绍，厘定多种学名。兹依时序，胪列如下：

"灵魂学" Psychology 一词进入汉字文化圈要早于它所指的学问本身，见于罗存德《英华字典》第三卷（香港1868）第1397页，其汉译名为"灵魂之学""魂学"及"灵魂之智"。同时 Psychologic 和 Psychological 两个形容词，则被译作"灵魂学的""论灵魂的"。亦即说，若去掉"的"字，"灵魂学""论灵魂"也可被看作 Psychology 的译名。

此外，第三卷第1311页 Philosophy 一条，译名为"理学""性理之学"，对于后来心理学译名的厘定提供了前提。而在此条之下又有 natural philosophy 和 intellectual philosophy 两条语例，前者译名"博物理学""格物总智""心论""心学"，后者译名"知学"。其中，译名"博物理学""格物总智"反映了西方 natural philosophy 作为客观自然之学的一面，"心论""心学"反映了 natural philosophy 作为主观自然（人性）之学的一面。而作为主观自然之学的 natural philosophy 及作为人类理智之学的 intellectual philosophy，都是近代独立心理学的前身。

"灵魂说""灵魂之道" 1873年，入华德国传教士花之安（Ernst Faber，1839—1899）《大德国学校论略》（版心题名《西国学校》）问世。

[①] 该文刊于《心理学报》2011年第1期。

语义假借

其中有关于德国"太学院"(University)"智学"(Philosophy)科(即理科)所开课程的记述:

> 智学分八课:一课学话,二课性理学,三课灵魂说,四课格物学,五课上帝妙谛,六课行为,七课如何入妙之法,八课智学名家。①

其中"灵魂说"也称"灵魂之道":

> 三课灵魂之道,论性情,论知觉,即外象自五官如何而入,论如何生出意思,论如何醒悟,论寝息,论成梦,论心如何分时分处,论记性、幻性、思虑、谨慎、自知。②

很显然,此处的"灵魂说""灵魂之道"所对应的英文当是 Mental Philosophy 之类。

"心性学"　在《肄业要览》中,颜永京除将 psychology 译为"心才学"之外,还用"心性学"指称心理学。其译文曰:

> 凡目前之人,或千载以后之人,若欲行作有所准绳,终不得不参究度生之诸学,曰骸体学,曰心性学,曰为民学;更不得不读各项格致学,因各格致是度生学之启步也。③

其中,"度生之诸学"及"度生学"对译 the science of life,"骸体学"对译 physical science,"心性学"对译 mental science,"为民学"对译 social science ④。在当时西文语境中,mental science 与 psychology 乃同

---

① [德]花之安:《大德国学校论略》,(羊城)小书会真宝堂1873年版,第17页。
② [德]花之安:《大德国学校论略》,(羊城)小书会真宝堂1873年版,第19页。
③ (清)袁俊德编:《富强斋丛书续全集·学制·肄业要览》,小仓山房光绪辛丑七月校印,第15页。
④ Herbert Spencer: *On Education: Intellectual, Moral, and Physical*, New York: D. Appleton and Company, 72 Fifth Avenue, 1898, pp. 94–95.

一所指。亦即说，在颜永京的《肄业要览》中，"心性学"与"心才学"同为西方心理学的译名。

"性理学" 光绪六年三月至光绪八年三月（1880—1882）年间，同文馆总教习丁韪良归国省亲。其间，受总理衙门王大臣之托，沿途"访西术以闻"①，编成《西学考略》两卷，1883年夏由总理衙门印行。其卷下《学校课程》有云：

> 书院课程为四年，迨古今文学已能熟谙之后，即须研究测算、天文、格化等学问。有讲解万国公法、富国策、性理诸学者。②
>
> 人为万物之灵，而人之灵实原于天则天理。人性不可不究，况天地万物皆以一理维系。是西学之精微者，莫如性理一门。③

其中，"性理"即指西方心理学。阎书昌文中也曾提及此名，但引文涉及古希腊"性理之学大兴"云云，笔者以为失当。清末汉文西书中的"性理"一词多义，如哲学、伦理、心理等。古希腊"性理之学大兴"云者，当指古希腊哲学。

"性情学" 与"心性学" 英国人赫胥黎（Thomas Henry Huxley, 1825—1895）的著作 *Science Primers. Introductory*（《科学导论》）1886年被译成汉文，而且有两个译本，一个是"英国罗亨利、宝山瞿昂来同译"、江南制造局刊行的《格致小引》，一个是英国人艾约瑟（J. Edkins）译撰、总税务司署印的《格致总学启蒙》。原书中有关于 Psychology 的介绍④，两个译本为其厘定了不同的名称：一为"性情学"⑤，一为"心性学"⑥。《格致总学启蒙》所用"心性学"一名，早见于颜永京译《肄业要览》（1882）中，二者是否有承继关系，有待考证。

---

① ［美］丁韪良：《西学考略》，（北京）总理衙门1883年版，自序。
② ［美］丁韪良：《西学考略》，（北京）总理衙门1883年版，卷下第9—10页。
③ ［美］丁韪良：《西学考略》，（北京）总理衙门1883年版，卷下第12页。
④ Thomas Henry Huxley. *Science Primers. Introductory*. London：Macmillan and Co., 1880, p.94.
⑤ ［英］罗亨利、瞿昂来译：《格致小引》，（上海）江南制造局1886年版，第23页。
⑥ ［英］艾约瑟译：《格致总学启蒙》，（上海）总税务司1886年版，第89页。

语义假借

《格致小引》的译文，虽文笔流畅，但有节录痕迹，属"达旨"译法；《格致总学启蒙》的译文，虽文笔生涩，但属对译，更符原文。但无论如何，它们都是以专业视域介绍心理学的最早的汉字文本；而且其所述及的心理学，是与化学、物理等并列的作为一门独立科学（"格致"）的心理学。

"心学" 1898年，《光绪二十四年中外大事汇记》（版心名曰《格致汇第十一》）所载《中西格致异同考》一文有云：

> 人为万物之灵，人物相接以知，于是而有理学。理学大要，教人所以择诚去妄之术。其要归所在，即孟子所谓知言，《中庸》所谓前知。是学也，又冒众学以为学者也。理学而深之，则为心学（西名"赛哥洛支"），首言心之体，次言心之用。心学明，乃有伦学（西名"苏希希阿洛支"）。伦学者，修齐治平之学也。①

其中，"赛哥洛支"乃 Psychology 之音译，"心学"乃义译。依作者之见，"心学"乃"理学"之深入，"伦学"之先导。此处"心学"不同于王阳明之"心学"，前者指心理学，王阳明"心学"乃一个以"心"为主体的哲学流派。

"灵性学" 该名见于李杕（1840—1911）《哲学提纲 名理学》，光绪三十四年（1908）春成出。其《哲学提纲序》云：

> 哲学者何？致智之学也。……揭其要，条为七宗：曰名理学，导人思路，俾立意措词均不入歧误；曰原物学，将万汇公理，细析而贯通之，藉悉群物之妙蕴；曰天宇学，博考形物之体质，印证元粒之受生；曰生理学，讲动、植之知觉、滋长，于质料外，别具生原；曰灵性学，其为义精微，其为用洪博，明是学而知人之所以为人，不可虚度终身；曰伦理学，论正言行，端心志，及万姓合群之

---

① 《光绪二十四年中外大事汇记·中西格致异同考》，（羊城）广智报局1898年版，第9页。

义，尤为士庶所宜知。①

依作者之见，"灵性学"（心理学）乃是哲学的组成部分。

上述学名，已为历史陈迹。如今所用"心理学"一名，乃由日本传来。

三 近代日本 Psychology 译名厘定

近代日本，Psychology 一词及其所指学问的传入与传播，始于19世纪60年代初，略早于中国几年。其所创译名不少，兹依时序，胪列如下。

"论精心之学" 在日本，Psychology 一词，最早见于1862年"江户开板"的堀达之助《英和对译袖珍辞书》第643页，其译名为「精心ヲ論スル学」（论精心之学）。1866年和1867年"江户再版"的堀越龟之助《改正增补英和对译袖珍辞书》第643页、第321页，亦见此条，译名仍之。该辞书乃近代日本英日对译词典之嚆矢，多为效仿。其中 Psychology 一词的译名「精心ヲ論スル学」，也为后出词典所沿用，如1869年上海墨海书馆印高桥新吉等编《和译英辞书》第462页，1871年上海墨海书馆印高桥良昭等编《和译英辞林》第533页，1872年东京的小林新兵卫出版的荒井郁之助编《英和对译辞书》第374页，1873年东京新制活版所编纂、刊行的《和译英辞书》第533页，均见此例。但这些词典都是一般语文辞书，而非专业辞书，其所采「精心ヲ論スル学」这一译名，并未进入日本人译介西方心理学的过程之中，因而很快变成了"语言化石"。

近代西方心理学在日本的传播及其学名厘定，首在哲学家西周（1829—1897）。

"性原"与"原性" 1869年8月，西周任沼津兵学校的"学头"时，开始起草《致知启蒙》，题名《五原新则第一卷 学原》，拟对五门学问进行介绍。所谓"五原"，即「学原」（ロジック，Logic）、「性原」

---

① 李杕：《哲学提纲 名理学》，（上海）土山湾印书馆1916年版，序第1—2页。

> 语义假借

（プシコロジック，Psychology）、「教原」（エチック，Ethic）、「政原」（トロワ・ナチュラル）、「治原」（エコノミー・ポリチック，Political Economy）。① 其中"性原"即 Psychology。

1870 年，西周作《开题门》（汉文），其中有云：

> 今爱论学术相关涉之理，名曰原学。次论思辩论议之法，名曰原思，卢义果是也。此二者取诸子思之言也。学究博思既审，以攻心性之理，曰原性，没思古者卢尔正是也。既尽心性矣，以观天地之故，通万有之情，名曰原天，古士没卢义尔是也。此二者取诸孟子也。②

其中，"原性"与"性原"同义，指心理学。

"性理学" 1870 年冬，西周在自己所办私塾——育英社中给学生讲授《百学连环》。其中，将人类学问分为"普通学"（Common Science）和"殊别学"（Particular Science）两大类。"殊别学"又分为"心理上学"（Intellectual Science）和"物理上学"（Physical Science）两大类。"心理上学"包括"神理学"（Theology）、"哲学"（Philosophy）、"政事学（法学）"（Politics, Science of Law）、"制产学"（Political Economy）和"计志学"（Statistics）。而 Psychology 则被视为哲学的一部分，译作"性理学"。关于定名理由，西周述曰：

> Psychology（性理学）之字，希腊之 ψυχ？，英之 soul（魂）也。此名为魂者，皆属人身上之魂、心、性也。此三者皆为一物，人身之主宰。自其生活上言之曰魂；作用之源曰心；作用有常之源曰意。其曰魂，曰心，曰意，皆从其所据而异名而已，唯一物也。故将称"魂"之字译作"性理学"。③

---

① ［日］大久保利谦编：《西周全集》第一卷，第 309 页。
② 《西周全集》第一卷，第 23 页。
③ 《西周全集》第四卷，第 149 页。

在 1873 年 1 月 1 日至 6 月 3 日所作《生性发蕴》中，西周开宗明义道：

> 性理之学于东洲兴于古孔孟之时。孔子说仁智，论性习之远近；子思辨喜怒哀乐之发未发；孟子自性之善恶述四端；荀子、杨子、韩子，或云恶，或云混，或云有三品；降至濂洛关闽诸家，以性理为其学之一大要旨，皆于此上立见解。其渊源远，流传亦广。今于东洲，以儒自负者，无不宗其说。①

注释云：

> "性理"之字，取自《孟子》"告子曰：'生之谓性。'"
> 性理学，英语 Psychology，法语 psychologie，皆自希腊之 ψυχή 即"魂"及"心"之义、logy 即"论"之义而来者。比之东洲之"性理"之字，有彼专论灵魂之体，此论心性之用之差。然大要相似，故直译为"性理"。②

"性理学"一词公之于世，最早见于 1874 年 9 月东京的瑞穗屋卯三郎出版的西周著《致知启蒙》。该书为西方形式逻辑概论，其第四章阐述逻辑学与心理学的联系与区别，称心理学为「性理ノ学」、「性理学」，并注明对译英文词［psychology or mental philosophy］③。

"心理学" 该名最早见于 1875 年 2 月东京开成学校编辑、出版的《东京开成学校一览》。其第三章《教则及课程表》"诸学科课程·预科课程"第三年第二期列有"英语学［心理 论文］"，"心理"一词标注片假名"メンタル フィロソフィー"④，为英文 Mental Philosophy 之音译。"本科课程·法学"第一年"本科下级"、"化学·第一年本科下级"

---

① 《西周全集》第一卷，第 29 页。
② 《西周全集》第一卷，第 30 页。
③ ［日］西周：《致知启蒙》第一卷，东京：瑞穗屋卯三郎 1874 年版，第 8 页。
④ ［日］东京开成学校编：《东京开成学校一览》，（东京）开成学校 1875 年版，第 16 页。

> 语义假借

中列有"心理学及论文";"工学·第一年 本科下级"中列"心理学"①。

1875年4月,文部省刊行西周译《心理学》卷一,其所据原本为美国约瑟·奚般(Joseph Haven,1816—1874)著 Mental Philosophy: Including the Intellect, Sensibilities, and Will,西周(1829—1897)译。亦即说,"心理学"一词对译的是 Mental Philosophy。文部省卷一,1875年4月西周在译著第一册第1页上作注云:

> Mental Philosophy,兹翻为"心理上之哲学",约译为"心理学"。②

与《致知启蒙》不同,西周译《心理学》为 Mental Philosophy 和 Psychology 采取了不同译名,前者译为"心理学",后者则仍译为"性理学":

> 盖心理学有别于有形理学诸科,为性灵上(intelligent)之学之一部,与讲思惟论辩理法之学即致知学(Logic)、讲道德之学即礼仪学(Ethics)、讲邦家政令之道之学即政治学(Politic),俱为有一地位者也。……今若讲心意之学与此诸学区别而称之,须要进一步确定之一语。方今用 psychology 一语,译云"性理学"。③

"心性学"1885年12月,东京普及舍编纂、出版《教育心理论理术语详解》。其例言申明,该书编述的心理学术语,乃引自井上哲次郎抄译《心理新说》、西周译《奚般氏心理学》。然而,关于 Psychology 一词,该辞书却译为"心性学"。其译释曰:

---

① [日]东京开成学校编:《东京开成学校一览》,(东京)开成学校1875年版,第17、19、21页。
② [日]西周译:《心理学》第一册,(东京)文部省1875年版,第1页。
③ [日]西周译:《心理学》第一册,(东京)文部省1875年版,第3—4页。

· 298 ·

心　理

心性学（Psychology）古来名为心意之学问（Mate-physics）而用"心性学"之名者，亦屡有之。Mate-physics、心性学，皆论心意之事者，Mate-physics以人心为全无形之物而立说者，论定人心外之物，无形之物皆包含之。心性学以人心为与形体有关系之物，其范围以人心为限，对其他之物一无论及。故心性学乃专由自验上论心意者，以论心意之现象（喜怒哀乐之类）、心意之法则（求快乐、避苦痛之类）及直接原因（体欲之类）为主。皆以入吾之意识为范围；不入意识者，一概不论之也。①

"心学"与"心象学"　该名见于西村茂树（1828—1902）著《心学讲义》（全5册），东京丸善1885—1886年刊。西村开宗明义，对"心学之名目"予以阐释：

余今日所讲述之心学，非支那所言陆象山、王阳明等人之心学，又非本邦所言之心学道话，方今世间所称之心理学者也。何故将心理学改称心学？别无深意，惟此学问本止于考究、推索所谓心之物，非说心之理者也。②

在讲义中，西村简述了西方心理学的历程，对近代metaphysics和Psychology概念予以分疏：

metaphysics、Psychology虽俱心之事，但若云metaphysics，则以人心为无形之物而立说者，故人心之外，无形之物，亦皆论之也。以metaphysics用于哲学之义者亦多。若云Psychology，则以人心为与形体有关系之物，且其学之疆域以人心为限，其他之物无论之。③

继而对近代Psychology的学科概念予以阐释：

---

① ［日］普及舍编：《教育心理论理术语详解》，（东京）普及舍1885年版，第137页。
② ［日］西村茂树：《心学讲义》第一册，（东京）丸善1885年版，第1页。
③ ［日］西村茂树：《心学讲义》第一册，（东京）丸善1885年版，第8页。

语义假借

> Psychology 亦分为实验与推理二种。实验，如今之所言者是也；推理，论心之本体、本质及其灵能等者，与 Ontology 相类者也。实验之 Psychology，又名之"后天之心学"，推理之 Psychology（以下译作"心象学"），又名之"先天之心学"。①

> 近代西国 psychology 即可谓心象学之心学……②

西村还对东西方"心学"进行比较：

> 支那、印度之所谓心之学以治心为主，西国之所谓心之学以知心为主。今余所说之心学，乃知心之学，非治心之学。……盖欲治心，须先知心。③

在众多译名之中，"心理学"最终脱颖而出，独占鳌头。之所以如此，首先归功于西周译《心理学》。西周是著名哲人，其所译《心理学》很快成为名著，且由文部省初版发行，名人、名著、官方权威，三效应叠加，势不可挡。西周译《心理学》自初版后，还多次重刊，如东京文部省 1878—1879 年，东京小笠原美治 1881 年，东京报告社 1881 年，东京内田芳兵卫 1881 年，东京前田长善 1881 年，大阪冈岛宝玉堂 1882 年，东京小笠原书房 1883 年，东京明治书房 1887 年，该书影响因以扩大。1881 年 4 月，东京大学三学部刊行井上哲次郎等人编纂的《哲学字汇》，将"心理学"定为 Mental philosophy、Mental science 和 psychology 的译名④，这一界定与西周译《心理学》一起，标志着学名"心理学"的正式确立。

四　"心理学"在中国的传播与确立

日译学名"心理学"传入中国，是中日甲午战争之后的事情，最早

---

① ［日］西村茂树：《心学讲义》第一册，（东京）丸善 1885 年版，第 8 页。
② ［日］西村茂树：《心学讲义》第一册，（东京）丸善 1885 年版，第 10 页。
③ ［日］西村茂树：《心学讲义》第一册，（东京）丸善 1885 年版，第 9 页。
④ ［日］井上哲次郎等编：《哲学字汇》，（东京）东京大学三学部 1881 年版，第 66、82、74 页。

见于康有为所编《日本书目志》。该书目志于 1897 年完成，1898 年由上海大同译书局刊行。其卷二"理学门"列有"心理学二十五种"，并加按语：

> 心学固吾孔子旧学哉？颜子三月不违；大学正心；孟子养心；宋学尤畅斯理；当晚明之季，天下无不言心学哉。故气节昌，聪明出，阳明氏之力也。以明儒学案披析之渊渊乎，与楞伽相印矣……泰西析条分理甚秩秩，其微妙通玄，去远内典矣……呜呼，心亦可攻乎哉？亦大异矣。日人中江原、伊藤维桢本为阳明之学，其言心理学，则纯乎泰西者。①

康有为《日本书目志》书影

---

① 康有为编：《日本书目志》，（上海）大同译书局 1898 年版，第 78 页。

语义假借

康有为将西方心理学与中国固有之心学做类比。正是因为这种可比性存在，中日人士方以汉语古典词"心理"对译 Psychology。

西方心理学自日入华，蔚然成风，乃自"清末新政"始。其中最需一提的就是服部宇之吉的来华任教。"清末新政"的第一举措是重开京师大学堂。在新任管学大臣张百熙、总教习吴汝纶的运作下，日本东京帝国大学文科大学教授、文学博士服部宇之吉（1867—1939）于1902年应聘到京师大学堂任正教习，在师范馆讲授心理学、伦理学等课程。后来，服部对其讲义稿本进行"增损润色"，撰成《心理学讲义》（汉文）一书，1905年11月在东京由东亚公司印行。该书凡例披露了他在京师大学堂讲授心理学的一些信息：

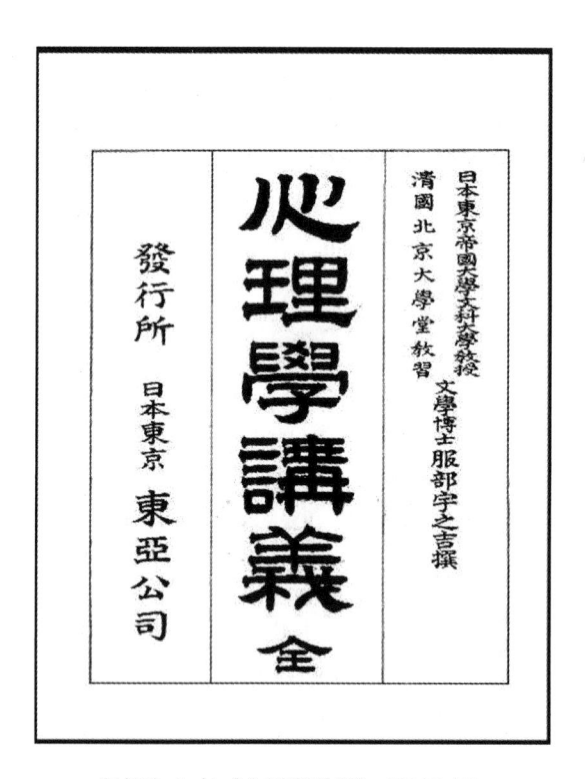

服部宇之吉《心理学讲义》（1905年）

予之以心理学讲授也，当时学生初入学堂，物理、化学，以至博物、生理等，均诸学未尝学习，而遽进以心理学，教之既难，学者亦不易。然学堂功课有定章，未便任意更改。是以勉强从事，遇与物理、生理等学相涉之处，则随事别行讲说，以便学生领解……

中国古来学术，与心理学相发明者不少，但语而不详者多，又不合于心理学之理者，亦往往而有。譬如性说，古来聚讼，学者至今犹不知所折中。今由心理学之理观之，则性之为物自明。又如公孙龙之坚白论，由知觉之理观之，则其论不驳而自破。凡此类能随时说明之，或疏证之，则一可以长学生之理解，一可以助学术之发达。予讲授心理学，实用此法。后之讲此学者，其亦致意于此。①

1908年正月，韩述组著《心理学》由日本东京的日清印刷株式会社印刷，上海文明书局发行。其卷首注云："北京大学堂毕业生韩述组著"。出使日本考察宪政大臣达寿光绪丁未秋所作《序》中写道："韩君志勤，与余为同学友，殚求斯学五载于兹，今年毕业于大学师范科"。王荣官光绪丁未冬所作《序文》中写道："余既与北平韩子志勤同游太学，太学有心理一科，授之者扶桑服部博士。"就此而言，韩述组的《心理学》乃是服部宇之吉京师大学堂执教心理学的重要成果。而就韩述组《心理学》的结构和内容来看，几可谓是服部宇之吉心理学讲义的又一版本。

当然，近代心理学从日本传入中国的渠道、载体很多，清末民初在中国传播的心理学著译也很多，兹列举如下：

1. 《师范学校教科书教育心理学》：原著者日本高岛平三郎，译述者湖北田吴炤，商务印书馆光绪二十九年九月首版，三十一年九月三版。总理学务大臣审定。

2. 《心理学》（师范教科书丛编第一种）：编辑者湖北师范生，发行者湖北学务处，印刷所秀英舍第一场（株式会社），光绪三十一年正月印行。其《凡例》云："本书原著为日本高等师范教授小泉先生所编述"；"本书经日本大久保先生参酌群书，阐发精义口授者，凡六阅月。余等纂订之"。

---

① ［日］服部宇之吉：《心理学讲义》，（日本东京）东亚公司1905年版，凡例第1—2页。

卷首注云："日本大久保介寿讲授，陈邦镇、范维藩、郭肇明、胡鹏翥、傅廷春合编"。

3.《心理易解》：陈槊编辑，1905年刊行。其《辑言十则》第一则云："本书系辑东文书而成。"第五则云："本书所用名词，多东文之旧，亦有将东文名词略改者，如观念改为念端，概念改为浑念，思想改为思虑，把住改为蕴积，本能改为良能。此等改法，不过略一变换，读者想亦不难一见而仍知为东文之何名也。"

4.《最新心理学教科书》：编著者通州龚诚，印行者上海文明书局，光绪三十二年十月初版。

5.《实地教育心理学讲义》：无锡尤惜阴著作，奉化庄景仲校阅，新学会社发行，光绪三十二年十月出版。

6.《心理学概论》（师范学堂用书，*Outlines of Psychology*）：丹麦海甫定（Harald Hoffding）原著，英国龙特氏原译，王国维重译，商务印书馆，1907年农历6月初版。该书影响很大，至1931年出版第九版。

7.《心理学》（师范用）：编辑者上海杨保恒，中国图书公司编辑印行，光绪三十三年八月初版。

8.《中华师范心理学教科书》（全一册），编者彭世芳，中华书局印行，民国元年十一月初版。

9.《心理学讲义》：编纂者武进蒋维乔，商务印书馆，民国元年十二月初版，二年十月再版。

10.《教育心理学》（一册）：原著者日本松本亦太郎、楢崎浅次郎，译述者朱兆萃、邱陵，校订者范寿康，商务印书馆，民国十二年五月初版，十三年六月再版。

1908年，清学部尚书荣庆聘严复为学部编订名词馆（或谓"审定名辞馆"）总纂，致力于学术名词的厘定与统一。此项工作，凡历三年，至1911年，积稿甚多，其中便包括《心理学名词对照表》（版心题曰《心理学中英名词对照表》）。该表第1页将"心理学"作为Psychology的"定名"，其"定名理由"：

> 希腊语Psycho本训灵魂，即训心，而Logos训学，故直译之，当云心学。然易与中国旧理学中之心学混，故从日本译名，作"心理

学"。旧译"心灵学"。若作人心之灵解，则"灵"字为赘旒；若作灵魂解，则近世心理学已废灵魂之说，故从今名。"理"字虽赘，然得对物理学言之。①

该表虽未及公布即改元民国，但它足以表明，时值清末，"心理学"已在中国被正式确定为 Psychology 的译名。

1911 年 5 月在上海出版的黄摩西编《普通百科新大辞典》拟"心理学"条目，释曰：

> 研究知情意等心作用之学。近日用自然科学之法，颇有进步。实验心理学，用器械研究心之内部。生理心理学，考脑及神经等与心之关系。社会心理学，与民族心理学，考社会及民族之集合意思。又有儿童心理学，动物心理学，则比较成人与儿童，动物与人类，心理之异同。

综上所述，近代"心理学"的厘定过程，当然首先是西语 Mental Philosophy（Science）、Psychology 跨语际传播过程，但就更深层面而言，它是以此为名的专门学问——心理学跨文化传播过程。在此过程中，不仅有东西语义的相互通约，而且有东方传统的性理之学、心学与西方心理学的相互观照。可以说，近代"心理学"的厘定乃是中—西—日文化互动的产物与表征。②

就"心理学"的厘定过程来看，中西日之间并未形成一个文化往还圈——它包括西→中、西→日、日→中三部分，而缺少中→日环节。"灵魂学""心才学""心性学""性情学""心灵学""性学"等"中国制造"的译名，不仅未对日本发生实际影响，而且最终统统让位于"日本制造"的译名"心理学"。这并不一定是译名本身"优胜劣汰"的结果，而是由中日两国学术、文化、教育近代化过程中一度呈现的势差造成的。

---

① 学部编订名词馆编《心理学名词对照表》，第 1 页。该表为学部编订名词馆所编《中外名词对照表》之一部分。

② 参见冯天瑜《新语探源》，中华书局 2004 年版，第 410 页。

语义假借

"心理学"一名入华之际,其所指的专门学问已在日本近代学术、教育体制中独立久矣,而中国却唯有颜永京《心灵学》、丁韪良《性学举隅》两部专门著译而已。至于中国近代学术、教育体制的自觉构筑,乃自戊戌变法—清末新政方正式启动;而戊戌变法—清末新政,又是以日本为样板展开的,日制汉字译名"心理学"在中国的传播与确立,也就势在必行了。

借形变义

汉语借词有数法，"一以相近之声，模写其音"，此为音译，"一以相近之意，仿造其字；一以相近之义，撰合其文"，此为意译。① 此外，还有一种词语的古今转换，就是保留古典词的词形，利用汉字一字多义的特点和同一组合语法关系的多样性，通过改变（或部分改变）原词中语素（字）的原意，或转换组合的语法关系，扬弃（或部分扬弃）原有词义，注入新的甚至相反的含义，这便是"借形变义"。本栏目的"民主""宗教""天主""归纳 演绎""幽默"等，即属此类词例。

"民主"，古义为"民之主宰者""民众的主子"，指君主及参与统治的官员。近代借此词形，翻译由希腊文字 demos 发展而来的英语词 democray，汲纳其"人民"意及"人民共同管理"意，"民主"的内涵发生根本性变动：衍为"以民为主""由民做主"，恰与古义相反。这种古义衍为新义，是通过改变词的内在结构得以实现的——古典词"民主"是偏正结构，近义词"民主"是主谓结构，结构变化导致词义全变。

"宗教""天主"含义的古今转变，是词素的含义发生变化，导致词义改变。

词素含义变化导致词义更革的一个典型词例是"国学"，此名本义是朝廷主办的学校、国立学校，多设在京师，如国子学、国子监。在近世及近代日本，与来自中国的"汉学"、来自西方的"兰学""洋学"相对应，另用"国学"一词，意谓日本本国学术。至近代，本国之学意义上的"国学"传入中国，转义为"中国本土的学术"（以先秦经典及诸子学为本，涵盖经学、史学、文学等中国固有学术）。"国学"与"汉学""中国学"近义，不过"汉学""中国学"是外国人对中国学术的称呼，"国学"是中国人对自国学术的称呼。

"国学"由"国立学校"意变为"自国学术"意，组词结构并未变

---

① 见〔美〕林乐知、范祎《新名词之辨惑》，《万国公报》第184册，（上海）美华书馆，1904年5月，第33页。

化（皆为偏正结构），其意变是通过词素之一的"国"字所指的变化得以实现的——古典国学的"国"，意谓"朝廷""中央政权"，故此国学指国子学、国子监；而近代国学的"国"，意谓"自国""本国"，故此国学指吾国之学术、中国固有之学术。

借形变义往往发生在译词的创制上。现已通用的"幽默"，是一个音意合璧译词，它借用了汉语古典词的词形，并以发音与外来语对接，又赋予外来语的词义，转换为新名。

作为意译词的"归纳"，在对译西方哲学术语时，不仅借用汉语旧词的词形，还部分沿袭固有词义，注入西义，成为新的汉字术语。"归纳"的本义是归还，欧阳修《与宋龙图书》"谨先归纳"，苏轼《与郑靖老书》"今访寻归纳"，皆为例句；另一本义是加入，张謇《致内阁书》"今为满计，为汉计，为蒙藏回计，无不以归纳共和为福利"。在对译西方哲学术语 lnduction 时，"归纳"被赋予"从部分到整体，从特殊到一般，从个别到普遍"的逻辑推理含义，成为一个新名。"演绎"的转化情况类此。

以上新名都是中外文化互动的产物，其运行机制是：保持固有词形，赋予新的含义，与原有词义脱钩，皆"借形变义"的词语。

民　　主

没有民主就没有社会主义，就没有社会主义的现代化。
——邓小平《在党的理论工作务虚会上的讲话》（1979 年 3 月 30 日）

"民主"本是汉语古典词，作为偏正结构名词，意谓"民之主"；而今通用之"民主"则是主谓结构名词，意谓"民作主"。前者是专制的（Autocratic），权力的主体是君主（monarch）；后者则是民主（Democracy）、共和（Republic）的，权力的主体是人民（people）。"民主"意涵的古今转换是在近代中西词语互译间完成的，新名旧名词形一致，经结构改变，含义恰成反对，堪称"借形赋义"的一个极端案例。

一　"民主"与 Democracy：本义反差

（一）汉语古典词"民主"本义：民之主

前陈"中华民族"条目，已释"民"义，本处略作补述：民，古代指黎民、百姓、平民，与君相对，亦与官相对。《说文解字》："民，众萌也。"《康熙字典》释民："言萌而无识也。"段玉裁《说文解字注》："萌，犹懵懵无知皃也。"皆指"民"为无知的、"治于人"[①] 的一群。

"民"也泛指各类人群的集合，古有"四民"之说。《尚书·周书·周官》："司空掌邦土，居四民，时地利。"《管子·匡君·小匡》："士农

[①] 《孟子·滕文公上》："劳心者治人，劳力者治于人。"

工商四民者，国之石民也。"《春秋穀梁传·成公元年》："古者有四民：有士民，有商民，有农民，有工民。"《春秋公羊传注疏·成公卷十七》："德能居位曰士，辟土殖谷曰农，巧心劳手以成器物曰工，通财粥货曰商。"上例之"民"指各类人，包括士农工商。

"主"，小篆作"𡈼"，象形，由下至上依次为灯座、灯台、油盏、火焰；本义灯炷、灯心；《说文解字》："𡈼，灯中火主也"，后别作"炷"字。《说文解字注》称：火是为主，"其形甚微而明照一室。引申假借为臣主、宾主之主"。作为"臣主"之"主"，即"君"。"君"中之"尹"表示治事，"口"表示法令；本义指国家的最高统治者，也是古代大夫以上据有土地的各级统治者的通称。

"民"与"主"合成"民主"一词，最早见于《尚书》《左传》，意谓民之主，多指帝王、君主。《尚书·周书·多方》："天惟时求民主，乃大降显休命于成汤，刑殄有夏。"①《左传·文公十七年》："齐君之语偷。臧文仲有言曰：'民主偷必死。'"后世亦不乏此用例。《文选·班固〈典引〉》："肇命民主，五德初始。"蔡邕注云："民主，天子也。"《资治通鉴·晋惠帝太安二年》："昌遂据江夏，造妖言云：'当有圣人出为民主。'"上例"民主"皆指最高统治者，与"君主"同义。此外，"民主"也用来指称官吏，《三国志·吴志·钟离牧传》："仆为民主，当以法率下。"此"民主"为官员自称。

（二）Democracy 本义：人民治理

近义"民主"是在与 Democracy 对译中形成的新名。

英文 Democracy 包含"人民"（dēmo）和"治理"（cracy）两个词根。此英文词源于古希腊文 δημοκρατία，这是希腊古典时期雅典城邦政治理念的一个关键词，史学家希罗多德（约前480—前425）在《历史》中使用 δημοκρατία 一词，由 δημο（人民）和 κρατία（权力、统治、治理）组成，基本含义是"人民的权力""人民来统治"，与贵族统治（αριστοκρατία，aristokratía，亦称"精英统治"）相对。雅典首席执政官克利斯提尼（Cleisthenes，约前570—?）与平民合作，于公元

---

① 《尚书·周书·多方》。

前508—前507年建立"五百人会议"和十将军委员会及民众法庭，组成第一个民主国家。克利斯提尼被称为"雅典民主之父"（the father of Athenian democracy）。雅典民主采取直接民主的形式：随机选择普通公民来填补现存的少数政府行政和司法机构；由全体雅典公民组成立法会议。全体参与、直接参与政治进程和公共事务，是这种民主形式的两大特点。

"人民治理"和"精英统治"虽然在理论上是相互对立的两个概念，但实际上这种区别在历史上已经模糊不清。例如，古代雅典的政治制度授予了自由男子民主公民权，并将奴隶和妇女排除在政治参与之外。在整个古代和现代历史上，民主政府下行使民主公民权的多是精英阶层，直到19世纪和20世纪的选举运动，方为现代民主国家的成年公民赢得政治权利。

作为现代政治概念，Democracy最基本的含义是指公民通过民主程序行使权力的制度。公民作为整体组成管理机构，对每一个问题都直接投票，此为直接民主。另有间接民主，即代议制民主，公民选举代表，这些代表开会组成管理机构，如立法机关。多数人的权力是在代议制民主的框架内行使的。Democracy被理解为"多数人统治"（Rule of the majority），但民主在尊重多数人意见的同时，还须保护少数人意见。

Democracy还被理解为一个处理冲突的系统。冲突处理的结果取决于参与者做什么，但没有任何单一的力量控制发生什么及其结果。结果的不确定性是这一系统的固有特性，它使所有力量为实现自己的目标而相互博弈。亦即说，Democracy是权力在不同群体间转移的一套游戏规则。自由、公平、人权、法制是其关键要素。

二　Democracy 汉译大势

英文Democracy一词，早见于1822年的马礼逊《华英字典》，但尚未获得汉文对译词，只是被解释为"既不可无人统率，亦不可多人乱管"。这种解释尚未揭示出Democracy的本质意涵，使人感觉不知所云。

较早达成Democracy与汉语对译的是1847年的麦都思《英华字典》。该字典卷一，Democracy被译为"众人的国统，众人的治理"；继而在

the government of the rabble 义项之下，被译为"多人乱管，小民弄权"。和马礼逊词典相比，Democracy 的意涵得到较具体的诠释。不过，"众人的国统，众人的治理"之"众人"、"多人乱管"之"多人"，并未区分官与民，亦难透见 Democracy 的本质；而"小民弄权"虽译出了 Democracy 中的"民"的含义，但"弄权"二字却将 Democracy 污化了。从其英文释义来看，"小民"对译英文词是 rabble，而 rabble 的意思是乌合之众、聚众的暴民、贱民、下等人。麦都思作为英国传教士，不可能不知道何谓 Democracy。他将 Democracy 所包含的"民"说成 rabble，将"人民的治理"说成"小民弄权"，或者是因为他本人是反 Democracy 的，或者是他为了迁就清国统治者的观感——尤其是在太平天国战争的背景之下。

麦都思厘定的"众人的国统，众人的治理"为 1872 年卢公明《英华萃林韵府》直接继承；1867 年罗存德《英华字典》卷二厘定的"众人管辖，百姓弄权"，亦可溯源至麦都思的"众人的治理"和"小民弄权"。作为 Democracy 的相关词汇 Democrat，麦都思译为"推民自主者"（为 1882 年 I. M. Condit 的《英华字典》所采用的），则深得 Democracy 之精义；其中嵌入"民""主"二字，从字面上为"民主"从"民之主"之古义演化为"民作主"之新义提供了语学理据或语义因子。

还需注意的是，1867 年罗存德《英华字典》卷二还将 Democracy 译作"民政"，已接近后来的"民主"义。

在早期英汉词典中，译词"民主"渐次呈现。1876 年睦礼逊的《字语汇解》将 Republic 译作"民主之国"。1887 年邝其照的《华英字典集成》将 Democracy 译作"奉民主之国政"。直到 1908 年，在中国人颜惠庆编纂的《英华大辞典》中，Democracy 在 "A form of government in which the supreme power is directly or in directly lodged in the hands of the peoples"（一种最高权力直接或间接掌握在人民手中的政体）意义上被译作"民主政体，民政，庶建"。至此，"民主"作为一种政体概念得以确立。

表1   近代早期英汉词典中 Democracy 之汉译

词典名	作者名	Democracy 译名	出版地（者）	出版年
《华英字典》（全1册）	［英］马礼逊 Robert Morrison 1782－1834	DEMOCRACY is improper; since it is improper to be without a leader, 既不可无人统率亦不可多人乱管（卷一，p.113）	澳门：Printed at the Honorable East India Companys Press	1822
《英华韵府历阶》（全1册）English and Chinese Vocabulary, In the Court Dialect	［美］卫三畏 S. Well Williams 1812－1884	无此条	澳门：香山书院	1844
《英华字典》（全2册）English－Chinese Dictionary (in two volumes)	［英］麦都思 W. H. Medhurst 1796－1856	DEMOCRAT, a friend to popular government, 推民自主者 DEMOCRACY, 众人的国统，众人的治理；the government of the rabble, 多人乱管，小民弄权（卷一，p.387）	上海：墨海书馆	1847
《英华字典》（全4册）English and Chinese Dictionary, with the Puntin and Mandarin Pronunciation	［德］罗存德 W. Lobscheid 1822－1893	Democracy, Government by the people, 民政，众人管辖，百姓弄权（卷二，p.589）	香港：Printed an Published at the "Daily Press" Office, Wyndham Street	1867
《上海方言词典》A vocabulary of the Shanghai dialect	［英］艾约瑟 J. Edkins 1823－1905	无此条	上海：Presbyterian Mission Press	1869
《英华萃林韵府》（全2册）Vocabulary and Handbook of the Chinese Language, Romanized in the Mandarin Dialect (in two volumes)	［美］卢公明 Justus Doolittle 1824－1880	Democracy, 众人的国统，众人的治理（卷一，p.125）	福州：Rozario, Marcal and Company	1872

续表

词典名	作者名	Democracy 译名	出版地（者）	出版年
《字语汇解》 An Anglo-Chinese Vocabulary of the Ningpo Dialect	[美] 睦礼逊 W. T. Morrison 1837–1869	Republic，民主之国（p.393）	上海： American Presbyterian Mission Press	1876
《英华字典》 （全一册） English Chinese Dictionary	I. M. Condit	Democrat，推民自主者（p.34）	上海： 美华书馆	1882
《华英字典集成》 （全1册） An English and Chinese Dictionary	邝其照 （生卒不详）	Democracy，奉民主之国政（p.96）	香港： 循环日报承印 （1899）	1887
英华大辞典 （小字本）	颜惠庆 1877–1950	Democracy, n. 1. A form of government in which the supreme power is directly or in directly lodged in the hands of the peoples，民主政体，民政，庶建；2. The principles of the democratic party in the United States，美国民政，政党之宗旨；3. The people，庶民，民众，万民（p.253）	上海： 商务印书馆(1920)	1908

三　"民主"的近代意涵：民主共和与民选制

"民主"既是一种价值观，也是一种制度安排，略指社会全体成员以直接或间接的方式参与或允许参与团体以至国家的决策，有直接民主、代议制民主、协商民主等多种形态，而民众参与治理是民主的核心、民主的本质。此"民主"与中国古典义的"民主"恰成反照。"民主"概念的根本性转换，是在与 Democracy 对汉译过程中实现的。英文词 Democracy 的汉译，不仅涉及 Democracy，还兼及 Republic（"共和"）。而汉字词"民主"的近代语用，其意涵主要有两个："民主共和"与"民选之主"。

（一）民主共和：Democratic republic

作为政体概念的"民主"，最早见于 1864 年丁韪良译《万国公法》。其卷一云：

> 即如一千七百九十七年间，荷兰七省有变，法国征之，而其王家黜焉，于是易其国法，而改作民主之国。①

其中的"民主之国"对译的原文是 democratic republic②（今译"民主共和"）。《万国公法》卷二云：

> 美国合邦之大法，保各邦永归民主，无外敌侵伐，倘有内乱，而地方官有请，则当以国势为之弥乱。③

其中的"民主"对译的是 republican form of government④（今译"共和政体"）。

与此同类，1873 年 5 月 24 日上海《教会新报》所载"杂事近闻"《俄德奥三国未拟日斯巴尼亚为民主国》（*Republic of Spain*）、1874 年 10 月 17 日上海《万国公报》所载报道《大日斯巴尼亚国事：请法国认为民

---

① ［美］丁韪良译：《万国公法》卷一，（北京）崇实馆 1864 年版，第 20 页。
② 英语原文：Thus the House of Orange was expelled from the Seven United Provinces of the Netherlands, in 1797, in consequence of the French Revolution and the progress of the army of France, and a democratic republic substituted in the place of the ancient Dutch constitution. ——Henry Wheaton, *Elements of International Law*. Boston: Little, Brown and Company, 1855, p. 33.
③ ［美］丁韪良译：《万国公法》卷二，（北京）崇实馆 1864 年版，第 13 页。
④ 英语原文：And the Constitution of America guarantees to each State of the federal Union a republican form of government, and engages to protect each of them against invasion, and, on application of the local authorities, against domestic violence. ——Henry Wheaton, *Elements of International Law*. Boston: Little, Brown and Company, 1855, p. 107.

借形变义

主之国 请德国为领袖欲各西国认为民主》(*Spain—Rumored Cession of Porto Rico to Germany—Recognition of Republic*),其"民主"皆与 Republic 对译。

1875 年 6 月 12 日,上海《万国公报》刊登《译民主国与各国章程及公议堂解》一文。其英文标题是 *Theory and Practice of Constitutional and Republican Governments*。亦即说,"民主国"与 Republican Government 对译;"章程"与 Constitution 对译。该文堪称专题介绍西方民主、宪政的最早汉文文本。

> 泰西各国所行诸大端,其中最关紧要而为不拔之基者,其治国之权,属之于民,仍必出之于民,而究为民间所设也。①

该文继而指出西方近代"民主"的理论基础——天赋人权、自由平等、主权在民:

> 推原其故,缘均是人也。仰观于天,俯察于地,其有待于日以暄之者,同此日也。其有待于风以散之,雨以润之者,同此风,亦同此雨也。即寒必需衣,饥必需食,温饱之情无贵贱,一也。不观人之耳目手足乎?或为君,或为臣,耳目手足,无所加焉;降而至小民,耳目手足,无所损焉。因洸然于治国之法,亦当出之于民,非一人所得自主矣。②

(二)民选之主:President

1872 年 1 月 13 日,上海《中国教会新报》载《美国近事(二则)》云:

---

① 《译民主国与各国章程及公议堂解》,《万国公报》第七年三百四十卷,(上海)林华书院,1875 年 6 月 12 日,第 554 页。
② 《译民主国与各国章程及公议堂解》,《万国公报》第七年三百四十卷,(上海)林华书院,1875 年 6 月 12 日,第 554 页。

> 美国，民主之国也，传贤不传子。凡立君，则臣民集议，选于众。众服其贤者，立为君。其为君，以四年为期。届期，又选于众，择贤立之。旧君逊位，退处如凡民。使旧君而众仍爱戴也，可展期再为君四年。今美国皇帝，御名格兰德，已为君四年矣，大约众服其贤，仍愿其为君，再为君四年①

1874年12月19日，上海《万国公报》载《大美国事：选举民主》云：

> 美国民主，曰伯理玺天德。自华盛顿为始，已百年矣。例以四年换举。或有在位深得民望者，再行接立四年，亦曾见过。②

显然，"民主"是President（总统）的意译；"伯理玺天德"是President的音译。在此，"民主"由古代的"民之主"演变成"民选之主"。

1880年以后，《万国公报》"各国近事"栏刊登的许多报道，如《大法国：民主避暑》《大美国：出迎民主》《大美国：新举民主》《大美国：公举民主》《大美国：民主晓谕》《大美国：民主接位》《大美国：民主受伤》《大美国：民主薨逝》《大美国：民主洁己》《秘鲁国：民主无恙》等，其中的"民主"，均指President。直到20世纪初，仍可见此类"民主"用例，如1902年7月《万国公报》所载《美国：民主演说》、1905年9月8日南京《南洋官报》所载《美利坚民主林康传》（即林肯传）等。

作为民选总统意义上的"民主"，既沿袭了"民之主"这一古典义，又吸纳了民选"公举"这一近代义，也很好地体现了近代民主政治的特点，达成了古今中西有机融合。不过，1908年颜惠庆《英华大辞典》以"民主政体"对译Democracy之后，"民主"便不再被用来指称民选President，而专指Democracy了。

---

① 《美国近事（二则）》，《中国教会新报》一百七十卷，（上海）林华书院，1872年1月13日，第99页。

② 《大美国事：选举民主》，《万国公报》第七年三百十六卷，（上海）林华书院，1874年12月19日，第219页。

四　与 Democracy 对译之"民主"

中国思想家在近代义上使用"民主"一词，较早的是郑观应，他于光绪六年（1880）刊印的《易言 公法论》中说：

> 泰西有君主之国，有民主之国，有君民共主之国。

此处所言"民主"，摆脱了传统的"民之主"（君主）之意，而指"民作主""民为主"。这种"民主"概念是从西人所办报刊的文章获得的，郑氏所论三种政制形态，是上海报刊文介绍的亚里士多德《政治学》所概括的几类政制形态。郑氏1880年所使用的"民主"一词，是相当前卫的舶来品。那时多数论者所言"民主"还是"君主"的同义词。

日本明治时期以汉字词"民主"对译 Democracy，在郑观应使用西义词"民主"之前还是之后，待考。日译词"民主"入华，可追溯至1896年农历十月初一日上海《时务报》第十册所载古城贞吉（1866—1949）的"东文报译"《欧洲党人倡变民主》。

在《论君政民政相嬗之理》中，梁启超和严复展开"对话"。严复以音译介绍西方民主政治（即郑观应文所称之西方诸政制形态），他说：

> 欧洲政制，向分三种：曰满那弃，一君治民之制也；曰巫理斯讬格拉时者，世族贵人共和之制也；曰德谟格拉时，又名公产，又名合众，希罗两史，班班可稽，与前二制相为起灭。虽其时法制未若今者之美备，然实为后来民治滥觞。且天演之事，始于胚胎，终于成体。泰西有今日之民主，则当夏商时合有种子以为起点。而专行君政之国，虽演之亿万年，不能由君而人民。①

---

① 梁启超：《论君政民政相嬗之理》，《时务报》第41册，（上海）时务报馆，1897年农历九月十一日，第3页。引文中"满那弃"monarchy，今译君主制；"巫理斯讬格拉时"aristocracy，今译贵族制；"德谟格拉时"democracy，今译民主制。——引者注。

对此，梁启超以为"未为当也"。他认为：

> 其国既能行民政者，必其民之智甚开，其民之力甚厚。既举一国之民而智焉而力焉，则必无复退而为君权主治之理。……盖地球之运将入太平，固非泰西之所得专，亦非震旦之所得避。①

梁启超不赞成机械地运用进化论看待人类政治制度的变迁。他相信民智民力的提高对于"民政"（民主）的推动作用；更相信"民政"（民主）的实现乃是人类普遍规律，当然也是中国的必然归趋。

1903年，《江苏》第一期所载《学说：政法》，有专论"民主政体"一节，云：

> 民主云者，非不立君主之谓也。有立君者；有不立君者；有立君而使议会监督之者，或不事监督者。合而论之，厥类有三。特以民意立君，而主权在民；虽戴君，仍不失为民主耳。②

其中，"以民意立君，而主权在民"，一语道破了近代"民主"之精义。至于其所谓三类"民主政体"，则包括"共和政体""民主专制政体"和"立君共和政体"：

> 不立君主之民主政体为共和政体。其足为此政体之模范者，曰法，曰美。③
>
> 民主专制政体者，委一人为大统领，畀以权力，使治国家，而不以议会代表国民主权之主要机关者也。④
>
> 立君共和政体者，以民意立君主，使议会监督之而行政者也。共和，其精神也；立君，其形式也。共和，国民之意也；立君，外

---

① 梁启超：《论君政民政相嬗之理》，《时务报》第41册，（上海）时务报馆，1897年农历九月十一日，第3页。
② 《学说：政法》，《江苏》第一期，（东京）江苏同乡会，1903年，第32页。
③ 《学说：政法》，《江苏》第一期，（东京）江苏同乡会，1903年，第32页。
④ 《学说：政法》，《江苏》第一期，（东京）江苏同乡会，1903年，第36页。

借形变义

界之势使之不得不然也。①

随着时间的推移，人们关于"民主"的认识渐趋深入。对于清末国人而言，近代"民主"不仅是一个新名词，一种新知识、新思想，而且是前仆后继要通达的一条道路，要实现的一个目标。

五 "民主"的近义词"民权"

随着"民主"自日入华的，还有它的近亲"民权"。"民权"一词为近代日本法学家箕作麟祥（1846—1897）创制，在1870年的《民法决议》中首次出现，随着"自由民权运动"的展开而风行日本。"民权"概念进入华文世界的例证很多，如1897年农历五月二十一日澳门《知新报》所载《英国·议倡民主》一文云："民皆有权，方为乐国"；"不为民主之国，更不能称乐土"②。1897年农历九月十一日《时务报》所载梁启超《论君政民政相嬗之理》一文中，也可见"民主"和"民权"。"民权"的传入为"民主"的传播提供了助力。

近代中国与"民主"并用的近义词是"民权"（对译英文 civil rights），此词是"民主权利"的缩语。近代民主主义者共认：国家与民权密切相关，国家存亡取决于民权的有无，故其民主诉求首在民权的获得。章太炎在谴责商鞅尊君抑民之说时，称商鞅"抑夺民权，使人君纵恣者，皆商鞅法家之说为之倡"③。即此之谓也。

1899年3月，《清议报》载梁启超以笔名"哀时客"发文，正面论述"民权"：

> 国者何？积民而成也。国政者何？民自治其事也。爱国者何？民自爱其身也。故民权兴则国权立，民权灭则国权亡。为君相者，

---

① 《学说：政法》，《江苏》第一期，（东京）江苏同乡会，1903年，第37页。
② 《英国·议倡民主》，《知新报》第22册，（澳门）知新报社，1897年农历五月二十一日，第13页。
③ 章炳麟：《訄书·商鞅》。

而务压民之权，是之谓自弃其国。为民者，而不务各伸其权，是之谓自弃其身。故言爱国必自兴民权始。①

《新政旬报》1900年第2期刊载何启、胡礼垣"新政变通"称：

> 故谓国而无民权，无异于谓天之无日月。天无日月，人必不以天视天；国无民权，人必不以国视国矣。②

> 民有权者谓之存，民无权者谓之亡。——夫权者天下之大物也，中国之权既夺于民贼之手，而必力据之以固。今一旦欲冲二千年之罗网，解二千年之束缚，则其势必出于争。昔者，北美洲之争自立也，苏格兰之争平权也，法兰西之争民主也，皆兵连祸结，屡起屡仆，而卒以成今日民权之治。——世有与民贼相抗者，尚以民权为宗旨，斯真为世界流血者哉。③

孙中山是"民权"倡导者。他提出的"三民主义"，"民权主义"是重要组成部分。孙氏"民权"是直接民权，即人民直接行使选举权、罢免权、创制权和复决权四种权利。这种直接民权，以地方自治为基础。

廖仲恺《革命继续的工夫》给"民权"下定义：

> 民权这两个字的解释，在政治上说，就是人民有参预立法、容喙政治的权；在法律上说，就是人民有不许别人侵犯他的身体、言论、信仰、住居、集会种种自由的权。

孙中山晚年提出民权为"一般平民所共有，非少数人所得而私也"，其民权主义与民主主义精髓相通。

总之"三代之治"的原始民主传说，"民本"与"新民本"思潮的

---

① 梁启超：《爱国论三：论民权》，《肖议报》第22册，（日本横滨）清议报馆，1899年农历六月二十一日，本馆论说第1页。
② 丁守和主编：《辛亥革命时期期刊介绍》第一集，人民出版社1982年版，第38页。
③ 丁守和主编：《辛亥革命时期期刊介绍》第一集，人民出版社1982年版，第41页。

借形变义

呈现，为中国人接受近代"民主"理念预设了本土思想资源，那种认为中国缺乏民主基因、民主全然外塑的说法，是不符历史实际的。近代性"民主"对于中国而言，并非无源之水、无本之本。

"民主"一词发生古今演变，由偏正结构变为主谓结构，词义由"民之主"衍为"民作主"，意味着"民主"观发生近代转化，这有着内在思想渊源。

其一，从"民"的方面来说，中国自古流播"民本"精义。先秦政典《尚书·夏书·五子之歌》："民惟邦本，本固邦宁。"战国竹简（五）《厚父》："民心惟本，厥作惟叶。"《尚书·周书·泰誓》："天视自我民视，天听自我民听。"对此唐人阐释说："天所视听，皆因于人，非人事外自有天命也。"总之，中国古代政治话语，在逻辑结构上，常以"天命"为最高理念与合法性依据；但在现实性上，则常以"民心"为"天命"的实际来源、内容和表现形式，并将其视为政治的根本。

其二，从"主"的方面来说，中国自古强调"君德"。古训曰，君主须有足够的"德"。《尚书·大禹谟》："帝德广远，乃圣乃神，乃武乃文。皇天眷命，奄有四海，为天下君。"《三国志·魏书·武帝纪》："自古已来，能除民害为百姓所归者，即民主也。"亦即说，"主"是"民"的手段；"民"是"主"的目的。

其三，从"民"和"主"的关系看，中国古哲有"君民有机统一"的构想，所谓"民以君为心，君以民为体；心庄则体舒，心肃则容敬。心好之，身必安之；君好之，民必欲之。心以体全，亦以体伤；君以民存，亦以民亡"[①]。君民两者是共生关系，"君以民存，亦以民亡"。但这类"君民一体"论，只是为君主的长治久安设想的，它可以衍出"君舟民水""水可载舟亦可覆舟"之论（如《荀子·王制》和《贞观政要》所言），以警示帝王，我们说"民本主义"不是"民主主义"，理由正于此。

19世纪中叶以降，尤其在20世纪前后百余年间，古今中西文化交会、新生产方式勃兴，西来的近代民主理念与中国固有的"三代之治""民本""新民本"思想交相互摄，以民治、民有、民享为基本内涵的

---

① 《礼记·缁衣》。

"民主"新名得以形成。同一词形发生词义的根本性改变,"民主"成为反映时代潮流的核心概念,这是语义学领域的一个深刻变革。透过"民主"词义的质变,可以看到政治史、思想史波澜壮阔的历程。

民主是中国人民正在推进的现代化事业的一个关键内容,1979年3月30日,邓小平在党的理论工作务虚会议上的讲话中指出:"没有民主就没有社会主义,就没有社会主义的现代化。当然,民主化和现代化一样,也要一步一步地前进。社会主义愈发展,民主也愈发展。这是确定无疑的。"

宗　教

"宗教为超脱世间的"，"宗教为独具神秘的"，"宗教为维持灵体的"，"宗教为希望归宿的"，"宗教为神本主义的"，"宗教为爱力贯彻的"，"宗教为道的根本的"，"宗教为冲动能力的"，"宗教为进化无限的"，"宗教为超越科学的"。

——陈安仁《释宗教》

一　"教"与"宗教"

"宗教"是由"宗"与"教"组合而成的偏正结构名词。

中国素有分释"宗"与"教"的诠释传统。唐代僧人法藏法师所作《华严五教章》卷一立"分教开宗"之说，对"宗"与"教"各作解读：宗为无言之教，教为有言之宗。以后二字总合为"宗教"。

偏正结构的"宗教"一词，"宗"为偏，"教"为正，词义核心在"教"，"宗"是说明"教"的性质的修饰成分。

"宗"的甲骨文作 ⋔ 等，金文作 ⋒ 等，小篆作 ⋒，《说文解字》云："宗，尊祖庙也，从宀，从示"。"宗"是一个会意字，"宀"表示房屋，下面的构件表示祖先牌位，其本义为宗庙、祖庙（《尚书·大禹谟》："受命于神宗"），引申为祖先、家族、根本、主旨、派别、本源（《庄子·知北游》："将反于宗"）。作为动词，"宗"有尊崇、尊敬、效法意（《史记·孔子世家》："学者宗之"）。而宗教之"宗"，用作规定"教"的范围——祭拜祖宗之教。

"教"，如"教育"条所述，这是一个会意兼形声字，由"爻""子"

"攴"三个构件组成。"爻"表示筹策，同时作声符；"攴"象手执教鞭。整个构形是手执教鞭，摆弄筹策，教导"子"（孩子）计数或算卦。本义是教导。《说文解字》云："教，上所施，下所效也。"《左传·襄公三十一年》："教其不知，而恤其不足。""教"又引申为某种学术或学术派别。

儒家倡"圣人以神道设教而天下服"之说，故中国很早便将儒家称"教"，曾出现几种称号：

（1）"道教"。先秦墨翟称儒学为"道家"（因儒家崇"道"，"朝闻道，夕死可也"）；汉末中国最早的佛学著作《牟子·理惑篇》称孔子之教为"道教"。

（2）"儒教"。《史记·游侠列传》云："鲁人皆以儒教"；汉代将儒学立为国教，东汉蔡邕称："太尉公承凤绪，世笃儒教"。魏晋隋唐以降，"儒教"一词普遍使用，王维诗《和仆射晋公扈从温汤》云："王礼尊儒教，天兵小战功。"

（3）"圣教"。因自西汉开始独尊儒术，孔子为"至圣"，故孔子之教又称"圣教"，与"儒教"通。如逸诗"汤降不迟，圣教日跻。"

以上称儒学为"道教""儒教""圣教"，其"教"皆指教化、学说、学术，但儒教的"圣人以神道设教，而天下服矣"义（《周易》），已逼近"宗教"意味。

"宗教"一词出现于汉译佛典中。唐代僧人法藏"分教开宗"之说，已显佛教用语"宗教"初义：自证为宗、化他为教。而成词"宗教"，则见于北宋僧人释道原所作《景德传灯录》："（佛）灭渡后，委付迦叶，辗转相承一人者，此亦盖论当代为宗教主，如土无二王，非得渡者唯尔数也。"① 明代僧人居顶所作《续传灯录》："老宿号神立者，察公倦行役，谓曰：吾位山久，无补宗教，敢以院事累君。"②

佛教称佛所说为"教"，有客观教说之意；称佛之弟子所说为"宗"，为"教"之分派，有个人主观信念之意；合称"宗教"，有佛门教理之意，既可涵盖佛教全体，也可指一"宗"之教旨。

总之，在近代以前，"宗教"为佛门专用语，意谓分门（宗）传授释

---

① 《景德传灯录》十三《圭峰宗密禅师答史山人十问》之九。
② 《续传灯录》七《黄龙慧南禅师》。

借形变义

迦牟尼之教（释教）。

二 "教"：Religion 的早期汉字译名

公元 6 世纪，随着基督教之一支"景教"入华，即带来 Religion 一词；16 世纪末耶稣会士入华，该词流传渐广。

（一）Religion 在西方的成词及意义定格

Religion 源自拉丁语 religio，此拉丁词由 re（"再"意）和 ligio（"聚集"意）组合而成，意谓一群人为了一个目的一再聚集，引申义：同一信仰者聚集，为达此信仰而不畏生死。

religio 一词在拉丁语中主要有两个来源：一是古罗马哲学家西塞罗（前 106—前 43 年）的著作；二是古罗马修辞学家拉克汤提乌斯（约 250—317 年）和神学家奥古斯丁（354—430）的著作。西塞罗在《论神之本性》中曾用 relegere 和 religere 来表述今之"宗教"义。其中 relegere 意指在敬仰神灵上的（重新）"集中"和"注意"；而 religere 的词义则是"重视"、"小心翼翼"和"仔细考虑"。拉克汤提乌斯在《神圣制度》中，奥古斯丁在《论灵魂的数量》中都用 religare 来表述"宗教"义，意为"结合""合并"和"固定"。

Religion 渐在基督教世界通用，其基本内涵是：人们通过虔敬的信仰，与超越的、无限的、绝对的主宰结合一体，达于美好境地，获得永恒幸福。[1]

（二）Religion 的早期汉译

早在公元 6 世纪，基督教聂斯脱里派（东方亚述教区）进入北魏洛阳，时称"波斯经教""大秦教"，唐代此教流行，改称"景教"（"景"乃光明意）。唐建中二年（781）树立《大秦景教流行中国碑》，有"真常之道，妙而难名，功用昭彰，强称景教"之语，碑文所说的"教""法"，可视为 Religion 的译词。明末耶稣会士入华后，仍用"教"或

---

[1] 参见段德智《宗教概论》，人民出版社 2005 年版。

"法"作 Religion 的汉字译名，又合称"教法"；中世及近世日本亦然。晚晴入华新教传教士，则多用"教"对译 Religion（参见表 1）；至于"教门"一词，虽也出现在早期英汉词典中，但在传教士的语用实践中却少有采用，而多用"教"字。

表 1　　　　　早期英汉词典中 Religion 之汉译名

词典名	作者名	Religion 译名	出版地（者）	出版年
《英华字典》（全 1 册）	［英］马礼逊 Robert Morrison 1782－1834	教，教门（p. 358）	澳门：Printed at the Honorable East India Companys Press	1822
《英华韵府历阶》（全 1 册）	［美］卫三畏 S. Well Williams 1812－1884	教（p. 235）	澳门：香山书院	1844
《英华字典》（全 2 册）	［英］麦都思 W. H. Medhurst 1796－1856	教、教门、门头（卷二，p. 1069）	上海：墨海书馆	1848
《英华字典》（全 4 册）	［德］罗存德 W. Lobscheid 1822－1893	教、教门（卷四，p. 1461）	香港：Printed an Published at the "Daily Press" Office, Wyndham Street	1869
《上海方言词典》	［英］艾约瑟 J. Edkins 1823－1905	教门（p. 98）	上海：Presbyterian Mission Press	1869
《英华萃林韵府》（全 2 册）	［美］卢公明 Justus Doolittle 1824－1880	教（卷一，p. 402）	福州：Rozario, Marcal and Company	1872
《字语汇解》	［美］睦礼逊 W. T. Morrison 1837－1869	教、教门（p. 389）	上海：American Presbyterian Mission Press	1876
《英华字典》（全一册）	I. M. Condit	教、教门（p. 97）	上海：美华书馆	1882
《华英字典集成》（全 1 册）	邝其照（生卒不详）	教、教门（p. 289）	香港：循环日报承印（1899）	1887
《英华大辞典》（小字本）	颜惠庆 1877－1950	信心，靠讬，信仰；宗教（p. 821）	上海：商务印书馆（1920）	1908

借形变义

由英国入华传教士麦都思、理雅各等 1853 年创刊于香港的《遐迩贯珍》，是中国境内的第一个中文期刊，以时政新闻为主，兼及宗教，发行于香港、广州、厦门、福州、宁波、上海等通商口岸。1854 年 1 月，该刊第拾号载《西方四教流传中国论》一文，其英文题名为 On the Four Forms of Religion, Which Have Entered China From Western Nations。题中"教"字，乃 Religion 译名。文谓"西方四教"，指"挑筋教"（摩西所创犹太教）、"天方教"（伊斯兰教）、"景教"（Nestorianism，基督教聂斯脱里派）和"天主教"①（Catholic Church，与新教、东正教并称基督教三大流派），它们被认为是 Four Forms of Religion（宗教的四种形式）。文曰：

> 天下之大，四方之广，其间立教训众，为民师表者，可胜数哉？《书》曰："天佑下民，作之君，作之师。"君也者，为一时主持风会；师也者，为万世倡率教化，虽殊方异域，亦何莫不然？②

该文所示，西方的 Religion 和中国传统的"教化"同义，与《尚书》所言"天佑下民，作之君，作之师"相通，故"教"具有普遍性。

1870 年 4 月 9 日，上海《中国教会新报》第八十一卷载林青山所作《四教分编小引》，英文标题为 Tungchow – Differences of Sects and Religions。其"教"字亦与 Religion 对译；其所谓"四教"，乃指"儒、释、道三教及景教"③。亦即说，中国的儒教、佛教、道教和西方的景教，都被看成 Religion 的具体形式。文曰：

> 人常说，道的根本是从天出来的。这就是说，道和天是一位了。又说是神，是理，到底是几位呢？虽有四个名，却都是指天地万物的大主宰说，还是一位，何必用四个名呢？有个分别，就是先天后

---

① 《西方四教流传中国论》，《遐迩贯珍》第拾号，（香港）英华书院，1854 年 1 月朔旦，第 7 页。
② 《西方四教流传中国论》，《遐迩贯珍》第拾号，（香港）英华书院，1854 年 1 月朔旦，第 7 页。
③ （清）林青山：《四教分编小引》，《中国教会新报》第八十一卷，（上海）林华书院，1870 年 4 月 9 日，第 154 页。

天、体用、动静、一本万殊哟。但不可拿着就是体静一本，后天就是用动万殊。该知道，先天有先天的体用动静一本万殊，后天有后天的体用动静一本万殊。①

其中，"一本万殊"出典《朱子语类》："到这里只见得一本万殊，不见其他"②，意谓具体事物虽然千差万别，但其本源却是同一的。该文运用这一命题，将"儒、释、道三教及景教"统摄归一，揭示各种Religion 的根本一致性。

此外，以"教"对译 Religion，论述宗教问题的文本还有：浮萍生的《论教》[《教会新报》第二百二十四卷，（上海）林华书院，1873 年 2 月 15 日]、王素卿的《答浮萍生教论》[《教会新报》第二百三十一卷，（上海）林华书院，1873 年 4 月 5 日]、《瓯宾辩论八则：论诸教皆非圣人之教》[《寰宇琐纪》第五卷，（上海）申报馆，1876 年]、艾约瑟的《中国三教考》[*Signor Preini on the Chinese Religions*，《万国公报》第十一年五百四十六卷，（上海）林华书院，1879 年 7 月 5 日]、李提摩太的《古教汇论并图》[*Anciented Religions*，《万国公报》第十三年六百三十八卷，1881 年 5 月 7 日]、萧信真的《何教最为真实无妄论》[*On Which is the True Religion?*《中西教会报》第一卷第二册，（上海）美华书馆，1891 年 3 月]等。

如表 1 所示，Religion 在晚清中国的汉译，大体经历了由"教"到"宗教"的转换过程；"教"用的时间很长，直到 1908 年"宗教"才出现在颜惠庆编的《英华大辞典》中。

三 "宗教"对译 Religion

（一）新名"宗教"诞生

如前所述，创生于中国的"教"和"教法"等名，为当时为中日两

---

① （清）林青山：《四教分编小引》，《中国教会新报》第八十一卷，（上海）林华书院，1870 年 4 月 9 日，第 154 页。
② （南宋）朱熹：《朱子语类》卷二十七。

借形变义

国所共用。此外，在幕末日本的文本中，还可见到"法教""宗法"等名目。如玉虫左太夫《航美日录》卷二 3 月 16 日条关于美国旧金山的情况记曰："设寺院，说法教，教谕民"；卷四 4 月 19 日条关于华盛顿的情况记曰："是当日曜，说示教法，……男女数十人必来听宗法。"①其中，"宗法"一词，明治初期亦有用例。如 1875 年 5 月东京诗香堂刊行的法学博士设尔敦阿谟私（Sheldon Amos, 1835—1886）口授、日本权少外史安川繁成（1839—1906）编录《英国政事概论》（全 6 册）后编卷之二"第五编　表纪编制之事"第十项即名曰"宗法"，亦指英国的 Religion。

明治初年，Religion 汉字称呼有增无减，各式各样；甚至同一个人、同一文本，译名也不统一。如：《英和对译袖珍辞书》译"宗旨、神教"；如西周 1870 年冬《百学连环》讲义云："有种种 Theology 之学，行之者即 Religion（教法）"，又云："汉土自太古三代之时，无 Religion 即宗旨。"②再如 1883 年 12 月出版的戎维廉达勒巴儿（John William, 1811—1882）原著，小栗栖香平（伯熊）译《学教史论》，亦申明 Religion 的译词"前后有异，如'宗教'、'教法'、'信向'、'信仰'是也。"③当然，在当时的日本，Religion 还有其他译名，如"宗门"等；而政府的正式用名，最初则为"教法"。

明治日本"宗教"一词的用例，早见于 1869 年 4 月出版的村田文夫（1836—1891）纂述《西洋闻见录》。该书前编卷之下有《英国政体》一章，该章含"总论"和"宗教"两节。"总论"一节云：

> 夫英国之政纲也，宗教以教人道，宽政以安民生，赋税以给国用。……每以宗教之主旨为基础，教人治国，使人心一致固定。④

---

① ［日］玉虫左太夫：《航美日录》卷二，《西洋见闻录》，第 55 页、第 113 页。其中"宗法"一词，明治初期亦有用例，如 1875 年 5 月（东京）诗香堂刊行法学博士设尔敦阿谟私（Sheldon Amos, 1835—1886）口授、日本权少外史安川繁成（1839—1906）编录《英国政事概论》（全 6 册）后编卷之二"第五编　表纪编制之事"第十项名曰"宗法"。
② ［日］西周：《百学连环》，《西周全集》第四卷，第 112、117 页。
③ ［美］戎维廉达勒巴儿：《学教史论》，小栗栖香平译，（东京）爱国护法社 1883 年版，凡例。
④ ［日］村田文夫纂述：《西洋闻见录》（前编卷之下），（广岛）井筒屋胜次郎 1869 年版，第 10 页。

宗　教

"宗教"一节云：

西洋各国所行之宗教虽繁冗，大别之为三教：曰耶稣教，曰马哈默教，曰犹太教。……别加 pagan 或 paganism 一教，则为世界之四大教。①

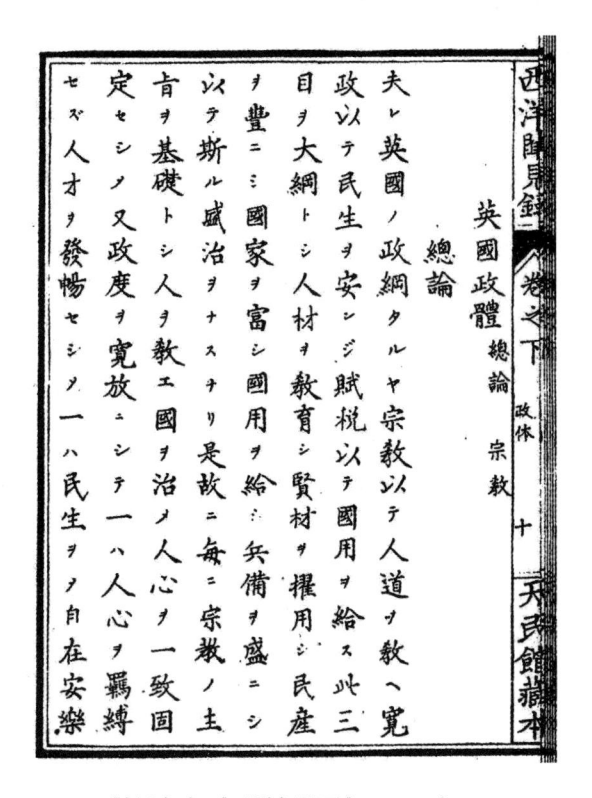

村田文夫《西洋闻见录》（1869 年）

其中，"马哈默教"即回教；"pagan 或 paganism"今译"异教"。文中插有小字注云："佛教等专信赖偶像之宗教属之。"②

---

① ［日］村田文夫纂述：《西洋闻见录》（前编卷之下），（广岛）井筒屋胜次郎 1869 年，第 12 页。
② ［日］村田文夫纂述：《西洋闻见录》（前编卷之下），（广岛）井筒屋胜次郎 1869 年，第 12 页。

19 世纪 70 年代以后,新名"宗教"多为所用,如:1873 年 3 月东京南部利恭出版的长沼熊太郎译《英政沿革论》第二编中列"勉励行宗教之事"一条;同年 12 月文部省刊行的田中不二麿编《理事功程》(全四册十五卷)第二册卷三第二项"小学新令并教育部新则略 千八百七十年"之下,列"于学校事务局设学校授宗教之事"一条;1874 年 2 月刊行的川路宽堂译《政家必携各国年鉴》第一册中,设"澳风联邦之宗教、文学"专条,有"宗教自由之权利以国宪许之"[①] 之语。1881 年,东京大学三学部出版的井上哲次郎等人编纂的《哲学字汇》,将"宗教"厘定为 Religion 的唯一译名。它标志着新名"宗教"的确立。

(二)"宗教学"构建

新名的确立,有赖专学的构筑与阐释;"宗教"概念的确立,则有赖宗教学的形成。

日本最早的宗教学著作,当推 1875 年 5 月刊行的黑田行元著《万国立教大意》(全二册)。依其题言所述,该书所谓"政科"和"教科"乃"二科之学","政科"即政治学,"教科"即宗教学;而该书乃"自地志中抄译万国立教之旨趣,使人知其概略。此则欲表彼政教源流之异同,古昔混乱,而晚近昭明也"[②]。书中称宗教为"教"和"教法",其"总括"部分对宗教做如下阐述:

> 无论文明夷俗之别,既为人,兹有教。随其土风民俗,而立教各不相同。唯以人智人力之不及者为神,不拘教法高卑,皆同一也。然至于开化人民之教,皆如出一辙,以天为宗,无不尊者。……凡万国人民,皆思考世界之开辟及其维持统括将如何,其立说谓之教法。[③]

---

① [日] 川路宽堂译:《政家必携各国年鉴》第一册,(东京) 知新馆 1874 年版,第 14、41 页。
② [日] 黑田行元:《万国立教大意》第一册,(大阪) 冈田群玉堂 1875 年版,题言。
③ [日] 黑田行元:《万国立教大意》第一册,(大阪) 冈田群玉堂 1875 年版,第 4—5 页。

宗 教

最早以"宗教"题名的宗教学著作，当推 1877 年 11 月出版的小幡笃次郎（1842—?）译《弥儿氏宗教三论》。其原著者为英国学者 John Stuart Mill（1806—1873）；所谓"三论"，即"天然论""教用论""大极论"。小幡翻译此书，旨在使人认清耶稣教的真面目，结合日本国情沿革，懂得"立人道于宗教外"，"智德两全"的道理。①

1889 年 3 月，东京哲学书院刊行石川喜三郎（1864—1932）著《宗教哲学》。全书共七章，论及"宗教之本性"、宗教与学术、哲学、美术等关系以及"宗教之发生"等问题。其核心观点是"成道德之基础、伦理之大本者，非万世不易真正完全之宗教不可。"②

1890 年 5 月，名古屋其中堂出版小泽吉行著《说教之刊》。该书第二十三章第一节题为"统计学与宗教学"，此为"宗教学"之初见。关于"宗教学"，该书引述法国人之言道：

宗教学为研究宗教自然之规律者，其为学也，研究人间与宗教之关系、万有与宗教之关系、智力的宗教、情感的宗教孰能否有势力于社会者也。③

1892—1895 年，米田庄太郎（1873—1945）译《比较宗教学》，三册四卷，东京出版。原书为美国人 Isaac Dooman 所著 The Philosophy of Comparitive Religion。该书对埃及、以色列、美洲等古老民族的宗教进行了分述、比较与剖析，认为"宗教为人类独有之自然的一能力"④；以宗教为"折光镜"，人们可以透视到各文明的优劣兴衰。⑤

1900 年 3 月，东京专门学校出版部刊行姊崎正治（1873—1949）著《宗教学概论》。该书绪论阐释了宗教学的概念、研究对象，并将该学科

---
① ［日］小幡笃次郎：《教用论序》，《弥儿氏宗教三论》，（东京）丸家善七 1877 年版。
② ［日］石川喜三郎：《宗教哲学》，（东京）哲学书院 1889 年版，序文第 3 页。
③ ［日］小泽吉行：《说教之刊》，（名古屋）其中堂 1890 年版，第 122 页。
④ ［日］米田庄太郎译：《比较宗教学》第二卷，（东京）大日本圣公会书类会社 1894 年版，绪言第 2 页。
⑤ ［日］米田庄太郎译：《比较宗教学》第二卷，（东京）大日本圣公会书类会社 1894 年版，绪言第 1 页。

借形变义

定位为"人文史的科学"。继而分三部论述了"宗教心理学""宗教伦理学""宗教社会学"以及"宗教病理学"。后添附录，对宗教概念等问题予以解说。

至此，日本近代宗教学的构筑，规模大定。在此过程中，"宗教"一词得以稳固确立，人们对"宗教"蕴涵的认识得以增进。

四　清末新名"宗教"

（一）新名"宗教"入华

新名"宗教"入华在19世纪晚期。

1897年农历十月二十五日，上海文摘性刊物《集成报》第二十一册"杂事"栏，刊载摘自《循环报》的《宗教敕令》一则，曰：

> 基督降诞之祭，俄国皇帝向皇后问曰：卿有何志愿有益于宗教者，明以告我。后曰：国内惟婚姻、宗教二端，先帝禁令甚严。愿陛下将以前禁令裁去，特颁诏敕，与民更始。倘非同教者结婚，须先订誓约书，盖印收执为凭。誓约内注明结婚后，生子男则从父之教，女则从其母之教云。①

这里的"宗教"，显然不是佛门教理意义上的"宗教"，而是Religion的意译。此为新名"宗教"见于中国语文世界的较早用例。

新名"宗教"之能在中文世界流播开来，得力于"康梁一党"处颇多。因为无论是力行维新变法，还是力主保皇立宪，这一派人物皆以"保教"为题中之义。

1898年清末维新派在日本神户创办的《东亚报》设有"宗教"一栏。其第一期载日本学者桥本海关《孔子创造天地论译世界十大宗教论》一文：

---

① 《宗教敕令》，《集成报》第21册，（上海）集成报社，1897年农历十月二十五日，杂事三。

儒教虽言天，其伦理之学则令人皆可识也。虽间说理气，亦不流诡异，自然令人信服也。唯教人曰笃行宜力也，执事宜敬也。其立教如此，其宗旨在修己以治人也。儒学既以此立宗教，后人宜以小学堂所教修身学为宗教，以其言忠信行笃敬故也。①

此"宗教"实为明治日人从实际功能的角度理解、改造西方 Religion 而形成的新概念。这一新概念，不以超自然的神为其本质规定性，从而将创生于中国的东方的伦理之教纳入其中。其实，这一新概念是有西方依据的。如前所述，1870 年 4 月 9 日上海《中国教会新报》载林青山《四教分编小引》即将中国的儒教、佛教、道教和西方的景教都视为 Religion 的具体形式。而在力倡"保教"的中国人看来，这样的"宗教"概念无疑颇合符节。

（二）宗教改革论

1899 年，梁启超在《清议报》上发表《论支那宗教改革》。此当为出自中国人之手而见诸报端的第一篇有分量的论述中国宗教问题的专题文章。文章起笔云："今日哲学会会合。仆以姊崎正治君之先容，得参末座。"可知，该文是梁启超经《宗教概论》的作者姊崎正治介绍，参加日本哲学会研讨会时宣读的文章。其对"宗教"的界说，也和日本学人一样，具有实用或功能主义意味：

盖宗教者，铸造国民脑质之药料也。②

梁氏的"宗教改革"或"宗教革命"说，来源于康有为的"哲学二端"说：

---

① ［日］桥本海关：《孔子创造天地论 译世界十大宗教论》，《东亚报》第一册，（日本神户）东亚报馆，1898 年农历五月十一日，第 4 页。
② 梁启超：《论支那宗教改革》，《清议报》第 19 册，（日本横滨）清议报馆，1899 年农历五月二十一日，第 1 页。

借形变义

> 南海先生所言哲学有二端：一曰关于支那者，二曰关于世界者是也。关于支那者，以宗教革命为第一着手；关于世界者，以宗教合统为第一着手。此其大纲也。今先论支那宗教革命必要之事。①

该文依据所谓"天下之公言"及泰西史实例证，论说中国"中国宗教革命必要之事"：

> 凡一国之强弱兴废，全系乎国民之智识与能力。而智识能力之进退增减，全系乎国民之思想。思想之高下通塞，全系乎国民之所习惯与所信仰。然则欲国家之独立，不可不谋增进国民之识力，不可不谋转变国民之思想。而欲转变国民之思想，不可不于其所习惯所信仰者，为之除其旧布其新。此天下之公言也。泰西所以有今日之文明者，由于宗教革命，而古学复兴也。②

而就中国乃至整个东方而言，梁氏认为：

> 我支那当周秦之间，思想勃兴，才智灵通，不让西方之希腊。而自汉以后，二千余年，每下愈况；至于今日，而衰萎愈甚，远出于西国之下者，由于误六经之精意，失孔教之本旨；贱儒务曲学以阿贵，君相讬教旨以愚民，遂使二千年来，孔子之面目湮而不见。此实东方之厄运也。故今欲振兴东方，不可不赞明孔子之真教旨。③

其所谓中国的"宗教改革"或"宗教革命"，就是要除去汉朝以降两千余年的不良影响，

恢复、阐明"孔子之真教旨"。至于"孔子之真教旨"，梁启超祖述

---

① 梁启超：《论支那宗教改革》，《清议报》第19册，（日本横滨）清议报馆，1899年农历五月二十一日，第1页。
② 梁启超：《论支那宗教改革》，《清议报》第19册，（日本横滨）清议报馆，1899年农历五月二十一日，第1页。
③ 梁启超：《论支那宗教改革》，《清议报》第19册，（日本横滨）清议报馆，1899年农历五月二十一日，第1页。

康有为的"发明",阐述孔门"六个主义":

> 进化主义,非保守主义。
> 平等主义,非专制主义。
> 兼善主义,非独善主义。
> 强立主义,非文弱主义。
> 博包主义(亦谓之相容无碍主义),非单狭主义。
> 重魂主义,非爱身主义。①

此谓之"孔教"为广义之宗教,而并非在近代义上确指之宗教。

(三)宗教、哲学长短论

1902年10月31日,梁启超在《新民丛报》上发表《宗教家与哲学家之长短得失》一文。文章指出,哲学与宗教各具特质与长短:"哲学贵疑,宗教贵信"②;前者长在"讲学""穷理",后者长在"立身""治事"③。宗教之所以"宜于治事",梁氏以大量篇幅论述如下"五因":

> 一曰无宗教则无统一
> 二曰无宗教则无希望
> 三曰无宗教则无解脱
> 四曰无宗教则无忌惮
> 五曰无宗教则无魄力④

梁氏认为,宗教信仰可促使人达于"至诚";"至诚则能任重,能致

---

① 梁启超:《论支那宗教改革》,《清议报》第19册,(日本横滨)清议报馆,1899年农历五月二十一日,第1页。
② 梁启超:《宗教家与哲学家之长短得失》,《新民丛报》第拾玖号,(日本横滨)新民丛报社,1902年10月31日,第7页。
③ 梁启超:《宗教家与哲学家之长短得失》,《新民丛报》第拾玖号,(日本横滨)新民丛报社,1902年10月31日,第1、8页。
④ 梁启超:《宗教家与哲学家之长短得失》,《新民丛报》第拾玖号,(日本横滨)新民丛报社,1902年10月31日,第4—7页。

远,能感人,能动物";"能为惊天动地之事业者,亦常赖宗教。"① 此为宗教之长之得。而宗教之短之失,则在于"与迷信常相为缘,故一有迷信,则真理必掩于半面。迷信相续,则人智遂不可得进,世运遂不可得进"②。

就哲学方面而言,依梁氏之见,哲学分"唯物""唯心"两大派;"唯物派只能造出学问;唯心派时亦能造出人物"。欧洲历史上"其争自由而流血者,前后相接,数百年如一日;而其人物类皆出于宗教迷信。"而这种"夺人生死之念"的"迷信之力",多半并非来自宗教,而是"有唯心派哲学以代之"。所以,他认为"唯心哲学,亦殆近于宗教","亦宗教之类"③。

就一国的生存发展而言,梁启超认为,学与教的关系应该是"为敌"而不"相非","功愈分而治愈进":

> 言学术者,不得不与迷信为敌。敌迷信,则不得不并其所缘之宗教而敌之。故一国之中,不可无信仰宗教之人,亦不可无摧坏宗教之人。生计学公例,功愈分而治愈进焉,不必以操术之殊而相非也。④

亦即说,哲学乃至整个学术与宗教的关系,是批判的而不是否定的,是兼容的而不是排他的,两者对立统一于人类文明的发展之中。

> 天地间有一无二之人物,天地间可一不可再之事业,罔不出于

---

① 梁启超:《宗教家与哲学家之长短得失》,《新民丛报》第拾玖号,(日本横滨)新民丛报社,1902年10月31日,第8页。
② 梁启超:《宗教家与哲学家之长短得失》,《新民丛报》第拾玖号,(日本横滨)新民丛报社,1902年10月31日,第8页。
③ 梁启超:《宗教家与哲学家之长短得失》,《新民丛报》第拾玖号,(日本横滨)新民丛报社,1902年10月31日,第3页。
④ 梁启超:《宗教家与哲学家之长短得失》,《新民丛报》第拾玖号,(日本横滨)新民丛报社,1902年10月31日,第8页。

至诚。知此义者,可以论宗教矣。①

文章结尾一句,耐人寻味。梁氏在此,似将"至诚"视为"宗教"的本质属性。

五 孔教是否"宗教"之辩

康、梁的"中国宗教改革论",属于尊孔论。倡尊孔者,非止康、梁。1903年上海《新世界学报》"宗教学"栏刊载黄群《尊孔》一文,称:"孔子者,浑圆星球上至光明至中正至高尚至完美之第一大宗教家也。"至于孔教的特质,该文曰:

> 孔子之教,不托鬼神之说,不假上帝之灵,不为地狱、饿鬼、畜生、修罗、人间、天上种种之寓言,而惟兢兢焉,讲求道德彝常之原,研究社会国家之事。……众生不平也,欲拯而进之太平;世界之不同也,欲反而臻之大同。②

同样尊孔的刘师培则认为孔学非宗教。1904年,刘师培署名刘光汉,在《中国白话报》发表《历史:宗教》一文,认为"有迷信就是有宗教";宗教是人类的普遍现象:

> 野蛮时代,没有一国没有迷信的。有迷信就是有宗教。就是到了现在,除得教育大兴的国,断断是不能把教育代宗教的。况且中国的百姓,没有一个不愚,岂有不信宗教的理?③

---

① 梁启超:《宗教家与哲学家之长短得失》,《新民丛报》第拾玖号,(日本横滨)新民丛报社,1902年10月31日,第9—10页。
② 黄群:《尊孔》,《新世界学报》第十三号,(上海)新世界学报馆,1903年农历三月初一日,第35页。
③ 刘光汉(刘师培):《历史:宗教》,《中国白话报》第十四期,(上海)中国白话报社,1904年农历五月二十日,第9页。

借形变义

文章指出，中国的宗教包括"鬼神教""道教""佛教""邪教""杂教共回教""耶教"；中国宗教史的基本脉络："大抵中国古代，是个鬼神教大行时代；六朝以来，是个佛教大行时代；元明以后，是个邪教盛行时代；到了现时，又是耶教入侵时代。"①

依刘师培之见，作为人类普遍现象的宗教，其本质属性在于迷信超自然的神。据此概念，他将"不语怪力乱神"的孔学置于宗教之外：

说宗教史孔教，这话便又错了。孔子本不是个宗教家，不过古代的一派学术。秦汉以后，因为中国有道教、佛教，也就说孔子是儒教。到了元朝，廉希善说受孔子戒，中国人就没有一个不说孔子是宗教家了。但这种说头，我实在是不承认的。②

1905 年，刘师培又在其《宗教学史序》一文中称"孔墨二家，敬天明鬼"；"孔子非特倡一教，乃沿袭古教者也。"③ 虽不否认孔子的宗教性，但也未给予他特别的宗教地位。

1904 年，民史氏在《政艺通报》上发表《宗教史叙》，也不以孔学为宗教：

谓炎黄至春秋，中国纯为鬼神术数之教；由春秋至今日，中国纯为孔子之教，可也？曰：是不然。盖孔子者教育家，而实非宗教家。藉名之曰宗教，其教亦祇便于上流社会，而不便于下流社会。故在上等人，其君则隆礼之；其士夫则皈依之；而下等人，则瞢然不知，而别有一种之宗教，以为迷信。④

---

① 刘光汉（刘师培）：《历史：宗教》，《中国白话报》第十四期，（上海）中国白话报社，1904 年农历五月二十日，第 17—18 页。
② 刘光汉：《历史：宗教》，《中国白话报》第十四期，（上海）中国白话报社，1904 年农历五月二十日，第 9 页。
③ 刘师培：《宗教学史序》，《国粹学报》第一年第一号，（上海）国粹学报馆，1905 年农历正月二十日，第 12 页。
④ 民史氏：《宗教史叙》，《政艺通报》第三年第十八号，（上海）政艺通报社 1904 年版，第 6 页。

宗　教

依作者之见，中国古代的"鬼神术数"是宗教；民间的各种各样的信仰、迷信也是宗教；但孔子之教严格说来不是宗教，只是"借名之曰宗教"而已。其文对宗教概念的把握，与刘师培同。

然而，孔学宗教论并未因有人反对而销声匿迹。1910年，杨士钦在《蜀报》上发表《论孔门宗教性质答国粹新民二报》一文，认为不能"以孔教不尚神权，谓其非宗教"；"其所以超出于诸家者，正以其能摆脱神权，而独标真理"；"孔子诚宗教家"，其宗教的性质与佛教、景教、犹太教、回教等各不相同，"未可执一说，以为之例矣"[1]。

> 盖孔子之心，惟知救世。而其思想之转变，则凡历三阶：其始也，欲为政治家；其继也，欲为教育家；及道既不行，而传徒繁盛，始思因学立教，以达其救世之苦心。惟其如此，故其宗教之性质，必假途教育而范围天下之义理为先。[2]

依作者之见，历史地看，孔子乃是"因学立教"，"假途教育而范围天下"；逻辑地看，孔门"宗教之统系"乃含于"孔门教育之中"。[3] 这里又是以泛义论"宗教"。

清末民初，有关"宗教"的论题很多。上述之外，还有"宗教与科学""宗教与文化""宗教与教育""宗教与道德""宗教与国家"等。在这些论说中，新名"宗教"以一个相当含糊的概念融入中国的语文世界。正是这种含糊性，导致孔学是否宗教的辩论长久进行，并与近代中国的政治、文化论战交织在一起。

康有为力主孔教即中华宗教，戊戌变法前后便有建立孔教会的设想。民国初年，又力倡以孔教为国教。1912年康授意弟子陈焕章在上海成立孔教会，1913年9月第一届全国孔教大会在曲阜召开，同年10月民国修

---

[1] 杨士钦：《论孔门宗教性质答国粹新民二报》，《蜀报》第一年第三期，（成都）蜀报馆，1910年农历八月十五日，第1页。

[2] 杨士钦：《论孔门宗教性质答国粹新民二报》，《蜀报》第一年第三期，（成都）蜀报馆，1910年农历八月十五日，第2页。

[3] 杨士钦：《论孔门宗教性质答国粹新民二报》，《蜀报》第一年第三期，（成都）蜀报馆，1910年农历八月十五日，第5页。

宪，陈献章上书总统袁世凯《请定儒教为国教》，《天坛宪法草案》几乎将孔教宣布为国教，因遭反对未果。

与康说相对立，马相伯在《书〈请定儒教为国教〉后》，认为孔子不是宗教家，而是社会学家，世俗的孔教不具有宗教性。

章太炎历来反对视孔学为宗教。1897年，当梁启超等倡言"孔教"时，章氏就"甚非之"①。1912年章氏在国学会讲学处张帖通告，宣布与孔教会绝交，并撰文指出"孔子于中国，为保民开化之宗，不为教主"②。

儒学（孔学）是否宗教的辩论，一直延续到当代，至今没有定论。笔者以为，此题聚讼不决，原由是多方面的，而重要一因，盖出于人们对"宗教"概念的认知，存在重大差异。主张儒学是宗教者（如康有为、陈焕章），多立基于传统的泛"宗教"观，将宗教作"分宗立教"解，故孔教当然可以称为宗教，并且应当尊为国教。反对儒学是宗教者（如章太炎、刘师培），多立基于近代义的宗教观，认为只有那些信奉超自然的至上神，有教主、教义、教规的信仰方可称为宗教，故作为世俗学说的孔学不能称为宗教。

此例再次证明，厘清核心概念是讨论问题的必要前提。

五　民国时期"宗教"释义

如上述，孔学是否宗教的问题，聚讼未决，但清末民初以来学人为厘清"宗教"概念还是做出了可贵的努力。

1911年，北京《真道期刊》载林准《宗教与反宗教》一文。文中对"宗教"释义曰：

> 宗教乃维持人类对于真神所有关系的工具。就客观说，包括吾人对于真神当信的一切真理，及事奉真神当尽的一切义务。就客观

---

① 《章太炎先生自编年谱》，上海书店1986年版，第3页。
② 《驳建立孔教议》，《章太炎政论选集》下册，中华书局1977年版，第688—692页。

说，则为感动吾人昭事真神之美德。①

这是清末少见的对"宗教"概念予以正式界说的文字。《真道期刊》为基督教刊物，其界说"宗教"概念，渊源于西方神学。

新名"宗教"的使用开始于清末，但关于"宗教"概念的阐释，则主要展开于中华民国建元之后。这可能是因为清末需要讨论的问题多属迫切，学人们未及静下心来细细推敲；而就当时国人的整体知识水平而言，也少有能够做此探讨者；而民国以后，这种局面则有所改观。

民国时期对"宗教"概念进行专心探讨的，是早年师从康有为，1911年获哥伦比亚大学哲学博士学位的孔教徒陈焕章。1912年10月12日，陈焕章（1880—1933）在上海《协和报》上发表《论孔教是一宗教》一文，第一部分便是"何谓宗教"。1913年，他又抽出《何谓宗教》，在《宗圣汇志》上发表。其"宗教"界说云：

"宗教"二字，在英文为厘里近Religion。解释之者虽各各不同，然大致偏重于神道。若以英文之狭义而求之中文，则以"礼"字为较近。……盖礼之起原，始于祭祀，即西人之所谓宗教，而我中国亦有礼教之称。盖礼即教也。然名从主人，乃春秋之义。故吾今不必问西人之所谓教，祇问中国人之所谓教；不必问别教人之所谓教，而祇问孔教人之所谓教。……《中庸》曰："天命之谓性，率性之谓道，修道之谓教。"此"教"字之定义也。②

陈氏的"宗教"界说，颇具"中国立场"。他不是依据Religion重新诠释"宗教"，而是"以我为主"，将Religion撇在一边，把"宗教"诠回到中国古典的"教"，且定位于《中庸》之"教"。持此一"中国立场"，意图在于建构"孔教宗教论"。

---

① 林准：《宗教与反宗教》，《真道期刊》第二年第五十三——百零四号，（北京）西什库天主堂印书馆，1911年，第2页。

② 陈焕章：《论孔教是一宗教》，《协和报》第三年第二期，（上海）美华书局，1912年10月12日，第18页

借形变义

1913年1月，上海《圣教杂志》载欧旅《宗教问题》一文。其"宗教释名界说"为"言人与造物主之相关。有束缚意，即相连之义也。"① 而其"宗教指事界说"则为：

> 宗教也者，乃言人与造物主在伦理上之相关也。伦理相关，含有人在造物主前有当尽之义务也。即宗教指事界说之真义也。②

1915年2月，《圣教杂志》又载张伯禄《宗教释义》曰：

> 宗者，尊仰之意，皈依之意，谓有所信仰而宗之也。复曰：谓其道之传具有统系者也。二说并举，未知孰是；然其以此译西语之"来利齐奥"，则无疑也。……西语之谓"来利齐奥"，论其母音原意，有联合、束缚之意。至于沿用依辞，亦有恭敬、寅畏之意。若以静立字用，则仅仅指神道学说及信奉神道学说之社会而言。夫以神道学说与信奉神道学说之社会，而取连合、束缚之名辞者，固不无故。盖其学说，在明人与神之关系及对神应尽之义务耳。③

《圣教杂志》为基督教杂志，其先后所载二则关于"宗教"的界说，和1911年北京《真道期刊》的《宗教与反宗教》一样，颇具信徒色彩。

1915年，《甲寅》杂志刊载CZY生的《宗教论》。该文引用英国人斐斯脱的"宗教"释义：

> 余谓"宗教"二字之解释，举凡足以熏陶一民族之道德，维系一民族之风化，范围一民族之精神者，即无不足为一民族之教，为

---

① 欧旅：《宗教问题》，《圣教杂志》第二年第一期，（上海）圣教杂志社，1913年1月，第6页。
② 欧旅：《宗教问题》，《圣教杂志》第二年第一期，（上海）圣教杂志社，1913年1月，第7页。
③ 张伯禄：《宗教释义》，《圣教杂志》第四年第二期，（上海）圣教杂志社，1915年2月，第49页。

一民族人民之宗。①

在此,"宗教"的内涵很小,外延很大,一切可以熔铸、指导民族道德、精神的,均可包括其中。其功能主义色彩是显而易见的,这与英国的经验主义哲学气质不无关联。

1917年10月,上海《青年进步》刊载文化史家陈安仁的《释宗教》。该文并未直接给"宗教"下定义,而是列述了十条"释宗教定义之标准":

> "宗教为超脱世间的","宗教为独具神秘的","宗教为维持灵体的","宗教为希望归宿的","宗教为神本主义的","宗教为爱力贯彻的","宗教为道的根本的","宗教为冲动能力的","宗教为进化无限的","宗教为超越科学的"②。

这十条"标准",比较全面地揭示了"宗教"的特质。

1921年5月25日,《东方杂志》自《民铎杂志》转载李石岑的《宗教论》。该文发挥德国学者施莱尔马赫(Schleiermacher,1768—1834)的宗教观:

> 宗教者,感情之事,非理知之事,亦非意志之事也。宗教实发于人之感情,而直观与感情为合一,由感情而得确认神之存在;即由直观而得直接感知神性。故宗教恃敬虔,即恃依存之感情。此点殆与以把捉全体为目的之艺术相若。③

施莱尔马赫的"宗教"界说,体现了从斯宾诺莎到康德的思想特色,又具德国浪漫主义意味。

---

① CZY生:《宗教论》,《甲寅》第一卷第六号,上海,1915年,第5页。
② 陈安仁:《释宗教》,《青年进步》第六册,(上海)青年进步编辑部,1917年10月,第2—7页。
③ 李石岑:《宗教论》,《东方杂志》第十八卷第十号,(上海)商务印书馆,1921年5月25日,第121页。

借形变义

1925年4月19日,太原《小学教育》刊载《公民常识:宗教》云:

> 凡是以神道设教,立定诚约,使各个人崇拜信仰,那就是个宗教。①

依其所述,宗教分两大类:一神教和多神教。基督教、犹太教、回教等为一神教;佛教、婆罗门教、道教等为多神教。无论属于哪一类,"宗教的用意,就是借上鬼神的力量,教人为善去恶,普救世人。"②

值得注意的是,"宗教"的释义,至此已作为"公民常识"进入教育领域;故"宗教"释义史,至此可告一段落。

"宗教"和"文明""文化"等词一样,均属人文术语,它们和"分子""原子""细胞"等自然科学术语(义项单一、固定)不同,其概念的界说,因时而异,因地而异,因人而异,随着人类活动的时空转换与主体变更,形成异彩纷呈的历史状貌,对其认知的差异及由此引起的论争,永无止息。

---

① 《公民常识:宗教》,《小学教育》第七期,(太原)山西教育厅编辑处,1925年4月19日,第27页。
② 《公民常识:宗教》,《小学教育》第七期,(太原)山西教育厅编辑处,1925年4月19日,第27页。

天　　主

　　吾国天主，即华言上帝，与道家所塑玄帝玉皇之像不同。彼不过一人，修居于武当山，俱亦人类耳，人恶得天帝皇耶？

　　吾天主，乃古经书所称上帝也。

——［意］利玛窦《天主实义》

一　汉字古典词"天主"

　　"天主"是由"天""主"两字组成的偏正结构名词。

　　天，甲骨文作 ᚠ 等，下部象正面站着的人形，上部为人头，本义是"头顶"，义同颠（头顶）；金文作 ᚡ 等；小篆作 ᚢ 。天的本义是人头顶上的无边苍穹，《说文解字》云："天，颠也，至高无上，从一大"，

　　主，如"民主"条所述，本义为灯心，引申为中心、主人、首脑、主持、主张。

　　中国古有"天主"说，但并无"最高主神"观念，"天主"与诸神并列。

　　"天主"一词西汉首见。《史记·封禅书》说："八神：一曰天主，祠天齐。……二曰地主，祠泰山梁父。……三曰兵主……四曰阴主……五曰阳主……六曰月主……七曰日主……八曰时主……"，"天主"是八神之一。

　　汉译佛经称诸天之主为天主，如帝释为忉利天主。南朝宋时，呵罗

借形变义

单国称宋王为"无忧天主"。①

与天主同义的"上帝"一词先秦典籍屡现,一指天帝,如《诗·大雅·大明》:"上帝临女(汝)";二指古帝王,如《书·立政》:"吁俊尊上帝",今文经学家解此"上帝"为舜,或泛指古帝王。

总之,在传统的汉语系统中,"天主"并非常用词,往往泛指上天的神灵;"上帝"使用频率高于"天主",也不是确指唯一神的专名。

"天主""上帝"成为特指至上神的热词,是中西文化交会的结果。

二 "天主"与 Deus 对译:儒耶会通

(一)"天主"译 Deus

如前所述,"天主"和"上帝"本是中国古典对天神的称谓,明末以后方被西方传教士借来意译基督教所信奉的至上神,这种译法的先导者是明末入华耶稣会士罗明坚(1543—1607)、利玛窦(1552—1610)。

基督教崇奉的神(Deus)具有唯一性,被认作天地万物的创造者和主宰,全知、全能、全在,并对人赏善罚恶。来华耶稣会士的一派(龙华民等)曾将其音译为"陡斯",但未传播开来。而利玛窦等借用中国古典词"天主"和"上帝"意译唯一神,这是基督教第三次入华的重要产物。

基督教第一次来华始于公元 6 世纪,唐代谓"大秦景教",该教称基督教唯一神为"真主",而无"天主""上帝"名目;第二次来华在元代,时名"也里可温教",仍未出现译词"天主"和"上帝"。

基督教第三次来华始于明代万历年间。继先驱者沙勿略之后,意大利耶稣会士罗明坚进入广东,曾将罗马学院的一部神学教科书《要理问答》作中文译述,采取一个中国人与一个西方人对话的方式展开,书名《天主圣教实录》,1584 年在澳门刊行。这可能是借"天主"一词意译天主教唯一神之始。

《天主圣教实录》又借汉译佛词"天堂、地狱"翻译基督教两境界。佛语有"为善即天堂,为恶即地狱"之说。"地狱"是梵文 Naraka 的意

---

① 见《宋书·呵罗单国传》。

译，即"苦的世界"，为佛教六道之一，处于地下。佛教认为，人生前做了坏事，死后要堕入地狱，受种种苦。基督教则指"地狱"为不信仰耶稣的恶人，灵魂在末日审判后受永刑的处所。"天堂"是佛教三界六道轮回中的一处，入天堂者福报最大。基督教则指"天堂"为上帝在天居所，是信仰耶稣的善人灵魂被接纳与上帝同享永福的地方。

《天主圣教实录》还自创象形表意词"十字架"、音译词"耶稣"等，意译词"天主""宠爱""复活"等，将 angel 译成"天神""天人"，后来改译天使；soul 译成"魂灵"，后来改译灵魂。

利玛窦不满意于罗明坚《天主圣教实录》文字的粗疏，曾对其作过修饰，后又以虚拟的"中士"（指华人儒者）与"西士"（指入华西方传教士）对话的体裁，自著《天主实义》（又名《天学实义》），此为在中国发生较大影响的早期天主教宣教书。利玛窦在该书开篇用反问句申述信仰天主的理由："邦国有主，天地独无主乎？"① 进而论述天主教义的普世性，"非一人一家一国之道"。② 熟悉中国经典和士人心态的利玛窦在该书特别指出：

> 吾国天主，即华言上帝，与道家所塑玄帝玉皇之像不同。彼不过一人，修居于武当山，俱亦人类耳，人恶得天帝皇耶？吾天主，乃古经书所称上帝也。③

利氏对道教的描述不太准确，但他尽力将基督教唯一神与道教的玄帝玉皇等人格神相区别，又与儒家经典中的"上帝"相附会，耶儒合一的意向是明确的。他大量列举先秦经典关于"上帝"的文句——《礼记·中庸》："郊社之礼，以事上帝也"；《诗·周颂》："上帝是皇""明昭上帝"；《易》："帝出乎震"；《礼》："上帝其飨"；《书·汤誓》："予畏上帝"，"惟皇上帝，降衷于下民。"《书·金滕》周公曰："命于帝庭，敷佐四方，上帝有庭。"等等。利氏通过对中华元典的旁征博引，引出结

---

① ［意］利玛窦：《天主实义》上卷，南昌，1603 年，天主实义引第 1 页。
② ［意］利玛窦：《天主实义》上卷，南昌，1603 年，天主实义引第 1 页。
③ ［意］利玛窦：《天主实义》上卷，南昌，1603 年，第 20 页。

论:"历观古书,而知上帝与天主,特异以名也。"①

为确立"上帝、天主"作为唯一神专名的地位,利玛窦还区分"古儒"与"近儒",力排"近儒"(指宋儒)关于宇宙本源、世界本体的专名,如对于宋代理学的核心概念"理""太极"加以否定,他援引先秦古典,以证明"太极"并非古来说法:

> 余虽末年入中华,然窃视古经书不息,但闻古先君子敬恭于天地之上帝,未闻有尊奉太极者。如太极为上帝万物之祖,古圣何隐其说乎?②

他在《天主实义》中论证,理学家视为最高范畴的"理"不过是随物而存的法则,绝非造物主,与基督教天启神学绝难相容。而先秦经典所称"上帝""天""道"等,则可找到自然宗教痕迹,与基督教唯一神存在可比性、相通性。

利氏还将先儒的"仁"与基督教的"爱"画上等号,利氏说:"仲尼说仁,惟曰爱人……仁也者,乃爱天主与夫爱人","行斯二者,百行全备"。③

(二)"利玛窦规矩"·"天主"译定

应当指出的是,利玛窦用力于"耶儒会通",将天主教唯一神、造物主(Deus)的汉字译名定为"天主",是一种顺应当地文化的策略。这种传教方式称为"利玛窦规矩"。

利玛窦援引中国古典关于"天主""上帝"的大量文句,以论证"上帝"并非自然的"天",而是有意志的、可降祸福于人间的最高存在和宇宙主宰,是"无始无终""无穷难测""本性超越万物之品的独一尊神",从而使中国人归附天主教的"天主"观。诚如一位评述者所说:利玛窦"把孔夫子这位儒教奠基人留下的某些语焉不详的字句,通过阐释

---

① [意]利玛窦:《天主实义》上卷,第20页。
② [意]利玛窦:《天主实义》上卷,第14页。
③ [意]利玛窦:《天主实义》上卷,第44、46页。

为我所用"。① "敬天""事天"等中国古人的行为,被利玛窦解释为对唯一神"天主"的崇拜。

利玛窦的中国朋友冯应京为《天主实义》所作序文,也申述利氏逻辑:"天主何?上帝也。实云者,不空也。吾国六经四子,圣圣贤贤,曰'畏上帝',曰'助上帝',曰'事上帝',曰'格上帝',夫谁以为空?"② 这也是将基督教义附会儒学之"实",而与以"无"为核心理念的道教、以"空"为核心理念的佛教划清界线。李之藻为《天主实义》所作的序文则从"文字祖"的《周易》中引出朱熹"帝者,天之主宰"之说,证明"天主之义"中国古典已有,揭示"天主""上帝"两个西来的宗教术语与儒家元典的相通性。③ 徐光启更明确指出,天主教可以辟佛补儒,这是他信仰天主教的原因:

> 我信天主教,非弃儒教,只因中国古经失传,注解多舛,致为佛说所涵,信天主教乃所以辟佛教之谬说,补儒教之不足耳。④

与徐光启、李之藻并称中国天主教"三柱石"的杨廷筠,也论证儒教尊天说与天主教的天主说的一致性:

> 儒者本天,故知天、事天、畏天、敬天,中华先圣之学也。
> 西学以万物本乎天,天惟一主,主惟一尊,此理至正至明,与吾经典一一吻合。⑤
> 夫钦崇天主,即吾儒昭事上帝也;爱人如己,即吾儒民我同胞也……此之为学,又与吾儒脉脉同符。⑥

---

① 德礼贤:《利玛窦全集》第2卷,第249页。
② [意]利玛窦:《天主实义》上卷,南昌,1603年,天主实义引第1页。
③ [意]利玛窦:《天主实义》上卷,南昌,1603年,天主实义重刻序第1页。
④ 《性理真诠》。
⑤ 引自世界宗教研究所基督教研究室编《中国天主教基础知识》,宗教文化出版社1999年版,第179页。
⑥ 《七克序》,《明清间耶稣会士译著提要》,第53页。

借形变义

杨廷筠还撰《代疑篇》，为中国天主教徒自著第一本教义书。该书用问答式，论述天主教主要信条，所用术语（天主、上帝、耶稣、复活等）多采自《天主实义》。李之藻、徐光启、杨廷筠的皈依天主教而又不弃儒学，正是"利玛窦规矩"的范例。

稍晚于利玛窦入华的意大利耶稣会士艾儒略（1582—1649）也竭力为汉字词"天主""上帝"与基督教教义相吻合作论证，他在《职方外纪》中说："天地间至尊至大为人物之真主大父者，止有其一，不得有二。一者，即天主上帝而已。"将天主、上帝并称，同指宰制万物的唯一神。

利玛窦还承袭罗明坚"天主圣教"的提法，又稍加修改，首先采用"天主教"一词。他在《译几何原本引》中说：

以余所闻，吾西国千六百年前，天主教未大行，列国多相兼并。①

此为"天主教"作为整词第一次正式出现。在《畸人十篇》中又有"天主教斋素三旨"之说。② 利氏以后，"天主教"名目始在中国流行，清代史学名著《廿二史札记》专列《天主教》一节，内称"大抵欧洲罗马诸国，悉奉天主教"。

（三）新教传教士《圣经》汉译

19世纪初叶开始入华的新教传教士，也借用中华元典中带有宗教色彩的"上帝"一词，作为基督教唯一神的意译专称，如1807年入华的英国伦敦会传教士马礼逊（1782—1834）1808—1813年汉译《新约全书》，1814—1819年与米怜（1785—1822）合译《旧约全书》，以后麦都思（1796—1857）、郭士立（1803—1851）及1830年入华的美国公理会传教士裨治文（1801—1861）、马礼逊之子马儒翰（1814—1843）以马礼逊译本为基础，改订为汉译本《圣经》，继续将基督教的造物主译作"天主"

---

① ［意］利玛窦、徐光启译：《几何原本》第一卷，1607年，译几何原本引第3页。
② ［意］利玛窦：《畸人十篇》，北京，1608年，第40页。

或"神"、"上帝"。

汉译《圣经》的刊行、传播，对近代文化史影响深远。汉译《圣经》诸文本曾以"天帝、天父、天主、真主、真神、圣神、神天、救世、造化主、造物主"等词来意译唯一神，后来逐步确定以"上帝"为意译唯一神耶和华的定名。如新教汉文宣教书《智环启蒙》说："乃上帝所造，叫做受创造之物。"明确地以"上帝"作唯一神的专名。这是对利玛窦规矩的承袭。

随着基督教近代入华，"天主""上帝"逐渐被中国人作为外来的宗教专名使用，基本上与中国古典义脱钩。洪秀全（1814—1864）1843年从第一个中国籍新教传教士梁发（1784—1854）编的宣教书《劝世良言》中吸取新教教义。《劝世良言》称，上天只有唯一的权威，即"神天上帝"耶和华，人都是上帝的子民，在上帝面前，人人平等。洪秀全与族弟洪仁玕（1822—1864）还于1847年春到广州向美国新教传教士罗孝全（1802—1871）"学道"，获得郭士立等汉译的《圣经》，该《圣经》将造物主意译为"上帝"，音译为"爷火华"（耶和华）。洪秀全称"上帝"为"天父"，名"火华"，又据《圣经》作《原道救世歌》《原道醒世训》，称"独一真神唯上帝"，人人应拜上帝，不拜邪神，从而与中国传统的各种偶像（如天子、孔圣人、关公、张天师、佛陀等）决裂，又创立"拜上帝会"。其所定"太平天国"之名，选自《圣经》福音书中的"登山宝训"，意在建立地上天国。洪秀全等1851年在广西金田举事，迅速席卷半壁中国。因太平天国皈依外来的"上帝""天主"，背弃中国固有信仰，与之苦斗的湘军首领曾国藩（1811—1872）在《讨粤匪檄》中指斥"粤匪窃外夷之绪，崇天主之教"，以至"士不能诵孔子之经，而别有所谓耶稣之说，《新约》之书"。曾国藩视这类观念和术语为洪水猛兽，称之为"乃开辟以来名教之奇变"，遂调动中国传统的政治、文化与信仰的力量与之交锋，终于扑灭这一在"天主""上帝"旗帜下造反的农民军。

三 欧人对唯一神汉字译名质疑："中国礼仪之争"发端

利玛窦入华传教所奉行的"适应政策"在耶稣会内部是有异议的，这种分歧主要表现在两个方面：一，利氏借用中国古典词"上帝""天主"意译基督教唯一神（拉丁文 Deus），有些教士认为这种译法歪曲了唯一神的原义，主张废意译，取音译"陡斯"，或音译为"主"；二，利氏认为中国人祀孔祭祖并非宗教仪式，是基督教可以容许的良俗，而有些教士则认为有违基督教敬奉唯一神的教义，禁止中国教徒祀孔祭祖。利氏在世时，这些分歧隐而未彰，利氏死后，反对意见浮出水面。首先对利氏适应政策发难的，是赴日耶稣会士陆若汉（Joao Rodrigues 1561—1633），他于1613—1615年从日本来华研究佛学，给耶稣会总会长致函，批评利玛窦的传教策略。1614年从日本被驱逐到澳门的耶稣会士也反对适应政策。而对利氏方略提出挑战的在华传教团的代表人物，则是利氏的继任人龙华民。

龙华民（Nicho Las Longobardi, 1559—1654），意大利人，1582年加入耶稣会，明万历二十五年（1597）入华，初在广东韶州（今韶关）传教，后进北京，于1610年利玛窦辞世后任耶稣会中国省区第二任会长，著有《圣教日课》《灵魂道体说》《急救事宜》《地震解》。龙氏传教方针与利氏相左，认为利氏的适应政策破坏了教义的纯正性。龙氏遂向"利玛窦规矩"提出挑战：

其一，利玛窦传教，从社会上层入手。龙华民与高一志（一名王丰肃，Alfonso Vagnone, 1566—1640）等认为，中国士人坚信实用理性，无法形成对唯一神的信仰，而"愚民"则有可能接受信仰，于是力主到社会底层宣教。

其二，利玛窦遵循"适应政策"，视祭祖、敬天、祀孔为良俗，允许中国教民为之；而龙华民则视祭祖、敬天、祀孔为迷信，与《旧约》明文指示的奉耶和华为唯一神、不得祭拜一切邪神的教规相违背，故禁止中国教民为之。

其三，利玛窦借用中国古典词"天、天主、上帝"意译基督教唯一神；而龙华民从中西观念及术语的差异性出发，反对中国教民称唯一神为"天""天主"或"上帝"。龙华民认为，中国儒士多为无神论者，儒经里的"天"，是义理或自然物质的天，与基督教全知、全能、全在的唯一神含义不同；而中国人所说的"上帝"只是"天道"与"天命"的无形力量，以之表述基督教唯一神，则容易与中国固有宗教里的神像混同。他还翻阅中国经典，发现许多有背基督教义的"异端"之论。① 龙氏主张以音译"陡斯"表述创造万物的天地之主宰。熊三拔在一篇论文中指出，中国人并不区别神与物，因而不可能用他们的语言形成有关灵魂、天使或神的观念。②

龙华民反对"利玛窦规矩"，还得到在日本的耶稣会士的启发与支持。龙华民曾收到在日本传教的耶稣会士巴巴约的信函，内称他们在日本不准奉教者行日本的国家典礼（指敬拜神道）。这一消息引起龙华民的共鸣。

耶稣会在日本传教之初，曾遵循沙勿略倡导的"适应政策"，用日本佛教尊崇的"大日如来"翻译唯一神专名（Deus），并借汉译佛语"功力、解脱、现世、后世、济渡、法度、归依、觉悟"等对译天主教术语。一些在日本建立的天主教教堂，也以"××寺"命名。后来，入日耶稣会士发现，这种做法使天主教与佛教相混淆。至1555年即决定音译Deus，在日葡萄牙人罗德里格斯1604年编纂出版的《日本大文典》，便力主"采用我们的语汇，辅以更适合日语的发音，以使其成为日本的固有语汇"。③ 罗德里格斯1610年被逐出日本，1614年来中国，批评利玛窦用"天""上帝"翻译唯一神的做法，成为龙华民的同盟者。

这一切都促成龙氏对利氏传教方略提出挑战。

据《在华耶稣会士列传及书目》转述巴尔托利《中国耶稣会史》说，"华民盖为引起中国礼仪问题之第一人。当其仅为传教师时，对于其道长利玛窦之观念与方法，已不能完全采纳，但为尊敬道长，不便批评。一

---

① 参见忻剑飞《世界的中国观》，学林出版社1991年版，第109页。
② 参见［法］安田朴《中国文化西传欧洲史》，商务印书馆2000年版，第292页。
③ ［日］井年胜美：《吉利支丹思想史研究序说》，（日本东京）鹈鹕社1995年版，第337页。

旦自为会督后，以为事关信仰，遂从事研究，而在理论与事实上所得之结论，有数点与前任会督之主张完全背驰"。① 利玛窦 1610 年去世后，这些分歧日益表面化。1623—1625 年，龙华民用拉丁文撰写《孔子及其教理》一文，系统批驳利玛窦的附儒传教策略。崇祯元年（1628），耶稣会中国教省区召开"嘉定会议"，会议由副会长阳玛诺（1574—1659）主持，与会者有龙华民、高一志、金尼阁、毕方济、郭居静、李玛诺、曾德昭、费奇观、艾儒略、黎伯劳等 21 名耶稣会传教士，徐光启、李之藻、杨廷筠、孙元化等 42 名中国信徒列席。会议对利玛窦的传教方针展开辩论，论题一是唯一神以"天主""上帝"作译名是否符合教义？二是祭祖、祀孔是否符合教规？金尼阁、艾儒略、曾德昭等赞成利氏方针，龙华民、毕方济、熊三拔、庞迪我等否定利氏方针，双方相持不下。结果是，在祭祖、祀孔问题上，沿用利氏的容许态度。在译名问题上，肯定龙华民一派意见。围绕上述问题，在华耶稣会还举行过多次会议。为了维护在华耶稣会的统一形象，副会长傅汛济下令销毁批评利玛窦的文本，龙华民的相关著作和 50 件备忘录付之一炬。但龙华民一派仍坚持自己的意见，庞迪我在《燕京开教略》中，继续反对以"天""上帝"作基督教唯一神的译名：

> 至若天字与上帝二字，并无造化天地主宰之意。中国人所敬之天，不过苍苍之天，与造天地之主宰毫无干涉，故严禁奉教人，不准行其礼仪，恐有害于圣道之淳也。②

龙华民、庞迪我等站在天主教原教旨立场，反对以汉语古典词"天""上帝"翻译唯一神专名。无独有偶，中国儒士中的反教者则从儒学原旨出发，也反对以"天""上帝"称天主教唯一神。理学家黄贞说："天即理也、道也、心也、性也，……是吾儒惟有存心养性，即事天也。"③ 认为儒家之"天"，不可混同于天主教的唯一神。

---

① 《在华耶稣会士列传及书目》，第 65 页。
② 引自朱谦之《中国哲学对于欧洲的影响》，福建人民出版社 1985 年版，第 121—122 页。
③ （明）黄贞：《尊儒亟镜》，《圣朝破邪集》卷三。

应当说，龙氏、庞氏的论说较为符合基督教原教旨，黄贞的论说也体现了宋明理学的精神，他们分别从天主教教义和儒学立场出发，列举中西天帝观的差异，所论皆顺理成章。但他们将这种差异性加以绝对化，也就堵塞了中西教旨沟通互释的可能。与之相别，利玛窦等以"天主""上帝"作基督教唯一神的译名，借助中国传统观念和惯用词语，意在打开中西教旨交会的通道。而"天、天主、上帝"等译词因利用了中国固有理念与语文传统，易于为中国人接受，故在中国得以传播，沿用至今而不衰；反观龙华民、庞迪我力主的音译"陡斯"，则鲜有市场。时至清康熙年间，法国籍耶稣会士白晋与马若瑟、傅至泽共同研究《易经》等中华元典，发掘其中与基督教教义相合之处，撰《中国古书中基督教教义之遗迹》。白晋还专门论证以汉语古典词"天""上帝""天主"翻译基督教至上神的合理性，这显然是对利玛窦思路的发挥。

龙华民—利玛窦之辩，说明宗教术语的厘定、中义与西义的沟通决非易事。这涉及文化传播学和翻译理论的根本问题：

不同文化之间能否通约？
反映异文化的不同语文能否建立意义上的等值关系？[1]

这便是文化传播问题上"译语主义"与"原语主义"的对立。龙华民所持的是东西方文化二元两分的"原语主义"，否定异文化间的通约性和异语文之间术语意译的可能；而利玛窦则实行"译语主义"，试图消解东西文化的二元两分，搭建沟通东西方意义世界的语文桥梁。而嘉定会议未能就利氏和龙氏的两种意见取得共识，其分歧不仅是理论上的，也直接反映到传教实践上，并由此引发以后长达百余年的"中国礼仪之争"。

法国东方学家安田朴（1909—2002）将"中国礼仪之争"归纳为三个问题："大家是否可以既成为天主教徒又举行尊孔的礼仪呢？大家是否可以同时成为天主教和依然忠于中国人那种对死者的崇拜呢？大家应使用汉文中什么样的辞汇术语来指三位一体（天、天主或上帝）的天主教

---

[1] 参见刘禾《跨语际实践》，上海三联书店2002年版。

之神呢？"① 中国礼仪之争的三方面内容（信徒中的士人可否祀孔、家人可否祭祖、中西文对译基督教唯一神的语义及语源争议），构成明清间中西文化关系史上的一大论题，先是入华耶稣会士、中国信徒参加论战，随后西班牙入华方济各会士利安当（Antonio Caballero a Santa Maria, 1602—1669）向耶稣会的适应政策提出质疑，指出中国教徒将"祭"与天主教的"弥撒"混为一谈，参加祭祖、祭孔活动，这都是"利玛窦规矩"导致的"背教"行为，遂加以抨击。自此，"礼仪之争"便从耶稣会内部之争变为天主教中国传教团不同宗派之间的论战。此后，罗马教廷、清朝朝廷也愈来愈深地卷入论战，以至动用教权、政权，在自己的权限范围大张挞伐，终于演成在18世纪初叶清廷与罗马教廷绝交、儒耶全面对抗的结局。

罗马教廷禁止以"天""上帝"作为翻译唯一神专名，固然有信守神学原旨的考虑，却也表现了对中国文化传统的漠视与无知，这无疑会引起中国朝野的反感与抵制。康熙三十一年（1692），康熙帝下旨，称天主教教理与中国礼教相符，中国既然容许人民信奉喇嘛教、佛教、回教等外来宗教，准其在境内建立寺院，自无禁绝天主教信仰之理由。② 这显然是对康熙三年（1664）禁教令的修正，是一种和解、宽容的态度。但当时天主教在华教团却持僵硬的传教方针，1693年，广州主教颜珰在教区发布禁令，不许用"天""上帝"称唯一神。为弥合中西双方出现的关于"中国礼仪"的不同理解，清康熙三十九年（1700），参加清廷历局工作的耶稣会士闵明我、徐日昇、安多、张诚等上奏，论说敬拜上帝与中国的拜孔、祭祖的区别，而与中国的祭天相似。奏称：

> 至于郊天之典，非祭苍苍有形之天，乃祭天地万物根源主宰，即孔子所云：郊社之礼，所以事上帝也。有时不称上帝，而称天主者，犹主上不曰主上，而曰陛下，曰朝廷之类，虽名称不同，其实一也。前蒙皇上所赐匾额，御书"敬天"二字，正是此意。③

---

① ［法］安田朴：《中国文化西传欧洲》，商务印书馆2000年版，第292页。
② 参见杨森富《中国基督教史》，（台湾）商务印书馆1978年版，第155页。
③ （清）黄伯禄：《正教奉褒》。

康熙帝赞同此奏,御批曰:

> 这所写甚好,有合大道。敬天及事君亲敬师长,系天下通义,这就是无可改处。①

经教士与中国皇帝的相互弥合,西教的上帝信仰与中国的祭天、敬祖、崇孔获得了暂时的协调一致。但罗马教廷不满在华耶稣会士以中国经典的语汇翻译圣经,教皇克莱门十一世于1704年发布的"禁约",第一条规定:"西洋地方称呼天地万物之主用斗斯二字,此二字在中国用不成话,所以在中国之西洋人、并入天主教之人方用天主二字,已经日久。从今以后,总不许用'天'字,亦不许用'上帝'字眼,只称呼天地万物之主。如'敬天'二字之匾,若未悬挂,即不必悬挂,若已曾悬挂在天主堂内,即取下来,不许悬挂。"② 这一"禁约"矛头直指康熙给教堂颁赐的"敬天"匾额。1705年底,教廷使者多罗(Maillard de Tournon,一译铎罗)携广州主教颜珰抵达北京,受到康熙召见。觐见时,康熙指座后四字,问颜珰可识,颜珰只识一字。康熙于是亲笔谕示:"愚不识字,擅敢妄论中国之道?"三天后又曰:"谕示多罗,颜珰既不识字,又不善中国语言,对话须用翻译,这等人敢谈经书之道,像站在门外,从未进屋的人,讨论屋中之事,说话没有一点根据。"③ 随即将颜珰驱逐出境。罗马教廷与清朝朝廷间的"中国礼仪之争"终于达到白热化程度,清廷方面禁教、罗马教廷方面解散在华耶稣会等举措接踵而至。

从某种意义上可以说,"中国礼仪之争"是一场由"上帝"等术语的翻译引发的大波澜,其后面有着中西文化分歧的背景。不过,"上帝"等术语经利玛窦创译,因借助了本土文化的传统力量,得以深入人心,其地位不可动摇,即使罗马教廷的禁令,也无法制止这个宗教译词在中国乃至整个汉字文化圈流传。

"中国礼仪之争"在中国导致"百年禁教"和西学东渐转入低潮,却

---

① (清)黄伯禄:《正教奉褒》。
② 故宫博物馆编:《康熙与罗马使节关系文书》(影印本)第14通。
③ 转引罗光《教廷与中国使节》,(台北)光启出版社1961年版,第126页。

在欧洲起到出人意料的作用：天主教中拥护与反对"适应政策"的双方，为了阐明自己的观点，以说服欧洲的当权者，争取教、俗两方面的支持，不遗余力地介绍中国文化传统、历史典籍、风俗习惯及重要学者与帝王，17世纪下半叶及18世纪，欧洲为此出版著作达262部之多。正如安田朴所说："中国礼仪之争还取得了另外一种成功，这就是迫使欧洲注意中国和孔夫子的思想。"[1] 这样，"中国礼仪之争"在欧洲引起介绍中国文化的热潮，导致"中学西传"高峰的形成。

---

[1] 《中国文化西传欧洲史》，第315页。

归纳　演绎

演绎法者，据总以推分；归纳法者，由分以求总。

——梁启超《墨子之论理学》

思维尤其是科学思维的方法主要有两个：归纳（Induction）和演绎（Deduction）。这两种思维方法中西皆有。就西方而言，演绎法有着更长的历史，可上溯至古希腊哲学家亚里士多德（Aristotle，前384—前322）的《工具论》（包括《范畴篇》《解释篇》《前分析篇》《后分析篇》《论题篇》《辩谬篇》）；而归纳法则发轫于文艺复兴时期英国哲学家弗朗西斯·培根（Francis Bacon，1561—1626）的《新工具》（1620年初版）。"归纳"和"演绎"本都是中华古典词汇，在近代翻译逻辑学过程中被赋予新义，衍生为新概念。

一　"归纳"和"演绎"的古典义

归纳由"归"与"纳"组合为联合结构词。

归，甲骨文作 ，金文作 ，小篆作 ，会意字，从止，从妇，本义：依归，指女子出嫁（《诗经·周南·桃夭》："之子于归，宜其室家"），引申义：返回、还给、赠送、趋向、合并（《岳阳楼记》："微斯人，吾谁与归？"）。纳，金文作 ，小篆作 ，《说文解字》"纳，丝湿纳纳也。"指丝被水浸湿，引申义：收入、接受、收藏、容纳。

归、纳组合成"归纳"，指归拢使有条理。古义主要有二：一为归还。宋欧阳修《与宋龙图书》:"先假通录,谨先归纳,烦聒岂胜惶悚。"宋苏轼《与郑靖老书》之二:"向不知公所存,又不敢带行,封作一笼寄迈处,令访寻归纳。"二为归入、纳入,多指河水归流。如宋秦观《鲜于子骏行状》:"东州平衍,兖、郓、单、济、曹、濮诸河,其所归纳,惟梁山、张泽两泺。"元脱脱等编《宋史·志》卷四十五:"候见大河归纳";卷四十六:"归纳黄河"。清经史学家,文学家毕沅(1730—1797)《续资治通鉴·宋纪七十六》:"三河别无回河归纳处,须当合黄河流。"清朝八字命理学家任铁樵(1773—1840)《滴天髓阐微·下篇·性情》:"西方之水,浩荡之势,无归纳之处。"

"演绎"古义推演铺陈。如《朱子语类》卷六十七:"汉儒解经,依经演绎;晋人则不然,舍经而自作文。"明胡应麟《诗薮·闰馀上》:"盖后人因此演绎为传奇,而以状元附会。用修据为事实,恐未然。"

随着西方形式逻辑的传入,"归纳"和"演绎"最终成为 Induction 和 Deduction 的译名。前者指从部分到整体,从特殊到一般,从个别到普遍的推理方法;后者指由一般原理推演出特殊性结论的推理方法。

二 Induction 和 Deduction 的中国译名

归纳和演绎是逻辑思辨的基本方法,乃近代思维的发纵处。英国哲学家培根将经验归纳法(Deduction)与实验同称"新工具"。法国哲学家笛卡尔(1596—1650)则从数理推导出演绎法(Induction)——从某些已经确知的事物中推演出一切的方法。

在汉字文化圈,归纳和演绎的近代义是在这两个汉语古典词与 Deduction 和 Induction 对译间获得的。

英文词 Deduction 和 Induction 传入中国并得到汉译名比较晚;后者尤其晚。Deduction 最早出现在 1848 年麦都思《英华字典》中,译作"推讲之理";该译名为 1872 年卢公明《英华萃林韵府》所沿用。Induction 最早出现在 1868 年罗存德《英华字典》卷三中,译作"酌夺,裁夺",而且和 Deduction 的译名"裁夺,卓夺"在字面上看不出概念上的区分。总之,据下表可知,在 19 世纪 80 年代以前的早期英汉词典中,Deduction 和 Induction 没有得到像样的译名;而 Induction 则只在 1868 年罗存德词典中出现过一次。这和清末入华新教传教士传播西方逻辑学较晚直接相关。

早期英汉词典中的 Deduction 和 Induction 译名

词典名	作者名	Deduction 译名	Induction 译名	出版地（者）	出版年
《英华字典》（全1册）	［英］马礼逊 Robert Morrison 1782－1834			澳门：Printed at the Honorable East India Companys Press	1822
《英华韵府历阶》（全1册）English and Chinese Vocabulary, In the Court Dialect	［美］卫三畏 S. Well Williams 1812－1884	（无此条）	（无此条）	澳门：香山书院	1844
《英华字典》（全2册）English－Chinese Dictionary (in two volumes)	［英］麦都思 W. H. Medhurst 1796－1856	Deduction, Inference, 推讲之理（卷一，p. 374）	（无此条）	上海：墨海书馆	1848
《英华字典》（全4册）English and Chinese Dictionary, with the Puntin and Mandarin Pronunciation	［德］罗存德 W. Lobscheid 1822－1893	Deduction, Inference, 裁夺，卓夺；Consequence, 关系（卷二，p. 575）	Induction, Inference, 酌夺，裁夺（卷三，p. 1016）	香港：Printed an Published at the "Daily Press" Office, Wyndham Street	1867 1868
《上海方言词典》A Vocabulary of the Shanghai Dialect	［英］艾约瑟 J. Edkins 1823－1905	（无此条）	（无此条）	上海：Presbyterian Mission Press	1869

续表

词典名	作者名	Deduction 译名	Induction 译名	出版地（者）	出版年
《英华萃林韵府》（全2册）*Vocabulary and Handbook of the Chinese Language, Romanized in the Mandarin Dialect* (*in two volumes*)	［美］卢公明 Justus Doolittle 1824–1880	Deduction, 推讲之理 （卷一 p. 121）	（无此条）	福州：Rozario, Marcal and Company	1872
《字语汇解》*An Anglo-Chinese vocabulary of the Ningpo dialect*	［美］睦礼逊 W. T. Morrison 1837–1869	Deduce, to infer, 引其归原；九九归原；推论；推打开讲 (p. 112)	（无此条）	上海：American Presbyterian Mission Press	1876
《英华字典》（全1册）*English Chinese dictionary*	I. M. Condit	（无此条）	（无此条）	上海：美华书馆	1882
《华英字典集成》（全1册）*An English and Chinese Dictionary*	邝其照（生卒不详）	Deduce, to 推论，推度，推测 Deducible 可推而知，以理测度 (p. 93) Deduction 推度 (p. 94)	（无此条）	香港：循环日报承印（1899）	1887

西方近代逻辑学传入中国始于 19 世纪 80 年代；Deduction 和 Induction 在此过程中获得若干译名。

（一）"即物穷理"和"凭理度物"

光绪丙戌仲冬（1886），总税务司署印英国入华传教士艾约瑟译《格致总学启蒙》。其所据原书为1880年初版英国人赫胥黎（Thomas Henry Huxley）所著 *Science Primers. Introductory*。英文原著中有关于 Scientific reasoning 的阐述，涉及科学研究所运用的两种推理方法——induction 和 deduction[①]。《格致总学启蒙》译曰：

> 格致家之揣度物理，审察事情，每先将若许端事故集聚一处，细为探索研求。繁琐也，而使之简约；杂乱也，而归于纯正，将其堪为提携纲领者选拔出，以为应接其同类事物之准则。世间人之揣度物理，殆均不外乎是。幼童恒云"石子为坚硬物"，缘其手把玩之石子为坚硬者。故连类推之于他处，无论遇何等石子，以为其均属坚硬者。童子于石子既如是，与格致家之即其物而穷其理、举一例百、即近知远类推之法终归纲领，何以有别哉？此格物家穷究物理所用之第一法也。反而论之，童子绝不肯纳石子于口，以齿啮而尝试。其故伊何？即因其方寸中有稳妥纲领，告以坚如石子之物，决非我齿所能啮而破，于此一石子即定意不啮。藉前所阅之各事理，以证今所遇之一事物，是即格致家凭理度物，所用之第二法也。盖心既究察得物理之真实纲领，故见事则知物之切而处之当，不为他歧所惑，随所遇而得安耳。[②]

其中，induction 被译释为"即其物而穷其理、举一例百、即近知远类推之法终归纲领"的"格物家穷究物理所用之第一法"；deduction 则被译释为"藉前所阅之各事理，以证今所遇之一事物，是即格致家凭理度物，所用之第二法也"。约言之，"即物穷理、举一例百、即近知远"均可视为 induction 的译名，而"凭理度物"则与 deduction 相对译。

[①] Thomas Henry Huxley, *Science Primers · Introductory*, 1880, p. 18.
[②] 《格致总学启蒙》，第15—16页。

借形变义

继而，原著又从逻辑学专业的角度，进一步讲解了这两种方法①。《格致总学启蒙》译曰：

> 后乎此时，《辨学启蒙》一书，亦为诸生所必观阅者。观之，则于此二法益明矣。兹时所宜知者，亦衹无多之数端耳。天地间不可胜数之事理，由来为人所审察时，见其各有自具之性情，所言范围其事物之各种条理，实不外此。格致家即各事物而极深研几，审慎思辨，推求所得之事实际，即其格致之效也。于既得其事物之条理后，复以藉理证物之法，精心穷究，得其内所蕴藏之各理。②

在此，inductions 未被成词译出，而 deductive reasoning 则被译为"藉理证物之法"。

"即物穷理"和"凭理度物"（"藉理证物"），作为译名，虽欠简洁，但作为概念的表达，则不能不说颇得归纳、演绎之精要。

（二）"藉物察理"和"即理推事物"

艾约瑟复译有《辨学启蒙》一书，所据原书为 1876 年初版的英国人 W. Stanley Jevons 著 *Logic*。原著第三章标题为 What is Deductive Reasoning，第十五章标题为 Inductive Reasoning，第十六章标题为 Inductive Reasoning in Ordinary Life。艾约瑟依次译为"何为即理推事物之分辨""借物察理之辨论""常言中凭事察理之辨论"。亦即说，Inductive Reasoning（归纳推理）被译作"藉物察理"和"凭事察理"，Deductive Reasoning（演绎推理）被译作"即理推事物"。

（三）"逆流而上"和"顺流而下"

1898 年，益智书会出版丁韪良著心理学著作《性学举隅》。书中阐发

---

① Thomas Henry Huxley, *Science Primers · Introductory*, 1880, p. 18.
② 《格致总学启蒙》，第 16 页。《辨学启蒙》是指《科学入门》（*Science Primers*）丛书中的 *Logic* 卷，杰文斯（Stanley Jevons）执笔，艾约瑟的《辨学启蒙》（1886）、严复的《名学浅说》（1909），均译自此书。

了"实学"新概念：

> 或问：实学，何谓也？
> 答：究察事理之切实者，由浅而深，由近而远，依次排列，是为实学。其门极多，无须尽述。然依其鹄的而别之，则有三焉：文学、物理、经济是也。①

在此，"物理"包括"格物学"（物理学）"化学""动植二学""天学"和"地学"② 等，实指自然科学。至于"文学"和"经济"，丁氏未予展开说明，应该是指人文、社会学科。故其所谓"实学"，实指西方近代学问（Science）。

在介绍治"实学"的方法时，丁氏还述及两种逻辑方法——演绎和归纳：

> 问：广实学之法，古来有二说，何也？
> 答：举源而推流，执本而求末，一也；溯流达源，由末追本，二也。其一则顺流而下，其二则逆流而上。③

其中，"顺流而下"即指演绎，"逆流而上"即指归纳。归纳与演绎，丁氏亦谓之"溯而上"和"顺而下"：

> 惟近代格物家之溯而上者，则以培根氏为宗；顺而下者，则以德嘉（笛卡尔——引者）氏为宗。④

丁韪良认为："欲推广实学，莫如溯流以达源，由末以探本。"⑤ 在增进科学知识这一点上，他更推重归纳法。这和培根所代表的西方科学发

---
① ［美］丁韪良：《性学举隅》，第42页。
② ［美］丁韪良：《性学举隅》，第42页。
③ ［美］丁韪良：《性学举隅》，第43页。
④ ［美］丁韪良：《性学举隅》，第44页。
⑤ ［美］丁韪良：《性学举隅》，第43页。

借形变义

展的主流是相一致的。饶有兴味的是,丁韪良还提出了"培氏与孔氏,道一而已矣"①的观点,认为中国儒家的"格物致知"之说,即英国培根所提倡的归纳法:

> 至中国,则《大学》"致知在格物"一语,已尽括培氏之法;宋儒程伊川先生曰:"须今日格一物,明日格一物,蓄积既久,统理自明",其说更将培氏之法解明。至德嘉氏之法,张横渠先生有言曰:"学至于知天,则物所从出,当源源自见。知所从出,则物之当有当无,莫不心喻,亦不待语而后知。"其义亦同。②
>
> 顺流而下之法,徼幸而无实效;溯流而上之法,人多厌烦。盖必蓄积既久,统理方明,故用者寥寥。中国则唐宋以来,专以文词取士,故实学更不得兴也。③

他认为,中国欲兴"实学",别无他法,唯在"格物致知"一途,即以归纳逻辑研究万事万物。

(四)"内籀"和"外籀"

该名早见于严复《译天演论自序》:

> 内籀云者,察其曲而知全者也,执其微以会其通者也;内籀云者,据公理以断众事者也,设定数以逆未然者也。④

1905年,严复译《穆勒名学》出版。其所据原著为 John Stuart Mill, *A System of Logic, Ratiocinative and Inductive*。其中有云:

---

① [美]丁韪良:《性学举隅》,第46页。
② [美]丁韪良:《性学举隅》,第45—46页。丁氏所引宋儒语,均出于朱熹《近思录》卷三《致知》。程伊川先生所言本为"须是今日格一件,明日又格一件。积习既多,然后脱然自有贯通处。"丁氏引文有出入。
③ [美]丁韪良:《性学举隅》,第46页。
④ 严复译:《天演论》,(上海)商务印书馆1898年版,译天演论自序第1页。

Reasoning, in the extended sense in which I use the term, and in which it is synonymous with Inference, is popularly said to be of two kinds: reasoning from particulars to generals, and reasoning from generals to particulars; the former being called Induction, the latter Ratiocination or Syllogism.①

严复译曰：

夫思籀自最广之义而言之，实与推证一言异名而同实。而古今常法，其事皆尽于二宗：有自其偶然而推其常然者，有即其常然而证其偶然者。前者谓之内籀，后者谓之外籀。外籀之用，存夫联珠。②

"内籀"对译 Induction，"外籀"对译 Ratiocination。Ratiocination 今译推理、推论，但在弥尔的原著中，该词显然是在 Deduction 的意义上被使用的，所以"外籀"所指即今之所谓演绎。此外，原著中"reasoning from particulars to generals, and reasoning from generals to particulars"一语，严复也译作"由偶推常，由常推偶"③，可看作"内籀"和"外籀"的简明诠释或代名词。

三 "归纳"和"演绎"在日本的更新

在日本，最早引介西方逻辑学的是西周。1870 年冬，西周（1829—1897）在自办育英塾中为学生讲授《百学连环》(*Encyclopedia*)。其间，作为 Philosophy（译"哲学"）的一部分，他讲解了 Logic（译"致知学"）④。其中有云：

---

① John Stuart Mill, *A System of Logic, Ratiocinative and Inductive*, New York: Harper and Brothers, Publishers, 82 Cliff Street, 1848, p. 111.
② 严复译：《穆勒名学》，金陵上海金粟斋 1905 年版，名学部乙第 6 页。
③ 严复译：《穆勒名学》，金陵上海金粟斋 1905 年版，名学部乙第 7 页。
④ ［日］大久保利谦编：《西周全集》第 4 卷，（东京）宗高书房 1981 年版，第 146 页。

借形变义

古来之致知学皆为 Deduction（钩引法），至 Mill 氏发明之 System of Logic，变为依 Induction（归纳法）而究此学，颇得此学之阶梯矣。①

在 1874 年 9 月出版的《致知启蒙》中，西周始而以"钩引"对译 deduction，"套插"对译 induction②，继而又以"演绎"对译 deduction，"归纳"对译 induction。其文有云：

钩引之运用，又名演绎（deduction）之法……套插之运用，又可谓归纳（induction）之法。③

1881 年 4 月，东京大学三学部刊行和田垣谦三等编《哲学字汇》。该辞书采用西周的译法不少，其中即包括西周创译的"演绎"和"归纳"，而且加了按语：

Deduction　　演绎法（论）　　按：《中庸·序》："更互演绎，作为此书。"④

Induction　　归纳法　　按：归，还也。纳，内也。韵书以佐"结"字，故云归纳。今假其字，而不取其义。⑤

1884 年出版的井上哲次郎、有贺长雄编《哲学字汇》增补版，1884 年出版的《改定增补哲学字汇》⑥，1912 年出版的《英独佛和哲学字汇》

---

① ［日］大久保利谦编：《西周全集》第 4 卷，（东京）宗高书房 1981 年版，第 149 页。Mill 的 *System of Logic*，西周《百学连环》中译作"致知学ノ範"（《致知学范》）。《西周全集》第 4 卷，第 148 页。
② ［日］西周：《致知启蒙》，（东京）瑞穗屋卯三郎，（大阪）河内屋吉兵卫 1874 年版，卷 1 第 19 页。
③ ［日］西周：《致知启蒙》，（东京）瑞穗屋卯三郎，（大阪）河内屋吉兵卫 1874 年版，卷 1 第 23 页。
④ ［日］和田垣谦三等编：《哲学字汇》，（东京）东京大学三学部 1881 年版，第 22 页。
⑤ ［日］和田垣谦三等编：《哲学字汇》，（东京）东京大学三学部 1881 年版，第 44 页
⑥ ［日］井上哲次郎、有贺长雄增补：《改定增补哲学字汇》，（东京）东洋馆 1884 年版，第 29、59 页。

均继续采用"推测式"这一译名。后者还增加了"还元"和"感应"两个非逻辑学译名①。

采用"归纳"和"演绎"译名的逻辑学著译还有：菊池大麓（1855—1917）著《论理略说》（东京：同盟舍，1882年12月），尾崎行雄（咢堂，1858—1954）著《增订演绎推理学》（1882年7月再版），矶部四郎（1851—1924）、佐藤郁二郎（1860—？）译《儒氏论理学》（东京：牧野书房，1887年8月），普及舍编《教育心理论理术语详解》（东京：普及舍，1885年12月初版，1887年4月再版），等等。

四　新名"归纳""演绎"在中国的确立

清末，日制新名"归纳"和"演绎"随着汉译日文逻辑学文本进入中文世界。1902年日本东京《译书汇编》所载高山林次郎著、汪荣宝译《论理学》是较早将此对新名带入中文世界的专业文本。其中有云：

> 论理学家通常分斯学为二种：曰演绎法，曰归纳法。②
>
> 演绎法者，推统一之原理，以疏解散疏之事实；归纳法者，从散疏之事实，以构成统一之原理。前者务疏解，后者务研究。其目的均在使吾人之推论归于正确；其范围职能，亦虽异而而绝不相龃龉。③

新名"归纳"和"演绎"一经进入中文世界，即广为采用。1903年，马君武（1881—1940）在日本东京《政法学报》（《译书汇编》后身）上发表《论理学之重要及其效用》一文。该文于同年天津《北洋官报》节录转载，易名为《论理学学说》。其中有云：

---

① ［日］井上哲次郎、元良勇次郎、中岛力造：《英独佛和哲学字汇》，（东京）丸善株式会社，1912年，第34、75页。

② ［日］高山林次郎：《论理学》，汪荣宝译，《译书汇编》第2年第7期，（东京）译书汇编社，1902年农历七月，第9页。

③ ［日］高山林次郎：《论理学》，汪荣宝译，《译书汇编》第2年第7期，（东京）译书汇编社，1902年农历七月，第9—10页。

> 论理学之法有三：曰归纳法 Inductive Method，曰演绎法 Deductive Method，曰完成法 Complete Method。
>
> 归纳法，一名分拆法 Analytical Method，又名发明事物之法 Method of Discovery。盖欲发明新学理、新艺术，非用归纳法则不能也。晰而言之，归纳法者，即由万殊以求一本之法也；而演绎法者，则由一本以赅万殊之法也。故演绎法，一名综合法 Synthetic Method，又名汇通教学之法。汇分流派，推寻部类，必用演绎法。归纳法由人知推天则；演绎法以天则推人知。其用不同，其重要一也。①

梁启超也是很早采用此对新名的人。1904年，他在日本横滨《新民丛报》发表《墨子之论理学》一文云：

> 演绎法者，据总以推分；归纳法者，由分以求总。②
> 演绎法只能推论其所已知之理；而归纳法专以研穷其所未知之理。③

1913年12月，苏州《吴县教育杂志》刊载汪炳台所撰《论理学学术语浅释》。其中收录"演绎推理"和"归纳推理"两条术语，解释如下：

> 演绎推理（严君复译曰内籀）（Deductive Reasoning）
> 凡从普通之原则推至种种之事实者，名曰演绎推理。为古代学者所研究，例如由"凡吴县人为江苏人""我为吴县人"之两断定而推至"故我为江苏人"是也。
> 归纳推理（严译曰外籀）（Inductive Reasoning）
> 凡将种种之事实集成普通之原则者，名曰归纳推理。例如由

---

① 马君武：《论理学之重要及其效用》，《政法学报》第3卷第2期，（东京）译书汇编社，1903年8月13日，第73页。
② 梁启超：《墨子之论理学》，《新民丛报》第3年第3号，（日本横滨）新民丛报社，1904年8月25日，第84页。
③ 梁启超：《墨子之论理学》，《新民丛报》第3年第3号，（日本横滨）新民丛报社，1904年8月25日，第86页。

"人类、虫鱼、草木、鸟兽等皆死"之种种事实,经过"人类、虫鱼、草木、鸟兽等皆生物也",一断定而集成一"故凡生物皆死"之普通原则是也。①

汪炳台的《论理学学术语浅释》乃近代中国较早面世的逻辑学术语辞书,其关于"归纳"和"演绎"的释义接近前沿认识,可以视为这一对新名在中国确立的标志。

五 中国的归纳、演绎二法的"发现"

人们在容受来自异域的新概念的过程中,往往还将新概念投射到本国的历史屏幕上,构造出一幅新的历史文化图景;并在这幅图景中将新概念认作吾家旧物。新名"归纳"和"演绎"在被受容的过程中,也出现了这样的文化反应。

1904年,梁启超发表《墨子之论理学》一文,将 Logic 概念投射到墨子身上,从而"发现"墨子的逻辑学及其"归纳""演绎"之法。依梁氏之见,《墨子·非命》中关于"三表"(有本、有原、有用)②、"三法"(有考、有原、有用)③ 的阐述,是"墨子书中言论理学最明显之处也。其所谓仪法者,即西文 Logic 之义也";而墨子的所谓"三表三法"即包含着演绎法和归纳法:

---

① 汪炳台:《论理学学术语浅释》,《吴县教育杂志》第2期,(苏州)吴县教育会,1913年12月,第4—5页。
② 《墨子·非命上》:"言必有三表。何谓三表?子墨子言曰:有本之者,有原之者,有用之者。于何本之?上本之于古者圣王之事;于何原之?下原察百姓耳目之实;于何用之?废以为刑政,观其中国家百姓人民之利,此所谓言有三表也。"
③ 《墨子·非命中》:"子墨子言曰:凡出言谈、由文学之为道也,则不可而不先立仪法。若言而无仪,譬犹立朝夕于员钩之上也,则虽有巧工,必不能得正焉。今天下之情伪,未可得而识也。故使言有三法。三法者何也?有本之者,有原之者,有用之者。于其本之也?考天鬼之志,圣王之事;于其原之也?微以先王之书;用之奈何?发而为刑。此言之三法也。"《墨子·非命下》:"子墨子言曰:凡出言谈,则必可而不先立仪而言。若不先立仪而言,譬之犹运钧之上而立朝夕焉也,我以为虽有朝夕之辩,必将终未可得而从定也,是故言有三法。何谓三法?曰:有考之者,有原之者,有用之者。恶乎考?考先圣大王之事;恶乎原?察众之耳目之请;恶乎用?发而为政乎国,察万民而观之。此谓三法也。"

> 第一法甲 考之于天鬼之志
> 乙 本之于先圣大王之事
> 第二法甲 下察诸众人耳目之情实
> 乙 又征以先王之书
> 第三法 发而为刑政以观其是否能中国家人民之利
> 右三法中，其第一法之甲、第二法之乙，皆属于演绎派；其第一法之乙、第二法之甲与第三法，皆所谓归纳派论法也。①

梁启超推崇归纳法，甚至认为西方近代的文明进步都是因为"归纳论理学之日以光大"的缘故；因而以"纯用归纳论法"推崇墨子，赞其为"东方之倍根"②。

刘师培（1884—1919）则"发现"荀子的逻辑学及其"归纳""演绎"概念。他1905年发表《论理学史序即名学》称：

> 近世泰西巨儒，倡明名学，析为二派：一曰归纳，一曰演绎。荀子著书，殆明斯意。归纳者，即荀子所谓大共、小共也，故立名以为界；演绎者，即荀子所谓大别、小别也，故立名以为标。③

1907年，刘师培又发表《荀子名学发微》一文，进一步阐发荀子逻辑学：

> 名学之大要，不外归纳、演绎二端；而荀子正名篇早明斯义。正名篇有言，有大共，有小共。"物也者，大共名也。推而共之，共则有共，至于无共然后止。"共即公名，此即荀子所言归纳法也，故立名以为界。正名篇又曰有大别，有小别。"鸟兽也者，大别名也。

---

① 梁启超：《墨子之论理学》，《新民丛报》第3年第3号，（日本横滨）新民丛报社，1904年8月25日，第87页。
② 梁启超：《墨子之论理学》，《新民丛报》第3年第3号，（日本横滨）新民丛报社，1904年8月25日，第88页。
③ 刘师培：《论理学史序即名学》，《国粹学报》第1年第1号，（上海）国粹学报馆，1905年农历正月二十日，学篇第8页。

推而别之，别则有别，至于无别然后止。"别即专名，此即荀子所言演绎法也，故立名以为标。①

民国时期，仍有人进行着这样的"发现"。1921年6月18日，詹司发表《科学方法当中的归纳法和演绎法》一文。该文认为，归纳和演绎两种思维方法"不是西洋独有的东西，中国原来也是有的，不过没有西洋的方法那样详密罢了"。与梁、刘不同，詹司是在程朱理学、陆王心学乃至清代汉学中"发现"归纳、演绎二法：

> 从前程朱一派注重归纳法，像朱子所说的"即物而穷其理"，要求"一旦豁然贯通焉"。至于陆王一派，则注重演绎法，像象山说的"学苟知本，六经皆我注脚"；又说"拳石崇成太华岑"，以为有了一个根本原理便是万事万物都可由此推论得来。到了清代的汉学家便不同了，他们合程朱、陆王两派之方法而一之，不信古人，亦信古人，论事必寻根据，先归纳而后演绎。比如王引之的《经传释词》，每解字句必搜罗群书，考其异同，提出种种假设，观其涵义最确者然后取而用之，这是归纳演绎两法并用的结果，所以清代的汉学能如此昌明，也可见方法之良否，与学术有莫大之关系了。②

这种"发现"，也不是中国学人独为，日本学者亦有之。早在1889年，中村正直（1832—1891）即在为清野勉（1853—1904）著《归纳法论理学》所作序中有云：

> 孔子曰："温故而知新"。故者，既知者也；新者，未知者也。求真理之法，不外于以既知者推究未知者。孟子曰："天之高也，星

---

① 刘师培：《荀子名学发微》，《国粹学报》第3年第7号，（上海）国粹学报馆，1907年农历七月二十日，学篇第1页。
② 詹司：《科学方法当中的归纳法和演绎法》，《学术周刊》第24期，（上海）时报馆，1921年6月18日，时报第四张。

辰之远也，苟求其故，千岁之日至，可坐而致也。"观察试验，以求其原理，乃求其故也。清野君著《归纳法论理学》，归重于归纳，谓为真理研求之法，其卓见矣。吾意者，孔孟之曰温故，曰求故，若似归纳法者，惜哉引而不发，岂非千古恨事。①

依中村正直之见，作为探求真理的方法，孔子的"温故"、孟子的"求故"之中，即包含着归纳逻辑的思想萌芽。

不仅东方人有此"发现"，西方人亦然。早在1898年，美国人丁韪良即在其《性学举隅》中提出"培氏与孔氏，道一而已矣"②的观点，认为中国儒家的"格物致知"之说，即英国培根所提倡的归纳法：

至中国，则《大学》"致知在格物"一语，已尽括培氏之法；宋儒程伊川先生曰："须今日格一物，明日格一物，蓄积既久，统理自明"，其说更将培氏之法解明。至德嘉氏之法，张横渠先生有言曰："学至于知天，则物所从出，当源源自见。知所从出，则物之当有当无，莫不心喻，亦不待语而后知。"其义亦同。③

顺流而下之法，徼幸而无实效；溯流而上之法，人多厌烦。盖必蓄积既久，统理方明，故用者寥寥。中国则唐宋以来，专以文词取士，故实学更不得兴也。④

他认为，中国欲兴"实学"，别无他法，唯在"格物致知"一途，即以归纳逻辑研究万事万物。

总之，这种"发现"，或有牵强附会之嫌，但确乎开掘出中国古典学术包藏的"归纳""演绎"因素。这种由外来学术的启迪，在本土学术中

---

① [日]清野勉：《真理研究之哲理 归纳法论理学》，（东京）哲学书院1889年版，中村正直序。
② [美]丁韪良：《性学举隅》，（上海）益智书会1898年版，第46页。
③ [美]丁韪良：《性学举隅》，（上海）益智书会1898年版，第45—46页。丁氏所引宋儒语，均出于朱熹《近思录》卷三《致知》。程伊川先生所言本为"须是今日格一件，明日又格一件。积习既多，然后脱然自有贯通处"。丁韪良引文有出入。
④ [美]丁韪良：《性学举隅》，（上海）益智书会1898年版，第46页。

寻觅到的"文化映射",是可贵的、有益的,证明了人类思维的同约性、普世性。

六 作为"科学方法"的"归纳""演绎"

"归纳""演绎"新概念的容受,其意义不限于逻辑学本身,它还意味着科学思维的觉醒;亦即说,这对新概念的受容和"科学方法"的体认是相连带的过程。1886年艾约瑟(Joseph)译《格致总学启蒙》是如此;1898年丁韪良著《性学举隅》所论述"实学之法"(科学方法)亦如此。时值民国,更有中国学人自觉以"归纳""演绎"论说"科学方法"。

1916年7月,数学家胡明复(1891—1927)在上海《科学》杂志上发表《科学方法论一 科学方法与精神之大概及其实用》云:

> 科学之方法,乃兼合归纳与演绎二者。先作观测,微有所得,乃设想一理以推演之,然后复作实验,以视其合否。不合则重创一新理,合而不尽精切则修补之,然后更试以实验,再演绎指;如是往返于归纳演绎之间。归纳与演绎既相间而进,故归纳之性不失,而演绎之功可收,斯为科学方法之特点。[①]

胡明复1910年入美国康乃尔大学留学;1914年临近毕业时,和赵元任(1892—1982)一起被推举为著名的美国科学学术联谊会的会员;继而入哈佛大学研究院专攻数学,1917年获哲学博士学位,其科学素养是毋庸置疑的。依他之见,"科学之方法""兼合归纳与演绎";科学的增进是基于观察、实验,"归纳"与"演绎"循环往复,"相间而进"的过程。

1919年10月1日,科学家、教育家任鸿隽(1886—1961)在《科学》杂志上发表《科学方法讲义》(在北京大学论理科讲演)指出,"科

[①] 胡明复:《科学方法论一 科学方法与精神之大概及其实用》,《科学》第2卷第7期,(上海)中国科学社,1916年,第721—722页。

学方法"包含"归纳逻辑"和"演绎逻辑"。他将这两种方法比较出如下几点差别：

> 1. 归纳逻辑是由事实的研究，演绎逻辑是形式的敷衍。
> 2. 归纳逻辑是由特例以发现通则，演绎逻辑是由通则以判断特例。
> 3. 归纳逻辑是步步脚踏实地，演绎逻辑是一面凭虚构造。
> 4. 归纳逻辑是随时改良进步的，演绎逻辑是一误到底的。①

和梁启超一样，任鸿隽也更注重"归纳"，认为"归纳逻辑虽不能包括科学方法，但总是科学方法根本所在"②。

1921年6月18日，詹司发表《科学方法当中的归纳法和演绎法》一文，开宗明义：

> 科学方法中最重要的方法是归纳法和演绎法，二者之中若缺其一，便算不得科学方法了。③

该文还结合"美国的实验主义又名工具主义（Instrumentalism）"集大成者约翰·杜威（John Dewey，1859—1952）的"思想五步方法"论述作为"科学方法"的"归纳"和"演绎"，认为这"五步""把归纳演绎两个方法合在一起，并无偏袒的地方"。依文章所述，杜威的"思想五步"为："1. 疑难；2. 指定疑难所在；3. 提出假设的解决；4. 想出种种假设的汉译；5. 证实"；其中，第一步到第三步是归纳法，第三步到第五步是演绎法；而"五步之中以第三步为最重要，是归纳演绎的关头"④。

---

① 任鸿隽：《科学方法讲义》（在北京大学论理科讲演），《科学》第4卷第11期，（上海）中国科学社，1919年，第1048—1049页。
② 任鸿隽：《科学方法讲义》（在北京大学论理科讲演），《科学》第4卷第11期，（上海）中国科学社，1919年，第1039页。
③ 詹司：《科学方法当中的归纳法和演绎法》，《学术周刊》第24期，（上海）时报馆1921年6月18日，时报第四张。
④ 詹司：《科学方法当中的归纳法和演绎法》，《学术周刊》第24期，（上海）时报馆，1921年6月18日，时报第四张。

该文继而总结道:

> 科学方法中自然是归纳演绎并重,不能说是有归纳法便行了。①

很显然,詹司的观点与梁启超、任鸿隽二人不同,而与胡明复相近。无论何种观点,都彰显了"归纳""演绎"与"科学方法"的互释共生关系。"归纳""演绎"概念的文化变迁之意义,重在于此。

---

① 詹司:《科学方法当中的归纳法和演绎法》,《学术周刊》第24期,(上海)时报馆,1921年6月18日,时报第四张。

国　　学

一　"国学"古义：国立学校

作为汉字古典词，"国学"本谓周朝设于王城及诸侯国都的贵族学校，如《周礼·春官·乐师》："乐师掌国学之政，以教国子小舞。"关于中国古代教育机构的名称，《孟子·滕文公章句上》有云："夏曰校，殷曰序，周曰庠，学则三代共之"。元代马端临《文献通考·学校》释曰："校、序、庠，皆乡学；学，国学也。"亦即说，"国学"是与"乡学"相对的概念——"乡学"是地方学校；"国学"是国家为全国设立的学校。另，明末程登吉原编《幼学琼林·卷三·宫室》谓："成均辟雍，皆国学之号；黉宫胶序，乃乡学之称"；而据《文献通考》，"成均""辟雍"，乃周制"大学"。故"国学"亦含"大学"之义，指官设最高学府。隋唐以降，科举制确立，设于京师的掌管国家教育的机构（同时也是最高学府）称"国子监"，又谓"国子学"，简称"国学"。总之，在古代，"国学"略谓国家设立的学校。

直到近代，学校意义的"国学"仍有使用，且被赋予了国际性。如1875年8月28日《万国公报》载《大英国事：论国学中学生数目》云：

  公议堂上院论及国学之事，有大员名三登者谓小学生应入学者计共四百五十万名。堂中董事以学生之年齿长幼通盘计算应入学者三百二十五万名。惟遍查学堂仅能容三百十万名；国学中一切开销，当增银二十万千磅，方敷本年经费云云。①

这里的"国学"显然是指英国的由国家划拨经费的学校。同样意义的"国学"还见于 1898 年《蜀学报》所载《海外近事：广开国学》：

> 欧洲诸国中，独意大利国务在他国地面设立官学堂。……此类学堂共分三等，曰国家学堂、藩属学堂，尚有一等为意国男女教士所设国家学堂，共有九十一所。……此等学堂，皆在地中海一带地方分别建设，国家每年津贴巨款，以助其成。②

此处的"国学"显然是指意大利的"国家每年津贴巨款"的"官学堂"。

清末"国学"也用于专指"北京大学堂"。如 1901 年《集成报》所载《政事录要：国学定制》云：

> 探得北京大学堂业已派定总办一人，副总办二人，堂提调四人，杂务提调三人，藏书楼提调一人，文案提调一人，襄办一人，支应提调一人，襄办一人，随同考察一人。③

此外，"国学"还用于指称清朝全国最高学府和教育管理机关"国子监"，尤指其"南学"。如 1903 年 2 月 21 日《新民丛报》所载《近事纪要：国学改章》："国子监南学肄业生，向额六十名，三年奏留，再三年学业大成者，奏请召试授职"④ 云云。直到 1905 年，"国学"仍有此用法。如该年 11 月 22 日《山东官报》载《各省新闻：国学逐渐改良》：

---

① 《大英国事：论国学中学生数目》，《万国公报》第 8 年第 351 卷，（上海）林华书院，1875 年 8 月 28 日，第 17 页。

② 《海外近事：广开国学》，《蜀学报》第 2 册，（成都）尊经书局，1898 年四月朔日，第 26 页。

③ 《政事录要：国学定制》，《集成报》第 31 期，（上海）集成报社，1901 年二月上浣，政事录要第 5 页。

④ 《近事纪要：国学改章》，《新民丛报》第 25 号，（日本横滨）新民丛报社，1903 年 2 月 21 日，第 115 页。

借形变义

国子监以南学改为高等学堂。闻其章程十条：一曰专学业；二曰订科目；三曰定房舍；四曰择教员；五曰派执事；六曰别名额；七曰慎考奖；八曰备器用；九曰广教育；十曰筹用款。①

二 "国学"在日本的转义：自国学术

"国学"一词，在日本和在中国一样，最初也是指学校；但不同的是，其所指学校的级别与中国不同，甚至相反——它"指称与京都大学寮相对之诸国学馆"②。"大学寮"是日本古代中央为培养官吏而设立的全国教育机构；而"诸国学馆"则是指幕藩体制下的各个"藩"或"大名"（相当于中国古代分封体制下的诸侯）设立的地方学校。"国学"自何时转指学术，诸说不一；但可以确定的是，作为学术意义的"国学"概念在日本社会的确立是元禄（1688—1703）到享保（1716—1735）年间的事情。江户时期（1601—1868）的日本人，自18世纪起，把流行的学问归为三类：汉学（从中国传入）、兰学（从欧美传入，19世纪扩称洋学）、国学（从《古事记》《日本书纪》发展而来的日本固有学术）。

荷田春满（1669—1736）、贺茂真渊（1697—1769）、本居宣长（1730—1801）、平田笃胤（1776—1843）被世人誉为"国学四大人"。他们皆以复归日本"古道"为己任，致力于日本"古学"的构筑。为得"古道"，荷田春满注重"古语"；贺茂真渊坚守"国意"；本居宣长力主"清除汉意"，寻得"真心"；平田笃胤则建构出一套"复古神道"体系。"此四大人振起古学"，是日本国学开宗立派的大关键；而"'国学'一词在今日意义上被使用，乃自荷田春满始"③。亦即说，他们不仅创立国学学派，而且创立了"国学"概念。

然而，关于"国学"概念的对象化界说，则是在国学衰落之后，人们回望它的时候。1888年出版的松元爱重述《国学》：

---

① 《各省新闻：国学逐渐改良》，《山东官报》第73号，（济南）山东官报局，1905年11月22日，第5页。
② ［日］河野省三：《国学之研究》（2版），（东京）大冈山书店1934年版，第3页。
③ ［日］芳贺矢一：《国学史概论》，（东京）国语传习所1900年版，第20页。

> 所谓国学，……研究吾国之古典，明政治、宗教、文学、言语、风俗、习惯等古今变迁之学，其范围甚广。①

1890年1月出版的矶部武者五郎著《神道兴教论》：

> 国学者，解释古典，研究国史、国语及令律制度之学也。②

作者还极力强调"国学"是学问，不是宗教，反对把"国学"和"神道教"混为一谈。

1897年3月出版的高桥光正编《历史修身谈·新体教育》将"国学"简单地界定为"读明古书，取调古语之学"③。

1900年8月，"文学士"芳贺矢一（1867—1927）出席国语传习所夏期讲习会，讲课五日，速记整理成《国学史概论》，同年10月出版。这是较早问世的日本国学史专著。依其所述，"国学"乃"国家之学问"，即"以国家的精神研究古学"④。

1929年出版的高桥俊乘（1892—1948）著《日本教育史》：

> 国学以我国古典为主，通过作为我国最早古典的奈良时期的书研究我国古代即儒佛传来以前的思想、信仰、道德、法制、国语、历史等。⑤

1930年出版的安达久著《日本教育思想史》（教育学术界临时增刊）：

> 所谓国学，与儒教、佛教等外国传来之学相对，攻究我国古来之历史、道义、文学，以明我国体之本质及我国独自之文化为目的

---

① ［日］松元爱重述：《国学》，（东京）哲学馆1888年版，第2页。
② ［日］矶部武者五郎：《神道兴教论》，（东京）矶部武者五郎1890年版，第41页。
③ ［日］高桥光正编：《历史修身谈·新体教育》，（东京）林甲子太郎1897年版，第88页。
④ ［日］芳贺矢一：《国学史概论》，（东京）国语传习所1900年版，第21页、第20页。
⑤ ［日］高桥俊乘：《日本教育史》，（东京）教育研究会1929年版，第293页。

借形变义

之学问。①

作者继而指出,在"证明民族之语言与文章,阐明其文化之性质"意义上,日本的"国学"与"文献学(Philology)""正相当"②。

1933年出版的辻幸三郎(1888—1965)著《大日本教育通史》:

> 所谓国学,与汉学相对,指吾国固有之学。以国文学与国史为主,和歌附属之。德川时期,此等研究进而成为复古神道之提倡,终局于哲学性研究。③

1934年7月9日,竹冈胜也著《古代思想与国学》在东京岩波书店出版。作者认为,日本的"近世国学"是"以上代为对象,研究我国之所以尊贵之学问";"国学之勃兴"是"日本精神之独立"的结果。④

同年出版的河野省三(1882—1963)著《国学之研究》(二版):

> 国学,广而言之,是研究日本文化,究明日本精神,以发扬日本国体之精华的学问。严密言之,国学是主要研究作为日本文化之渊源的日本古典乃至古代文化,究明作为日本精神之本质的神道或日本民族之传统信念及情操,以发挥日本国体之精髓特色的学问。⑤

1939年出版的山田孝雄(1873—1958)著《国学之本义》:

> 国学将其研究之基础置于国语与古典之上,通国史而通自古及今之文化,以明我国家之特性本质,觉我国民精神,更以明通古今

---

① [日]安达久:《日本教育思想史》(教育学术界临时增刊),(东京)モナス1930年版,第381页。
② [日]安达久:《日本教育思想史》(教育学术界临时增刊),(东京)モナス1930年版,第381页。
③ [日]辻幸三郎:《大日本教育通史》,(东京)目黑书店1933年版,第94页。
④ [日]竹冈胜也:《古代思想与国学》,(东京)岩波书店1934年版,第13页。
⑤ [日]河野省三:《国学之研究》(二版),(东京)大冈山书店1934年版,前言第1页。

而存一贯之道为目的。……其不止于知识，而以直接触及我国家之魂为目的。①

总之，日本近世、近代通用的"国学"一词，虽有深浅繁简的种种界定，但基本义是一致的：皆指与"汉学"（来自中国的学术，如儒学、中国化佛教等），"兰学""洋学"（来自西洋的学术）相对应、相区隔的日本自国之学（如《古史记》《日本书纪》、巴蕉诗学之类）。正是这种"自国之学"意义上的"国学"一语，被明治间访日的中国学人所借用，指中国传统学术文化，于清末民初渐趋广泛地使用。

三 "国学"在中国的阐发

19世纪末、20世纪初，中国留日学生与入日政治流亡者，以及活动于上海等地的学人，采借日本已经沿用百余年的"国学"一名，用以指称中国的学术文化。

1902年3—12月、1904年9—12月，梁启超（1873—1929）在《新民丛报》上连载《论中国学术思想变迁之大势》长文，以"国学"与"外学"相对，强调二者的互动共济：

> 今日欲使外学之真精神普及于祖国，则当转输之任者，必遂于国学，然后能收其效。……此吾所以汲汲欲以国学为我青年劝也。②

1903年7月，梁启超所编《新民丛报》载《教育时评：北京大学堂之国学问题》一文云：

> 国学者，教育之一大要素也。非但保全国粹，足以发扬国民爱国之精神；且无国学以为之根基，则虽精通外学，亦皆隔阂难通，

---

① ［日］山田孝雄：《国学之本义》，（东京）国学研究会出版部1939年版，第60页。
② 梁启超：《论中国学术思想变迁之大势》，《新民丛报》第3年第10号，（日本横滨）新民丛报社，1904年12月，第34页。

借形变义

而不适于己国之用。①

早在报刊发文公开倡导"国学保存"者,亦有《政法学报》癸卯年(1903)第5期所载春水《中国国学保存编之一》一文。春水之所谓"国学",专在"道德学";而中国"道德学"的精髓,则在于"正气":

> 正气者,中国之国魂也。②

依其所述,"正气"由孟子("浩然之气")所发明,为文天祥的《正气歌》所引用,"为神洲特别之产物,西洋所未曾发明,而大适于今日之实用者"③。

1904年阴历六月十五,黄节(纯熙,1873—1935)于《政艺通报》上发表《国学报叙》。依他之见,"国学"意即"中国之学",具体指"黄帝尧舜禹汤周公孔子之学"④;其中蕴涵着中国的"立国之精神",它和国家民族是体用本末的关系,所谓"学亡,则亡国;国亡,则亡族"⑤。他之所以倡导"国学",还在于捍卫中国学术的主体性:

> 国固吾国也;学即吾学也。……不自主其国,而奴隶于人之国,谓之国奴;不自主其学,而奴隶于人之学,谓之学奴。奴于外族之专制,固奴;奴于东西之学说,亦何得而非奴也?⑥

---

① 《教育时评:北京大学堂之国学问题》,《新民丛报》第34号,(日本横滨)新民丛报社,1903年7月,第61页。
② 春水:《中国国学保存编之一》,《政法学报》癸卯年第五期,(东京)译书汇编社,1903年12月25日,第1页。
③ 春水:《中国国学保存编之一》,《政法学报》癸卯年第五期,(东京)译书汇编社,1903年12月25日,第3页。
④ 黄纯熙:《国学报叙》,《政艺通报》第3年第10号,(上海)政艺通报社,1904年阴历六月十五,第17—18页。
⑤ 黄纯熙:《国学报叙》,《政艺通报》第3年第10号,(上海)政艺通报社,1904年阴历六月十五,第17页。
⑥ 黄纯熙:《国学报叙》,《政艺通报》第3年第10号,(上海)政艺通报社,1904年阴历六月十五,第18页。

1904 年，邓实（1877—1951）、黄节（1873—1935）、章太炎（1896—1936）、刘师培（1884—1920）等人发起成立国学保存会，该会宗旨是"研求国学，保存国粹"[1]；1905 年，国学保存会创刊《国粹学报》，学报宗旨是"发明国学，保存国粹"[2]。这里的"国学"意为"国粹之学"。该刊发表章太炎（1896—1936）、刘师培（1884—1920）、陈去病（1874—1933）等人的经学、史学、诸子学、文字训诂方面文章，以资激励汉人的民族精神。自此，中国人开始在"中国固有学术文化"意义上使用"国学"一词，为"国故之学"的简称。所谓"国故"，指中国传统的学术文化之故实，此前清人多有用例，如魏源（1794—1857）认为，学者不应迷恋词章，学问要从"讨朝章、讨国故始"（《圣武记》卷十一），这探讨国故的学问，也就是后来之所谓国学。

经清末民初诸学者（章太炎、梁启超、罗振玉、王国维、刘师培、黄侃、陈寅恪等）阐发和研究，国学所涉领域为：小学、经学、史学、诸子、文学，约与现代人文学的文、史、哲相当，但突现了中国固有学术的内容，自有其存在与发展的根据。

清末学人关于"国学"概念的理论阐述，当以邓实为丰。1905 年阴历三月，邓实发表《国学通论》。在邓实这里，"国学"亦称"神州学术"，实指"儒者之学术"。他认为，"神州学术，春秋以前，归于鬼神术数；春秋以降，归于史；汉以后，归于儒，而无所复归矣"；而"汉以后，神州之学术在乎儒者之一家而已。儒者之学术，其大者在乎六经而已"[3]。他看重的是儒家所推崇的"道"或"大义"：

> 孔子曰："朝闻道，夕死可矣。"是则吾儒所以致命遂志，杀身成仁，爱国报种，存学救世，不刊之大义也。[4]

---

[1] 《国学保存会小集叙 附国学保存会简章》，《国粹学报》第 1 年第 1 号，（上海）国粹学报馆，1905 年阴历正月二十日，第 1 页。

[2] 《国粹学报发刊辞·国粹学报略例》，《国粹学报》第 1 年第 1 号，（上海）国粹学报馆，1905 年阴历正月二十日，第 2 页。

[3] 邓实：《国学通论》，《国粹学报》第 1 年第 3 号，（上海）国粹学报馆，1905 年阴历三月二十日，社说第 1 页。

[4] 邓实：《国学通论》，《国粹学报》第 1 年第 3 号，（上海）国粹学报馆，1905 年阴历三月二十日，社说第 9 页。

借形变义

1906年10月，邓实发表《国学讲习记》。该文将"国学"的内涵界定为"一国所自有之学"；将其外延规定为"一国之经学""一国之史学""一国之子学""一国之理学""一国之掌故学""一国之文学"；继而从"国"与"学"的关系角度对"国学"做如下论述：

> 有其国者有其学。学也者，学其一国之学，以为国用，而自治其一国者也。……夫国以有学则而存；学以有国而昌。①

1907年阴历二月，邓实又《国学真论》。他首先指出，"近人"虽然在政治方面"既知国家与朝廷之分"，但在学术上却还"不知有国学君学之辨。以故混国学于君学之内，以事君为爱国，以功令利禄之学即为国学"；继而以"真儒之学"与"伪儒之学"之判展开"国学君学之辨"：

> 真儒之学，祇知有国；伪儒之学，祇知有君。知有国，则其所学者，上下千载，洞流索源；考郡国之利病，哀民生之憔悴；发愤著书，以救万世；其言不为一时，其学不为一人。是谓真儒之学。若夫伪儒者，所读不过功令之书，所业不过利禄之术；苟以颂德歌功，缘饰经术，以取媚时君固宠，图富贵而已。②

依他之见，"中国国学之真"在于"真儒之学"；而"吾国绵绵延延以至于今者，实赖在周有伯夷，在秦有仲连，在汉有两生，在东汉有郑康成，而在晚明有黄梨洲、顾亭林、王船山、颜习斋、孙夏峰、李二曲诸先生之学，为一线系也"③。

---

① 邓实：《短品：国学讲习记》，《广益丛报》第120期，（重庆）广益书局，1906年10月27日，短品第1页。
② 邓实：《国学真论》，《国粹学报》第3年第2号，（上海）国粹学报馆，1907年阴历二月二十，社说第1页。
③ 邓实：《国学真论》，《国粹学报》第3年第2号，（上海）国粹学报馆，1907年阴历二月二十，社说第1页、第3页。

四 "国粹":"国学"之精髓

如前所述,中国近代"国学"概念是蕴含着"国粹"概念被导入的;甚至"国学"之初义即为"国粹之学"。"国粹"是"国学"的精髓所在,也是"国学"的意义或价值所在。考索"国粹"概念,是理解"国学"概念的题中应有之义。

在近代中文语境中,"国粹"一词,早见于1902年阴历五月《译书汇编》所载《日本国粹主义与欧化主义之消长》一文。其中有云:

> 国粹云者,保持己国固有之精神,不肯与他国强同。
> 主国粹之说者,谓国必有其独立之精神。舍己从人,有损国体。①

同年阴历十二月,《政艺通报》载黄纯熙《国粹保存主义》一文云:

> 夫国粹者,国家之特别精神也。②

与前述"己国固有之精神"相比,这里的"国家之特别精神"可谓平添了许多革新意味。这一"国粹"概念,来源于日本的国粹主义思潮。关于日本国粹主义的代表人物及其核心观点,该文记述道:

> 文部大臣井上馨,特倡此义,大呼国民;三宅雄次郎、志贺重昂等和之。其说以为,宜取彼之长,补我之短;不宜醉心外国之文

---

① 《日本国粹主义与欧化主义之消长》,《译书汇编》第2年第5期,(日本东京)译书汇编社,1902年7月25日,第2页。
② 黄纯熙:《国粹保存主义》,《政艺通报》政学文编卷五(第22期),(上海)政艺通报社,1902年阴历十二月,第5页。

物，并其所短而取之，并我所长而弃之。①

该文从井上馨那里引进的是一个具有开放性的"国粹"概念：

> 发现于国体，输入于国界，蕴藏于国民之原质，具一种独立之思想者，国粹也。有优美而无粗觕，有壮旺而无稚弱，有开通而无锢蔽，为人群进化之脑髓者，国粹也。……本国之所有而适宜焉者，国粹也；取外国之宜于我国，而吾足以行焉者，亦国粹也。井上之言如是，知我国之所有者为国粹，而不知外国之宜于我国，而吾足以行焉者，亦国粹也。②

文章还引述加藤弘之的观点，阐明"国粹"的政治意义，尤其是对于立宪的意义——因为"国粹"事关"宪法之精神"；甚至关系到国家在国际竞争中的生死存亡：

> 加藤弘之曰：欧洲各国宪法之精神，大抵无异；至政府之权力、议会之权限，则宽严大小，皆有所宜。所以然者，各国之风俗、历史，不可苟同也。……加藤氏所谓各有所宜而不可苟同，皆保存也。夫粹者，人人之所欲也。我不保存之，则人将攘夺之，还以我之粹，而攻我之不粹，则国不成其为国矣。③

1905年《四川学报》所载张敏《国粹述略缘起》，其基本内容袭自黄节的《国学报叙》，将"国粹"释义为"立国之精神、独具之文明"；其特色在于将"吾国国粹"具体化为"黄帝尧舜禹汤文武"之"治道"，

---

① 黄纯熙：《国粹保存主义》，《政艺通报》政学文编卷五（第22期），（上海）政艺通报社，1902年阴历十二月，第5页。"文部大臣井上馨"当为"井上毅"之误；"三宅雄次郎"即三宅雪岭。
② 黄纯熙：《国粹保存主义》，《政艺通报》政学文编卷五（第22期），（上海）政艺通报社，光绪二十八年（1902）十二月，第5页。
③ 黄纯熙：《国粹保存主义》，《政艺通报》政学文编卷五（第22期），（上海）政艺通报社，光绪二十八年（1902）十二月，第6页。

并指出"孔子之道,亦以区区保存之义"。该文亦将此"吾国国粹"称为"吾国国魂、吾学学魂"①。这与前述1903年春水发表的《中国国学保存编之一》一文将"正气"认定为"中国之国魂",可谓同归而殊途。

其实,早在1899年阴历十一月廿一日,梁启超即在《清议报》第33册上发表《饮冰室自由书》中的"中国魂安在乎"一节。此可谓中国近代"国魂"之先声,亦即"国粹之学"之先导。后人关于"中国精神"的相关探讨,则可谓对于梁氏"中国魂安在乎"一问之响应。

当然,清末中文语境中的"国粹"也有其他意涵。如:1905年5月,奚若发表《中国之国粹》一文,认为"中国之国粹""有两要素"——"体质"和"脑力";即是说,"中国人之体质,最耐天行之虐";"中国人之脑力,亦不在紫髯碧眼者下焉"②。该刊后列英文目录题名 Good Points in Chinese Civilization and Ethics。亦即说,兹所谓"国粹",乃 Good Points 之义,今可译曰"优点"等。

五 "国学"讲习的双重目标

清末民初,章太炎前后四次开办国学讲习会。第一次是在1906年他东渡日本任《民报》主编之际开始,主讲《说文》《尔雅》。听者多达数百人;著名者有钱玄同、沈兼士、周豫才、朱希祖、任鸿隽等。1906年9月5日,《民报》刊载署名"国学讲习会发起人"的《国学讲习会序》有云:

> 夫国学者,国家所以成立之源泉也。吾闻处竞争之世,徒恃国学固不足以立国矣;而未闻国学不兴而国能自立者也。吾闻有国亡而国学不亡者矣;而吾未闻国学先亡而国仍立者也。故今日国学之

---

① 张敏:《国粹述略缘起》,《四川学报》第12册,(成都)学务处,1905年,论说第1页。

② 奚若:《中国之国粹》,《华美教报》第15册,(上海)华美书局,1905年5月,第15页。

借形变义

无人兴起，即将影响于国家之存灭，是不亦视前世为尤岌岌乎？①

1907年6月8日，《民报》载章太炎在一封书信《答铁铮》，讲到其提倡国学的缘由：

> 仆以为，民族主义如稼穑然，要以史籍所载人物、制度、地理、风俗之类为之灌溉，则蔚然以兴矣。②

他认为民族精神的勃兴，就像种庄稼，需要灌溉，而"史籍所载人物制度、地理风俗之类"的国学，便是灌溉之源泉。

此次流亡讲习期间，章太炎写成《国故论衡》，日本东京秀光社1910年初版。该书分上卷小学十篇，中卷文学七篇，下卷诸子学九篇，是章太炎的重要著作，具体展现作为"国故之学"的国学的基本内容。

章太炎两度倡言"国故之学"：一次在清末排满革命之际，一次在20世纪30年代抵抗日本侵略之际，都是试图以国文（语言文字）、国史（历史地理）、国伦（伦理道德）等国学内容激发大众的爱国主义和民族本位精神。

如果说，章太炎等"有学问的革命家"倡导国学，是着眼于激发民族精神、弘扬爱国主义，那么20世纪20年代开始倡导"整理国故"的胡适（1891—1962）），则更多的是从学术上树立与"西学"彼此对应、相互启发的"国学"。1923年3月13日，胡适在《国学季刊发刊宣言》中对"国学"概念做如下阐述：

> "国学"在我们的心眼里，只是"国故学"的缩写。中国的一切过去的文化历史，都是我们的"国故"；研究这一切过去的历史文化的学问，就是"国故学"，省称为"国学"。"国故"这个名词，最

---

① 国学讲习会发起人：《国学讲习会序》，《民报》第7号，（日本东京）民报发行所，1906年9月5日，第126页。

② 章太炎：《答铁铮》，《民报》第14号，（日本东京）民报发行所，1907年6月8日，第116页。

为妥当；因为他是一个中立的名词，不含褒贬的意义。"国故"包含"国粹"；但他又包含"国渣"。我们若不了解"国渣"，如何得"国粹"？①

胡适反对将"国学"与域外学术对立起来、孤立开来，而力倡与域外学术作"比较的研究"，主张扩大国学研究的范围，注意系统的整理，从古今中外博采参考比较的资料。这是一种着眼于学院式研究的国学观，同时也是一种对西学开放的国学观。

自20世纪初以来，"国学"之名在中国已经流行百年，其内涵大约包容章太炎、胡适倡导的那两层含义，是一个在学术界、教育界使用渐广的概念：某人研习中国传统学术有成，便被称为"国学家"；博学精研，成就斐然者则尊之"国学大师"，章太炎、梁启超、王国维（1877—1927）、陈寅恪（1890—1969）等人荣膺这一称号。20世纪20年代清华大学成立"国学研究院"，所传习之"国学"即如上义。而清华国学研究院原拟聘请的导师有章太炎，章因故未应聘，清华国学研究院的"四大导师"为梁启超、王国维、陈寅恪、赵元任（1892—1982）。梁的博大，王、陈、赵的精深，皆一时之选，堪称"国学大师"。

宋人张载（1020—1077）在《正蒙·大心》中把国故之学分为"见闻之知"与"德性之知"，前者指通过感官接触外物获得的知识，约为智性知识；后者指通过内心修养参悟出来的知识，约指德性知识。唐人韩愈（768—824）谓："教诲于国学也，严以有礼，扶善遏过"（《唐故国子司业窦公墓志铭》），强调国学在养成"德性之知"方面的功能。此种分类自有道理，却又不必截然两橛。国学讲习应注意于二者的兼顾与互动，一方面介绍基本的国学知识（语言文字、典籍、历史、地理、自然常识、典章制度等），另一方面又彰显国故之学蕴含的大义，把"小学"与"大学"结合起来，达成"见闻之知"与"德性之知"的水乳交融。

当然，德性之知有赖智性之知的浇灌，但二者不能替代。有些学识广博者德性并不高，有些文化水准较低者蕴含着丰厚的德性。故德性之

---

① 胡适：《国学季刊发刊宣言》，《北京大学日刊》第1186号，（北京）北京大学，1923年3月13日，第2版。

借形变义

知的获得，并非单凭知识传授，还自有其生成机制。

1911年3月，《国学丛刊》创刊；王国维为之序。序中除提及该刊名称之外，通篇未用"国学"一名。其开宗明义：

> 学之义不明于天下久矣。今之言学者，有新旧之争，有中西之争，有有用之学与无用之学之争。余正告天下曰：学无新旧也，无中西也，无有用无用也。凡立此名者，均不学之徒。即学焉，而未尝知学者也。①

关于"学无中西"的观点，王国维阐发道：

> 世界学问，不出科学、史学、文学。故中国之学，西国类皆有之。西国之学，我国亦类皆有之。所异者，广狭疏密耳。即从俗说，而姑存中学、西学之名，则夫虑西学之盛之妨中学，与虑中学之盛之妨西学者，均不根之说也。中国今日，实无学之患，而非中学、西学偏重之患。……中西二学，盛则俱盛，衰则俱衰。风气既开，互相推助。且居今日之世，讲今日之学，未有西学不兴，而中学能兴者；亦未有中学不兴，而西学能兴者。……故一学既兴，他学自从之。此由学问之事，本无中西。彼鳃鳃焉虑二者之不能并立者，真不知世间有学问事者矣。②

在"国学"文化脉络上，王国维此论，诚可谓别具一格，耐人寻味。

---

① 王国维：《国学丛刊序》，《国学丛刊》第1册，（北京）国学研究会，1911年3月，第1页。

② 王国维：《国学丛刊序》，《国学丛刊》第1册，（北京）国学研究会，1911年3月，第2—3页。

幽　　默

　　幽默不是油腔滑调，不是轻薄尖酸，而是宽大敦厚的同情，是参透道理洞彻人情的见地，如麦雷蒂斯所说，是"一种含蓄思想的笑"。

——邬丘《论语与幽默》

现在通用的"幽默"是一个音意合璧的译词，但又早有原形，是借旧形赋新意的词语。

一　"幽默"的汉语原义

"幽默"本为中国古典词。

词素"幽"，甲骨文作 ▨，金文作 ▨，小篆作 ▨，本义指物体色度，又表黑色，引申为昏暗、隐蔽、囚禁等义；

词素"默"，小篆作 ▨，本指狗突窜入追人，人惊吓失声，引申为静默、沉寂。

二词素组成"幽默"，本义安静，古典屡现此词。战国末屈原（约前340或339—前278）诗云："眴兮杳杳，孔静幽默。"[1] 此"幽默"，意为"静寂无声"[2]，历代诗人在此意上采用"幽默"，如：唐代李白《鸣皋歌送岑徵君》："块独处此幽默兮，愀空山而愁人。"宋代朱熹《书事》："超摇

---

[1]　屈原：《九章·怀沙》。
[2]　《辞源》（合订本），商务印书馆1998年版，第542页。

捐外虑，幽默与谁言。"明代李江《梅花百咏 其二十二 化不可为》："玄天幽默无言语，大造胚胎有妙机。"清代孙元衡《咏怀 其二十二》："川泽静幽默，杳然舒我情。"直到1927年，仍有人在原义上将"幽默"入诗，如文生所作《幽默的河边之夜》，取其"幽雅静默"[①] 之义。

今之常用词"幽默"，内涵与古时大相径庭。《辞源》释曰："今谓有趣而意味深长为幽默。"[②] "幽默"的古今词义大变，是因对译西来的 humour 造成的：今用之"幽默"保留原有词形，又借其发音，音译 humour，赋予 humour 的含义，成一新名。与其近义的汉语古典词是"诙谐"，《汉书东方朔传》："其言专商鞅、韩非之语也，指意放荡，颇复诙谐。"杜甫诗《社日》："尚想东方朔，诙谐割肉归。"

二 Humour 的早期汉译

英文 Humuor 也写作 Humor，来源于拉丁文，本义是体液，因其流动性引申出机变、多趣义。它最早与汉文发生对译，见于早期英汉词典（见下表）。1844年，美国入华传教士卫三畏（S. Well Williams, 1812—1884）在其所编《英华韵府历阶》中，将其译为"顺"和"欢容"；但这两个汉译词似乎并非指现在意义上的"幽默"。1847年，美国入华传教士麦都思（W. H. Medhurst, 1796—1857）所编《英华字典》，将 Humour 译为"好说玩话的，好戏玩的，有趣的"。可以确定，这是 Humour 在现代"幽默"意义上获得的最早汉译。

早期英汉词典中 Humour/Humor 及相关英文词之汉译

词典名	作者名	Humour / Humor 译名	出版地（者）	出版年
《英华字典》（全1册）	[英] 马礼逊 Robert Morrison 1782－1834	无此条	澳门：Printed at the Honorable East India Companys Press	1822

---

① 文生：《幽默的河边之夜》，《知难》第30、31合刊，（上海）世界学会，1927年10月1日，第16页。

② 《辞源》（合订本），商务印书馆1998年版，第542页。

续表

词典名	作者名	Humour / Humor 译名	出版地（者）	出版年
《英华韵府历阶》（全1册）English and Chinese Vocabulary, In the Court Dialect	[美]卫三畏 S. Well Williams 1812－1884	HUMOR，顺；欢容（p.141）	澳门：香山书院	1844
《英华字典》（全2册）English－Chinese Dictionary (in two volumes)	[英]麦都思 W. H. Medhurst 1796－1856	HUMEOUR，好说玩话的，好戏玩的，有趣的。HUMOUR，disposition，性情，性癖；ill－humour，恶癖；good humour，好性体（卷一，p.92）	上海：墨海书馆	1847
《英华字典》（全4册）English and Chinese Dictionary, with the Puntin and Mandarin Pronunciation	[德]罗存德 W. Lobscheid 1822－1893	Humorist，诡怪的人，狂嘅 Humorous, full of wild or fantastic images，诡怪，诡马嘅，好笑的。Subject to be governed by humor or caprice，性癖的，乖癖的；witty，诙谐（卷二，p.975）	香港：Printed an Published at the "Daily Press" Office, Wyndham Street	1867
《上海方言词典》A Vocabulary of the Shanghai Dialect	[英]艾约瑟 J. Edkins 1823－1905	Humour，性子，皮气；(Humourous) 爱惹人笑（p.51）	上海：Presbyterian Mission Press	1869
《英华萃林韵府》（全2册）Vocabulary and Handbook of the Chinese Language, Romanized in the Mandarin Dialect (in two volumes)	[美]卢公明 Justus Doolittle 1824－1880	Humoror disposition，性情，好性体；bad 恶癖（卷一，p.241）Humerous，好讲笑，好戏玩的，有趣的。（卷一，p.241）	福州：Rozario, Marcal and Company	1872

· 399 ·

续表

词典名	作者名	Humour / Humor 译名	出版地（者）	出版年
《字语汇解》 An Anglo-Chinese vocabulary of the Ningpo dialect	［美］睦礼逊 W. T. Morrison 1837－1869	Humor, in good—，欢欢喜喜；in bad—，正在发性格；to put him in good—，俾其欢喜 (p. 229)	上海： American Presbyterian Mission Press	1876
《英华字典》（全1册） English Chinese dictionary	I. M. Condit	无此条	上海： 美华书馆	1882
《华英字典集成》（全1册） An English and Chinese Dictionary	邝其照（生卒不详）	Humorous 好语，戏言，乖僻的 Humour［disposition］情性，品性 Humour to 顺，顺人性情，遂人心 (p. 169)	香港： 循环日报承印 (1899)	1887
《英华大辞典》（小字本）	颜惠庆 1877－1950	Humorist, n. 1. One who gratified his own humour, 狂者，奇癖者，任意者，使气者；2. One who has a playful fancy or odd conceits, 奇想者，诙谐者；a droll, 谈笑者, 戏谑者, 谐谑者；a portrayer of people's humours, 描摹人之可笑事者, 滑稽家。(p. 497)	上海： 商务印书馆	1920

注："嘅"，音 gě，粤语，相当于现代普通话的"的"。

据表可见，在早期英汉词典中，Humour 的汉译名虽多种多样，但其形容语言、文字等事物好笑、诙谐、滑稽、有趣，使人愉悦的属性之义项，则在汉文世界中得以显现。

在英文中，Humour 一词还见于在近代中国编辑、发行的报刊栏目名中，如：1909 年上海圣约翰大学校刊《约翰声》设有"Wit and Humour"栏；1913 年《益智》有"Wit and Humor"栏；1916 年《英语周刊》有"A Humour"栏；1919 年《税务学校季报》有"Wlt and Humour"栏；1920 年《约翰年刊》有"Humour"栏；1921 年《沪江年刊》有"HUMOUR"栏。栏内刊登有趣的短文，全英文，无汉译。1920 年《英文杂志》有"Humor"栏，栏内小文为"中英文对照"，但栏目名却无汉译。在此，Humour 一词显然是指一种文体，类似如今的"机智与幽默""小幽默""小笑话"之类。这种文体及其表现出来的文风，对能阅读英文的中国人势必发生影响。"幽默大师"林语堂的诞生、20 世纪 30 年代"幽默运动"的兴起，亦与此文化氛围不无关联。

最早在文学、美学专业文本中使用 Humour 概念，并为其厘定汉字译名的是王国维（1877—1927）。1906 年，他在《教育世界》杂志上发表《屈子文学之精神》一文，其中有云：

> 若北方之人，则往往以坚忍之志、强毅之气，恃其改作之理想，以与当日社会争，而社会之仇视之也，亦与其仇视南方学者无异，或有甚焉。故彼之视社会也，一时以为寇，一时以为亲，如此循环，而遂生欧穆亚（Humour）之人生观。①

此处的"欧穆亚"是 Humour 的音译，它被认为一种"人生观"，是达观的人生态度。"欧穆亚"一名未见流传。

三 以"幽默"译 Humour

（一）林语堂创译词"幽默"

将 Humour 译作"幽默"的是民国时期以文辞多趣见称的文学家林语

---

① 王国维：《屈子文学之精神》，《教育世界》第 140 号（1906 年第 24 期），（上海）教育世界社，1906 年农历十一月下旬，第 2—3 页。

借形变义

堂（1895—1976）。1924 年 5 月，他（时名林玉堂）在《晨报副刊》第 115 号上发表《征译散文并提倡"幽默"》一文道：

> 我早就想要做一篇论"幽默"（Humour）的文，讲中国文学史上及今日文学界的一个最大缺憾。（"幽默"或作"诙摹"略近德、法文音。）素来中国人虽富于"诙摹"，而于文学上不知运用他及欣赏他。于是"正经话"与"笑话"遂截然分径而走：正经话太正经，不正经话太无体统。……（"幽默"是什么东西，让我在此地神秘一点儿别说穿了妙。）我们应该提倡在高谈学理的书中或是大主笔的社论中不妨夹些不关紧要的玩意儿的话，以免生活太干燥无聊，这句话懂的人（识者）一读就懂，不懂的人打一百下手心也还是不知其所言为何物。……我们只须笑，何必焦急？[①]

在此，古老的"幽默"一词，被借形赋义，衍为新名。同年 6 月，林语堂又在论坛《晨报副刊》发表《幽默杂话》一文，对译词"幽默"做了较为透彻的说明：

> "幽默"二字原为纯粹译音，行文间一时所想到，并非有十分计较考量然后选定，或是藏何奥义。Humour 既不能译为"笑话"，又不尽同"诙谐""滑稽"；若必译其意，或可作"风趣""谐趣""诙谐风格"（humour 实多只是指一种作者或作品的风格）。无论如何总是不如译音的直截了当，省引起人家的误会。既说译音，便无所取义，翻音正确便了。不但"幽默"可用，并且勉强一点"朽木""蟹蟆""黑幕""诙摹"都可用。惟是我既然倡用"幽默"，自亦有以自完其说。凡善于幽默的人，其谐趣必愈幽隐，而善于鉴赏幽默的人，其欣赏尤在于内心静默的理会，大有不可与外人道之滋味，与粗鄙显露的笑话不同。幽默愈幽愈默而愈妙。故译为幽默，以意

[①] 林语堂：《征译散文并提倡"幽默"》，《晨报副刊》第 115 号，（北京）晨报社，1924 年 5 月 23 日，第 3 版。

义言，勉强似乎说得过去。①

林语堂指出，"幽默"不仅是音译，也借取了古典汉字词幽默的"幽隐""静默"之意，因此"幽默"又是一个音意合璧词。

（二）对"幽默"的质疑与取代

由于"幽默"与汉语词的原意差距太大，开始难以被人接受。最早对译名"幽默"表示保留态度的是鲁迅（1881—1936）。1927年1月，他在《莽原》上发表自己翻译的日本学者鹤见祐辅所撰《说幽默》一文。文后附有他于1926年12月7日写的附言：

> 将humor音译为"幽默"，是语堂开首的。因为那两字中似乎含有意义，容易被误解为"静默""幽静"等，所以我颇不赞成，一向没有采用。但想了几回，终于也想不出别的什么适当的字来，便还是用现成的完事。②

1932年7月8日，翻译家李青崖（1886—1969）致信林语堂，提出将"语妙"作为Humour的第二汉译名：

> ……"语妙天下"这四个字，却触动我的灵感了：就是想是"语妙"两个字做Humour的第二个华译。因为四字连用已经包含了不少的Humour味儿，截去二字取得缩脚式歇后语调，那么不独味儿更长，并且声音也很相类。③

8月20日，林语堂复信李青崖，对"语妙"予以肯定，又对"幽默"表示坚持：

---

① 林玉堂：《幽默杂话》，《晨报副刊》1924年6月9日第1版。
② ［日］鹤见祐辅：《说幽默》，鲁迅译，《莽原》第2卷第1期，（北京）未名社，1927年1月10日，第34页。
③ 李青崖、林语堂：《"幽默"与"语妙"之讨论》，《论语》第1期，（上海）中国美术刊行社，1932年9月16日，第44页。

借形变义

"语妙"二字作为 Humour 之第二华译,语出自然,音韵亦相近,诚有可取。幽默已成口语,不易取消,然语妙自亦有相当用处,尤其是做形容词,如言"何等语妙"!某人太幽默,亦可说"某人太妙语了"。①

继而,林氏对"幽默"作深度诠释:

Humour 本不可译,惟有译音办法。……最近者为"谑而不虐",盖存忠厚之意。幽默之所以异于滑稽荒唐者:一,在于同情于所谑之对象。……二,幽默非滑稽放诞,故作奇语以炫人,乃在作者说者之观点与人不同而已。幽默家视世察物,必先另具只眼,不肯因循,落人窠臼,而后发言立论,自然新颖。以其新颖,人遂觉其滑稽。若立论本无不同,故为荒唐放诞,在字句上推敲,不足以语幽默。滑稽之中有至理,此语得之。②

1932年10月4日,徐绪昌致信林语堂,提出对译名"幽默"的异议,主张以"幽妙"一词取而代之:

华名译为"幽默",音同义近,又为学术界所习用,似无可议。但觉"幽默"二字,易与"静默"义相混同,不能表达"谑而不虐"的真义。致令不谙英文者发生误解。鄙意"语妙"固近于英文中之 wit,"幽默"则太离乎字之本义。折取二者之长,似以"幽妙"二字,较为切当。而在用语上,亦无何种困难。③

对此,林语堂做简短回复:

---

① 李青崖、林语堂:《"幽默"与"语妙"之讨论·答青崖论幽默译名》,《论语》第1期,(上海)中国美术刊行社,1932年9月16日,第44页。
② 李青崖、林语堂:《"幽默"与"语妙"之讨论·答青崖论幽默译名》,《论语》第1期,(上海)中国美术刊行社,1932年9月16日,第45页。
③ 徐绪昌致信林语堂,《论语》第3期,(上海)中国美术刊行社,1932年10月16日,第107页。

"幽妙"之隐谑之妙，义有可取，但不如"语妙"之语出天然。弟意仍用"幽默"做 Humour 译名。幽妙不妨做普通形容词。①

1932年10月12日，作家、翻译者孟斯根（孟十还）致信林语堂，对"幽默"提出批评：

先生说"幽默二字本为纯粹音译，所取于其义者，因幽默含有假痴假呆之义，作语隐谑，令人静中寻味。"实际这已不是纯粹音译了，因为对于字的意义，已先存藉讬之念。我说未能尽善尽美者亦即在此——"音"和"义"的混淆不清。②

继而，他提出一个折中"音译"和"意译"的方案，即保留林语堂"幽默"的"幽"字，借用李青崖"语妙"的"妙"字，将 Humour 译作"幽妙"。他认为：

Humour 译作"幽妙"，好像比作幽默较灵活，较贴切些。③

此外，陈望道拟将 Humour 译作"油滑"，又觉不妥，放弃。另一语言学家唐栩将其译作"谐穆"，但未获公众采纳。总之，尽管有诸多异议，林语堂所译"幽默"终于得以流传。

四 对"幽默"的阐释

译名"幽默"确立，但其内涵却远非译名创制者一人所限定。1932

---

① 林语堂致徐绪昌信，《论语》第 3 期，（上海）中国美术刊行社，1932 年 10 月 16 日，第 107 页。
② 孟斯根：《"幽妙"》，《论语》第 4 期，（上海）中国美术刊行社，1932 年 11 月 1 日，第 142 页。
③ 孟斯根：《"幽妙"》，《论语》第 4 期，（上海）中国美术刊行社，1932 年 11 月 1 日，第 143 页。

年9月16日，林语堂等人在上海创办《论语》杂志，"幽默运动"① 由此勃然而兴，"幽默文字，风行一时"②；"幽默"的含义亦随着不断丰富，其深度远超林语堂的"幽默"。

鲁迅是最早关注"幽默"问题的人之一。他选择日本作家鹤见祐辅（1885—1973），于1926年12月7日将鹤见《ユーモアに就いて》③一文译成中文，题名《说幽默》，于1927年1月10日在《莽原》第2卷第1期上刊载，借以表达自己对"幽默"的认识。

该文认为，幽默是"普遍底的"，"无论翻成那一国的话，都是发笑的"④。不过，只满足于使人发笑的幽默，乃属于"宽裕的幽默之类"；而更应被看重的幽默，则是"由于深的修养而来的"，是"寂寞的内心的安全瓣"⑤。因为倘若"睁开了心眼，正视起来，则我们所住的世界，乃是不能住的悲惨的世界"⑥，"倘没有幽默，即被赶到仿佛不能生活的苦楚的感觉里去"⑦，"倘无幽默，这世间便是只好愤死的不合理的悲惨的世界"⑧。有了幽默，"我们就寻出了一条活路，而以笑了之"⑨。

> 幽默既然是诉于我们的理性的可笑味，则在那可笑味所由来之

---

① 倩之：《谈幽默运动》，《新生周刊》第1卷第12期，（上海）新生周刊社，1934年4月28日。

② 宁保：《幽默另译》，《社会与民族》第1卷第1期，（杭州）社会与民族半月刊社，1933年5月1日，第37页。

③ 该文于1924年7月3日写成，收于鹤见祐辅《思想·山水·人物》，（东京）大日本雄辩会，1924年。

④ ［日］鹤见祐辅：《说幽默》，鲁迅译，《莽原》第2卷第1期，（北京）未名社，1927年1月10日，第28页。

⑤ ［日］鹤见祐辅：《说幽默》，鲁迅译，《莽原》第2卷第1期，（北京）未名社，1927年1月10日，第30页。

⑥ ［日］鹤见祐辅：《说幽默》，鲁迅译，《莽原》第2卷第1期，（北京）未名社，1927年1月10日，第32页。

⑦ ［日］鹤见祐辅：《说幽默》，鲁迅译，《莽原》第2卷第1期，（北京）未名社，1927年1月10日，第30页。

⑧ ［日］鹤见祐辅：《说幽默》，鲁迅译，《莽原》第2卷第1期，（北京）未名社，1927年1月10日，第33页。

⑨ ［日］鹤见祐辅：《说幽默》，鲁迅译，《莽原》第2卷第1期，（北京）未名社，1927年1月10日，第32页。

处，必有理由在。那使大抵从"理性底倒错感"而生的。①

幽默是从悲哀而生的"理性底逃避"的结果……避在幽默中，冷冷地笑着过活。②

使幽默不堕于冷嘲，那最大的因子，是在纯真的同情罢。同情是一切事情的础石。

幽默不怕多，只怕同情少。以人生为儿戏，笑着过日子的，是冷嘲。深味着人生的尊贵，不失却深的人类爱的心情，而笑着的，是幽默罢。

幽默者，作为人类发达的一个助因，是可以尊重的心的动作。③

在林语堂那里，"幽默"基本上是指一种"不正经"的、让人"发笑"解闷的文章风格和样式；虽也体现了一种人生态度，但终究流于一种文人的"玩意儿"。而鲁迅则是站在哲学高度，以"深的人类爱的心情"，在"幽默"问题上尽一份思想者的责任。

1930年，气耘在《台中半月刊》第25期上发表《说幽默》一文，提出：

"幽默"原不只是"诙谐""滑稽"，这乃玩弄命运的一种游戏也。④

1933年9月1日，郁达夫在其《略谈幽默》一文中强调"幽默"的情感性，指出：

假使幽默而不带一点情味，则这一种幽默，恐怕也不会有多大

---

① [日] 鹤见祐辅：《说幽默》，鲁迅译，《莽原》第2卷第1期，（北京）未名社，1927年1月10日，第31页。
② [日] 鹤见祐辅：《说幽默》，鲁迅译，《莽原》第2卷第1期，（北京）未名社，1927年1月10日，第33页。
③ [日] 鹤见祐辅：《说幽默》，鲁迅译，《莽原》第2卷第1期，（北京）未名社，1927年1月10日，第34页。
④ 气耘：《说幽默》，《台中半月刊》第25期，台中，1930年，第29—30页。

的回味。……微苦笑的心境，是真正的艺术心境。①

1933年11月18日，曹聚仁《谈幽默（Humour）——在文艺研究会讲演》一文，则将"幽默"（Humour）和"讽刺"（Satire）、俏皮（Grony）、滑稽（Konik）称作"兄弟"②，以此阐述"幽默"的要义：

> 人与人之间，彼此发见了"愚蠢之点"，不觉失笑起来，这就是"滑稽"。受了命运的播弄，而不敢反抗，只好冷笑一下，这就是"俏皮"。心里不甘于屈服，而又无力反抗，只好苦笑一下，这就是"讽刺"。看穿了人生的悲剧，寄予无限的同情，莞尔微笑，乃成为"幽默"。③

1934年2月1日，美学家宗白华《悲剧、幽默与人生》一文，强调了"幽默"的热度和深度：

> "幽默"不是谩骂，也不是讥刺。"幽默"是冷隽，然而在冷隽背后与里面有"热度"，戏剧与幽默都是"重新估定人生价值"的，一则肯定超越平凡人生的价值。两者都是给人以"深度"的……④

1934年5月1日，梁实秋发表《阿迪生论幽默》一文，强调了"幽默"以"真理"为根基。他写道：

> 假定幽默是一个人，由下述的他的家谱推论到他的涵质。这一家的始祖是"真理"，它的儿子名叫"情理"。"情理"是"才智"

---

① 郁达夫：《略谈幽默》，《青年界》第4卷第2号，（上海）北新书局，1933年9月1日，第181页。

② 曹聚仁：《谈幽默（Humour）——在文艺研究会讲演》，《涛声》第2卷第45期，（上海）听涛社，1933年11月18日，第386页。

③ 曹聚仁：《谈幽默（Humour）——在文艺研究会讲演》，《涛声》第2卷第45期，（上海）听涛社，1933年11月18日，第387页。

④ 宗白华：《悲剧、幽默与人生》，《中国文学》创始号，（南京）流露社，1934年2月1日，第68页。

的爸爸,"才智"娶了一位旁系的女郎名叫"愉乐"的为妻,生子取名"幽默"。①

无独有偶,1934年《光芒》刊载的郁青的文章《幽默释义》,也强调了"幽默"的真理性:

> 幽是暗,默是息,要简捷说,打哑谜不说明了,便是幽,使人于言外寻绎不尽,而口头上却不能加以批评,便是默。不过有一言必须讲明,幽默并不是叫人想着后味发松,甚至当时不语,转眼又哄堂大笑,这固然也是幽默,到底落了幽默的下乘禅,算不得有价值的文字。上乘禅的幽默,不但要有意义,还要有颠扑不破的真理。在当时说来,仿佛是很浅淡的话,而内中所涵,却非常深沈而浓郁,可以称为苦语,也可以称为至言,这才是至高无上的幽默。②

钱仁康《论幽默的效果》(1937年7月)则将幽默分为"形而上的幽默"和"形而下的幽默";认为前者是"一种修养",即"以涵养心性为依归的纯粹幽默",后者是"一种工具",即"以应付环境为目标的实用幽默";"二者各具妙用",不能偏废;幽默的作用有二:"快乐"和"发泄"。③

五　对林氏"幽默"的再批评

如前所述,林语堂提倡"幽默"的初衷只在"以免生活太干燥无聊","我们只须笑"。这固然有不满现实、反抗现实的一面,但终究不免肤浅、无益,甚至无聊。1933年5月1日,林氏"幽默运动"兴起刚过半年,《社会与民族》杂志刊载宁保《幽默另译》:

---

① 梁实秋:《阿迪生论幽默》,《刁斗》第1卷第2期,(青岛)刁斗文艺社,1934年5月1日,第1页。
② 郁青:《幽默释义》,《光芒》第1卷第6期,(上海)林一民,1934年,第2页。
③ 钱仁康:《论幽默的效果(上)》,《论语》第45期,1934年7月16日,第984—985页。

借形变义

> 自林语堂主办之《论语》杂志出,幽默文字,风行一时。惟其弊也,易流于尖酸刻薄不负责任之途,有类于厕所涂抹,尚无赖泼妇骂街之挺身而出而詈之勇气也。或不如是,而言之无物,故为生僻,则味如嚼蜡,更使人厌。按幽默本系 humour 一字之译音,有主译"语妙"者,有主译"幽妙"者。但与原音不甚近。鄙意可译为"油墨",盖如某种画虎不成反类犬之文字,祇见其满纸黑字,不知所云也。①

这显然不是探讨"幽默另译"问题,而是对林氏"幽默"的讽刺。对林氏"幽默"批判最激烈的,当属 1933 年刊于《循环》的王忏摩的《"幽默"亡国论》。文章结合当时日本入侵等内忧外患指出:

> 是时候了,拿出坐在抽水马桶上做的幽默文章(这种文章大概不会香的),躺在沙发上幽默的抽雪茄的精神,用欢迎"幽默祖师"的热烈的情感,去实际做一番救国工作罢……否则,幽默祇能亡国!②

何白《中国人底幽默》(1934 年)说:

> 幽默年过了,幽默之风大减。《论语》到碰壁,林大师给人骂得不值一文,有出洋之意。于是乎幽默之末路至矣!③

鲁迅对林氏"幽默"持批评态度。据《晨报副刊》1924 年 6 月 19 日载《小杂谈三则》称:

---

① 宁保:《幽默另译》,《社会与民族》第 1 卷第 1 期,(杭州)社会与民族半月刊社,1933 年 5 月 1 日,第 37 页。
② 王忏摩:《"幽默"亡国论》,《循环》第 9 号,(上海)循环周刊社,1933 年,第 139 页。
③ 何白:《中国人底幽默》,《时代的》第 2 卷第 4 期,(上海)时代的杂志社,1934 年,第 15 页。

幽　默

　　林玉堂先生提倡幽默的文章里，提起了鲁迅先生的名字，于是有人向鲁迅先生问及这件事。鲁迅先生说他的作品中很少有幽默的分子。幽默在日本译为"有情滑稽"，令人看后嫣然一笑便了。而他自己的作品，是要令人看后起不快之感，觉得非另找合式的生活不可。这是"撒替"，不是"幽默"。他的作品中几乎满是"撒替"（Satire）。①

　　译名"幽默"问世伊始，鲁迅即觉察到林氏"幽默"与自己异趣。1933年，《论语》杂志创刊一周年之际，林语堂请鲁迅撰文，以壮声势，鲁迅报以《论语一年——借此又谈萧伯纳》一文。鲁迅在该文中对林语堂所提倡的"幽默"进行批评：

　　老实说，他所提倡的东西，我是常常反对的。……我不爱"幽默"，并且以为这是只有开圆桌会议的国民才闹得出来玩意儿，在中国，却连意译也办不到。……将屠户的凶残，使大家化为一笑，收场大吉。我们只有这样的东西，和"幽默"是并无什么瓜葛的。②
　　皇帝不肯笑，奴隶是不准笑的。他们会笑，就怕他们也会哭，会怒，会闹起来。……
　　这可见"幽默"在中国是不会有的。③

　　在鲁迅看来，林语堂等人的"幽默"不过是"绅士淑女"等"上等人"的无聊游戏，于广大的"下等人"毫无意义。
　　1934年11月，《论语》创刊两周年之后不久，邬丘发表《论语与幽默》一文，与鲁迅的《论语一年》遥相呼应。

　　事实上鲁迅先生的作品，是充满了幽默作风的。只要看他一面说"我不爱'幽默'"，同时他那《论语一年》就是一篇很好的幽默

---

① 龙：《小杂谈三则》（一），《晨报副刊》1924年6月19日第4版。
② 鲁迅：《论语一年：借此又谈萧伯纳》，《论语》第25期，1933年9月16日，第16页。
③ 鲁迅：《论语一年：借此又谈萧伯纳》，《论语》第25期，1933年9月16日，第17页。

借形变义

意味的作品。那末他为什么说"我不大热心于《论语》"的话呢？我想，主要是他所说的"我们只有这样的东西，和'幽默'并没有什么瓜葛的"那个原因。

幽默不是油腔滑调，不是轻薄尖酸，而是宽大敦厚的同情，是参透道理洞彻人情的见地，如麦雷蒂斯所说，是"一种含蓄思想的笑"。①

这场关于"幽默"的讨论，也是对这一译名的深度阐释，为"幽默"增添了直面人生的思想性、深刻度和郑重感。

---

① 邬丘：《论语与幽默》，《女声》第3卷第3期，（上海）女声社，1934年11月5日，第9页。

新名创制

汉字文化圈诸国，近代不断涌现新概念，其大宗为引入西学时音译或意译西洋术语，音译只模仿西洋语言的声音，且不具论；意译则涉及词义的中外对接，此类新名在本书讨论范围内，而意译新名的创制方法有二：

一为借汉语旧词词形注入新义，此为"语义性新词"，本书"古典引申"（文明、革命等）、"语义假借"（科学、自由等）、"借形赋义"（民主、国学等）三栏目，皆属此类。

二为创制新词形：如果找不到较为切近的汉字旧词形表述新概念，便创制新的词形，以对外来概念意译之或音意合璧译之，形成"词汇性新词"。

本目列举"词汇性新词"数例，分别反映由新词形构成新名的几种方式：

（1）中国人以汉语旧词素（如"中华"与"民族"）组合成新词形（如"中华民族"）；

（2）中西人士结合，利用古典汉字组合汉字新词形（如脑＋筋＝"脑筋"，脑＋囊＝"脑囊"，脑＋学＝"脑学"）；

（3）中西人士结合，变换旧名意义角度，以成新名（如"几何"）；

（4）中国译者以音意合璧方式创制译名（如"逻辑""乌托邦"）；

（5）日本人凭借汉字语素，以汉语构词法新造名词（如"哲学""美学""元素"）。

因科技类术语语义单一且专门化，多以"逐字译式命名法"翻译之（如由"胸＋膜"组成"胸膜"，由"盲＋肠"组成"盲肠"），而人文社会科学术语蕴义复杂、多重，逐字译式命名法不足为用，遂以汉语构词法创制合成词对应之，如以名词作定语＋名词（中华民族），形容词＋动词（哲学、美学），副词＋动词（独占、反动），动词＋宾语（共产、动员），等等。

日本自古以来采用训读与音读结合的方式创制新名，又时常辅之以和文构词，所制作的汉字词带有浓厚的日本气息（日本人称为"和臭味"，如"亚流、贵殿、一生悬命"之类），此类汉字词难以在中国流行。而至幕末、明治时期，"和制汉语"仿效汉译西书创制新名的方法，采用中国固有的汉语构词法，新名酷似中源汉字词。[①] 清末民初传入中国的日译汉字词，多为近代"和制汉语"（日本人称为"新汉语"），传入中国后被汲纳，甚至被中国人视同己出，很快融入汉字词汇的汪洋大海中。究其缘由，是因为采用汉语构词法的日制汉字新名，从形态到寓意方式都与汉字古典词别无二致，故其在近代中国通畅地得以传播。

[①] 关于汉字构词法及中日人士创制新名时对其运用，参见冯天瑜《新语探源——中西日文化互动与近代汉字术语生成》（中华书局2004年版）第四章《日源汉字新语厘定》。

中华民族

> 中华民族作为一个自觉的民族实体，是近百年来中国和西方列强对抗中出现的，但作为一个自在的民族实体则是几千年的历史过程所形成的。
>
> ——费孝通：《中华民族多元一体格局》

自古以来在中国这片广袤、丰腴的大地上生活劳作、彼此交会的各族人民，近百年来统称"中华民族"。此一偏正结构合成词，在"民族"前冠以"中华"，是一个渊源古老而又成词年轻的新名。以下先分释"民族"与"中华"这两个历史悠久的语素，然后对历时百年的"中华民族"的成词及定格过程加以考究，从而获得对此一关键词的历史及文化的贯通理解。[①]

一 "民族"乃成词千余年的汉字词

民族，指依靠历史、语言或种族联系组成的稳定的人群共同体。从时序划分，略有原始民族、古代民族、现代民族；从地域划分，略有日尔曼民族、斯拉夫民族、中华民族；等等。一些语言学论著把"民族"归入外来词，或称日源词，这是有欠准确的判定。一则，中国古来即有表述此一概念的多种单字词，如"民""族""种""部""类"等，也

[①] 参见冯天瑜《中国文化史 导言》，高等教育出版社2005年版，第9—14页；冯天瑜《中国文化生成史》上册，武汉大学出版社2016年版，第58—67页。

有"族类""族部""民群""民人""民种"等双字词;二则,作为汉字整词的"民族",成词有千余年之久,且其内涵与现代义"民族"方向大体一致。

(一) 释"族"

组成"民族"的核心单字"族",甲骨文作🅰,金文作🅱,小篆作🅲。这个字构件有二:一为"矢",义为箭;一为"队",表有长长飘带的旌旗。"族"的本义,《说文解字》认为是"箭头":"🅲,矢锋也,束之族族也,从㫃从矢。……众矢之所集。"徐笺:"矢所丛集,谓之族。"现代学者左民安认为是"聚集",丁山则认为,旗(队)用来聚众,箭(矢)用来杀敌,因此"族"的本义是以氏族为基础的军旅组织。

"族"指具有相似属性的人群集合,周代百家为一族。中国自古并不特别重视体质人类学分野(肤色等身体状貌),而注重族群文化心理的同一性,《左传》称"非我族类,其心必异"[1],认为族异则心异,强调共同心理是族群凝聚的要旨。唐人韩愈又讲:"孔子之作《春秋》也,诸侯用夷礼则夷之,夷而进于中国则中国之"[2],申述文化生态是决定民族性的基本要因。

(二) 释"民"

组成"民族"的另一单字"民",甲骨文作🅰,金文作🅱,象锥子之类的尖状物刺入人目,本义是受奴役的奴隶,古代常刺瞎奴隶的左眼。小篆作🅲,已看不出原始的构形了。商周时代,"人""民"两分,前指自由民,后指无人身自由的奴与隶。战国以后,"民"(奴与隶)一定程度上获得解放,民、人意近。《说文解字》云:"🅲,众萌也,从古文之象,凡民之属皆从民。"此处"萌"通"氓",指庶众、农民。后来组成二字词"民族"的"民",意为"众萌",即庶众聚集体。

---

[1] 《左传·成公四年》。
[2] 《原道》,《五百家注昌黎文集》卷一。

(三)"民族"并非日源词

近代若干论著(包括语言文字类工具书)常称:中国本无"民族"一词,此为"日源词",是明治时期日本学者将"民"与"族"组合成"民族"一词,以对译英语 nation,19世纪末20世纪初方传入中国。故清末使用"民族"一词的学人,多有游日经历,云云。

上说陈述了一段词语传播的表面现象,但并不能由此得出"民族"乃日源词的结论。

第一,如前所述,组成"民族"的基本语素"民"与"族"是常用古代汉字,古汉语的"族"指"族类","民"指"众萌",即广大庶众,两字已具备"民族"的基本内涵。

第二,"民族"一名出现,见于千余年前《南齐书》所载南朝齐大臣顾欢(420—483)评议夷夏服饰习俗的言论:"今诸华士女,民族弗格,而露首编跣,滥用夷礼。"① 这里的"民族"一词,昭显人群习俗风尚差异,是从"夷夏之辨"讲论"民族"的,已逼近后世通用的"民族"基旨。

其三,在近代意义上使用"民族"一词,译自英语 nation(词源是拉丁文 natio,意谓"种族"),也并非始于日本。早在19世纪50年代,入华西方新教传教士已与中国士人合作译创"民族",如日耳曼人郭实猎(1803—1851)等在广州编纂的中文期刊《东西洋考每月统记传》(1833—1838)于丁酉年九月(即道光十七年九月,1837年10月)号载《史 约书亚降迦南国》,述《旧约》中摩西部属约书亚,率以色列人渡约耳但河(今译约旦河),降服迦南国故事,创译"以色列民""以色列民族"等语。② 此为汉字词"民族"在近代中国的较早出现。

同治、光绪间文士王韬(1828—1897)1874年著文,也使用"民族"一词:

> 夫我中国乃天下之至大之国也,幅员辽阔。民族殷繁,物产饶

---

① 《南齐书》卷五十四。
② 《东西洋考每月统记传》丁酉九月《史 约书亚降迦南国》,见爱汉者等编,黄时鉴整理《东西洋考每月统记传》,中华书局1997年版,第271页。

富，苟能一旦奋发自雄，其坐致富强，天下当莫与颉颃。①

王韬作此文，远在他访日之前二十年，显然他是率先使用"民族"一词的。

上述两例均在日本以"民族"翻译西语并传入中国之前。诸例表明"民族"并非"日源"，在中国由来有自。不过上述皆零星个案，"民族"一词截至19世纪中叶在中国并未通用。

（四）清末始，"民族"一词广泛使用

时至19世纪末，伴随近代"民族国家"观念的勃兴，中国自创的"民族"渐被启用，加之日本对译西语的"民族"一词于清末传入中国，迅速普及开来，如1895年第二号《强学报》、1896年《时务报》皆有"民族"用例。1898年6月，康有为给光绪皇帝上《请君民合治满汉不分揭》，有"民族之治"一语。1900年章太炎《序种姓》有"自帝系世本推迹民族"②的论说。流亡日本的梁启超1901年撰《国家思想变迁异同论》，提出"民族帝国主义""民族主义"等概念；梁氏1902年撰《东籍月旦》，介绍东籍（日本书籍），有"东方民族""泰西民族""全球民族""支那民族""民族变迁""民族竞争"等短语，显系取自日本词语。吴汝纶（1840—1903）《东游丛录》（1902）也用"民族"一词。梁启超1903年介绍德国政治学家伯伦知理（今译J. K. 布伦奇利）的民族学说，使近代民族概念得以流传。梁氏强调：

今日吾中国所最急者……民族建国问题而已。③

梁氏提出"民族建国"任务，其内容有"完备政府""谋公益""御他族"等，已包含近代民族国家诸义项。梁氏高调阐发民族主义：

---

① （清）王韬：《洋务在用其所长》，《弢园文录外编》卷三，中州古籍出版社1998年版，第143页。
② 章太炎：《訄书·序种姓上第十七》。
③ 梁启超：《新民说·论自由》，《新民丛报汇编》一第二期，（日本横滨）新民丛报社，1900年，第15页。

民族主义者，世界最光明正大公平之主义也，不使他族侵我之自由，我亦毋侵他族之自由。①

民族主义者何？各地同种族同言语同宗教同习俗之人，相视如同胞，务独立自治，组织完备之政府，以谋公益而御他族是也。②

应当指出，多民族的中国较之单一民族的日本，建立近代民族国家的情况复杂得多。就清末而言，首先面临满洲贵族对数量巨大的汉族人民的民族压迫问题，孙中山1904年在《中国问题的真解决》中便以此为症结议论"民族"。1905年他在《民报发刊词》中将民族与民权、民生并称三大主义，对"民族"和"民族主义"作系统阐发，虽有"排满"之议，却有宏阔的视野，强调民族独立和民族平等，从而直逼近代民族主义高度。辛亥革命后，民族主义超越"排满"，成为争取全中国诸民族共同权益，以自立于世界民族之林的新思想，旧式民族主义正式向近代民族主义过渡，"民族"一词自此广泛使用，成为常用汉字词。

二 释"中华"

"中华"是"中国"与"华夏"组成的复合词之简称，其意可上溯至汉朝的"中国诸华"一语（意谓中国诸圣的后代）③。

"中"字前已考析，此不赘述。

"华"（華）是"花"的古字，金文作𠌶，小篆作𦾓，上部象花的形状，下部是花蒂。《说文解字》云："𦾓，荣也。"华本义"花"，引申出"光彩、荣华、华美、有文采"诸义，所谓中国"有服章之美，故谓之华"④。

"华"又是"华夏"之简称，《左传·定公十年》："裔不谋夏，夷不

---

① 梁启超：《国家思想变迁异同论》，《清议报》第95册，（日本横滨）清议报馆，1901年10月22日，第2页。
② 梁启超：《新民说·叙论》，《新民丛报》第1号，（日本横滨）新民丛报社，1902年2月8日，论说第5页。
③ 见（汉）高诱注《吕氏春秋·简选》。
④ 《左传·定公十年》："裔不谋夏，夷不乱华。"孔颖达疏："中国有礼，义之大，故称夏，有服章之美，故谓之华。"

新名创制

乱华",此"华、夏"皆与"裔、夷"等周边少数民族的称谓相对应。

双音词"中华"诞生在华夷混融的魏晋南北朝,南朝宋人裴松之(372—451)注《三国志》,评析诸葛亮的抱负说:

> 若使游步中华,骋其龙光,岂夫多士所能沈翳哉。①

这是较早出现的"中华"一词,意近"中原"。其后,北齐魏收(507—572)撰《魏书》、唐代房玄龄(579—648)等撰《晋书》,也多有"中华"用例②,皆以之与四周边裔对称。那时入主中原的游牧人也认同"中华",《南齐书》载,漠北的柔然曾自号"皇芮",宣称以"光复中华"为己任。

至唐代,"中华"成为常用词,唐高宗永徽年间撰定的《唐律疏议》为其下定义:

> 中华者,中国也。亲被王教,自属中国,衣冠威仪,习俗孝悌,居身礼仪,故谓之中华。③

此处所论"中华",已淡化地理中心意义,而突出文化中心属性。

1367年,时为吴王的朱元璋(1328—1398)兴兵讨元,命徐达(1332—1385)为征虏大将军,常遇春(1330—1369)为副将军,率甲士25万北伐,由后来誉为明代"开国文臣之首"的宋濂(1310—1381)拟《喻中原檄》,文曰:

> 驱逐胡虏,恢复中华,立纲陈纪,救济斯民。④

1894年11月,孙中山在檀香山华侨社会中组建反清革命团体兴中

---

① 《三国志·蜀志卷五·诸葛亮》,裴松之注。
② 《魏书·礼志》:"下迄魏晋,赵秦二燕,虽地处中华,德祚微浅。"《魏书·宕昌传》:"其地东接中华,西通西域。"《晋书·刘乔传》:"今边陲无备豫之储,中华有杼轴之困。"
③ 《唐律疏议》卷三。
④ 见《明太祖洪武实录》卷二十一。

会，所拟《兴中会章程》称：

> 是会之设，专为振兴中华、维持国体起见。①

此为响彻环宇的"振兴中华"口号第一次提出。

1905年，孙中山等组建同盟会，公布《中国同盟会总章》，仿效朱元璋北伐檄文，注入新意，成十六字政治纲领：

> 驱除鞑虏，恢复中华，创立民国，平均地权。②

这种与"胡虏"（或"鞑虏"）对称的"中华"，指汉族及汉文化传统。以后，"中华"更演为全体中国民族及其文化的称号。

三 "中华民族"定格于清末民初

（一）从"国族""中国民族"到"中华民族"

由"民族"与"中华"组成的复合词"中华民族"，初出晚清，曾与"中国民族"同位并用。

具有"国族"（由国家凝结而成的族群）意义的"中国民族"一词，首创于梁启超。在梁氏1901年的《中国史叙论》中出现"中国民族""四万万同胞"③，指历来生息于中国的诸族总称。

1902年在《论中国学术思想变迁之大势》中，梁启超多次将"我中华"与"国人"联用，统观上下文，是指在中国土地上的诸族之总称。该文有如下句式：

> 立于五洲中之最大洲而为洲中之最大国者谁乎？我中华也。人

---

① 《孙中山全集》第1卷，中华书局1981年版，第2页。
② 《孙中山全集》第1卷，中华书局1981年版，第284页。
③ 梁启超：《中国史叙论》，《清议报》第91册，（日本横滨）清议报馆，1901年9月13日，本馆论说第2页。

> 口居全地球三分之一者谁乎？我中华也。四千余年之历史未尝一中断者谁乎？我中华也。①
>
> 盖大地今日只有两文明：一泰西文明，欧美是也；二泰东文明，中华是也。②

这是在中国文化的连续一贯性上指认"中华"的，由此"中华民族"呼之欲出：

> 上古时代，我中华民族之有海思想者，厥惟齐。③

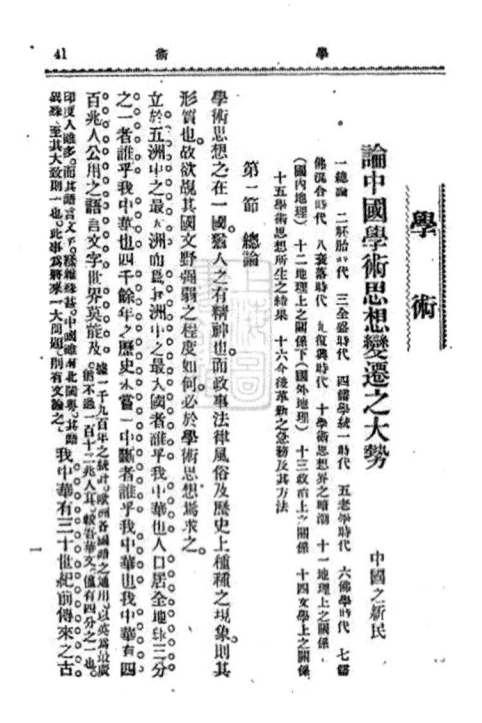

梁启超《论中国学术思想变迁之大势》（《新民丛报》第 3 号，1902 年）

---

① 梁启超：《论中国学术思想变迁之大势》，《新民丛报》第 3 号，（日本横滨）新民丛报社，1902 年 3 月 10 日，第 41 页。
② 梁启超：《论中国学术思想变迁之大势》，《新民丛报》第 3 号，（日本横滨）新民丛报社，1902 年 3 月 10 日，第 46 页。
③ 梁启超：《论中国学术思想变迁之大势》，《新民丛报》第 3 号，（日本横滨）新民丛报社，1902 年 3 月 10 日，第 46 页。

这大概是首出之"中华民族"组合词。不过梁启超该文并未对"中华民族"作具体诠释，从语境分析，约指华夏—汉族。

1903年梁氏作"小民族主义"和"大民族主义"的区分，"小民族主义者何？汉族于国内他族是也。大民族主义者何？合国内本部属之诸族以对于国外之诸族是也"。这里的"大民族"即指"中华民族"，这仍然是国族意义上的概念，与之同例有巴西民族、美利坚民族等。梁氏主张中国"当于小民族主义之外，更提倡大民族主义"①。

(二)"中华民族"含义的确定

1905年梁启超《历史上中国民族之观察》一文，把中国民族分为九系：华族、苗族、蜀族、巴氏族、徐淮族、吴越族、闽族、百粤族、百濮族，梁氏指出：

> 现今之中华民族，自始本非一族，实由多数民族混合而成。②

此"中华民族"即指多元一体之大民族。

孙中山等革命派早有"恢复中华""振兴中华"的呼唤，此间所说"中华"，指汉族，这与革命派推翻清朝统治的政治目标相关。而反对"排满革命"的立宪派杨度（1875—1931），1907年在《中国新报》1—6期连载《金铁主义说》一文，从中国诸族文化联系性、共同性出发，论述"中华"和"中华民族"：

> 中国自古有一文化较高、人数较多之民族在其国中，自命其国曰"中国"，自命其民族曰"中华"。……"中华"之名词，不仅非一地域之国名，亦且非一血统之种名，乃为一文化之族名。……华之所以为华，以文化言，不以血统言，可决知也。故欲知中华民族

---

① 梁启超：《政治学大家伯作知理之学说》，《新民丛报》第38、39号合刊，（日本横滨）新民丛报社，1903年10月4日，第32页。

② 梁启超：《历史上中国民族之观察》，《新民丛报》第65号，（日本横滨）新民丛报社，1905年，第47页。

为何等民族,则于其民族命名之顷,而已含定义于其中。与西人学说拟之,实采合于文化说,而背于血统说。"华"为"花"之原字,以"花"为名,其以形容文化之美,而非以之状态血统之奇。此可于假借、会意而得之者也。①

此论扬弃民族的体质人类学标准,而取文化人类学标准,超越肤色、形貌血统、种族属性,从创造共同文化、形成类似心理这一关节点上阐明"中华民族"含义。杨度的"中华民族"说切近学理、符合历史实际,从长时段看,也有益于中国诸民族的团结与发展,不过在"排满革命"的当年,此说不合时宜,起着维护清廷的作用。

杨度文章发表后,章太炎1907年7月5日在《民报》15号发表《中华民国解》与之辩论,认为"华""夏""汉"含义相通,将"中华民族"解为汉族,并揭露满族对汉族的凌虐,鼓动排满革命。

辛亥革命以后,满汉矛盾消解,孙中山等的民族主义重点,转为中国各民族和谐团结,以争取国际上的平等权利,倡言"合汉、满、蒙、回、藏诸族为一人——是曰民族之统一"②。此即"五族共和"说。

1912年3月19日黄兴(1874—1916)、刘揆一(1878—1950)等发起组建"中华民国民族大同会"③,孙中山盛赞该会"提携五族共跻文明之域,使先贤大同世界之想象,实现于廿世纪,用意实属可钦"④。同年3月23日,黄兴、刘揆一、黎元洪、蔡元培等将该会改称"中华民族大同会"⑤,发起电文称:

> 民国初建,五族涣散,联络感情,化除畛域,共谋统一,同护国权,当务之急,无逾于此日……凡我同胞,何忍歧视?用特发起

---

① 杨度:《金铁主义说》,《中国新报》第1年第5号,(东京、上海)中国新报社,1907年5月20日,第17—18页。
② 《孙中山全集》第2卷,中华书局1982年版,第2页。
③ 《与刘揆一等发起组织中华民国民族大同会启》,《黄兴集》,中华书局1981年版,第147—148页。
④ 1912年4月3日《临时政府公报》第56号。
⑤ 《与刘揆一等致各都督等电》,《黄兴集》,中华书局1981年版,第149页。

中华民族大同会。①

黄兴被举为总理，刘揆一为协理，有满族、蒙古族人士等参与发起。该会成立消息，在《民立报》《申报》等重要报刊登载，影响波及海内外。中华民族大同会是以"中华民族"之名建立的第一个社团组织。此后，多人著文阐发"中华民族"的内涵及外延。

1912年底，东、西蒙古王公会议决议："数百年来，汉蒙久为一家。我蒙同系中华民族，自宜一体出力，维持民国。"② 此乃少数民族自认中华民族一员的显例。

1912年9月，中华书局出版《中华中学历史教科书·本国之部》，使用"中华民族"一词，指认中华民族以汉族为主体，又与其他各族共同构成。

李大钊（1889—1927）1917年2月19日在《甲寅》日刊发表《新中华民族主义》，主张对古老的中华民族"更生再造"，在中国诸族融合的基础上形成"新中华民族"。

孙中山1919年著《三民主义》，阐述新的民族主义：汉族"与满、蒙、回、藏之人民相见于诚，合为一炉而冶之，以成一中华民族之新主义"。孙氏晚年力主中国民族自求解放，中国境内各民族一律平等。③

第一次世界大战结束后，于1919年召开巴黎和会，作为战胜国的中国却遭到列强凌辱以致瓜分，激发国人的命运共同体意识，这也是"中华民族"观念为国人接受的一大助力。《中华民族小史》一类论著也由此诞生。

总之，近代以来"中华民族"的含义逐步确定为中国诸族之总称，对内强调民族平等，对外力争民族解放、国家独立。现在普遍在这一意义上使用"中华民族"一词。

近现代，逐步走出封闭状态的国人，面对东西列强进逼的世界格局，

---

① 《与刘揆一等致各都督等电》，《黄兴集》，中华书局1981年版，第149页。
② 《西盟会议始末记》，转自费孝通主编《中华民族多元一体格局》（修订本），中央民族大学出版社1999年版，第349页。
③ 《孙中山全集》第9卷，中华书局1986年版，第118页。

民族国家观念觉醒，这种观念既受启迪于世界新思潮，又深植于中国诸族在数千年历史进程中形成的共同命运和近似文化心理，诚如梁启超所说：

> 凡遇一他族而立刻有"我中国人"之观念浮于其脑际者，此人即中华民族一员也。①

这是从文化心理的认同上确定中华民族的。

四 多元一体的"中华民族"

中国历来是多民族国家，自古居于中原的华夏—汉族与周边少数民族长期互动共存。历史上影响较大的少数民族，东北有乌桓、鲜卑、高丽、室韦、契丹、女真等，北方有匈奴、乌孙、突厥、回纥、蒙古等，西南有氐羌、吐谷浑、吐蕃、西南夷、巴人等，南方有武陵蛮、僚、瑶、苗、黎等。经长期的民族融合、民族迁徙，形成中国境内今之诸族，合为中华民族。

中华民族呈"多元一体格局"，"它所包括的五十多个民族单位是多元，中华民族是一体"②。多元中的统一，统一中的多元，使得中华民族的历史进程和现实格局色彩缤纷、生机勃勃，在多样性中保持强劲的凝聚力。

今之中华民族是中国境内56个民族的总称，其中汉族占总人口的94%，构成中华民族的主体，多聚居于黄河、长江、珠江流域和松辽平原，使用汉藏语系的汉语，形意文字的汉字。其他民族多生活在东北方、北、西北、西南地区，分布区域占全国总面积的50%—60%，主要分属汉藏语系和阿尔泰语系，人口百万以上的13个：壮族、回族、维吾尔族、彝族、苗族、藏族、满族、蒙古族、布依族、朝鲜族、瑶族、侗族、

---

① 梁启超：《中国历史上民族之研究》，《饮冰室合集》之八《饮冰室专集》，中华书局1989年版。

② 费孝通：《中华民族多元一体格局》，中央民族学院出版社1989年版，第1页。

白族；人口百万以下、十万以上的 15 个：土家族、哈尼族、哈萨克族、傣族、黎族、傈僳族、佤族、畲族、高山族、拉祜族、水族、纳西族、土族、珞巴族、东乡族；人口十万以下、一万以上的 18 个：景颇族、柯尔克孜族、达斡尔族、仫佬族、羌族、布朗族、撒拉族、毛南族、仡佬族、锡伯族、阿昌族、普米族、塔吉克族、怒族、鄂温克族、门巴族、基诺族、德昂族；人口万人以下的 9 个：乌孜别克族、俄罗斯族、保安族、裕固族、京族、塔塔尔族、独龙族、鄂伦春族、赫哲族。

民族是历史范畴，有其发生、发展、消亡的过程。汉族由在夏、商、周三代形成的华夏族与周边诸族融合而成，汉代以后渐称"汉人""汉族"，并继续与诸族融合。其他诸族也是如此，如人口最多的少数民族壮族，是古代百越各支经长期演化而来，史称"西瓯""骆越""乌浒""僚"等，与汉族交流频繁，后总称"僮"，1965 年改称壮族。满族的先世为东北的肃慎、挹娄、勿吉、靺鞨等古族，10 世纪改称"女真"，17 世纪定族名"满洲"，简称满族，入主中原前后，深受汉文化影响。所以说，经过五千多年文明发展，在这片土地生活的各民族，已融合为休戚与共的民族共同体。

14 年抗日战争是"中华民族"理念深入人心的重要阶段。1935 年田汉作词、聂耳作曲的《义勇军进行曲》，高歌"中华民族到了最危险的时候"。历史学家顾颉刚（1893—1980）1939 年在"大后方"昆明《益世报·边疆周刊》上发表《"中国本部"一名亟应废弃》，力陈全中国为整个中华民族领土，区分"中国本部"（指长城以内区域）与"藩部"，是割裂中华民族的谬说。顾颉刚文引发"中华民族是一个"的讨论，促进了"中华民族"观念的普遍认同。

"中华民族"既有悠远深邃的历史渊源，又在近代民族国家竞存的世界环境中得以正式铸造。参加过 1939—1941 年"中华民族是一个"讨论的社会学家、民族学家费孝通（1910—2005），1988 年在香港中文大学发表《中华民族的多元一体格局》演讲，指出中华民族在各族"多元"基础上组成"一体"，"一体"又包含"多元"。费氏说：

> 中华民族作为一个自觉的民族实体，是近百年来中国和西方列强对抗中出现的，但作为一个自在的民族实体，则是在几千年的历

史过程中形成的。①

时至现代,"中华民族"作为一个文化人类学(非体质人类学)概念,已然为生活在中国及散居世界各地的华人、华裔所共认、共用,成为一个具有强大概括力、凝聚力的称号。

---

① 费孝通:《中华民族多元一体格局》,中央民族学院出版社1989年版,第36页。

脑　　筋

> 任举万事中之一事，如一言，如一动，如一歌泣，如一思念，其为事亦至庸无奇矣，而要皆合全体之脑气筋发动而显。以我之脑气筋感我之脑气筋，于是乎有知觉。
>
> ——谭嗣同：《以太说》

思想、意识及记忆，是人心还是人脑的功能？这个问题在古代中国聚讼未决，而"心之官则思"说长期居于主流。直至近代，"大脑为思维器官"说渐成共识，这一常识性认知的取得，经历了从"心主神明"到"脑主思维"的长达三个世纪的转换过程，而表述思维器官的关键词由"心"变为"脑筋"，是此一转换的语文表征。

一　传统的主流观念："心"是思维器官

中国古代占主导地位的认识是，思想及记忆由"心"管控。

古代的主流观念将"心"认作思维的发纵处。这种认识源于中医的传统方式——"司外揣内"的"内景反观"[①]，不重解剖，长于黑箱操作：通过人体外观的整体把握获得关于内在生命体征的观照，将器官的构造与功能看作一个整体，而且强调功能、虚化器官构造的考查。如"肾"，中医既指肾脏这一器官，又并不着意于肾的解剖分析，而是展开肾的功能阐发；"心"既指心脏这一器官，也不着意于心的解剖分析，主

[①]（明）李时珍：《奇经八脉考》："内景隧道，唯返观者能照察之。"

要是对心的思维及记忆功能大加阐发。这种关于人体功能的认知，是通过直觉体悟和整体观察获得的。正是在这种功能主义观念指导下，认定心是记忆与思维的枢机所在。这主管"神明"的"心"，并不一定确指心脏这个具体的器官。

《说文解字》释"心"为"土藏，在身之中"，这是以器官论"心"，并没有说心这个器官主持意识活动；《素问·痿论》曰："心主身之血脉"，讲心主持血液循环，并未认定心是思维器官。然而古人也有更多的"心主神明"之类论述。如孟子曰："心之官则思。"① 荀子曰："心者，形之君也，而神明之主也。"② 又称"心"为"天君"，"心居中虚，以治五官，夫是之谓天君"③。认为心是五官（耳、目、口、鼻、形体等感觉器官）的统驭者。

从主流而言，传统中国以"心"为"藏神"处所，在哲学领域以"心"与"物"对应，《礼记·大学》疏曰"总包万虑谓之心"。王守仁的《传习录》有"心外无物"的唯"心"名论；汉译佛词以"心"谓一切精神现象，与"色"对应。反映到汉字语文领域，产生"心中有数""心手相应""心无二用""心不在焉""心织笔耕""心照神交"等以"心"为内核的表述意识活动的成语，而极少有以"脑"为内核的表述意识活动的成语。

二 另说："脑"乃"元神之府""记含之室"

中国传统认识，将"心"视作思想及记忆器官，但也有人注意到"脑"与思的关系。

（一）与"心主神明"说相对应的"脑为元神之府"说

在西学东渐以前，"心主神明"是中国的主导观念，但古人也提及脑与思的关联，有智者指出"脑为神脏"（大脑是精神活动的脏器）。

---

① 《孟子·告子上》。
② 《荀子·解蔽》。
③ 《荀子·天论》。

脑，象形字，小篆作 🧠，右上象脑髓沟回，右下囟象头颅。东汉成书的《说文解字》云：

> 🧠，头髓也。

楷书发生形变，月代匕，成"腦"字（简体作"脑"）。
古代已有人认为脑主精神活动，东汉成书的《春秋元命苞》云：

> 头者，神所居。……人精在脑。

这种认识在古代汉字中多有呈现：如作为会意字的"思"，《说文解字》释为"从心从囟"，"囟"即脑盖，认为"思"（思考、思想）与脑（囟）和心皆有干系。文字学家、清人郝懿行（1757—1825）解"思"字说：

> 人从囟至心，如丝相贯。心囟二体，皆慧知所藏。人之思虑生于心而属于脑。①

认为心和脑共为智慧产生地和贮藏地，并猜测心是思虑的发生处、脑是思虑的归属处。这都是不乏卓识的假说。

典籍中还有直论脑是神明发纵处的论说，如成于战国后期至秦汉的"辞书之祖"《尔雅》说："顖者，思也。"形声字"顖"，左边的"原"是声部，右边的"頁"乃代表头颅的符号，故"顖"字意谓头颅是思考的处所。成书秦汉间的《素问》说：

> 头者，精明之府也。②

明代李时珍（1518—1593）的《本草纲目》在探讨疾病时指出：

---

① （清）郝懿行：《尔雅义疏》卷一。
② 《素问·脉要精微》。

> 脑为元神之府，鼻为命门之窍。

有人推测，李时珍此说受西学影响而成，这是无根据的臆断。《本草纲目》成书于万历六年（1578），其时利玛窦（1552—1610）尚未入华；利氏撰《西国记法》，首次介绍西洋脑学，在《本草纲目》成书之后十七年。李时珍并未接触西洋脑学，他是从道家"元神"说和中医理论与实践出发，作出"脑为元神之府"这一卓越判断的。

综上可见，中国古代兼有"心主神明"和"头者精明之府"两说，不过前说占据上风，而后说也由来有自，但并未正面对前说提出挑战。两说往往并存，各说各话。

（二）利玛窦创词"脑囊"，邓玉函认定脑为"总觉之司"

对"心主神明"说给以正面冲击的，是利玛窦率先在中国介绍的西洋脑学。

意大利耶稣会士利玛窦于明代万历年间（16世纪末）来华，面对的便是流行的"心主神明"观。而欧洲在16世纪中期已建立较完备的人体解剖学，比利时医学家维萨留斯（Vesalius，1514—1564）于1543年发表的《人体结构》一书，揭示了人体构造和生理功能的奥秘，并有关于神经（nerves）从脑颅和脊椎伸出，自脑传导觉气，令身体各部都有觉动能力的论述，是科学史上与哥白尼（N. Copernicus，1473—1543）的《天体运行论》相并列的划时代著作。利玛窦是否读过《人体结构》一书，尚不得知，但他已具备16世纪中晚期欧洲人体知识则是没有疑义的。来到中国后，利玛窦运用西欧的人体解剖生理学的相关知识，试图匡正中国人的陈见。1595年，他写成《西国记法》（亦名《记法》），讲记忆术，开宗明义论及记忆器官是大脑。《记法·原本篇》云：

> 记含有所，在脑囊。盖颅额后，枕骨下，为记含之室。故人追忆所记之事，骤不可得，其手不觉搔脑后，若索物令之出者，虽儿童亦如是。或人脑后有患，则多遗忘。试观人枕骨最坚硬，最丰厚，似乎造物主置重石以护记含之室，令之严密，犹库藏之有扃鐍，取

封闭巩固之义也。①

揭示了"记含"（记忆）的器官在"脑囊"（即脑髓），脑囊为"记含之室"，位于"颅额后，枕骨下"，所以人在想不出事时，"其手不觉搔脑后"。利氏还以人脑病患即失去记忆，反证脑囊的记忆功能，从而纠正中国人以心为记忆器官的传统见解。

《记法·原本篇》还从记忆过程论及脑与诸感觉器官在意识活动中的关系：

> 盖凡记识，必自目、耳、口、鼻四体而入。当其入也，物必有物之象，事必有事之象，均似以印脑。其脑刚柔得宜，丰润完足，则受印深而明，藏象多而久；其脑反是者，其记亦反是。②

进一步从人在幼儿、童年、壮年、衰老时期脑的构造转变，阐述记忆力强弱的递变。清晨记忆效果好，也归之脑的状态：

> 凡人晨旦记识最易者，其脑清也。③

1643年，稍晚于利玛窦入华的神圣罗马帝国耶稣会士邓玉函（Johann Schreck，1576—1630）译《泰西人身说概》（上下卷）出版，下卷首论"总觉司"，后"附录利西泰记法五则"。利玛窦创译的"脑囊"一词，被邓玉函广为采用，分析"脑囊"的结构（既不太坚也不太软），并对脑的功能（受容五官接收的各类信息）有更深入的揭示：

> 人生而具五官也。以能容受外来万物之所施，即送至脑中与总觉之司，如置邮传命者，脑也。欲受万物之所施，须有可受之器具，而后能受。然此器具太坚，则不能受；太软亦不能受。故造物主生

---

① ［意］利玛窦诠著，（明）朱鼎瀚参定：《西国记法》，南昌，1595年，第1页。
② ［意］利玛窦诠著，（明）朱鼎瀚参定：《西国记法》，南昌，1595年，第2页。
③ ［意］利玛窦诠著，（明）朱鼎瀚参定：《西国记法》，南昌，1595年，第3页。

新名创制

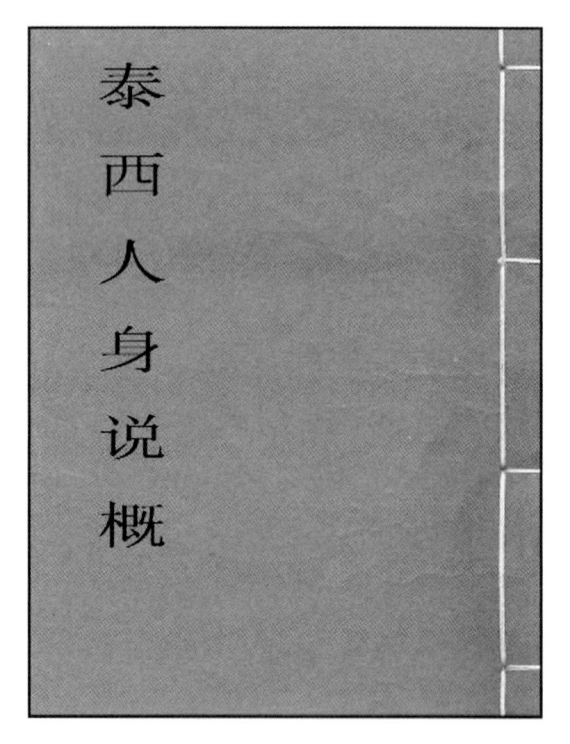

邓玉函《泰西人身说概》（1643年）

人脑囊，刚柔适中，方能杂然容受也。①

利玛窦指出脑司记忆，邓玉函更将"脑囊"定位为"总觉之司"，这是一大进展，已贴近"脑是思维器官说"的边缘。

（三）高一志拟词"脑质"

1636年，入华意大利耶稣会士高一志（Alfonso Vagnone，1568—1640）"译授"、毕拱辰"删润"的《斐录答汇》刊行。其下卷"性情类"述及人的记忆，拟"脑质"（即今之"脑髓"）一词，并试图从脑质的构造状况推测人的记忆强弱：

---

① ［德］邓玉函译述，（明）毕拱辰润定：《泰西人身说概》下卷，流荫堂刊行，1643年，《总觉司》。

记忆之善，系于脑质之平和。老者之脑甚干，物像难入，即印之，难于久存，故难记易忘；孩年之脑甚湿如水，物像虽易入，一印又易于漏散，亦不能久存也。①

书中还述及知觉、记忆的大脑功能分区：

司觉与司记，并居脑中。……其所居之室，各得脑中一隅：觉居脑前，记居脑后。②

值得注意的是，书中还对"心"做了新界定：

心者，盛血之库也。③

指出"心"是盛血的仓库。"脑质"才是"司觉、司记"的器官。

三 思维器官与思维功能归于脑

经过从利玛窦到邓玉函、高一志、汤若望等耶稣会士的译介，方以智、金声、汪韧庵、王清任等中国士人的承袭与再创，"脑主思维及记忆"的理念在中国逐渐落地生根，其在词语上的表现，便是拟定"脑筋"这一专司智慧之职的器官之名，自清初以降，历经坎坷，至清末方获雅俗两层面认可，获得通用，但"心主神明"说至今仍余韵尤存。

（一）"脑髓"与"细筋"共组神经系统

明末清初入华耶稣会士译介近代人体解剖知识时，援用了汉字古典词"筋"。

---

① ［意］高一志译授，（明）毕拱辰删润：《斐录答汇》下卷，宣德，1636年，第1—2页。
② ［意］高一志译授，（明）毕拱辰删润：《斐录答汇》下卷，宣德，1636年，第2页。
③ ［意］高一志译授，（明）毕拱辰删润：《斐录答汇》下卷，宣德，1636年，第5页。

新名创制

甲骨文、金文无"筋"字，小篆作筋，《说文解字》云："筋，肉之力也，从力从肉，从竹。竹物之多筋者，凡筋之属皆从筋。"汉代成书的《周礼·天官·冢宰·亨人/兽医》已出现"筋"字："凡药，以酸养骨，以辛养筋……"东汉末刘熙撰探求事物名源的《释名》云："筋，力也。肉中之力，气之元也，靳固于身形也。"（清人毕沅订正为"筋，靳也"）可见，"筋"指附在肌腱或骨头上的韧带，自汉代以来广为人知。

入华耶稣会士邓玉函译述《泰西人身说概》时，在中国士人毕拱辰协助下创制"细筋"这一术语（指神经），并揭示人脑借助"细筋"联络并指挥其他感觉器官的功能：

> 人脑从颈髓生两细筋，上合为一，复分为二枝，到两眼目，皆在一面上（一面者，乃几何中之平面也），故人视时，止见一物。①
> 脑中虽有两分，实相合为一，从一根复生两细筋到耳。因同是一根，故聪闻亦一也，与人目不能视两物同。②

《泰西人身说概》对"脑"作解剖分析，有了"大脑""小脑"的分野，并以"细筋"（神经）作为从大脑、小脑延伸出来使人体各部"能知觉"的传感线路，从而较完整地描述了"脑髓"实现神经系统功能的生理结构：

> 皮之知觉，因有细筋从大小二脑生来四大枝，亦谓之脑髓，与别髓异。此细筋敷散于四肢百骸之皮，与荷叶中之细纹遍散于叶相似。其能知觉，悉由于此。③

在《泰西人身说概》中，"脑"的内涵比以前丰富了；"脑髓"较之利

---

① ［德］邓玉函译述，（明）毕拱辰润定《泰西人身说概》下卷，流荫堂刊行，1643年，《目司》。
② ［德］邓玉函译述，（明）毕拱辰润定《泰西人身说概》下卷，流荫堂刊行，1643年，《目司》。
③ ［德］邓玉函译述，（明）毕拱辰润定《泰西人身说概》下卷，流荫堂刊行，1643年，《四体觉司》。

玛窦的"脑囊"更为深透。而由"脑"（思维及记忆器官）与"筋"（传感器官）共同组成感觉—思维器官，人具有了感知、思考及记忆能力。此一认识未在清代前中期流行，"心主神明"说仍占据优势。

（二）汤若望脑"引筋以达百肢"说·方以智"人之智愚系脑之清浊"说

16世纪末入华的利玛窦指出"记识"的器官是"脑"而并非"心"；17世纪初入华的邓玉函进而揭示脑的神经中枢功能，这些见解乃人体解剖学进展之所赐。

欧洲的人体解剖学在17世纪有新的发展与普及，荷兰画家伦勃朗（1606—1669）的油画名作《杜普教授的解剖学课》（1632）对此有生动展现。

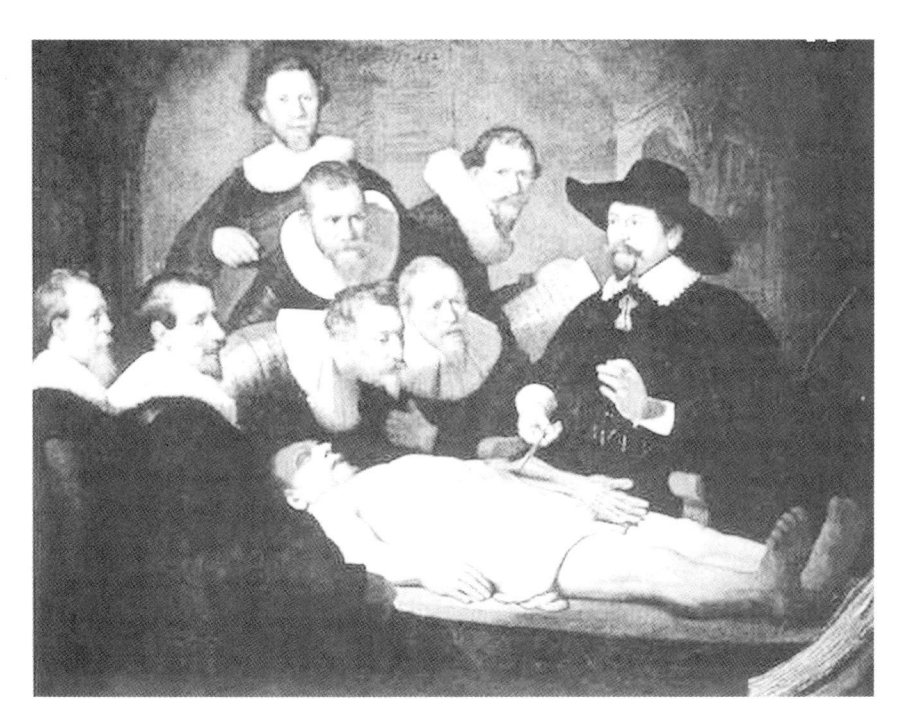

伦勃朗油画《杜普教授的解剖学课》（1632年）

日耳曼耶稣会士汤若望（1591—1666）依据欧洲的解剖学新知，于

新名创制

崇祯二年（1629）撰神学书《主制群征》，旁及论说脑通过"筋"（神经）指挥身体各部，文曰：

> 脑以散动觉之气，厥用在筋，第脑距身远不及，引筋以达百肢，复得颈节脊髓，连脑为一，因遍及焉。①

中国士人对该书的神学宣讲多不感兴趣，却关注其脑筋等学科知识。早期启蒙思想家方以智（1611—1671）的《物理小识》，载录《主制群征》关于脑筋指挥人体诸肢的段落，特别称赏该书"心脑与肝三者体有定限，必藉筋脉之势乃克与身相维相贯"之说，认为汤若望的"肝心脑筋立论"，是中国医书如"《灵素》所未发，故存以备引触"②。方以智还专门指出：

> 人之智愚系脑之清浊。③

这是中国人对"心主神明"说的一个突破，但在当时此种观念远未普及，仅为少数先觉者所肯认。

囿于传统观念的中国人，直至清中叶还拒斥"脑主思虑"之说，嘉道间以学识渊博著称的名士俞正燮（1775—1840）对邓玉函等所译《人身图说》不以为然，认为中国自有"内景说"（不通过解剖，对身体内部构造功能作整体观照），不必学习西洋解剖知识，还说中国人与西洋人"藏府不同，故立教不同"，并讥刺信天主教者为"必中国藏府不全之人"。俞氏还说："洋人巧器，亦称鬼工，其自言知识在脑不在心。盖为人穷工极巧，可见心窍不开。"对"知识在脑不在心"这一正确结论加以嘲讽。俞氏还说，此论在中国颇不合宜，"在彼国为常，在中国则为怪也"④。

---

① 《主制群征》，远西汤若望著，耶稣会中同学高一志、龙华民、罗雅谷共订，书藏梵蒂冈图书馆。
② （明清之际）方以智：《物理小识》卷三《人身类》。
③ （明清之际）方以智：《物理小识》卷三《人身类》。
④ （清）俞正燮：《天主教论》，《癸巳类稿》卷十四、卷十五。

(三) 汪韧庵"灵机记忆在脑"说

中国人在医学论著中明确指出脑为记识器官的，是河北名医王清任（1768—1831），他在《医林改错》中说："灵机记性，不在心在脑。"而王氏称，此说源于汪韧庵（1615—1700），汪氏在所著《本草备要》"辛夷条"下，有"灵机记忆在脑"的论说。汪氏此说又源于金声（字正希，1598—1644），金氏于天启四年（1624）在北京参加乡试，认识耶稣会士龙华民、阳玛诺，后在南京与毕方济相过从，受洗入教，"敬服西儒，嗜其实学"，从传教士那里获得脑主记识的观念。[1]

然而，像金声—汪韧庵—王清任这样接受"脑主记识"观念的中国人毕竟是极少数，直至清末，虽有谭嗣同等先觉者使用"脑气筋"（脑神经）等新语，认识到脑是意识器官，但多数人仍然未走出"心主神明"的故辙，关于知觉、思维器官究竟是脑还是心，士林间还争论不休。据近代佛学家丁福保（1874—1952）回忆，他于清宣统元年（1909）赴南京督院应医学考试，试卷共七题，第七题即为"论《说文》恖字，以证知觉属脑之说"（"恖"通"聰"字）。[2] 可见，当时仍将"脑为知觉器官"视为一个需要论证的新鲜课题。这也反证利玛窦此前三百年的"脑主记识"之论在中国的先驱性，反证"脑囊""脑质""脑髓""脑筋"等生理—心理学术语，在中国心理学史及人体科学史上的开先河意义。

四 "脑气筋"（简称"脑筋"）定格

利玛窦等16世纪末17世纪初入华耶稣会士创译"脑囊""脑质""脑髓"等，开始挑战传统的"心主神明"说，但这场思维及记忆的器官在脑而不在心的认识变革远未完成——直至清末，中国人仍然普遍认为"心"主持思想及记忆。"脑为思维器官"说流行开来，是19世纪中叶以

---

[1] 参见沈福伟《中西文化交流史》，上海人民出版社1985年版；熊月之《西学东渐与晚清社会》，上海人民出版社1994年版，第74—76页。

[2] 丁福保：《佛学大辞典》附《畴稳居士自订年谱》。

降入华新教传教士与近代中国士人协同努力的结果。

(一) 合信:"脑为全体之主"

1851年,英国新教传教士、医生合信(Benjamin Hobson,1816—1873)所作《全体新论》一书在广州出版。此书介绍人体生理学("全体")知识,提出"脑为全体之主"这一命题:

> 凡人有脏腑之司,各适其用,以互相济而养身形;又有交接传胎成孕之具,以司传其种类;而更有主宰觉悟、动作之司,以应外事者,即脑是也。……人为万物之灵,而其灵则在脑也。或问:脑即人之灵魂否?答曰:脑非人之灵魂,乃灵魂所用之机,以显其思虑行为者耳。……或问:脑在头颅之内,何能运用遍身乎?答曰:脑在至高,为一身之主,但其气筋(色白,运传脑气势者)分派如绳,如线,如丝者,总名之曰脑气筋,缠绕周身,五官百体,皮肉筋骨,脏腑内外,无处不到,故全体听脑之驱使,五不如意。①

亦即说,脑的功能是支配感知、动作;脑是人精神活动的生理机制;脑通过"气筋"或"脑气筋"支配人的身心活动。这里的"气筋"或"脑气筋",和邓玉函《泰西人身说概》中的"细筋"一样,指由脑出发的神经;而"脑气势"则指人脑发出的信号或指令。

此外,《全体新论》还明确区分"大脑"和"小脑"——前者支配心理活动,为"觉悟之主";后者支配身体活动,为"动作之主"②。

1855年,《全体新论》中的《脑为全体之主论》,由香港英华书院刊行的《遐迩贯珍》杂志第六号转载。

1873年5月17日,《教会新报》第二百三十七卷刊载来华苏格兰传教士韦廉臣(Alexander Williamson,1829—1890)的《格物探源 论脑第十九并图》。该文形象地叙述道:

---

① [英]合信:《全体新论》,(广州)惠爱医院,1851年,第16页。
② [英]合信:《全体新论》,(广州)惠爱医院,1851年,第19页。

脑　筋

　　电报之铜线，在人即为脑气筋；各国之都会，在人即为脑。都会之总电路，在人即为脊髓；总路之旁出小路，在人即凡脑气筋之路；总路旁之城垣驿站，在人即周身之白节。脑气筋分布全体，无体不有，其质非筋非肉非脆骨，并与骨之髓异，别为一质，意造成柔而色白，形圆如管，有小有大，分派如绳如线如丝，各分内外，外为胞膜，内亦名髓，最为紧要。每管之髓有二司：一司知觉，一司运动，咸通于脑，统名之为脑气筋。……周身之脑气筋，总归入脑。①

其中的"脑气筋"，显然来自合信的《全体新论》。和《全体新论》一样，该文称"脑"分"小脑"和"大脑"；小脑"司全体筋肉"，大脑"司知觉痛痒，司五官之用，司思议论断"②。介绍了西方近代科学的"脑"概念及相关基本知识。

1875年3月，入华美国传教士丁韪良（William Alexander Parsons Martin，1827—1916）在《中西闻见录》第三十一号上发表《美国近事 伤脑异疾》一文，通过人脑病症，反证脑是人精神活动的物质基础：

　　凡人一切思念，虽发于灵性，而授受之权，实主于脑。有时脑之彼处被伤，以致弗受，则遇事不能明晓；又或此处被伤，以致弗授，则遇事不能达意。……心虽谓司思之具、人身之主，而非脑亦无所施其用也。③

思念"实主于脑"，"司思之具……非脑亦无所施其用"，已明确揭示了脑是思维器官。

---

① [英]韦廉臣：《格物探源　论脑第十九并图》，《教会新报》第237卷，（上海）林华书院，1873年5月17日，第253—254页。
② [英]韦廉臣：《格物探源　论脑第十九并图》，《教会新报》第237卷，（上海）林华书院，1873年5月17日，第254页。
③ [美]丁韪良：《美国近事　伤脑异疾》，《中西闻见录》第31号，（北京）米市施医院，1875年3月，第19页。

(二)"心"与"脑"重释

1880年3月21日,《益闻录》杂志第四十一号刊载《论记心》一文,称"记之为德,根于神魂;记之为用,藉乎脑髓"①,认为记忆作为人的一种属性或机能,乃以"脑髓"为基础;各人"资质之高下不齐",乃源于"脑髓之措置不等"。该文还对"记心"之名做了颇有兴味的辩解,其中包含着对"心"概念的重新阐释:

> 或问:记不在心,而偏言"记心",何也?曰:心者,灵明之谓,非方寸之所谓心也。譬之饱学者,谓之文字撑肠,经史满腹,岂真在肠腹中耶?②

这里的"心"已非指心这一脏器,而是"灵明之谓",即指人的带有灵性的一切精神活动。

1897年9月,程祖植在《新学报》杂志第三册上发表《医学发微论:人之神灵在脑论》,对中国传统的"心"和西方近代的"脑"进行了辨析、重释,以调和二说:

> 《素问》经曰:"心者,君主之官,神明出焉";西医云:"人之神灵在脑",二者皆是也。……心者神之宅,脑者神之门。经谓:"心者,神明所出。"出即出于头脑。故神明在心,而曰在脑,亦可也。然人之神在脑,而脑之灵以气。气之所至,乃神之所至。③

1901年1月,张百熙(1847—1907)出任京师大学堂管学大臣。翌年,京师同文馆并入大学堂。1903年,张百熙"把丁韪良等西文教习辞

---

① 《论记心》,《益闻录》第41号,(上海)徐家汇汇报馆,1880年3月21日,第62页。
② 《论记心》,《益闻录》第41号,(上海)徐家汇汇报馆,1880年3月21日,第62—63页。
③ 程祖植:《医学发微论:人之神灵在脑论》,《新学报》第3册,(上海)新学报馆,1897年9月,第2页。《素问》,《黄帝内经》之篇名。

退，另聘日本学者服部宇之吉、岩谷孙藏、高桥作卫为教习"①。服部宇之吉（1867—1939）负责讲授心理学。1904年底，服部撰成《心理学讲义》一书，翌年11月由日本东京的东亚公司出版。服部利用近代日本的西学成果，对"心"概念作了科学诠释：

> 今之心理学者，以脑髓为心之所在；更析言之，则以脑髓中之大脑为心之所在也。②

在心理学专业层面，将"脑髓""大脑"阐释为"心"的物质基础。当然，这里的"心"，显然不是指人的生理器官心脏，而是指人的心理活动、心理机能。

（三）谭嗣同"脑气筋"说

"司智在脑"的认识，除得益于医学知识的普及之外，还有赖于新的理论思维的引领，这里值得一提的是清末思想界之"彗星"谭嗣同（1868—1898）的卓异努力。

随着近代人体知识的传播，"脑气筋"（"脑筋"）之名方登哲理论坛。谭嗣同在《仁学》中认定脑是致知的器官，并借传教士创制的"脑气筋"一名阐发新知：

> 有物骤而与吾身相切，吾知为触；重焉，吾知为痒为痛。孰知之？脑知之。夫固言脑即电矣，则脑气筋之周布即电线之四达，大脑小脑之盘结即电线之总汇。一有所切，电线即传信于脑，而知为触、为痒、为痛。……其机极灵，其行极速。③

谭氏又在《以太说》中论"脑气筋"是人的各种意识活动的操纵者：

---

① 萧超然：《京师大学堂创办述略》，《北京大学学报》1985年第1期。
② ［日］服部宇之吉：《心理学讲义》（汉文），（东京）东亚公司，1905年，第10页。
③ （清）谭嗣同：《仁学》一（三）。

谭嗣同《仁学》

任举万事中之一事，如一言，如一动，如一歌泣，如一思念，其为事亦至庸无奇矣，而要皆合全体之脑气筋发动而显。以我之脑气筋感我之脑气筋，于是乎有知觉。

此语显示先进的近代中国人开始接纳脑科学知识，以"脑气筋"（简称"脑筋"）作为解释人的感觉及思维活动的关键词，这是对大脑功能认识上的重要进展。

（四）"脑"功能的通俗化、生活化描述

时至20世纪初，近代"脑"概念开始得到通俗化的传播。1903年，北京《启蒙画报》第八册载题名《格致：脑主思想》的图文。其白话文曰：

老师又问江、黄二生道："人的心思，从那儿出来的？"黄生说："就从心里想出来的。"老师摇头道："不对。"江生说："是从脑子里头想出来的。"老师点头道："对了。你怎么知道，从脑子里想出来？"答道："我看见人当思想的时候，必用左手两指，按在额角盖

上，低头闭目静想。那不是，就在脑子思想吗？"老师指着江生，对黄生道："他的话不错。还有一个理，可以证明。你细细的去想，明天告诉我。"①

1906年，《北洋官报》第九百二十八册载《白话：说脑子，脑气筋》，有云：

> 问：人身那个算是最紧要的？答：是脑子。……问：脑子得怎么用他呢？答：或者用他思想，或者用他念书。……问：人喝酒以后怎么样呢？答：就没有力量思想，气筋也失去了主宰了，甚至于血管涨裂，年寿也不长了，岂不可怕吗？②

可见科学的"脑"概念及相关知识，超越了精英语言的局限，以一种"念得出，听得懂"的形式，向着更广泛的受众传播。

不仅如此，有关"脑"的言说也开始更加贴近人们的日常生活了。如1904年上海《女子世界》第七期刊登长生的译稿《卫生：说脑（译稿）》，内容包括"脑的解剖""脑的作用""精神的发达""脑的卫生"和"梦"五部分。其文称："人的心是不会思想的，思想是从脑内出来的。"③"大脑，就是精神思想的起点所在。"④"脑不用，则精神不发达；使用过度，又要生脑病。"所以，要注意睡眠，让脑得到适当休息。梦的原因是："五官所接触的事，都印在脑中，当时好像忘了，及至睡着，便把所有印象的事迹，错错杂杂的，复演出来。"⑤

南社成员黄摩西（1867—1913）编《普通百科新大辞典》于1911年

---

① 《脑主思想》，《启蒙画报》第8册，（北京）启蒙画报馆，1903年，格致第14页。
② 《白话：说脑子，脑气筋》，《北洋官报》第928册，（天津）北洋官报局，光绪三十二年（1906）二月初四，第11—12页。
③ 长生：《卫生·说脑（译稿）》，《女子世界》第7期，（上海）小说林社，1904年，第1页。
④ 长生：《卫生·说脑（译稿）》，《女子世界》第7期，（上海）小说林社，1904年，第3页。
⑤ 长生：《卫生·说脑（译稿）》，《女子世界》第7期，（上海）小说林社，1904年，第6页。

出版，列"大脑"专条，称其"占全脑之大部分。表面呈卵圆形而穹窿。……大脑为身体中最主要之器官，不独为运动及五官最高中枢所存之机关，即考虑、感觉、意志、运动等，一切精神机能，莫不由之而起"[①]。这已逼近现代脑科学的认识。

民初以降，"脑筋"逐渐成为思维器官和思维能力的不二名称。时至今日，常用语"脑筋好""伤脑筋"，此"脑筋"指思考能力；"旧脑筋""新脑筋""换脑筋""脑筋开通"，此"脑筋"指意识；"花费脑筋""动脑筋"，此"脑筋"指脑神经、思维器官。

五　含义准确的"脑学"

随着脑为思维器官认识的普及，作为研究人的意识活动的学科专名"脑学"应运而生，创制此一新名的是兼通中西之学的翻译大家严复（1853—1921）。严氏撰于1895年的《原强》称：

> 且自脑学大明，莫不知形神相资，志气相动，有最盛之精神而后有最盛之智略。

应当说，严复所创"脑学"一词，其含义之准确、表述之精练，皆属上乘。但因为"心主神明"之说早已约定俗成，即使人们知晓脑为思维器官，也仍然习惯性地称意识由"心"发生，不过这里的"心"已不是指心脏这个器官，而是指记忆、思维等意识活动与智力功能。故较为通俗的"心理学"一词，作为探讨人的意识活动与智力功能的学科名称，得以广泛使用，而"脑学"一词因大众与其存在疏离感而未能流行开来。这是一种令人遗憾却又无可奈何的现象。

"脑学"一词，虽然在近代学科名称的竞赛场上负于"心理学"，却在医学领域偶有回响。1926年4月，中医改进研究会理事杨百城在《医学杂志》第三十册上发表《古代脑学之阐明》称：《黄帝内经·素问·灵兰秘典论》"分脏腑为十二官，而各脏各腑之配合定。然当时实分两派"：

[①] （清）黄摩西：《普通百科新大辞典》，（上海）国学扶轮社，1911年。

脑　筋

一派主"十二官"（心、肝、脾、肺、肾、心包络、大小肠、胃、胆、三焦、膀胱），"而以心为君"；一派主"二府"，即"奇恒之府"（含脑、髓、骨、脉、胆、女子胞）和"传化之府"（含胃、大肠、小肠、三焦、膀胱），"而以脑居首"。自道光、咸丰年间，西医传入（如合信《全体新论》等），"脑气筋之说，遂盛行于中土"，以至于"近今医士"赞同"以脑居首"的"二府派"，而摒弃"以心为君"的"十二官派"。"通古时之两派，融中西于一炉，改进医学，此其时矣。"①

中医所以不言脑者，亦以疾病之关于脑者，固已该括于十二经之中；则各经、各脏、各腑之病，其感触于脑者，从各经、各脏、各腑治之，即所以治脑。②

此文以"脑学"命题，但这里的"脑学"乃是一医学概念，意谓"脑病学理"③，与严复所拟"脑学"并不同一。不过此文是对"以心为君"到"以脑居首"转化的肯定。

总之，近代医学及人体解剖生理学的传播，使汉字文化圈的人们获得"脑主思维"的科学认知，并创制新词"脑筋"以表述司智慧的器官和智慧活动，但两千年来"以心为君"之说已约定俗成，无论在人们的潜意识里，还是在语文表述上皆疏远"脑学"一名，而认可"心理""心理学"，不过此"心"已非彼"心"。这是不言自明的。

---

① 杨百城：《古代脑学之阐明》，《医学杂志》第 30 册，（太原）中医改进研究会，1926 年 4 月，第 19—20 页。
② 杨百城：《古代脑学之阐明》，《医学杂志》第 30 册，（太原）中医改进研究会，1926 年 4 月，第 20—21 页。
③ 杨百城：《古代脑学之阐明》，《医学杂志》第 30 册，（太原）中医改进研究会，1926 年 4 月，第 21 页。

几　何

　　几何之学，深有益于致知。明此，知向所揣摩造作，而自诡为工巧者皆非也。一也。明此，知所已知不若吾未知之多，而不可算计也。二也。明此，知向所想象之理，多虚浮而不可接也。三也。明此，知向所立言之可得而迁徙移易也。四也。

　　　　　　　　　　　　——（明）徐光启《几何原本杂议》

　　在今日的汉语系统中，"几何"已成为数学专用词，是"几何学"的约称，"平面几何""立体几何"是耳熟能详的中学数学科目。然而，"几何"一词从古代到近古及近代，有一个较为复杂的转化过程。[①]

一　中国古典"几何"与古希腊《原本》

（一）"几何"本为疑问代词

　　几何是由"几（幾）"与"何"两个语素组成的汉字古典词。

　　几（幾），金文作 ，小篆作 ，楷书繁体作"幾"，简体与表矮桌子的"几"合并了。《尔雅》："几，近也。"《说文解字》："幾，微也，殆也。"

　　"几"（幾）的本义是"微、隐微"，作动词，有到达义；作副词，有将近、几乎义；作名词，有预兆、机会、事务义。可用于询问。

[①] 参见冯天瑜《明清文化史散论》（华中工学院出版社1984年版）中论利玛窦、论徐光启二篇；又见冯天瑜《新语探源》，中华书局2004年版，第166—169页。

何，甲骨文作 𠂉，一个面朝左的人，肩上扛着东西，一只手扶着，张开口喘气。金文作 𠂉 和 何，前一字形同甲骨文，后一字形人、物、口分离。小篆作 何，同于金文后一字形。《说文解字》："何，儋也。"本义是担、扛，假借作疑问代词，表示"什么"。

上述两语素组成"几何"一词，义项有三：

其一，多少、若干，用于询问数量。《诗·小雅·巧言》："为犹将多，尔居徒几何？"《左传·僖公二十七年》："所获几何？"《史记·孔子世家》："孔子居鲁，得禄几何？"刘献廷《广阳杂记》："家私几何？"

其二，问当何时。如《国语·楚语下》："其为宝也，几何矣？"解："几何世也。"《汉书·五行志》："赵孟曰：其几何？"注："师古曰，言当几时也。"

其三，无多时、所剩无几。如《墨子·兼爱下》："人之生乎地上之无几何也。"《汉书·五行志》："民生几何"，注："几何，言无多时也。"曹操《短歌行》："对酒当歌，人生几何。"其"几何"亦指为时不多。

总括言之，"几何"在古汉语中是作为疑问代词使用的。此词转变为一个数学科目专名，是中外人士联合翻译西洋古典数学名著《原本》的产物。

（二）古希腊《原本》

《原本》（希腊文 Στοιχεια，英文 Elements）是古希腊数学家欧几里得（希腊文 Ευκλειδης，英文 Euclid，前330—前275，一说前450—前374）写的一部数学著作。它把一些公认的事实列成定义和公理，通过演绎，用这些定义和公理，研究各种几何图形的性质，从而建立了一套从公理、定义出发，论证命题，得到定理的论证方法，形成了一个严密的逻辑体系。这一方法后来成了建立知识体系的典范。欧几里得几何（Euclid Geometry，简称欧氏几何）就是以《原本》为基础构造出来的几何学的一支。该书与《圣经》并称世界上印数最多、流传最广的书籍。据元代《秘书监志》载，早在13世纪，欧氏几何就传入中国，但湮没于元朝宫廷藏书里，罕为人知。[①]

[①] 见徐光启《徐光启著译集·后记》，上海古籍出版社1983年版。

新名创制

"几何"变为数学术语,乃自利玛窦、徐光启于明末合译《原本》始。

二 "几何"对译 Mathematica,转变为数学术语

(一) 利玛窦—徐光启合译《原本》,创"几何"译名

意大利耶稣会士利玛窦(Matteo Ricci,1552—1610)青少年时代研习过欧几里得原著,在罗马神学院又由日耳曼耶稣会士、著名数学家克拉维乌斯(1537—1612)亲授其评注的拉丁文版数学名著《欧几里得原本十五卷》(*Euclidis Elementorum Libri* XV),该书综合西方古代几何学研究成果,是一部高度公理化的著作,正可弥补中国古典数学公理化的不足。

利玛窦入华不久即居韶州,教授儒士瞿太素西方数学,曾与瞿太素合译《原本》第一卷,进展微小。居南京时,又请张养默助译,因难而未成。1601年定居北京后,利氏与时任京官的徐光启(1562—1633)多有交游,徐推荐蒋姓举人助译,蒋学识、才力均不足,译事未果。1606年秋,徐光启亲自与利氏合译,每天下午三、四时,徐赴利宅,利"口译",徐"笔受",二人"反覆辗转,求合本书之意,以中夏之文,重复订正,凡三易稿"[①]。1607年春译成前六卷平面几何部分。

按照欧几里德及克拉维乌斯原著的含义,《原本》书名可意译为《测地学》,因为该书是从古埃及测量土地的经验上升而成的一门演绎科学。利、徐二位没有就事论事拟定书名,而取"数未定而设问"的"几何"一词,定名《几何原本》,意蕴深邃而引人遐思。

依其所据克拉维乌斯拉丁文版原著之名,还可直译《欧几里得原本》;"原本"对译拉丁文 Elementorum(英文 Elements),今译"原理",故又可直译《欧几里得原理》。采定"几何"一词,当为利玛窦、徐光启这两位意中合译者苦心孤诣的结果。因为他们(应当说是利玛窦通过中学学养深厚的徐光启)获悉汉字词"几何"的奥义,方称:"《原本》者,明几何之所以然。"[②] 利玛窦1607年所作《几何原本引》中亦有

[①] [意] 利玛窦:《译几何原本引》,《几何原本》,1607年,第6页。
[②] [意] 利玛窦:《译几何原本引》,《几何原本》,1607年,第4页。

· 452 ·

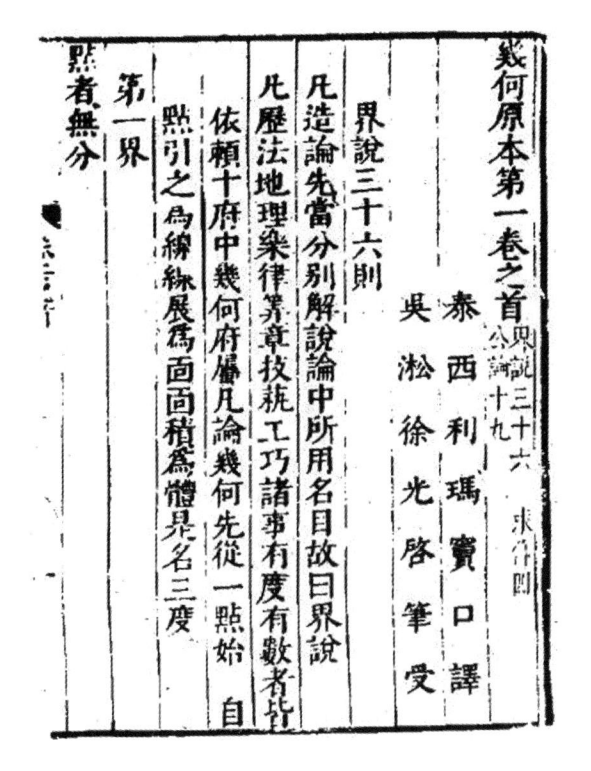

利玛窦、徐光启译《几何原本》卷首（1607年）

"几何之论""几何之术""几何之学"[①] 等称；徐光启《几何原本杂议》中也有"几何之学"名称[②]。亦即说，"几何"一词乃是"几何之论""几何之术""几何之学"等名的略称。这也是"几何"从疑问数词衍为数学术语之始。

（二）Mathematica译名"几何"意蕴探略

何谓"几何"？利玛窦在《几何原本引》中有所解释：

几何家者，专察物之分限者也。其分者，若截以为数，则显物几何众也；若完以为度，则指物几何大也。其数与度，或脱于物体

[①] ［意］利玛窦：《译几何原本引》，《几何原本》，1607年，第2—5页。
[②] （明）徐光启：《几何原本杂议》，《徐光启集》卷二。

而空论之,则数者立算法家,度者立量法家也。或二者在物体而偕物议之,则议数者如在音相济为和,而立律吕乐家;议度者如在动天迭运为时,而立天文历家也。此四大支流析百派。①

依其所述,从理论上看,"几何之学"的研究对象有两个方面:"数"(事物的多少)与"度"(事物的大小);研究"数"的学问称"算法",研究"度"的学问称"量法"。从应用上看,"算法"衍生出音乐原理;"量法"则衍生出天文历法。亦即说,"几何之学"包括"算法"和"量法"两分支。

《几何原本》云:

> 凡历法、地理、乐律、算章、技艺、工巧诸事,有度有数者,皆依赖十府中几何府属。②

这里的"十府",当指古希腊哲学家亚里士多德的十范畴(本体、数量、性质、关系、地点、时间、状态、具有、主动、被动)。如果在这十范畴中"对号入座"的话,那么只有"数量"与"几何"相应。

重视数学的方法论功能,是利、徐二氏学术与实证研究相互为用的一大特色。徐光启将数学比喻为工人的刀斧和量尺,掌握此种工具,"历律两家,旁及万事"都能顺利处理。他还把数学方法比喻为掌握金针刺绣技术,"其绣出鸳鸯,直是等闲细事"。认为由"数"达"理"方可进入学术堂奥,"百千有用之学出焉",并"旁通十事",如天文学、气象学、测量学、水利学、兵器制造学、会计学、舆地学、会计学、医学等。他还将数学方法及其定量分析运用于人文社会领域,如田赋问题、人口问题、宗禄问题。徐氏指出"生人之率,大抵三十年而加一倍",是中国乃至世界较早提出的人口增殖概念;又通过数学计算,揭示宗禄将成为国力不可承担的重负。徐光启与利玛窦合译之《几何原本》,将高度公理化的几何学介绍给中国,并译制一批汉字数

---

① [意] 利玛窦:《译几何原本引》,《几何原本》,第1页。
② [意] 利玛窦、徐光启:《几何原本》,第1页。

学术语，如体、面、线、点、直角、锐角、钝角、平行线、对角线、比例、相似等。

并对每一术语作精准诠释。这些术语沿用至今，整个汉字文化圈（中、日、朝、韩、越）皆受其赐。

除《几何原本》外，利玛窦还协助徐光启编译了《测量法义》《测量异目》《勾股义》等应用数学书籍，创制又一批中法与西法会通的数学术语，其中《勾股义》运用《几何原本》中的定理证明中国勾股测量技法，两书的术语多相匹配。

与利玛窦合译《几何原本》的徐光启实为"几何"一名的创制者，利玛窦认为以"形学"译《原本》并未达意，请徐光启拟名，徐草拟十余名，均不满意，终以"几何"名之，利玛窦认为"几何"既与 geometria 意近，且与希腊语 GEO 音近，遂表赞同。

《几何原本》成书后，徐光启撰文阐述此学：

> 几何之学，深有益于致知。明此，知向所揣摩造作，而自诡为工巧者皆非也。一也。明此，知所已知不若吾未知之多，而不可算计也。二也。明此，知向所想象之理，多虚浮而不可授也。三也。明此，知向所立言之可得而迁徙移易也。四也。①

充分肯定几何学使人"心思细密"的"致知"功能，"能精于此书者，无一事不可精，好学此书者，无一事不可学"。

（三）艾儒略、高一志等对"几何"的阐释

《几何原本》译出之后，艾儒略于1623年刊刻的《西学凡》里也论及"几何之学"：

> 几何之学，名曰"马得马第加"者，译言察几何之道，则主乎审究形物之分限者也。……"玛得玛第加"独专究物形之度与数。度其完者，以为几何大；数其截者，以为几何众。然度数或脱物体

---

① 《几何原本杂议》，《徐光启集》卷二。

而空论之，则数者立算法家；度者立量法家。或二者在物体而偕其物论之，则数者在音声相济为和，立律吕家；度者在动天转运为时，立历法家。而各家始分流别派矣。①

艾氏的大部分文字照搬了利玛窦《译几何原本引》的相应部分，只是个别文字稍加改动而已。不同的是，艾儒略给出"几何之学"的音译"马得马第加"和"玛得玛第加"。依其译音可断定，其拉丁文原词当是Mathematica，即后世英文词Mathematics。

无独有偶，1632年刊刻的耶稣会意大利来华传教士高一志（Alfonso Vagnone，1568—1640）所著《童幼教育》卷之下《西学第五》中也有与艾儒略的《西学凡》同样内容的论述，故高一志说脱胎于利玛窦《译几何原本引》和艾儒略《西学凡》。

1631年，"傅汎际译义，李之藻达辞"的《名理探》刊刻。其中论及Mathematica，将其意译为"审形学"，意译为"玛得玛第加"，指出该门学问的研究对象为"几何之性情"：

> 审形学，西言"玛得玛第加"，专在测量几何之性情。②

更重要的是，该书和利玛窦《译几何原本引》一样，也称该门学问分为"纯杂两端"（即理论与应用）、"量法"与"算法"两"类属"，并给出了这两"类属"的音译词：

> 审形学分为纯杂两端。凡测量几何性情，而不及于其所依赖者，是之谓纯。类属有二：一测量并合之几何，是为量法，西云"日阿默第亚"；一测量数目之几何，是为算法，西云"亚利默第加"也。③

很显然，其中的意译词"量法"、音译词"日阿默第亚"，对译的是

---

① ［意］艾儒略：《西学凡》，1623年，第6页。
② ［葡］傅汎际、（明）李之藻：《名理探》，杭州1631年，第9页。
③ ［葡］傅汎际、（明）李之藻：《名理探》，杭州1631年，第10页。

拉丁文 Geometria（英文 Geometry）；意译词"算法"、音译词"亚利默第加"，对译的是拉丁文 Arithmetica（英文 Arithmetic）。

总之，利玛窦、徐光启等人向汉文世界展示了这样的一个学科基本构成：几何＝算法＋量法（Mathematica = Arithmetica + Geometria）。而利、徐二人厘定的新名"几何"，乃是拉丁文 Mathematica（英文 Mathematics）的译词，并非像人们通常认为的是拉丁文 Geometria（英文 Geometry）的音译兼意译。不过，利、徐所译仅为《原本》前六卷平面几何部分，从《几何原本》所列 23 条定义看（如"点是没有部分的""线只有长度而没有宽度""面只有长度和宽度""大于直角的角叫钝角""小于直角的角叫锐角"等），全部为平面几何内容。

三 Mathematics 和 Geometry 汉译名的转换

如前所述，利玛窦、徐光启等人所创译的"几何"，并非今之所谓"几何"，而是今之所谓"数学"；今之所谓"几何"，在他们那里称"量法""审形学"等。清初数学家梅文鼎（1633—1721）所编《历算全书》（1723 年刊行）将今所谓"几何"称为"度学"，显然是由利玛窦等明末入华耶稣会士"度者立量法家"之类的阐述脱胎而来。"几何"转而指称今日之几何，乃是近代的事情。这与清末新教传教士入华引发的新一轮西学东渐中 Mathematics 和 Geometry 汉译名的转换息息相关。

兹据早期英汉词典，观此转换大势。

（一）Mathematics 汉译名的转换

据表 1 可知，在 19 世纪 20 年代之后很长时间内，Mathematics 基本与"几何"脱离，而在 the science of numbers 或 science of figures（数的学问）意义上被译成"算学""算法""数理""数学"等。

新名创制

表1　　早期英汉词典中 Mathematics 之汉译

词典名	作者名	Mathematics 译名	出版地（者）	出版年
《英华字典》（全1册）	［英］马礼逊	Mathematics, or the science of numbers, 算学; 算法（p. 270）	澳门：Printed at the Honorable East India Companys Press	1822
《英华韵府历阶》（全1册）	［美］卫三畏	Mathematics, 数学; 算法（p. 175）	澳门：香山书院	1844
《英华字典》（全2册）	［英］麦都思	Mathematics, 算学, 数理（卷二, p. 829）	上海：墨海书馆	1848
《英华字典》（全4册）	［德］罗存德	Mathematics 数学（卷三, p. 1157）	香港：Printed an Published at the "Daily Press" Office, Wyndham Street	1868
A Vocabulary of the Shanghai Dialect	［英］艾约瑟	无此条	上海：Presbyterian Mission Press	1869
《英华萃林韵府》（全2册）	［美］卢公明	Mathematics or science of figures, 数学, 算学, 算法, 数理（卷一, p. 302）	福州：Rozario, Marcal and Company	1872
《字语汇解》	［美］睦礼逊	Mathematics, 算学（p. 290）	上海：American Presbyterian Mission Press	1876
《英华字典》（全1册）	I. M. Condit	无此条	上海：美华书馆	1882
《华英字典集成》（全1册）	邝其照	Mathematics 算学, 数理（p. 206）	香港：循环日报承印（1899）	1887
《英华大辞典》（小字本）	颜惠庆	Mathematics, n. The science which meats of magnitude and number, or of whatever can be measured or numbered, 数学, 算学, 数理, 几何学（p. 617）	上海：商务印书馆（1920）	1908

（二）Geometry 汉译名的转换

据表2可知：

1. 马礼逊词典没有给出汉译名，只是给出了英文释义"the principles of geometry and trigonometry, as explained in geometrical figures"（今可译"如几何图形所释之几何与三角原理"）；而对于汉字词"几何原本"，英文释义为"the principles of quantity"（今可译"数量原理"）。

2. 最早直接为 Geometry 厘定汉译名的是卫三畏词典，译作"弧角法"；卢公明词典亦见此名。麦都思以下多数词典给出的是"丈量地法"等富于实用色彩的汉译名。

3. 作为英文词例出现的"principles of geometry"（几何原理），麦都思词典首先译作"几何原本"；罗存德、艾约瑟、卢公明词典如之。该英文词例的翻译，包含着"几何"与 Geometry 的对译。

表2　　　　　　早期英汉词典中 Geometry 之汉译

词典名	作者名	Geometry 译名	出版地（者）	出版年
《英华字典》（全1册）	［英］马礼逊	Geometry, the principles of geometry and trigonometry, as explained in geometrical figures, 几何原本, the principles of quantity（p. 187）	澳门：Printed at the Honorable East India CompanysPress	1822
《英华韵府历阶》（全1册）	［美］卫三畏	Geometry, 弧角法（p. 120）	澳门：香山书院	1844
《英华字典》（全2册）	［英］麦都思	Geometry, 丈量地法; the principles of geometry, 几何原本（卷一 p. 621）	上海：墨海书馆	1847
《英华字典》（全4册）	［德］罗存德	Geometry, 量地法, 量地之法; the principles of geometry, 量地之理, 几何原本; geometry and trigonometry, 方田弧角（卷二, p. 893）	香港：Printed an Published at the "Daily Press" Office, Wyndham Street	1867

续表

词典名	作者名	Geometry 译名	出版地（者）	出版年
A Vocabulary of the Shanghai Dialect	［英］艾约瑟	Geometry，(of Euclid) 几何原本（p.44）	上海：Presbyterian Mission Press	1869
《英华萃林韵府》（全2册）	［美］卢公明	Geometry 弧角法，丈量地法；Euclid or principles of geometry 几何原本（卷一，p.211）	福州：Rozario, Marcal and Company	1872
《字语汇解》	［美］睦礼逊	无此条	上海：American Presbyterian Mission Press	1876
《英华字典》（全1册）	I. M. Condit	Geometry 丈量地法（p.53）	上海：美华书馆	1882
《华英字典集成》（全1册）	邝其照	Geometry 丈量地法（p.152）	香港：循环日报承印（1899）	1887
《英华大辞典》（小字本）	颜惠庆	Geometry, n. The science of magnitude in general，形学，几何学（p.437）	上海：商务印书馆（1920）	1908

（三）对译 Geometry 并用"几何""形学"

自《几何原本》前六卷于明末问世以后，"几何""几何学"名目逐渐普及开来，清人以"几何"命名的数学专著多种，如明末入华耶稣会士艾儒略撰《几何要法》、清初杜知耕摘编《几何原本》而成《几何论约》等。康熙帝还令人将《几何原本》译成满文，供其研习。

晚清来华新教传教士伟烈亚力（1815—1887）与中国数学家李善兰（1811—1882）于1857—1859年译出《几何原本》后九卷，命名《续几何原本》，得曾国藩支持，于1865年在南京出版，距利玛窦、徐光启译前六卷二百余年，中国方有《几何原本》全本（全本名《几何原本十五卷》）。"几何"一名得以沿用。这是因为，几何是拉丁文 Geo 的音译，又兼有意译的韵味（几何意谓多少），故为音意合璧词，易于被中国、日本等汉字文化圈人们所接受和使用。谭嗣同1896年使用"几何学"一词，严复1898年介绍马尔萨斯人口论时，使用短语"几何级数"。

当然，在上述脉络之外，清末还有"形学"一名诞生，比明末《名理探》所创译"审形学"少了一个"审"字。1885年，山东登州文会馆出版一部几何学译著，题名《形学备旨》，乃"美国狄考文选译，蓬莱邹立文笔述，莱阳刘永锡参阅"。该书刊印后，颇受欢迎，至1902年，由上海美华书馆第五次印刷。饶有兴味的是，译者美国传教士狄考文（Calvin Wilson Mateer，1836—1908）在其1884年农历八月二十五日所作《形学序》中，对"几何"和"形学"两名作了辨析，申明自己弃前者而创用后者的理由：

> 今余作此《形学》一书，与《几何原本》乃同而不同。其所以不名"几何"，而名"形学"者，诚以"几何"之名，所概过广，不第包形学之理，举凡算学各类，悉括于其中。且欧氏创作是书，非特论各形之理，乃将当时之算学几尽载其书，如第七、八、九、十诸卷，专论数算，绝未论形，故其名为"几何"也，亦宜。而今所作之书，专论各形之理，归诸形于一类，取名"形学"，正以"几何"为论诸算学之总名也。①

从学理而论，狄考文此议是有道理的。

1908年，清学部尚书荣庆聘严复为学部编订名词馆（亦称"审定名辞馆"）总纂，主持学科名词的厘定与统一工作。至1911年，此项工作，"凡历三年，积稿甚多"；其中有《形学名词对照表》（版心题名《形学中英名词对照表》）。② 该表将 Geometry 译作"形学"，而以"几何"对译"Quantity or Magnitude"，并厘定了"纯净形学"（Pure Geometry）、"解析形学"（Analytical Geometry）、"平面形学"（Plane Geometry）、"立体形

---

① ［美］狄考文、（清）邹立文：《形学备旨》，（上海）美华书馆，1902年版，序第1页。
② 该表为学部编订名词馆所编《中外名词对照表》的一部分。据王蘧常编《严几道年谱》第79页：1908年"学部尚书鄂卓尔文格公荣庆聘先生为审定名辞馆总纂。自此凡历三年，积稿甚多"。这些"积稿"后存于中华民国教育部。该表见于 http://www.cadal.zju.edu.cn/book/13052871/1。

学"（Solid Geometry）等"形学"的下位概念。① 亦即说，"形学"一名获得了清朝官方认定。

《形学中英名词对照表》还用很长的文字，从三个层面论述了"定名理由"。首先，历史地看，该表认为"几何学"一名来历不明，"不知所本""欠协"：

> 近日通称"几何学"，不知所本。按吾国斯学之译，以《几何原本》为最早。而徐、利两序中，皆无"几何学"一名。咸丰中叶，海宁李氏与英国伟烈氏续译其后九卷。伟烈氏序中有"'几何学'不知托始何国"一语。近日之所谓"几何学"者，或滥觞于此乎？顾考其实，则伟烈氏"几何学"云云，亦殊欠协。②

如前所述，《几何原本》中本有"几何之学"一名，就学科专业而言，其所指虽并非 Geometry，但在语言学上，它和"几何学"并无语义差别。早在 1847 年，麦都思词典即已将"principles of geometry"译作"几何原本"；罗存德、艾约瑟、卢公明词典如之，其中包含着"几何"与 Geometry 的对译。该表称"几何学""不知所本"，这种说法并不严谨。

其次，《形学中英名词对照表》从汉文"几何"的意涵及英文语境中 Quantity 和 Geometry 的关系角度，论述"几何学"对译"Geometry"之不当：

> 盖"几何"一字，在英文为 Quantity；而"几何学"一字，在英文为 Geometry。几何者，物之大小多寡之谓也。论之者，不专属 Geometry，下而算学，上而微积，皆为论几何之书。而 Geometry 之所论者，不过几何之一种耳。乌得以全体之名，名其一部分之学？③

---

① （清）学部编订名词馆：《中外名词对照表·形学名词对照表》，第 1 页。
② （清）学部编订名词馆：《中外名词对照表·形学名词对照表》，第 1 页。
③ （清）学部编订名词馆：《中外名词对照表·形学名词对照表》，第 1 页。

和狄考文《形学序》一样，该表认为"几何"（Quantity）涵盖的范围广，而 Geometry 只是其中的一部分，不能"以全体之名，名其一部分之学"。

最后，《形学中英名词对照表》根据英文 Geometry 的"初义"及其所指学科的"界说"，论述定名"形学"的合理性：

> 考 Geometry 一字，乃由 Geo，metre 相合而成。Geo 者，地也；metre 者，测量也。是其初义，乃专指测地。顾测地，则不能无形；而测出山陵邱壑，又不能无体。故其界说曰：Geometry 者，论点、线、面、体之本德（性质——引者）、状态及其度量也。而点、线、面、体之总称，在英谓之 Figure，在我则为"形"，故定名"形学"。①

应该说，该表对汉文"几何"、英文 Geometry 意涵的把握是合理的；其所认定的译名"形学"是准确的。但如所周知，最终确立的 Geometry 的译词，不是"形学"，仍是"几何"，因"几何"兼备音译与意译之妙，更有吸引力，且自明末已有著名译著《几何原本》使用在先，已经约定俗成矣。

四 Geometry 译作"几何"

如前所述，早在 1847 年，"几何"与 Geometry 即已在麦都思词典中达成对译；1867 年的罗存德词典、1869 年艾约瑟词典、1872 年的卢公明词典亦然。就 Geometry 之学的传播脉络来看，较早采用"几何"一名的是 1873 年 12 月发表于《中西闻见录》杂志的蔡锡勇译《节译几何新本圆径求周法》。该文乃讲解根据"圆径"求圆周率（3.14159……）的方法。其文末曰：

> 即此末式可知，凡半径为一，其半周必大于三一四一五九一二，

---

① （清）学部编订名词馆：《中外名词对照表·形学名词对照表》，第 1 页。

新名创制

小于三四一五九二七。若开方后之位数愈多，其差必愈小。今不过举此，以明其法。其密率为三一四一五九二六五三五八九七……至百位不尽。然今时算学家所常用，只取三一四一六而已，便于算也。①

显然，该文所用"几何"一词，乃西语 Geometry 之义，属"算学"的一部分。此当是现代义"几何"的较早用例。

1898 年，温州《算学报》刊登黄庆澄《几何第十卷释义》。该文对"几何"界说曰：

> 凡物在未有数之前，无论其物之有数可明与无数可明，均可浑称曰"几何"。说曰如：甲为甲之几何，乙为乙之几何。"几何"云者，犹言若干也，以其未有数可明也。又曰"几何"者，浑点、线、面、体言之也。②

这里的"几何"，既指关于"数"的学问，也指关于"形"的学问；既指 Mathematics，也指 Geometry；而黄庆澄所言之"几何"，则为"算学"的一部分。

近代新学制确立后，中学必修科目数学分列代数、几何，作为数学术语的"几何"更是家喻户晓，也不断有人对"几何"之学进行界说。1903 年，北京《启蒙画报》"西事起原"栏刊登《几何学》云：

> 几何学
>
> 测量的学问。用处很大，法子亦很精细。西国专心此学的人，各国都有，所以制造精的了不得。各种学问，总离不了算法。测量的算法，又在各种之上。几何学，便是测量的器具。直角、三角、

---

① （清）蔡锡勇译：《节译几何新本圆径求周法》，《中西闻见录》第 17 号，（北京）米市施医院，1873 年 12 月，第 17 页。
② 黄庆澄：《几何第十卷释义》，《算学报》第 10 期，（温州）算学报馆，1898 年农历闰三月，第 2 页。

· 464 ·

弦、弧、句音勾等等名目，都是几何算法。①

1907年3月13日，上海《学报》"数学"栏刊蘅江《几何学讲义》云：

> 几何学者，系数学之一部分，研究理想之形体者也。例如物质为实有之形体，故有热，有色，有重。而几何俱无之，其所论者，不过形（如三角形、四边形等）、量（长或广或厚皆曰量）及位置而已。②

民国以后，随着高斯、罗巴切夫斯基、波尔约、黎曼于19世纪中叶创立的"非欧几里得几何"（简称"非欧几何"或"双曲几何"）的传入，中国关于"几何学"的界说也丰富起来。1922年6月10日，杭州《蜀声杂志》"学术"栏刊登TM的《几何学的定义和历史》云：

> 几何学Geometry是科学之一种，中国昔时称为"形学"，本是用科学方法研究物的形式form底：像规、矩、方、圆、长、宽、面积、体积等，皆在几何学范围之下。但此处所谓"形式"者，除吾人日常所见的形式外，又包含人目所未能见底。……非犹克里几何学Non-Euclid Geometry里面所讲的，恐怕莫有一点可以明明瞭瞭的看见，内中有的，谁也要说"真不能看见"。那么我们直截下一个定义："几何学者，是研究人目能见和不能见之形式学也。"③

"非欧几何"有别于"欧几里得几何"（欧氏几何认为平行线不可相交，非欧几何认为可以相交，二者采用了不同的平行定理），引起现代几

---

① 《西事起原：几何学》，《启蒙画报》第2年第10期上册，（北京）启蒙画报馆，1903年，第5页。
② 蘅江：《数学：几何学讲义》，《学报》第1年第2号，（上海）学报社，1907年3月13日，第1页。
③ TM：《学术：几何学的定义和历史》，《蜀声杂志》第2期，（杭州）四川旅杭留学同乡会，1922年6月10日，第19—20页。

何重点和特质的改变。TM《几何学的定义和历史》一文，涉及"非欧几何"的皮毛，却也增添了"几何"一名的内涵。

总之，20世纪20年代以降，"形学"一名成为历史陈迹，"几何"成为对译Geometry的专名，且其含义渐丰。

综上所述，在利玛窦、徐光启等人那里，"几何"对译Mathematica，既延续了"几何"的古典词义（若干、多少），又传递了Mathematica的学问特点（测算事物的多少、大小），汉语译名与外来语原意可谓"天作之合"。当然，作为数学的一个分支，作为研究空间结构及性质的一门学科，Geometry译作"量法""度学""形学"，更为准确。故"几何＝算法＋量法"或"几何＝数学＋度学"的学科图式，较为妥当；置换成现代语言，可表述为"几何学＝数学＋形学"。

与"几何"相并列的数学译词"代数"，是对algebra的意译。清康熙年间《数理精蕴》之名曾音译为"阿尔热巴拉"，至清末，在翻译一部英文数学书时，译者李善兰认为，这门算学是"以字代数：或不定数，或未知已定数。……恒用之已知，或因太繁，亦以字代"，故他与另一译者伟烈亚力将该书译作"代数学"，"代数"遂与"几何"并列为两个重要的汉字数学术语，中国、日本通用至今。① 自此形成"数学＝代数＋几何"的学科模式。虽"几何"一名有违和感，诚如狄考文、严复等中外学人所说，"几何"本是"诸算学之总名"，以之对译Geometry，乃"以全体之名，名其一部分之学"，在逻辑上不够谨严，但并无大碍，既已约定俗成，只能沿用下去，但在数学专业领域是须作明确辨析的。

以"几何"为中心的数学术语群的译定，还有一个不容忽视的作用——打破中西文化之间的壁垒，昭显了异文化之间的最大公约数。清代算学家左潜说："方圆之理，乃天地自然之数，吾之宗中宗西，不必分其畛域，直以为自得新法也可。"② 清末《几何原本》全本译定，张文虎代曾国藩作序赞曰：

《几何原本》不言法而言理，括一切有形而概之曰点、线、面、

---

① 转引黄河清文，见《词库建设通讯》第3期，1994年3月。
② 曾纪鸿：《缀术释名序》引左潜语，《白芙堂算学丛书》。

体。点、线、面、体者,象也。点相引而成线,线相遇而成面,面相沓而成体。……洞悉点、线、面、体而御之以加减乘除,譬诸闭门造车,出门而合辙也。奚敝敝然逐物而求哉!①

新名"几何"诚然超越民族性、国度性,具有"不分畛域"的普遍价值!

五　几何学传入史

《几何原本》于明末翻译出版,"几何"概念及一系列二级概念(体、面、线、点等)引入,是中国观念史乃至文化史上重要的新生事物。《几何原本》的汉译是这部经典名著最早进入东亚世界。

中国传统思维长于经验理性和直觉顿悟,经世致用为其价值取向,整体性、意向性、辩证性为其特征。这种思维方式有其卓异处,中国古文化(包括科技)的千年辉煌与之相关,而中国古文化(包括科技)近代转型特别艰难,也与之脱不开干系。明末徐光启是对固有思维方式弊端有真切认识的先觉者,他在《刻同文算指序》中指出:"名理之儒士苴天下之实事""算数之学特废于数世百年间尔"。为救此偏失,他力倡"算数之学""度数之学"②,将数学语言的运用上升到方法论高度:

> 算术者,工人之斧斤寻尺,历律两家,旁及万事者,其所造宫室用也,此事不能了彻,诸事未可易论。③

徐光启之议与文艺复兴晚期西哲的认识颇为接近,"近代力学之父"、意大利科学家伽利略(1564—1642)说:"(宇宙)这部著作是用数学的语言写成的。其中的符号就是三角形、圆和其他几何图形。"④ 东西方哲

---

① 张文虎:《几何原本序》(代曾国藩)。
② 见《条议历法修正岁差疏》,《徐光启集》卷二。
③ (明)徐光启:《刻同文算指序》,《徐光启集》卷二。
④ 转自[英]李约瑟《中国科学技术史》第3卷,第356页。

新名创制

人几乎在同一时期指出数学语言及公理式思维的重要性,但二者的社会效应却大相径庭:伽利略为牛顿体系奠定基础,揭开了西方近代科学长足进展的序幕,而徐光启的卓识在中国并未引起朝野注意,由明末至清代,中国科技在原地踏步。

利玛窦、徐光启合译的《几何原本》是彰显"数学语言"功能的杰作,在中国首次介绍了公理化的形式逻辑思维方式,具有先导意义。但15卷《几何原本》的明末译本仅呈前六卷,徐光启极盼全译,而利玛窦婉拒,他在《译几何原本序》中写道:"太史(指徐光启——引者注)意方锐,欲竟之。余曰:止,请先传此。使同志者习之,果以为用也,而后徐计其余。"表示出对几何学在中国传播的成效持保留态度。徐光启叹曰:"续成大业,未知何日,未知何人。"① 徐氏不幸而言中,《几何原本》前六卷,在明清罕为人知,后九卷,直至1859年才由伟烈亚力与李善兰合作译出(1865年刊行),此距利、徐前六卷本已历250年,而这两百多年间,西方发生科学革命、工业革命,中国人却踱步故道。

利玛窦、徐光启翻译《几何原本》前六卷,是西方数学名著最早进入汉字文化圈,中国、日本、朝鲜、越南都由此获知公理化的数学语言。但直至250年后,这部名著的后九卷才得以翻译,其间"二百余年",中国在中古故道徘徊,而西方科学大兴,新理迭出,"中国尚未知也",中西文明水平落差正在此间铸就。《几何原本》译介史提供的教训意味深长,但因其并无显著的外观,易被忽略,而其惨痛性,并不亚于甲午战争清方溃败,故更须认真检讨,深切记取。

---

① 《题几何原本再校本》,《徐光启集》卷二。

逻　辑

> 逻辑，此翻名学。其名义始于希腊，为逻各斯一根之转。……本学之所以称逻辑者，以如贝根言，是学为一切法之法，一切学之学，明其为体之尊、为用之广，则变逻各斯为逻辑以名之，学者可以知其学之精深广大矣。
>
> ——严复《穆勒名学》

"逻辑"（Logic）是一门思维科学。狭义逻辑研究推理，研究如何从已知条件推理出未知的必然结果；广义逻辑研究思维形式、思维规律和思维方法。中国自古以来有丰富的逻辑思想，如由《墨经》上下、《经说》上下、《大取》《小取》六篇组成的墨辩，阐发名、辞、说三种思维形式，故、理、推三种推理方法，与古希腊逻辑学、古印度因明学并称三大逻辑体系。但墨辩及整个墨学被指为"小人之学"，两汉以后湮没。这门学问的定名及引人注目，是在近代译介西学以后，方于清末以降得以实现。

汉字文化圈的中、日等国，吸纳外来术语时，以汉语构词法制造新名以意译之，是一法；音译是又一法；在音译时选择寓意切近的汉字构成新名，音意合璧译之，是兼取前二法之妙的第三法。今日表述墨辩的汉字新名"逻辑"，便是音意合璧译的佳例。[①]

[①] 参见冯天瑜《新语探源——中西日文化互动与近代汉字术语生成》，中华书局2004年版，第315、407页。

一 明末：从"落热加"到"名理探"

西方逻辑（Logica）传入东亚，始于 17 世纪初，Logica 的汉文译介，在明末经历了从音译到意译的探索。

（一）Logica 音译"落热加"

逻辑学的汉文音译，最早见于 1620 年刊刻的入华耶稣会士、意大利人高一志（Alfonso Vagnoni，1566—1640）所著《童幼教育》。其卷之下"西学第五"论及费罗所非亚（Philosopia，今意译"哲学"）的几个组成部分时云：

> 费罗所非亚者，译言格物穷理之道，名号最尊。学者之慧明者文学既成即立志向此焉。此道又分五家：一曰落热加，一曰非西加，一曰玛得玛弟加，一曰默大非西加，一曰厄第加。落热加者，译言明辨之道，以立诸学之根基而贵辨是与非、实与虚、里与表。盖开茅塞而于事物之隐蕴不使谬误也。[1]

其中，"落热加"即拉丁文 Logica 之音译，意译"明辨之道"。以高一志所述，"落热加"与物理、数学、形而上学、伦理学并列，为"费罗所非亚"的一个分支。

不久，来华的意大利耶稣会士艾儒略（Jules Aleni，1582—1649）所撰《西学凡》于 1623 年刻成，后由李之藻编为《天学初函》第一册。《天学初函》于 1628 年刻成，流播广远。《西学凡》有云：

> 理学者，义理之大学也。人以义理超乎万物，而为万物之灵。格物穷理，则人全而于天近。然物之理藏在物中，如金在砂，玉在璞，须淘之剖之以斐禄所费亚之学。此斐禄所者立为五家，分有

---

[1] 钟鸣旦等编：《徐家汇藏书楼明清天主教文献》第 1 册，（台北）辅仁大学神学院，1996 年，第 377—378 页。

门类，有支节，大都学之专者，则三四年可成。初一年，学"落日加"。落日加者，译言明辩之道，以立诸学之根基，辩其是与非、虚与实、表与里之诸法，即法家、教家必所借经者也。①

"落日加"为 Logica 的译名，与高一志的译名"落热加"仅一字之差，且发音相近；其意译，高氏为"明辨之道"，艾氏为"明辩之道"，亦仅一字之差，且含义相同。

关于"落日加"的内涵与外延，《西学凡》有简明叙述：

> 落日加者，译言明辩之道，以立诸学之根基，辩其是与非、虚与实、表与里之诸法，即法家、教家必所借径者也。总包六大门类：一门是落日加之诸预论，凡理学所用诸名目之解；一门是万物五公称之论，即万物之宗类……一门是理有之论，即不显形于外，而独在人明悟中义理之有者；一门是十宗论……一门是辩学之论，即辩是非得失之诸确法；一门是知学之论，即论实知与忆度与差谬之分。②

同年，"西海艾儒略增译，东海杨廷筠汇记"的《职方外纪》亦于杭州刊刻。其卷二"欧逻巴总论 二 建学设官之大略"述曰：

> 学者自七八岁学至十七八岁，学成而本学之师儒试之，优者进于中学，曰理科，有三家：初年学落日加，译言辩是非之法；二年学费西加，译言察性理之道；三年学默达费西加，译言察性理。以上之学总名斐录所费亚。③

与《西学凡》相比，《职方外纪》的 Logica 音译未变，仍为"落日加"；意译则稍异，为"辩是非之法"。

---

① ［意］艾儒略：《西学凡》，杭州，1623 年，第 3 页。
② ［意］艾儒略：《西学凡》，杭州，1623 年，第 3—4 页。
③ ［意］艾儒略、（明）杨廷筠：《职方外纪》，杭州，1623 年，第 3—4 页。

（二）Logica 意译"名理探"

西方逻辑学东传，须一提的是《名理探》的翻译与刊行。该书为中国士人李之藻（1569—1630）与来华葡萄牙耶稣会传教士傅汎际（Francois Furtado，1587—1653）于 1627—1630 年间合译而成，凡十卷，1631 年刊刻于杭州，是中国乃至整个汉字文化圈最早的一部汉文逻辑学专著。其底本是 17 世纪葡萄牙高因盘利（Coimbra）大学的逻辑学讲义 In Universam Dialecticam Aristotelis（《亚里士多德辩证法概论》）。

关于《名理探》的历史地位，徐光启的后人徐宗泽（1886—1947）1931 年秋所作《名理探重刻序》有所评述：

> 吾国于名理探一门，素鲜研究。古虽有邓析、惠施、公孙龙等之东鳞西爪，聊供诡辩，持之非有故，言之非成理。至历代科举，束缚人智，障窒人心，士大夫空谈理论，趋重文辞，以致九流三教，并为一谈。明末西士东来，灌输西学。一六三一年，傅汎际与李之藻同译《名理探》，而我国于是始有亚氏之论理学，而理学始有形上形下之等级，而不凌乱矣。[①]

1931 年，上海徐汇光启社重刻《名理探》，凡五卷。1941 年 3 月，商务印书馆又将《名理探》作为"汉译世界名著"之一种出版发行。该书地位，由此可见一斑。

在逻辑术语的厘定方面，《名理探》可谓词能达意。其所采用的学名主要是"名理探"。除此之外，该书还试用了其他诸多音译名（如络日伽）和意译名（如推论名理、辨艺、辨学）（见表 1）。

表 1　　　　　　　　《名理探》中 Logica 译名

译名	语例
落日伽 推论名理	亚利因人识力有限，首作此书，引人开通明悟，辨是与非，辟诸迷谬，以归一真之路，名曰《落日伽》。此云推论名理，大旨在于推通（第3页）

[①] 徐宗泽：《名理探重刻序》，《名理探》，（上海）商务印书馆 1941 年版，序第 2 页。

续表

译名	语 例
辨艺络日伽	凡艺所论，或是言语，或是事物。言语之伦有三：一曰谈艺，西云额勒玛第加；二曰文艺，西云勒读理加；三曰辨艺，西云络日伽（第8页）
辨学	辒艺复分为二：一属辨学，其本分在制明悟之作用；一属修学，其本分在制爱德之作用（第9页）
名理之学	名理之学，以制明悟之用，固当贵于言语之艺（第15页）
名理推	名理推自为一学否（第16页）
名理学致用之学致知之学	名理学总一习熟，而兼明用二义。……为致用之学……为致知之学（第25—26页）

资料来源：李之藻、傅汎际译：《名理探》卷之一，杭州，1631年。

康熙二十二年（1683），在华比利时耶稣会士南怀仁（Ferdinand Verbiest，1622—1688）编撰完成《穷理学》，于北京刊刻，并呈康熙皇帝。该书皇皇六十卷，堪称"明末清初中西会通的集成之作"，其中"《理推之总论》和《理辩五公称》两部分内容都引自《名理探》"[①]。

《名理探》在先，后人不得漠视，至清末民国亦如此。光绪乙巳年（1905）冬，上海金粟斋刊行严复译《穆勒名学》。所据原本为英国逻辑学家弥尔（J. S. Mill，1806—1873）著 *A System of Logic, Ratiocinative and Inductive*。严复在其所加按语中，就 Logic 的译名问题作了简短论证。其中有云：

逻辑最初译本，为固陋所及见者，有明季之《名理探》，乃李之藻所译。近日税务司有《辨学启蒙》。曰探，曰辨，皆不足与本学之深广相副，必求其近，姑以名学译之。[②]

此外，1924年，马良（相伯）在《致知浅说》卷之一中探讨 philos-

[①] 尚智丛撰：《南怀仁〈穷理学〉的主体内容和基本结构》，《清史研究》2003年第3期，第73、80页。

[②] 严复译：《穆勒名学》（全7册）第1册，（上海）金粟斋，1905年，第2页。

ophia 和 logica 的翻译问题时，均曾提及《名理探》。①

对于《名理探》，不仅有评述者，亦有祖述者。1925 年 1 月中华学艺社出版的屠孝实著《名学纲要》，书名虽用"名学"，但书中却也用"名理之学"。作者于 1924 年 4 月所作《序》云：

> 名理之学，我国素不讲求，近年以来，识者始稍稍注重之。顾坊间善本，多系西籍，国人所著，鲜有佳者。严译穆勒名学，信而能达，允为良书。

1929 年 11 月，高佣著《名理通论》在（上海）开明书店出版。书中主要以"名学"指称 Logic，书名却谓"名理"。其原因虽在于作者强调"研究哲学须从名学下手，解决问题要合逻辑"②，但在哲学语境中使用"名理"二字，与《名理探》不无渊源。比屠、高二人更为明显沿袭《名理探》译名的，还有徐宗泽和景幼南。徐宗泽 1931 年秋所作《名理探重刻序》云：

> 名理探，东译论理学，又译音逻辑，为哲学之一份。哲学为研究事物最终之理由。理由非明思慎辨不可，故哲学以名理探为入门。③

在承袭"名理探"方面，景幼南有过之而无不及。他编著一逻辑书，名曰《名理新探》，1947 年 12 月由正中书局出版。其中有云：

> 本书名理新探之名，取引申义。明末清初，葡萄牙人傅汎际（Francisco Furtado）与李之藻氏初译西洋亚里士多德论理学之一部分为中文，称名理探，近有翻印本。④

---

① 参见马相伯《致知浅说》卷 1，（上海）商务印书馆 1924 年版，《小引》。
② 高佣：《名理通论》，（上海）开明书店，1929 年，作者序第 1 页。
③ 徐宗泽：《名理探重刻序》，《名理探》，（上海）商务印书馆 1941 年版，序第 1 页。
④ 景幼南编著：《名理新探》，（上海）正中书局 1947 年版，第 7—8 页。

名理学之名取引申义，包含语文思之种种、词句论辩等。①

如果说 1620 年高一志的《童幼教育》中的"落热加"及"明辨之道"是西方 Logica 东传中国及学名厘定的起点，那么李之藻、傅汎际的《名理探》则可谓此一轮西学东渐之顶点，且其影响超越明清，远及三百年后之民国学人。

二　晚清：从"明论之法"到"名学"

在晚清的新一轮西学东渐中，Logic 的译名先见于早期英汉词典（见表 2）。

表 2　　　　　　　　　　早期英汉词典中 **Logic** 译名

词典名	作者名	logic 译名	出版地（者）	出版年
《英华字典》 （全 1 册）	［英］马礼逊 Robert Morrison 1782 – 1834	（无此条）	澳门： Printed at the Honorable East India Companys Press	1822
《英华韵府历阶》 （全 1 册） English and Chinese Vocabulary, In the Court Dialect	［美］卫三畏 S. Well Williams 1812 – 1884	（无此条）	澳门： 香山书院	1844
《英华字典》 （全 2 卷） English-Chinese Dictionary (in two volumes)	［英］麦都思 W. H. Medhurst 1796 – 1856	明论之法，推论明理之学 （卷二 p. 802）	上海： 墨海书馆	1848

---

① 景幼南编著：《名理新探》，（上海）正中书局 1947 年版，第 16 页。

新名创制

续表

词典名	作者名	logic 译名	出版地（者）	出版年
《英华字典》（全4册）English and Chinese Dictionary, with the Puntin and Mandarin Pronunciation	［德］罗存德 W. Lobscheid 1822–1893	思之理，理论之学，明理，明理之学，理学（卷三，p.1124）	香港：Printed an Published at the "Daily Press" Office, Wyndham Street	1868
《上海方言词典》（全1册）A vocabulary of the Shanghai dialect	［英］艾约瑟 Joseph Edkins 1823–1905	（无此条）	上海：Presbyterian Mission Press	1869
《英华萃林韵府》（全2册）Vocabulary and Handbook of the Chinese Language, Romanized in the Mandarin Dialect (in two volumes)	［美］卢公明 Justus Doolittle 1824–1880	明论之法（卷一，p.290）	福州：Rozario, Marcal and Company	1872
《字语汇解》（全1册）An Anglo-Chinese vocabulary of the Ningpo dialect	［美］睦礼逊 1837–1869 W. T. Morrison	Logical，有条理个，循序个（p.279）	上海：American Presbyterian Mission Press	1876
《英华字典》（全1册）English and Chinese Dictionary	I. M. Condit	（无此条）	上海：美华书馆	1882
《华英字典集成》（全1册）An English and Chinese Dictionary	邝其照（生卒不详）	推论之法，学扩心思之法（p.199）	香港：循环日报承印（1899）	1887

此外，自19世纪70年代以后，在一些汉文西书及报刊中，亦有关于逻辑学的介绍及学名厘定，如：

路隙、意法　1873年花之安《大德国学校论略》说"太学院"的课程时有云：

> 性理即根所当然之理，中凡数类，一西音路隙，译即意法，乃论灵魂如何发出意思。在意思复分数端，且释是所以为是、非所以为非，论知觉一由五官而入，二由灵府所起，二者如何相合，论明之所以明。此中国未有之学，苦无名目，难以译出。如公孙龙以马喻马，以指喻指，仿佛近之，然所类者，不过入门之定名耳。夫意法乃由灵府所起，故各意思须从其法，凡出言作事胥奉之为宗师，略如几何之数，多非实有是形，然各物类总不出其范围之外也。①

详审之理　罗吉格　《中西闻见录》乃在入华美国传教士丁韪良（William A. P. Martin）、英国传教士艾约瑟（Joseph Edkins）主持下，1872年8月创刊于北京。1876年英国传教士傅兰雅（John Ferrier）在上海创刊的《格致汇编》，乃《中西闻见录》之"补续"②。艾约瑟在《中西闻见录》1875年4月号上发表《亚里斯多德里传》，述及亚氏的十种著述，首列"详审之理"，并评价说：

> 其所谓详审之理者，在昔无人论及，斯学亚为首创之也。③

兹所谓"详审之理"，当指亚里士多德首创的逻辑学，其书名曰"工具论"。

该传记还介绍了亚里士多德的逻辑学三段论：

> 亚所立辩论之矩，盖其法每如升阶然。……西语名为西罗吉斯

---

① ［德］花之安：《大德国学校论略》，羊城，1873年，第24页。
② 《格致汇编》1892年春季号封面注曰："是编补续中西闻见录，上海格致书室发售。"
③ ［英］艾约瑟：《亚里斯多德里传》，《中西闻见录》1875年4月号，第12页。

莫斯，而亚之此学则名为罗吉格也。①

其中，"西罗吉斯莫斯"是 Syllogism 之音译，"辩论之矩"为意译，而"罗吉格"则指 Logic。

辨学　有清一代，西方逻辑学的正式传入，则自艾约瑟译《辨学启蒙》开始。该书 1886 年冬于总税务司署印。原著为伦敦大学教授杰文斯（W. Stanley Jevons，1835—1890，严复译其《名学浅说》，译名"耶方斯"）所作 Logic。该书为赫胥黎（Huxley）等人编写的 Science Primers（《科学启蒙》或《科学入门》）丛书之一种。

1898 年广学会出版的丁韪良著《性学举隅》中有"辩学"一名：

> 西国专论辩学者，其式甚繁。如周易卦爻之变化无穷，而无济实事者多。盖遇事无须如此周折，如遇禽，查其为联掌，而水禽之；捕船，查其实为敌船，而充公；遇病人，恐其染，而避之。此皆捷径，无待辩论者也。若必欲条析缕分，则以推步之法揆之，亦无不可。②

其中的"辩学"，无疑是指 Logic（逻辑学）。"辨"和"辩"相通，"辨学"一名亦可归于"辩学"系列。

"辩学"一名，虽传播不广，但曾获得官方认可。1908 年，清学部尚书荣庆聘严复为学部编订名词馆（或谓"审定名辞馆"）总纂，致力于学术名词的厘定与统一。此项工作，凡历三年，至 1911 年，积稿甚多。《中外名词对照表·辩学名词对照表》③ 以"辩学"对译 Logic。其"定名理由"：

---

① ［英］艾约瑟：《亚里斯多德里传》，《中西闻见录》1875 年 4 月号，第 12 页。
② ［美］丁韪良：《性学举隅》，（上海）美华书馆印，广学会藏版，1898 年，第 35 页。
③ 该对照表为学部编订名词馆所编《中外名词对照表》之一部分。据王蘧常编《严几道年谱》第 79 页：1908 年"学部尚书鄂卓尔文恪公荣庆先生为审定名辞馆总纂。自此凡历三年，积稿甚多"。这些"积稿"后存于中华民国教育部。该表见于 http：//www. cadal. zju. edu. cn/book/13052871/1。

逻　辑

旧译辨学，新译名学。考此字语源与此学实际，似译名学为尤合。但《奏定学堂章程》沿用旧译，相仍已久，今从之。①

清末与严译《穆勒名学》相并列的逻辑学译著，是署名（英）随文撰、王国维译的《辨学》（光绪三十四年京师五道铅印）。该书作者今译耶方斯，原本 Element Lesson in Logic。王国维拟将逻辑学定名"辨学"，严复不赞同。如果说严复制新名"必稽诸旧之经典，方为雅驯"，那么严复较多借鉴日本译名，他的译著《辨学》书末附录《辨学学语中西对照表》，拟定一批术语，如概念、前提、经验、实验、符合法、差别法、说明、事实等，多采借于日本。

名学在清末民初，影响最大的 Logic 译名是"名学"，早见之于严复译《天演论》（1898），其自序有云：

及观西人名学，则见其于格物致知之事，有内籀之术焉，有外籀之术焉。内籀云者，察其曲而知全者也，执其微以会其通者也；内籀云者，据公理以断众事者也，设定数以逆未然者也。乃推卷起曰：有是哉！是固吾《易》《春秋》之学也。迁所谓本隐之显者，外籀也；所谓推见至隐者，内籀也，其言若诏之矣。二者即物穷理之最要途术也，而后人不知广而用之者，未尝事其事，则亦未尝咨其术而已矣。②

1902 年，由入华新教传教士创建的中国教育协会（The Committee of the Educational Association of China）厘定、编纂的 Technical Terms, English and Chinese（《英华专业用语》）中收有 Logic 一条，译名"名学，辩学"③。1905 年，商务印书馆出版上海圣约翰书院教习颜惠庆编纂的《华英翻译捷诀》，其中 Logic 的译名为"名学；理学"④。

---

①　《中外名词对照表·辨学名词对照表》，第 1 页。
②　（清民之际）严复译：《天演论》，（上海）商务印书馆 1898 年版，译天演论自序第 1 页。
③　The Committee of the Educational Association of China, Technical Terms, English and Chinese, Shanghai: The Presbyterian Mission Press. 1904, p. 258.
④　（清民之际）颜惠庆编：《华英翻译捷诀》，（上海）商务印书馆 1905 年版，第 67 页。

在此，"名学"当源于严复；"辩学"当源于艾约瑟；"理学"则早见于罗存德《英华字典》卷三。1898 年，格致书室出版傅兰雅编写的《理学须知》。该书所据底本和严复的《穆勒名学》一样，是英国逻辑学家弥尔的 *A System of Logic, Ratiocinative and Inductive*。亦即说，罗存德为 Logic 厘定的"理学"这一译名，在此得到了专业性运用。严复在 1903 年译成的《穆勒名学》中，提及了前朝的《名理探》和本朝的《辨学启蒙》，却仿佛不知道《理学须知》的存在。可见，《理学须知》一书问世后，并未引起多大反响。

最早从日本翻译西方逻辑学书者，首推杨荫杭（1878—1945）。他以日文逻辑学著作为底本，于 1901 年译成《名学》一书，光绪二十八年（1902）年五月在东京日新丛编社出版，同年又在上海文明书局再版，易名《名学教科书》。杨荫杭沿用了严复创译的"名学"。

三　日制"论理学"入华

与中国译介西洋逻辑学同时，日本平行进行此一工作。

（一）幕末明初译名"论理学"

1862 年，日本江户幕府的洋书调所出版了堀达之助（1823—1894）主持编纂的《英和对袖珍辞书》。其第 465 页有 Logic 一条，译名"论理术"。此后，日本学人创制或采用的 Logic 的译名有多种多样，如"论学""论科""致知学""理论学""明理学""论事矩""论法""推理学""格致学"等。其中"论理学"一名得以最后确立，并影响及中国。

（二）"论理学"入华

日制学名"论理学"正式传入中国，在中日甲午战争之后。1897 年，康有为编成《日本书目志》，1898 年由上海大同译书局刊行。其卷二"理学门"部分收录的日本逻辑学书目有 24 种。其中，除西周译《致知启蒙》、日下部三之介著《会议论法》之外，其余书目均以"论理"题名，如平沼俶郎著《通信教授论理学》、清野勉著《论理学》、三宅雄次郎编《论理学》、文部省藏板《论理学》等。①

清末中国士人游学日本，以日记、考察报告等形式向国人介绍日本教育情况。这些文本成为学名"论理"入华的重要载体，如：1900年3月刊于福州的沈翔清所撰《东游日记》关于高等师范学校课程记述中有"哲学 心理论理哲学史"[②]；1901年关庚麟所作《参观学校图说》"官立高等师范学校"预科教学科目中有"论理学"[③]；1902年10月日本三省堂出版的京师大学堂总教习吴汝纶《东游丛录》的《学科课程表》中，亦录"高等学校"课程"论理及心理"、帝国大学文科大学哲学科课程"论理学及认识学"[④]；1903年正月江南高等学堂发行的缪荃孙撰《日游汇编·日本考察学务游记》所记"高等学校大学预课"科目中，也有"论理及心理"。

最早在哲学译著中引进"论理学"的，当是陈鹏译《理学钩玄》一书。该书于光绪二十八年（1902）七月在上海广智书局出版，三卷两册，原著者是日本近代思想家中江兆民（笃介，1847—1901）。书中有"论理学"内容。

中国最早在逻辑学专书中引进"论理学"一名的，是《译书汇编》1902年10月刊载的汪荣宝（1878—1933）译高山林次郎著《论理学》。同年12月，上海文明书局出版林祖同译《论理学达旨》。该书原为1889年日本哲学书院出版的日本学者清野勉著《归纳法论理学》。自此以迄民初，以"论理"题名的逻辑学书颇多。

"论理学"来华并形成势力，不仅由于大量译自日本的逻辑学书本身，还在于这些书几乎都是作为教科书被用于正规的文化传承机制——学校教育。承担逻辑学教育的首先是应聘来华的日本教习，值得一提的是服部宇之吉（1867—1939）。清末"新政"的第一举措是重开京师大学堂。在新任管学大臣张百熙、总教习吴汝纶的运作下，日本东京帝国大学文科大学教授、文学博士服部宇之吉应聘，于1902—1909年间在京师

---

① 康有为编：《日本书目志》卷二，（上海）大同译书局，1898年，第74—75页。
② 沈翔清撰：《东游日记》，福州，1900年，第34页。
③ 该图说后经增补，易名《日本学校图论》，于1903年出版。"论理学"见于图论第68页。
④ （清）吴汝纶编：《东游丛录》，（东京）三省堂，1802年，第12、53页。

大学堂任师范馆正教习，主讲心理学等课程。自 1904 年正月起，开始教授逻辑学，并将其讲义稿本"稍事润色"，撰成汉文《论理学讲义》，于 1904 年 8 月交东京合资会社富山房出版，1905 年 12 月再版。

中国人自撰逻辑类书籍，开端于 1908 年韩述组编辑出版的《论理学》，该书凡例第二则云：

> 是篇纲目，悉因京师大学教授日本文学博士服部先生之论理学讲义，取其繁简适宜，条理井秩，便于学者肄习。惟原书只列最要纲目，本篇特逐条详为解释；且原书因授课日促，故归纳法中，所讲甚略，本书特加增之。务使学者备得应用之术。（他书中易明之例，本书亦间采取。）①

韩述组作为京师大学堂师范馆的学生，受服部宇之吉的亲传；而他所编辑出版的《论理学》，及时韩氏的学习成果，也是服部的教学成果。

当然，其他地方也有日本教习讲授论理学。如 1906 年，北洋大学堂暑假后设"师范科"，因师资短缺，权请直隶提学使顾问官日本哲学博士渡边龙圣为名誉教员，讲授生理、心理、论理、教育学、教授法、管理法诸科。渡边龙圣本是日本高等师范学校教授，1902 年应聘来华，任直隶师范学堂总教习。直隶师范学堂"是全国最早设立的师范学堂之一，招聘的日本教习最多，先后有 23 人"②。当时，各地多办师范学堂，而逻辑学是师范必修课，如果没有日本教习，则教学科目是很难完备的。

（三）"名学""论理学"交混使用

面对日制"论理学"的入华，也有人坚持沿用严译"名学"。1903 年上海文明书局出版的汪荣宝、叶澜编《新尔雅》即两名并用。其《释名》篇有述：

---

① 韩述组编：《论理学》，（上海）文明书局 1908 年版，凡例第 1 页。
② 刘宏：《中国近代教育改革中的日本影响——以直隶省师范、军事学堂为例》，《河北大学学报》（哲学社会科学版）2004 年第 2 期，第 15 页。

论人心知识之用于推知者。谓之名学。亦谓之论理学。察一曲而知全体者。谓之内籀名学。亦谓之演绎论理学。据公理以断众事者。谓之外籀名学。亦谓之归纳论理学。①

宣统三年（1911）四月科学会编译部刊行陈文编《中等教育名学教科书》凡例云：

一、英语 Logic，旧译"辨学"，和译"论理学"，侯官严先生译为"名学"。然以严译为善，今从之。

一、名学学语，近已分为二派：一严译，一和译。然严译自是汉文的义，非和译所能及。今本书从严译者十居八九。惟严书所无，及"积极""消极""肯定""否定"等字样，和译较为真切者，始从和译。②

经过短暂、零星的抵抗，"名学"成为陈迹，"论理学"一名得势。1921 年上海世界书局出版的郝祥浑编辑《百科新词典》：

【论理学】（Logic） 研究思想底形式的法则就是概念，判断，推论和研究法等的科学，叫论理学。③

1926 年商务印书馆出版樊炳清编纂的《哲学辞典》，是中国第一部哲学专业辞书。其中 Logic 的译名也被确定为"论理学"④。

19 世纪末 20 世纪初，"论理学"一名通过中国人的日本教育考察、汉译日书、来华日本教习等渠道传到中国，很快取代艾约瑟厘定的"辨学"、严复厘定的"名学"等，成为常用的学科名，毛泽东主席所著《矛盾论》亦多用"论理的"一语。直到 20 世纪 40 年代以后"论理"才逐

---

① 汪荣宝、叶澜编：《新尔雅》，（上海）文明书局 1903 年版，第 75 页。
② 陈文编：《中等教育名学教科书》，科学会编译部，1911 年，凡例第 1 页。
③ 郝祥浑编辑：《百科新词典》，（上海）世界书局 1921 年初版，1926 年五版，第 216 页。
④ 樊炳清编纂：《哲学辞典》，（上海）商务印书馆 1926 年版，第 902 页。

渐被音译合璧词"逻辑"所取代。

四 音译"逻辑"的意义选字及其定格

"逻辑"一词，创自严复。光绪乙巳年（1905）冬，金陵金粟斋刊行严复译《穆勒名学》。所据原本为英国逻辑学家弥尔（J. S. Mill, 1806—1873）著 *A System of Logic, Ratiocinative and Inductive*。严复按语有云：

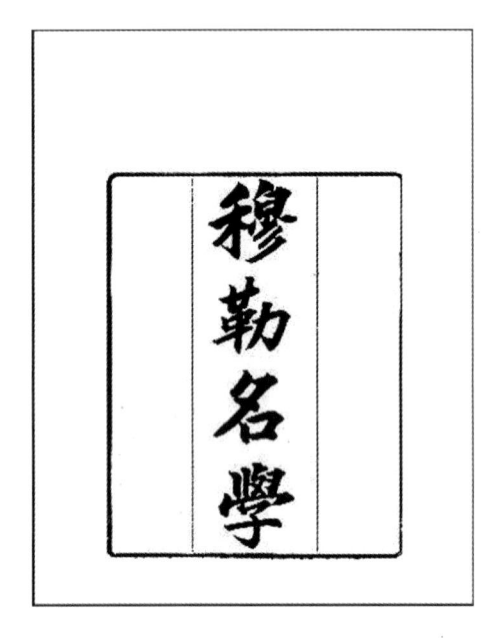

严复译《穆勒名学》（1905 年）

逻辑，此翻名学。其名义始于希腊，为逻各斯一根之转。……本学之所以称逻辑者，以如贝根言，是学为一切法之法，一切学之学，明其为体之尊、为用之广，则变逻各斯为逻辑以名之，学者可以知其学之精深广大矣。逻辑最初译本，为固陋所及见者，有明季之《名理探》，乃李之藻所译。近日税务司有《辨学启蒙》。曰探，曰辨，皆不足与本学之深广相副，必求其近，姑以名学译之。盖中文名字所函，其奥衍精博，与逻各斯字差相若。而学问思辨，皆所以求诚正名之事，不得舍其全而用其偏也。①

1914年，语言学家胡以鲁在《论译名》一文中论及"逻辑"：

> 例如逻辑，犹言吾国之名学也。论者以名之义不足以概逻辑，遂主张借用之而不译。夫不足云者，谓从夕从口取冥中自命之义，其源陋也。谓通俗之义多端也，谓引申之义不同也，亦谓西洋之逻辑褎然成一科学，尤非吾国昔之名学比也，是固然矣。②

在"名学"和"逻辑"之间，胡以鲁选择的是"逻辑"。这是有道理的。

"逻辑"是汉字音译词。就音译而言，Logic 可作"洛济""洛格"等，而严复在翻译 Logic 时选用"逻辑"二字，大有智慧——借取音译词"逻各斯"之第一字"逻"，又选用"辑"字匹配，引出相关意义。

"逻"（邏）是形声字，小篆作 𨓜，"罗"（羅）为捕鸟之网的象形，此处又作声符，"辵"意为沿路而行。《说文解字附》曰："𨓜，巡也，从辵羅声。"故"逻"（邏）本义为"巡察""巡行"。

"辑"，小篆作 輯，《说文解字》曰："輯，车和輯也，从車，咠声。""辑"的本义是"聚集"，因为造车需汇合众多材料方可造成，如《六书故》所说："辑，合材为车，咸相得谓之辑。"《韩非子·说林》："甲辑而兵聚。"引申为"和睦，安定"，又引申为"整修，补合"。

由"逻"与"辑"两个古典汉字组成的"逻辑"一词，从字面可领悟出论理、理则之意，接近 Logic 的内涵。此种译词，利用汉字一字多义的特点，从中选择与外来语近义的字而用之，从而兼有意译的优势，便于读者理解。故"逻辑"是音意合璧译词，与"俱乐部"（大家一起来娱乐的部门）、"奔驰"（车速迅疾）等同类，皆为兼有意译长处的音译词，便于被受众接纳，从而得以流行。

---

① 严复译：《穆勒名学》（全7册）第1册，（上海）金粟斋，1905年，第2页。
② 胡以鲁：《论译名》，《庸言》第25、26合刊，（天津）庸言报馆，1914年2月15日，第5页。

新名创制

兼具音译、意译之长的"逻辑",终于取代国产"名学"、日产"论理学"等意译词,"洛日克"等音译词,在近代中国通用,又传播到日本,成为汉字文化圈诸国共享的术语。这是以典雅著称的严复译词战胜日译词、获得通用的少有之例。

哲　　学

> 凡事物皆有其统辖之理，万事必受其统辖。所以哲学是诸学的统辖，诸学皆一致归哲学统辖，正如国民之受辖于国王。
>
> ——［日］西周《百学连环》

汉字文化圈翻译西洋学科名目，较具范式意义的是 Philosophy 的译词"哲学"。动宾结构的"哲学"一词的厘定，典型地展示了中—西—日三边文化互动过程中汉字新语的生成机制。①

一　Philosophy 的"爱智"义

传统的中国思想文化中包含着丰富的哲学命题，诸如阴阳、道器、体用、心性、天道、人道、形神、因果、知行等，直逼哲学堂奥。然而，汉字文化系统内，并无"哲学"一词，也未确立"哲学"学科，较相接近的称呼有"玄学""形上之道""理学""道学"等，但均不足以担当统括此一学科的总称。时至近代，西学东渐，学科意识渐趋明确，以研究本体论、认识论、世界观、人生观、真理观为使命的学术突现出来，需要专门术语加以界定，于是，从西洋引入 Philosophy 一词便成为汉字文化圈诸国的共同诉求。

在西洋，Philosophy 一词的形成过程，正是哲学学科的界定过程。

---

① 参见冯天瑜《新语探源——中西日文化互动与近代汉字术语生成》，中华书局2004年版，第411—419页。

英、德、法语的 Philosophy 皆源于希腊文 φιλοσοφία。φιλο 意为"爱"，σοφία 意为"智"，合成义为"爱智"。在古希腊，φιλοσοφία 是"爱智慧"之学，而智慧就是生活的艺术，它来源于神谕，人们热爱并追求它，这就是哲学。第一个使用"爱智之学"的，是古希腊哲人毕达哥拉斯（约前580—约前500）。稍后，苏格拉底（前469—前399）宣称自己是"爱智者"，其弟子柏拉图（前427—前347）更是提出乌托邦式的"哲学王"构想，展现以"哲学"总领诸学的理念。概言之，自古希腊开始，欧洲即有"爱智"义的 Philosophy 一门学科的潜滋暗长，这是一种关于世界观的学说，是研讨百学之"理则"的学问，自古希腊到现代欧洲，有着一以贯之的学脉和范畴系统。不过，早期"哲学家"的研讨在"爱智"范围内，尚未具备近代哲学（探讨本体论、认识论等）的意义。亚里士多德在《政治学》中转述当时人的一种看法："哲学是无用的。"此后，称哲学具有"无用之用"，即源自此。

二 明末 Philosophy 译词：从音译"费罗所非亚"到意译"理学""爱知学"

西语 Philosophy 传入汉字文化圈，是 16 世纪以降西学东渐的产物。欧洲耶稣会士进入明末清初中国和德川时代日本传教，随之带来西方学术文化，Philosophy 为其中之一。自 16、17 世纪之交，中日两国开始对这一西洋术语作翻译尝试。

日本文禄四年（1595）印行的天草版《拉葡日辞典》，将拉丁词 Philosophia 译作"学文の好き"，意为"爱学文"。"学文"一词，典出《论语·学而》：

> 弟子入则孝，出则悌，谨而信，泛爱众而亲仁。行有余力，则以学文。

其意为学习文化知识。在日文"学文の好き"中，"学文"为名词用法，意同"学问"；"学文の好き"亦即"爱学问"。此当为汉字文化圈对拉丁文 Philosophia 一词的最早意译。

16、17世纪之交，较高水平的Philosophia译名，出自中国的早期汉文西书。1620年，入华耶稣会士、意大利人高一志（Alfonso Vagnoni，1566—1640）著《童幼教育》。其卷之下西学第五有云：

> 费罗所非亚者，译言格物穷理之道，名号最尊。学者之慧明者，文学既成，即立志向此焉。此道又分五家：一曰落热加，一曰非西加，一曰玛得玛弟加，一曰默大非西加，一曰厄第加。①

依其所述，"费罗所非亚"为拉丁文Philosophia的音译，"格物穷理之道"为意译，它包括逻辑、物理、数学、形而上学、伦理学五个分支。

不久，来华的意大利耶稣会士艾儒略（Jules Aleni，1582—1649）所撰《西学凡》于1623年刻成；后复由中国士人李之藻（1569—1630）编入《天学初函》第一册，1628年刻成，流播广远。② 在《西学凡》中，Philosophia的音译为"斐禄所费亚""斐禄所费亚之学""斐禄"，意译为"理科""理学"。它解释道：

> 理学者，义理之大学也。人以义理超乎万物，而为万物之灵。格物穷理，则于人全而于天近。然物之理藏在物中，如金在砂，玉在璞，须淘之剖之以斐禄所费亚之学。③

依其所述，"理学"分为"五家"，下又有不同的"门类"和"支节"（见表1），实际上是一个含括了人文、社会、自然科学诸科在内的西学的基本知识系统。与今日之所谓"哲学"有很大不同，反映的是欧洲近代学科分类形成之前的大哲学观念，与中国传统的"道"和"理"接近，某种程度上来说是基于欧洲的Philosophia与中国的"理学"都以对宇宙、世界、人生的认识作为对象的共同性质。

---

① 钟鸣旦等编：《徐家汇藏书楼明清天主教文献》第1册，（台北）辅仁大学神学院，1996年，第377—378页。
② 《天学初函》第1册，（台北）学生书局1965年影印版，第21—60页。
③ ［意］艾儒略：《西学凡》，杭州，1623年，第3页。

新名创制

表1　　　　　　　《西学凡》"理科"各"家""门"

	意译	音译	释义	"门（类）"
第一家	明辩之道	落日加	落日加者，译言明辩之道，以立诸学之根基，辩其是与非、虚与实、表与里之诸法，即法家、教家必所借径者也（p.3）	总包六大门类：一门是落日加之诸预论，凡理学所用诸名目之解；一门是万物五公称之论，即万物之宗类……一门是理有之论，即不显形于外，而独在人明悟中义理之有者；一门是十宗论……一门是辩学之论，即辩是非得失之诸确法；一门是知学之论，即论实知与忆度与差谬之分（pp.3-4）
第二家	察性理之道	费西加	费西加，译言察性理之道，以剖判万物之理，而为之辩其本末，原其性情，由其当然，以究其所以然（p.4）	亦分六大门类：第一门谓之闻性学，……第二门则论有形而不朽者，如言天之属；三门论有形而能朽者，如人兽草木等，与其生长完成死坏诸理；四门总论四元行本体火、气、水、土，与其相结而成物；五门详空中之变化、地中之变化、水中之变化；六门论有形而生活之物……（pp.4-5）
第三家	察性以上之理	默达费西加	所谓默达费西加者，译言察性以上之理也。所谓费日加者，止论物之有形，此则总论诸有形并无形之宗理（p.5）	分为五大门类：其一预论此学与此学之界；二总论万物所有超形之理与其分合之理；三总论物之真与美；四总论物之理与性与其有之之由；五论天神……（pp.5-6）
	几何之学 察几何之道	马得马第加	几何之学，名马得马第加者，译言察几何之道，则主乎审究形物之分限者也（p.6）	
第四家	修齐治平之学 察义理之学	厄第加	修齐治平之学，名曰厄第加者，译言察义理之学。复取斐录之所论物情性理，又加一番学问，是第五家（p.7）	大约括于三事：一察众事之义理，考诸德之根本，观万行之情形，使知所当从之善、当避之恶，所以修身也；一论治家之道，居室处资业孳育，使知其所当取、所当戒，以齐家也；一区别众政之品节，择贤长民，铨叙流品，考窍政事，而使正者显庸邪者进弃，所以治天下也。（pp.7-8）

艾儒略的另一著作——地理书《职方外纪》,其卷二《欧逻巴总说》介绍欧洲各国教育,谈到"中学"所设"理科"分为三家:"落日伽"(逻辑学)、"费西加"(物理学或自然哲学)、"默达费西加"(形而上学),三家"总名斐禄所费亚"。这就给 Philosophia 厘定了音译名"斐禄所费亚"和意译名"理学""理科"。①

明天启四年(1624)出版的"毕方济口授,徐光启笔录"的《灵言蠡勺》有"斐禄苏费亚(译言格物穷理之学)"②的提法。次年(1625)"高一志译校,毕拱辰删润"的《斐禄答汇》也将"斐禄"意译为"格物穷理"。

与艾儒略大体同期入华的耶稣会士傅汎际(1582—1653)与中国士人李之藻(1565—1630)1628年合译的《寰有诠》、1630年合译的《名理探》,将 Philosophia 音译为"斐禄琐费亚",意译为"性学"和"爱知学"。"性学"一词出自《寰有诠》,该书称性学为"因性之学",指根据自然探究天地万物之理、天地万物之原的学问,所谓"性学者,形性之学也",这显然是从宋明理学的"心性"一词演化而来。

《名理探》乃李之藻与来华葡萄牙耶稣会传教士傅汎际(Francois Furtado,1587—1653)于1627—1630年间合译而成,凡十卷,1631年刊刻于杭州,是中国乃至整个汉字文化圈的最早的一部汉文逻辑学专著,乃据17世纪葡萄牙科英布拉(Coimbra,一译"高因盘利")大学的逻辑学讲义 In Universam Dialecticam Aristotelis(《亚里士多德辩证法概论》)节译而成。③《名理探》创制的"爱知学",更接近 Philosophia 本意。古汉语"知""智"相通假,"爱知"即"爱智"。《名理探》称:

    爱知学者,西云斐禄琐费亚,乃穷理诸学之总名。译名,则知

---

① 《天学初函》第1册,(台北)学生书局1965年影印版,《职方外纪》卷二,第3—4页。

② 《天学初函》第1册,(台北)学生书局1965年影印版,《职方外纪》卷二,灵言蠡勺引第1页。

③ 参见[德]顾有信《逻辑学:一个西方概念在中国的本土化》,郎宓榭、阿梅龙、顾有信著,赵兴胜等译《新词语新概念:西学译介与晚清汉语词汇之变迁》,山东画报出版社2012年版,第158页。

之嗜；译义，则言知也。

　　爱知学之本务，在通物物之性，性性之理。……凡就所以然处，推寻确义，贯彻物理，皆为爱知学之属分。①

　　《名理探》将 Philosophia 意译为"爱知学"，十分贴切，甚至比两百余年后日本思想家西周（1829—1897）的译词"哲学"更为完整地表达了 Philosophia 的含义。"哲学"只有"睿智之学"的意思，并未彰显"爱"智慧这一精义。而"爱知学"表达了"爱（嗜）智慧之学"的内涵。然而，明清之际耶稣会士译介的西学，在中国影响有限，较引人注目的是科技类（历算、地理类），《西学凡》《寰有诠》《名理探》等人文学著译在当时的中国可谓"泥牛入海无消息"，其 Philosophia 的译语，如《西学凡》的"理学"、《灵言蠡勺》的"格物穷理之学"、《寰有诠》的"性学"、《名理探》的"爱知学"，皆鲜为人知，关于 Philosophia 的译名尝试并未在中国知识界留下多少印象，故为以后"哲学"一词入华预留了空间。

三　晚清：从"义理"到"性理"

　　1807 年 9 月，英国传教士马礼逊（1782—1834）到达广州，以基督新教传教士为主角的新一轮西学东渐由此发端。这些新教传教士和明清之际的耶稣会士一样，采取了文化适应、学术传教策略，办学校，开医院，设立印书馆，创办报刊，译介西书。其所有活动均需解决语言障碍问题。于是，19 世纪 20 年代以降，马礼逊、卫三畏、麦都思、罗存德、卢公明等入华传教士在中国士人协助下相继编纂、出版多种英汉字典，中国广州人邝其照（1843 年至民国初年）则编写汉英字典，第三版定名《华英字典集成》。这些词典构成一道东西交会的"文化锋面"，而新名词就像锋面雨一样由此生成。其中，Philosophy 获得各种译名（见表 2）。

---

① ［葡］傅汎际译义，（明）李之藻达辞：《名理探》上册，（上海）商务印书馆 1941 年版，第 1、7 页。

表 2　　　　　　　　早期英汉词典中 philosophy 译名

词典名	作者名	philosophy 译名	出版地（者）	出版年
《英华字典》（全1册）	［英］马礼逊 Robert Morrison 1782－1834		澳门：Printed at the Honorable East India Companys Press	1822
《英华韵府历阶》（全1册）English and Chinese Vocabulary, In the Court Dialect	［美］卫三畏 S. Well Williams 1812－1884	道，义理之学（p. 209）	澳门：香山书院	1844
《英华字典》（全2册）English-Chinese Dictionary (in two volumes)	［英］麦都思 W. H. Medhurst 1796－1856	性理，性学，格物穷理之学（卷二，p. 954）	上海：墨海书馆	1848
《英华字典》（全4册）English and Chinese Dictionary, with the Puntin and Mandarin Pronunciation	［德］罗存德 W. Lobscheid 1822－1893	理学；natural philosophy，性理之学，博物理学，格物总智；moral philosophy，五常之理，五常总论；natural philosophy，心论，心学；intellectual philosophy，知学；reasoning，理论（卷三，p. 1311）	香港：Printed an Published at the "Daily Press" Office, Wyndham Street	1868
《上海方言词典》A Vocabulary of the Shanghai Dialect	［英］艾约瑟 J. Edkins 1823－1905	Philosophy, (moral) 性理, (physical and moral) 格物穷理 (p. 83)	上海：Presbyterian Mission Press	1869

续表

词典名	作者名	philosophy 译名	出版地（者）	出版年
《英华萃林韵府》（全2册）Vocabulary and Handbook of the Chinese Language, Romanized in the Mandarin Dialect (in two volumes)	［美］卢公明 Justus Doolittle 1824–1880	道，格物穷道理之学，性理，性学（卷一，p. 358）	福州：Rozario, Marcal and Company	1872
《字语汇解》An Anglo-Chinese vocabulary of the Ningpo dialect	［美］睦礼逊 W. T. Morrison 1837–1869	the science of natural —，格物个学问；moral —，性理（p. 344）	上海：American Presbyterian Mission Press	1876
《英华字典》（全1册）English Chinese dictionary	I. M. Condit	性理之学（p. 87）	上海：美华书馆	1882
《华英字典集成》（全1册）An English and Chinese Dictionary	邝其照 生卒不详	性理，格物穷理之学，性理之学，格物总论 A moral philosophy 五常之理（p. 246）	香港：循环日报承印（1899）	1887

直至19世纪中后叶，入华新教传教士与中国士人译介西学时，哲学的译名与17世纪明清之际时译名大同小异。1877年出版的《格致汇编》载英国传教士慕维廉（1822—1900）撰《培根格致新法》，称哲学为"格学"或"学"。德国传教士花之安（1839—1899）撰《德国学校论略》，介绍德国大学学科，把哲学称之"智学"。中国士人王韬在《西学原始考》中称："梭公（指苏格拉底）以理学著名"，把希腊哲学家称"希腊理学"；严复翻译的《天演论》亦把希腊哲学家称"希腊理（学）家"。英国来华传教士艾约瑟的《西学略述》也有类似翻译。至于清末的官私学校，尚未把哲学视为独立学科，哲学所涉及的论题混杂在"经学"的总名之下。

哲 学

四 日本幕末明初：从"究理""总体之学"到"性理论"

日本德川幕府中后期相继兴起的兰学和洋学，主要译介西洋自然科学，也涉及人文、社会科学。宽政八年（1796）出版的稻村箭撰《波留麻和解》，将西洋的世界观学问译作"鸿儒""硕学的学修""究理""学文"。兰学家志筑忠雄（1760—1806）1801年译注《极西检夫尔著异人恐怖传》，创"穷理科"一词，以对译西洋哲学科。

天保十年（1839），洋学家渡边华山（1793—1841）的《外国事情》创"物理学""格智"二词，以译介西洋哲学。

洋学家高野长英（1804—1850）在《闻见漫录》中，将Philosophy译作"学师"，取义"学问之师""总体之学""至要之学"。

安政二至五年（1855—1858），洋学家桂川甫周（1751—1809）编《和兰字汇》，用"理学"译西洋哲学。

类似的翻译还有：津田真道（1829—1803）文久元年（1861）的"性理论"；元治元年（1864）村上英俊（1811—1890）在《佛语明要》（此处"佛"为"佛兰西"省称，指法国）中的"天道之说"；庆应二年（1866）堀达之助等在《英和对译袖珍辞书》中的"理学"；明治元年（1868）《学舍制案》中的"玄学"；明治二年（1869）《舍密局开讲之说》中的"知识学""熟考知察学""考察学"；明治三年（1870）《大学规则二月》中的"性理学"；等等。[①]

津田真道于文久元年（1861）撰《性理论》一文，探讨哲学问题，"性理论"一词，相当于Philosophy。"性理"指心性与天理，借自宋明理学的关键词。

西周1870年还以"性理"译Reason。西周继续探索Reason（荷兰文wijsbegeerte）词义，依据其希腊语源含有"爱智"之意，在《尚白札记》（1870）、《生性发蕴》（1873）等文中论及："性理家"探讨"百科学术"的"统一观念"，所论之"理"，包括生理与性理，心理与物理，为此征

---

① 参见［日］斋藤毅《明治のことば》，（东京）讲谈社1977年版，第327—329页。

· 495 ·

引《易》的易象、易数之理，《中庸》的中和之理，《说文》的治玉之义，包括脉理、条理、文理，进而与西洋哲学涉及的理性、原理相比拟。津田、西周所论之性理，有一种打通中西的气势，从而为"哲学"术语的译制奠定基础。关于 Philosophy 的译名，西周启用"希哲学"，是打通中西哲思的产物。

总之，在幕末至明治初年，日本关于 Philosophy 的译名，纷纭杂陈，莫衷一是。直至西周（1829—1897）于 19 世纪 70 年代初中期以创"哲学"一词，方获得规范、统一的译名。

五　译词"哲学"确立

日本学习西洋文化是从科技入手的，德川时代称之"艺术"（采自古汉语的"艺术"义，指技艺）。洋学家佐久间象山（1811—1864）的"东洋道德，西洋艺术"是典型表述。日本人对西洋"哲学"的发现，是幕末洋学机构"蕃书调所"（1856 年创办）—"洋书调所"（1862 年创办）—"开成所"（1863 年创办）培育出的启蒙思想家的贡献，其代表人物是西周与津田真道。西周等人对西学的认识，也是从科技层面入手的，庆应四年（1868）夏，西周在译作《万国公法》的卷头语中说："方今天下一家，四海一国，火车俭地，汽船缩海，电机以通十里之信，新纸以广四海之闻"，对火车、汽船（轮船）、电机（电话）、新纸（报纸）等西洋物质文明成就发出由衷赞叹。西周等人的可贵处在于，对西学的关注并未停留在技艺领域，而是由西洋物质文明推究其精神文明，将研习的目标直指哲理层面。

（一）西周创"哲学"一名

西周在为津田《理性论》作跋时，使用短语"希哲学一科"：

> 西土之学，传之既百年余，至格物、舍密、地理、器械等诸科，间有窥其室者，独至吾希哲学一科，则未见其人矣。遂使世人谓西人论气则备，论理则未矣。独有见于此者，特自吾友天外如来始。今此论颇著其机轴，既有压夫西哲而轶之者，不知异日西游之后，

将有何等大见识以发其蕴奥也。西鱼人妄评。①

津田真道的论文和西周的跋语写于二人1862年赴荷兰莱顿大学留学的前一年。西周跋语中的"希哲学"为"希求哲智之学"的简称,是从宋代理学家周敦颐(1017—1073)《太极图说》中"圣希天,贤希圣,士希贤"一语中套用过来的。

以"希哲学"或"希贤"对译Philosophy,颇有沟通东西方哲理的意蕴,生动地显示出:近代日本思想家接受西洋哲理,以中国传统学术作依凭,用汉文古典词充作"格义"西学的工具,汉字固有语汇是译介西洋概念的得力中介。

西周所谓之"哲学",原指西方哲学,并不包括东洋(中国、日本)的思辨学问。当然,作为通晓东西哲理的思想家,西周并未在西方哲学与东方学术之间划出不可逾越的鸿沟,他在《开题门》一文中指出:

> 东土谓之儒,西洲谓之斐卤苏比,皆明天道,而立人极,其实一也。②

他既看到东西哲理"明天道""立人极"的一致性,也不把东洋的儒学与西洋的斐卤苏比(即哲学)混为一谈。他的学术工作的重心,是向东洋介绍西洋的斐卤苏比,从而成为一系列哲学术语的厘定者。西周充分利用自己对汉字文化和西语文化的通识,在"中—日—西"三方语文世界间游徙,完成了富于创意的沟通工作,而"哲学"一词的创制,便是这方面的突出成果。

西周与津田真道留学荷兰莱顿大学,对西方哲学的认识更加深一层。返回日本后,西周开始使用"哲学"一词,明治三年(1870)他在《复某氏书》中说:

> 大概孔孟之道与西方之哲学相比大同小异,犹如东西彼此不相

---

① [日]大久保利谦编:《西周全集》第1卷,(东京)日本评论社,1945年,第3页。
② [日]大久保利谦编:《西周全集》第1卷,(东京)日本评论社,1945年,第19页。

因袭而彼此相符合。

这里把东方的"孔孟之道"与"西方哲学"相比拟,指出二者互不因袭却颇为近似。

同年,西周在东京开设私塾育英舍,其时的讲义中概述"哲学的历史",开始使用"哲学"一词,该讲义的笔记多年以后,方由西周的学生永见裕据课堂笔记整理出版,此即《百学连环》。《百学连环》称,Philosophy 有"爱贤、希贤"之义,"亦可直译为希贤学",又说:

> 凡事物皆有其统辖之理,万事必受其统辖。所以哲学是诸学的统辖,诸学皆一致归哲学统辖,正如国民之受辖于国王。①

这里强调哲学是诸学统帅,是"诸学之上之学",与柏拉图"哲学王"的提法相通。

(二)"哲学"的核心词素"哲"源自古汉语

古汉语没有"哲学"一词,但此名的核心词素——含"睿智""聪明"义的"哲"却为常用字,金文作 等,由"折"与"心"构成。小篆作 等,由"折"与"口"构成。《尚书》有"哲"字18例(如《尚书·皋陶谟》"知人则哲"等),《左传》有"哲"字5例(如《左传·文公五年》"并建圣哲"等),《诗经》中"哲"字12例(如《诗经·小雅·鸿雁》"或哲或谋"等),《礼记》中"哲"字3例。《说文解字》云:"哲,知也,从口,折声。"又据金文云:"哲,哲或从心",释"哲"为知(智),由"心"发出。

古汉语"知""智"相通假。《说文解字》:"知,词也,从口从矢。"智,会意兼形声字,本义聪明、知识,《荀子》云:"所以知之在人者谓之知,知有所合谓之智。"而"哲"正是把握、拥有"知""智"的意思。

---

① [日]西周:《百学连环》,《西周全集》第4卷,(东京)日本评论社1945年版,第145—146页。

中国古来常将有大智慧的人称"哲人""圣哲",如《礼记·檀弓上》记曳杖歌曰:"泰山其颓乎,梁木其坏乎,哲人其萎乎!"《左传·文公六年》:"古之王者,知命之不长,是以并建圣哲。"日本近代学者西周深悟此意,所创"哲学"一词是"睿智之学"的意思,虽然未能将 Philosophy(爱智)的"爱"义突现出来,而"智慧"之学的意思则是一目了然的。

(三)明治初年"哲学"一名普及

1870 年西周在书简《复某氏书》中出现"哲学的巨擘"①等语。而在公开书籍中首见"哲学"一词,是明治七年(1874)出版的《百一新论》。该书"卷之下"论及学科分类,明确地将 Philosophiy 译为哲学,西周在该书中说:

> 把论明天道人道,兼之教法的斐卤苏比译名哲学。②

并说哲学体现了"百教一致"的精神,物理、心理皆遵奉哲学的法则。③ 西周申述道:

> 参考个样("物理""天自之理"),征于心理,论明天道人道,兼立教之方法,即为 Philosophy,翻译之名为哲学,乃西方自古既有之论。

山本觉马明治七年(1874)2 月 1 日为《百一新论》作序,也多次出现"哲学"字样。其序文曰:

> 教之与政其理混淆,学者之惑数千年,于兹心理之与物理其学

---

① [日]大久保利谦编:《明治启蒙思想集》,(东京)筑摩书房1967年版,第30页。
② [日]西周:《百一新论》,《西周全集》第 1 卷,(东京)日本评论社 1945 年版,第289页。
③ 见[日]《明治启蒙思想集》,(东京)筑摩书房1967年版,第23—24页。

交错，世人之疑亦数千年。于兹我友西氏忧之，由哲学明政教所别，又晰道理之所歧，将←辨世人之惑，著斯书名曰《百一新论》，取于百教一致之义也。……西氏于和汉西洋之书莫不讲究……且能明哲学者，我邦未尝闻有其人也，故余请而刻之以公于世，识数言于卷首云。①

这里的"哲学"，取"百教一致之义"，也即"万事统辖之理"。

明治七年（1874）日本建立"东京开成学校"，明治十年（1877）开成学校与东京医学校合并成立东京大学，包括法、理、文、医四个学部，文学部内设"哲学科"。这是"哲学"一词在日本获得正式学科术语地位的开端。但"哲学"与相关近义词纷然并用，在日本延续了十余年。

（四）"哲学"由仅指西洋思辨之学到泛指东西方思辨之学

如果说，西周所拟"哲学"一词仅指西洋哲学，与东洋的"孔孟之道""性理天道之学"相对应，那么，将"哲学"总括东西洋哲思的是加藤弘之（1836—1916）和井上哲次郎，以及主要由东京大学学人组成的哲学会。他们把"哲学"从外来之西学，扩展为含蕴东洋思辨之学的普遍学科。明治十年（1877）东京大学创立，文学部设"史学、哲学及政治学科"，哲学正式列入大学学科。此后，《哲学会杂志》1887年2月印行第1册第1号，刊发三宅雄二郎《哲学范围辩》专门论此。②

西周于19世纪70年代使"哲学"一词面世，并未立即受到社会及学者的认同。关于西洋世界观之学，另有种种译名，与"哲学"并用，如中村正直（1832—1891）明治四年（1871）译《自由之理》，使用"理学"；明治五年（1872）出版的《和英语林集成》，使用"学术""理""道理""道"；西周本人明治六年（1873）著《生性发蕴》，并用"哲学""理学""理论"；同年柴田昌吉等编《英和字汇》使用"物理""理论""理科"；福地源一郎（1841—1906）明治七年（1874）为《东京日日新闻》撰《社说》，使用"性理学"；儿岛彰二明治十年（1877）

---

① 见［日］《明治启蒙思想集》，（东京）筑摩书房1967年版，第3页。
② 见桑兵《近代"中国哲学"发源》，《学术研究》2010年第11期。

撰《民权问答》，使用"理学"；尺振八明治十三年（1880）译《斯氏教育论》，使用"理学"。

明治十四年（1881）井上哲次郎（1855—1944）等编译《哲学字汇》，界定"哲学"一词，并以"哲学"作书名，又收录西周创译的一系列哲学术语，如"演绎""归纳"等，"哲学"一词的影响力自此大增。但此后一段时间，仍然有西村茂树（1828—1902）的《日本道德学的种类》（1882）、中江笃介（即中江兆民，1847—1901）的《政理丛谈》第三号（1882）等书使用"理学"。中江笃介明治十九年（1886）翻译《理学沿革史》、编著《理学勾玄》两部名著，仍赫然使用"理学"一词。文部大臣森有礼（1847—1889）明治二十年（1887）发表《伦理教科书凡例案》，使用"哲学"一词，日本大学课程也用"哲学"名目。此后，"哲学"一词才在日本通行，成为规范术语。

六　"哲学"入华

19世纪末叶，中国学界开始介绍西洋哲学，但当时尚未使用"哲学"一词，书刊上出现的是"理学""心智之学""思维之术""心理学"等驳杂的名词。严复（1854—1921）译著《天演论》，将 phoilosophy 译为"天人会通论"，译著《穆勒名学》将 phoilosophers 译为"智学家"。

"哲学"一词传入中国，大约开端于傅云龙（1840—1901）的《游历日本图经》（1889年刊于东京）和黄遵宪（1848—1905）的《日本国志》（1887年撰毕，1895年初刻）。

傅云龙著《游历日本图经》列《杂学校科表》，该表说明文字曰："有所谓哲学者，西学中之性学也。"黄遵宪著《日本国志》的《学术志一·西学》，列举"东京大学校"的学科，"分法学、理学、文学三学部"，其中"文学分为二科，一哲学（谓讲明道义）、政治学及理财学科，二和汉文学科。"[①] 黄氏撰定《日本国志》的1887年，正是日本文部大臣森有礼使用"哲学"一词的同一年，也是东京大学设"哲学科"后的第10年。稍晚于黄撰《日本国志》，顾厚琨1888年撰《日本新政考》，介

---

① 见《日本国志》卷三十二《学术志一》。

绍东京大学,提及"哲学科"。黄遵宪的《日本国志》延至中日甲午战争之后方获刊印,而傅云龙、顾厚琨 19 世纪 80 年代的编著影响甚微,故"哲学"一词在中国得以流传,已到 19 世纪 90 年代中后期。

在《日本国志》刊印前的光绪十九年(1893),曾游历日本的黄庆澄(1863—1904)在《东游日记》中论及日本广设学会,其中提及"哲学会"。康有为光绪二十四年(1898)上奏皇帝的《请开学校折》,介绍德国大学所设科目,列"哲学"一目。光绪二十八年(1902)梁启超撰《论宗教家与哲学家之长短得失》一文,出现"哲学""哲学家""哲学思想"等用例,并分论"哲学两大派":唯物派与唯心派;又区分哲学与宗教:"哲学贵疑,宗教贵信。"光绪二十九年(1903)梁启超据日文资料,撰《近世第一大哲康德之学说》,文中多次出现"哲学"一名,称哲学为"庶物原理学"。足见 20 世纪初梁氏已具体把握"哲学"一词的内涵。

1903 年印行的《浙江潮》第 4 期,刊登署名公猛的《希腊古代哲学史概论》一文,是中文报刊较早介绍"哲学"这一新概念的论文。该文对哲学下定义:

> 哲学二字,译西语之 phoilosophy 而成,自语学上言之,则爱贤智之义也。毕达哥拉士所下之定义,以为哲学者,因爱智识而求智识之学也;亚里士多德亦以为求智识之学;而斯多噶学派以为穷道德之学;伊壁鸠鲁学派以为求幸福之学。
>
> 哲学之定义如此纷纷不一,虽然,希腊人哲学之定义,则以相当之法研究包举宇宙与根本智识之原理之学也,约言之,则哲学者,可称原理之学。

"原理之学",即探求事物一般规律之学。此说颇能切中"哲学"的本质。

至 20 世纪初,以"哲学"命名的日文书籍大量译为中文出版,如井上圆了(1858—1919)著、罗伯雅翻译的《哲学要领》1902 年印行;井上圆了著、王学来翻译的《哲学原理》1903 年印行;藤井健次郎著、范迪吉翻译的《哲学泛论》1903 年印行;井上圆了著、游学社翻译的《哲学微言》1903年印行。

清末影响较大的哲学译著是德国科培尔在日本的讲演集，下田次郎记录并日译、蔡元培（1868—1940）中译的《哲学要领》（1903年印行），文曰：

> 哲学者，本于希腊语之费罗索费。费罗者，爱也，费罗者，智也，合而言之，则爱智之义也。

认为"哲学"是"求知此原理及一切运动发现之公例"的"原理之科学"。蔡元培还撰《哲学总论》一文，指出"哲学为统合之学"，是"以宇宙全体为目的，举其间万有万物的真理原则而考究之"，颇得哲学之真谛。

中国人自著的以"哲学"名书的著作，较早的是侯生编撰的《哲学概论》。1906年，上海广学会刊印冯葆瑛《哲学源流考识》，以"哲学"为全书关键词，并指出："哲学一家遂为过渡时代转移之目的矣"，具有"唤醒国民之灵魂，持示教科之正轨"的作用。

总之，清民之际，日源词"哲学"逐渐取代中国原用的同类词"理学""玄学""性理学""形上学"，正式以学科名目被国人认可。其间王国维劳绩卓著。

王国维（1877—1927）学涉文、史、哲，早年译介西洋哲学论著十余种，署名译著便有7种，其中日本桑木严翼（1874—1946）的《哲学概论》（海宁王国维译本，1902年刊于上海教育世界社出版的《哲学丛书初集》），直接涉及Philosophy译名"哲学"。《哲学概论》的"第二章哲学的定义"，王国维的译文为：

> "哲学"之语，本译字而非本来之成语，人人知之。其原语谓之"斐洛苏非"或"斐洛苏非亚"，即于：
>
> 英语：Phoilosophy
>
> 德法语：Phoilosophie
>
> 腊丁语：Phoilosophia
>
> 其他于意大利、西班牙、俄罗斯等，或代Ph以f。此由文字之

变更，而其义略同。此等诸语皆出于希腊语之斐洛苏非亚 phoilosophia。今分析此希腊语，则自斐利亚 phoila 与苏非亚 sophia 二语（合）成。斐利亚译言"爱"，而苏非亚者，"智"之义也。故"斐洛苏非"，若以其语源译之，则可称为"爱智"。然其真义必非但爱智之义，而有究理探真之义者也。然而考其译语"哲学"之"哲"字，《尔雅·释言》曰："哲，智也。"扬子《方言》亦曰："哲，智也。"又如《书·舜典》所谓"哲，文明"，睿《说命》所谓"知之曰明哲"，皆与原语之"苏非亚"有所似者。……求之古来我国（按，日本）及支那所用之文字，如宋儒所谓"理学"，与其真义相近。然理学之语，今日用为自然科学之总纲，即总称物理学、化学、天文学、地质学、博物学等。故不关其意义之远，而袭用哲学之名称，或反有避误解之益欤？况哲学之语义反近于斐洛苏非之原义欤？①

王国维的这一译文，相当周全地论述了以哲学翻译斐洛苏非的过程及理由，尤其明确地揭示了"哲学"的语素和基本内涵来自中华古典。

清末中国朝野尚不接受"哲学"一词，管学大臣张百熙（1847—1907）上奏称："盖哲学主开发未来，或有骛广志荒之弊"，认为哲学使人好骛高远、不切实际，故朝廷1903年颁布的《奏定学堂章程》（即"癸卯学制"，主纂实为张之洞）从大学科目中取消哲学一门，以"防士气之浮嚣，杜人心之偏宕"。有鉴于此，王国维1903年撰《哲学辨惑》一文，论证"哲学非有害之学""哲学非无益之学""研究西洋哲学之必要"，并申述译名"哲学"与中国固有名词"理学"相通，委婉地规劝国人不必惊骇，用不着诟病外来的"哲学"一名：

甚矣名之不可以不正也！观去岁南皮尚书（按，张之洞）之陈学务折，及管学大臣张尚书（按，张百熙）之复奏折：一虞哲学之有流弊，一以"名学"易"哲学"。于是海内之士颇有以哲学为诟病者。夫哲学者，犹中国所谓"理学"云尔。艾儒略《西学凡》有

---

① 转引自佛雏《王国维哲学译稿研究》，社会科学文献出版社2006年版，第7—9页。

"斐洛苏非亚"之语,而未译其义。"哲学"之语实自日本始。日本称自然科学曰"理学",故不译"斐洛苏非亚"曰理学,而译曰"哲学"。我国人士骇于其名,遂以哲学为诟病,则名之不正之过也。[1]

王国维此议的主旨中肯,对两位张姓尚书排斥"哲学"的做法所作的批判,及时且有力。然而,王氏关于日本译名的"理学""哲学"之辨稍有偏误:日本早在幕末即以"理学"意译 Philosophy,至明治初,西周等以"哲学"意译 Philosophy,方把"理学"作为自然科学的总名。王氏认为日本称自然科学曰"理学"在先,这是千虑一失。时过两年,王国维撰《论新学语之输入》(1905)一文,更明确地强调新语输入的重要性:

> 近年,文学上有一最著之现象,则新语之输入是已。言语者,思想之代表也。故新思想之输入,即新言语输入之意味。[2]

王氏同文还特别强调,不仅要引进科技类术语,包括"哲学"在内的"形而上"新语的引入,对"文学"(指人文社会科学)的发展至关紧要。当时朝廷讨厌从日本输入的"新名词",《奏定学堂章程》的《学务纲要》专列"戒袭用外国无谓名词以存国文端士风"一条,对"袭用外国名词谚语"的行为大张挞伐,声明"中国自有通用名词,何必拾人牙慧"。针对此种保守之风,王氏充分肯定输入新名词的必要性,认为日本人创制的汉字译词,理当为中国人借用:

> 十年以前,西洋学术之输入,限于形而下学之方面,故虽有新字新语,于文学上尚未有显著之影响也。数年以来,形上之学渐入于中国,而又有一日本焉,为之中间之驿骑,于是日本所造译西语之汉文,以混混之势而侵入我国之文学界。……至于讲一学、治一

---

[1] 王国维:《哲学辨惑》,《教育世界》第55号,1903年。
[2] 王国维:《论新学语之输入》,《教育世界》第96号,1905年。

艺，则非增新语不可。而日本之学者既先我而定之矣，则沿而用之，何不可之有？①

王国维不仅是译语"哲学"较早的推介者，而且也是理性地对待外来术语的倡导者。其哲人风范，殊堪效法。

黄摩西编《普通百科新大辞典》（1911年出版）拟"哲学"条目，对其作中外通释：

> 哲学之名，始于希腊，本义为爱智。……日本译作哲学，今袭用之。在希腊时，包括穷理尽性之知识。先数学，后自科学，乃研究精神科学，盖分离而独立者。若今日之定义，则为考察万有全体之根本原理之学。……而考察万有全体，有三方法：一认识之形式，二实在之本质，三行为之问题。应用此者，有三部门：即认识论，形而上学，论理学是也。

总之，清末虽有蔡元培、梁启超、王国维等人倡导"哲学"一名，但由于张百熙、张之洞等管学大员的抵制与阻挠，"哲学"这一学科名目在中国的通行并不顺畅，京师大学堂光绪二十四年（1898）建立，迟至宣统三年（1911）方有哲学专业之设，而且还称为"理学门"，直到民国三年（1914）才更名"哲学门"。足见"哲学"一名在中国被承认并得以通用，是颇历坎坷的。

哲学作为有严密逻辑系统的宇宙观、知识体系的形而上思考，已成为必不可少的一门关于元知识的学科，不仅由专门家精研，而且被各类人等视为理论与方法的渊薮。至现代，由于自然科学、社会科学和意识科学的分科发展，哲学虽仍然关注具体领域问题（故有自然哲学、历史哲学、道德哲学等），却主要研究整个世界的共同本质与普遍规律，从而为具体科学提供世界观与方法论指导。

---

① 王国维：《论新学语之输入》，《教育世界》第96号，1905年。

美　学

> 美学观念者，基本于快与不快之感。与科学之属于知，道德之法于意志者，相为对待。
>
> ——《蔡元培先生全集》

中国古来没有"美学"一名，但关于"美"的论说却十分丰富。

美，是一个会意字，甲骨文作 ，金文作 ，小篆作 ，《说文解字》云："美，甘也，从羊从大。羊在六畜主给膳也。美与善同意。"本义是味好，延伸到色、声、态的好，乃至素质之优。《诗·邶风·静女》有"说怿女美"句，《孟子·梁惠王下》有"羽旄之美"句，《庄子·知北游》云："天地有大美而不言，四时有明法而不议，万物有成理而不悦。"谓美乃天成，无须人为渲染。《史记·吴太伯世家》云："见舞《大武》，曰：'美哉！周之盛也，其若此乎！'"此"美"指舞姿的优雅、盛大。《滕王阁序》云："宾主尽东南之美"，此"美"指美好的人（贤才）。

1750年，德国哲学家、教育家鲍姆加登（A. G. Baumgarten，1714—1762）所著 Aesthtica（今译《美学》）一书问世，这是史上第一部美学专著，美学从此成为一门独立学问，而鲍姆加登也因此被称为"美学之父"，Aesthtica 一词即其首创，英文记作 Aesthetics。19世纪，该词及其所指称的学问，于新一轮西学东渐之际，传入汉字文化圈（主要是中、日两国），获得诸多汉译名，最后定于"美学"，别称"审美学"，以至今日。①

一 Aesthetics 译名的三阶段

Aesthetics 一词的汉译历程是在中、西、日文化互动间展开的。依译名的"身份"及载体不同,这一历程可分为三个阶段:

第一阶段为一般译词,载体为一般语学词典据迄今所见资料,Aesthetics 一词传入汉字文化圈,最早出现在晚清入华的德国传教士罗存德(Wilhelm Lobscheid,1822—1893)《英华字典》第一卷(1866 年)第 32 页。其英文解释是 philosophy of taste,汉译名"佳美之理、审美之理"。该词典一经出版,即东传日本,并成为东传日本的英华字典中影响最大者。1879—1881 年出版《英华和译字典》就是日本学人津田仙、柳泽信大、大井镰吉在罗存德《英华字典》基础上编纂而成的,译名"佳美之理、审美之理"亦为其所沿用。此外,如黄兴涛《"美学"一词及西方美学在中国的最早传播》② 一文所述,1875 年,在中国人谭达轩编辑出版、1884 年再版的《英汉辞典》里,Aesthetics 则被译为"审辨美恶之法"。

第二阶段为课程译名,载体为西方教育著译1870 年夏,东京尚古堂刊行小幡甚三郎撮译、吉田贤辅校正的《西洋学校轨范》(全二册)。其第二册所列"大学校"(university)"技术皆成级"(master of art)的课程中有审美学一科。"审美学"后注片假名"エスタチックス"③,为 Aesthetics 之音译。这是迄今学界不曾披露的"审美学"的最早出处。1912 年东京丸善株式会社刊行的井上哲次郎(1855—1944)等人编纂的《哲学字汇》第三版,Aesthetics 译名"美学"后加按语道:"旧云审美学等"④,其所指当是小幡甚三郎《西洋学校轨范》中的创译。

应该说,"审美学"一词,也并非完全是小幡甚三郎的独创,其与罗

---

① 参见冯天瑜著《新语探源——中西日文化互动与近代汉字术语生成》,中华书局 2004 年版,第 409—410 页。
② 该文载于《文史知识》2000 年第 1 期。
③ [日] 小幡甚三郎译:《西洋学校轨范》第 2 册,(东京)尚古堂 1870 年版,第 9 页。
④ [日] 井上哲次郎等编:《哲学字汇》第 3 版,(东京)丸善株式会社 1912 年版,第 5 页。

存德《英华字典》中的"审美之理"当不无渊源。因为，一则该词典在日本影响巨大，一则当时日本洋学书籍奇缺，每有新书，洋学者们无不心向往之，争相传阅。"审美学"的创译者小幡甚三郎自然也不例外。

中国的情况比日本稍晚。1873 年，广州的小书会真宝堂刊行了入华德国传教士花之安（Ernst Faber, 1839—1899）所撰《德国学校论略》一书。依其所述，"太学院"（大学）内"学问分列四种"："经学"（神学）、"法学""智学"（理学）、"医学"。"智学"中"第七课"即是美学，称之"如何入妙之法"①和"论美形"：

> 七课论美形，即释美之所在。一论山海之美，乃动飞潜动植而言；二论各国宫室之美、何法鼎建；三论雕琢之美；四论绘事之美；五论乐奏之美；六论词赋之美；七论曲文之美，此非俗院本也，乃指文韵和悠，令人心惬神怡之谓。②

"如何入妙之法"和"论美形"是继罗存德《英华字典》之后在中国的最新出现的美学的汉译名；而"释美之所在"以下文字则是关于美学概念的最早汉文表述。该书还很快东传日本，"多次翻刻，流传颇广"③。

第三阶段为专学名称，载体为专门美学著译。

二 从"佳趣论"到"美妙学"

在日本，最早讲述鲍姆嘉顿美学并为 Aesthetics 厘定译名的，是"日本哲学之父"西周。1870 年冬，他在《百学连环》讲义中将 Aesthetics 译作"佳趣论"，Science of Beauty 译作"卓美之学"，并将美学作为"哲学/理学/穷理学/希贤学"（Philosophy）的一个分支。他阐述道：

---

① ［德］花之安：《大德国学校论略》，（羊城）小书会真宝堂，1873 年，第 17 页。
② ［德］花之安：《大德国学校论略》，（羊城）小书会真宝堂，1873 年，第 20 页。
③ 见冯天瑜《新语探源——中西日文化互动与近代汉字术语生成》，中华书局 2004 年版，第 335 页。

新名创制

Aesthetics 此佳趣论虽说自太古希腊时代即有之，但成学问则实近来之事。使其成为学问者，日耳曼之 Baumgarten（1714—1762），名此学为 Guman。古昔称之 Science of Beauty（卓美之学）。[①]

西周还由人的"性理"（心理）上的"智→知""意→行""感→思"，论及哲学三目的"真、善、美"，进而阐发了"致知学"（逻辑学）、"名教"（伦理学）和"佳趣论"（美学）的作用与价值：

> 凡知由智而知，行由意而行，思由感而思，此依性理分而六，以真、善、美三者为哲学之目的。知要真，行要善，思要美。使知真者，致知学也；使行善者，名教也；使思美者，佳趣论也。[②]

西周还绍述了"美"的美学定义：

> 所谓美者，外形具足而无所缺之谓也。[③]

1872 年，西周在给明治天皇"进讲"时，将译名改为"美妙学"。其《美妙学说》（进讲草案）阐述道：

> 哲学之一种云美妙学（Aesthetic），是所谓与美术（art）相通而穷其元理者也。[④]

在 1874 年 3 月东京相应斋出版的《百一新论》卷之下中，西周又译"善美学"[⑤]。在 1877 年 5 月东京的岛村利助出版的译著《利学·译利学说》中，西周复称"美妙之论"[⑥]。很显然，关于 Aesthetics 的译名，西周

[①] ［日］大久保利谦编：《西周全集》第 4 卷，（东京）宗高书房 1981 年版，第 168 页。
[②] ［日］大久保利谦编：《西周全集》第 4 卷，（东京）宗高书房 1981 年版，第 168 页。
[③] ［日］大久保利谦编：《西周全集》第 4 卷，（东京）宗高书房 1981 年版，第 169 页。
[④] ［日］大久保利谦编：《西周全集》第 4 卷，（东京）宗高书房 1981 年版，第 477 页。
[⑤] ［日］西周：《百一新论》卷之下，（东京）相应斋，1874 年，第 35 页。
[⑥] ［日］西周：《利学》上卷，（东京）岛村利助，1877 年，《译利学说》第 6 页。

一直在探索之中。

在西周厘定的诸多译名中，被采用一时的是"美妙学"。井上哲次郎等人编纂的《哲学字汇》是当时日本乃至整个汉字文化圈"人文学领域的集成性力作"①，更是人文学领域术语定型化的关键一环。其东京大学三学部1881年初版、东洋馆1884年5月改订增补版，都采用了西周厘定的"美妙学"②一名。亦即说，Aesthetics自传入之日起，最早在专业辞书中被确认的译名是"美妙学"。

1883年11月获得版权、1886年9月由东京茗溪会出版的高岭秀夫（1854—1910）译《教育新论》（全四册）第三册亦采"美妙学"一名，其"第十二章 美育"第一部分题为"美妙学ノ性質"③。此外，1884年6月京都清雅堂出版的坪井仙次郎著《心理要略》所见"美妙论"④，1896年1月东京文学同志会出版的大月隆的《美妙》之"美妙"均属这一系列。

三 审美学

如前所述，"审美学"一名，最早见于小幡甚三郎的《西洋学校轨范》（1870年夏）。但那只是出现在教育文本中的一个课程名称而已，并无专业阐释。较早采用"审美学"一名并进行专学阐释的，是近代日本著名哲学家井上圆了（1858—1919）。其所著《心理摘要》一书，1887年9月由东京哲学书院出版。该书第八十七节专述"審美学の大意"（"审美学之大意"）：

审美学……情感之实用学，应用书画诗歌音乐等原理于实

---

① 冯天瑜：《新语探源——中西日文化互动与近代汉字术语生成》，中华书局2004年版，第351页。
② ［日］井上哲次郎等编：《哲学字汇》（初版），（东京）京大学三学部1881年版，第3页；《哲学字汇》（改订增补版），（东京）东洋馆1884年版，第5页。
③ ［日］高岭秀夫译：《教育新论》第3册，（东京）茗溪会1886年版，第447页。
④ ［日］坪井仙次郎：《心理要略》，（京都）清雅堂1884年版，第84页。

际者。①

此外，东京博文馆1890年刊涩江保（1857—1930）著《通俗教育演说》"第二十七席　美育"部分亦采用"审美学"②。

赫然以"审美"为美学专著题名的，是近代日本文学才子森欧外（一名林太郎，1862—1922）。1900年2月，东京春阳堂出版森欧外著《审美新说》，所用学名为"审美学"。此后以迄20世纪初，以"审美学"见诸标题的专著主要有：

《マーシャル氏審美学綱要》：岛村滝太郎解说，东京专门学校出版部，1900年。

《审美极致论》：森鸥外（林太郎）著，春阳堂，1902年2月。

《审美学要义》：菅野枕波（永直）著，文学同志会，1903年5月。

《风采与审美学》：今井叉川著，文学同志会，1903年5月。

1901年，东京哲学馆出版的田中治六著《哲学名义考》（哲学馆第13学年度高等学科讲义录），也以"审美学"作为Aesthetics和science of beauty的译名。该书述曰：

> Aesthetics之言辞出于希腊，感觉论之义，而被用于所谓审美学之义。然特适用之于审美学者，乃独逸之Alexander Gottlieb Baumgarten（纪元千七百十四年生，同六十二年死）。氏著题为Aesthetica之书，系统叙述审美学，释义美云通觉官而认知之完全也。③

"审美学"于20世纪起始几年流行中日两国。

四　美学

明末意大利入华耶稣会士高一志（1568—1640）所撰《童幼教育》，

---

① ［日］井上圆了：《心理摘要》，（东京）哲学书院1887年版，第156页。
② ［日］涩江保：《通俗教育演说》，（东京）博文馆1890年版，第272页。
③ ［日］田中治六：《哲学名义考》，（东京）哲学馆1901年版，第79页。

有"洁美之学"提法,《童幼教育·卷之上 洁身第九》释其义为:人戒淫养智,正色养德的身心修炼功夫,因为"智与淫、德与色终不并容",所以人须"千计万谋,以免淫欲之害,而获洁美之学"①。《童幼教育·卷之下 寝寐第八》更首出"美学"一名:"所谓寐寝,乃孩童之次食也。但使寝寐不得其道,将溺清神而负美学。"② 这里的"美学"有卫生、养身之意,与"美学"今意有较大距离。

有学者称,在汉字文化圈,近代学名"美学"乃德国入华传教士花之安(1839—1899)率先创用,最早见于花之安1875年所著《教化议》一书。花氏书说:"救时之用者,在于六端,一、经学,二、文字,三、格物,四、历算,五、地舆,六、丹青音乐。""音乐丹青,二者本相属。音乐为声之美;丹青为色之美……音乐本为天籁,得于心而应于口,善者可以陶情悦性,为养心之善法,亦文人之韵事,故圣会男女皆学之。"后来,在"丹青音乐"四字之后,以括弧作注道:"二者皆美学,故相属。"③ 此"美学"已接近"美学"今意。但详考发现,花氏《教化议》1875年版本中并无"美学"一词,上引"括弧作注",是《泰西学校·教化议合刻》1897年商务印书馆活字版重印本中出现的。故不能将"美学"这一学名认定为花之安1875年首创。

汉字学名"美学",乃由日本学者中江兆民(1847—1901)翻译法国人维隆所著Aesthetics时使用。1883年11月及翌年3月,文部省编辑局先后刊行中江兆民译《维氏美学》上、下册。如果说西周于明治五年(1872)发表《美妙的学说》则为东亚第一篇美学论文(并未拟定"美学"一名),中江兆民翻译的《维氏美学》为东亚译介的第一部西方美学著作(首出"美学"一名),标志着美学摆脱了哲学附庸的地位,成为独立学科。中江兆民在《维氏美学》的凡例中申明:

---

① [意]高一志:《童幼教育》,钟鸣旦等编《徐家汇藏书楼明清天主教文献》第1册,(台北)辅仁大学神学院,1996年,第323页。
② [意]高一志:《童幼教育》,钟鸣旦等编《徐家汇藏书楼明清天主教文献》第1册,(台北)辅仁大学神学院,1996年,第399页。
③ 见黄兴涛《"美学"一词及西方美学在中国的最早传播》转引花之安《教化议》,(羊城)小书会真宝堂,1875年,第52—53页。

> 此书原本题曰 *Esthétique*，即美学之义，法朗西国技艺新闻报社长 E. Véron 氏之著述也。而今所翻译者，依西历一千八百七十八年刊行之本。①

这是"美学"名目的正式推出。

自《维氏美学》问世起，至20世纪初，以"美学"入标题的专著大略如下：

《美学》：松本孝次郎述，哲学馆，1898年。

《美学讲义》：松本孝次郎述，哲学馆，1898年。

《近世美学》：高山樗牛（林次郎）编，博文馆，1899年9月（帝国百科全书第34编）。

《泰西美学史》：岛村泷太郎述，东京专门学校，1900年。

《美学讲义》：松本孝太郎述，哲学馆，1901年。

《实验派美学》：纲岛荣一郎述，东专门学校，1901年。

《俳谐美学》：中川四明著，博文馆，1906年3月。

《美学概论》：岛村滝太郎述，早稻田大学出版部，1909年。

《美学讲话》：青木吴山（正光）著，晴光馆，1910年7月。

《触背美学》：中川四明著，博文馆，1911年。

《教育的美学》：佐佐木吉三郎著，敬文馆，1911—1912年。

其中，1898年（东京）哲学馆刊行松本孝次郎的《美学》和《美学讲义》二书为哲学馆高等教育学科讲义录，可见在其出版之前，松本即在教学过程中将"美学"作为正式学名。岛村泷太郎（1871—1918）的《泰西美学史》和《美学概论》也属此类情况。《泰西美学史·序言》有云：

> 在我国，美学或审美学，其名既表审美之学之意，也表美之哲学之意。斯学之形式的定义于是尽矣。在西洋则不然，洋语普通称之 Aesthotik 或 Aesthetics，其语本含"关于感觉"之意，后转用于美学之名。解释此语，则生出谓 Philosophe das Schonen 或 Philosophy of

---

① [日] 中江兆民译：《维氏美学》上册，（东京）文部省编辑局1883年版，凡例。

the beautiful（美之哲学）之必要……我国直名此解释之方，有趣而简明也。①

此外，1900年1月东京专门学校出版部刊桑木严翼（1874—1946）著《哲学概论》第六章第二十节为"自然之理想——宗教哲学及美学"。该书出版不久，便由王国维于1902年译成中文出版，最早向中国人较详细地介绍了西方美学的发展历程。

1912年，东京丸善株式会社刊行井上哲次郎等人编纂的《哲学字汇》第三版，名曰"英独佛和哲学字汇"，将 Aesthetics 的译名由以前的"美妙学"改为"美学"（另有"感觉论"）②。

"美妙学"被取代了，但"美学"并未占据"独尊"地位，而是有"审美学"一名与之并存，两者因使用者的偏好而"各领风骚"。如前所述，同样是哲学馆的讲义，松本孝次郎的《美学》和《美学讲义》采"美学"一名，而田中治六的《哲学名义考》却用"审美学"一名。更有甚者，岛村泷太郎的《マーシャル氏審美学綱要》（东京专门学校文学科第四回第三部讲义录），书名用的虽是"审美学"，行文中用的却是"美学"。其序言称：

兹欲解说者，英国 Henry Rutgers Marshall 氏西历千八百九十四年出题名 Pain, pleasure, and Aesthetics 即《苦感、快感与美学》之书也。翌年又有题名 Aesthetic principles 即《美学原理》之著。……此书如其名所示，美学即主要为自心理学上快苦感之性质说明关于美之诸原理者……③

---

① ［日］岛村泷太郎述：《泰西美学史》，（东京）东京专门学校1900年版，序言第1页。
② ［日］井上哲次郎等编：《哲学字汇》（第3版），（东京）丸善株式会社1912年版，第5页。
③ ［日］岛村滝太郎解说：《マーシャル氏审美学纲要》，（东京）东京专门学校出版部1900年版，序第1页。

五 "美学"与"审美学"入华

正是在"美学"和"审美学"两名并立的状态下,近代美学经由日本传入了中国。

1901年1月,张百熙出任京师大学堂管学大臣,继而于1903年辞退丁韪良等西文教习,另聘日本学者服部宇之吉、岩谷孙藏、高桥作卫为教习。服部宇之吉(1867—1939)是日本东京帝国大学教授,应聘担任京师大学堂正教习,为师范馆学生讲授心理学、伦理学、逻辑学等课程,将一系列日制新名传入中国,其中就有"美学"一词。服部1904年8月交由日本东京合资会社富山房印行的《论理学讲义》(原汉文)起笔云:

> 学者往往分学问为轨范学及说明学二类。……物理、化学、心理等学属说明学类;论理、伦理、美学等诸学则属轨范学类。……美学则辨诗歌、音乐、绘画、建筑等之美恶。[①]

与"美学"同时期从日本传入中国的还有"审美学"。

1902年夏,王国维应聘到张謇在江苏通州(今南通市)创办的通州师范学堂,任心理学、哲学、伦理学教员,他修订的教学大纲将"美学"列入其中。是年王氏译《教育学教科书》内有美学内容,刊于《教育世界》第29—35号。所据原本为日本大阪三木书店1900年10月刊行的牧濑五一郎著《最新教育学教科书》。书后附《哲学小辞典》,亦为王国维译出,其中Aesthetics一条即有"美学""审美学"两个译名。

1903年7月日本东京并木活版所印刷、上海文明书局发行的汪荣宝、叶澜编纂的中国第一部近代专业辞书——《新尔雅》,除零星沿用了"名学""群学"等严复创译的新词外,基本上采用的都是在日本定型的新名词、新术语,包括"审美学"。其中有云:

> 研究美之性质,及美之要素,不拘在主观、客观,引起其感觉

[①] [日]服部宇之吉:《论理学讲义》(汉文),(东京)富山房1904年版,第1页。

者，名曰审美学。①

王国维（1877—1927）堪称中国近代美学第一人。1904年，他发表长文《红楼梦评论》，在"第一章 人生及美术之概略"②中，阐明了自己的美学基本理论。他认为，生活的本质在于"欲"；"欲之为性无厌，而其原生于不足。不足之状态，苦痛是也"③。故"生活之性质，又不外乎苦痛"④，而美的本质在于物我两忘：

> 艺术之美所以优于自然之美者，全存于使人易忘物我之关系也。⑤
>
> 美之为物有二种：一曰优美，一曰壮美。苟一物焉，与吾人无利害之关系，而吾人之观之也，不观其关系，而但观其物；或吾人之心中无丝毫生活之欲存，而其观物也，不视为与我有关系之物，而但视为外物，则今之所观者，非昔之所观者也。此时吾心宁静之状态，名之曰优美之情；而谓此物曰优美。若此物大不利于吾人，而吾人生活之意志为之破裂，因之意志遁去，而知力得为独立之作用，以深观其物，吾人谓此物曰壮美，而谓其感情曰壮美之情……而其快乐存于使人忘物我之关系，则固与优美无以异也。⑥

王国维对美学基本范畴、美育思想、审美心理、美学研究方法皆有研究，其"境界"说实现古典美学的近代转换。

---

① 汪荣宝、叶澜编：《新尔雅》，（上海）明权社1903年版，第61页。
② 王国维：《红楼梦评论》，《教育世界》第76号，（上海）教育世界社，1904年四月下旬，第1页。此处"美术"，即今之所谓"艺术"。
③ 王国维：《红楼梦评论》，《教育世界》第76号，（上海）教育世界社，1904年四月下旬，第2页。
④ 王国维：《红楼梦评论》，《教育世界》第76号，（上海）教育世界社，1904年四月下旬，第3页。
⑤ 王国维：《红楼梦评论》，《教育世界》第76号，（上海）教育世界社，1904年四月下旬，第5页。
⑥ 王国维：《红楼梦评论》，《教育世界》第76号，（上海）教育世界社，1904年四月下旬，第5—6页。

蔡元培(1868—1940)是中国近代美学又一奠基人。他将美学与科学、道德学加以区分,确定了精准的美学概念:

> 美学观念者,基本于快与不快之感。与科学之属于知,道德之法于意志者,相为对待。科学在乎探究,故伦理之判断,所以别善恶。美感在乎鉴赏,故美学之判断,所以别美丑。是吾人意识发展之各方面也。①

王国维《红楼梦评论·红楼梦之美学上之价值》(《教育世界》,1904年)

---

① 《蔡元培先生全集》,(台北)商务印书馆1968年版,第139页。

蔡氏的美学思想具有鲜明的实践性，由其引出"美育"，任民国教育总长时将"美感教育"列入教育方针之中，倡议"美育代宗教"。1917年8月，蔡元培作《以美育代宗教说——在北京神州学会演说词》，指出美育是自由的，而宗教是强制的；美育是进步的，而宗教是保守的①，试图在情感领域建立启蒙理性，以在宗法伦理衰颓的文化转型时代，重塑民族魂魄，构建人们的精神家园。美学首次在中国提升到文化战略高度。

1926年5月，樊炳清（1876—1929）编纂的《哲学辞典》（*Dictionary of Philosophy*）由上海商务印书馆出版。其中收录"美学"一条：

英 Aesthetics
美学　法 Esthétique
德 Aesthetica
或作审美学。就最广谊之美，而研究其性质及法则之学也。②

该辞典是中国第一部哲学专业辞书，也标志着 Aesthetics 的汉译名在中国的正式确立——以"美学"为正名，以"审美学"为别称。

就清末民初中国的语用实践而言，诸多美学奠基之作所采用的大都是"美学"一名。除王国维、蔡元培二位的美学著作之外，还有刘仁航译《近世美学》（日本高山林次郎原著，上海商务印书馆，1920年），俞寄凡译《美学纲要》（日本黑田鹏信原著，上海商务印书馆，1922年）等译著，中国学人撰写的有吕澂《美学浅说》（上海商务印书馆，1931年）、李安宅《美学》（世界书局，1934年）、陈望道《美学概论》、范寿康《美学概论》等。"美学"对于"审美学"的优势，在中国比在其来源国日本要大。这也许与中国偏爱单字命名的文化心理不无关系。

---

① 见高叔平编《蔡元培全集》第3卷，中华书局1984年版。
② 樊炳清编：《哲学辞典》，（上海）商务印书馆1926年版，第431页。

元　素

　　Element 一字或译"元素",或译"原质"。然"质"字与广义"物质"之"质"字易滋误会。《易纬·乾凿度》曰:"太素者,质之始也",《孝经纬·钧命决》曰:"形变有质,谓之太素",是称质之原曰"素",古训已然,故用"元素"。

——国立编译馆《化学命名原则》（1933）

　　"元素"泛指组成世界的要素,又是"化学元素"的简称,是一个在西学东渐过程中形成的汉字新语。

　　把元素看作构成世界最基本组成部分的学说,早在上古即已产生,古巴比伦、古埃及把水（后来加上空气和土）视作世界组成元素,古印度有"四大种"说,古希腊有"四元素（土水气火）"说,中国古代有"五行（金木水火土）"说。至近代,建立在实验科学基础上的元素说在欧洲逐步形成,法国化学家拉瓦锡（1743—1794）1787年在一篇论文中对元素给出经验分析的定义:"元素是任何方法都不能分解的物质。"他制作由33种元素组成的化学元素表。19世纪末叶,俄国科学家门捷列夫（1834—1907）建立元素周期系,指出元素的基本属性是原子量。至现代,随着原子结构复杂性的披露和原子不可分观念被打破,将"元素"重新界定为:具有相同核电荷数（核内质子数）的一类原子的总称。元素是可以分解和转化的。

　　东亚汉字文化圈译创"元素"一词,正值化学认识史上的拉瓦锡—门捷列夫时代,也即视元素为不可分解单列物的阶段。这是我们研讨"元素"成词时应当了解的前提。

一 "元素"对译 Element

"元素"作为化学学科下属的一个关键术语,是伴随着"化学"一起在汉字文化圈中相继成词并得以通用的。

"化学"一词译创于中国。以往曾认为,"化学"是1857年伟烈亚力在《六合丛谈》创刊号的《小引》中首用的汉字新名。经搜检文献发现,此前两年入华英国传教士合信(1816—1873)1855年撰《博物新编》时与中国士人以"西述中译"方式翻译英语 chemistry 时,创制"化学"新名,不久后,《博物新编》传入日本,"化学"一词也随之东传日本,并最终取代宇田川榕菴(1798—1845)1837年创制的音译词"舍密"。故"化学"当为入华新教传教士合信1855年创制之新名。

作为化学学科核心术语的"元素"则译创于日本,于清民之际传入中国,最终取代中国长期使用的"原质"一词,成为 Element 汉译正名,以至于今日。但日本人创此新名,所用词素皆原出中华,而且创名"元素"还直接参酌了来自中国的早期汉文西书《空际格致》。

(一)"元素"词素考

"元素"由"元"与"素"组合而成。

"元"的甲骨文作 𠂇,象人形,上为头部,下为侧立的人;金文作 𠂇 和 𠂇 等,小篆文作 𠂇,会意字,一侧立的"人"上一横,指头部,故"元"本义为头,引申为第一、居首。

"素"无甲骨文,金文作 𠂇,上面象织布机,下面是丝,两边是双手,构形之意是双手用丝织布。小篆作 𠂇,从生从糸,象织物光润则易于下垂,会意字,《礼记·杂记》:"纯以素。"《说文解字》云:"素,白致缯也。""素"的本义为原色生帛,引申义为未被分割的基本成分。

故"元""素"两词素已包含"最初元的构成要素"意蕴,奠定了创制"元素"新名的语义基础。

(二)"元素"成词

化学术语"元素"成词,早于学科名"化学",初见于日本近世

新名创制

"兰学家"宇田川榕庵（1798—1846）所著《理学入门植学启原》（菩萨楼藏版）。该书1833年由江户（1868年改称"东京"）青藜阁刊行。其卷之一《学原》云：

> 万物之学，别为三门：……三曰舍密加，知万物资以始生，聚以成体之元素出《名物考补遗》，盖离合之学也。①

不久，宇田川又译成《舍密开宗》一书，1837年由江户的青藜阁刊行，是日本乃至整个汉字文化圈第一部近代化学译著。所据原本为荷兰语，"舍密"（音 semi）即荷兰语 Chemie 的音译；"元素"则是荷兰语 grondstof 一词的意译，是宇田川在运用明末入华耶稣会士高一志（Alphonso Vagnoni，1566—1640）1633年所撰《空际格致》提供的"行"和"元行"概念基础上创译出来的：

> 元素 grondstof，元行也。高一志格致书曰：行者，纯体也，乃所分不成他品之物，惟能生成杂物之诸品也。所谓纯体者，何也？谓一性之体，无他行之杂也。②

其所引文字，出典于入华耶稣会士高一志《空际格致》卷上《行之名义》一章。"元行"一词，亦见于该书之《引》：

> 空际所睹变化之迹繁矣，奇矣，明著矣。而究其所以然者，古格致之学恒以为难。兹余将测其略，须先推明其变化之切根，然后可。切根者，惟四元行，所谓火、气、水、土是也。③

高一志《空际格致》所言之"行"和"元行"概念，乃出于古希腊

---

① [日]宇田川榕菴：《理学入门植学启原》，（江户）青藜阁1833年版，第1页。引文中《名物考补遗》即《远西医方名物考补遗》，宇田川玄真（1769—1834）译述，宇田川榕菴校补，凡9卷，版心书名《名物考补遗》。（江户）青藜阁刊行，风云堂藏版，出版年月不明。
② [日]宇田川榕菴译：《舍密开宗》，（江户）青藜阁1837年版，第3页。
③ [意]高一志：《空际格致》卷上，出版地不明，1633年，第1页。

哲学的"四元素说",是近代化学"元素"概念的前身。对此,宇田川榕菴在《舍密开宗》中进行了辨析,并介绍当时西方化学元素发现的最新成果:

> 剖古昔之所谓四元行,又发杂合之物。既分而拆之,至今日,纯然之元素,其数凡及五十余种……①

继而,宇田川厘定这五十余种化学元素名称,其中"酸素"(氧)、"炭素"(碳)、"窒素"(氮)等,日本至今仍在使用。

然而,"元素"一名并未迅即确认。被认为是日本"英和对译辞书之嚆矢""后之英和辞书率据此"②的德川幕府设洋书调所教授堀达之助(1823—1894)所编《英和对译袖珍辞书》1862年初版、堀越龟之助所作"改正增补"版(1866年初版,1867年、1869年复刊),均以"元行、基初"作为Element的译名。不仅如此,幕府末年至明治初年,日人研习化学者及问世化学著译大增,所定化学术语亦见扩充。对宇田川榕菴创译的"元素"一名,不乏批评与"改正"者。在"元素"的"改正"方案中,有的是日人独创,有的则采自中国。

二 "元素"的并列名称

"元素"1833年成词先后,出现过几种尝试性名称。这是若干新名定格前的通例。

(一) 日本创制名称

1. "原素"

此名早见于1862年京都文溯堂刊上野彦马(1838—1904)抄译《舍密局必携》:

---

① [日]宇田川榕菴译:《舍密开宗》,(江户)青藜阁1837年版,第3—4页。
② [日]大槻文彦:《箕作麟祥君传》,(东京)丸善1907年版,第20页。

名"舍密原素 scheikundig grondstof"者,谓分析穷究为我地球成分之百万诸物,已不能分为异类之单纯无二者。①

其《题言》申明:

译字皆循用先哲之译例,其改者及未经译者,旁附原语。②

可见,其所言之"先哲",当首推"元素"的创译者宇田川榕菴;而"原素"则属"改者"之列,乃自"元素"改来。

至明治初年,"原素"一名为人所沿用。如:1873年7月大分县大分町好文书堂出版的John Glasgow Kerr(1824—1901)著、清原道彦译《化学示蒙原素略解》(2册),其"总论"有云:

所谓原素,不能一分为二者也,其数六十五。③

再如,1874年8月东京诚之堂出版的石松定编《启蒙化学小说》中《物质起由之论》一节:

分拆宇宙之物质,大半含有二三四等之原真,然其中有性质纯粹单一,不可分离者,名之曰"原素"。④

还有,1877年11月,东京龙章堂出版志贺泰山编纂《化学最新》卷之一:

以化学上之力不能分拆之物,称为单体或原素。其既经发现者,

---

① [日] 上野彦马抄译:《舍密局必携》卷一前篇,(京都)文溯堂1862年版,第1页。
② [日] 上野彦马抄译:《舍密局必携》卷一前篇,(京都)文溯堂1862年版,题言第2页。
③ [日] 清原道彦译:《化学示蒙原素略解》(2册)上,(大分县大分町)好文书堂1873年版,第1页。
④ [日] 石松定编:《启蒙化学小说》,(东京)诚之堂1874年版,第8页。

至今六十三个。①

2. "素"与"单体"

1867年，江户一贯堂出版竹原平次郎抄译《化学入门》初编。书中单用一个"素"字指称元素概念，称碳、氢、氧、氮四元素为"四素"：

> 有机体化学检查动、植二物之成分。……但其成分为炭、水、酸、窒四素。

继而又在下文中以"单体"指称元素概念：

> 结合品类，其员数几百万，皆成于六十五单体，犹如数万之语，由亚、彼、泄（a、b、c—引者）二十六字集缀而成。②

如前文所述，"单体"一名，为1877年11月东京龙章堂出版志贺泰山编纂《化学最新》卷之一所沿用，与"原素"相并。

3. "元质"与"纯体"

此名早见于"开成所兰学化学二科教授"桂川甫策（1832—1889）为前文所述竹原平次郎抄译《化学入门初编》（1867年）所作汉文序：

> 盖世间元质，仅六十余种，皆有定法配合，以成万物。③

1872年6月，东京山城屋佐兵卫等出版的Foster著、杉田玄端（1818—1889）译《化学要论》沿用此名。该书第四课《化学性元质（Chemical element）》：

---

① ［日］志贺泰山编纂：《化学最新》卷一，（东京）龙章堂1877年版，第2页。
② ［日］竹原平次郎抄译：《化学入门》初编，（江户）一贯堂1867年版，第1页。
③ ［日］竹原平次郎抄译：《化学入门》初编，（江户）一贯堂1867年版，序。

化学士不能分离之物体,称之"元质",一名"纯体"。①

(二)借自中国名称

1. "原质"

1869年大阪舍密局出版的 K. W. Gratama(1831—1888)述、三崎啸辅(1847—1873)译的《舍密局开讲之说》和《理化新说》。《舍密局开讲之说》既用由宇田川创译的"舍密",也用由中国传入的"化学";既将氧、碳、氢、氮四元素称为"四气",又称为"四原质":

> 盖有机诸体,皆由酸、炭、水、窒四气而成。……此四原质之离拆,虽极精细,但至今皆不能创制有机物体。②

而《理化新说 总论一·序例》则对书中"译字"做了申明:

> 古人译字之不适当者,随改正之。如"温素",温热积于热气中而不发之义,故改为热;"元素"改为"原质"……③

很显然,其所谓"古人",当指宇田川榕菴;而宇田川创译的"元素",则被认为是"不适当者"。在译述者看来,作为化学术语,"原质"比"元素"适当。

此后,"原质"一名,多为沿用。如:1870年冬,大阪开成学校刊行日耳曼教官 Helman Ritter(1828—1874)口授、市川盛三郎译《理化日记》,其卷之一化学之部:

---

① [日]Foster 著,杉田玄端译:《化学要论》卷一,(东京)山城屋佐兵卫,1872年,第11页。
② K. W. Gratama 述,[日]三崎啸辅译:《舍密局开讲之说》,(大阪)舍密局1869年版,第17页。
③ K. W. Gratama 述,[日]三崎啸辅译:《理化新说》,(大阪)舍密局1869年版,第1页。

既能助其一原质燃，则必有他气。①

1873年2月，东京从吾所好斋刊行"美国嘉约翰口译、羊城何瞭然笔述"《化学初阶》（原1870年刊于广州博济医院）。其卷一《化学提纲》起笔云：

一、不能判为二者，是之谓原质。二、原质共有六十五。②

1873年，东京得英学社编辑、出版的三崎尚之所述《新式近世化学》（3册3卷）卷之一有云：

所谓原质，分拆、组成二法皆难行者也。③

2. "元"与"元行"

1871年，东京的山城屋佐兵卫刊行川本幸民译述《化学通》（静修堂藏版）。该书凡例申明了对"元素"等宇田川所创化学术语态度的变化：

先哲将译为"元素"，有"酸素""水素"等名。余曾译述之书，亦皆从之。今此书始称"酸元""水元"等，非别有意，读者勿疑之。④

而从其本文行文来看，"元"确乎又是"元行"的简称：

---

① ［德］Helman Ritter 口授，［日］市川盛三郎译：《理化日记》卷一化学之部，（大阪）开成学校，1870年，第7页。
② ［美］嘉约翰口译，何瞭然笔述：《化学初阶》卷一，（东京）从吾所好斋1873年版，第1页。
③ ［日］三崎尚之述，得英学社编：《新式近世化学》（3册3卷）卷一，（东京）得英学社1873年版，第6页。
④ ［日］川本幸民译述：《化学通》卷一，（东京）山城屋佐兵卫1871年版，凡例第1页。

新名创制

> 元行之本性如何,为化学古今之一大疑团。……今许多元行虽藏迹,但终可探讨一品之秘蕴,其余诸元,亦皆可随之搜出。①

以上各名,皆引自中国。其中,"元行""纯体"和"元质"一名,早见于明末入华耶稣会士的"汉文西书",如前述高一志《空际格致》中便有"元行"和"纯体";"元质"则见于艾儒略《性学觕述》,其卷之一有云:

> 盖凡物皆有生息,有变灭,而元质则不生不变,常存不灭,为造化基,万象所共,庶类所同者。昔儒有云太极、元气,庶几近之。②

而在晚清入华新教传教士麦都思所编《英华字典》第一卷(1847年)、罗存德所编《英华字典》第二卷(1867年)中,"元质""元""元行"等都被厘定为 Element 的译词。

至于"原质"一名,则见于1868年春北京同文馆出版的丁韪良(William Alexander Parsons Martin,1827—1916)所著《格物入门》第六卷为《化学》。其中"原质"也称"原行":

> 志在化学者,以各物试之,煅炼分化,求其若者质属掺杂,若者质本精一。其不复分化者,皆以为原质,至今计六十二种为原行。③

1871年江南制造局出版的英国传教士傅兰雅(John Fryer,1839—1928)口译、徐寿(1818—1884)笔述《化学鉴原》一书(成于1869年)也采用了"原质"一名。其卷一第二、三、四节依次阐述了"原质之义""原质之数"及"原质分类"。傅、徐依据诸元素名的英文发音,

---

① [日]川本幸民译述:《化学通》卷一,(东京)山城屋佐兵卫1871年版,第5—6页。
② [意]艾儒略译著:《性学觕述》卷一,敕建闽中天主堂,1623年,第2页
③ [美]丁韪良:《格物入门》卷六《化学》,(北京)同文馆1868年版,第8—9页。

以音译或音意合璧方式制定汉字元素符号名称，如金属元素钾、钠、镁、锌等，非金属元素硅等，① 多沿用至今。

上举早期汉文西书、晚清英汉字典及中国早期化学著译，一经问世即东传日本，成为当时日本先进学人争相传阅、研习之物，为其术语厘定提供了知识和语文资源。

三 "元素"之确立

直到19世纪70年代中后期，日本化学著译中，仍呈一义多名状况；甚至在同一文本中，亦多名混用。如：1874年1月海军兵学寮编译、出版的 John Addison Porter（1822—1866）原著的《化学大意》（2册），即同时采用"原质""元质""元素"三个译名。其《化学大意原序抄译》云：

> 兹稽古昔之说……以为火、水、土及空气四者为万物所以成形之原质……
>
> 降至晚近之世，随化学之进步，除去火、水、土、空气四物，使不列于元质之地位……由是，水、土、空气三物，皆废元素之名号……②

1876年8月东京宝集堂出版的原田道义编《舍密阶梯》（2册2卷），则混用"元素""原素""元行"三名。其《第二梯 原素之发明》有云：

> 自往昔西洋之穷理学者发明此原素以来……近至庆应之期，大凡为六十四元素也。明治之始，发明至六十八原素，将及七十

---

① ［英］傅兰雅：《江南制造总局翻译西书事略》，第二章《论译书之法》。
② John Addison Porter 著，［日］海军兵学寮编译：《化学大意》（2册），（东京）海军兵学寮1874年版，化学大意原序抄译第1页。

新名创制

元行。①

在此译名多出、并立的形势下,"元素"一直存在。庆应四年(1868)闰四月,明治改元前夕,宇田川榕菴译述的《化学便蒙》即沿用了"元素"一名。其卷之一起笔云:

酸素(氧—引者)乃天地间最普遍存在之元素……②

明治以降,沿用者日多,其势日强,至19世纪70年代中期,终于走上通往"独尊"之路。

其间,桂川甫策、川本幸民二人所采译名的变更,可视为"元素"走势渐强的鲜明例证。如前所述,1867年,桂川甫策在为竹原平次郎抄译《化学入门初编》所作汉文序中采用的是"元质"一名,但在1870年出版的《化学入门后编卷之一》(与石桥八郎合译)中却改用了"元素"一词:

酸素为重要之元素,固不待论。③

如前所述,1871年,川本幸民在其译述的《化学通》凡例中,曾含蓄地申明自己对"元素"的不满,并改用"元""元行"等名,但在1875年由(东京)陆军文库出版的他与人合译的《化学读本》[21册,Jan Willem Gunning(1827—1900)]中,却恢复了对"元素"的使用。其第四章题为"单复元素"。

除上述各书之外,19世纪70年代日本出版的采用"元素"一名的化学著译主要有:

《化学阐要》:土岐赖德译,东京:青松学舍,1872年9月。

《化学训蒙》(4册8卷):石黑忠悳编译,东京:石黑忠悳,1873年。

---

① [日] 原田道义编:《舍密阶梯》卷一,(东京)宝集堂1876年版,第9页。
② [日] 宇田川榕菴译述:《化学便蒙》卷一,1868年,手写本,日本早稻田大学图书馆藏,第1页。
③ [日] 桂川甫策、石桥八郎译:《化学入门》后编卷一,(江户)一贯堂1870年版,第1页。

《化学导蒙》：久下秀太郎抄译，和歌山：五荠堂，1874年2月。

《小学化学书》（3册）：Sir Henry Enfield Roscoe 著、市川盛三郎译，东京：文部省，1874年10月。

《百科全书化学篇》（上）：小林义直译，东京：文部省1875年2月。

《罗斯珂氏化学》（10册10卷）：Sir Henry Enfield Roscoe 著，茂木春太译，东京：文部省编辑局，1876年。

《新式化学要理》：美国拨格著、茂木春太译，东京：三友堂，1879年9月。

文本数量远远超过采用其他译名的化学书。其中，文部省出版的化学著译对"元素"的采用，无疑有着官方权威性和示范性，对"元素"地位的确立有着至关重要的作用。

专业辞书的词条收录，是学科术语得以最后确立的关键一环。早在1874年11月，日本便有化学专门辞书问世，即宫里正静编著的《化学对译辞书》，这是日本乃至整个汉字文化圈最早的一部化学专业辞书。其中，"元素"被厘定为 Elementary Bodies 和 Elements 的译名。[①] 此可谓化学专业辞书正式认定"元素"术语"名分"之始。不过，就整体状况而言，直到20世纪70年代末80年代初，日本的化学术语还没有统一。鉴于此，东京化学会于1881年设译语委员，致力于化学译语的统一，以利于学术的进步与普及。经十年努力，至1891年4月，编成、刊行了《化学译语集》。诚如《化学译语集序》所言："译语中现今难一定者，并记其二、三"，如 Chemistry 的译名，即"化学""舍密"并记。可就是在此情形之下，Element 的译名，却只选定了一个——"元素"[②]。"元素"的术语地位，由此稳固确立。

四　"元素"入华

1857年，上海出版的《六合丛谈》创刊号发表伟烈亚力撰《小引》，介绍西方自然科学诸学科，首论化学，指出，"物各有质，自能变化，精

[①] ［日］宫里正静：《化学对译辞书》，（东京）小林1874年版，第92页。
[②] ［日］化学会编：《化学译语集》，（东京）化学会1991年版，第24页。

新名创制

识之士，条分缕析，知有六十四元，此物未成之质也"。此之所谓"六十四元"，即之所谓"六十四元素"，这是 19 世纪中叶认识到的物质有 64 种元素的准确表述。入华传教士离创译术语"元素"只有一步之遥。

如前所述，"原质"一名见于 1868 年春北京同文馆出版的丁韪良所著《格物入门》第六卷《化学》，随即又为 1871 年江南制造局出版的傅兰雅、徐寿合译的《化学鉴原》所采用。在中国近代化学著译中，前者问世最早，后者影响最大（时称"化学善本"）。以它们为载体，"原质"一词广为流布，成为占主导地位的 Element 的汉译名。1908 年农历五月，上海商务印书馆代印的清学部审定科编纂的《化学语汇》，将"原质"定为 Element 的中译名。① 这一状况一直持续到民国时期。清末民初的化学专著和教科书的语用状况自不待言，在 1917 年 1 月科学名词审查会理化名词审查员所进行的"化学原质"审查时，"原质"仍被确立为 Element 的汉译正名②。

日本创制"元素"一名，传入中国，最早见于清末汉译日本化学书。如：1906 年农历六月上海文明书局刊行大幸勇吉著、王季烈译《最新化学教科书》：

> 含于诸物质中而可成纯质者，名曰"原质"，一名"元素"，Element。③

1907 年农历七月东京东亚公司印行和田猪三郎讲述、宏文学院编辑、金太仁作翻译的《化学教科书》：

> 合二种以上之成分而不能造，又不能分解于二种以上之成分之

---

① （清）学部审定科编纂：《化学语汇》，（上海）商务印书馆 1908 年版，第 10 页。
② 此次理化名词审查结果于 1940 年 1 月汇总出版，题为《英法德日中对照理化名词汇编（附算学名词）》。
③ ［日］大幸勇吉著，（清）王季烈译：《最新化学教科书》，（上海）文明书局 1906 年版，第 26 页。

纯粹物质，称曰"元素"……元素者，诸物质之成分也。①

1908年农历二月，商务印书馆发行颜惠庆主编《英华大辞典》，其关于 Element 的释译有：

2. One of the simple constituent parts of a thing. 物之原质、元素、要素、分子。

9. Those bodies which can not be resolved by chemical analysis, and are therefore presnmed to be simple. （化）原质、化学原素。②

表1　　　　　　　　英、中、日对照表

英	中	日
Element	原质	元素

可见，该辞典虽然将化学术语 Element 的译名厘定为"原质、化学原素"，但毕竟在化学领域之外收录了"元素"一名。同年农历五月印行的学部审定科编纂的《化学语汇》，虽将"原质"定为中文正名，但它采取的是英、中、日对照表格形式（见表1）③，所以客观上也成了"元素"一名在中国传播的载体。

1915年2月，中国科学社董事会会长任鸿隽（1886—1961）在《科学》杂志第一卷第二号上发表《化学元素命名说》一文④，把中国化学元素命名法归结为三类：取物理性质命名，取化学性质命名，根据元素或符号之音造新字，并提出83种元素的译名，此为中国较早采用"元素"一名的非翻译类化学著述。

1917年1月，科学名词审查会在审查"化学原质"名词时，虽将

---

① ［日］和田猪三郎述，宏文学院编，金太仁作译：《化学教科书》，（东京）东亚公司1907年版，第15页。
② 颜惠庆主编：《英华大辞典》，（上海）商务印书馆1908年版，第733页。
③ （清）学部审定科编纂：《化学语汇》，（上海）商务印书馆1908年版，第10页。
④ 科学社编：《科学》第1卷第2号，（上海）科学社1915年版，第157—166页。

新名创制

"原质"定为"Element, chemical"的汉译正名，但同时也将日制"原素"一词附于其后，而且作为中外对照，将日名"元素"和英、法、德所定名称胪列并陈。在《理化名词汇编·本编例言》所列参考文献中，便有"樱井锭二《化学语汇》"①。该语汇实为高松丰吉（1852—1937）、樱井锭二（1858—1939）合编《化学语汇》，东京内田老鹤圃 1900 年 11 月初版，1906 年复刊增订 2 版。"元素"即在其中。

1920 年 3 月，中华书局刊行陈英才等编纂的《理化词典》，影响很大，至 1940 年 5 月共刊行了 18 版之多。其中，"原质"和"元素"两词条被一并收录：

【原质】Elements［化］
原质云者，在今日化学界尚未能分解之物质也。现今所知之原质，约八十种。②
【元素】［化］东籍称"原质"曰"元素"。见该条下。③

在此，"元素"虽被指为"东籍"所用名称，但客观上也促成了"元素"在中国的进一步传播。

1933 年 6 月，国立编译馆出版其下所设化学名词审查委员会审查、编订的《化学命名原则》。该原则抛却"原质"，独取"元素"：

凡以化学方法不能分解为更简之物质者，称曰元素（elements）。

继而，该原则还引经据典，从汉字文化语义层面阐述了如此取舍的理由：

Element 一字　或译"元素"，或译"原质"。然"质"字与广

---

① 科学名词审查会编：《理化名词汇编》，（重庆）科学名词审查会 1940 年版，第 118、10 页。
② 陈英才等编纂：《理化词典》，（上海）中华书局 1920 年版，第 100 页。
③ 陈英才等编纂：《理化词典》，（上海）中华书局 1920 年版，第 24 页。

义"物质"之"质"字易滋误会。《易纬·乾凿度》曰:"太素者,质之始也",《孝经纬·钩命决》曰:"形变有质,谓之太素",是称质之原曰"素",古训已然,故用"元素"。①

可以说,《化学命名原则》结束了"原质"占据长达半个多世纪的统治地位,开创了中国化学领域通用"元素"的新局面。

综上所述,术语"元素"的厘定,是西学在中、日间流转、互馈过程中展开的。其基本情形略为:中投日以"原质"(附以"元行""元质"等),日报中以"元素"(附以"原素")。投报之间,彼此增添了对方术语厘定过程的曲折性和丰富性。参与这一过程的,不仅有中、西、日不同语种的化学专业文本,还有明末各种汉文西书、晚清诸多英华字典等非化学专业文本,它们构成了可资中日两国共享的学术文化及语文资源。中国最终放弃"原质",采用"元素",固然与当时中日两国在化学领域的学术势差有关,但不应据此简单地判定为"原质"对"元素"的无端屈从。它实为中国学人在对 Element 概念深入把握,尤其是对汉字文化语义深入辨析的基础上做出的知性选择,其中包含着自然科学和人文学的双重考量。亦即说,术语的厘定,固然是一个专业性很强的过程,但未必仅限于某一学科范围之内,而往往有着超越学科界限的悠长开阔的历史文化景深。

在现代语用实践中,"元素"这一化学学科术语一方面被精确化、专业化,指具有相同核电荷数(即相同质子数)的同一类原子的总称,它们只由一种原子组成,用一般化学方法不能使之分解,可构成各种物质,如非金属元素氧(O)可组成氧气(O_2),又可与金属元属铁(Fe)化合为氧化铁(Fe_2O_3)。

与此同时,"元素"一词又被广泛借用,泛指构成事物的基元,这些基元及其组合方式决定事物的属性。如"文化元素",指历史上形成并演化着的诸文化事象中蕴藏的富于特色、决定文化性质的构成要素。"中华文化元素"约指中华民族在文化进程中铸造的具有中国气派、中国风格、中国韵味的基本质素,诸如阴阳和谐、五行相生相克、经验理性导引下

---

① 国立编译馆编订:《化学命名原则》,(南京)国立编译馆1933年版,第3页。

的理论与技术、区别于拼音文字的汉字文化等,乃至绘画中的书画同源、墨分五色,建筑中的中轴线、对称与不对称美感,等等,皆称为"中国元素"。①

---

① 见《中华文化元素丛书》,长春出版社2016年版,冯天瑜撰《总序》。

侨词来归

今日使用的关键词，不少是在"中—西—日"三边互动过程中生成的，有的经历了长达一两个世纪，甚至三四个世纪的游徙变迁，方得以定型。这些新名的源头及发展脉络，往往在漫长的时空转换中变得模糊不清，以致若干有影响的论著及外来语辞典，将一些关键词的出处张冠李戴，尤其是把本为在中国创制的新名，认作"日源词"。之所以发生此类误判，原因有三：第一，汉字曾是中、日、朝、越等东亚诸国的国际通用文字，直至近代新名创制，其语素（构词材料）和造词法（构词规则）皆在汉字文化范域之内，若不溯流探源，难以确指新名的发祥地；第二，明末清初和晚清中西人士在中国合作创制的汉字新名（如"人类""定义""定理"等，以及本栏目陈列的"地球"所代表的大批西学汉字译词），当时在中国并未流行开来，却在传入日本后迅速得以普及，至清末民初由赴日中国留学生、政治流亡者，在译介日文西书时，带入中国的语文世界，每被认作"日本新名词"；第三，还有一些中国古典词在中国未获常用，传入日本后，在一定程度上翻新改造，又被幕末、明治时期的日本人借以对译西学概念，于东西语汇格义中添加新义，近代传回中国，亦被误作"日源词"，如本栏目陈列的"物理""卫生""小说"等。这些原创于中国的词汇，传入日本，经其改造，以更新的面貌返回近代中国，可谓出口转内销，是一种文化"逆输入"现象。

上述三类词汇，不可视为"日源词""外来词"，而应当称之"回归侨词"。

作此论证，主要不是为了争回词语创制权，而是通过确认侨词来归现象，增进对汉字新名历史纵深度的认识，正视文化传播间异文化复杂的、并非单向的交互关系。回归侨词多沿着"汉语古典词→日本汉字词→回归中国汉字词"路径行进。考察此一推衍线索，须把握三要义：其一，汉语词汇的丰富性和可塑性；其二，处在汉字文化圈的日本，自古吸收大量汉字词，它们构成日语实词（又称真名）的主体（日本利用汉字偏旁和草书创假名作拼音符号，主要用作虚词和词尾变化），这些入日汉字词在保有原旨，又熏染"异域风情"，在不同程度上发生词义变化，正是这种变异后的汉字词成为近代反传中国的词群；其三，近代世界的重要文化传播现象是西学东渐，汉字文化圈内的中日两国皆以汉字译介西学词汇，明治时期日本做得较为系统完备，以致"日本新名词"大举入华，而正如语言学家王力所言："我们不应该认为是汉语向日本语借词。这些词并不是日本语所固有的，它不过是向西洋吸收过来的。""日本人创造了一些新词来表达从西洋传来的新概念，我们只不过是利用日本人现成的翻译，省得另起炉灶罢了。"[①] 另一语言学家称："用古代汉语中某些现成词语经过改造去意译欧美词语或表达日本自创的概念。这些词语再回到中国就犹如游子归故里一般，是词汇中的'归侨'。"[②]

"侨词来归"，是中日两国面对西方文化东渐而发生的汉字文化传播运动，其动力是中—西—日三方近代化进程的不平衡造成的文化张力（如同水流，文化传播的主要走向，是从高势位奔向低势位）。只有将词源追溯置于社会文化历程背景下加以考察，对回归词作中—西—日词义的三边互勘，讨论若干汉字词先后经历"西→中→日"和"西→日→中"漫游现象，而汉字文化悠远的积淀又在其间持续发挥作用，如此，"侨词来归"方能获得真解。

---

① 王力：《汉语史稿》，科学出版社1958年版，第529页。
② 史有为：《外来词——异文化的使者》，上海辞书出版社2004年版，第261页。

地　　球

> 若把地球来参详，中国并不在中央。地球本是浑圆物，谁居中央谁四旁？
>
> ——皮嘉神祐《醒世歌》

中国地处远离其他文明中心的亚洲大陆东部（西方人称之"远东"），周边又被高原、沙漠、大洋所环护，处于相对封闭的地理环境之中，因而空间观念具有独特性，地理术语也自成一格。汉唐以下从陆上与西亚、南亚交往，海上又远航印度洋沿岸，地理视野有所拓展，但"天圆地方"观念占主导，而"地圆"说也占有一席之地。至明末、清末，西学东渐，具有全球观念的地理知识渐次入华，"地球"之类地理关键词纷纷创制，国人接受并无太大困难，这与"地圆"说的奠基之功颇有关系，清乾隆间学者阮元编《畴人传》，在《凡例》中称"地球之说"中国古已有之。因此，"地球"不尽然是西来新名，而是古典义得西义启迪的重生新名。[①]

一　中国传统的两种天地观

（一）"天圆地方"的"盖天"说

中国古代占主导地位的宇宙观是"天圆地方"，这在六千年前的新石器时代，已初露端倪；考之文献，此一观念初见于《尚书·尧典》，又由

[①] 参见冯天瑜《新语探源——中西日文化互动与近代汉字术语生成》，中华书局2004年版，第142—151页。

《易经》的六十四卦图呈现其貌,而正式形诸文字,则在《大戴礼记》:

> 单居离问于曾子曰:"天圆而地方者,诚有之乎?"曾子曰:"离!而闻之,云乎!"
> 单居离曰:"弟子不察,此以敢问也。"曾子曰:"天之所生上首,地之所生下首,上首谓之圆,下首谓之方,如诚天圆而地方,则是四角之不揜也。"①

曾子在回答弟子单居离的提问时,肯定了"天圆地方""天上地下"之说,却又为"天圆地方说"留下疑问:圆形的天盖笼罩方形大地,留下四角不掩(不能掩盖)。曾子又引用"阴阳之道"为"天圆地方"作论证。②

以后,《吕氏春秋》进而用精气论阐述"天道圆""地道方":

> 何以说天道之圆也?精气一上一下,圆而复杂,无所稽留,故曰天道圆。何以说地道之方也?万物殊类殊形,皆有分职,不能相为,故曰地道方。③

论证天圆地方的是"天盖说"——天如同半球形圆顶或伞蓬,拱悬于方形大地上。《晋书·天文志》《隋书·天文志》引述《周髀》的"天盖说"表述直白,流行最广:

> 天圆如张盖,地方如棋局。

这都是用玄谈哲理的方式论证"天圆地方",并无实证研究作基础,而且其间有强烈的政治诉求:"上法圆天以顺天光,下法方地以顺四

---

① 《大戴礼记·曾子天圆》。
② 《大戴礼记·曾子天圆》。
③ 《吕氏春秋·圆道》。

时"①,"爰有大圜在上,大矩在下,汝能法之,为民父母"②。"天道圆,地道方,圣王法之所以立上下。"③ 此皆为献策君主:效法天圆地方之旨,以立上下等级尊卑秩序,为民父母。这种宇宙观显然是为统治阶层政治—伦理需求服务的。皇城的内城、外城的城门,均呈"上圆下方"形态,以象天圆地方。《史记》载,秦始皇地宫为天圆地方结构。秦以后的钱币都是外圆内方。这皆是"天圆地方"的形象展示。

(二)"天圆地亦圆"的"浑天说"

中国古代有与"盖天说"相对立的"浑天说"④。此说略谓,宇宙呈蛋形,天如蛋白,包裹如卵黄的地。战国末年的屈原《天问》已有这种描述——"圜则九重","圜"可能指圆形天球。两汉之际出现"浑天"一词为"浑天仪"简称,此仪是汉代制作的球状天象模型,用以测定天象。西汉末扬雄(公元前53—公元18)在《法言·重黎》中讲:"或问浑天。曰:落下闳营之。"文中所称落下闳(前156—前87),汉武帝时巴郡人,编《太初历》,提出"浑天说",制浑天仪,认为天呈球体,地飘浮在天球之中。

东汉张衡(78—139)任太史令,完善铜铸漏水转浑天仪,并阐述浑天说。《晋书·天文志》载,葛洪引述张衡《浑天仪注》称:

> 浑天如鸡子。天体圆如弹丸,地如鸡子中黄,孤悬于天内,天大而地小。天表里有水,天之包地,犹壳之裹黄。⑤

"盖天说"认为天呈半球形,罩在方形大地上,而"浑天说"认为天是一整圆球形,地在其中,如同卵黄在鸡蛋中部,悬于天内。地被喻为卵黄,是为圆球形。此论已令"地球说"呼之欲出。

"浑天说"还指出,全天恒星都布于天球上,日月五星附丽于天球上

---

① 《庄子·说剑》。
② 《吕氏春秋·序意》。
③ 《吕氏春秋·圆道》。
④ 中国传统宇宙观除"盖天说""浑天说"外还有"宣夜说"。
⑤ 近人研究,认为此文是张衡身后百余年整理的张衡论说。

浑天仪模型

运行。这已相当接近于现代天文学的天球概念。"浑天说"初称大地浮在水上,后认为球形之地浮在气中,可回旋浮动,此即"地有四游"的朴素地动说。

南宋朱熹(1130—1200)反对盖天说,肯定浑天说:

> 浑仪可取,盖天不可用,试令主盖天者做一样子,如何做?只似个雨伞,不知如何与地相附着。
> 天包乎地,地特天中一物尔。①

描述了地乃由天包裹着的"天中一物",而非如"盖天说"所规定的天地成上下对应的固化关系。

---

① (南宋)朱熹:《朱子全书·天度》。

清人喜言"西学中源",难免牵强,但也有确论,如沈大成谓:"天圆地亦圆,见于《大戴礼》。天形楕即王蕃鸟卵之测,见于《晋书·天文志》。"①

二 明末以后地理新词

自15世纪末叶开始,西欧开启大航海时代(又称地理大发现时代),形成较为宏阔的世界观,反映地理大发现成就的一整套术语应运而生。明清之际入华耶稣会士、清末入华新教传教士,开展"学术传教",译介地理知识为其组成部分,他们与中国士子结合,译创了一批地理类汉字新词,诸如五大洲、四大洋、赤道、纬度、经度、回归线、热带、温带、寒带,而"地球"为其核心概念。

入华耶稣会士、新教传教士于三个世纪间(16世纪至19世纪),在中国士人协助下,翻译或编著介绍世界地理知识的书刊,著名者有耶稣会士利玛窦的《万国全图》、艾儒略的《职方外纪》、南怀仁的《坤舆图说》,新教传教士的《联邦志略》《地球说略》《地理全志》《大英国志》,等等。这些著译采用"西述中译"方式(入华西洋人用汉语口述,中国士人用汉字笔录),厘定了一批对译西洋地理术语的汉字词,它们先后传入日本,丰富了幕末明治间兰学和洋学的地理词汇,并普及开来。相形之下,由于西学在明清时期的中国遭到冷遇,地理类新语鲜为人知。至清末民初,被留日学生和政治流亡者当作日制新名词传输回中国。但我们只要爬梳早期汉文西书和晚期汉文西书,便不难发现,这些被当作入华"日源词"的地理类汉字术语,多产自明清之际或清末的中国,属于回归侨词。

早期汉文西书和晚期汉文西书,以及中国人编纂介绍西洋的书籍,创制包括地球在内的大批地理学用语。现择录如次。

利玛窦(1552—1610)《坤舆万国全图》(1602):

天球 地球 半球

赤道 昼夜平圈 昼夜平线 中线

---

① (清)沈大成:《学福斋文集》卷二。

利玛窦《坤舆万国全图》（1602年）

北极　北极圈　地北极界

南极　南极圈　地南极界

北道　昼长圈　昼长线（北回归线）

南道　昼短圈　昼短线（南回归线）

地平　地平线　子午线　子午环

五带正带（温带）

六大洲

洋　大东洋/太平洋　大西洋　印度洋　北冰洋　南冰洋

平原　旷野　旷地　山岭　冈岭

沙漠　火山地震　火山　火浆（熔岩）

海边　海岛　群岛　诸岛

航海（商民）　海岛　海峡

金矿

艾儒略（1582—1649）《职方外纪》（1623）。

地球、赤道、经度、纬度、夏至线（北回归线）、冬至线（南回归线）等。

南怀仁（1623—1688）《坤舆图说》（1674）。

赤道、南极、北极、地球、地平线、大西洋、地中海、五大洲等。

蒋友仁（1715—1774）《地球图说》（1773）。

半球、东半球、西半球、子午线等。

马礼逊（1782—1834）《英华字典》（1822）。

地球、天球、半球、恒星、赤道、洋、大洋等。

徐继畲（1795—1873）《瀛环志略》（1848）。

地图、方向、位置、大洋、海峡、海湾、群岛等。

理雅各（1815—1897）《智环启蒙塾课初步》（1856）：

平原 plain　山岩 mountain　谷 valley　海岛 island　洋 ocean　海 sea　河 river　湖 lake（91课）　火山 volcano　崖 cave　穴 cavern（92课）

地球大洲 the different parts of the globe（93课）

河川 rivers or streams（93课）

行星 planet（110课）　北极 north pole　南极 south pole　地轴 axis（111课）

二分 equinoxes　二至 solstices　春分 vernal equinox　秋分 autumnal equinox　夏至冬至 the summer and the winter solstices（113课）

天气 atmosphere（115课）　赤道 the equator　五带 the zones　热带 the torrid zone　温带 two temperate zones　寒带 two frigid zones（122课）寒暑道 climates（127课）

上引在中国编译出版的早期汉文西书（明末清初）和晚期汉文西书（清道咸之际）中所厘定的地理类汉字术语，都传入日本，成为中国、日本等汉字文化圈国度共享的地理词汇。

三　"地球"说修正"天圆地方"说

综理前述，在近代早期，由西方传教士（从明末清初入华的利玛窦、艾儒略、蒋友仁到清末入华的马礼逊、慕维廉、理雅各）与中国开眼看世界的士人（如明末徐光启、李之藻、王徵，清末李善兰、徐寿）联手，将西方的地理知识，包括一批地理词语译介到中国，后来传播日本，在日本得以推广，又于清末民初逆输入中国。这批地理术语中，关键词是"地球"。"地球"说在近代中国得到流行，推动了地理观念的变革。

(一)"大地球体"说

与中国的"地方"说相比较,西方的"地圆"说赢得一定程度的实证考察的支持。

公元前6世纪希腊数学家毕达哥拉斯(约前580—前500)提出"大地球体"说,公元前4世纪的希腊哲学家亚里士多德(前384—前322)通过观察证明大地是球形:越往北走,北极星越高;越往南走,北极星越低,且可看到一些在北方看不到的新星。埃拉托色尼(前275—前193)用几何学方法确立了地球概念。公元2世纪,希腊天文学家、地理学家托勒密(90—168)正式视地球为球形,并创"地心"说。中世纪,地球说被宗教臆断所淹没。文艺复兴时期的人文主义者重新发现古希腊地球说,15世纪末至16世纪开辟新航线的探险家正是怀着"大地是圆球形"这一信念,从欧洲出发,西航大西洋,以为必可抵达东方的印度与契丹(中国),无意间发现美洲新大陆。1519—1522年,葡萄牙人麦哲伦(1480—1521)船队自西向东行,终于返回出发点,完成人类史上第一次环球航行,以无可争辩的事实证明大地是圆球形,"地球"(Earth)这一地理学的关键词正式诞生。

"地球—地圆"学说的创立,推动了大航海及地理大发现,拉开世界近代历史的序幕。

16世纪末叶以降入华的欧洲耶稣会士是这一学说的承袭者,他们译介近代地理知识,向中国士人介绍了一批全新的地理专业词语,在文化史上留下精彩的篇章。

(二)利玛窦与李之藻创译"地球"一词

"地球"一词先由明末入华耶稣会士利玛窦与明朝太仆寺少卿李之藻合作拟定。

明万历十二年(1584)利玛窦到达广州,制《万国全图》,展示大地呈球状,引起观览者的惊叹。万历三十年(1602)李之藻在该图基础上,丰富内容,绘成《坤舆万国全图》(下称《全图》)[①],万历三十六年

[①] 本书所据为日本摹绘本,藏于日本东北大学附属图书馆狩野文库。

（1608），万历帝下诏摹绘 12 份，传于后世。

《全图》中央偏左下，有一段较长文字，落款为"万历壬寅（公元1602年——引者）孟秋吉旦欧罗巴人利玛窦谨撰"，从内容上看，应算是《全图》序言。其中写道"地形本圆球"。图右有一更长段文字，亦为利玛窦所撰，介绍全图之"大略"。其起笔便申明：

> 地与海本是圆形，而合为一球，居天球之中，诚如鸡子黄在青内。

显然借用了中国古典"浑天"说的表述。对中国传统的"地方"说，利玛窦作温婉的评析：

> 有谓地为方者，乃语其定而不移之性，非语其形体也。

关于"天"与"地"的关系，利玛窦不仅沿袭了西方的"地心"说（"居天球之中"），而且指出"天包地"，二者"彼此相应"，即"天""有南北二极，地亦有之；天分三百六十度，地亦因之"；并相对于"天球"，创制了"地球"一名：

> 天球有昼夜，平圈列于中，夜短昼长，二圈列于南北，以著日行之界。地球亦设三圈，对于下焉。……浑沦一球，原无上下。盖在天之内，何瞻非天？总六合内，凡足所伫，即为下；凡首所向，即为上。专以身之所居分上下者，未然也。

在这段文字中，利玛窦还将"地球"分为"五大洲"：

> 又以地势，分舆地为五大州：曰欧罗巴，曰利未亚，曰亚细亚，曰南北亚墨利加，曰墨瓦蜡泥加。

从《全图》来看，这"五大洲"依次为欧洲、非洲、亚洲、美洲、澳洲＋南极洲。

《全图》左上有"日蚀图"和"月蚀图",并有关于"日月蚀之理"的简短文字说明。

其关于月蚀的说明文字中有"地球"用例:

> 月蚀天下皆同也。盖月与诸星皆借日为光,地形在九重天之当中,若望时,月至黄道,正与太阳相对,地球障隔其光,不得直射,则月失其光,而人以为蚀。

《全图》左中有利玛窦所述一段文字,介绍西方运用"量天地法"得到的地球尺寸、地球到太阳系各星的距离、地球与各星的大小比例数,题名"论地球比九重天之星远且大几何"。文中有云:

> 地球既每度二百五十里,则如三百六十度为地一周,得九万里。……若二十八宿星,其上等,每各大于地球一百零六倍又六分之一;其二等之各星,大于地球八十九倍又八分之一;其三等之各星,大于地球七十一倍又三分之一;其四等之各星,大于地球五十三倍又十二分之十一;其五等之各星,大于地球三十五倍又八分之一;其六等之各星,大于地球十七倍又十分之一。夫此六第,皆在第八重天也。土星大于地球九十倍又八分之一。木星大于地球九十倍半。火星大于地球半倍。日轮大于地球一百六十五倍又八分之三。地球大于金星三十六倍又二十七分之一;大于水星二万一千九百五十一倍;大于月轮三十八倍又三分之一。

此为"地球"一词用于标题之首例;而且在这段简短的文字中,"地球"一词出现了12次之多。可见,"地球"一名在利玛窦那里已正式确立。

《全图》中央偏右上,有中国士人李之藻(1565—1630)所写序言。其对西来"地球"概念评述如下:

> 所言地是圆形,盖蔡邕释《周髀》已有天地各中高外下之说;《浑天仪注》亦言地如鸡子中黄,孤居天内。其言各处昼夜长短不

同，则元人测景二十七所，亦已明载。惟谓海水附地，共作圆形，而周圆俱有生齿，颇为创闻可骇。

（三）熊三拔、艾儒略、南怀仁论地球及《崇祯历书》的"地球"说

"地球"一词亦见于 1614 年刊行的来华意大利耶稣会传教士熊三拔（Sabbatino de Ursis，1575—1620）"口授"，中国士人周子愚、卓尔康"笔记"之《表度说》：

> 欲明表景之义，先须论日轮周行之理及日轮大于地球之比例。①

意大利耶稣会传教士艾儒略（Giulio Aleni，1582—1649）"增译"、中国士人杨廷筠（1557—1627）"汇记"的《职方外纪》（1623 年初刻），则可谓是利玛窦《坤舆万国全图》的文字展开式。它虽然未使用"地球"一词，却以专著的形式强化了"地圆"说、"五大洲"说，丰富了"地球"概念。其首篇《五大州总图界度解》起笔云：

> 天体一大圜也；地则圜中一点，定居中心，永不移动。……地既圆形，则无处非中，所谓东西南北之分，不过就人所居立名。②

艾儒略还囿于"地心说"（地球是宇宙中心，且恒定不移），但已十分明确地交代了，大地乃圆形球体，突破中国传统的"地方说""中国中心说"，肯认了地理大发现的成就。

利玛窦、李之藻、熊三拔、艾儒略、杨廷筠介绍的建立在"地圆说"基础上的"地球"，又由南怀仁的《坤舆图说》、蒋友仁的《地球图说》加以阐发，在明末被一些开明士人所接受，在王圻的《三才图会》、程二

---

① ［意］熊三拔口授，（明）周子愚、卓尔康笔记：《表度说》，1614 年，第 1 页。李之藻编：《天学初函》，（台北）学生书局 1965 年版，第 2539 页。

② ［意］艾儒略增译，杨廷筠汇记：《职方外纪》，1623 年，第 1 页。李之藻编：《天学初函》，（台北）学生书局 1965 年版，第 1311 页。

百的《方舆胜略》等书中或隐或显地有所昭示。徐光启、李之藻、李天经、汤若望等人历经五年（1629—1634）编译的《崇祯历书》也采用了"地球"概念。山东布政使司右参政李天经（1579—1659）督修，入华耶稣会士、葡萄牙人罗雅谷（Rho, Giacomo, 1593—1638）撰《崇祯历书历引》有云：

> 寰宇者，括天地万物之总名也。水附地以成一球，凝奠于中天为大圜，包其外。地之周则气充盈之。……地在寰宇之中，常静不动，与天相较，政如稊米之于乔岳耳。其形浑圆……古谓方者，指其德也。于是因处地球者，视日景之不同，有五所以分为五带。[①]

这是中国官方文本使用"地球"一词之始。

（四）清朝官方退回"地方"说，民间保有"地圆"说

清代前中期，官方的宇宙观退回"地方"说，为维护中国"天下中心"说，排斥利玛窦、李之藻、艾儒略等人介绍的地理观念。如清代乾隆年间编定的《明史》，称《职方外纪》等西书地理论述"其说荒渺莫考"；《四库全书总目》虽肯定"欧罗巴人推算之密"，却又指认"其议论奇诡迂怪，亦为异端之尤"。澳门同知印光任与张汝霖编撰的《澳门纪略》（1751年成书）则将西洋人传入的"寒热五带之说，地圆之理"，归之于"皆不能出《周髀》范围"，以"西学中源说"淡化这些近代性地理知识的价值。

"地圆"说在清代中期对民间士人仍保有积极影响。女科学家王贞仪（1768—1797）作《地圆论》，肯定大地球形，而且解答了人在球体上不会倾跌的疑问：

> 天包地为甚大。故其度广。地中又为甚小，故其度狭。悉大气

[①] ［葡］罗雅谷撰，（明）李天经督修：《崇祯历书历引》卷上，（日本）渡边口1855年版，第1页。

举之，所地虽浑圆，而不忧人之所居倾跌。①

王氏指出，在无垠的宇空，没有上、下，侧、正之别。这显然受到耶稣会士"地球"说的影响，在"天圆地方"观念盛行的乾隆年间是一种了不起的宇宙空间观，有此空间观，方能为"地球"说解释疑惑。

三 "地球"说清末重现

如前所述，16世纪末叶至17世纪初叶，利玛窦、艾儒略、李之藻等中外人士已经译介"地球"一词，此时正值大航海时代开启不久，是西欧以外地区较早出现的"地球"说。然而，"地球"一词在明末只被少数士大夫认同和使用，至清代前中期，此词更被打入冷宫，朝野流行的仍然是"天圆地方""天动地定"观念。直至清末民初，随着更强劲的一轮西学东渐，"地球"一词方逐渐普及国中，这与新教传教士的著译入华有关。

马礼逊的《英华字典》有"天球""地球""半球"等词条；慕维廉《地球全志》卷九并论"地球、水星、火星、木星、土星"；祎理哲更有《地球说略》专书，有"地球"专条；雅理各的《智环启蒙塾课初步》的93课，论述"地球大洲"。和明清之际入华耶稣会士不同，此时入华新教传教士带来不是"地心"说之"地球"，而是近代"日心"说之"地球"。

（一）米怜"地为行星"说、"圆如球"说

较早在汉文世界传播西方近代天文、地理学知识的，当推苏格兰传教士米怜（William Milne，1785—1822）在马六甲主办的第一份中文近代报刊《察世俗每月统记传》，其1816年卷有三分之一的篇幅讲述"天文地理论"。依其所述，"日居中"，"地与六个大星"，"皆自西向东，各在

---

① （清）王贞仪：《地圆论》，《德风亭集》卷六。

各之道，而周围日环运行"①，"地为行星者，体本无光，乃受光于日"②，"圆如球"③。

在"解地体之圆"，"说地之动行"④ 的过程中，米怜主要采用了"地"这一称呼，但也有两处采用了"地球"一词。在对《地每日运行图》做文字说明时写道：

> 斯图之大圈，与数星在其上者，指人所想为天内之边也。圈中之球者，地也。……地球中上小圈者，指地之轴，地所常周而转行者也。⑤

在对《地周日每年转运一轮图》做文字说明时写道：

> 斯图上之大圈者，地周日运行之道路也。圈上四个球者，指地于每年四个时候，即春秋二分与冬夏二至之时候也。……地球上小黑点向北者，曰地轴之尖，又曰地之极也。其常只指北极也。地球下边一条重画者，地之中带也。⑥

（二）徐继畬、合信论"地球"

1834 年 2 月，《东西洋考每月统记传》"地理"栏载《地球全图之总论》，此为晚清"地球"一词用于文章标题之首例。1848 年刊刻的徐继畬（1795—1873）《瀛寰志略》卷一首讲"地球"。1849 年，广州惠爱医馆刊行英国入华传教士合信（Benjamin Hobson, 1816—1873）所著《天文略论》。该书为晚清中国系统介绍西方近代天文学的第一部著作，共 40 论，其中"第一论地球圆体""第二论地球自转成昼夜""第七论仿做地球纬经之法""第九论地球各国地土定名""十二论地球圜日即是行星"

---

① 《察世俗每月统记传》1816 年卷，第 89 帙第 5 页。
② 《察世俗每月统记传》1816 年卷，第 89 帙第 6 页。
③ 《察世俗每月统记传》1816 年卷，第 90 帙第 7 页。
④ 《察世俗每月统记传》1816 年卷，第 93 帙第 10 页。
⑤ 《察世俗每月统记传》1816 年卷，第 95 帙第 3 页。
⑥ 《察世俗每月统记传》1816 年卷，第 99 帙第 16 页。

"十三论地球圜日成四季""二十一论地球见星远近真据"。

(三) 祎理哲《地球说略》

1848 年，宁波华花书房刊行的美国传教士祎理哲（Richard Quarterman Way，1819—1895）所撰《地球图说》。该书后经扩充，更名为《地球说略》，于 1856 年出版。《地球说略》首先介绍了"地球圆体"说、"地球轮转"说、"地球图"说等，继而述说了各洲各国自然、人文概况。关于"地球"一名的理由，祎理哲在《地球说略引》中申明：

> 夫地何言乎球？以地形似球而名之。①

关于"地球圆体"说自西入东的传播情况，祎理哲还是有所了解的。书中有云：

> 今天文士，察其实理，告知众人，谓地非平坦，是团圆如一球形。说非创闻，自明朝利玛窦、汤如望诸人入中国，即有此说。明历用之，迄清朝，亦如是云云。②

很显然，祎理哲所使用的"地球"一词，是袭自利玛窦等明末入华耶稣会士的创译。

新教传教士的著译流传于中国东南沿海为少数知识分子接受并使用；这些著译更远播日本，在幕末明治间流传开来。

(四)《六合丛谈》论"地球"

英国伦敦宣教会传教士慕维廉（1822—1900）1854 年在上海的墨海书馆出版《地理全志》，又与伟烈亚力等主持中文期刊《六合丛谈》，介绍西方近代地理知识，传播包括"地球"在内的一系列地理词语。此期刊的"地球"论，已涉及地轴问题，指出"轴之北端曰北极，南端曰南

---

① ［美］祎理哲：《地球说略》，（宁波）华花书房 1856 年版，《地球说略引》。
② ［美］祎理哲：《地球说略》，（宁波）华花书房 1856 年版，第 1 页。

极",地球"本轴侧倚","地球旋转之时,本轴恒有定向"。又说"分地面为东西两半球","赤道北为北半球,南为南半球"。

《六合丛谈》及祎理哲的《地球说略》等晚期汉文西书很快传入日本,并很快出版"和刻本",使"地球"等地理术语在日本普及开来。日本哲学家西周撰于19世纪60年代的《百学连环》及稍晚翻译的《万国公法》,都广为使用入华新教传教士创制的包括"地球"在内的汉字地理术语。

(五)"地球"说在东亚文化圈的传播

"地球"说自明末利玛窦、李之藻、艾儒略初论,在明末小有流传,清代前中期则被淹没,基本被遗忘。至清末,随着新教传教士入华后译介西学,"地球"一词重现汉语世界,而日本从中国输入"地球"等地理术语后,申发含义,又通过教科书、辞书将其纳入学科系统,这些经过提升的"地球"等新词,经由中国留日学生转输中国,在近代中国得以普及。如清末的小学课本曰:

> 人居地上,不可不知地形。古人云"天圆地方"其实不然。地浮于空气之中,形圆如球,其上下前后左右皆有山川人物,惟体积大,故人不觉其圆也。①

清末经学家皮锡瑞(1850—1908)倡导新学,他的儿子皮嘉祐1898年仿明代高僧德清所作七言排律《醒世歌》篇名和书写格式,作《醒世歌》曰:

> 若把地球来参详,中国并不在中央。地球本是浑圆物,谁居中央谁四旁?②

该文意在纠正"华夏中心说",同时将"地球"的"浑圆物"之意

---

① 南洋公学编:《蒙学课本》。
② 皮嘉祐:《醒世歌》,《湘报》第27号,1898年4月6日。

生动地表述出来。此类地球说在当时虽受到叶德辉等守旧派的反驳，被斥为"邪说煽惑"，但"地圆"说、"地球"说自戊戌变法以降，已渐居主流，成为国人耳熟能详的地理类关键词，沿用至今。

综论之，汉字新语"地球"等地理类术语，创自明末清初中国，播传幕末日本。"地球"一词在中国几经浮沉，在清末由日本"逆输入"，经各方人士努力，终于在中国得以确认。此新名不应以"日源词"视之，而是"回归侨词"的典型例子。

物　　理

　　言义理，言经济，言文章，言律历，言性命，言物理，各各专科，然物理在一切中，而易以象数端几格通之，即性命生死鬼神，只一大物理也。

　　　　　　　　　　　　——（明清之际）方以智《物理小识》

　　近代"新汉语"的制作方式之一，是将中国古典词的词义加以引申，以对译西洋概念，"物理"为其一例。获得现代义的"物理"或"物理学"，通常被认作"日源词"。然而，这一判断不确。这是因为，不仅源于中国的"物理"古典义提供了现代义的基础，而且，其现代义的获得，也与明末清初的中国学术用语颇有干系。"物理"应当列入"回归侨词"。[①]

一　古典词"物理"

　　"物理"，由"物"与"理"组合而成，偏正结构，意谓"物之理"，乃一沿用两千多年的词语。

　　"物"，甲骨文 ；《说文解字》以小篆记作 ，释曰："万物也。牛为大物；天地之数，起于牵牛，故从牛。"《玉篇》复将"物"解释为"事"，并称"凡生天地之间，皆谓物也"。亦即说，古典义的"物"，是

[①]　参见冯天瑜《新语探源——中西日文化互动与近代汉字术语生成》，中华书局2004年版，第602—607页。

指世间的万事万物。

"理",金文𤤙,《说文解字》以小篆记作理,解为"治玉",即雕琢玉石,也指玉石本身的纹理;延伸为物事的纹理、条理、规律、规则。《韩非子·解老》曰:"理者,成物之文也。"这里的"文",意为文理、规则。《玉篇》将"理"解释为"道"。

"物"与"理"合成"物理",泛指万事万物的道理。

"物理"成词,首现于战国佚书《鹖冠子》,《汉书·艺文志》存其文:"庞子云:愿闻人情物理。"这里的"物理"泛指一切事物之理。西汉《淮南子·览冥训》"耳目之察,不足以分物理",《晋书·明帝纪》"帝聪明有机断,犹精物理",均指事物的道理。宋代理学家二程及朱熹常论"物理",朱熹的《大学章句·补格物传》称:"天下之物,莫不有理","格物而穷其理",其"物理"仍泛指"事物之理"。

须格外一提的是,据《隋书·经籍志》载,西晋杨泉撰有《物理论》16卷,这是第一本以"物理"命名的专著。该书"自宋已佚",清人孙星衍(1753—1818)辑其佚文一卷,"自天文地理,以迄古今帝王用人行政之要,靡不囊括"[1],内容涉及天文、地理、工艺、农医等。该书探究"万物之理",批评晋时流行的玄学,宣扬唯物论,承认"天下之性、自然之理"的存在,有些内容不无物理学意味:

> 风者,阴阳乱气激发者也,犹人之内气因喜怒哀乐激越而发也。故春气温,其风温以和,喜风也;夏气盛,其风熛以怒,怒风也;秋风劲,其风清以直,清风也;冬气凶,其风惨以烈,固风也。……天下之性,自然之理也。[2]

不过,大体说来,该书属于哲学范畴,涵盖自然、社会、人文各个方面。就其自然方面的内容而言,它大体相当于古希腊的自然哲学(natural philosophy)。就西方而言,自然哲学恰恰是现代物理学的母体。杨泉

---

[1] (清)杨泉撰,孙星衍校集:《物理论》,平津馆1806年版,马瑞辰《物理论辑本序》(1805年农历十月十五)第1页。

[2] (清)杨泉撰,孙星衍校集:《物理论》,平津馆1806年版,第2—3页。

《物理论》的意义，由此隐约可见。

二　明末：Physica 音译"费西加"

明末耶稣会士入华，带来西方学术，包括西方古典物理学。在欧洲，物理（Physica）的原词是拉丁文 physica，由古希腊文（原意"自然"）推演而来。亚里士多德著《物理学》（*Physica*），论及运行的天体是物质的实体，地球是球形的，是宇宙中心，地球上的物质由水气火土四元素组成，天体由第五种元素"以太"构成，还论及杠杆原理和落体运动等力学问题。亚氏所代表的古典欧洲物理学（physics）是自然科学的总称，其权威笼罩古代后期及整个中世纪，前后近两千年。至文艺复兴以降，哥白尼、伽利略、牛顿等人逐渐认识到亚氏物理学玄思性、不可见性的局限，走向实证研究的近代物理学。16 世纪末至 17 世纪入华的耶稣会士带来的物理学，主要是亚里士多德的古典物理学，极少近代物理学知识。

关于西方物理学的汉文介绍，最早见于 1620 年刊刻的入华耶稣会士、意大利人高一志（Alfonso Vagnoni，1566—1640）著《童幼教育》。其卷之下西学第五有云：

> 费罗所非亚者，译言格物穷理之道，名号最尊。学者之慧明者文学既成即立志向此焉。此道又分五家：一曰落热加，一曰非西加，一曰玛得玛弟加，一曰默大非西加，一曰厄第加。……非西加者，译言察性理之道，主乎明剖万物之理，辨其本与末、性与情、其当然者与其所以然者，依显测隐，由后推前，缘其既知，以致其所未知。故其学浩博，非他人学可比。凡上天下地中，火气水土之域，万象万生之品，造化之妙，四时之序，四行之交互，五金之凝结，百谷之成熟，种种具焉。①

其中，"非西加"即拉丁文 physica 之音译，"察性理之道"为意译；

---

① 钟鸣旦等编：《徐家汇藏书楼明清天主教文献》第 1 册，（台北）辅仁大学神学院，1996 年，第 377—378 页。

依高一志所述，它和"落热加"（Logica，逻辑）、"玛得玛弟加"（Mathematica，数学）、"默大非西加"（Metaphysica，形而上学）、"厄第加"（Ethica，伦理学）并列，为"费罗所非亚"（Philosopia，哲学）的一个分支。

不久，来华的意大利耶稣会士艾儒略（Jules Aleni，1582—1649）所撰《西学凡》于1623年刻成，后由李之藻编入《天学初函》第一册。《天学初函》于1628年刻成，流播广远。在《西学凡》中，physica被音译为"费西加"，意译为"察性理之道"。和高一志《童幼教育》一样，《西学凡》也将"费西加"叙述为"斐禄所"（Philosopia，哲学）之一"家"，并对"费西加"所含的"六大门类"予以分疏：

> 费西加为斐禄所之第二家。费西加，译言察性理之道，以剖判万物之理而为之辩其本末，原其性情，由其当然以究其所以然，依显测隐，由后推前。其学更博矣，亦分有六大门类：其第一门谓之闻性学，又分为八支：其一为费西加之诸预论，其二总论物性，其三总论有形自立之物性，其四讲物性之三原，其五总讲变化之所成，其六总讲物性之所以然，其七讲依赖有形者，如运动、作为、抵受、处所、几何等，各有本论，其八总论天地与其有始无始否，有尽无尽否。而此八支，各有本书具载。此为闻性之学也。其第二门则论有形而不朽者，如言天之属。三门论有形而能朽者，如人兽草木等，与其生长、完成、死坏诸理。四门总论四元行本体火气水土，与其相结而成物。五门详空中之变化、地中之变化、水中之变化。六门论有形而生活之物，分为五支：其一先论生活之原，所谓魂者是也；次论生长之魂，与其诸能；次论知觉之魂，与其五官之用、四识之职等；次论灵明在身之魂，与其明悟爱欲之诸理；次论灵魂离身后之诸能如何，而性命之理，尽格物之学可造矣。①

同年，"西海艾儒略增译，东海杨廷筠汇记"的《职方外纪》亦于杭州刊刻。其中也有关于"费西加"（"察性理之道"）的简要叙述。

---

① ［意］艾儒略：《西学凡》，杭州，1623年，第4—5页。

艾儒略《西学凡》介绍欧洲大学学科——文、理、医、法、教、道等六科,其中"理科"(Philosopia)又分六门,指对自然的研究,是自然科学的总称。这种文、理、医、法、神学(教、道二科指神学)分途发展及自然科学与社会科学相区分的学科观,不同于中国传统的自然科学与社会科学混融一体的状态,对明末清初开明士子有着潜移默化的影响,如徐光启(1562—1633)将西学的科技类知识称之"格物穷理之学"①,已颇近西方古典物理学(自然科学的总称)的含义。徐氏认为此学为中国所缺。另一"有穷理极物之癖"的学人方以智(1611—1671)也意识到西学能"补开辟所未有"②,即认为西学可以弥补中国传统学术之不足。方氏在西学启发下,对"物理"这一古汉语词有所因革。

三　方以智《物理小识》

方以智《物理小识》(清康熙三年,即1664年刊行)一书,是在"万历年间,远西学人"③影响下撰写的。其《物理小识自序》云:

> 盈天地间,皆物也。……事,一物也。……器,固物也。心,一物也。……性命,一物也。通观天地,一物也。……寂感之蕴,深究其所自来,是曰通几;物有其故实,考究之,大而元会,小而草木蠢蠕,类其性情,征其好恶,推其常变,是曰质测。质测即藏通几者也。④

其所谓"通几",是对事物发生根本原因的探讨,而"质测"则要求脚踏实地考察事物变化原因,按特性予以整理分类,总结验证已知规律,预测未来发展变化。显然,"通几"与"质测"是从研究目的和研究方法着眼对学术活动所做的分类。在中国,这种分类是方以智的独创。

---

① (明)徐光启:《泰西水法序》,《徐光启集》卷二,上海古籍出版社1984年版。
② (明清之际)方以智:《通雅》卷首之一,《考古通说》。
③ (明清之际)方以智:《物理小识》,浮山此藏轩,1664年,《物理小识自序》第1页。
④ (明清之际)方以智:《物理小识》,浮山此藏轩,1664年,《物理小识自序》第1页。

方以智《物理小识》(1664 年)

其"物理"已从"万物之理"义演化为"学术之理"义,主要指自然科学各门类,略涉人文学的某些分支,这从《物理小识》的卷目可以得见:

卷之一　天类气　光　声　律　五行　历类
卷之二　风雪雨旸类　地类　占候类
卷之三　人身类
卷之四　医药类上医
卷之五　医药类下药
卷之六　饮食类　衣服类
卷之七　金石类
卷之八　器用类
卷之九　草木类上

卷之十　草木类下　鸟兽类上
卷之十一　鸟兽类下
卷之十二　鬼神方术类　异事类

《物理小识·总论》关于"物理"在各类学问中的地位与作用，有一说明：

> 言义理，言经济，言文章，言律历，言性命，言物理，各各专科，然物理在一切中，而易以象数端几格通之，即性命生死鬼神，只一大物理也。……物格而随物佑神，知至而以知还物，尚何言哉？又何不可就物言物哉？①

这段话有两点值得注意：其一，将"物理"与义理（儒家的哲理）、经济（经世济民之学，指政治学）、文章（文学）、律历（天文历法）、性命（人性天命之学）相并列，作为"各各专科"的一种，这显然指自然科学及技术知识，已不同于传统的"万物之理"的"物理"。其二，认为在各种事物及现象中，皆包藏有"物理"，这又是在"万物之理"意义上使用"物理"一词。可见，明清之际的方以智所论"物理"，兼有"自然科学之理"和"万物之理"的双重含义，其重点又在前者，即论述作为与义理、经济、文章相并列的专科性"物理"，这是方以智的一个新贡献。

四　清末：Physics 译"格物"

清末西方 Physics 一词之入华，早见于 1847 年的麦都思《英华字典》，译作"性学、性理、格物之学"，为其后问世的其他早期英汉词典所袭用（见下表）。就物理学专业文本而言，则主要采用"格物"一名，如 1868 年仲春北京同文馆刊行的丁韪良（W. A. P. Martin，1827—1916）著《格物入门》，共七卷，内容依次为"水学""气学""火学""电学"

---

① （明清之际）方以智：《物理小识》，浮山此藏轩，1664 年，第 13 页。

"力学""化学"和"算学"。其中,水、气、火、电、力诸学,至今仍是物理学重要部类;"化学"成学较晚,至丁韪良著《格物入门》时止,尚包含在物理学之中;所谓"算学",则不是一般数学,而是指"测算水学""测算气学""测算光学""测算力学",即物理学主要部类中所运用的数学。亦即说,《格物入门》之"格物",乃指今之所谓"物理"。

表1　　　　　　　　　　　早期英汉词典中 Physics 之汉译

词典名	作者名	Society 译名	出版地(者)	出版年
《英华字典》（全1册）	[英] 马礼逊 Robert Morrison 1782－1834	无此条	澳门：Printed at the Honorable East India Companys Press	1822
《英华韵府历阶》（全1册） English and Chinese Vocabulary, In the Court Dialect	[美] 卫三畏 S. Well Williams 1812－1884	无此条	澳门：香山书院	1844
《英华字典》（全2册） English-Chinese Dictionary (in two volumes)	[英] 麦都思 W. H. Medhurst 1796－1856	Physics, natural philosophy, 性学, 性理, 格物之学（卷二, p.955）	上海：墨海书馆	1847
《英华字典》（全4册） English and Chinese Dictionary, with the Puntin and Mandarin Pronunciation	[德] 罗存德 W. Lobscheid 1822－1893	Physics, the science of nature, 性学, 性理, 格物（卷三, p.1313）	香港：Printed an Published at the "Daily Press" Office, Wyndham Street	1868
《上海方言词典》 A Vocabulary of the Shanghai Dialect	[英] 艾约瑟 J. Edkins 1823－1905	无此条	上海：Presbyterian Mission Press	1869

565

续表

词典名	作者名	Society 译名	出版地（者）	出版年
《英华萃林韵府》（全2册） *Vocabulary and Handbook of the Chinese Language, Romanized in the Mandarin Dialect* (*in two volumes*)	［美］卢公明 Justus Doolittle 1824–1880	Physics, natural philosophy or 性学，性理，格物之学（卷一，p. 359）	福州： Rozario, Marcal and Company	1872
《字语汇解》 *An Anglo-Chinese Vocabulary of the Ningpo Dialect*	［美］睦礼逊 W. T. Morrison 1837–1869	无此条	上海： American Presbyterian Mission Press	1876
《英华字典》（全1册） *English Chinese Dictionary*	I. M. Condit	无此条	上海： 美华书馆	1882
《华英字典集成》（全1册） *An English and Chinese Dictionary*	邝其照 （生卒不详）	Physics 性理，格物之学（p. 246）	香港： 循环日报承印（1899）	1887
《英华大辞典》（小字本）	颜惠庆 1877–1950	Physics, n. The science of nature, or of natural objects; that branch of science which treats of the leaves and properties of matter, and the forces upon it, especially, that department of natural science which treats of the causes (as, gravitation, heat, light, magnetism, electricity, etc.) that modify the general properties of bodies; natural philosophy, 物理学，形性学，质学，格物学，形理学（p. 727）	上海 商务印书馆（1920）	1908

"格物"本为中国古典《大学》中的重要概念。《大学》认为"致知在格物"①;"所谓致知在格物者,言欲致吾之知,在即物而穷其理也"②。"格物"即研究万事万物。以之对译 physics,不可谓不达意。《格物入门》凡例云:

格物之学,源于开辟。太初之人,始出两间,环视万物,究其性情,别其名目,斯为格物。今人戴高履厚,内我外物,日与庶类,以接为构,虽不学不思,亦终于与知与能者,略悉一二;然非专心研究,焉得贯串维系,而掌天地之秘钥,以启宇宙之宝藏乎?③

在此,"格物"获得了科学阐释,被赋予了近代意义,成为西方 physics 的东方表达。

五 近代"物理"在日本的确立与入华

(一)《物理小识》在日本传播

日本江户时期输入大批汉文西书(《坤舆全图》《职方外纪》《远西奇器图说》等),方以智的《物理小识》也随同入日。"洋书解禁"之后,日本进口汉文西书更多,《物理小识》的输入量大增,据《唐船持渡书籍目录》载,文化二年(1805)从长崎进口《物理小识》353 部,这在当时是一个不小的数字,表明日本学界(主要是兰学家)对这部书的强烈需求。兰学的开山之作、杉田玄白(1733—1817)的《解体新书》(1774 年刊行),志筑忠雄(1760—1806)的《历象新书》(1798 年刊行)等兰学著作均多次引述《物理小识》,视其为"座右之书"。兰学者山村才助(1770—1807)的《订正增译采览异言》列举西洋、汉土、本朝三类"引用书目",其中汉土书便有《物理小识》。与《物理小识》在日本传播同步,该书中的大量词语进入日本兰学语汇,重要者如"天类"

---

① 《大学》第一章。
② 《大学》第六章。
③ [美]丁韪良:《格物入门》,(北京)同文馆 1868 年版,凡例第 1 页。

的"空中、石油、植物、太西(泰西、远西)、蒸馏","历类"的"赤道、黄道、质测、恒星、岁差、望远镜、经纬度、地球、乘除","风雪雨旸类"的"西洋布、冷气、发育","地类"的"死海、空气、地震、水晶、穷理","人身类"的"循环、肺管、食管、贲门、幽门、直肠、筋、动脉、膀胱","医药类"的"经络、霍乱、外科、骨折、按摩","饮食类"的"密封、消化","金石类"的"镀金、试金石、净水、舶来、洋船","鬼神方术类"的"裸体、透画法、雷电铁索、写真"。与此同时,《物理小识》的"自然科学之理"意义上的"物理"一词,也被日本人所接受,兰学家不再只将"物理"泛解为"万物之理",同时还看作自然科学之总称,这为近代日本人以"物理"对译西方近代物理学(Physics)奠定了基础。

(二)明治初以"物理"对译 Physics,兼采晚期汉文西书之义

在近代欧洲,随着工业革命的展开和自然科学的发展,自然科学各门类纷纷成长为独立学科(如天文学、地质学、化学、生物学等),物理学不再指自然科学之总和,而成为与其他自然科学学科相并列的一门学科。日本自江户幕府末期以降,对西方物理学有所译介,其译名先后出现过"究理学、理学、究理术、自然学、穷理学、博物、格物、学性理、性理之学、格物总智、格物之学"等,直至明治五年(1872),福泽谕吉的《改正增补英语笺》仍使用"穷理学"一词。同年,福泽《训蒙穷理发蒙》三卷刊行,仍然突出"穷理"一词。以后又有以"穷理"命名的多种书籍出版。这些译名受到来自中国的晚期汉文西书的影响,如《英华字典》(1843)将 Physics 译作"性理、格物之学",合信(1816—1873)的《博物新编》译作"博物",丁韪良的《格物入门》译作"格物"。

日本将西方近代自然科学的一个专门——Physics 称作"物理",始于明治5年(1872)初冬文部省刊行、片山淳吉(1837—1887)"纂辑"的"小学课业读本"[①]《物理阶梯》,明治九年(1876)又刊行《改正增补物理阶梯》。该书根据英国和美国的两种物理学少儿读物编成,其内容有总

---

① [日]片山淳吉译:《物理阶梯》,(东京)文部省1872年版,题言第2页。

论，物体论，物性论，偏有论，动静及速力，单动及复动论，双力运动论，运动力论，重心论，运重器，杠杆论，滑车论，斜面、楔及螺旋论，摩轧论，静水论，水压论，诸体本重，动水论（流水论），大气论，空气的碍性论，音响论，音的速力论，温论，光论，阴影及光的反射论，越历论（电气论），天体论，四季论，等等。其"总论"云：

> 凡物之散在于宇宙间，触人之五官者，谓之 nature，即万有之义也。既有其物，必亦有其理。故就物讲明其本性与定则者，谓之 natural philosophy，即考究万有之理之学之义也。然略言其要，不外先知其物，然后察其用。[1]

可见，《物理阶梯》的"物理"已经不是自然科学总称，而是指近代物理学；其对译西语为 natural philosophy。而 natural philosophy 乃 physics 之旧称；在近代英文语境中，这两个名称一度在同一意义上被使用。

这种近代"物理"概念的获得，也有来自中国的晚期汉文西书的影响。片山淳吉1872年晚夏所作《物理阶梯》"题言"申明该书"译字皆从《博物新编》《格物入门》《气海观澜》等先哲撰用者"[2]。前二书依次为晚清入华新教传教士合信和丁韪良所著；《气海观澜》则为日本兰学家青地林宗所著书（1827年刊行），其中参考汉文西书不少。《物理阶梯》出现"化学、物理、亲和（化合）、蒸发、分子、固体、流体、大气、引力、重力、元素"等一系列术语，有的采用自汉文西书，有的则在旧词注入近代义，"物理"即其一例。

（三）"物理学"列入学科名

明治八年（1875），东京大学的前身开成学校所设学科中，有"物理学"一目，这已是指自然科学中一个专门的物理学。明治十年（1877）东京大学成立，理学部设物理学科，此"物理"是英文 Physics 的对译，为今义"物理"。1888年，日、英、德、法语对译《物理术语辞典》

---

[1] ［日］片山淳吉译：《物理阶梯》，（东京）文部省1872年版，第2页。
[2] ［日］片山淳吉译：《物理阶梯》，（东京）文部省1872年版，题言第3页。

出版。

  1890年，日本人藤田平八将盛挺造编的反映近代物理学的书译成中文，定名"物理学"，中国人王季烈对该书作了文字润色和重编，由江南机器制造局刊印，此为第一部中文《物理学》。郑观应的《盛世危言》首先在政论文中从近代义上使用"物理"一词。1912年，京师大学堂更名北京大学，理科设"物理学门"，1917年设"物理学系"。近现代学科意义上的"物理"一词自此流行中国，指自然科学中的一个基础部门，研究物质运动最一般的规律和物质的基本结构，"物理"的古典义——"万物之理"不再常用；"物理"的"自然科学总称"义则为自然科学或博物学所表述。

  概言之，"物理"原为古汉语词，意谓"万物之理"；明清之际方以智的《物理小识》赋予"物理"以"自然科学之理"意蕴；明治初年日本的《物理阶梯》将"物理"对译 physics，指自然科学一个专门的物理学，完成此词词义的近代转换。其间，《物理小识》在"物理"概念的古今演变中起了重要的中介作用，日本人是在接受《物理小识》的"物理"概念的基础上，又采纳来自中国的晚期汉文西书的"物理"义，进而完成"物理"与 physics 的对译工作的。在这一意义上，"物理"可以视作"回归侨词"，不过在回归之前，已在日本接受了近代义的洗礼。

卫 生

卫生谓卫护其生,全性命。

——《太平御览·疾病部》卷一

许多论及中日语汇关系的著述和外来词辞典,都把"卫生"当作日源词。厌恶"日本名词"的清末文士彭文祖在《盲人瞎马之新名词》中,还专门将"卫生"当作有"日本语臭"的词语,指责其不合文法、理数,应予取消。其实,"卫生"是一个地道的中国古典词,完全符合汉语构词法,也易于从词形领悟词义(护卫生命)。近代日本人借用这一汉语古典词对译西洋相关术语 hygiene,而且曾经恭请访问日本的中国士子为之溯源,论证该词合乎理数、文法。

一 古典"卫生"

"卫生"一词,典出于《庄子·杂篇·庚桑楚》:

老子曰:"卫生之经,能抱一乎!"

关于《庄子》"卫生",西晋玄学家郭象(252—312)《庄子注》释义曰:"防卫其生,令合道也。"北宋李昉(925—996)等人编纂的《太平御览·疾病部》卷一释义曰:"卫生谓卫护其生,全性命。"

古代中国,不乏"卫生"一词的用例。东晋陶渊明(约365—427)《形影神三首》第二首《影答形》:"存生不可言,卫生每苦拙。"诗人谢灵运（385—433）《还旧园作见颜范二中书》："卫生自有经，息阴谢所牵。"《宋书·列传·卷六十四》："卫生免害"；《南齐书·列传·卷四十》："卫生保命"。宋代抗金名臣李纲（1083—1140）《读庄子六绝句 其三》："养生有主卫生经，神守全时岂废形。游刃有余刀不挫，解牛须是学庖丁。"宋代理学家刘子翚（1101—1147）《感白发》："尝闻卫生要，心白发自玄。"南宋诗人王迈（1184—1248）《再和王君何定通判韵》："攻过每蒙奇药赐，卫生更借好方抄。"宋元之际士人卫宗武（？—1289）《为徐进士天隐赋辟谷和吟》："卫生有药可忘饥，不愁煮字那能饱。"元代文学家、诗人、学者李孝光（1285—1350）《送陈杏林赴潮州医学教授》："不用越巫驱瘴疠，家家传取卫生篇。"明初"正学先生"方孝孺（1357—1402）《病中述怀 其二》："卫生功莫就，医国理如何。"清代思想家唐甄（1630—1704）《潜书·五形》："贵人之处，卫生常谨。"清代士人万光泰（1712—1750）《四月三日兴济早行》："独行易伤怀，卫生敢不厚。"

这些用例中的"卫生"，均指防卫其生、护卫其命。

中国古籍中还有以"卫生"入书名的。如《宋史·志·卷一百六十》载"沈虞卿《卫生产科方》一卷"；《明史·志·卷七十四》载"胡濙《卫生易简方》四卷（永乐中，濙为礼部侍郎，出使四方，辑所得医方进于朝。一作十二卷）"。

南宋后期理学家真德秀（1178—1235）作《卫生歌》[①]，要言云：

[①]《卫生歌》全文：天地之间人为贵，头象天兮足象地。父母遗体宜宝之，箕畴五福寿为最。卫生切要知三戒，大怒大欲并大醉。三者若还有一焉，须防损失真元气。欲求长生先戒性，火不出兮神自定。木还去火不成灰，人能戒性还延命。贪欲无穷忘却精，用心不已走元神。劳形散尽中和气，更仗何能保此身。心若太费费则竭，形若太劳劳则歇。神若太伤伤则虚，气若太损损则绝。世人欲识卫生道，喜乐有常瞋怒少。心诚意正思虑除，顺理修身去烦恼。春嘘明目夏呵心，秋呬冬吹肺肾宁。四季长呼脾化食，三焦嘻却热难停。发宜多梳气宜炼，齿宜数叩津宜咽。子欲不死修昆仑，双手揩摩常在面。春月少酸宜食甘，冬月宜苦不宜咸。夏要增辛聊减苦，秋辛可省但加酸。季月少咸甘略戒，逢然五脏保平安。若能全减身康健，滋味偏多无病难。春寒莫放绵衣薄，夏月汗多须换着。秋冬衣冷渐加添，莫待病生才服药，惟有夏月难调理，内有伏阴忌冰水。瓜桃生冷宜少餐，免至秋来成疟痢。心旺肾衰切宜记，君子之人守斋戒。常令充实勿空虚，日食须当去油腻。太饱伤神饥伤胃，太渴伤血多伤气。饥渴饮莫太过，免致膨脝损心肺。醉后强饮饱强食，未有此身不生疾。人资饮食以养生，去其甚者将安适。食后徐行百步多，手摩脐腹食消磨。夜半灵根灌清水，丹田浊气切须呵。饮酒可以陶情性，大饮过多防有病。肺为华盖倘受伤，

天地之间人为贵，头象天兮足象地。
父母遗体宜宝之，箕畴五福寿为最。
卫生切要知三戒，大怒大欲并大醉。
三者若还有一焉，须防损失真元气。

1773年，清代士人曹廷栋（1699—1785）自刻《老老恒言》，又名《养生随笔》，共五卷，为清代重要卫生养生专著，颇得后人称道。书中收录了若干"卫生"内容。《老老恒言·卷一·安寝》云：

《真西山卫生歌》曰："默寝暗眠神晏如。"亦有灭灯不成寐者，锡制灯龛，半边开小窦以通光，背帐置之，便不照耀及目。

《老老恒言·卷一·饮食》云：

《卫生录》曰："春不食肝，夏不食心，秋不食肺，冬不食肾，四季不食脾。当旺之时，不可犯以物之死气，但凡物总无活食之理。"

《老老恒言·卷四·便器》：

《卫生经》曰："欲实脾，必疏膀胱。"愚谓利水固可实脾，然亦有水利而脾不寮者，惟脾寮则水无不利，其道维何？不过曰"节食少饮"，不饮尤妙。欲溺即溺，不可忍，亦不可努力。

（接上注）咳嗽劳神能损命。慎勿将盐去点茶，分明引贼入其家。下焦虚冷令人瘦，伤肾伤脾防病加。坐卧切防风入脑，脑内入风人不寿。更兼醉饱卧风中，风才一入成灾咎。枭有序兮犬有义，黑鲤朝北知臣礼。人无礼义反食之，天地神明俱不喜。养体须当节五辛，五辛不节养伤身。莫教引动虚阳发，精竭容枯疾病萦。不问在家并在外，若遇迅雷风雨至。急须端肃敬天威，静室收心须少避。恩爱牵缠不自由，利名索绊几时休。放宽些子自家福，免致中年早白头。顶天立地非容易，饱食暖衣宁不愧。思量无以报洪恩，晨夕焚香谢天地。身安寿永是如何，胸次平夷积善多。惜命惜身兼惜气，请君熟玩卫生歌。

此外，作为"卫生"的同义词和近义词，中国古典还有"养生""摄生"等。

"养生"出典《庄子·内篇·养生主》："吾闻庖丁之言，得养生焉。"

"摄生"见于《老子》第五十章："盖闻善摄生者，陆行不遇兕虎，入军不被甲兵"；《千金方·养性·道林养性第二》："善摄生者，常少思少念，少欲少事，少语少笑，少愁少乐，少喜少怒，少好少恶，行此十二少者，养性之都契也。"

相比之下，还是"卫生"一词保护生命的含义更为明确。

二 近代义"卫生"在中国

1820年，入华英国新教传教士马礼逊在他编纂的《华英字典》（Dictionary of the Chinese Language）第二卷《五车韵府》中，将"卫生"一词释译为 to take care of one's health and life，基本保持了"卫生"一词"防卫其生，保卫生命"的古典义。1866年，传教士罗存德在他的《英华字典》（English and Chinese Dictionary）中，将 hygeian art 译作"保身之理，保身之法"，将 sanitary 译作"保安的"）。

在中国近代语境中，最早以"卫生"一词题名的卫生学之作，当推1872年12月31日《上海新报》所载《卫生总》一文。其文曰：

> 卫生之法，如执玉捧盈，以保其身；临深履薄，以养其气。凡酒不过量，肉不胜期，脍不厌精，淡滋味，均饥饱，此即饮食以卫生也。春莫衣单，夏莫衣汗，秋冬渐添，热毋骤脱，此填衣以卫生也。寝不尸，居不容，行欲缓，坐欲敛，此即住坐卧以卫生也。喜怒哀乐，归于中和，含嗔痴妄，必须看破，更要时时宽心，知足随缘，诸事参透，不忧不怒，嘻嘻哈哈，欣笑自如，此调性情以卫生也。寡色欲，少言语，哀丧坟墓，不可率临；惊风骇浪，须当早避；不大醉，不大饱，起居动静，俱要怡然。以上数端，人人可行，真

> **衞生總**
>
> 衞生之法如執玉捧盈以保其身臨深履薄以養其氣凡酒不過量肉不妨氣膽不厭細食不厭精淡滋味均飢飽此卽飲食以衞生也春臭衣罩夏莫衣汗秋冬漸添熱毋驟脫此卽衣服以衞生也緩不尸居不容行欲緩坐欲歛此仁住坐臥以衞生也喜怒哀襲歸于中和舍嗔痴妄必須看破更要時時寬心知足隨緣諧事泰透不憂不怨嘻嘻哈哈欣笑自如此調性情以衞生也寡色慾少言語哀喪墳墓不可牽臨驚風駭浪須當早避不大醉不大飽起居動靜俱要怡然以遠禍端人人可行延年之秘訣益壽之良方易而不難只要人肯信從心思保養則壽命延長準定無移矣

《卫生总》(《上海新报》1872 年 12 月 31 日)

延年之秘诀、益寿之良方。①

该文内容虽未见超越中国传统《卫生歌》之类，但毕竟可谓"卫生"近代语用之先导。

在译介西方近代卫生学方面，时任江南制造局首席译官的英国人傅兰雅居功至伟。从 19 世纪 70 年代到 19 世纪 90 年代，他翻译、刊行了

---

① 《卫生总》，《上海新报》，(上海) 字林洋行，1872 年 12 月 31 日，第 2 版。

《儒门医学》《化学卫生论》《居宅卫生论》《延年益寿论》等一系列卫生著作。

《儒门医学》乃"英国海得兰撰,英国傅兰雅口译,新阳赵元益笔述",光绪二年(1876)由江南制造局出版。该书主体部分共三卷:上卷"论养身之理",属卫生学;中卷"论治病之法",属治疗学;下卷"论方药之性",属药学。卫生学,书中译谓"保身之学":

> 保身之学,无一人不当知之……乃医家之要旨。
> 保身之学,其用有二:一能令己身无病;一能令他人无病,然其理则一也。①

该书从光、热、空气、水、饮食、运动六方面论述了"保身之法";认为"保身之法与此六者有关。此六者缺一不可,难分其缓急",并称这种认识"乃医学之根源"②。

在翻译原作者海得兰1867年所作的序言时,译者使用了"卫生"一词:

> 此书原名《医学袖珍》,人身脏腑之脉络、病情之传变,未及备载。然文人学士欲粗涉方书,而为卫生济人之用者,得此亦不无小补。古语云:"上工治未病。"所谓治未病者,绝其病源也。③

在此,"卫生"一词和"养身""保身"显然是在同一意义上被使用的。

不久,"卫生"一词被赫然用于卫生译著的题名——《化学卫生论》。该书原为英国化学家真司腾(James. F. W. Johnston)于1850年撰成,后

---

① [英]傅兰雅口译,(清)赵元益笔述:《儒门医学》,(上海)江南制造局1876年版,第1页。
② [英]傅兰雅口译,(清)赵元益笔述:《儒门医学》,(上海)江南制造局1876年版,第2页。
③ [英]傅兰雅口译,(清)赵元益笔述:《儒门医学》,(上海)江南制造局1876年版,原序第1页。

由英国化学家罗以司（G. H. Lewes）修订。1879年夏，傅兰雅与中国士人栾学谦"起译首篇"（前者"口译"，后者"笔述"）；次年（1880）"陆续同译"，在《格致汇编》上连载，两年"卒其业"；另外又装订成书数百本①（分"上本"和"下本"），由"上海申报馆以及各埠寄售《格致汇编》处"发售②。至1890年，前订数百本"早已不胫而走"，译者遂"详加更正，重付手民，刻成四卷"③，再次刊行。其流播之速，由此可见一斑。

该书共三十六卷，从空气、水、土壤等人类生存的自然环境因素，讲到粮食、鱼、肉、蛋等人类的基本食物，再讲到茶、咖啡、酒等饮品，再讲到烟、鸦片等嗜品，乃至人体消化、呼吸、循环系统的生理原理等。"其叙录次序，一本缓急自然之道，论列之以著于篇"，"所撰养生之道，阐发无遗蕴"④。其中有云：

> 养身之事，俱赖化学各理。惟常人只知卫生事略，而化学诸理多不经心，故往往乱用官骸，任食各物，行动不合乎法，居处恒违乎身，或拘乎积习成规，或惯乎素为旧作，此皆有碍于养身之尽善也。⑤

亦如栾学谦序言所述，西方化学家大都"逐末而不反其本，于人之服食起居，多所脱略"；真司腾"有见于此，即寻常日用之端，推明其理，使人各知其所趋避"⑥。可以说，将科学作为"寻常日用"的工具，将化学作为卫生的基础，乃《化学卫生论》的一大特色；由此，"卫生"

---

① ［英］傅兰雅：《重刻化学卫生论》，《格致汇编》第6年第1卷，（上海）格致书室，1891年春季，第44页。
② ［英］傅兰雅口译，（清）栾学谦笔述：《化学卫生论》（文后启事），《格致汇编》第4年第12卷，1882年1月，第9页。
③ ［英］傅兰雅：《重刻化学卫生论》，《格致汇编》第6年第1卷，（上海）格致书室，1891年春季，第44页。
④ （清）栾学谦：《化学卫生论序》，《格致汇编》第3年第1卷，1880年春季，第10页。
⑤ ［英］傅兰雅口译，（清）栾学谦笔述：《化学卫生论》，《格致汇编》第4年第11卷，（上海）格致书室，1881年12月，第9页。
⑥ （清）栾学谦：《化学卫生论序》，《格致汇编》第3年第1卷，1880年春季，第10页。

概念被赋予了科学性。

1890年，傅兰雅译《居宅卫生论》（英文题名 Sanitary Science）由《格致汇编》全年四卷连载；同时格致书室亦有单行本刊行。该书共六章：第一章"城乡却病清神总说"，阐述"却病清神"这一主旨；其余五章依次论述"造屋配样事内却病清神之法""屋内通风与生热各法""大城镇免煤瘴之法""城内通水之法"及"城镇通沟洩秽等法"。最后总结道：

> 如照以上卫生之法，善造房屋，通达空气，安设合用之水，疏洩秽污之物，则不独一年能救无数生灵，犹能每年安然如常。故各国家不可不关心民瘼，设员经理各大城镇卫生之道。殷实之户、丰富之家、工作之厂，均不可不留心此事，以保生命。至于居家小户，亦必留慎卫生之道，以安其居。用此法，可得养生之益；违此法，必有伤生之害。若益若害，任人自择。民应如此，官尤甚焉。见义不为，徒称无勇；知害不避，咎无可辞。天以好生为德，人讵可违天心而不施为焉？夫卫生之道，人所通行。西国多事考求，以期尽善。中华讵可轻视，漠不关心？①

《居宅卫生论》虽然篇幅不长，但包含着城市卫生、工程卫生、公共卫生、卫生行政等要素，赋予了"卫生"概念以技术性、公共性和组织制度性。

1891年，傅兰雅译《延年益寿论》在《格致汇编》夏秋冬三卷上连载。傅兰雅在其所作《批阅跋语》中称：

> 此书甚有裨于人生。论理论法，皆本实事，大非泛论矜奇者可比。其论理率取医学，而究与医学异；立法近乎卫生，又与卫生不同。大旨以免病为主，延年为宗。照法道养，虽不能寿比周彭，要可筹添海屋。谓之延年益寿，未为不可。前译《化学卫生论》《居宅卫生论》二书，已明格致养生之大旨。今译《延年益寿论》，以补前

---

① ［英］傅兰雅译：《居宅卫生论》，《格致汇编》第5年第4卷，1890年冬季，第33页。

书之所未及。①

在傅兰雅看来，就《延年益寿论》所示基本方法而言，虽与"卫生"不尽相同，但就其"以免病为主，延年为宗"这一"大旨"而言，则"近乎卫生"，故可以把它放在卫生学的脉络上，作为以前所译《化学卫生论》《居宅卫生论》二书的补充。

此外，傅兰雅还译有《孩童卫生编》（Health for Little Folks）（1893）、《幼童卫生编》（Lessons in Hygiene）（1894）、《初学卫生编》（First Book in Physiology and Hygiene）（1895）等卫生著作。若说他是中国近代"卫生"之宗，亦诚不为过誉。

至于国人普遍采用近代"卫生"著文论事，则主要是中日甲午战后维新变法和"新政"时期的事情。将"卫生"置于国家、民族变革以自强图存这一时代主题之下加以阐发，是此间关于"卫生"论说的一大特色。1897年，刘桢麟发表《富强始于卫生论》一文。其中有云：

> 欲治国，必自强民始。欲强民，必自强体始。强体之法，西人医学大昌，今且骎骎乎进于道矣。然治已病不如治未病，为他人医不如人人自医。傅兰雅所谓以免病代治病，斯为上工。若是者，舍卫生，末由也。②

1903年，《汉口日报》载文《论变法以卫生为先务》一文。《湖南演说通俗报》迅即转载。该文之所以把卫生放在"变法"（即"新政"）首位，乃基于"人民者，国家根本之所关"这一基本认识。依其所述，中国要想摆脱遭人欺凌，日益衰弱的窘况，必须首先改变"人口四万万有奇而男病洋烟，女病缠足，士农工商又同病于束缚拘拿，莫能自吐其生气"③局面。从对国人心态的估量来看，"变法以卫生为先务"也不失为

---

① ［英］傅兰雅：《延年益寿论·批阅跋语》，《格致汇编》第6年第2卷，1891年夏季，第8页。

② （清民之际）刘桢麟：《富强始于卫生论》，《知新报》第39册，（澳门）知新报社，1897年农历十一月十一日，第1页。

③ 《论变法以卫生为先务》，《湖南演说通俗报》第8期，广州，1903年，第5页。

非常切实的策略：

> 夫中国人之重生命也，不敌其重钱财。骤与之言变法，必将以为不切己，而恝置之。若卫生之事，疾苦快乐，民皆身受，而非他人所能旁代。彼即不喜变法，岂竟不爱其生命乎？知爱生命，则知变法之首，卫生不容缓矣。①

1904年，《汉口日报》又载《广布卫生书籍以强种类说》一文。上海《东方杂志》（1904）、重庆《广益丛报》、成都《四川学报》（1905）先后转载。该文将卫生视为"强种保国之道"②，主张把卫生事业纳入国家行政范围之中：

> 今天下竞言强国矣，而不知种类积弱，则不能强其身，即不能强其家，又安能以强其国？故普鲁士之中央行政也，以卫生与教育、宗教列为一省；日本之订正法制也，以卫生与地方警保编为六局。彼皆重视乎此者，以国民身体之健全与否，与国家实有直接之关系。③

社会进化论构成了清末变革的一大精神动力，也为清末"卫生"论提供了理论基础。如1903年普澄《卫生学概论》起笔云：

> 世界者，生存竞争之剧场、优胜劣败之舞台也。苟非深知卫生，培养其实力者，必无以堪此天演。实力维何？曰元气，曰精神。盖卫生学者，行之于一人，则保全一人之元气，发扬一人之精神；行之于一国，则保全一国之元气，发扬一国之精神者也。人而不知卫

---

① 《论变法以卫生为先务》，《湖南演说通俗报》第8期，广州，1903年，第5—6页。
② 《广布卫生书籍以强种类说》，《东方杂志》第8期，1904年农历八月二十五日，第178页。
③ 《广布卫生书籍以强种类说》，《东方杂志》第8期，1904年农历八月二十五日，第177页。

生，则其人病；国而不知卫生，则其国病。①

总之，在"变法""强种""保国"的时代主题之下，"卫生"概念被赋予了强烈的政治意味，甚至有了挥之不去的民族主义意蕴。

三　日本采用"卫生"一词，请中国士人辨正

清末的维新变法和"新政"皆以日本为样板，其间又有史所罕见的留学日本热，故此时国人所用之"卫生"，不仅来源于傅兰雅等人译著，而且也来源于日本。如：1901年农历五月上海的教育世界社刊行的《学校卫生学》一书，为日本医学士三岛通良著，汪有龄译；1905年农历十一月初一日天津直隶学务处发行的《教育杂志》第十七期所载《学校卫生之要项》，即译自日本《教育时论》；1907年7月苏州东吴大学发行的《东吴月报》第十二期所载《学校卫生》，乃节译日本文部省颁定规则。1908年《通学报》第八十三至八十六册连载盛国城译《学校卫生规则》也源自日本。译者申明："昔者，日本文部省颁布关于学校卫生诸规则，提要钩元，应用甚广。爰将其全文译出，以为有志教育者参考之资料焉。"②

日本早在幕末时期即有以"卫生"题名的医学卫生著作问世，如1812年大阪的加贺屋弥助出版的本井子承著《秘传大人小儿卫生论》；也有用"摄生""养生""健全"等词题名的译作，如1863年杉田玄端（1818—1889）译成的《健全学》。明治初年，这种一义多名的局面短暂持续之后，"卫生"脱颖而出，不仅在各类文本中广为采用，而且于明治十年（1877）以"字面高雅"为由，将内务省下辖主管医疗、保健业务的部门从"司药局""医学局"更名为"卫生局"。但这一新的官署名在朝野尚存争议，有人主张以"养生"代"卫生"作局名。

---

① 普澄：《卫生学概论》，《江苏》第3期，（东京）江苏同乡会，1903年农历五月初一，第75页。

② 盛国城译：《学校卫生规则》，《通学报》第83册，（上海）通学报社，1908年5月11日，第348页。

清光绪十三年（1887），总理衙门议奏遣员游历章程，朱批"依议"，于是举行考试，选举派出人员，兵部郎中傅云龙（1840—1901）名列第一，被派往游历日本及美洲。同年八月傅氏抵日本，于明治二十年底（1887年12月13日）访问内务省卫生局。其时正困扰于署名正否的卫生局局长兼元老院议官长与专斋，请教傅云龙："卫生之目当否？"傅云龙当即为长与专斋作《卫生论》一篇，首先从问题的提出说起：

> 卫与医，皆所以遂其生也，意将毋同，然而说异。医恒施于已疾，卫则在于未疾也。先是，明治八年设司药，医学一端耳；十六年，易名卫生试验所。表饮食之比较，图服用之损益，固合化学、算学、医学、物理学，而自成一卫生学矣。长与氏犹虑名实未符，问云龙至再。

可见，直至明治二十年，即"卫生局"命名后十年，日本内务省卫生局之名，尚争议未决，故长与专斋局长希望得到来自汉字文化母国的华人学者的论证。傅云龙不负所望，在《卫生论》中洋洋洒洒，详考"卫生"一词的来龙去脉：

> 案《说文解字》"卫（繁体字'衛'——引者注），宿卫也，从韋、帀，从行，行。衞也，帀之言周。"《史记》卫令曰周庐以此。然则卫生云者，有护中意，有捍外意，不使利生之理，有时而出；不使害生之物，乘间而入。秽者，洁之仇也，去秽即以卫洁。赝者，真之贼也，辨赝即以卫真。过而不及者中之弊也，退过进不及，即以卫中。洁也、真也、中也，皆所以生也，独医云乎哉。或谓何不曰养？曰：养，难言也。以心以气曰养，有自然之道，以力以物曰卫，有勉然之功。今日之勉然，未始非自然基；然以学言，则不必高言养也。目以卫生，谁曰不宜？

傅云龙从"卫生"一词的结构、内涵分析入手，论证该词含义的纯正，较之"养生"更为适合作主管医疗、保健的官署名称。

从傅云龙应答日本内务省卫生局局长的专文《卫生论》，可以清楚得见,"卫生"一词作为古汉语词被日本人所借用,中国是"卫生"的"娘家"。当近代日本人为此名目的含义聚讼未决之际,还得请"娘家人"来作疏解、诠释。

在傅云龙访日十余年后,亡命日本的梁启超1900年在《清议报》第41号发表的文章中,述及日本"设卫生洁净诸局:以卫民生",将"卫生"诠解为"以卫民生",也是"娘家人"对"卫生"一词的精彩阐释。

当然,日本人以摄生、保身、健全、养生、卫生等多个汉字词翻译hygiene,对清末中国人的译事也有影响。1908年上海商务印书馆出版的译学进士颜惠庆等编纂的《英华大辞典》便将hygiene译作保身学、卫生学;1928年商务印书馆出版的黄士复等编纂的《综合英汉大辞典》,将其译作卫生学、健全学。

可见,现代义的"卫生"一词,是在中—西—日三边语汇互动中形成的,走过了"中国古典词—传入日本—日本以之对译西方术语—传输回中国"这样一个跨国度、跨文化的旅程。"卫生"是"侨词来归"的词例,而这一"归侨",已非出国前的原态,其气质、内涵皆带有外来新义。当然,在古今中日流转、迁衍之际,其"防卫其生,保卫生命"的基本意涵,则超越时空,一以贯之。

小　　说

> 考小说之名，最古是见于庄子所说的"饰小说以干县令"。……至于《汉书》《艺文志》上说："小说者，街谈巷语之说也。"这才近似现在的所谓小说了……
>
> ——鲁迅《中国小说的历史的变迁》

"小说"本是中华古典词，原意为琐屑而偏颇的言论、小道消息。而现代意义的"小说"，则指一种通过人物、情节和环境的具体描写来反映现实生活，抒发作者思想感情的文学体裁。"小说"一词的转义是在近代西学东渐背景下发生的，它首先是英语 novel 等词翻译的结果。翻译时借用了中国古典词"小说"，承袭其固有含义，又加以引申，铸就"小说"的现代义。这种翻译过程，在近代中日两国平行发生，而后发生交叉——日制"小说"流入中文世界，丰富了中国近代"小说"的内容，对中国"小说"概念的近代化提供了助力。故今之文学类关键词"小说"，是本土译名和"回归侨词"合二为一的结果。

一　"小说"的汉语古典义

古汉语词"小说"，典出《庄子·外物篇》：

> 夫揭竿累，趣灌渎，守鲵鲋，其于得大鱼难矣。饰小说以干县令，其于大达亦远矣。①

---

① 鲁迅在《中国小说的历史的变迁》中指出："'县'是高，言高名；'令'是美，言美誉。但这是指他所谓琐屑之言，不关道术的而说，和后来所谓的小说并不同。"

文中"县"乃古"悬"字,意为高;"令",意为美;"干",意为追求。全句为庄子语:举着细小的钓竿钓绳,奔走于灌溉用的沟渠间,可得泥鳅,而难获大鱼。靠修饰琐屑的言语(小说)以求高名美誉,那就与讲大道理差得远了。这里的"小说",意谓民间传言,卑琐而无宏旨,非道术所在。"小说"谓"浅识小道",尚不是指一种文体。

将"小说"赋予文体义,首见于东汉初年桓谭(公元前23年—公元50年)的《新论》:"若其小说,合丛残小语,近取譬论,以作短书,治身理家,有可观之辞。"将小说归为"治身理家"的短书,并非治国平天下的"大道"。

将"小说家"列为诸学派之一,见于《汉书·艺文志》。东汉史家班固(32—92)在《艺文志》中将先秦以来的学派、流别归纳为"十家":儒、墨、道、名、法、阴阳、农、纵横、杂、小说。对小说家的诠释是:

> 小说家者流,盖出于稗官。街谈巷语,道听途说者之所造也。孔子曰:"虽小道,必有可观者焉,致远恐泥,是以君子弗为也。"然亦弗灭也。闾里小知者之所及,亦使缀而不忘。如或一言可采,此亦刍荛狂夫之议也。[①]

颜师古注《汉书·艺文志》曰:"稗官,小官。"又引如淳曰:"细米为稗。街谈巷说,甚细碎之言也,王者欲知闾巷风俗,故立稗官,使称说之。"古代"稗官""野史"并列,与"大言""正史"相对,成为小说或小说家的代称。《艺文志》所论"小说",指篇幅短小,题旨低微、带传闻性的记述,但亦反映民间意向,有可采之处。鲁迅认为,《汉书·艺文志》所称"小说","这才近似现在的所谓小说了"[②]。

《旧唐书·志·卷二十六》《经籍志》上,将书籍分为甲、乙、丙、丁四部,所收录者依次为经、史、子、集;"丙部为子,其类一十有四:一曰儒家……九曰小说家,以纪刍辞舆诵。"《旧唐书·列传·卷八十

[①] 班固:《汉书·艺文志》。
[②] 鲁迅:《中国小说的历史的变迁》,《鲁迅全集》第9卷,人民文学出版社1981年版,第302页。

八》:"闾阎之琐语,风谣之小说。"

宋代开始将小说以一种文体视之。北宋沈括(1031—1031)《梦溪笔谈·辨证二》:"盖小说所记,各得于一时见闻,本末不相知,率多舛误,皆此文之类。"南宋洪迈(1123—1202)《容斋随笔》卷十五《唐诗人有名不显者》:"大率唐人多工诗,虽小说戏剧,鬼物假托。莫不宛转有思致,不必颛门名家而后可称也。"这里小说与诗及戏剧并称,已有一个文学品种的意味。

综论之,在中国古代,"小说"指街谈巷语、逸事异闻,反映民情风俗,故朝廷设小官(稗官)搜集,以观民风。在图书的"经、史、子、集"四部分类中,小说书多划入子部,或作为"史遗"划入史部。但大体言之,"小说"长期被视作上不了台面的"次文化",虽有可观之处,但毕竟是"小道",所以"君子不为"。然而,街谈巷语,道听途说的"小说"因其生动地表现大众生活及心理、状态,故深受民间喜爱。东汉、魏晋、隋唐以来,神话传说、志怪志人之作、传奇讲史等不断得以发展,开小说之先河。宋明以降,话本小说、章回小说竞起,特别是明代《三国演义》《水浒传》《东周列国志》《西游记》《封神演义》《金瓶梅》《三言二拍》等长短篇面世,清代《红楼梦》《儒林外史》《老残游记》《聊斋志异》等长短篇面世,小说蔚为大观。

二　中国文学"小说"概念初立

小说创作的繁荣局面,为文学理论的更新、小说文体意识的觉醒和小说理论的诞生提供了基础。文学理论更新之健者,当推明代思想家、文学家李贽(1527—1602)。他评点的《水浒传》《西游记》《浣纱记》等,将小说请进文学殿堂。李贽力主提升小说的地位,为倡赞俗文学的第一人。其《童心说》云:

> 天下之至文,未有不出于童心焉者也。……诗何必古《选》?文何必先秦?降而为六朝,变而为近体,又变而为传奇,变而为院本,为杂剧,为《西厢曲》,为《水浒传》,为今之举子业,皆古今至文,不可得而时势先后论也。故吾因是而有感于童心者之至文也,更说

什么六经,更说什么《语》《孟》乎!①

在李贽看来,唐代的传奇,元明的《西厢记》《水浒传》等,和《论语》《孟子》等经典一样,都是"出于童心"的"天下之至文"。

另一彰显小说文本意识觉醒的,是明代文学家、戏曲家冯梦龙(1574—1646)。他编纂的《古今小说》(全称《全像古今小说》,后名《喻世明言》),是最早以"小说"一词题名的文集,中国"小说"概念,由此现世。

冯梦龙所作《古今小说·叙》,虽篇幅短小,但堪称小说理论之滥觞。其起笔即提出一个重要命题:

史统散而小说兴。②

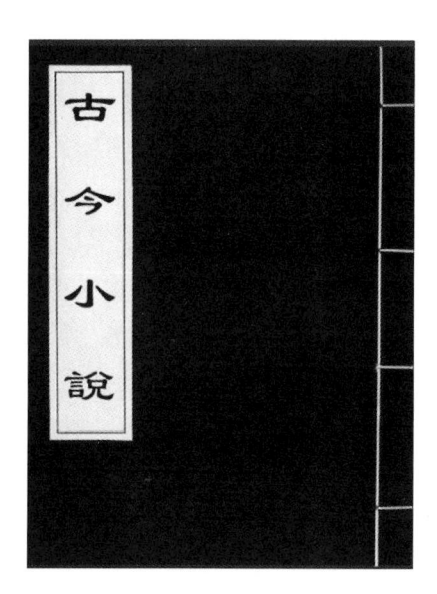

冯梦龙《古今小说》及《叙》

意谓小说的兴起是"史统"崩溃或不被遵循的结果。所谓"史统",

---

① (明)李贽:《焚书》卷三《杂述·童心说》。
② 魏同贤主编:《冯梦龙全集》第一册,凤凰出版社2007年版,《古今小说·天许斋藏板扉页题词》,第2页。

指在漫长的历史进程中确立的历史书写范式和传统,如"秉笔直书""微言大义""为帝王将相立传"等。冯氏这一命题,不仅揭示了小说的历史起源,而且透见了"小说"和"史"两个概念的逻辑关系。依冯梦龙之见,叙事是"小说"和"史"的共通之处;符合"史统"的称之"史",不合"史统"的称之"小说"。

在提出这一命题后,《古今小说·叙》又勾勒了中国小说的历史轨迹:

> 始乎周季,盛于唐,而浸淫于宋。韩非、列御寇诸人,小说之祖也。《吴越春秋》等书,虽出炎汉;然秦火之后,著述犹希。迨开元以降,而文人之笔横矣。若通俗演义,不知何昉。按南宋供奉局,有说话人,如今说书之流。其文必通俗,其作者莫可考。泥马倦勤,以太上享天下之养,仁寿清暇,喜阅话本,命内珰日进一帙,当意,则以金钱厚酬。于是内珰辈广求先代奇迹及闾里新闻,倩人敷演进御,以怡天颜。然一览辄置,卒多浮沉内庭,其传布民间者,什不一二耳。然如《玩江楼》《双鱼坠记》等类,又皆鄙俚浅薄,齿牙弗馨焉。暨施、罗两公,鼓吹胡元,而《三国志》《水浒》《平妖》诸传,遂成巨观。要以韫玉违时,销镕岁月,非龙见之日所暇也。皇明文治既郁,靡流不波;即演义一斑,往往有远过宋人者。①

继而,《古今小说·叙》对唐代传奇和宋明通俗演义做了简单比较,讴歌"通俗"的力量:

> 大抵唐人选言,入于文心;宋人通俗,谐于里耳。天下之文心少而里耳多,则小说之资于选言者少,而资于通俗者多。试今说话人当场描写,可喜可愕,可悲可涕,可歌可舞;再欲捉刀,再欲下拜,再欲决胆,再欲捐金;怯者勇,淫者贞,薄者敦,顽钝者汗下。虽小诵《孝经》《论语》,其感人未必如是之捷且深也。噫,不通俗

---

① 魏同贤主编:《冯梦龙全集》第 1 册,凤凰出版社 2007 年版,《古今小说·天许斋藏板扉页题词》,第 2 页。

而能之乎？①

虽然冯梦龙像李贽一样力倡"通俗"，但从其文脉可知，其"小说"概念包括《韩非子》《列子》中的寓言、唐代的"传奇"、宋代的"话本"、元明以降的"演义"等。中国文学中的"小说"概念，于此初立。

明末清初文学批评家金圣叹（1608—1661）将《水浒传》与庄、骚并列，纳入"才子书"，指出小说重在塑造人物形象，长于艺术虚构，将小说理论推向高峰。

沿着李贽、冯梦龙、金圣叹脉络，清初戏剧家李渔（1611—1680）关于小说的论述又向前跨进，其《闲情偶寄·词曲部·词采第二》说：

> 能于浅处见才，方是文章高手。施耐庵之《水浒》，王实甫之《西厢》，世人尽作戏文小说看，金圣叹特标其名曰"五才子书""六才子书"者，其意何居？盖愤天下之小视其道，不知为古今来绝大文章，故作此等惊人语以标其目。噫，知言哉！②

清乾隆年间学者纪昀（1724—1805）《阅微草堂笔记》，多有关于"小说"的论述，颇有意味。他提出"小说固非尽无据也"③这一论断，堪称卓识。

清嘉道间小说家、《荡寇志》作者俞万春（1794—1849）认为，"小说"乃出于"君子造意"，是一种"游戏"；但"于世道人心亦大有关系"④；"越是小说闲书越发播传得快，茶坊酒肆，灯前月下，人人喜说，个个爱听"⑤。俞氏强调作者"造意"，开"主题先行"之先河，而此恰为小说创作之大忌。

---

① 魏同贤主编：《冯梦龙全集》第1册，凤凰出版社2007年版，《古今小说·天许斋藏板扉页题词》，第2—3页。
② （清）李渔：《闲情偶寄·词曲部·词采第二》。
③ （清）纪昀：《阅微草堂笔记》卷十《如是我闻三》。
④ （清）俞万春：《荡寇志·附录一》。
⑤ （清）俞万春：《荡寇志·结水浒全传》。

三 "小说"近代义的获得

"小说"概念的近代化是在中西对译间展开的。新名"小说"对译的英文词,当然主要是 Novel,但还有 Fiction、Romance 和 Story 等。亦即说,新名"小说"的诞生,至少是 Novel、Fiction、Romance 和 Story 四个英文词汉译的结果。据表1可知,1822年,在马礼逊词典里,Novel 一词在 A small tale 的义项上被译作"小说书";1844年,在卫三畏词典里,"小说"与 Novel 达成对译;麦都思以下其他词典仍之。1847年,在麦都思词典里,"小说"又与 Fiction 和 Romance 达成对译;罗存德以下其他词典仍之。1869年,在罗存德词典里,"小说"复与 Story 达成对译;1887年邝其照词典仍之。

就文学专业文本说来,西方的 Novel 之入华,早见于上海的英文报纸 The Shanghai Evening Courier (《上海通信晚报》)。该报1870年6月刊载 Daribaldi's Novel (《加里波第的小说》),1872年11月刊载 Recent Novels (《新小说》) 等文章。但就 Novel 概念进入中国语文世界而言,则早见于1872年10月在上海创刊的专门刊载文学作品的综合性文艺杂志《瀛寰琐纪》。1872年农历十二月,该杂志第三卷开始连载中国近代小说史上第一部长篇翻译小说《昕夕闲谈》。这在近代小说发展史上具有重大意义。同时刊登的还有"蠡勺居士"所作《昕夕闲谈小叙》,此为中国近代最早的小说理论著述。该《小叙》首先概述了中国小说的源流及初旨:

> 小说之起,由来久矣。虞初九百,杂说之权舆;唐代丛书,琐记之滥觞;降及元明,聿有平话无稽之语,演之以神奇浅近之言,出之以情理,于是人竞乐闻,趋之若鹜焉。推原其意,本以取快人之耳目而已;本以存昔日之遗闻琐事,以附于稗官野史,使避世者亦可考见世事而已。①

---

① (清) 蠡勺居士:《昕夕闲谈小叙》,《瀛寰琐纪》第3卷,(上海) 申报馆,1872年农历十二月,第6页。

小　说

表1　早期英汉词典中小说概念的翻译

词典	Fiction 译名	Novel 译名	Romance 译名	Story 译名	出版年
《英华字典》（全1册）马礼逊	无此条	Novel, extraordinary and pleasing discussions, 新奇可喜之论。A small tale, 小说书 hearing of a few romances and novels forthwith think that they are true, 听些野史小说便信真了。（p. 297）	无此条	A tale of things past, 古事 (p. 412)	1822
《英华韵府历阶》（全1册）卫三畏	无此条	Novel, 新奇 Novel, a 小说 (p. 191)	无此条	Storyteller, 说古的 (p. 276)	1844
《英华字典》（全2册）麦都思	Fiction, 无根之语; works of fiction, 小说（卷一, p. 565）	Novel, a romance, 小说, 稗说; romances and novels, 野史小说（卷二, p. 885）	Romance, 小说（卷二, p. 1101）	Story, tale, 话, 古事; a long story, 话长; history, 纲鉴; idle stories, 妄诞; as the story goes, 话说; a false story, 谬言之事; a story-teller, 讲古者（卷二, p. 1232）	卷一1847 卷二1848

· 591 ·

续表

词典	Fiction 译名	Novel 译名	Romance 译名	Story 译名	出版年
《英华字典》（全 4 册）罗存德	Fiction 荒唐, 小说, 无根之言, 无根之语; Fictionist 作虚诞者, 作小说者, 作荒唐者（卷二, p. 822）	Novel, a, 小说, 稗说; to arite novels, 作小说, Novelist, a, 作小说者, 作情书者（卷三, p. 1231）	Romance 怪诞, 小说, 荒唐（卷四, p. 1508）	Story, a tale, 话, 说, 道; a written narrative of facts or evens, 史, 事迹; a trifling tale, 小说, 讲古, 小事迹; to tell a story, 讲古, 说古事, 说事迹（卷四, p. 1684）	卷二 1867 卷三 1868 卷四 1869
《上海方言词典》J. Edkins, B. A	Fiction, 无根个说话, (works of) 小说 (p. 38)	Novel, 小说, 闲书; (of the seven men of genius) 七才子书 (p. 73)	Romance, 小说, 闲书 (p. 103)	有此条, 无此义项	1869
《英华萃林韵府》（全 2 册）卢公明	Fiction, 小说, 无根之语（卷一, p. 189）	Novels, 小说, 稗说; Romances and 野史小说（卷一, p. 328）	Romance or novel, 小说（卷一, p. 415）	Narrative, 一段古; long 话长; idle 妄言, 妄诞; false 谬言; 捏造谬言之事; made up, 说古的, 说古的人, 讲古事者; teller, 讲古事者（卷一, p. 465）	1872

续表

词典	Fiction 译名	Novel 译名	Romance 译名	Story 译名	出版年
《字语汇解》睦礼迩	Fiction, 小书, 闲书, 小说 (p. 173)	Novel, 闲书, 小书 (p. 313)	Romance, book of leisure moments, 闲书 (p. 403)	Story, 故事 (p. 454)	1876
《英华字典》I. M. Condit	Fiction 诈假之事 (p. 48)	Novel 新, 奇, 小说 (p. 80)	无此条	Story 一段古 (p. 113)	1882
《华英字典集成》（全1册）邝其照	Fiction 无稽之语, 小说 (p. 137)	Novel 新, 奇, 小说 (p. 222)	Romance 小说怪诞 (p. 303)	Story, a tale 话, 说, 小说, 事迹 (p. 113) To tell a story 讲古, 说古事 (p. 113) A false story 虚诞, 谬论 An idle story 妄言 The story goes 人话, 人传, 流言 (p. 114)	1887

· 593 ·

循此继进，《小叙》从功能角度对"小说"作如下界说，指出小说愉悦人心的艺术功能：

> 小说者，当以怡神悦魄为主，使人之碌碌此世者，咸弃其焦思繁虑，而暂迁其心于恬适之境者也。①

在规定小说"怡神悦魄"的基本功能的基础上，《小叙》又对小说"启发良心""察于人伦"的教化功能予以肯认，对"小说为小道"的正统观念予以否定：

> （小说）又令人之闻义侠之风，激其慷慨之气；闻忧愁之事，则动其凄宛之情；闻恶则深恶；闻善则深善。斯则又古人启发良心，惩创逸志之微旨；且又为明于庶物，察于人伦之大助也。且夫圣经、贤传、诸子百家之书，国史、古鉴之纪，载其为训于后世，固深切著明矣。而中材则闻之而辄思卧，或并不欲闻。无他，其文笔简当，无杂缛之观也；其词意严重，无谈谑之趣也。若夫小说，则粧点雕饰，遂成奇观，嬉笑怒骂，无非至文，使人注目视之，倾耳听之，而不觉其津津甚有味，孳孳然而不厌也。则其感人也必易，而其入人也必深矣。谁谓小说为小道哉？②

《小叙》提出，小说的创作者不可将自己的创作活动视为"笔墨烟云"，而应该注意消除小说的"四蔽"：

> 邪正之辨不可混，善恶之鉴不可淆，使徒作风花雪夜之词，记儿女缠绵之事，则未免近导淫，其蔽一也。使徒作豪侠失路之谈，纪山林行劫之事，则未免近于诲盗，其蔽二也。使徒写奸邪倾轧之

---

① （清）蠡勺居士：《昕夕闲谈小叙》，《瀛寰琐纪》第3卷，（上海）申报馆，1872年农历十二月，第6页。
② （清）蠡勺居士：《昕夕闲谈小叙》，《瀛寰琐纪》第3卷，（上海）申报馆，1872年农历十二月，第6页。

心，为机械变诈之事，则未免近于纵奸，其蔽三也。使徒记干戈满地之事，逞将帅用武之谋，则未免近于好乱，其蔽四也。去此四蔽，而小说乃可传矣。①

此"四蔽"说，以关注小说社会影响之名，行扼杀文学生机之实。文学为人学，表现人的七情六欲，由此揭示社会实态，乃小说的使命，笼统将其归之于"蔽"，则陷于谬误。若依蠡勺居士之议，"逞将帅用武之谋"的《三国演义》，"作豪侠失路之谈"的《水浒传》，"记儿女缠绵之事"的《红楼梦》，皆当打入另册。

19世纪七八十年代间，见诸报刊的关于"小说"的评论，以否定性意见为主。如：1878年6月22日，《万国公报》第十年四百九十四卷"大清国事"刊登《请禁淫词小说》一文，称"稗官小说""祇足供饭饱茶余，无事翻阅；而求其有补于风教，有裨于经籍，有益于世道人心，则未也"；"小说传奇，宣淫海诈，备极秽亵，污人耳目"②。同年7月6日，《万国公报》第十年四百九十六卷"政事十则"栏刊登"槎溪小宋"所撰《戒撰淫书小说论》一文，后附传教士慕维廉按语称："淫词小说，观之沦入骨髓，故败俗伤风，莫此为甚。"③ 1882年9月27日，上海杂志《益闻录》第一百九十二号刊载《小说害人》；1886年7月3日，《益闻录》第五百七十四号刊载《论淫词小说之害》。当然，批判的对象是中国本土小说。

1895年6月，入华英国传教士傅兰雅在《万国公报》上刊登《求著时新小说启》云：

窃以感动人心，变易风俗，莫如小说。推行广速，传之不久，辄能家喻户晓，气习不难为之一变。今中华积弊最重大者，计有三端：一鸦片，一时文，一缠足。若不设法更改，终非富强之兆。兹

---

① （清）蠡勺居士：《昕夕闲谈小叙》，《瀛寰琐纪》第3卷，（上海）申报馆，1872年农历十二月，第6页。

② 《请禁淫词小说》，《万国公报》第10年494卷，（上海）林华书院，1878年6月22日，第609页。

③ （清）槎溪小宋：《政事十则：戒撰淫书小说论》，《万国公报》第10年496卷，（上海）林华书院，1878年7月6日，第634页。

欲请中华人士愿本国兴盛者，撰著新趣小说，合显此三事之大害，并祛各弊之妙法，立案演说，结构成编，贯穿为部，使人阅之，心为感动，力为革除。辞句以浅明为要；语意以趣雅为宗。虽妇人幼子，皆能得而明之。述事物取近今易有，切莫抄袭旧套，立意毋尚稀奇古怪，免使骇目惊心。①

此为近代中国"新小说"之先声。

四　"小说"概念在日本的确立

古汉语词"小说"很早就传入日本，但对街谈巷语、稗官野史义的表述，日本更多用"物语"（意谓故事、传奇），如镰仓初期的《宇治拾遗物语》。江户时代小说家曲亭马琴（1767—1848）指出，"物语"即相当于"稗官小说"。日本古代、中世和近世盛行的"物语文学"（代表作如《竹取物语》《伊氏物语》《源氏物语》等），正是小说这一文学样式的展开。

基于此，日本最早小说理论著作《小说通》② 应运而生。该书为木村通明（1787—1856）所撰，内容包括"稗官小说解嘲辨""小说品类""稗史古今之差别""读本绣像之精粗""草双纸画之精粗""续绘双纸之出所""洒落本中评判记差别""评判记品目""解嘲拾遗""小说品类拾遗"十部分。其关于"小说"的界说如下：

稗史、小说者，何也？当世所谓读本、草双纸之类也。诚妇女儿童之玩物，儒者、学士以为读本、草双纸诬世惑人，不足取，多不触手。此等书不独我皇朝昨今之巧出，亦出于《汉书·艺文志》。

---

① ［英］傅兰雅：《求著时新小说启》，《万国公报》第77卷，（上海）美华书馆，1895年6月，第31页。

② 日本早稻田大学图书馆藏漆山天童（1873—1948）写本，http://www.wul.waseda.ac.jp/kotenseki/search.php。

很显然，这里的"小说"，是一个源于中国而又日本化了的文学概念。

1853年，美国东印度舰队的四艘军舰在马休·佩里准将率领下驶入日本江户湾（今称东京湾），这便是打开日本三百年锁国的"佩里来航"，此后，"英学"风行日本，标示西方小说概念的英文词汇很快进入早期英日词典，获得译名。如表2所示，"小说物"和"小说"作为Fiction和Story的译词，早见于1862年的《英和对訳袖珍辞书》；而"小说"与Novel和Romance达成对译，则见于1873年的《英和字汇》。

表2　　　　早期英日词典中小说概念的翻译

辞书名	编纂者	Fiction 译名	Novel 译名	Romance 译名	Story 译名	出版地 出版者	出版年月
英和对訳袖珍辞书	堀达之助（1823—1894）	小说モノ（p. 293）	新法。新说。法度ノ创立（p. 538）	造リ物语（p. 699）	小说。雑话。阶（p. 785）	江户：洋书调所	1862
英和对訳袖珍辞书（改正增补）	堀达之助 堀越龟之助	小说モノ。造リ事。方便（p. 293）	新法。新说。法度ノ创立（p. 538）	造リ物语（p. 699）	小说。物语。阶（p. 786）	江户：开成所	1866
和訳英辞书	高桥新吉ら	小说モノ。造リ事。方便（p. 209）	新法。新说。法度ノ创立（p. 384）	造リ物语（p. 502）	小说。物语。阶（p. 561）	上海：American Presbyterian Mission Press	1869年1月
和訳英辞林	前田正谷 高桥良昭	小说物。造事。方便（p. 244）	新法。新说。法度ノ创立（p. 446）	造リ物语（p. 578）	小说。物语。阶（p. 646）	上海：American Presbyterian Mission Press	1871年

续表

辞书名	编纂者	Fiction 译名	Novel 译名	Romance 译名	Story 译名	出版地 出版者	出版年月
英和对訳辞书	荒井郁之助	小说物。造事。方便（p. 174）	新法。新说。法度ノ创立（p. 314）	造リ物语（p. 405）	小说。物语。阶（p. 452）	东京：小林新兵卫	1872年9月
英和字彙（附音插图）	柴田昌吉（1841—1901）子安峻（1836—1898）	小说。诈言。方便。无根ノ语（p. 375）	小说。新律（p. 761）	小说。虚妄（p. 992）	说话。事跡。歷史。小说。阶（p. 1135）	横滨：日就社	1873年1月
和訳英辞书（改正增补）	东京新制活版所	小说物。造事。方便（p. 224）	新法。新说。法度ノ创立（p. 446）	造リ物语（p. 578）	小说。物语。阶（p. 646）	东京：东京新制活版所	1873年12月
英和字彙（增补改订2版）	柴田昌吉 子安峻	小说。诈言。方便。无根ノ语。无稽ノ言（p. 374）	小说。新律（p. 681）	小说。虚诞。荒唐。虚妄（p. 871）	说话。事跡。歷史。小说。阶。楼。层（p. 987）	东京：日就社	1882年8月

明治以降，日本多以"小说"称描写人物故事的非韵文的文学样式。1885年4月，小说家兼文学评论家坪内逍遥（1859—1935）撰《小说神髓》一书问世。该书分上、下两卷，各含五大部分：上卷为"小说总论""小说之变迁""小说之主眼""小说之种类""小说之裨益"；下卷为"小说法则总论""小说脚色之法则""时代物语之脚色""主人公之设置""叙事法"，堪称汉字文化圈最早的一部较为系统完备、囊括中西日

的近代小说理论著作。坪内逍遥指出,"小说是美术"①(意即艺术),而"美术以娱乐人之心目,提高人之气格为目的"②;"小说之主眼在于人情"③,又说"小说是假作物语之一种,所谓奇异谭之变体"。"奇异谭"即英国的所谓Romance,趋向于"荒唐无稽""奇怪百出"④;小说的主要特征在于传奇性,在于对社会风俗的描写,对人生事件的展开。这既承袭了古汉语"小说"的固有含义,又向前作了引申——"再现人生",使"小说"具有了近代义。

诺贝尔文学奖得主川端康成(1899—1972)在坪内逍遥小说论的基础上,强调小说表现"人生",认为小说是"人生的叙事诗"⑤,当然,这里的"诗"是借代语。川端指出,小说是散文艺术,与韵文艺术(诗歌)相对应。⑥坪内逍遥对小说特征的另一概括是虚构性,他在《时代小说の脚色》中指出,"小说家与正史家的区别在于",小说家有"多少妄诞故事的嗜好",认为正史是不能虚构的,而小说允许并需要虚构,小说家必须有虚构故事的癖好与能力。⑦同时,坪内又强调小说要"写实",川端则力主小说反映人生,要追求"艺术的真实",作"美的表现"。⑧幕末作家曲亭马琴参考金圣叹《水浒传》评点,概括"稗史七法则":主客、伏线、衬染、照应、反对、省笔、隐微。后来夏目漱石(1867—1916)的《文学论》以此作为小说构成论的基本内容。总之,近代日本形成的"小说"概念及"小说论",既汲纳了西方小说理念,又承袭并发展了中国传统的小说观。

---

① [日]坪内逍遥:《小说神髓》上卷,(东京)松月堂1885年版,第1页。
② [日]坪内逍遥:《小说神髓》上卷,(东京)松月堂1885年版,第1页。
③ [日]坪内逍遥:《小说神髓》上卷,(东京)松月堂1885年版,第19页。
④ [日]坪内逍遥:《小说神髓》上卷,(东京)松月堂1885年版,第7页。
⑤ [日]川端康成:《小说の构成》,东京ステイルス社1983年版,第29页。
⑥ [日]川端康成:《小说の构成》,东京ステイルス社1983年版,第30页。
⑦ [日]坪内逍遥的言论参见明治文学全集16《坪内逍遥集》,(东京)筑摩书房1969年版。
⑧ [日]川端康成:《小说の构成》,第33、36页。

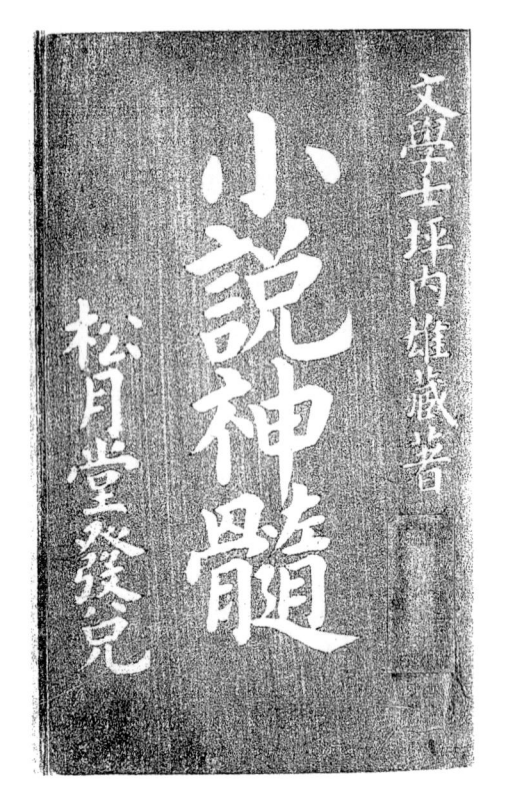

坪内逍遥《小说神髓》（1885 年）

五　近代义"小说"入华及"小说界革命"

自坪内逍遥赋予"小说"以近代义以后，明治中晚期小说一词在日本普遍使用，"长篇小说""短篇小说""社会小说""政治小说""问题小说""私小说"等语常见于书籍报端，并传播至清末中国，一批启蒙思想家试图借助小说这种通俗的文学样式，开启民智，遂有清末"小说界革命"之兴起。

1897 年，严复、夏曾佑在天津《国闻报》发表《本馆附印说部缘起》，译介新小说，此为"小说界革命"之先声。不过，严、夏尚未用"小说"一词，而是沿用"说部"。1898 年梁启超撰《译印政治小说序》，提倡译小说当择关切于中国现实者。梁氏此处所用"小说"及"政治小说"均借自日本新名词，指现代义的"小说"。梁氏本人曾勉力创作政治小说，以宣传其改良政治的主张。

清末"小说界革命"的纲领之作是梁启超的《论小说与群治之关系》，该文称：

> 欲新一国之民，不可不先新一国之小说。故欲新道德，必新小说；欲新宗教，必新小说；欲新政治，必新小说；欲新风俗，必新小说；欲新学艺，必新小说；乃至欲新人心，欲新人格，必新小说。何以故？小说有不可思议之力，支配人道故。……今日欲改良群治，必自小说界革命始；欲新民，必自新小说始。①

力主提高小说地位，重视小说的社会功能，使小说为"改良社会，开通民智"服务。

清末小说创作及翻译极一时之盛，著译小说千数百种，② 涌现《官场现形记》《二十年目睹之怪现状》《老残游记》《孽海花》等四大谴责小说，及林纾译述之《巴黎茶花女遗事》《黑奴吁天录》等具有影响的作品。

1900—1910年创刊的小说专门期刊很多，集中于上海；《新小说》《绣像小说》《月月小说》《小说林》堪称晚清四大小说杂志。其中，最早的是梁启超主编的《新小说》，1902年创刊于日本横滨，翌年迁至上海，1906年元月停刊，共出24期，对促进晚清小说繁荣局面之形成有重大作用。1902—1904年，《新小说》杂志第一号至第十二号刊载的有"历史小说""政治小说""科学小说""哲理小说""侦探小说""冒险小说""语怪小说""法律小说""外交小说""写情小说""社会小说""劄记小说""传奇小说"等，名目繁多，前所未有，不仅扩大了"小说"概念的外延，而且注入近代义内涵。

---

① 梁启超：《论小说与群治之关系》，《新小说》第一年第一号，（日本横滨）新小说社，1902年农历十月十五日，第1页、第8页。
② 据阿英统计，清末十年间，出版小说1500种，2/3为翻译小说。见钱杏邨（阿英）《晚清小说史》。

《月月小说》发文论述小说的社会意义，该刊 1907 年 10 月号载《论小说与改良社会之关系》称：

> 夫小说者，不特为改良社会，演进群治之基础，抑亦辅德育之所不迨者也。吾国民所最缺乏者，公德心耳。①

该刊 1907 年 11 月号载《中国历代小说史论》呼吁中国产生如英国狄更斯、俄国托尔斯泰那样的反映社会情状的小说家：

> 呜呼！吾国有翟铿士（今译狄更斯——引者）、托而斯太（今译托尔斯泰——引者）其人出现，欲以新小说为国民倡者乎？不可不自撰小说，不可不择事实之能适合于社会之情状者为之，不可不择体裁之能适宜于国民之脑性者为之。②

至五四时期，鲁迅（1881—1936）等的白话小说成为新文化运动的一支生力军。鲁迅还长期从事小说史研究，自 1910 年开始辑校《古小说钩沉》，后又编《唐宋传奇集》《小说旧闻钞》，在详尽的资料工作基础上，于 1920—1924 年在北京大学讲授中国小说史，其讲义以《中国小说史略》③之名出版，此为中国小说史的开山之作，其关于"小说"的概念，上承《汉书·艺文志》以致《四库全出书总目》之故说，又汲纳近代西洋概念，为"小说"作史的叙述，结束了"中国小说自来无史"的状况，将小说纳入文学史的重要部位，完成了"小说"从古典义到现代义的转换。鲁迅在《中国小说的历史的变迁》中，交代"小说"一名的演绎过程：

> 考小说之名，最古是见于庄子所说的"饰小说以干县令"。"县"是高，言高；"令"是美，言美誉。但这是指他所谓琐屑之言，不关

---

① 丁守和主编：《辛亥革命时期期刊介绍》第 1 集，人民出版社 1982 年版，第 591 页。
② 丁守和主编：《辛亥革命时期期刊介绍》第 1 集，人民出版社 1982 年版，第 592 页。
③ 鲁迅：《中国小说史略》，《鲁迅全集》第 9 卷，人民文学出版社 1981 年版。

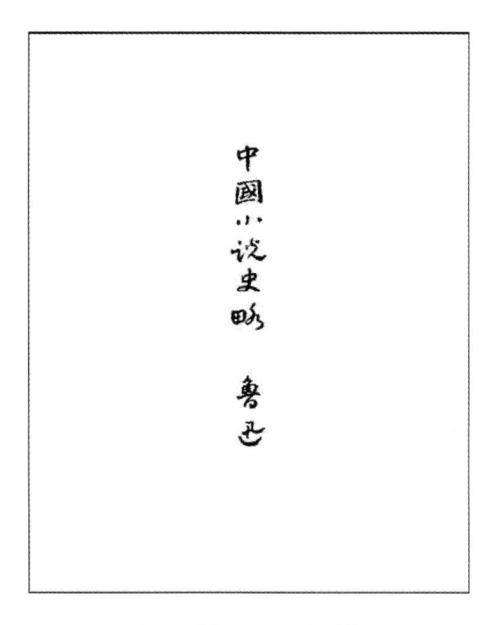

鲁迅《中国小说史略》

道术的而说,和后来所谓的小说并不相同。……至于《汉书》《艺文志》上说:"小说者,街谈巷语之说也。"这才近似现在的所谓小说了,但也不过古时稗官采集一般小民所谈的小话,借以考察国之民情,风俗而已,并无现在所谓小说之价值。

周作人(1885—1967)等则介评坪内逍遥的《小说神髓》,推动近代义"小说"概念在中国的传播。

总之,"小说"概念的古今因革,中国自成谱系,其中包括向日本传播、与西洋对译。而东渡扶桑的"小说"一名,不仅历经了日本化过程,而且经日西对译,演为近代概念,继而回归故里,在中国近代小说史上掀起了一层巨波,丰富了中国近代小说的内容,促进了中国"小说"概念近代化的完成。清末以降,"小说"一词以近代义得以流行,其"街谈巷语""稗官野史"的古典义,作为一种背景和底蕴,仍然潜伏其间。小说以传奇特色、虚构手法构成"人生叙事诗"和"社会风情画",都包蕴着中国式的古典意味。

名实错位

由于汉字的多义性，汉字词往往可以在同一词形下推衍出多种含义，故以汉语古典词对译西洋概念，常发生引申和变义，这正是新语创制的可能与必需。然而，这种引申与变义应当以该词的古典义为原点，或令其内涵缩扩（如机器、教授、物理等），或令其内涵发生相关性转化（如历史、组织等），而并未全然抛弃原义、背离旧词的意义方向；至于"借形赋义"，即保留汉语旧词原形，通过改变原有构词法，赋予全新含义（如民主、影响、现象等）。如果以汉字词对译外来概念，既与汉语词古典义完全脱钩，甚至与原有意义方向悖反，亦与对译的外来语含义相去甚远，又无法通过改变构词法从原词形推导出新的词义来，其"新义"全然是外在强加上去的。这种对译，便会因"名实错位"导致"概念误植"。

笔者曾以中国史分期命名为例，草拟制定新名的四条规则：（1）制名以指实，概念与所指实际相吻合；（2）循旧以创新，新义须与原义保持意向的大体一致，起码不能相背；（3）中外义通约，汉语译名与外来词含义基本吻合；（4）形与义切合，能从词形推衍出新义。[①] 若违此四条，便可能造出含义偏谬的新名，可称之"误植词"。

本栏目列举使用面甚广的两词——"经济""形而上学"，辨识其在何处失足及偏误导致的不良后果。此外，如"自由主义""个人主义"等译词，与对译之外来词意义大相径庭；又如以"黄色"指淫秽、色情，完全违背"黄"字的汉语本义（居"青赤黄白黑"五色之中义、日光色义、大地义、黄种人义、黄帝义等），也大大夸张了对译英语词"黄色小报"的贬义。[②] 这些误用词皆产生消极作用。

对译中发生名实错位，均有其历史、社会及文化的原因。考察这些

[①] 见冯天瑜《"封建"考论》（修订版），中国社会科学出版社2010年版，第361—363页。

[②] 参见陈培基《善与恶岂可同词——也谈"扫黄"》，《词库建设通讯》1993年第2期。

名实错位

原因，追查其误植的弊害，或有助于亡羊补牢，找寻补正办法；或可为今后的新语创制寻觅正途，防止不确切新名的再度出现与滥用。

误植词如果获得学术因素或非学术因素的推助，口耳相传，流衍广远，久而久之，变为约定俗成的语文，便难以改变。误植词若危害有限，姑妄言之，权且用之；若危害甚剧，则须设法更正，以另名取而代之。

经　　济

　　经济者，经纶干济也。而吾国通俗以善计者曰经纪。日人输入中语，因音近而误作经济（此类甚多）。今此一名词又回输吾国，而沿用为生计义，与原义全别。虽已积习难返，然其本原界限，不可不知也。

——黄摩西《普通百科新大辞典》

　　"经济"是时下的常用术语，"国民经济""经济改革""经济小吃"不绝于人们的耳际笔端。这些用例中的"经济"，是借用汉语旧词对英文术语economy所作的翻译，指国民生产、分配、交换、消费的总和，兼指节俭、合算。但考究起来，今天我们习用的负荷着上述新义的"经济"一词，既与该词的汉语古典义相去甚远，又无法从其词形推导出今义来，是一个在"中—西—日"语汇传译过程中步入别途的词语。而"经济"所指概念的转变，正透露近代日本人以及随后的中国人对于社会生计问题的认识，从泛政治、泛道德理念摆脱出来的趋向。[①]

一　"经济"的古典义：经世济民、经邦济国

　　作为汉语古典词的"经济"，是"经"与"济"合成的联合结构词。"经"，甲骨文无此字，金文作𦀰，下面是织机的脚架，上下两横是

[①] 参见冯天瑜《中国语、日本语、西洋语相互传播间"经济"概念的变迁》（载国际日本文化研究中心纪要《日本研究》第31集，2005年10月）。

名实错位

织机中穿筘的框，三条曲线就是织机织布时的纵线。小篆作經，在左边加上"糸"，更加强调丝线义，这样"巠"就充当声符，同时又表义，成为形声字兼会意字。《说文·糸部》曰："经，织也。从糸，巠声。"段玉裁注："经文从丝谓之经，必先有经而后有纬。""经"为编织物的纵线，与横线"纬"相对。

水流水干称巠，道路称径，故"经"又通"径"，初见于《周易》，指阡陌（田间小路）；东汉刘熙《释名·释典艺》谓："经，径也……如径路无所不通"。

"经"转为动词，含"治"义，《周礼·天官·大宰》谓："以经邦国"，《淮南子·原道训》谓："有经天下之气"，这里的"经国""经天下"，意即"治国""治天下"。

"经"与"纶"联用（"纶"指用丝编成的绳，引申为有条理义），如《周易·屯卦·象传》说："云雷屯，君子以经纶。"《中庸》说："惟天下至诚，为能经纶天下之大经。"这些句式中的"经纶"作"治理""匡济"解。此外，"经"还与"略"组成"经略"，与"制"组成"经制"，意近"管辖""治理"。

"经世"连用，首见于《庄子·齐物论》：

> 六合之外，圣人存而不论。六合之内，圣人论而不议。春秋经世，先王之志，圣人议而不辩。

这里的"经世"，据王先谦、章太炎考证，庄子的本意是纪世、世纪编年，后来被援儒入庄的儒生释为治世、救世，这与儒家的入世主义有关，并不切合道家的出世理念。在儒术占主导的时代，"经世"正是以治世、救世这些儒家意旨得以流传、广为运用的。

"济"，金文作 ，小篆作 ，是以"水"为形符、以"齐"为声符的形声字。"济"本义是河流名，指济水，又有与水有关的泛义。作名词为渡口，作动词为渡过水流。《尚书》有"以济兆民"一类句式。济还与"齐"相通假，有整齐调和之意。

"经世"与"济民"联合成"经世济民""经世济俗"等词组，如晋人葛洪（约281—341）的《抱朴子·明本》说："经世济俗之略，儒者

· 610 ·

之所务也。"该书还有"以聪明大智，任经世济俗之器"的句式。隋唐以降，"经世济民"之类渐为流行语，如唐高祖李渊（566—635）颁布的文告中有"经邦济世"短语出现（见《大唐创业起居注》卷一）。此语还成了命名的源泉，远者如唐太宗李世民（599—649）的名字，取自"经世安民"之义（见《旧唐书·太宗本纪》）；近人如辛亥革命武昌首义的重要参加者蔡济民（1886—1919），其名更直取"经世济民"的后二字。

"经济"一词，是"经世济俗""经世济民"的缩语，首见于西晋。《晋书·长沙王乂传》载，"八王之乱"间，长沙王司马乂（277—304）致书其弟成都王司马颖（279—306），称他们兄弟"同产皇室，受封外都，各不能阐敷王教，经济远略"。《晋书·纪瞻传》载，东晋元帝（317—322 年在位）褒奖纪瞻的诏书称："瞻忠亮雅正，识局经济。"《晋书·殷浩传》载，东晋简文帝（371—372 年在位）在致殷浩书中，评价殷浩（303—356）曰："足下沉识淹长，思综通练，起而明之，足以经济。"隋代王通（584—617）《中说·礼乐篇》称赞当时一个儒学世家：

> 是其家传，七世矣，皆有经济之道。

王通这段话常被多种辞书作为"经济"一词的首出先例用，其实，它晚于上述史籍中的"经济"用例约三个世纪。

唐代以降，"经济"的使用频率日高。如《唐书》的《玄宗本纪》赞曰：

> 庙堂之上，无非经济之才。

李白（701—762）《嘲鲁儒》：

> 鲁叟谈五经，白发死章句。
> 问以经济策，茫如坠烟雾。

杜甫（712—770）《水上遣怀》：

古来经济才，何事独罕有。

晚唐文士袁郊的传奇《甘泽谣·陶岘》言及王岘：

岘之文学，可以经济。

《宋史·王安石传》载朱熹论王安石：

以文章节行高一世，而尤以道德经济为己任，被遇神宗，致位宰相。

古有名联，夸司马迁、司马相如的文学才华，赞诸葛亮治国平天下（经济）的能力：

文章西汉两司马，经济南阳一卧龙。

《宋史》对事功派士人每以"经济"评论之，如《宋史·叶适传》说叶适"志意慷慨，雅以经济自负"；《宋史·陈亮传》说陈亮"志存经济，重许可"。

《红楼梦》中贾政赞扬贾雨村注意"经济"，责骂儿子贾宝玉迷恋风月，不习"经济"。

上列文句中的"经济"，都是"经世济民""经邦济国"的简写，意指为政者"治理国家""拯济生民"，含义类似"政治"。当然，古义"经济"也包含国家财政、国计民生义，如明代刘若愚的《酌中志》卷七，论及万历年间司礼秉笔太监陈矩，"是以有志经济，每留心国家岁计出入"。而留心国家岁计出入，关注国计民生，乃是经邦济国的一部分，故这里的"经济"没有脱离传统的"经邦济国"含义。

与"经济"含义相近的"经略""经制"等词多入官名，如唐、宋、明、清于沿边要地，设"经略使"，为边防军事长官（《水浒传》中八十万禁军教头王进受高太尉迫害，夜走延安府，投奔的便是小经略使）；

宋、明又有经理东南财赋的"经制使"一职。而"经济"成为职官名的，则有金代的"经济使"（见《金史·傅慎微传》）。

时至晚清，"经济"一词仍沿用其古典义（经世济民），然日益增多盐务、河工、漕运等关系国计民生方面的内容。林则徐的弟子冯桂芬（1809—1874）1861年在《校邠庐抗议·采西学议》中讨论"经济所从出"时，主张"辅以诸国富强之术"，开"西学经济"之先河。随后，薛福成、王韬等也竞相谈论"富强"，使经国济世之学走向实务。当然，晚清引领这一学术走向的是曾国藩。

曾国藩（1811—1872）作为经世派士子，其一贯主张乃是"义理、经济合一"。早在道光二十三年（1843）正月的《致诸弟》中，他便主张在传统儒术的"义理之学""考据之学""辞章之学"之外，加上"经济"之学。这里的经济，指经邦济国的实学。以后，同治八年（1869）曾氏在《劝学篇·示直隶士子》中，将孔学分为义理、考据、辞章、经济四科，又在《求阙斋日记类钞》卷上《问学》详论曰：

> 有义理之学，有词章之学，有经济之学，有考据之学。义理之学，即《宋史》所谓道学也，在孔门为德行之科。词章之学，在孔门为言语之科。经济之学，在孔门为政事之科。考据之学，即今世所谓汉学也，在孔门为文学之科。此四者阙一不可。

将"经济之学"列入孔门的政事之科，以突显理学的经世功能，表明曾国藩仍在"经邦济国"，也即政治意义上使用"经济"一词，而涉及国计民生的实学（兵学、农学、理财等），又是"经济之学"的重要展开部。因曾氏在咸丰、同治、光绪年间的巨大影响以及时势的需求，"经济之学"在晚清渐成士子倾心研习的学问，此一词组也就不胫而走，普遍使用。

清光绪二十四年（1898）五月，即戊戌变法前夜，湖广总督张之洞（1837—1909）与湖南巡抚陈宝箴（1831—1900）会奏《妥议科举新章折》，主张在科考中废除八股时文，代之以中国史事、国朝政治论为内容的"中学经济"，以各国地理、学校、财赋、兵制、商务、刑律为内容的"西学经济"（见《张文襄公全集》卷四十八）。同年，贵州学政严修

(1860—1929)请设选拔"洞达中外时务"人才的经济科目。因戊戌政变,此议搁置,旋即于清末新政时重新启动,光绪二十七年七月(1901年8月),清廷发布上谕,废除八股时文,在科举考试中设立"经济特科""经济正科",以策论试时事。经济特科于1903年开始实行,御试经济特科人员于保和殿,清末新政的主持人张之洞曾担任过"经济特科阅卷大臣"。经济特科课试内容涉及"中学经济""西学经济",其"经济"仍指经邦济国、经世济民,不过已包含中、西学术关于国家治理(财政、贸易、交通等为其大宗)的新近内容。这是清末科举制度改革的一项重大进展,使八股时文退出科考舞台,实为1905年废除科举的前奏。

晚清入华的新教传教士也在传统含义上使用"经济"一词。如林乐知(Allen, Y. John, 1836—1907)1875年10月(光绪元年九月)开始在《万国公报》三五八卷上连载《中西关系略论》,其首篇《论谋富之法》便有"讲求尧舜禹汤之经济"的句式;《万国公报》四九七卷(光绪四年六月)刊载隐名氏的《关爱中华三书》,其第三书,有"天下万国之中,中华多经济之才,故为富强之国"的句式,其下文又反复出现"经济"一词,如"此本为当强之经济""欲为富强之国,经济须预储也""当实求其经济""虽有经济而无近益"等。同刊五三三卷,载署名"稍知时务者"的《劝士习当今有用之学论》,内有"大学问、大经济"的用语。西方传教士主办的《万国公报》里多处出现的"经济"一词,皆指"经世济民""经邦济国",但重点已在"富强之国""富足之道",展示着"经济"这一政治性古典词向国计民生含义转化。

二　中日近古经世实学"经济"论：国计民生

(一)"经济"的"经世"义

先秦以降,"经济"的"经国济民"之义常在"经世"名目下得以展开。清人龚自珍说：

> 自周而上,一代之治,即一代之学也;一代之学,皆一代王者

开之也。……是道也，是学也，是治也，则一而已矣。①

这种"道、学、治"一以贯之的儒学经世精神，又有思孟派的"内圣"与荀子的"外王"两种走向。荀子倡言"一天下，财万物，长养人民，兼利天下"（《荀子·非十二子》），展示了"经济"之学研讨国计民生的内容。此种走向，南宋的陈亮、叶适等"事功派"加以发扬，他们力主"义利双行"，财政、兵政等实学成为"经济"的展开部。至明清之际，经世实学达到新的高峰，"利用厚生"被学人奉为圭臬，农政、盐务、漕运、商贾、理财充实着"经济"的内涵，经世之学渐成独立学科。

据赵靖《中华文化通志·经济学志》、叶坦《"中国经济学"寻根》二文考，"经济"进入书名，常见于宋元以降，如宋人刘颜著《经济枢言》、马存著《经济集》、滕珙编《经济文衡》，元人李士瞻撰《经济文集》。明代以"经济"名书者更多，如《经济文辑》《皇明名臣经济录》《经济类编》《经济言》《经济文钞》《经济名臣传》《经济宏词》《经济总论》等。清朝更有《皇朝经济文编》《皇朝经济文新编》。明清涌现的种种"经济文编"，与两朝联翩而出的"经世文编"的内容及编辑体例相近，多为经世济民的方策结集，其间包含着越来越具体的关于财政工商方面的内容，诸如财计、赋役、屯田、盐法、茶法、河渠、漕运、工虞、货殖等类目。② 可见，宋元以降，"经济"所蕴含的国计民生意义日渐张大。当然，这一切都纳入"经世济民"的总题之内，也就是说，从属于国家治理此一政治性题目之下。

（二）"经济"一词在近世日本的使用

"经邦济国"义的"经济"一词随同汉籍，很早便传入日本，时见于古代日籍之中。至近世（江户时代），以"经济"命名的日籍更多，如古学派太宰春台（1680—1747）的《经济录》（享保十四年，1729年刊），开宗明义诠释"经济"：

---

① 《龚自珍全集》，上海人民出版社1975年版，第4页。
② 参见冯天瑜《晚清经世实学》第十一章《晚清"经世文编"的编纂》，上海社会科学院出版社2002年版。

名实错位

> 凡天下国家治理，皆经济云。
>
> 尧舜以来，历世的圣贤，尽心立言，垂教后世，皆此经济一事为之。

兰学家青木昆阳（1698—1769）的《经济纂要》、晚期儒学者海保青陵（1755—1817）的《经济谈》、将神道与洋学"混同"的佐藤信渊（1769—1851）的《经济要录》，以及中井竹山的《经济要语》、古贺精里的《经济文录》、正司考祺的《经济问答录》等书，所论"经济"，含义皆为"经国济民"，或为其发挥，如佐藤信渊在《经济要录》卷一五称：

> 所谓经济，乃是经营天地之神意，救济世界人类之业。

佐藤信渊还在《经济问答》中宣示："经济者，国土经营，万货丰饶，人民济救之道。"讲的当然还是经世济民的政治论，然其重心放在物质财富的创造和分配上。这种注重研讨国计民生的经济论，正是日本江户时代力纠空谈虚议的实学精神兴盛的一种表现，预示着"经济"一词发生词义近代转换的趋势。

江户晚期的洋学，其经济论更倾向于国计民生问题的探索，而且将学习西洋科学和生产技术引入经济论。洋学家本多利明（1744—1821）所著《经世秘策》，提出国政的四大急务：第一，焰硝（掘采硝石，破碎岩石暗礁，开通水陆交通），第二，诸金（开采金、银、铜、铁、铅诸矿物，作国家之大用），第三，船舶（造船及发展海运，使天下物产得以流通），第四，属岛开业（周边岛屿开发，尤其是拓殖北部边疆）。其"经世"一词，虽仍取古汉语的"经邦济世"之义，但"经世"的内容，已在物质生产、流通、交换、分配等方面展开，并主张学习西洋科技。本多利明还著《经济放言》一文，其"赘言"讨论房屋、道路、桥梁的筑造，以及石材、铁材的运用如何仿效西洋之法；其"经济总论"讨论物产增殖，以满足万民的衣食住之需用，进而提出：作为"海国"的日本，解决此一问题的出路在扩大海外贸易。可见，江户时代日本人的经济论，虽然仍为经世济民的政治论，其重心已放在涉及国计民生的物质生产、流通、交换、分配上,并带有开放色彩。这为近代日本人以"经济"对译 economy 埋下了伏笔。

江户时期的日本除在"经济"名目下议论国计民生问题外,还常用"富国"一词。早于本多利明的林子平(1737—1793)曾撰《富国策》一文,探讨贫富问题。林子平的篇名效法中国宋代李觏(1009—1059)的专论《富国策》。当然,"富国"一词更有远源,司马迁即称春秋时的管仲治齐,"通货积财,富国强兵"[①]。战国时的荀子更有题名"富国"的专文。[②] 19 世纪 60 年代末,清朝的京师同文馆设"富国策"课程,美国传教士丁韪良(1827—1916)讲授;来华的英国传教士艾约瑟(1823—1905)则著《富国养民策》(连载《万国公报》第 43—88 册,时在光绪十八年至二二年,即 1892—1896 年)。日本方面,启蒙学者福泽谕吉(1834—1901)在明治十八年(1885)著文,亦题名《富国策》。[③]

可见,日本人和入华西方传教士曾经不约而同地借用中国古典词,以"富国策"命名探讨国计民生问题的论著,并一度以之对译西洋术语 economics。

(三)"经济学"的呈现

"经济学"一词,亦为中国古来素有。《全唐诗》卷 263 所载严维诗曰:

> 还将经济学,来问道安师。

此为较早之例。宋人朱熹评《陆宣公奏议》,有"此便是经济之学"的句式。《元史》卷一七二也出现短语"经济之学"。明清史籍中,品论时人,常有"当务经济之学""好讲经济之学"的说法,并往往将"经济之学"与"性命之学""义理之学""掌故之学"相并列,作为学问的

[①] 《史记·管晏列传》。
[②] 《荀子·富国》。
[③] 《富国策》,《福泽谕吉全集》第 10 卷。

一个类别。前述晚清曾国藩在义理之学、考据之学、词章之学以外，加入"经济之学"，认为是士人必修之业。这些"经济学""经济之学"用例，皆指"经世济民之学"，然已包藏着愈益增多的国计民生内容，但毕竟未能突破泛政治、泛伦理的故套。日本江户前中期的经世家所用"经济学"一词，大体与中国唐宋元明清时期的"经济学"含义类似：在"经邦济国之学"的总题之下，包含着日渐增多的国计民生内容，但尚未突破"经济"的政治性框架。至江户末期，此一格局发生变化，这与西洋术语的东传直接相关。

三 西方 Economy 语义古今演绎与定型

汉字文化圈内的"经济"一词，从"经世济民"这一古典义转化为意指社会生产关系的总和，成为国民生产、分配、消费的总称，又兼有节约、合算之义，始于近代日本人以它充作英语 economy 的译词。在西方，economy 一词有相当复杂的发展过程。

英语 economy 一词从希腊文 οικουομικοδ 演变而来，西元前 4 世纪，希腊思想家色诺芬（Xennophon）著《经济论》（οικουομικοδ），其中希腊文 οικου 作家庭（家族）解，υομοδ 原意为法律或支配，引申为经营，二者组合成词，意谓"家政""家计管理""家族经营"，故色诺芬此书可译作《家政学》《家政论》。这便是西方文化中 economy 一词的始源。晚于色诺芬半世纪的亚里士多德（公元前384—前322）将经济学的任务确定为研究取财、致富之术，关于奴隶的分配也是题中之义。亚里士多德著《家政学》和《政治学》二书，认为"家政学先于政治学而产生。……家政学有别于政治学，正如家庭之别于城邦"[①]。他将致富之途分作两种：家庭管理与城邦管理，他认为前者才是自然的、正当的。[②] 总之，在西方，economy 的"家政学"含义是久远的，不过逐渐发生演变。

---

① ［希］亚里士多德：《家政学》，《亚里士多德全集》卷9，中国人民大学出版社1994年版，第289页。
② ［希］亚里士多德：《家政学》，《亚里士多德全集》卷9，中国人民大学出版社1994年版，第22—23页。

至中世纪，古典的城邦社会不复存在，然而国家及封邦的政治治理与家庭生计（economy）仍然分裂，与中国古来即有的"身—家—国—天下"一体，"修、齐、治、平"是统一过程的观念大相径庭。故古汉语词"经济"（经邦济国）的概念域大于欧洲古典时代及中世纪使用的economy（家政、家计）。

16世纪，economy（家政学）与农学结合，乡村贵族多研习之。economy又与基督教神学结合，含"神的摄理"意味，逐步具有法律含义。17世纪，economy渐由"家政"义放大为国家治理义，其概念域扩张，与中国古典词"经济"（经邦济国）所含概念接近，如法国早期重商主义者蒙特克里田（A. de Montchretien）1615年出版的 *Political Economy* 一书，可意译为"国家的秩序与统治"，其书还声称是"献给国王和王太后的政治经济学"，蒙氏谓其所论已超出家庭生活、家族管理范围，而广涉社会治理、国计民生问题，包含治国平天下的政治内容，是一种供"君主鉴"的读物，故称Politcal Economy（可译作"政治经济学"）。

18世纪西欧的经济学论著渐多，启蒙思想家卢梭（J. J. Rousseau，1712—1778）1755年为法国《百科全书》（修纂于1751—1780年间）撰写"政治经济学"条目，与古希腊的"家计学"相区别，突出治国平天下的内容。古典经济学家亚当·斯密（Adam Smith，1725—1790）、大卫·李嘉图（David Ricardo，1772—1825）、马尔萨斯（Thomas Robert Malthus，1766—1837）、穆勒（John Stuart Mill，1806—1873）等都采用political economy一名。如李嘉图1817年发表代表作，书名即 *On the Principles of Political Economy, and Taxation*（《政治经济学和赋税原理》）。马克思写过《政治经济学批判》；其巨著《资本论》，副标题也为"政治经济学批判"。当然，欧洲18世纪以降的这些重要哲人的经济思想，也包含着对社会生产、分配、交换、消费的法则的探求，这使得economy一词不再是政治的附庸，而是指与政治相联系而又自成格局的国计民生活动。

近代西方，economy具有"经济"和"经济学"双重含义，19世纪英语国度有人提出，"经济学"宜加ics词尾，使其成为规范的学科名目，遂有economics一词出现。英国1843年创刊的著名周刊 *The Economist*（《经济学家》），推动了economics（经济学）一词的普及。至19世纪后期，西方的经济学与政治学分野渐趋明确，经济学专事社会生产、分配、交换、消费问题的研究。如威廉·杰文斯（W. S. Jevons）于19世纪70年代末提出，以economics（经济学）取代political economics（政治经济学）。英国经济学家马歇尔（A. Mayshall）1890年出版 Principles of Economics（《经济学原理》），以"经济学"名书。此后，economics（经济学）与political economics（政治经济学）的分野渐趋明显。

19世纪初叶以降，随着经济生活的进展，economy（经济）的内涵渐趋细密。英国经济学家詹姆斯·穆勒（James Mill, 1773—1836）在所著《政治经济学要义》中，首倡"经济"含义的"四分法"：生产、分配、交换、消费。此后麦克库洛赫（J. R. Mc Culloch, 1789—1864）在《商业辞典》中有类似论说。经济的今义（社会生产、分配、交换、消费的行为、过程，以及在此基础上形成的人的社会关系之总和）由此大体定型。

综论之，西方经济学（economics）的理念历经了一个"否定之否定"的发展过程：古代和中世纪，家计、家政之学（economy）与城邦及国家政治之学（political）相分离；近代初中期，二者趋于结合，在政治经济学（Political Economy）名目下得以发展；19世纪中叶以降，随着工业文明、商品经济的成熟，在新的层次上，经济学与政治学分途发展，经济学（Economics）从政治经济学（Political Economy）离析出来，成为探讨国计民生问题的专门之学，社会生产、分配、消费、交换是其研究对象。

早在1631年，西方的Economica便已进入汉文世界，见于李之藻、傅汎际合译的《名理探》，意译"治家"，音译"额各诺靡加"[①]，但几无影响。总体说来，西方经济概念的东传，是19世纪中期以后的事情（日本在19世纪中期，中国在19世纪末20世纪初）。19世纪中后期在西方正在发生economy所含概念从"政治经济学"向"经济学"的演化，因此两国学人对economy的理解不尽相同，从而导致对于汉字译词选择的差异。

四 幕末明治日本"经济"与economy对译

近代早期的日本对西语economy的翻译，经历了一个较为复杂的过

---

① 以上见［葡］傅汎际，（明）李之藻《名理探·五公卷之一·诸艺之析》，第11页。

程，其中首先是受到欧美 economy 语义的演变的影响，继而日本人又作多几次跳跃式的选择。

（一）欧美 economy 含义变化与日本的跟随

西语 economy 曾在很长时段与 political（政治的）连用，兼容政治治理义，至 19 世纪中叶，欧美以 economy 作为"政治经济学"（political economics）的省称，economy 的含义重心向社会生产、交换、分配转化。正当此间（幕末明治初，也即 19 世纪中叶），日本人翻译西方经济学论著，在寻求与 economy 对应的汉字译词时，挑选含有"经邦济国"义的"经济"，就势在必行。此外，如前所述，江户中期以来经世实学发展，"经济"一词已包含愈益增多的国计民生义。这两方面的结合，导致"经济"与 economy 含义的相互靠拢，促成近代日本人以"经济"对译 economy。

日本幕末洋学渐兴，英和辞典应运而生。文久二年（1862）出版的洋书调所教授堀达之助主持编纂的《英和对译袖珍辞典》，首次将 economist 译作"经济家"，将 political economy 译作"经济学"。1869 年"官许"再版的《英和对译袖珍辞书》[①] 将 Economy 译作"家事、俭约、法"，将 Political economy 译作"经济学"（第 123 页），显然注意到了二者的区别。同年出版的高桥新吉（1843—1918）等编《和译英辞书》（第 176 页）[②]，1872 年 9 月出版的荒井郁之助（1835—1909）编《英和对译辞书》[③]（第 147 页）等均依此例：

  Economical adj. 家事ノ。俭约ナル
  Economically adv. 家事ヲ為シテ。俭约シテ
  Economist s. 家事スル人。经济家
  Economize － ed － ing. v. a. et. 俭约スル

[①] 由堀越龟井之助（生卒不详）于 1866 年完成"改正增补"，出版者为藏田屋清右卫门（江户）。原著刊行于 1862 年，由堀达之助（1823—1894）编著。

[②] 上海，American Presbyterian Missi on Press。

[③] "开拓使藏版"，出版者小林新兵卫（东京）。

名实错位

  Economy s. 家事ヲスルコト、倹約スルコト、法
  Political economy 经济学

同年，启蒙学者西周（1829—1897）在留学荷兰前夕，给松冈鳞次郎的书信中使用"经济学"一词，该信函说：

  小生顷来西洋之性理之学，又经济学取之一端窥探，实可惊公平正大之论耳。①

从书信的语境看，所论"经济学"已不是古汉语中传统的"经邦济世之学"，而是指与"性理之学"（后来西周译作"哲学"）相并列的西学的一种，但信中尚未展开论述。该信下文出现的与程朱"性命之理"相对应的"经济之大本"②，所论之"经济"显然又是"经邦济国"之义。可见，西周当时所用"经济"一词，含义尚处在游移状态，还没有正式形成近代意义的"经济"概念。

（二）以"制产学"对译 staatshuishoudkunde，"经济学"向"制产学"靠拢

文久三年（1863），西周与津田真道（1829—1903）留学荷兰，师事法学博士毕洒林，毕洒林撰一简牍，以示授受之法，内中将"政事学"分为五科："一曰性法之学，二曰万国公法之学，三曰国法之学，四曰制产之学，五曰政表之学。"③ 这五科的今译为：自然法、国际公法、国法学、经济学、统计学。西周此时以"制产学"对译 staatshuishoudkunde。他在"讲论学术之次序"时，对"制产学"作诠释道：

  制产学，是富国安民之术……④

---

① ［日］《西周全集》第1卷，第8页。
② ［日］《西周全集》第1卷，第8页。
③ 西周1863年11月所作笔记《记五科授业之略》，《西周全集》第2卷，第134页。
④ ［日］《西周全集》第2卷，第137页。

而在《记五科授业之略》的改稿本《五科口诀纪略》中，将毕洒林简牍所称五科翻译为：

> 一曰性法学，二曰万国公法学，三曰国法学，四曰经济学，五曰政表学。①

又将毕洒林"讲授业之次序"附记如下：

> 第一论性法，是为凡百法律之根源也，次论万国公法并国法……而后论经济学，是富国安民之术，而论其道如何也，而终之以政表学……②

西周所用"制产学"与"经济学"含义同一，均指"富国安民之术"。

在《性法万国公法国法制产学政表口诀》中，西周又用"制产学"，并释为"国富民安之道"③。

可见，此时的西周徘徊在"制产学"和"经济学"两个译词之间。西周所用"经济学"，与"政表学""经国学"相对应，而"政表学""经国学"均指政治学，故西周所谓"经济学"已脱离"经邦济国之学"即政治学的意味，专指国计民生之学。

（三）日本人对"经纪"一词的误用，导致"经济"含义变更

与西周类似，津田真道使用"经济"一词，所蕴概念也有前后之别。津田真道留学荷兰前夕著《性理论》，文末附识有与"天文地理数量博物之学"相对应的"经济政律"的提法。此处的"经济"仍是经世济民义，与政治学类同。（见《性理论》第 15 页）而津田真道于 1868 年刊行的《泰西国法论》中，使用"经济之学"这一语，诠释为"良好的财利

---

① ［日］《西周全集》第 2 卷，第 138 页。
② ［日］《西周全集》第 2 卷，第 139 页。
③ ［日］《西周全集》第 2 卷，第 141—142 页。

之法",这已是在新义上使用"经济"和"经济学"。

这种变化的肇因,除欧洲人使用 economy 时含义已从政治转向国计民生外,还与日本人对从中国引入的"经纪"一词的误用有关。汉语词"经纪",指对物资的生产、使用、管理、分配,意为经营善计,如《管子·版法》"圣人法之,以建经纪",《汉书·司马迁传》"上明三王之道,下办人事之经纪"皆为此义。"经纪"一词与"经济"音近、词形也相类,传入日本后两词常常混用,以致"经济"一词纳入"经纪"义(经营善计),这也是近代日本将本义"经邦济国"的"经济",转义为"经理生计"的一个语用性原因。黄摩西 1911 年编《普通百科新大辞典》设"经济"一目,对其含义的蜕变、在中日间流转引起的讹误,有简要说明:

> 经济者,经纶干济也。而吾国通俗以善计者曰经纪。日人输入中语,因音近而误作经济(此类甚多)。今此一名词又回输吾国,而沿用为生计义,与原义全别。虽已积习难返,然其本原界限,不可不知也。

黄氏此议甚得要领,值得注意。

曾先后担任蕃书调所教授、开成所教授的神田孝平(1830—1898),明治初年著《经世余论》一书,在"经世济民"这一传统名目下讨论殖产、贸易等问题。正是这位神田孝平,庆应三年(1867)将译作定名《经济小学》,以"经济"对译 economy。该书原本为英国学者义里士(W. Ellis)所著 *Outlines of Social Economy*(1846 年出版,1850 年再版,可直译为《社会经济学概论》),荷兰学士毕洒林 1857 年将其译成荷兰文,神田孝平据此荷兰文本译成日文。神田在序文中介绍,西方学校分五科(教科、政科、理科、医科、文科),其中政科分为七门(民法、商法、刑法、国法、万国公法、会计学、经济学),其前五门均属法学,第七门"经济学"已是今意之经济学。1868 年该书更名《西洋经济小学》再版。该书还创制了一批对译西洋术语的汉字词,如"求取(今译需用,以下括号内省'今译'),金馆(银行),工人又雇作(劳动者),财主(资本家),财本(资本),作业(劳动),相迫(竞争),品位(价格),

利分（利润）"，当然最重要的是"经济"。该书还出现"经济的学"，已逼近"经济学"这一学科名目。

《经济小学》是汉字文化圈中较早以新义"经济"作标题的书，为以"经济"对译 economy 的先驱之作。

早在江户末期，何礼之即曾翻译美国人弗兰西斯·维兰德（Francis Wayland，1796—1865）所著 Political Economy，"作为初学塾生读经济书之阶梯"。后在其门人藤井宣残的敦请、协助下，进一步推敲、整理成书，题名"经济便蒙"。至明治初期，藤井又在"经济便蒙"之上冠名"世渡之杖"①，1872—1874 年由（东京）盈科斋出版，共 4 册。该书开篇即《论经济学之趣意》，总括道："经济之大体，宜区别学之。第一生产之事；第二交易之事；第三利分之事；第四消费之事。"②

1869—1870 年，（东京）大学南校出版绪方正、箕作麟祥（1846—1897）译《经济原论》（全 7 册）。据译著凡例，该书原为美国历史、经济学者彼理（Arthur Latham Perry，1830—1905）所作，1867 年刊行，题名 Element of Political Economy。其卷三第二编"经济学要旨"：经济学本为"性理学之一枝派"。亚当·斯密当初讲授的"性理学""最初为自然神学，自然之理与照，识神明之德；次为修身学，所谓佩里（人名）所谓人之当行，讲其道理者；又次为法律学，教裁决理之当否者；再次为民类之法又国法，基于人之便利，以富国强兵为旨之科是也"。绪方正按语："末举者，后世所谓经济学。当时其名已定，但尚未通用于一般。"（第 1—2 页）

1871 年，长江谦受益作《经济尧言》，翌年 2 月由（大阪）青阳堂出版。其所涉内容，远不只是现今意义上的经济问题，甚至包括"学政之事""兴孝悌之事"及"四维""五教"等治国平天下的方策。显然，长江谦所说"经济"未出古典意义范围。值得注意的是，该书目录之前列有书名，"经济尧言"之后复有"一名 治生揭要"字样。可见，长江

---

① 参见［日］藤井宣残所作《世渡之杖》（一名《经济便蒙》）绪言。
② ［日］《世渡之杖》（一名《经济便蒙》）卷之一，1872 年版，第 8 页。弗兰西斯·维兰德的 Political Economy 还有小幡笃次郎（1842—?）译本，名为《经济论》，9 册，经"官许"，1871—1877 年由（东京）尚古堂出版。其《原文小引》第 1 页开宗明义："Political Economy, 财学之义，或解作富国学……盖管理生财之道之法，以一人论之，以一国论之，皆无毫厘之差。"

谦乃将"经济"与"治生"作为同义语来运用的。

1873年初，（京都）货殖斋出版西村茂树（1828—1902）译《家中经济》。《凡例》：原书为美国人显利哈都何仑所著，1871年刊行。"此书，自农业以至百工之技术，大抵具备，实可谓营人间生业之宝函，开富国之业之一端欤！"西村的"经济"观，由此隐约可见。

1873年6月，经"官许"，（东京）纪伊国屋源兵卫出版室田充美译《经济新说》（全2册）。其序首页称"经济学"为"理财法""资产之术"；其卷一首页便道："称经济者，皆治国平天下之术，political即政事，皆似以为经济。然今称经济者，惟言经营产业之利用之术而已。"

1873年冬（东京）求知堂出版林正明译述《经济入门》（全3册），其《小引》第2页写道："夫经济学者，推究财货及财货之产生、贸易、分配者也。""财货，经济学之主旨。"

1874年1月（东京）文正堂出版总生宽著《洋学道案内》第4页："论一身一家之世带，以至一国政府之事，有经济学。"第21页明示"经济学"对应的英语为Economy，德语Economy，但对应的法文却是Political Economy。

1874年6月（东京）有果斋出版冈田好树译《经济之理》（两卷合本）。译者在绪言中申述了自己的经济学观："中兴以还，实学大振，始有经济之学。自天地造化之机、人智奇巧之理，迄国家富强之术、天下治安之策，其说愈出愈明，济世之益，不亦大哉！"

（四）福泽谕吉、中江兆民的经济"四分"（生产、交换、分配、消费）

前述曾徘徊于"制产学"和"经济学"之间的西周，明治十年（1877）前后撰《经济学》，正式使用"经济学"，讨论衣食住行及致富等"国人生活的事"。

今义"经济"及"经济学"在日本广泛流传，与福泽谕吉（1835—1901）的译述相关。文久二年（1862）福泽访欧，购得1852年苏格兰出版的William and Robert Chamhers所著 Political Economy, for Use in Schools, and for Private Instruction 一书，庆应三年（1867）福泽据此译成《经济书》，成为《西洋事情 外编》的卷三。在《经济书》的"经济的总论"中，福泽的译文将"经济学"定义为：

经　济

> 经济学的旨趣在于，人间衣食住需用的供给，增财致富、人的欢乐享受的获得。往古的硕学，始于经济的活动，著之于书，名为富国论。①

该文追溯了经济学从古希腊的"家法"（今译"家政学"）演变为国家、国民生计之学的历史，并引述经济学家麦克库洛赫的论述，指出经济作为一种"学文"（即学问、科学），包括"物品的产出、物品的制造、物品的积累、物品的集散、物品的消费"②。福泽又在未定稿《经济全书》卷之一总论中，将经济学的下辖科目分作四类：第一制产，第二交易，第三配分，第四耗消。③ 这是"经济"四分法（生产、交换、分配、消费）的完整表述。

与此类似，中江兆民（1847—1901）1892年在《四民之目醒》中则有经济含义"生产、分配、消费"三层说。

"经济"的四分说源自穆勒等西方经济学家所论，经福泽、中江等日本译著的中介，汉字术语"经济"注入了"国民生产、分配、交换、消费之总和"的含义。

在《经济书》中，福泽除"经济学"外，还多次使用"经济的学"这样的词组。福泽1868年又将美国经济学家威兰德（Francis Wayland）所著 The Elements of Political Economy 的一部分翻译为《经济学要论》（为《经济全书》卷之一，收录1870年刊行的《西洋事情 二编》），该书的总论探讨经济学的含义，福泽将 Political Economy 译作"经济"，并解释说：

> "经济"与"富有的学"或"富国学"的意义、用法接近，然其学术含义又不尽同。
>
> 盖富有之法，一人可以达到，与一国致富其意趣有异有同。经济学是致富的科学。同时又可定义为国富的科学。这都不十分尽如人意。财富的创造与支配的法则，既要考察作为个人的人，更要考

---

① ［日］《福泽谕吉著作集》第1卷，（东京）庆应义塾大学出版会2002年版，第188页。
② ［日］《福泽谕吉著作集》第1卷，（东京）庆应义塾大学出版会2002年版，第189页。
③ 转引自《明治文化史》（5）学术，（东京）原书房1975年版，第548页。

察作为社会的人。

由于福泽的《西洋事情》及其外编、二编在幕末至明治初广为流传，译词"经济"与"经济学"也就不胫而走。以后，福泽又在《劝学篇》初论（明治五年刊行）、《启蒙手习之文》（明治六年刊行）等论著中继续使用经济学一词，并从不同侧面定义该术语。

（五）经济"节俭"义

值得一提的是，"经济"一词"节俭"义的产生。1862 年出版的堀达之助编《英和对译袖珍辞书》将 Economy 的词义释为"家事之法，俭约之法"，意为主持家计的节俭之法。这是较早赋予"经济"以"节俭"义的例子，而此种"节俭"义来自英语 Economy。如前所述，Economy 的语源为希腊文 οικουομικοδ，意谓"家政学"，而"节俭"是家政的题中之义。

继《英和对译袖珍辞书》之后，福泽谕吉在讨论家庭经济问题时阐述"节俭"义，并使其普及开来。福泽所撰《民间经济录》讲"居家的经济"，该书明治十年（1877）刊行，以十五六岁的少年为对象，宣讲"俭约的事""正直的事""勉强的事（即勤奋努力的事）"，强调"一碗冷饭、一根灯芯"都不应粗略对待、不应浪费，提倡"质素俭约"、精细地积累财产。当然，福泽谕吉并非经济节俭论者，他接受西方自由经济思想，并不赞成笼统"劝诫人民的豪奢"[1]，他的节俭论是分层次的：主张物质财富的生产者应当多消费，不应一味节俭；而官僚、学者等消费者应当节俭。他于 1870 年撰写的《西洋事情二编》中的《收税论》，主张贫民生活必需品低税或作为无税品，对"骄奢淫逸"的物品则应课以重税，以增加国家财税收入。[2] 明治十三年（1880）所著的《民间经济录二编》中再次发挥其节俭分层论，宣讲"处世的经济"，讨论财物的集散，一面批评放奢淫逸、费财耗资，称奢侈为"恶德"，一面提倡生产者多多消费，主张财富的散（消耗）与集（收入）相当，消费生活与生产

---

[1] ［日］《福泽谕吉全集》第 11 卷，（东京）岩波书店 1967 年版，第 364 页。
[2] ［日］《福泽谕吉著作集》第 1 卷，第 254—266 页。

活动二者平衡，以发展经济，保障"人间的利益"。这既与近代西方"新教伦理"中的节俭、勤劳以增殖财富的资本主义精神相吻合，也带有自由主义经济论的意味。

与福泽谕吉同时的学者，还有以"勤俭"释"经济"的，如冈田良一郎（1839—1915）于明治六年作《勤俭论》（刊载《报知新闻》）。中江兆民也阐发"勤劳节俭"义。

总之，今日汉字语汇中常用的"经济"＝"节俭"的这层含义，并非"经济"一词的古汉语义，若讨其源，当追溯至《英和对译袖珍辞书》对经济（economy）的"节俭"义的翻译，而福译谕吉《民间经济录》初编及二编对"俭约"义的阐发，则使此义得以普及。以后，还有术语"经济原则"的拟定，意谓"以最小的费用获得最大的效果"，其意向也来自"经济"的"节俭"义。

福泽谕吉的弟子、曾任庆应义塾塾长的小幡笃次郎的译著《英氏经济论》（明治四至十年），更从多侧面界定"经济学"。明治六年（1873）林正明将福赛特夫人（Fawcett, Millicent，今译米梨盛，为英国古典经济学传人法思德的夫人）的通俗著作译为《经济学入门》，继神田孝平1867年的译著《经济小学》之后，使"经济学"再次进入书名。明治十年（1877）永田健助将同书译作《宝氏经济学》。明治十二年（1879）永田健助撰《经济说略》，为《宝氏经济学》的解说书。明治间享有盛誉的《明六杂志》中津田真道等人的文章，也多次将 political economy 译作"经济学"。明治间还出现以"经济"命名的刊物，如明治十三年（1880）犬养毅在三菱财团的朝吹英二援助下办《东洋经济新报》，鼓吹贸易保护主义。而田口卯吉（1855—1905）明治十一年（1878）刊行的《自由交易日本经济论》，则是日本人自著的第一部近代意义的经济学专书，所张扬的是自由主义经济论。田口卯吉还创办《东京经济杂志》，倡导经济自由主义，与《东洋经济新报》对垒。

总之，幕末至明治初年，日本人逐渐普遍地在社会物质生产、消费、理财及节俭、合算义上使用"经济"一词，脱离了该词的政治治理一类古典义。而且，明治间的日本已译介欧美各主要经济流派论著，贸易保护主义和经济自由主义均在日本传播。

19世纪80年代以降，日本翻译或转述的西洋论著，名曰"经济学"

的更有多部。梁启超 1902 年撰《生计学学说沿革小史》，意在张扬亚当·斯密的《国富论》，由于严复翻译该书（译名《原富》）理深文奥，读者不易理解，梁氏便借鉴各种日本人著译的经济学书籍，加以综汇阐述。梁启超的主要参考书有英格廉著、阿部虎之助译的《哲理经济学史》（经济杂志社 1896 年版），路易士吉·科莎著、阪谷芳郎重译的《经济学史讲义》（哲学书院 1887 年版），井上辰九郎述《经济学史》（东京专门学校出版部 1898 年版）。这仅是明治中后期以"经济学"名目出版的书籍中的一小部分。①

五　近代日本对译名"经济"的犹疑与替代尝试

综上所述，幕末、明治间日本逐渐普遍地以"经济"翻译 economy，"经济"一词脱离了古汉语的固有含义（经世济民），也游离于"经济"一词词形所可能昭示的意义之外。对于此一翻译，以及由此导致的经济学的物化主义走向，日本也不乏批评者，如日本经济史家山崎益吉在《横井小楠的社会经济思想》（多贺出版株式会社 1981 年版）的序章说：

> 众所周知，经济就是经世济民、经国安民，是《大学》八条目之治国平天下论。……
> 近代以后，经济的真实意义被遗忘，单纯讲追求财物和合理性，而失去了本来面目。

山崎明确指出，日译"经济"一词已抛弃"经世济民"古典义，这不仅是词语的畸变，也意味着经济学说从关切治国平天下的大义，走上追逐物质财富及论证其合理性的道路。

当然，近代日本也并不是立即将 economics 的译名统一为"经济学"的，幕末明初对于译词"经济"持犹疑态度者不乏其人。如西周虽在 1862 年的书信中使用过"经济学"一词，1863 年留学荷兰期交叉使用

---

① 见 ［日］森时彦《梁启超的经济思想》，［日］狭间直树编《梁启超·明治日本·西方——日本京都大学人文科学研究所共同研究报告》（中文版），社会科学文献出版社 2001 年版。

"制产学"和"经济学",但他一直不能忘怀"制产学"这一名目。明治三年(1870)西周的讲稿(多年后由学生整理成《百学连环》刊行)中,遵循中国经典《孟子》的"制民之产"一语,再次阐发"制产学"这一学科名目,并认为以"经济学"翻译economy,选词并不准确,而"制产学"则较能在古汉语义与西义之间达成沟通。西周在《百学连环》中指出:

> 近来津田氏有"经济学"译语行世。此语采用"经世济民"的缩语,而专指民生、活计论,则不一定适当,故我采用孟子"制民之产"一语,创"制产学"以译之。

后来,西周于明治七年(1874)刊行的《人世三宝说》中,又在论金钱、富有时使用"经济学",还在论贮蓄流通时使用"经济学",这都是正面肯认作为economics译词的"经济学"。但在同篇,又有"弥尔氏的利学"一语,将英国学者弥尔(今译穆勒)的经济学称"利学"。可见,直至19世纪70年代,西周一直在"经济学"与"制产学""利学"等词之间徘徊。以"经济学"作economics译词,显然不是西周的理想选择。

福泽谕吉是"经济学"译词的创用者之一,如前所述,他早在1867年编写的《西洋事情外编》中便使用"经济学",1868年又在其创办的庆应义塾(今名庆应义塾大学)将美国人弗兰西斯·威兰德(Francis Wayland,1796—1865)的著作 The Elements of Political Economy 翻译成《经济学要论》,作为教材。但与此同时,新术语"经济""经济学"的始作俑者福泽又多次使用"理财""理财略""理财方略""理财法""理财的法"一类词语,以指称生计活动及相关学说(见《福泽谕吉全集》第12、第13页)。其"理财"一词,取自《易经·系辞下》的"理财正辞",意谓对财富的有利运用。近代日本学者以"理财"名篇的不少,如中村敬宇安政五年(1858)作《论理财》(《敬宇文集》卷之二)。

大约是根据福泽意旨,庆应义塾设"理财科",明治二十三年(1890),其文学、理财、法律三学科合成大学部,此为庆应大学的基础,而庆应大学的经济学部直至20世纪30年代还称"理财学部"。与之类似，日本第一所国立大学东京大学，其经济学部的前身是文学部的理财学科，大正九年（1920）《大学令》颁布后，其"理财科"才被"经济学部"所取代。

"理财"一词长时期在日本通用。明治十一年（1878），日本大藏省记录局编纂篇幅浩繁的《德川理财会要》，沿用"理财"一词。①

井上哲次郎（1855—1944）等编纂的《哲学字汇》第一版（明治十四年），绪言列举该辞典涉及学科名目，未出现"经济学"，而用"理财学"（初版《哲学字汇》井上哲次郎撰《绪言》），将 Economics 条目译作"家政，理财学"。《哲学字汇》1912 年第三版，仍将 Political Economy 并列译作"经济学、理财学"，并在注中引汉籍语："文中子云，是其宗侍，七世矣，皆有经济之道。易系辞云，理财正辞。"

英国学者麻克莱奥德（Henry Dunning Macleod，日译マクレオット，亦称"麻氏"，1821—1902）在其著 Ecomics for Beginners（今当译作《经济学入门》）中，从学理上对 Political Economy 和 Economy（Economics）做了区分，指出：Economy 即 Economics，源于希腊语，乃合"各种财产"与"法"两义而成。在亚里士多德那里，意为"岁入征集法"，包括"王家的、奉行的、政治的及家政的"；Politic 在希腊语中则是"自由邦国之义"。所以 Political Economy，乃指"自由邦国征集岁入之方法"；而 Economics，麻克莱奥德则定义为"讲求可交换物品相互关系支配法之学，或称之为价值之学，有时又称求富之学"②。

赤坂龟次郎据该书第二版（1879 年），参考第四版（1884 年），将原著全部译成日文，题名"麻氏财理学"，于 1889 年 12 月由（东京）集成社出版。受原著影响，赤坂龟次郎也将 Political Economy 和 Economy（Economics）区分开来，前者译为"经济学"，后者译作"财理学"。他在《凡例》中交待："经济学（旁注假名ポリチカルエコノミー）为以政治上之关系论富之名称；财理学（旁注假名エコノミックス）则无关政治，只论富者也。""将ポリチカルエコノミー（Political Economy）译作经济

---

① ［日］千种义人：《福泽谕吉的经济思想之现代的意义》，（东京）关东学园大学 1994 年版，第 279 页。
② ［日］赤坂龟次郎译述：《麻氏财理学》，（东京）集成社 1889 年版，第 6、7、39 页。

学，虽为我邦一般之惯例，但将エコノミックス（Economics）与之区别，却未尝闻之。余漫译之为财理学，不知其果当否。"所谓"财理学"，意即关于财富的理学（哲学），因为原著作者亦将 Economics 视为"求富之学""形而下理学"。①

赤坂龟次郎将 Political Economy 译作"经济学"，相当于今译之政治经济学，赤坂是取"经济"的古典义——经邦济国。而赤坂又将 Economics 译作"财理学"，指狭义的经济学。赤坂的这种译法，表明了对"经济"的古典义的尊重，以及对将 Economics 译作"经济学"的保留态度。

直至日本辞典还要兼论 Economy 的多种汉字译名，如新村出编，岩波书店 1998 年 11 月出版的《广辞苑》第五版的"经济学"词条，注明"经济学"是 Political Economy 及 Economics 的译语，并对其下定义为"研究经济现象的学问，旧称理财学"。这表明，"理财学"作为过渡性译词，长期在日本流行，直至近年的辞书还要注明经济学曾称"理财学"。

可见，近代日本对于以"经济学"翻译 Economics，存疑虑者不少，他为何还创制多种相关译词，如"制产学、利学、富国学、理财学、财理学"等，这些词语在日本曾长期与"经济学"并用。经济、经济学成为通行的、规范化的术语，日本也经历了一个不短的过程，自 19 世纪 60 年代初至 19 世纪 90 年代末，方逐步厘定。

六　清末中国学人对日制"经济"的拒斥与新名创译

注入"物质生产、消费、理财及节俭、合算"义的"经济"一词，于清末传入中国，立即遭遇反驳。

（一）入华新教传士的多种译名

与幕末、明治间的日本曾产生 Economy 的多种译名一样，清末中国也对该英文词语作过种种翻译尝试，而且比日本的译名更加纷纭多歧。这种译名多歧，首先是因为西方传教士的 Economy 汉译五花八门。

---

① ［日］赤坂龟次郎译述：《麻氏财理学》，凡例第 4 页。

名实错位

1. 富国策

清末最早的Economy汉译，是京师同文馆19世纪60年代末设立经济学课程，主讲者是美国的新教传教士丁韪良（William A. P. Martin, 1827—1916），他将课目定名为"富国策"（袭用宋人李觏《富国策》的篇名，而李觏的篇名之词干，又取自《荀子》的《富国》篇），以英国人福塞特（H. Fawecett，又译法思德，1833—1884）1863年版的 Manual of Political Economy（可直译为《政治经济学指南》）一书作教材底本，该书后由同文馆副教习汪凤藻汉译、丁韪良鉴定，书名《富国策》，同文馆1882年印行。

2. 理财学

美国传教士林乐知（Young John Allen, 1836—1907）光绪二年（1876）闰五月在《万国公报》载《强国利民略论》，议及"强国若何，利民若何"，提到《大学》的"理财必先以格致"之说。后来传教士以"理财学"表述Economy自此始。

3. 佐治之学·理财之律学·伊哥挪米

英国新教传教士傅兰雅（Fryer John, 1839—1928）1885年翻译钱伯斯兄弟的自由主义经济著作 Political Economy（可直译为《政治经济学》），定名为《佐治刍言》，"佐治"与"经国济世"同义；书中将"经济学"表述为"佐治之学""理财之律学"，又音译作"伊哥挪米"。《佐治刍言》还译创了一批经济学术语，如"资本""合同""公司""银行""股份"，均沿用至今。

4. 富国养民学

1886年，入华英国新教传教士艾约瑟（Edkins Joseph, 1823—1905）将英国人威廉·杰文斯（W. S. Jevons, 1835—1882）1878年印行的 The Theory of Political Economy 第2版（可直译为《政治经济学入门》）汉译，取名《富国养民策》，先在《万国公报》第43—88册连载（光绪十八年闰六月至二十二年四月），后由海关总税务司出版单行本，该书将Economy译为"富国养民学"，称经济学家为"富国养民家"，均由"富国养民策"推衍而来。该书还使用"分工""资本""流行不息资本"（流动资本）、"定而不移之资本"（固定资本）、"利银"（利润）等汉字经济学术语。

· 634 ·

（二）华人译名

受传教士译名影响，中国人的 Economy 汉译也有多种，其中"富国策"最受青睐。陈炽（？—1899）1896 年著《续富国策》，宣称承袭英国亚当·斯密的《国富论》，由于时人将《国富论》讹称《富国策》，故陈炽将自己意在追迹亚当·斯密的论著命名为《续富国策》，并宣称其书是要"踵英而起"，促成中国富裕。

光绪二十五年（1899）一、二月，马林、李玉书在《万国公报》连载《各家富国策辨》，评介欧美各种经济学说。同年十二月《万国公报》载广学会、益智会《推广实学条例》，陈列"华文西学"课程单，内有"富国策"一目。

总之，中日甲午战争前后，入华西洋人及中国仿效者曾用"富国策""富国学""佐治之学""理财之律学""理财学""伊哥挪米"等多种名目翻译 Economy 及 Economics。清朝学部审定，将 Economics 的译名定作"富国学"。

直至 19 世纪末叶，中国士人仍然多在"经世济民"义上使用"经济"，连乐用新名词的康有为也如此，他的《日本书目志》卷五"政治门"中，有"凡六经皆经济之书"的议论；1898 年戊戌变法期间，康有为在北京建立"经济学会"。这两处出现的"经济"一词，仍取经世济民古义。

在中文语境中，近代义"经济（学）"的用例，早见于 1896 年农历十一月《时务报》第十四册所载《日本名士论经济学》一文。该方乃由时务报馆所聘日本学者古城贞吉（1866—1949）译自日本《东京经济杂志》。其起笔云：

> 日本名士田口论经济学（中国所谓富国养民策也）曰：世人讲经济学，有两种谬见：一为交易说；一为社会论。

中国学者使用"经济学"此一名目，并探讨其确切与否，首推梁启超和严复。

1897 年梁启超（1873—1929）撰《变法通议·论译书》，倡导翻译西方求富之学。他把此类书籍称之"彼中富国学之书",下加注"日本名为经济书"。并列举已经翻译的此类书籍有《富国策》《富国养民策》《保富述要》及《佐治刍言》下卷。①

1899年,梁启超在《清议报》第十册刊发的《论学日本文之益》一文称:

> 日本自维新三十年来,广求智识于寰宇。其所译所著有用之书,不下数千种,而尤详于政治学、资生学(即理财学,日本谓之经济学)、智学(日本谓之哲学)、群学(日本谓之社会学)等,皆开民智、强国基之急务也。②

可见,梁氏起初并用"富国学、资生学、理财学、经济学",而以富国学、资生学、理财学为主词,以经济学作辅助性的比照名称。

(三) 对日译词"经济"的认同与质疑、以"资生""计学"替代

亡命日本以后的梁启超,开始正面使用日本译词"经济"。1899年梁氏在日本撰《论近世国民竞争之大势及中国之前途》,文称:

> 故其争也……非属于政治之事,而属于经济(用日本名,今译之为"资生")之事。③

将"经济"与"政治"对称,其"经济"已脱离"经邦济国"原义了。梁氏对此解释道:"用日本名,今译之为资生。"这时的梁氏对日本人将Economy译作经济,已开始采纳,却又并不完全认同,他推崇的还是"资生学"一词。

---

① 梁启超:《变法通议·论学校·译书》,《时务报》第29册,(上海)时务馆,1897年农历五月十一日,第1页。
② 梁启超:《论学日本文之益》,《清议报》第10册,(日本横滨)清议馆,1899年农历二月二十一日,本馆论说第3页。
③ 梁启超:《论近世国民竞争三大势及中国之前途》,《清议报》第30同,(日本横滨)清议报馆,1899年农历九月十一晶,本馆论说第3页。

1902年7月，梁氏在《新民说·论进步》中言及，亚当·斯密开创了近代新的经济学说，文曰："斯密破坏旧生计学，而新生计学乃兴。"① 这里使用"生计学"，回避"经济学"一词。看来，梁启超流亡日本后，仍不满意日译词"经济学"，他所用之 Economics 的译名，徘徊于"经济学"和自译词"生计学"之间。而1904年2月，梁氏在《中国之社会主义》中引述日本人翻译马克思（其时译名为"麦喀士"）的言论——"麦喀士曰：现今之经济社会，实少数人掠夺多数人之土地而组成之者也。"② 这是在新义上用"经济"一词。

严复（1854—1921）对日本译词"经济"采取保留态度。1899年，严复翻译英国古典经济学家亚当·斯密的国富论，初拟译名《计学》，该年二月完成一册，寄吴汝纶阅，吴答严曰：

> 斯密氏计学稿一册敬读一过，望速成之。计学名义至雅驯，又得实，吾无间然。③

桐城古文大家吴汝纶十分赞赏译名"计学"，以为既雅且实。

严复根据亚当·斯密原著书名本义，后来于1901年成时，将译名定为《原富》，他认为这是亚当·斯密十余种论著中"最善"之作，他在《斯密亚丹传》中说：斯密"归里杜门十年，而《原富》行于世。书出，各国传译，言计之家，偃尔宗之"。④ 这里的"言计之家"相当于今语"经济学家"，可见严复坚持以"计学"对译 Economy。

严复译毕《原富》，并撰《译事例言》，批评日本将 Economy 译作"经济"失之笼统，主张译为"计学"，并说明理由：

---

① 梁启超：《新民说·论进步》，《新民丛报》第11号，（日本横滨）新民丛报社，1902年7月5日，第4页。
② 梁启超：《中国之社会主义》，《新民丛报》第46、47、48合本，1904年2月14日，第302页。
③ 王蘧常：《严几道年谱》，《民国丛书》第三编77册，第41页。
④ ［英］亚当·斯密著，严复译：《原富》，（上海）南洋公学1901年版，《斯密亚丹传》，第1页。

> 计学，西名叶科诺密，本希腊语。叶科，此言家。诺密，为聂摩之转，此言治。言计，则其义始于治家，引而申之，为凡料量经纪撙节出纳之事，扩而充之，为邦国天下生食为用之经。盖其训之所苞至众，故日本译之以"经济"，中国译之以"理财"。顾必求吻合，则"经济"既嫌太廓，而"理财"又为过狭。自我作故，乃以"计学"当之。虽"计"之为义，不止于地官之所掌，平准之所书，然考往籍，"会计""计相""计偕"诸语，与常俗"国计""家计"之称，似与希腊之"聂摩"较为有合。故《原富》者，计学之书也。①

严复又解释何以将书名定为《原富》："云原富者，所以察究财利之性情、贫富之因果，著国财利所由出云尔。"②

严复译《原富》一出，梁启超所编《新民丛报》第一号"绍介新著"栏即予推介，在高度评价同时，对其学科译名提出异议：

> 英文 Political Ecnomy，中国未有此名词。日本人译为"经济学"，实属不安；严氏欲译为"计学"，然亦未赅括。姑就原文政治与计算两意，拟为此名（"政术理财学"——引者），以质大雅。③

对此，严复作《与新民丛报论所译原富书》，刊于《新民丛报》第七号，对其关于"计学"一名的异议回复道：

> "计学"之名，乃从 Economics 字祖义著想，……此科最新之作，多称 Economics，而删 Politcal 字面；又见中国古有"计相""计偕"，以及通行之"国计""家计""生计"诸名词。窃以谓欲立一名，其深阔与原名相副者，舍"计"莫从。④

---

① ［英］亚当·斯密著，严复译：《原富》，译事例言第1页。
② ［英］亚当·斯密著，严复译：《原富》，译事例言第1页。
③ 梁启超：《绍介新著·原富》，《新民丛报》第1号，（日本横滨）新民丛报社，1902年2月8日，第113页。
④ 严复：《与新民丛报论所译原富书》，《新民丛报》第7号，1902年5月8日，第112页。

足见严氏创"计学"这一译词,是颇费心思的,认为它既昭显了"计"字包蕴"国计、家计、生计"诸义,又切合英文 Economics 的"祖义",故他对译词"计学"相当自信。

严复在这里提出了汉英对译的原则:兼顾汉英双方传统词义(祖义),选择与原名内涵相符的汉字词作译词,从而达成两种语文的通约。严复的"计学"一词虽未获流传,但他提出的翻译原则却是正确的,百年之后读来,仍令人心服,此诚先哲之至论,后人不该遗忘!

同一时期,陈昌绪也采用"计学"一词,将自己的作品命名《计学平议》,可视作严复创"计学"一词的响应。梁启超基本赞同严复的"计学"译名,梁氏1902年编写的《生计学(即平准学)学说沿革小史》,便是在严译"计学"的基础上,将经济学译为"生计学"。他在该小史的"例言七则"中说:

> 兹学之名,今尚未定。本编向用"平准"二字,似未安。而严氏定为"计学",又嫌其于复用名词,颇有不便。或有谓当用"生计"二字者,今姑用之,以俟后人。草创之初,正名最难。望大雅君子,悉心商榷,勿哂其举棋不定也。①

梁氏这番话透露了他曾以"平准学"译 Economy,但不满意,又选"生计学",仍属姑且用之,并寄望于来者"悉心商榷"。这既说明一门学科初创时的定名不易,亦显示梁氏在术语厘定上的虚怀若谷的态度。

关于严复等中国学者不认同日本以"经济学"对译 Economics 的原因,当时人并未具体深论,笔者略作如下推测:日本以"经济学"对译 Economics,发生在幕末明初,即19世纪六七十年代,其时欧洲还处在"政治经济学"盛行的时代,日本人自然以"经邦济国"义的"经济"对译之。而严复正式展开翻译事业,在19、20世纪之交,其时欧洲已发生将"经济学"从政治经济学中分化出来的转变,economics 限于讨论国计民生问题,故严复认为以"经济"(经邦济国)译之"太廓",从而选

---

① 梁启超:《生计学(即平准学)学说沿革小史》,《新民丛报》第7号,1902年5月8日,第9—10页。

用"计学"之类译词。

总之，严氏、梁氏等清民之际的中国学者一直不大认同以"经济学"对译 Economics 这一学科名词，而力图从古汉语中寻找意义与 Economics 较为相近的词。除计学、生计学外，时人还一度起用"平准学"，其中的"平准"一词，取之汉代实行的"平准法"，《史记·平准书》有具体记述。平准法意在保护小农免受巨商垄断之害，朝廷在市场物价低时购进生活用品，市场价格上涨时以优惠价售出，以保障平民生活。"平准"一词后来从平抑物价之义引申为财政政策，接近今义"经济"的一部分。

中国人的上述努力在辞书中也有表现。1903 年，汪荣宝、叶澜编《新尔雅》，设"释计"一条，保留"计学"名目，其"总释"起笔对"计学"下定义：

> 论生财、析分、交易、用财之学科，谓之计学，亦谓之经济学。俗谓之理财学。[①]

这里以"计学"为条目主称，而以经济学、理财学作辅佐性说明词，没有以"经济学"设立词目。

曾留学东京帝国大学的胡以鲁（？—1915），1914 年撰《论译名》（载于梁启超主编的天津《庸报》第 26、27 期合刊），对日本新名词入华从总体上给予肯定，也指出有些译词含义不通，认为"不宜袭用，防淆乱也"。其中"亟宜改作"的日本译名，胡氏特举"经济""场合""治外法权"等例。可见，认为日译词"经济""不合吾国语法"，"不宜袭用"，是清末民初中国学人的普遍看法。

七 民初："经济"在中国的确立

清末民初，Economics 在中国的译名，音译、意译并用，呈现一词数译的多元局面。音译如严复译《原富》中的"叶科诺密"，还有"爱康诺米""伊康老米"等。意译有新教传教士翻译的富国策、富国养民

---

① 汪荣宝、叶澜编：《新尔雅》，（上海）明权社 1903 年版，第 37 页。

策、理财之律学,中国人自译的平准学、计学、生计学、轻重学、理财学、财学、资生学、轻重学等,众词并用,莫衷一是。这些译词多选自古典,"平准""富国"前述不赘。又如"理财",典出《周易·系辞下》:"理财正辞,禁民为非曰义。"宋以后成为流行语,王安石称当时的患贫,是因为"理财未得其道"[1];南宋叶适有"古之人未有不善理财而为圣君贤臣者也"[2]之论。可见"理财"是古汉语中表述经理财政的通用词,以之对译 Economy,庶几切近。梁启超在《史记货殖列传今义》一文中将经济学阐释为"《大学》理财之事",将经济学家称之"理财之者"。

20 世纪初,Economy 的译名由众词纷然终于定格为"经济",与汉译日籍(尤其是日本的经济学教科书)的强劲影响有关。1901 年由留日学生纂集的《译书汇编》中发表《经济学史》一文,即采用日本译词"经济学"。1903 年日本学者杉荣三郎(1873—1965)被聘为京师大学堂经济学教习,编写《经济学讲义》,在中国教坛上宣讲"经济学",使今义"经济"和"经济学"开始得以普及。1903 年商务印书馆译印日人持地六三郎的《经济通论》;此后,1905 年王璟芳译日人山崎觉次郎的《经济学》;1906 年王绍曾编辑山崎觉次郎讲述的《经济学讲义》。清末翻译西洋经济学论著,也借用日本译词定名,如 1908 年朱宝绶译麦克文(S. M. Macvane)著作,题《经济原论》;1910 年熊嵩熙等译 R. Tely 的书,题《经济学概论》。

与其他日源新语迅速在中国通行有别,"经济"一词直至辛亥革命前后仍未被中国人广为接受,原因即在于,此词的新义与古典义相去甚远,又无法从词形导出该新义,包括梁启超、严复等学界巨子在内的不少中国士人,曾一再试探找寻与 Economics 相对应的、含义较确切的汉字词,故"经济学"长期与"理财学、富国策、计学、生计学"并列使用。如前所述,日本近代启蒙思想家福泽谕吉、西周等,虽然也使用"经济学"一词,却又并不满意,福泽谕吉欣赏"理财学",西周更钟爱"制产学"。这都反衬出以"经济"对译 Economy,并不理想,汉字文化圈内中日两

---

[1] 《临川先生文集·上仁宗皇帝书》。
[2] 《叶适集·财计上》。

国的顶级学者都试图另寻译词。

"经济学"在中国取代其他译名，成为通用术语，除清末民初日籍（尤其是日本教科书）流行造成的影响外，还与孙中山为首的革命派的文化宣传实践颇有干系。在日本编辑出版的革命派报纸《民报》多用日译词"经济"。孙中山（1866—1925）、朱执信（1885—1920）等人文章常在今义上使用"经济"。民国初年，孙中山还专门提倡"经济"一词，力主以此取代"富国策""理财学"之类。孙氏1912年8月在北京作《社会主义之派别与批评》讲演，论及Economy的译名时说：

> 按经济学，本滥觞于我国。管子者，经济家也，兴盐渔之利，治齐而致富强，特当时无经济学之名词，且无条理，故未能成为科学。厥后经济之原理，成为有统系之学说，或以富国学名，或以理财学名，皆不足以赅其义，惟经济二字，似稍近之。经济学之概说，千端万绪，分类周详，要不外乎生产、分配二事。生产即物产及人工制品，而分配者，即以所产之物，支配而供人之需也。[①]

1912年10月，孙氏在上海中国社会党的演说也讲过类似的话，并在演说中一再出现"经济学""经济学家""经济主义""经济学之原理"等语。

民初以后，经济、经济学逐渐成为Economy和Economics的通用译名，包括社会生产、交换、分配、消费等内涵，与古典的经世济民、经邦济国义分道扬镳。然而，经济学与富国策、计学、理财学并用，在民国年间还延续了一个时段，中国第一位留美经济学博士马寅初（1882—1982）1914年在耶鲁大学所撰博士论文，便不用"经济学"一词，而用"富国策""计学"，表现出对"经济学"这一译名的保留态度。大约到20世纪20年代以后，"经济"及"经济学"才成为统一的术语被学界和社会普遍接受并获通用。马寅初后来的著作，也命名为《中国经济改造》《经济学概论》《战时经济论文选》《马寅初经济论文集》等。中国的早期马克思主义者李大钊（1889—1927）1919年在《我的马克思主义观》

[①] 《孙中山全集》第2卷，中华书局1982年版，第510页。

中引述他从日文翻译的马克思著作《经济学批评序文》(今译名《政治经济学批判导言》),其中的"经济学"当然是采用的日本译词。

八 今义"经济"考察

(一)语义学考察

今义"经济"(国民生产、分配、交换、消费的总和,兼指节省、合算),已经约定俗成,不仅学界通行,而且民间习用,难以更换了。然而,"经济"所负荷的今义从语义学及构词法考究,存在明显弊病,却是应当予以揭示的。

由于汉字的多义性,汉字词往往可以在同一词形下包蕴多种含义,故借用古汉语词对译西洋概念,常常发生含义的扩大、缩小、引申甚至全变,这是汉字古典词能够演化为新语的条件。不过,这种扩、缩、引申、全变,应当遵循汉语文词演变的逻辑,人们才可以在理解中使用,或在使用中理解。

常见的汉字旧词生新义的方法是,以原词的古义为出发点,令其外延缩扩,内涵转化。如"教授",原为动词,意谓传授知识;宋代以降,成为偏正结构名词,指掌管学校课试的学官。"教授"的今义是在翻译 Professor 时获得的,特指大学教师中的最高职称,但此一新义是原义的合理引申。再如"物理",古义泛指事物之理,今义是在翻译 Physics 时获得的,收缩为自然科学中的一个门类,研究分子以上层面的物质变化规律(分子发生变化,则是化学研究的领域),此一内涵演变也有逻辑可循。又如"历史",古义为史书,指过往事实的记述,今义是在翻译 History 时获得的,转化为自然界及人类社会的发展过程,或指历史学科,此种引申,易于理解。"组织"的古义是纺织,今义是在翻译 Sosiki 时获得的,转化为机体中构成器官的单位,进而引申为社会中按某种任务和系统结合成的有机体(Organization),古今义变化甚大,但今义可从词形提供的意义空间内寻觅。总之,这些汉字词的古今义之间虽然有泛与专、宽与窄的区别,或者所指发生了变化,但其新旧词义间保持着遗传与变异之间的内在张力,因而使用者稍运神思,便可发现二者间的演变轨迹,对词义的古今推衍、中西对接,有所会心。

反观"经济"一词,其今义不仅与古典义脱钩,而且无法从词形推衍出来,即使改变构词法,也不能引出今义。今义(国民生产、分配、交换、消费之总和,以及节省、合算)是外加给"经济"这一汉字词的,新术语"经济"失去作为汉字词的构词理据。这正是中国学者严复、梁启超、胡以鲁、马寅初等不认同此一译词的原因,而试图以"计学"等词取代。日本学者西周则创"制产学"以与"经济学"并用;福泽谕吉虽是译词"经济学"的最早制造者之一,但他也并不满意该译词,而更倾心于"理财学";赤坂龟次郎则以"财理学"译 Economics,其因由也在于此。

(二) 历史学考察

然而,同属汉字文化圈的日中两国还是先后选择了"经济学"作 Economics 的译词,其间的原因,须从历史学角度观察,方能获解。

综观除"经济学"以外的近代中日两国创制的 Economics 各种译词,如"计学、生计学、平准学、资生学、轻重学、理财学、富国学、制产学、财理学"等,有着类似的性状:都以某汉语古典词(如"计、平准、资生、轻重、理财、富国、制产"等)作基轴,并以其古典义为出发点引申出新义,故词形与词义是统一的,可以观形索义,因而具有较充分的汉字构词理据。但是,何以它们都未能占据 Economics 译词的正宗地位呢?笔者以为,这些词虽然有着充分的构词理据,却全都存在一个相似的弱点:分别只表达了人类物质生活的某一侧面,而不足以概括全貌。严复在《原富》的《译事例言》中说,作为 Economics 的译词,"理财又为过狭"。平心而论,严复此一批评,不仅适用"理财学"一词,其实是切中了上述诸词(包括严复自创的"计学"在内)共通的要害:它们所彰显的意义,或为生产、或为消费、或为分配、或为管理,而无力总括人类物质生活的整体,故均难以充作 Economics 的理想译词。唯独"经济"及"经济学",虽然被严复责备"既嫌太廓"(含义太泛),但毕竟更富于统合力,终被历史勉为选中作 Economics 的译词。

前已详述,译词"经济学"存在概念古今错位、词形与词义相脱节的缺陷,并非一个合理的汉字术语,对学科的发展带来某种不便,如在追溯此学科的学术史时,古典概念与今之概念,东方概念与西方概念间,多有隔膜，须花费颇大气力做阐释工作。

如果变换角度，将语义的变迁置于历史（特别是思想史）大背景下加以考察，则可发现：近人以"经济"翻译 Economy，使"经济"从治国平天下、经世济民的政治、伦理"大义"中解脱出来，赋予物质财富的创造、交换、分配等意义（节俭也在此意之中），这样，社会的物质生产、生活此一头等重要的实际问题，其研讨的重心，便由"义"转为"利"。这正昭显了一种时代精神的转型：社会的价值取向从古典的"轻利重义"演变为近代的实利主义。

近代工业文明有多重精神支柱，实利主义为其重要支柱之一。利益驱动、价值法则这只"看不见的手"，是推进近代工业文明的强大动力。正是这种近代工业文明令实利主义大为张扬的历史实际，使得作为国计民生之学的 Economics 在近代西方创生并逐渐摆脱对政治的附庸地位。Economics 作为这样的一种近代学科，18、19 世纪成长于欧美，进而播扬世界，就东亚而言，日本率先于 19 世纪中叶开始建立此一学科，这与其"开国"并向工业文明迈进大体同步。被称之"东洋卢梭"的日本启蒙思想家中江兆民，对经济的近代意义有敏锐的观察，他 1888 年指出："19世纪以前，经济曾是政治的附属品，但这种附属品变为必用品。"[1]"经济"一词的含义在近代日本发生变更，从中江兆民的这番话中可以悟出个中缘由。

中国约于 19 世纪末以日本为中介开始传入西方的近代经济学，同期严复直接从欧洲译介此学，但如前所述，在清末尚未形成统一的术语。至 20 世纪初（民国初年，也即第一次世界大战前后，中国近代民族工业得到发展之际），近代经济学正式流播中国，而"经济"含义的古今转换，"经济学"成为国计民生之学的共名，正是在这种历史进程中实现的。

严、梁等近代中国学人从语义学的纯正角度，不满于译词"经济"，而试图另拟别语作为 Economy 的译词，但中国人终于从民国初年开始接纳"经济"这一译词。表面上看，此为日本新名词强劲影响及孙中山倡导的结果，但究其实质，却有一种时代趋势在起作用：中古式的泛政治、

---

[1] 《东云新闻》，1888 年 10 月 4 日。

泛伦理的"经世济民"之类意义，已不敷需用，而英语 Economy 所包含的"国民生产、消费、交换、分配之总和"的意义，更能反映现实的社会物质生活的总体状貌，人们无以名之，只得从古典词里寻出"经济"以称呼。当然，人们为此支付了放弃词语纯正性的代价。

从语义学与历史学相统一的角度反思，同属汉字文化圈的中日两国，当年如果能创制更加确切的、形意相应的汉字术语以表述 Economy 所包蕴的新概念，或许会有助于人们观词索义，从而便利大众理解，促进相关学科的成长。不过，语文发展的历史进程并不理会"如果"。它的实际运行过程表明，在新概念纷至沓来之际，似乎无法从容地字斟句酌，有时还会放弃对构词理据的坚守，只顾在大众的语文实践中浩荡前行。然而，这决不意味着反思的无益，因为，去者不可追，来者犹可为，我们所应当做，也能够做的工作是：

揭示已成术语的演化过程，辨析其间的成败得失，以增进今后接纳新概念、创制新术语的理性自觉，使术语（尤其是核心术语）的建设，步入较为健康的轨道，为发展中的知识网络提供坚实可靠的纽结。

形而上学

> 形而上者谓之道，形而下者谓之器。
>
> ——《易·系辞上》

以古汉语词对译西洋术语，组创新词，又一值得推敲的例子是"形而上学"。[①]

此词的主要语素是"形"与"上"。

形，小篆作 形，《说文解字》："形，象形也。"本义实体、形体、有形之物，引申义形迹、形骸、形貌（与精神对应）、形式（与内容对应）。

上，甲骨文作 二，金文作 二 等，下长横代表水平线，上短横代表水平线以上，小篆作 ⊥，把短线竖立，作曲线。《说文解字》："⊥，高也。"为指事字，作名词用，意高处；作动词用，意垂直往上；作形容词，意高等的，级次高的。二字组合"形上"或"形而上"，意谓具体形器之上的学问，《周易》将这种形器之上的学问称之"道"。

一 "形而上"与 Metaphysics 的来历

哲学关键词"形而上学"成为一个偏正结构的汉字名词，是近代翻译者的创造，主要词素来源于中华元典《周易》：

[①] 参见冯天瑜《新语探源——中西日文化互动与近代汉字术语生成》，中华书局2004年版，第586—590页。

名实错位

> 形而上者谓之道，形而下者谓之器。①

对于《周易》的这段话，朱熹的诠释是："阴阳，气也，形而下者也。所以一阴一阳者，理也，形而上者也。道即理之谓也。"② 认为阴阳变化的理则无形，属形上之道；阴阳本身有形，属形下之器。相比之下，朱熹的得意门生、南宋理学家陈淳（1159—1223）下列的阐发，意蕴更明晰：

> 自有形而上者言之，其隐然不可见底则谓之道；自有形而下者言之，其显然可见底则谓之器。其实道不离乎器，道只是器之理。人事有形状处都谓之器，人事中之理便是道。道无形状可见，所以明道曰：道亦器也，器亦道也。须著如此说，方截得上下分明。③

明代晚期思想家吕坤（1536—1618）的阐释也颇得三昧：

> 道、器非两物，理、气非两件。成象成形者器，所以然者道；生物成物者气，所以然者理。道与理，视之无迹，扪之无物。必分道、气；理、气为两项，殊为未精。《易》曰："形而上者谓之道，形而下者谓之器。"盖形而上，无体者也，万有之父母，故曰道。形而下，有体者也，一道之凝结，故曰器。④

"形而上"具有哲学意味，其讨论的是抽象的"道"。近代中国人以之翻译古希腊哲学家亚里士多德（前384—前322）著作 τὰ μετὰ τὰ φυσικά（拉丁文为 Metaphysica，英文 Metaphysics）。

该书是亚里士多德研究"第一哲学"的结集。

亚里士多德将知识分为三类：实践的、制造的、理论的。理论知识

---

① 《易·系辞上》。
② 《通书·诚上注》。
③ （宋）陈淳：《北溪字义》卷下《道》。
④ （明）吕坤：《呻吟语》卷一《礼集·谈道》

又分为三类：自然哲学、数学和神学。他把研究具体事物的自然哲学称物理学，又谓之"第二哲学"。该书之所以名为"在物理学之后诸篇"（*Metaphysics*），是因为公元前1世纪，安德罗尼柯编辑亚里士多德这部论"作为有的有"或"有本身"的著作，置于亚里士多德的《物理学》之后，故名"在物理学之后诸篇"。亚里士多德把最高的理论学科称之"第一哲学"，用汉语直译，当为"在物理学之后诸篇"，中文译者采用间接意译，借《易传》"形而上者谓之道"一语，将书名译定为"形而上学"。

可见，中西古哲把具象世界称作"器"或"物"，有具体形象；把具象世界的运行规律、法则称作"道"，在具体形象、器物之上。因此，"形而上学"约指讨论规律、法则的学问，与"哲学"大体近义。以《形而上学》名亚里士多德的"在物理学之后诸篇"，是确切的，既与中华元典的古义相通，也与亚里士多德论著的本义切近，读者能够顾名思义。此外，还有将"形而上学"指研究感官不可达到的东西，即超经验的哲学，其研究对象是神、灵魂、意志自由等。人格主义代表思想家鲍恩1898年成书的《形而上学》（*Metaphysics*），柏格森1903年成书的《形而上学导言》（*Introduction à la Metaphysique*），海德格尔1935年成书的《形而上学引论》（*Einführung in die Metaphysik*），都是在此类意义上使用"形而上学"（Metaphysics）。这些"形而上学"译例，亦与"形而上者谓之道"的汉语古典义相通，读者可以从"形而上学"词形推导出这种词义来，故为合理的译名。

1923年11月13日陈独秀作《科学与人生观序》（刊于《新青年》第三期），在论及社会科学的分类时曾说："社会科学中最主要的是经济学、社会学、历史学、心理学、哲学。"并在括号内对"哲学"作说明：

> 这里所指是实验主义的及唯物史观的人生哲学，不是指本体论宇宙论的玄学，即所谓形而上的哲学。

陈独秀在这里缩小了"哲学"的意涵（仅指人生哲学），而大体准确地使用"玄学""形而上学"两个概念。可见20世纪20年代，中国的马克思主义宣传家把握了"形而上学"一词的内涵。

二 "形而上学"与 Metaphysics 的对译

虽然"形而上学"和 Metaphysics 很般配，但它们的相遇却经历了漫长曲折的路程。从时间上说，彼此等待了二百多年；从空间上说，它们见证了中西日文化的往还互动。

（一）入华西方传教士的翻译

西方的 Metaphysics 最早是由明末入华耶稣会士携来的。艾儒略所撰《西学凡》（1623）述曰：

> 所谓默达费西加者，译言察性以上之理也。所谓费日加者，止论物之有形，此则总论诸有形并无形之宗理。①

其中，"默达费西加"当为拉丁文 Metaphysica 的音译；"察性理以上之理"为意译。依《西学凡》所述，它是 Philosophia（音译"斐禄所费亚"等，意译为"理科""理学"）的一支；它本身又分为五大门类：

> 其一预论此学与此学之界；二总论万物所有超形之理与其分合之理；三总论物之真与美；四总论物之理与性与其有之之由；五论天神……②

在《职方外纪》（1623）中，艾儒略仍将 Metaphysic 音译为"默达费西加"，而意译则是"察性理"。③

时至晚清，Metaphysics 再次进入汉文世界，初见于早期英汉词典（见表1）。

---

① ［意］艾儒略：《西学凡》，1623年，第5页。
② ［意］艾儒略：《西学凡》，1623年，第5—6页。
③ ［意］艾儒略：《职方外纪》，第3—4页。

早期英汉词典中 Metaphysics 之汉译

词典名	作者名	Metaphysics 译名	出版地（者）	出版年
《英华字典》（全1册）	［英］马礼逊 Robert Morrison 1782–1834	Metaphysics, a sort of, is contained in 天地鬼神之论; discourse on heaven, earth, spirits, and gods.	澳门：Printed at the Honorable East India Companys Press	1822
《英华韵府历阶》（全1册）English and Chinese Vocabulary, In the Court Dialect	［美］卫三畏 S. Well Williams 1812–1884	无此条	澳门：香山书院	1844
《英华字典》（全2册）English-Chinese Dictionary (in two volumes)	［英］麦都思 W. H. Medhurst 1796–1856	Metaphysics, a science of, 理气学（卷二, pp. 839—840）	上海：墨海书馆	1848
《英华字典》（全4册）English and Chinese Dictionary, with the Puntin and Mandarin Pronunciation	［德］罗存德 W. Lobscheid 1822–1893	Metaphysics 理学, 理知, 万有理之学（卷三, p. 1172）	香港：Printed an Published at the "Daily Press" Office, Wyndham Street	1868
《上海方言词典》A Vocabulary of the Shanghai Dialect	［英］艾约瑟 J. Edkins 1823–1905	无此条	上海：Presbyterian Mission Press	1869
《英华萃林韵府》（全2册）Vocabulary and Handbook of the Chinese Language, Romanized in the Mandarin Dialect (in two volumes)	［美］卢公明 Justus Doolittle 1824–1880	Metaphysics, discourse or essay on 天地鬼神之论（卷一, p. 308）	福州：Rozario, Marcal and Company	1872

续表

词典名	作者名	Metaphysics 译名	出版地（者）	出版年
《字语汇解》 An Anglo-Chinese Vocabulary of the Ningpo Dialect	［美］ 睦礼逊 W. T. Morrison 1837－1869	无此条	上海： American Presbyterian Mission Press	1876
《英华字典》 （全1册） English Chinese dictionary	I. M. Condit	无此条	上海： 美华书馆	1882
《华英字典集成》 （全1册） An English and Chinese Dictionary	邝其照 （生卒不详）	Metaphysics 理学（p. 209）	香港： 循环日报承印 （1899）	1887
《英华大辞典》 （小字本）	颜惠庆 1877－1950	Metaphysics, n. The science which seeks to probe the inner secret, or logic, of thought or being, as the basis of and prior to that which is marely phenomenal and cognizable by the senses. 哲学，理学，形而上学，万有之学，心理学（p. 628）	上海： 商务印书馆 （1920）	1908年版

1875年4月，传教士艾约瑟在《中西闻见录》上发表《亚里斯多德里传》，述及亚氏的十种著作：

亚之察审既精，著述亦博，其所作之书分为十种：一论详审之理，二论无形之理，三辩驳之理，四诗学，五纲常，六国政，七赋税，八格致，九造作，十岐黄。此外复有算学，暨希腊内外各地百五十八国律例汇考，及希腊国历代帝王考、诗家历代考诸书。其所谓详审之理者，在昔无人论及，斯学亚为首创之也。①

其中，"详审之理"当指 logic；"无形之理"当指 Metaphysics。

(二) 日本的对译

虽然"形而上"出自中华元典，但它和 Metaphysics 正式对译，并得以广泛传播，却是在日本完成的，当然也决非一蹴而就。

《英和对译袖珍辞书》为德川幕府设洋书调所教授堀达之助（1823—1894）②在箕作麟祥等人协助下编纂而成，1862 年于江户刊行；后由堀越龟之助 1866 年完成"改正增补"，翌年于江户刊行；1869 年，东京的藏田屋清右卫门获"官许"，复刊其改正增补版。其中 Metaphysics 译作"性理学（万物ノ理ヲ窮、心性ノ事ヲ論スルっ学）"，也译作"超理学"。

平文（James Curtis Hepburn，1815—1911）是美国的医学博士、传教士，1841—1845 年曾被派到中国澳门行医、布道。日美签订通商条约后，于 1859 年赴日本作"宣教医"。为了译经、传教，平文在行医的同时，热心于日语研习和词汇收集，最终编成《和英语林集成》，1867 年在上海，1872 年在横滨印行。其中，"性理"一词被用来与 The laws of being or mind，Metaphysics 对译。

1870 年冬，西周（1829—1897）在他的《百学连环》③讲义中，将 Metaphysic 译成"性理学"，Metaphysical 译成"物理外（学）"，Metaphysic School 译成"空理学校"。

---

① [意]艾儒略：《亚里士多德传》，《中西闻见录》，（北京）米市施医院，1875 年 4 月，第 529 页。

② 堀达之助本"荷兰通词"中山家出身，后为同役堀仪左卫门养子。日本嘉永六年（1853）"培理来航"时任"通译"。后为蕃书调所"翻译方"。其所编《英和对译袖珍辞书》为日本最早的英和辞书。

③ [日]西周述《百学连环》，大久保利谦编《西周全集》第 4 卷，（东京）宗高书房 1981 年版。

名实错位

西周译业最有意义于教育者，当首推文部省 1875 年 4 月刊行的《心理学》三卷。所据原书为美国人约瑟·奚般（Joseph Haven）所著 *Mental Philosophy* —Including Intellect, Sense and Will 美国波士顿 1869 年刊本。在该译著中，西周将 Physics 译作"有形理学（物质之学、万有之学）"，将 Metaphysics 译作"无形理学（虚体之学）"；而且使汉字圈的读者认识到，有时"虚体学"（Metaphysics）＝"本体学"（Ontology）。

1884 年 5 月，东洋馆出版井上哲次郎（1855—1944）、有贺长雄（1860—1921）等人编纂的《哲学字汇》改订增补版。Metaphysics 和"形而上学"在此相遇：

> Metaphysics 形而上学　按：《易·系辞》：形而上者谓之道，形而下者谓之器。[①]

近代关键词的创制过程是国际性的。在日本生成、定着的新名词，于甲午战后尤其是清末"新政"以后，如潮水一般回灌中国。

1904 年 7 月 13 号，《新民丛报》刊"新释名一（哲学类）：形而上学"条：

> 英语之 Metaphysics 一语，本属偶然造成。盖亚里士多德没后，其门弟子结集遗书，与物理学书之后，更辑其论及一般原理者，而锡此名。Physics 者，物理学也。Meta 超绝之义。Meta‑physics 谓超出物理学之范围外者也。其字源之来历如此。日本人不能得简省之词以译之，因取易系之语，锡以今名。
>
> 寻亚里士多德等之所论究，则此学者，阐明吾人经验之物界以外的真相也。译为诸原理之学，亦差近之。曰自然，曰实在，曰可能，曰必然，诸种事项之研究，皆属于此学范围。故形而上学，几取哲学之全体而包举之。古昔学者，往往以此两语通用，非无故也。以世界之性质，立形而上学之根据者，其说曰：吾人肉眼所见之世

[①] ［日］井上哲次郎、［日］有贺长雄编：《哲学字汇》（改订增补版），（东京）东洋馆 1884 年版，第 54 页。

界，乃现象耳，倏生忽灭之假相耳，非其真也。真相所存，必离此现象，而别有其奥者，即现象所根据之原因也。故寻常科学专研究感觉世界之事物者，不足以论此真相。此盖别属于形而上学之范围者也。此论自康德以前，殆无异词。就中如倭儿弗所著《合理的心理论》《合理的宇宙论》《合理的神学论》三书，其最著者也。康德以检点智慧之学派，打破此等架空之形而上学。①

依其申明，该条"采译《教育辞书》"。该辞书为日本教育学术研究会编，1903年东京同文馆出版。

三 译词"形而上学"的另用

西方哲学史中的形而上学（Metaphysics）有多种流派，其中法国哲学家、物理学家、数学家笛卡儿（1596—1650）在《方法谈》《形而上学的沉思》等书中阐发的 Metaphysics，指研究超自然、超经验的上帝、心灵以及物质的学说。17—18 世纪之间，笛卡儿哲学的继承者被称为笛卡儿主义者，他们分裂为两派，一派发展笛卡儿的机械论自然观，另一派发展笛卡儿关于上帝与灵魂的学说。前者主张，将自然界划分为各个部分，并从外部分门别类地加以考察。这种思想方法流行于欧洲 15 世纪后半期到 18 世纪，英国的培根（1561—1626）、洛克（1632—1704），法国的笛卡儿为其代表。

笛卡儿主义的形而上学（Metaphysics），采纳伽利略（1564—1642）的物理观，认为外部世界的一切变化和运动都可以用机械论的观点加以解释。黑格尔（1770—1831）把笛卡儿主义的"这种形而上学"（即"这种哲学"）作为反辩证法的同义词，指以孤立、静止、片面、机械的观点看世界。需要强调的是，黑格尔批评的是"这一种形而上学"（或曰"旧形而上学"），即笛卡儿主义的机械论形而上学。以后，马克思、恩格斯等人多沿用黑格尔的论说，把那种 Metaphysics 的

---

① 《新释名一（哲学类）：形而上学》，《新民丛报》第 3 年第 2 号，（日本横滨）新民丛报社，1904 年 7 月 13 日，附录二第 4 页。

名实错位

特点概括为，将研究对象视作孤立的、固定的、僵硬的、一成不变的。于是在近代西哲系统，Metaphysics 有两义，一为抽象哲理之意，二为机械论之意。不过近代西方主要以前义言 Metaphysics，使用后义时也明白指的是"这一种形而上学"，并非整体义上的"形而上学"（相当于"哲学"）。然而，中国近代翻译家未详作说明，笼统地将"形而上学"作为与"辩证法"相对立的一个外来词推介给中国读者。于是，大半个世纪以来，本义为规律、法则的"形而上学"一词被赋予另一层意思：与辩证法相对立的世界观与方法论，其特点是用孤立、静止、片面、表面的观点看世界，认为一切事物都彼此孤立，永远不变；如果有变化，也只有数量的增减和场所的变更，而这种增减和变更的原因，不在事物的内部而在事物的外部。

反辩证法的思维方式是广为存在的，然而，在汉语系统中用"形而上学"一词表述这种思维方式，却易生误解，此"形而上学"既不能与"形而上谓之道"的古义接轨，也无法从"形而上学"的词形推引出孤立、静止、片面、表面、外因论等含义。若以"机械论""机械主义"一类词语译之，则较为妥当。

这里不深论"形而上学"一词何时由何人首先译作"反辩证法"的同义语，以及译者是否作过必要的界说和词意转化的交代。但这一词语被广泛视为"反辩证法"的同义语，在相当程度上与毛泽东哲学专著《矛盾论》的一段陈述有关。《矛盾论》的第一节"两种宇宙观"说：

> 形而上学，亦称玄学。这种思想，无论在中国，在欧洲，在一个很长的历史时间内，是属于唯心论的宇宙观，并在人们的思维中占了统治的地位。在欧洲，资产阶级初期的唯物论，也是形而上学的。……所谓形而上学的或庸俗进化论的宇宙观，就是用孤立的、静止的和片面的观点去看世界。……这种思想，在欧洲，在17世纪和18世纪是机械唯物论，在19世纪末和20世纪初则有庸俗进化论。在中国，则有所谓"天不变，道亦不变"的形而上学的思想，曾经长期地为腐朽了的封建统治阶级所拥护。近百年来输入了欧洲的机

械唯物论和庸俗进化论，则为资产阶级所拥护。[①]

这段耳熟能详的名言，意在批判机械论，阐扬辩证思维。然而，这段论说在概念推衍上又有明显矛盾。该文首议："形而上学，亦称玄学"，这是一个可以成立的断语，这里的"形而上学"显然从《周易》的"形而上者谓之道"中引出，而文中所称"玄学"，指具有高度抽象的思辨形式的学问（古有"易—老—庄"为"三玄"之说），玄学正是讨论形上之道的学问，所以现代翻译家曾以"玄学"翻译西方术语 Philosophy（今译哲学）。但《矛盾论》下面又论及：主张"天不变，道亦不变"的思想即为"形而上学"，这又脱离了"形而上者谓之道"及"玄学"的固有内涵，将"形而上学"等同于"不变论"命题，引申出"机械论""静止论""外因论"等题旨。这可能是受到 20 世纪 20—30 年代翻译的影响，将黑格尔概括笛卡儿主义的"那一种形而上学"放大为整个"形而上学"，以致"形而上学"便意味着"孤立、片面、静止、外因论"。以后，毛泽东常将那些孤立、静止、片面看问题的思想及行为，称之"形而上学猖獗"。这里的"形而上学"已与"形而上者谓之道"的古义不相干，其新义（孤立、片面、静止地看问题）无法从"形而上学"四字词形中引申出来。

关于"形而上学"的误解既然发端于翻译之疏误，便应当正本清源，明确区分译语"形而上学"的两种全然不同的含义，杜绝形而上学即是孤立、片面、静止看问题的误解，还复"形而上学"是讨论形上之道的学问这一本义。至于孤立、片面、静止看问题的思维方式，可用明确无误的词语称之，如机械论、外因论、静止论等。

类似"封建""形而上学""经济"这样在对接过程中发生畸变的译词，还可举出一些例子，如自由主义、个人主义、保守主义等。但如果它们已经约定俗成，成为习惯性说法、权威性话语，便难以改变。但正因为如此，更有必要指明其问题所在，揭示其在中外语文坐标系上的偏差，这样，即使人们继续使用，却知其弊端，不至于由词语的偏失引发思维的失足。

---

① 毛泽东：《矛盾论》，《毛泽东选集》（1 卷本），人民出版社 1966 年版，第 288—289 页。

名实错位

笔者议此,大概并非杞人忧天,因为"名不正则言不顺,言不顺则事不成",语文错乱导致人世间紊乱,《圣经》中"巴别塔"故事发人深省。[①] 而"名正言顺",有助于吾辈及后代更准确地使用概念,审慎地创制新语,这既有利于今人神交古人,也有利于海内外文化沟通。

[①]《旧约·创世纪》云:古时散居各地的人们相约建一通天塔,正当工程顺利进展之际,上帝唯恐人类通天后危及上帝的无上权威,遂"变乱人们语言"。而没有共同语言的人们立即陷入无穷纷争,建通天塔事业终于失败。

参考文献

一 中华古籍

《诗经》《尚书》《周礼》《周易》《左传》《公羊传》《谷梁传》《国语》《竹书纪年》《管子》《老子》《论语》《墨子》《孟子》《荀子》《庄子》《楚辞》《吕氏春秋》《韩非子》《列子》《尔雅》

（西汉）司马迁：《史记》。

（西汉）刘向：《说苑》

（东汉）班固：《汉书》

（东汉）许慎：《说文解字》

（东汉）赵岐：《孟子章句》

（晋）陈寿：《三国志》

（晋）束皙：《昭明文选》

（南朝宋）范晔：《后汉书》

（南朝梁）萧子显：《南齐书》

（唐）房玄龄：《晋书》

（唐）孔颖达：《五经正义》

（唐）韩愈：《韩昌黎集》

（五代）王溥：《唐会要》

（北宋）欧阳修等：《新唐书》

（北宋）司马光等：《资治通鉴》

（北宋）周敦颐：《通书》

（南宋）朱熹：《朱子语类》

（南宋）朱熹：《四书集注》

（南宋）陈淳：《北溪字义》

（明）宋濂等：《元史》

（明）王阳明：《传习录》

（明清之际）黄宗羲：《明夷待访录》

（明清之际）顾炎武：《日知录》

（明清之际）王夫之：《思问录》《读通鉴论》

（清）张玉书等：《康熙字典》

（清）张廷玉等：《明史》

（清）戴震：《孟子字义疏证》

（清）杨泉撰、孙星衍校集：《物理论》

（清）段玉裁：《说文解字注》

（清）郝懿行：《尔雅义疏》

（清）阮元：《十三经注疏》

（清）江藩；《经解入门》

（清）王筠：《说文句读》

（清）龚自珍：《五经大义终始论》

（清）康有为编：《日本书目志》，大同译书局1898年版。

（清）袁俊德编：《富强斋丛书续全集·学制·肄业要览》，小仓山房光绪辛丑七月校印。

（清）韩述组编：《论理学》，文明书局1908年版。

（清）陈文编：《中等教育名学教科书》，科学会编译部，1911年。

二　明清汉文西书

［意］利玛窦诠著，（明）朱鼎瀚参定：《西国记法》，南昌，1595年。

［意］利玛窦、（明）徐光启译：《几何原本》，1607年。

［意］熊三拔口授，（明）周子愚、卓尔康笔记：《表度说》，1614年。

［意］艾儒略：《西学凡》，杭州，1623年。

［意］艾儒略、（明）杨廷筠：《职方外纪》，杭州，1623年。

［意］艾儒略译著：《性学觕述》，敕建闽中天主堂，1623年。

［意］高一志：《修身西学》，古绛景教堂藏版，1630年。

［意］高一志：《齐家西学》，古绛景教堂藏版，1630年。

［葡］傅汎际、（明）李之藻译：《名理探》，杭州，1631年。

［意］高一志：《空际格致》卷上，出版地不明，1633年。

［意］高一志译授，（明）毕拱辰删润：《斐录答汇》下卷，宣德，1636年。

［德］邓玉函译述，（明）毕拱辰润定：《泰西人身说概》，流荫堂刊行，1643年。

［英］合信：《全体新论》，广州：惠爱医院，1851年。

［美］祎理哲：《地球说略》，宁波：华花书房，1856年。

［美］丁韪良译：《万国公法》，崇实馆，1864年。

［美］丁韪良：《格物入门》（全6卷），同文馆，1868年。

［德］花之安：《大德国学校论略》，羊城：小书会真宝堂，1873年。

［美］丁韪良：《西学考略》，总理衙门，1883年。

［英］罗亨利、（清）瞿昂来译：《格致小引》，上海：江南制造局，1886年。

［英］艾约瑟译：《格致总学启蒙》，上海：总税务司署，1886年。

［美］丁韪良：《性学举隅》，上海：美华书馆印，广学会藏版，1898年。

［美］狄考文译，（清）邹立文笔述：《形学备旨》，上海：美华书馆，1902年。

（清）严复译：《穆勒名学》（全7册），上海：金粟斋，1903年。

（清）严复译：《群学肄言》，上海：文明编译书局，1903年。

［日］服部宇之吉：《论理学讲义》（汉文），东京：富山房，1904年。

［日］服部宇之吉：《心理学讲义》（汉文），东京：东亚公司，1905年。

（清）严复译：《群己权界论》，上海：商务印书局，1903年。

［日］大幸勇吉著，（清）王季烈译：《最新化学教科书》，上海：文明书局，1906年。

三 辞书

［英］马礼逊：《华英字典》，香港：1822年。

［美］麦都思：《英华字典》（全2卷），上海墨海书馆，1847—1848年。

［德］罗存德：《英华字典》（全3卷），香港：Printed an Published at the "Daily Press" Office, Wyndham Street, 1866—1868年。

［英］艾约瑟：A Vocabulary of the Shanghai Dialect（上海方言词典），上海：Presbyterian Mission Press, 1869年。

［德］卢公明：《英华萃林韵府》（全2卷），福州：Rozario, Marcal and Company, 1872年。

（清）邝其照：《华英字典集成》（1887年版），香港循环日报承印，1899年。

（清）颜惠庆：《英华大辞典》（小字本），上海商务印书馆，1920年。

（清）清学部编订名词馆编：《中外名词对照表》，http://www.cadal.zju.edu.cn/book/13052871/1。

（清）汪荣宝、叶澜：《新尔雅》，上海明权社，1903年。

（清）颜惠庆主编：《英华大辞典》，商务印书馆，1908年。

（清）学部审定科编纂：《化学语汇》，商务印书馆，1908年。

（清）黄摩西：《普通百科新大辞典》，上海国学扶轮社，1911年。

（民）陈英才等编纂：《理化词典》，中华书局，1920年。

（民）郝祥浑编：《百科新词典》，上海世界书局，1921年。

（民）樊炳清编：《哲学辞典》，商务印书馆，1926年。

（民）国立编译馆编订：《化学命名原则》，南京国立编译馆，1933年。

（民）科学名词审查会编：《理化名词汇编》，重庆科学名词审查会，1940年。

刘正埮、高名凯、麦永乾、史有为编：《汉语外来词词典》，上海辞书出版社，1984年。

冯天瑜主编：《中华文化辞典》，武汉大学出版社，2001年。

四　近代报刊

《北洋官报》
《察世俗每月统记传》
《东方杂志》
《东西洋考每月统记传》
《东亚报》
《格致汇编》
《国粹学报》
《国风报》
《国民报》
《湖北学生界》
《集成报》
《甲寅》
《江苏》
《教会新报》
《教育世界》
《科学》
《科学一斑》
《六合丛谈》
《女子世界》
《启蒙画报》
《青年杂志》
《清议报》
《申报》
《圣教杂志》
《时报》
《时务报》
《万国公报》
《遐迩贯珍》
《湘报》
《协和报》
《新民丛报》
《新青年》
《新世纪》
《新世界学报》
《新学报》
《译书汇编》
《益闻录》
《瀛寰琐纪》
《庸言》
《真相画报》
《政法学报》
《政艺通报》
《知新报》
《中国白话报》
《中国教会新报》
《中华教育界》
《中西闻见录》
《字林沪报》

五　外文史料

［日］宇田川榕菴：《理学入门植学启原》，江户：青藜阁，1833 年。
［英］贤理原著，［日］宇田川榕菴重译增注：《舍密开宗》，江户：

青藜阁，1837 年。

［日］羽仓简堂著：《通鉴评》，可也简堂（出版地不明），1845 年。

［日］村上英俊编：《佛语明要》，江户：达理堂藏版，1864 年。

［日］上野彦马抄译：《舍密局必携》卷 1 前篇，京都：文溯堂，1862 年。

［日］竹原平次郎抄译：《化学入门》初编，江户：一贯堂，1867 年。

［日］福泽谕吉纂辑：《西洋事情》外编卷 2，江户：尚古堂，1867 年。

［日］福泽谕吉纂辑：《西洋事情》卷 1，东京：尚古堂，1870 年。

［日］小幡甚三郎译：《西洋学校轨范》第 2 册，东京：尚古堂，1870 年。

［德］Helman Ritter 口授，［日］市川盛三郎译：《理化日记》卷 1 化学之部，大阪：开成学校，1870 年。

［日］弗兰西斯·维兰德著，小幡笃次郎译：《经济论》（全 9 册），东京：尚古堂，1871—1877 年。

［法］Thomas Nugent 著，好树堂译：《官许佛和辞典》，Changhai：Imprimerie De La Mission Presbytérienne Américaine，1871 年。

［日］片山淳吉译：《物理阶梯》，东京：文部省，1872 年。

［日］吉田贤辅、须藤时一郎述：《近世史谈》卷 2，东京：共立舍，1872 年。

［日］涉江保编：《米国史》卷 1，东京：万卷楼，1872 年。

［日］柴田昌吉、子安峻编：《附音插图英和字汇》，横滨：日就社，1873 年。

［日］堺县学校编述：《学问心得》，堺：堺县学校，1873 年。

［日］清原道彦译：《化学示蒙原素略解》（2 册）上，大分县大分町：好文书堂，1873 年。

［日］宫里正静：《化学对译辞书》，东京：小林，1874 年。

［日］西周：《致知启蒙》，东京：瑞穗屋卯三郎，大阪：河内屋吉兵卫，1874 年。

［日］西周：《百一新论》卷之下，东京：相应斋，1874 年。

［日］川路宽堂译：《政家必携各国年鉴》第 1 册，东京：知新馆，

1874年。

［日］黑田行元：《万国立教大意》第1册，大阪：冈田群玉堂，1875年。

［日］西周译：《心理学》，东京：文部省，1875年。

［日］东京开成学校编：《东京开成学校一览》，东京：开成学校，1875年。

［英］设尔敦阿谟私口授，［日］安川繁成编录：《英国政事概论》（全6册），东京：诗香堂，1875年。

［日］服部德译：《民约论》，东京：有村壮一，1877年。

［日］尾崎行雄译：《权理提纲》，东京：丸屋善七、庆应义塾出版社，1877年。

［日］小幡笃次郎撰：《教用论序》，《弥儿氏宗教三论》，东京：丸家善七，1877年。

［日］高桥达郎译：《百科全书　交际篇》，东京：文部省，1878年。

［日］井上哲次郎等编：《哲学字汇》（初版），东京：京大学三学部，1881年。

［日］山口松五郎译：《社会组织论》，东京：松永保太郎，1882年。

［日］林包明：《社会哲学》，东京，1882年。

［日］中江兆民译：《维氏美学》上册，东京：文部省编辑局，1883年。

［美］戎维廉达勒巴儿著，［日］小栗栖香平译：《学教史论》，东京：爱国护法社，1883年。

［美］威曼等著，［日］栗原亮一译：《革命新论》，东京：松井忠兵卫，1883年。

［日］井上哲次郎等编：《哲学字汇》（改订增补版），东京：东洋馆，1884年。

［日］普及舍编：《教育心理论理术语详解》，东京：普及舍，1885年。

［日］坪内逍遥：《小说神髓》，东京：松月堂，1885年。

［德］须多因著，［日］曲木高配等译：《须多因氏讲义》，东京：宫内厅，1889年。

参考文献

［日］石川喜三郎：《宗教哲学》，东京：哲学书院，1889 年。

［日］化学会编：《化学译语集》，东京：化学会，1891 年。

［日］米田庄太郎译：《比较宗教学》（全 4 卷），东京：大日本圣公会书类会社，1892—1895 年。

［日］岛村泷太郎述：《泰西美学史》，东京：东京专门学校，1900 年。

［日］田中治六：《哲学名义考》，东京：哲学馆，1901 年。

［日］蟹江义丸等译：《伦理学大系》，东京：博文馆，1904 年。

［日］井上哲次郎等编：《哲学字汇》（第 3 版），东京：丸善株式会社，1912 年。

［日］斋藤毅：《明治のことば》，东京：讲谈社，1977 年。

［日］佐藤亨：《幕末明治初期语汇的研究》，东京：樱枫社，1986 年。

［日］沼田次郎：《西学：现代日本早期的西方科学研究简史》，东京：日本—荷兰学会，1992 年。

［日］石塚正英、柴田隆行监修：《哲学・思想翻译语事典》，东京：论创社，2003 年。

John Stuart Mill: *A System of Logic, Ratiocinative and Inductive*, New York: Harper and Brothers, Publishers, 82 Cliff Street, 1848.

W. & R. Chambers, *Chambers: Educational Course: Political Economy, For Use in Schools, and for Private Instruction*, Edinburgh: W. & R. Chambers, 1852.

Henry Wheaton: *Elements of International Law*, Boston: Little, Brown and Company, 1855.

Thomas Henry Huxley, *Science Primers. INTRODUCTORY*, London: Macmillan and Co. 1880.

Herbert Spencer: *On Education: Intellectual, Moral, and Physical*, New York: D. Appleton and Company, 72 Fifth Avenue, 1898.

The Committee of the Educational Association of China, *Technical Terms, English and Chinese*, Shanghai: Printed at the Presbyterian Mission Press, 1904.

DR. Richard And Dr. Macgillivray, *A Dictionary of Philosophical Terms*, Shanghai: Christian Literature Society Forchina, 1913.

六　研究论著

高名凯、刘正埮：《现代汉语外来词研究》，文字改革出版社1958年版。

王力：《汉语史稿》，科学出版社1958年版。

钱钟书：《管锥编》，中华书局1979年版。

王力：《汉语史稿》，中华书局1980年版。

陈原：《社会语言学》，学林出版社1983年版。

黄侃：《文字声韵训诂笔记》，上海古籍出版社1983年版。

顾长声：《从马礼逊到司徒雷登——来华新教传教士评传》，上海人民出版社1986年版。

沈福伟：《中西文化交流史》，上海人民出版社1985年版。

覃光广、冯利、陈朴编：《文化学辞典》，中央民族学院出版社1988年版。

谭汝谦：《近代中日文化关系研究》，香港日本研究所1988年版。

冯天瑜、何晓明、周和明：《中华文化史》，上海人民出版社1990年版。

［法］谢和耐：《中国和基督教——中国和欧洲文化之比较》，耿昇译，上海古籍出版社1991年版。

樊洪业：《耶稣会士与中国科学》，中国人民大学出版社1992年版。

［美］比尔斯等：《文化人类学》，骆继光、秦文山等译，河北教育出版社1993年版。

孙尚扬：《利玛窦与徐光启》，新华出版社1993年版。

熊月之：《西学东渐与晚清社会》，上海人民出版社1994年版。

张永堂：《明末清初理学与科学关系再论》，学生书局1994年版。

顾卫民：《基督教与近代中国社会》，上海人民出版社1996年版。

林金水：《利玛窦与中国》，中国社会科学出版社1996年版。

［意］马西尼：《现代汉语词汇的形成——十九世纪汉语外来词研究》，黄河清译，汉语大词典出版社1997年版。

［美］萨丕尔：《语言论》，商务印书馆1997年版。

［英］W. C. 丹皮尔著：《科学史——及其与哲学和宗教的关系》，李

珩译，商务印书馆 1997 年版。

陈平原：《中国现代学术之建立——以章太炎、胡适为中心》，北京大学出版社 1998 年版。

［日］大庭修：《江户时代中国典籍流播日本之研究》，戚印平、王勇、王宝平译，杭州大学出版社 1998 年版。

曹增友：《传教士与中国科学》，宗教文化出版社 1999 年版。

费孝通主编：《中华民族多元一体格局》（修订本），中央民族大学出版社 1999 年版。

［美］刘禾：《语际书写——现代思想史写作批判纲要》，生活·读书·新知三联书店 1999 年版。

陈建华：《"革命"的现代性》，上海古籍出版社 2000 年版。

刘军宁：《共和·民主·宪政——自由主义思想研究》，生活·读书·新知三联书店 2000 年版。

吴孟雪：《明清时期——欧洲人眼中的中国》，中华书局 2000 年版。

尚智丛：《传教士与西学东渐》，山西教育出版社 2000 年版。

徐海松：《清初士人与西学》，东方出版社 2000 年版。

戴念祖主编：《中国科学技术史·物理学卷》，科学出版社 2001 年版。

沈定平：《明清之际中西文化交流史——明代：调适与会通》，商务印书馆 2001 年版。

［日］狭间直树编：《梁启超·明治日本·西方——日本京都大学人文科学研究所共同研究报告》（中文版），社会科学文献出版社 2001 年版。

香港中国语文学会编：《近现代汉语新词词源词典》，汉语大词典出版社 2001 年版。

张志毅、张庆云：《词汇语义学》，商务印书馆 2001 年版。

［德］汉斯·波塞尔：《科学，什么是科学》，李文潮译，生活·读书·新知三联书店 2002 年版。

［美］刘禾著：《跨语际实践——文学，民族文化与被译介的现代性（中国，1900—1937）》，宋伟杰等译，生活·读书·新知三联书店 2002 年版。

杨代春：《〈万国公报〉与晚清中西文化交流》，湖南人民出版社2002年版。

张承友、张普、王淑华：《明末清初中外科技交流研究》，学苑出版社2002年版。

［美］邓恩：《从利玛窦到汤若望：晚明的耶稣会传教士》，余三乐、石蓉译，上海古籍出版社2003年版。

戈公振：《中国报学史》，上海古籍出版社2003年版。

［德］李博：《汉语中的马克思主义术语的起源与作用：从词汇—概念角度看日本和中国对马克思主义的接受》，赵倩、王草、葛平竹译，中国社会科学出版社2003年版。

林中泽：《晚明中西性伦理的相遇：以利玛窦〈天主实义〉和庞迪我〈七克〉为中心》，广州教育出版社2003年版。

尚智丛：《明末清初（1582—1687）的格物穷理之学——中国科学发展的前近代形态》，四川教育出版社2003年版。

宗福邦等编：《故训汇纂》，商务印书馆2003年版。

冯天瑜：《新语探源——中西日文化互动与近代汉字术语生成》，中华书局2004年版。

顾长声：《传教士与近代中国》，上海人民出版社2004年版。

黄时鉴、龚缨晏：《利玛窦世界地图研究》，上海古籍出版社2004年版。

史有为：《外来词——异文化的使者》，上海辞书出版社2004年版。

王林：《西学与变法——〈万国公报〉研究》，齐鲁书社2004年版。

邹嘉彦、游汝杰主编：《语言接触论集》，上海教育出版社2004年版。

左玉河：《从四部之学到七科之学——学术分科与近代中国知识系统之创建》，上海书店出版社2004年版。

［英］雷蒙·威廉斯著，刘建基译：《关键词：文化与社会的词汇》，生活·读书·新知三联书店2005年版。

段德智：《宗教概论》，人民出版社2005年版。

刘耘华：《诠释的圆环——明末清初传教士对儒家经典的解释及其本土回应》，北京大学出版社2005年版。

范祥涛:《科学翻译影响下的文化变迁》,上海译文出版社 2006 年版。

佛雏:《王国维哲学译稿研究》,社会科学文献出版社 2006 年版。

高黎平:《美国传教士与晚清翻译》,百花文艺出版社 2006 年版。

刘树勇等:《中国物理学史(近现代卷)》,广西教育出版社 2006 年版。

沈福伟:《中西文化交流史》(第 2 版),上海人民出版社 2006 年版。

钟少华:《中国近代新词语谈薮》,外语教学与研究出版社 2006 年版。

陈平原、米列娜主编:《近代中国的百科辞书》,北京大学出版社 2007 年版。

冯天瑜等编:《语义的文化变迁》,武汉大学出版社 2007 年版。

何兆武:《中西文化交流史论》,湖北人民出版社 2007 年版。

[英]苏慧廉著,关志远等译:《李提摩太在中国》,广西师范大学出版社 2007 年版。

赵晖:《耶儒柱石——李之藻、杨廷筠传》,浙江人民出版社 2007 年版。

[荷]安国风:《欧几里得在中国:汉译〈几何原本〉的源流与影响》,纪志刚、郑诚、郑方磊译,江苏人民出版社 2008 年版。

董少新:《形神之间——早期西洋医学入华史稿》,上海古籍出版社 2008 年版。

方豪:《中西交通史》(上、下),上海人民出版社 2008 年版。

高圣兵:《Logic 汉译研究》,上海译文出版社 2008 年版。

何绍斌:《越界与想象——晚清新教传教士译介史论》,上海三联书店 2008 年版。

金观涛、刘青峰:《观念史研究:中国现代重要政治术语的形成》,香港中文大学出版社 2008 年版。

左玉河:《中国近代学术体制之创建》,四川人民出版社 2008 年版。

[美]本杰明·艾尔曼:《中国近代科学的文化史》,王红霞等译,上海古籍出版社 2009 年版。

[德]柯兰霓:《耶稣会士白晋的生平与著作》,李岩译,大象出版社

2009年版。

冯天瑜：《"封建"考论》（修订版），中国社会科学出版社2010年版。

陈国明、安然编著：《跨文化传播学关键术语》，中国社会科学出版社2010年版。

［法］荣振华等：《16—20世纪入华天主教传教士列传》，耿昇译，广西师范大学出版社2010年版。

徐宗泽：《明清间耶稣会士译著提要》，上海书店出版社2010年版。

［俄］格里尼奥夫：《术语学》，郑述谱、吴丽坤、孟令霞等译，商务印书馆2011年版。

冯志伟：《现代术语学引论》（增订本），商务印书馆2011年版。

葛兆光：《宅兹中国——重建有关"中国"的历史论述》，中华书局2011年版。

［德］汉娜·阿伦特：《论革命》，陈周旺译，译林出版社2011年版。

温昌斌：《民国科技译名统一工作实践与理论》，商务印书馆2011年版。

［法］谢和耐、戴密微等：《明清间耶稣会士入华与中西汇通》，耿昇译，东方出版社2011年版。

赵晓兰、吴潮：《传教士中文报刊史》，复旦大学出版社2011年版。

邹振环：《晚明汉文西学经典：编译、诠释、流传与影响》，复旦大学出版社2011年版。

北京外国语大学中国海外汉学研究中心、中国近现代新闻出版博物馆编：《西学东渐与东亚近代知识的形成和交流》，上海人民出版社2012年版。

董炳月：《"同文"的现代转换——日语借词中的思想与文学》，昆仑出版社2012年版。

［德］郎宓榭、阿梅龙、顾有信：《新词语新概念：西学译介与晚清汉语词汇之变迁》，赵兴胜等译，山东画报出版社2012年版。

［日］实藤惠秀：《中国人留学日本史》（修订译本），谭汝谦、林启彦译，北京大学出版社2012年版。

邹振环：《疏通知译史》，上海人民出版社2012年版。

冯天瑜等：《近代汉字术语的生成演变与中西日文化互动研究》，经济科学出版社 2016 年版。

冯天瑜：《中国文化生成史》，武汉大学出版社 2016 年版。

陈力卫：《东往东来：近代中日之间的语词概念》，社会科学文献出版社 2019 年版。

［日］佐藤正幸：《历史认识的时空》，郭海良译，生活·读书·新知三联书店 2019 年版。

七 论文

胡厚宣：《论五方观念及中国称谓之起源》，《甲骨学商史论丛初集》第二册，齐鲁大学国学研究所，1944 年。

于省吾：《释中国》，《中华学术论集》，中华书局 1981 年版。

日知：《"封建主义"问题》，《世界历史》1991 年第 6 期。

饶宗颐：《造字与解字》，《汉字的应用与传播》，华语教学出版社，2000 年。

邓晓芒：《中国百年西方哲学研究中的十大文化错位》，《世界哲学》2002 年增刊。

尚智丛：《南怀仁〈穷理学〉的主体内容和基本结构》，《清史研究》2003 年第 3 期。

冯天瑜：《中国语、日本语、西洋语相互传播间"经济"概念的变迁》，国际日本文化研究中心纪要《日本研究》第 31 集，2005 年 10 月。

黄兴涛：《日本人与"和制"汉字新词在晚清中国的传播》，《寻根》2006 年第 4 期。

黄兴涛：《新名词的政治文化史——康有为与日本新名词关系之研究》，《新史学》第 3 卷，中华书局 2009 年版。

桑兵：《近代"中国哲学"发源》，《学术研究》2010 年第 11 期。

陈建华著、张晖译：《世界语境中的中国"革命"》，《东亚观念史集刊》第一期，台北：政大出版社，2011 年。

王彩芹：《斯宾塞中译本〈肄业要览〉译词考》，《或问》No. 21，2011 年。

邓晓芒：《什么是自由？》，《哲学研究》2012 年第 7 期。

王奇生：《中国革命的连续性与中国当代史的"革命史"意义》，《社会科学》2015 年第 11 期。

黄克武：《从"文明"论述到"文化"论述——清末民初中国思想界的一个重要转折》，《南京大学学报（哲学·人文科学·社会科学）》2017 年第 1 期。

张莉：《〈新青年〉（1915—1926）中日语借词研究》，博士学位论文，北京外国语大学，2017 年。

跋

先秦诸子（道、儒、墨、法、名等）多注重辨析概念、探讨名实关系，其中专此为业的名家（又称"辩者""察士"）列"六家"之一[①]。"谨守名约""名定而实辨，道行而志通"[②]乃名学传统。自汉代儒学定于一尊后，名学边缘化，乃至被指为"屠龙之术"——名相如入云之龙，乃虚幻物，与"屠龙"类似的名相之术没有实用价值，当排除于学门之外。于是，对名相（概念）"不求甚解"之风，弥漫雅俗两界，人们辩议间或指鹿为马，或各说各话（20世纪二三十年代开展社会性质大论战，五六十年代开展中国历史分期讨论便出现此种情形），这当然妨碍思维健全发展和学术精进。有识者指出，概念模糊，是中国学术近代转型困难的缘由之一。

因"西学东渐"的刺激，近代国人于此逐渐觉醒，名相之学经严复、章士钊等人倡导，再度兴起，成为新文化的一支偏师。追随前哲，笔者自20世纪80年代初期开始，即关注思维体系中最基本的构成单位——概念的生成与演变，而概念是以词来标示和记载的，因此，对概念物质外壳——词语（尤其是关键词）的考析，便成为笔者从事思想文化史研习的一个有机组成部分。

明清之际和清民之际中西文化交汇，若干汉字新名形成，又传往日本；幕末明治日本依托汉字文化底蕴，译介西学，制作"新汉语"，并进入中国语文系统。故近代汉字文化圈成"中—西—日"多边互动局面，而此际定格的由古典词演绎而来的新名（"中国、文化、文明、文学、科

[①] 见《史记·论六家要旨》。
[②] 《荀子·正名》。

学、经济、伦理、范畴、革命、共和、权利、民族、自由、政治、法学、社会、物理、卫生、小说"等），是笔者三十多年来持续的探讨对象；那些近人译创的新名（"民主、地球、几何、脑筋、元素、机器、哲学、美学"等），以及在古今转换中发生畸变的新名（"封建、经济、形而上学、自由主义、个人主义"等），亦被反复考究，以"求公是而祛门户"①。研讨中发现，诸名的内涵不断迁衍、外延也伸缩变幻，而这种"名"的意义迁衍变幻，正反映着（包括扭曲地反映着）"实"（社会及思维实态）的演进。故打开关键词这扇窗口，历史的苍茫云海、文化的游龙飞凤，渐次展开眼前，令人心旷神怡，浮想联翩，不免挥动拙笔，勉力记述。

笔者于世纪之交讲学日本几年间及其前后，用心于新名探究，陆续草成五十多个词条，并撰写辨析概念的两种专书②。此项研习竟一发而不可收，以至今日仍为"关键词的文化史"一题劳碌。2004 年始，聂长顺博士在吾处作博士后又留武汉大学任教，渐入堂奥，加盟本书修纂。长顺君熟稔中、日遗献，于中—西—日概念互动不乏心得，于本书成型颇有贡献。

为学不可明于责人而昧于约己，求教多士以指谬误，至关紧要。2019 年夏，书稿略具规模，呈祖慰、卢烈红、倪胜、聂运伟、向吉贤诸君浏览，他们分别从文化学、语言学、翻译学角度提出修改意见，特深致谢忱；还要致敬多年来相与切磋本题的友人——（中国）史有为、刘柏林、唐翼明、周光庆、方维规、刘建辉、荣剑、邓新华、李少军、吴根友、李建中、杨天钧、李宝襄、余抱青、康和平、张智勇，（日本）谷川道雄、伊原泽周、中島敏夫、加加美光行、柳父章、铃木贞美、荒川清秀、绪形康，（韩国）李汉燮，等等，难以尽列。"友直，友谅，友多闻"，诚哉斯言！

承蒙赵剑英社长垂顾，本书得以在中国社会科学出版社出版，这对我们是一种策励。宋燕鹏、刘志兵编辑勤勉、敏捷，多予协助。

---

① （清）刘逢禄：《刘礼部集》卷一二。
② 《新语探源——中西日文化互动与近代汉字术语生成》，中华书局 2004 年版；《"封建"考论》（修订版），中国社会科学出版社 2010 年版。

跋

2015年以来，笔者困于贱恙，四年间不少时日在武汉大学人民医院度过。家人照料、医护人员疗治，几度挽生命于垂危，以致有幸握管成篇。大恩不言谢，唯有兢兢于业，以报善人于万一。

昔贤云："为学之道，得有二端，一曰勤，二曰细心"[1]，笔者每以自励。本书从筹划、做资料长编，到着笔撰写、增删定稿，前后历时二十载，然"随词入史、由词通道"，涉学广远、论旨匪浅，未敢玩忽，每与严又陵"一名之立，旬月踯躅"[2]同慨，然学力不逮，又不够细心，故浅识必有、错讹难免，亟盼方家纠谬指正。

> 2020年元旦　冯天瑜记于武昌珞珈山麓
> 武汉大学中国传统文化研究中心

---

[1] （清）臧庸：《与顾子明书》，《拜经堂文集》卷三。
[2] 严复：《天演论·译例言》。